Martin Kaufhold

Die Rhythmen politischer Reform im späten Mittelalter

MITTELALTER-FORSCHUNGEN

Herausgegeben von
Bernd Schneidmüller und Stefan Weinfurter

Band 23

 Jan Thorbecke Verlag

Martin Kaufhold

Die Rhythmen politischer Reform im späten Mittelalter

Institutioneller Wandel in Deutschland, England und an der
Kurie 1198–1400 im Vergleich

 Jan Thorbecke Verlag

Gedruckt mit Unterstützung des Förderungs- und Beihilfefonds Wissenschaft der VG WORT.

Bibliografische Information der Deutschen Nationalbibliothek
Die Deutsche Bibliothek verzeichnet diese Publikation in der Deutschen Nationalbibliografie;
detaillierte bibliografische Daten sind im Internet über http://dnb.ddb.de abrufbar.

© 2008 by Jan Thorbecke Verlag der Schwabenverlag AG, Ostfildern
www.thorbecke.de · info@thorbecke.de

Alle Rechte vorbehalten. Ohne schriftliche Genehmigung des Verlages ist es nicht gestattet, das Werk unter Verwendung mechanischer, elektronischer und anderer System in irgendeiner Weise zu verarbeiten und zu verbreiten. Insbesondere vorbehalten sind die Rechte der Vervielfältigung – auch von Teilen des Werkes – auf fotomechanischem oder ähnlichem Wege, der tontechnischen Wiedergabe, des Vortrags, der Funk- und Fernsehsendung, der Speicherung in Datenverarbeitungsanlagen, der Übersetzung und der literarischen oder anderweitigen Bearbeitung.

Dieses Buch ist auf alterungsbeständigem Papier nach DIN-ISO 9706 hergestellt.
Gesamtherstellung: Jan Thorbecke Verlag, Ostfildern
Printed in Germany · ISBN 978-3-7995-4274-6

Vorwort

Das vorliegende Buch ist eine Studie des historischen Wandels in einer vergleichenden europäischen Perspektive. Der Vergleich kann und soll die zahlreichen eindrucksvollen Untersuchungen der prominenten Prozesse, die im Zentrum dieser Arbeit stehen, nicht ersetzen. Ohne diese Arbeiten zu der Formierung des englischen Parlaments und des Kurfürstenkollegiums, sowie der Mitwirkung der Kardinäle an der Kirchenleitung zwischen dem späten 12. und dem frühen 15. Jahrhundert wäre eine solche Studie gar nicht möglich. Der Vergleich soll die vielfältigen Kenntnisse um einen neuen Blickwinkel erweitern. Es ist ein europäischer Blickwinkel, aus dem das Augenmerk in besonderer Weise auf die Herausforderungen der untersuchten historischen Situationen gerichtet werden soll. Die historischen Herausforderungen und Problemstellungen haben in den verglichenen „Königreichen" unterschiedliche institutionelle Lösungen hervorgebracht, aber die Prozesse, in deren Verlauf diese Lösungen für die Probleme in England, im Reich und an der Kurie gefunden wurden, weisen erstaunliche Parallelen auf. Diese Parallelen verleihen der Zeit des späten Mittelalters bei aller Individualität der behandelten Entwicklungen eine charakteristische Erscheinung.

Dieses Buch handelt vom Wandel in England, im Reich und an der Kurie. Die Auswahl liegt in dem Wunsch begründet, eine schlanke und pointierte Studie der Formierung von Institutionen vorzulegen. Das Spektrum der zu vergleichenden Entwicklungen ließe sich durchaus erweitern, und mancher Leser würde vielleicht eine Berücksichtigung der französischen oder spanischen Entwicklung begrüßen. Allerdings wäre dies eine andere Arbeit, mit der der Autor auch die Grenzen seiner Kompetenz überschreiten würde. Eine Studie wie die vorliegende lässt sich nur dann schreiben, wenn man auf den behandelten Feldern eine gewisse Sicherheit erlangt hat. Allerdings ist der Verfasser in den zurückliegenden Jahren, in denen er sich in Forschung und Lehre intensiv mit den hier vorgestellten Entwicklungen befasst hat, zu der festen Überzeugung gelangt, dass die hier vorgestellte vergleichende Perspektive in der Sache selbst begründet liegt. Die historischen Entwicklungen in England, Deutschland und der Kurie waren in dem hier behandelten Zeitraum in der Tat in vieler Hinsicht aufeinander bezogen, bzw. voneinander abhängig. Insbesondere die Geschichte des 13. Jahrhunderts brachte die Geschicke im Reich, an der Kurie und in England in eine vielgestaltige und komplexe Beziehung. Letztlich muß der Verfasser das Urteil über die Plausibilität seines Blickes auf einen Teil der westeuropäischen Geschichte im späten Mittelalter dem Leser überlassen.

Die Untersuchung konzentriert sich in besonderer Weise auf die zeitliche Erstreckung der behandelten Prozesse: Wie viel Zeit benötigte der historische Wandel? Phasen dramatischer Verdichtung des politischen Geschehens wechselten ab mit Phasen unspektakulärer Routine. Durch diese Tempowechsel entstanden eigene „Rhythmen" des Reformgeschehens, die den zeitgenössischen Akteuren kaum bewusst waren, die sich dem rückblickenden historischen Betrachter aber erschließen. Es ist ein reizvolles Ergebnis, dass sich bei aller Individualität der hier untersuchten Prozesse dennoch vergleichbare „Rhythmen der Reform" abzeichnen, die auf gemeinsame zeitgenössische Lebensbedingungen und -erfahrungen verweisen.

Dass dieses Buch in der vorliegenden Form erscheinen konnte, hat der Verfasser vielfacher Unterstützung zu verdanken. Sebastian Zanke hat den Text mit gelassener Umsicht und professioneller Phantasie in ein druckfertiges Format gebracht. Die Arbeitslast hat er mit großem Engagement auf sich genommen. Thomas Krüger, Mathias Kluge und Stefan Reinbold haben das Register erstellt. Für diese Hilfe bin sehr dankbar. Den Herausgeber der Reihe „Mittelalter-Forschungen", Bernd Schneidmüller und Stefan Weinfurter, danke ich sehr für die Aufnahme des Bandes, für das früh bezeugte Interesse und für die Ratschläge, die sie mit erfahrenem Blick treffsicher erteilten. Ein besonderer Dank gilt schließlich dem Förderungs- und Beihilfefonds Wissenschaft der VG WORT, der in einem unbürokratischen und schnellen Verfahren einen Druckkostenzuschuß gewährte, der das Erscheinen des Buches ermöglicht hat. Die gewährte Hilfe hat den Text vor mancher Schwäche bewahrt, die verbleibenden Unzulänglichkeiten fallen in die Verantwortung des Autors.

Dieses Buch über die „Rhythmen" des politischen Wandels, sein Tempo, seine Pausen und seine Dynamik hat dem Verfasser über mehrere Jahre einen eigenen Rhythmus vorgegeben. Der Text ist gewissermaßen in einer langen Morgendämmerung entstanden, in vielen Frühschichten vor dem Beginn des universitären Arbeitstages. Dazu war mitunter eine gewisse Anstrengung erforderlich, deren Ergebnis der Verfasser zwei Personen, denen er sich in unterschiedlicher Weise verpflichtet sieht, zueignen möchte. Da ist einmal mein Heidelberger Lehrer Jürgen Miethke, der mir in einer langen Phase der Ausbildung und gemeinsamen Arbeit die Konzentration auf historische Problemstellungen und ihren nüchternen Vergleich nahegebracht hat. Seine historische Urteilsfähigkeit hält jedem Vergleich stand. Und da ist meine Frau Friederike, die alle Wandlungen, die das Berufsleben eines Universitätslehrers bestimmen, mit großem Einsatz mitgetragen hat. Ihr gelten letztlich alle meine ernsthaften Anstrengungen. So auch dieses Buch.

Augsburg im März 2008
Martin Kaufhold

Inhalt

Vorwort 5

Einleitung 9

Kapitel 1
Der Beginn einer neuen Zeit: Die Jahre 1198–1215 21

Kapitel 2
Zwei Ordnungsentwürfe für das 13. Jahrhundert:
Magna Carta und das IV. Laterankonzil 1215 59

Kapitel 3
Der Rhythmus politischer Krisen im 13. Jahrhundert 95

Kapitel 4
Die Dynamik politischer Traditionsbildung:
Der Rhythmus der Erinnerung 135

Kapitel 5
Institutionelle Formierung im Zeichen des Triumphes:
Die Kurie im 13. Jahrhundert 155

Kapitel 6
Traditionsbildung im Zeichen wachsender Verschriftlichung 181

Kapitel 7

Vom Konflikt zur Verfassung:
Die konkreten Verfassungskämpfe des 14. Jahrhunderts 221

Kapitel 8

Der Rhythmus der Entfremdung 259

Kapitel 9

Die Krise der monarchischen Führung:
Die Absetzungen von Königen und Päpsten um 1400 279

Kapitel 10

Schluss: Die Dynamik des historischen Wandels 313

Abbildungs- und Abkürzungsverzeichnis 329

Quellen 331

Literatur 337

Register 347

Einleitung

In diesem Buch geht es um den historischen Wandel im späten Mittelalter. Es geht um die Frage, wie lange es dauern konnte, bis aus den Positionen rivalisierender Akteure im Konflikt um die richtige Ordnung im Königreich und in der Kirche anerkannte Regeln gemeinsamer Verfassung werden konnten? Das Ziel der Studie ist eine vergleichende Untersuchung der Genese des Kurfürstenkollegiums, des englischen Parlaments und des königlichen Rates, sowie des Kardinalskollegiums zwischen 1198 und 1411. Jede dieser Erscheinungen hat für sich genommen bereits eine eingehende historische Behandlung erfahren.[1] Die Untersuchungen über das Kurfürstenkolleg, das englische Parlament und den königlichen Rat sowie über das Kardinalskolleg haben zwar manche Fragen offen gelassen – und manche Fragen erst hervorgebracht –, aber sie haben diese Phänomene doch in hohem Maße erschlossen. Diese Untersuchung soll die Institutionengeschichten nicht um einzelne Gesichtspunkte erweitern, sondern sie wird den Wandel dieser Institutionen selber zum Thema machen.[2] Dies geschieht in einer vergleichenden Perspektive. Da der Vergleich und die Gemeinsamkeiten im Vordergrund stehen, werden auch nicht alle drei Institutionen den gleichen Anteil an der Darstellung haben. Die politische Perspektive steht im Vordergrund. Da die englische Geschichte infolge der wiederholten dramatischen Verfassungskonflikte und der zunehmend genauen Überlieferung das differenzierteste Bild der hier behandelten Reformprozesse erkennen lässt, kommt der Darstellung und Analyse der englischen Entwicklung in dem Vergleich eine leitmotivische Funktion zu. In gewisser Weise setzt die englische Geschichte zunächst die Themen. Dabei ergibt sich im Verlauf der Untersuchung bald, dass dies auch die Themen der verglichenen Prozesse waren.

---

1 An dieser Stelle soll es zunächst nur eine Vorstellung des Untersuchungsgegenstandes gehen. Um die Anmerkungen zu entlasten, wird die Quellen- und die Literaturgrundlage in den nächsten Kapiteln ausführlich vorgestellt. Die Nachweise in dieser Einleitung beschränken sich daher zunächst auf die übergreifenden Aspekte des Themas, die für die Untersuchung der Entwicklung im Reich, in England und an der Kurie von Bedeutung sind.

2 Zum Thema der Institutionen im Mittelalter vgl. G. MELVILLE, Institutionen und Geschichte. Theoretische Aspekte und Mittelalterliche Befunde (Norm und Struktur 1), Köln 1992; Institutionen und Ereignisse. Über historische Praktiken und Vorstellungen gesellschaftlichen Ordnens, hg. von R. Blänkner/B. Jussen, Göttingen 1998; A. GIER, Institutionen und Legitimität im Spätmittelalter, in: La littérature historiographique des origines á 1500, Bd. 3, hg. von H. U. Gumbrecht, Heidelberg 1993, S. 836–868. In dieser Untersuchung wird es allerdings eher um Institutionen im Sinne formalisierter Entscheidungsgremien gehen; vgl. zum klassischen Institutionenbegriff etwa: W. LIPP/H. HOFFMANN, Institution (I/II), in: Staatslexikon, hg. von der Görres-Gesellschaft, Bd. 3, 7. Aufl. Freiburg/Basel/Wien 1987, S. 99–105.

Bei dem hier untersuchten Wandel handelte es sich um menschlich gesteuerte Prozesse, auch wenn die Ergebnisse nicht immer den Wünschen der Akteure entsprachen. Eine Reform ist eine bewusste Änderung bestehender Zustände in Richtung auf ein Leitbild.[3] Das Leitbild spätmittelalterlicher Reformen, wie das Leitbild vieler mittelalterlicher Reformen überhaupt, war meist eine idealisierte Vergangenheit, deren gerechte und harmonische Zustände wieder hergestellt werden sollten. Doch darf man sich durch diese Feststellung den Blick auf Neuerungen nicht verstellen lassen, die die Reformschritte mit sich brachten. Selbst wenn die Begründungen für die jeweiligen Reformen häufig die guten alten Zustände beschworen – in England etwa die Geltung des Rechts unter König Edward dem Bekenner, oder unter Heinrich I. –, so vermittelten diese Leitbilder doch keine konkreten Handlungsanweisungen.[4] Diese Ziele mussten mit zeitgenössischen Methoden erreicht werden, und diese zeitgenössischen Methoden waren als Antworten auf zeitgenössische Probleme entwickelt worden. Die Instrumente der Reform trugen keine Patina einer guten alten Zeit. Um den Prozeß der Anpassung von Institutionen, von denen Wohl und Wehe von Königreichen und der Kirche abhängen konnten, an die jeweiligen historischen Herausforderungen geht es hier. Eine vergleichende Untersuchung sollte Erscheinungen vergleichen, die vergleichbar sind. Das bedeutet, dass die untersuchten Vorgänge ein ausreichendes Maß an Gemeinsamkeiten aufweisen sollten, die durch verschiedene Rahmenbedingungen zu jeweils eigenen Lösungen herausgefordert wurden. Über die Frage, inwieweit die Ausbildung des Kurfürstenkollegs, des englischen Parlaments und königlichen Rates und des Kardinalskollegs ein ausreichendes Maß an Gemeinsamkeiten für einen sinnvollen Vergleich aufweisen, lässt sich mit guten Argumenten streiten. Doch sollten die Kritiker dieser Auswahl bedenken, dass ein Vergleich nicht allein

---

3 Zum weiten Feld der Reform im Mittelalter vgl. etwa E. WOLGAST, ‚Reformatio' im Mittelalter und ‚Reformatio'/ 'Reformation' im 15. Jahrhundert, in: Geschichtliche Grundbegriffe, Bd. 5, hg. von O. Brunner/W. Conze/R. Koselleck, Stuttgart 1984, S. 316–325; vgl. auch: „'Reformare' war bewußtes Handeln in Richtung auf die gottgesetzte Weltordnung: es zielte auf ihre Wiederherstellung, wo Fehler sie, nie Sünden störten" (J. FLECKENSTEIN, Die Bildungsreform Karls des Großen als Verwirklichung der Norma Rectitudinis, Bigge/Ruhr 1953, S. 59); vgl. auch G. DILCHER, Der Gedanke der Rechtserneuerung im Mittelalter, in: Geschichte der Zentraljustiz in Mitteleuropa. Festschrift für Bernhard Diestelkamp, hg. von F. Battenberg/F. Ranieri, Weimar/Köln/Wien 1994, S. 1–17.
4 Vgl. den Rückbezug auf Heinrich I. (1100–1135) in der Vorgeschichte der Magna Carta und auf Edward den Bekenner (1042–1066) in der Krönungscharta Heinrichs I., auf die sich die Reformer von 1215 bezogen. So habe sich der Erzbischof von Canterbury Stephen Langton 1213 vor englischen Baronen, die dem König kritisch gegenüberstanden, auf Heinrich I. berufen: *„Audistis,"* inquit, *„quomodo tempore* [quo] *apud Wintoniam regem absolvi, ipsum jurare compulerim quod leges iniquas destrueret, et leges bonas, videlicet leges regis Eadwardi revocaret et in regno faceret ab omnibus observari. Inventa est quoque nunc carta quaedam Henrici primi regis Angliae, per quam, si volueritis, libertates diu amissas, poteritis ad statum pristinum revocare* (Matthaeus Parisiensis, Cronica maiora, Bd. 2 (RS 57,2), hg. von H. R. Luard, London 1874, S. 552). Die Krönungscharta Heinrichs I. von 1100 berief sich ausdrücklich auf Edward: Chartes des Libertés Anglaises (1100–1305) (Collection des Textes), hg. von Ch. Bémont, Paris 1892, S. 1–7.

in seinem Gegenstand begründet ist, sondern dass ein Vergleich ebenso sehr aus der gewählten Perspektive lebt. Inwieweit die untersuchten Phänomene sachlich zusammenhängen, werde ich im Anschluß skizzieren. Zunächst noch ein Wort zur Perspektive.

Es geht in dieser Arbeit um politische und kirchenpolitische Herausforderungen und um die Reaktionen handelnder Menschen auf diese Herausforderungen. Es geht nicht um eine technische Institutionengeschichte, sondern es geht um eine Geschichte von Lösungsversuchen für dringende Fragen der spätmittelalterlichen Lebensordnung. *Neque enim de mediocri re consulendum erat, sed de ea, quae, nisi ferventi pectore maximo studio coqueretur, ad pernitiem totum corpus regni terminaretur.* So charakterisierte Wipo anläßlich der Wahl Konrads II. 1024 die Bedeutung der Königswahl für das ganze Reich.[5]

Die Wahl des richtigen Königs, der zum Kaiser werden sollte, die Sicherung einer umfassenden Beratung in wichtigen politischen Fragen und der Ausschluß von herrscherlicher Willkür, sowie die Leitung der Kirche gemeinsam mit einem Papsttum, dessen Amtsanspruch in immer neue Höhen vorstieß, unbeeindruckt von immer größeren Schwierigkeiten in der realen Umsetzung, dies waren solche zentralen Themen. Doch so groß die Herausforderungen waren, so zögerlich waren oftmals die Antworten. Dass Reformen einen langen Atem erfordern, ist keine genuine Erfahrung der Gegenwart. Für Historiker sind Reformprozesse dadurch überschaubarer, dass sich Zeiträume im Rückblick komprimieren lassen. Wer auf Veränderungen achtet, der übergeht großzügig die langen Phasen zwischen den einzelnen Schüben, in denen die Dinge in Bewegung geraten. Doch der Frage nach der zeitlichen Dauer von Reformprozessen kommt eine Schlüsselrolle zu.

Ohne zeitliche Erstreckung, ohne Ruhepausen und beschleunigte Intervalle gibt es keinen Rhythmus. Und um den Rhythmus der Reformen soll es in diesem Buch gehen. Die Frage, ob es einen solchen Rhythmus im späten Mittelalter gab, steht hinter der ganzen Untersuchung, und diese Studie wird einige einschlägige Thesen formulieren. Gab es bei aller Verschiedenheit der Rahmenbedingungen im Reich, in England und an der Kurie Gemeinsamkeiten im Prozeß der Reformen, in seiner zeitlichen Erstreckung, in den maßgeblichen Faktoren, die diesen Prozeß beförderten? Wenn es sie gab – was zu untersuchen ist –, dann ist es sinnvoll, auch einen Blick auf die größte Gemeinsamkeit zu werfen, die die untersuchten Prozesse verbindet – auf die handelnden Menschen. Wir müssen zumindest prüfen, ob Parallelen in den Abläufen der verschiedenen Reformvorgänge auf gemeinsames menschliches Verhalten zurückzuführen sind. Dabei geht es um menschliche Handlungen, aber auch um menschliche Erinnerungen, denn wir untersuchen Entwicklungen, die sich über etwa zwei Jahrhunderte erstrecken. Mit dem menschlichen Faktor begeben wir uns auf ein schwieriges Feld und gelangen dabei durchaus in Grenzbereiche der Zuständigkeit des Historikers. Ich werde das The-

---

5   Wipo, Gesta Chuonradi Imperatoris, Kap. 2, in: Die Werke Wipos (MGH Script. rer. Germ. 61), hg. von H. Bresslau, 3. Aufl. Hannover/Leipzig 1915, S. 15.

ma daher nur mit Vorsicht berühren. Es lässt sich aber nicht verhehlen, dass die Frage der menschlichen Gemeinsamkeit, die über das Mittelalter hinausweist, auch einen Reiz mit sich bringt.[6] Allerdings geht es in dieser Studie nicht in erster Linie um die menschliche Natur, sondern um das menschliche Verhalten in politisch, sozial und kulturell sehr unterschiedlich geprägten Milieus des späteren Mittelalters.

Die Liste der Vergleichsphänomene ließe sich dabei ebenso sinnvoll erweitern, wie der zeitliche Rahmen dieser Untersuchung. Dieses Buch behandelt einen Ausschnitt. Die Auswahl und die zeitliche Eingrenzung sind der Arbeitsökonomie geschuldet. Die Studie sollte in einem umsetzbaren Format verbleiben. Doch ist die Auswahl keineswegs willkürlich. Alle drei untersuchten Größen, das Reich, England und die Kurie erlebten um 1200 (1198–1214) eine erhebliche Erschütterung oder Veränderung ihrer Disposition.[7] Diese Veränderungen hatten einen unterschiedlichen Charakter. Im Falle des Reiches und Englands erscheinen sie als Einschränkung des herrscherlichen Aktionshorizontes, im Falle der Kurie als beträchtliche Erweiterung des Aktionsfeldes. Diese Veränderungen prägten die Situation des Reiches, Englands und der Kurie in den Herausforderungen des späten Mittelalters nachhaltig. So unterschiedlich die Entwicklungen in den zwei Jahrhunderten zwischen ca. 1200 und 1400 waren, so berührten, überschnitten und beeinflussten sich die Entwicklungslinien der Reichsgeschichte, der Geschichte Englands und der Geschichte der Kurie doch immer wieder.[8] Diese Geschichten

---

6   Dieses Thema wurde zuletzt durch Johannes Fried in einer weitgespannten Untersuchung problematisiert: J. FRIED, Der Schleier der Erinnerung. Grundzüge einer historischen Memorik, München 2004. Hier geht es nicht um eine vergleichbar grundsätzliche Erörterung des Phänomens der menschlichen und sozialen Erinnerung, aber die Untersuchung der Jahre zwischen 1200 und 1400 erlaubt einige Erkenntnisse über die verschiedenen Schichten sozialer Erinnerung und über ihre jeweilige Dynamik und politische Relevanz. Zu dem weiten Feld von Anthropologie und historischer Wissenschaft vgl. zunächst etwa: H. MEDICK, Historische Anthropologie auf dem Weg zur Selbstreflexion, in: Historische Zeitschrift 283 (2006), S. 123–130; J. FRIED, Geschichte als historische Anthropologie, in: Geschichte des Mittelalters für unsere Zeit, hg. von R. Ballof, Stuttgart 2003, S. 63–85; J. C. SCHMITT, Plädoyer für eine historische Anthropologie des Mittelalters, in: Frühmittelalterliche Studien 38 (2004), S. 1–16; V. GROEBNER, Historische Anthropologie diesseits und jenseits der Wissenschaftsrhetorik. Ein Ort irgendwo?, in: Historische Anthropologie 10 (2003), S. 303–304; R. VAN DÜLMEN, Historische Anthropologie. Entwicklung, Probleme, Aufgaben, 2. Aufl. Köln 2001; Ph. BUC, Anthropologie et histoire, in: Annales. Économie, Sociétés et Civilisations 53 (1998), S. 1243–1249; G. DRESSEL, Historische Anthropologie. Eine Einführung, Wien 1996.
7   Vgl. dazu mit ausführlichen Quellen- und Literaturangaben Kapitel 2.
8   Für einen ersten Überblick vgl. die Darstellungen in: The New Cambridge Medieval History, Bd. 5: c. 1198–c. 1300, hg. von D. Abulafia, Cambridge 1999, und The New Cambridge Medieval History, Bd. 6: c. 1300–1415, hg. von M. Jones, Cambridge 2000; H. KELLER, Zwischen regionaler Begrenzung und universalem Horizont. Deutschland im Imperium der Salier und Staufer 1024–1250 (Propyläen Geschichte Deutschlands 2), Berlin 1986; P. MORAW, Von offener Verfassung zu gestalteter Verdichtung. Das Reich im späten Mittelalter 1250–1490 (Propyläen Geschichte Deutschlands 3), Berlin 1985; A. L. BROWN, The Governance of Late Me-

bieten immer wieder Beispielfälle, wie unterschiedliche Milieus sich trotz ihres so verschiedenen Entwicklungsstandes vor vergleichbaren Herausforderungen sahen. Diese Herausforderungen wurden von einer zeitgenössischen Problemlage hervorgebracht, die auf die Grenzen von Königreichen und des Kirchenstaates (*patrimonium Petri*) wenig Rücksicht nahm. Wie sehr die Entwicklung im Reich, in England und an der Kurie von Herausforderungen und Krisen geprägt wurde, die eine übergreifende Dimension erkennen ließ, wurde in dramatischer Weise um die Jahrhundertwende vom vierzehnten zum fünfzehnten Jahrhundert hin erkennbar. So verschieden die jeweiligen Verfassungsentwicklungen gewesen waren, und so unterschiedlich die Faktoren waren, die die jeweilige Krise ausgelöst hatten, so ist doch eine Herrschaftskrise in Deutschland, in England und an der päpstlichen Kurie nicht zu übersehen.[9] Der englische König Richard II. (1377–1399), der römisch-deutsche König Wenzel (1376–1400/1410) und die Schismapäpste Gregor XII. (1406–1409/15) und Benedikt XIII. (1394–1409/17) wurden abgesetzt. Im Verfahren der Absetzung und im Bemühen um die Legitimation dieses Verfahrens sind gemeinsame Grundzüge kaum zu übersehen.[10] Die Absetzungsverfahren wurden von den Gremien, um deren Entwicklungsgeschichte es in dieser Untersuchung gehen soll, maßgeblich betrieben. Es waren die Kardinäle, die die beiden Päpste absetzten, die Kurfürsten, die den römisch-deutschen König absetzten, und das Parlament, das den englischen König absetzte bzw. an der Absetzung maßgeblich beteiligt war.[11] Das Selbstbewusstsein der Akteure trat in enger zeitlicher Nähe markant hervor. Zwar war die Legitimation und die Wirkung der Absetzungen durchaus umstritten, aber der Streit um das Absetzungsrecht führte zu Legitimationsversuchen, die die Kompetenzen der jeweiligen Institutionen anspruchsvoll formulierten. Für den historischen Vergleich sind diese Krisen ein unverzichtbarer Bezugspunkt.

---

dieval England 1272–1461, Stanford 1989; Die Geschichte des Christentums. Religion, Politik, Kultur, Bd. 5: Machtfülle des Papsttums. 1054–1274, hg. von A. Vauchez, Freiburg/Basel/Wien 1994 und Die Geschichte des Christentums, Bd. 6: Die Zeit der Zerreißproben. 1274–1449, hg. von M. Mollat DuJourdin u. a., Freiburg/Basel/Wien 1991; B. SCHIMMELPFENNIG, Das Papsttum. Von der Antike bis zur Renaissance, 5. Aufl. Darmstadt 2005.

9 Die Feststellung der Vergleichbarkeit gilt auch angesichts der Skepsis, mit der Ernst Schubert in seiner letzten großen Untersuchung über die Königsabsetzung im deutschen Mittelalter die Möglichkeiten vergleichender Untersuchung bewertet hat: E. SCHUBERT, Königsabsetzung im deutschen Mittelalter. Eine Studie zum Werden der Reichsverfassung (Abhandlungen der Akademie der Wissenschaften zu Göttingen, Philologisch-Historische Klasse, 3. Folge 267), Göttingen 2005, vgl. etwa den letzten Satz, S. 562. Schuberts Studie wählt eine andere Untersuchungsebene.

10 Vgl. für einen ersten Überblick zu den Gemeinsamkeiten des Absetzungsverfahrens: F. GRAUS, Das Scheitern von Königen: Karl VI., Richard II., Wenzel IV., in: Das spätmittelalterliche Königtum im europäischen Vergleich (Vorträge und Forschungen 32), hg. von R. Schneider, Sigmaringen 1987, S. 17–39; H. G. WALTHER, Das Problem des untauglichen Herrschers in der Theorie und Praxis des europäischen Spätmittelalters, in: Zeitschrift für Historische Forschung 23 (1996), S. 1–28; vgl. zu diesem Problem unten Kapitel 9.

11 Vgl. dazu die Darstellung in Kapitel 10.

Die Untersuchung beginnt mit einer Skizze der dramatischen Wendejahre zwischen 1198 und 1215 und nimmt ihr eigentliches Thema zunächst anhand der englischen Entwicklung im 13. Jahrhundert auf. Der Grund für dieses Vorgehen liegt in der Überlieferungslage begründet. Die englischen Quellen erlauben eine differenziertere Bestandsaufnahme der politischen Entwicklung, als dies die Überlieferung im Reich erlaubt. Die seismographischen Vorzeichen einer politischen Krise sind in der dichteren englischen Überlieferung früher fassbar. Diese Überlieferungsunterschiede, die im Wesentlichen auf einen unterschiedlichen Grad der Schriftlichkeit zurückzuführen sind, bilden einen eigenen Aspekt unseres Themas, der seine ganze Tragweite gegen Ende des 13. Jahrhunderts entfaltete.[12] Wir werden darauf näher eingehen. Wir beginnen mit einer knappen Übersicht über die historischen Entwicklungen, die wir in den Blick nehmen wollen.[13]

Das angevinisch-englische Königtum zwischen ca. 1200 und 1400 zu untersuchen, bedeutet tatsächlich englische und französische Entwicklungen in den Blick zu nehmen, wenn man diese Namen nicht national versteht. Denn seit der Eroberung Englands durch die Normannen im Jahre 1066 war die Geschichte Englands eng mit den Geschehnissen auf dem Festland verbunden. Die Könige Englands waren in der Normandie zuhause und das drückte sich auch darin aus, dass sie viel Zeit auf dem Festland verbrachten. Als im Jahre 1154 der Graf von Anjou und Herzog der Normandie Heinrich Plantagenet, der kurz zuvor durch die Ehe mit Eleonore von Aquitanien auch noch den Südwesten Frankreichs gewonnen hatte, als Heinrich II. englischer König wurde, da wurde er wohl zum mächtigsten Mann West- und Nordeuropas.[14] Er konnte von den Pyrenäen bis nach Schottland reisen, ohne seinen Herrschaftsbereich zu verlassen – wenn man einmal von der Schiffspassage über den Ärmelkanal absieht (sie wurde zu einer häufigen Routine seiner Herrschaftspraxis). Im Vergleich dazu waren die Möglichkeiten des französischen Königs sehr begrenzt. Er war im wesentlich auf seine Krondomäne in der Île-de-France beschränkt.

Heinrich II., jener Heinrich, in dessen Regierungszeit und in dessen Mitverantwortung die Ermordung Thomas Beckets fiel, starb 1189.[15] Damit war er sehr lange König gewesen und – was zwar ein Zufall aber ein möglicherweise folgenreicher Zufall war – er regierte fast gleichzeitig mit dem römisch-deutschen König

---

12   Die verschiedenen Formen der Überlieferung sind das zentrale Thema von Kapitel 4.
13   Quellen und Literaturangaben finden sich in den entsprechenden Kapiteln dieser Untersuchung, vgl. für eine Übersicht über die Grundzüge der Entwicklung die Literatur in Anm. 8.
14   Zu Heinrich II. vgl. etwa: W. L. WARREN, Henry II, 2. Aufl. London 1977; Th. K. KEEFE, Feudal Assessments and the Political Community under Henry II and his Sons (Publications of the Center for Medieval and Renaissance Studies 19), Berkeley 1983.
15   Zur Becket-Krise vgl. F. BARLOW, Thomas Becket, 2. Aufl. Berkeley 1990; S. JANSEN, Wo ist Thomas Becket? Der ermordete Heilige zwischen Erinnerung und Erzählung (Historische Studien 465), Husum 2002; H. VOLLRATH, Thomas Becket. Höfling und Heiliger (Persönlichkeit und Geschichte), Göttingen 2003; M. KAUFHOLD, Wendepunkte Mittelalterlicher Geschichte. Von der Kaiserkrönung Karls des Großen bis zur Entdeckung Amerikas, Ostfildern 2004, S. 86–92, 217.

und Kaiser Friedrich Barbarossa, der 1152 zum König erhoben und 1155 zum Kaiser gekrönt wurde, und der 1190 auf dem Kreuzzug starb.[16] Sowohl Barbarossa als auch Heinrich II. von England regierten ein Reich, das sich durch eine enorme Erstreckung und eine enorme Vielgestaltigkeit auszeichnete. Barbarossas Herrschaft trug einen gemeinsamen Namen: *das Reich (imperium)*, diese Gemeinsamkeit war allerdings eher eine Gemeinsamkeit, die der Herrschaftsgeschichte geschuldet war. Eine gemeinsame Identität des Untertanenverbandes gab es dagegen nicht, in der Tat gab es gar keinen Untertanenverband. In Heinrichs II. Reich war die Heterogenität geradezu Lebensgesetz. Es gab überhaupt keinen Namen für sein Herrschaftsgebilde, das eine auf die Person Heinrichs bezogene Vereinigung von einer Krone mit Herzogs- und Grafentiteln war. Das sogenannte angevinische Reich (*Angevin Empire*) ist eine Bezeichnung der Forschung.[17] In der Sache war das Reich Heinrichs II. eine Personalunion. Beide Herrscher teilten eine Erfahrung. Um zu regieren, musste der Kaiser, der König, der Herzog oder der Graf in einer seiner vielen Rollen vor Ort sein. Das bedeutete, dass sowohl Heinrich als auch Friedrich Barbarossa sehr viel reisten. Heinrich verbrachte etwa ein Drittel seiner Herrschaftszeit in England; Barbarossa, der eine intensive Italienpolitik betrieb, verbrachte elf Jahre in Italien.

Hinter diesen enormen Anstrengungen, deren es bedurfte, um in einem solchen ausgedehnten Herrschaftsgebiet präsent zu sein, stand ein Bewusstsein der Zusammengehörigkeit, das die praktischen Schwierigkeiten solcher Herrschaftsgefüge kannte, ohne den weit gespannten Anspruch aufzugeben. Anläßlich der Wahl Barbarossas formulierte Otto von Freising diese Spannung mit klaren Worten: ... *in oppido Francofurde de tam immensa Transalpini regni latitudine universum, mirum dictu, principum robur non sine quibusdam ex Italie baronibus tamquam in unum corpus coadunari potuit.*[18] Das war gewissermaßen der Kern eines Verfassungsverständnisses.[19]

Zwei lange Königsherrschaften über Gebiete von enormer Erstreckung und zwei Herrscher, bei denen eine Herrschaftstechnik zu beobachten ist, die im

---

16 Zu Friedrich Barbarossa vgl. F. OPLL, Friedrich Barbarossa (Gestalten des Mittelalters und der Renaissance), 3. Aufl. Darmstadt 1998; K. GÖRICH, Die Ehre Friedrich Barbarossas. Konflikt und politisches Handeln im 12. Jahrhundert (Symbolische Kommunikation in der Vormoderne), Darmstadt 2001; J. EHLERS, Friedrich I. Barbarossa, in: Die deutschen Herrscher des Mittelalters. Historische Portraits von Heinrich I. bis Maximilian I. (919–1519), hg. von B. Schneidmüller/S. Weinfurter, München 2003, S. 232–257; Friedrich Barbarossa. Handlungsspielräume und Wirkungsweisen des staufischen Kaisers (Vorträge und Forschungen 40), hg. von A. Haverkamp, Sigmaringen 1992.
17 Vgl. für einen ersten Überblick: J. GILLINGHAM, The Angevin Empire (Foundations of medieval history), 2. Aufl. London 2001.
18 Ottonis et Rahewini gesta Friderici I Imperatoris (MGH Script. rer. Germ. 46), hg. von G. Waitz, 3. Aufl. Hannover/Leipzig 1912, S. 102f.
19 Vgl. zu Otto von Freising auch H. W. GOETZ, Das Geschichtsbild Ottos von Freising. Ein Beitrag zur historischen Vorstellungswelt und zur Geschichte des 12. Jahrhunderts (Beihefte zum Archiv für Kulturgeschichte 19), Köln/Wien 1984.

12. Jahrhundert eine eigene Renaissance erlebte: der intensive Einsatz juristischer Mittel in der Herrschaftspraxis.[20] Das Eigentümliche in der weiteren Entwicklung dieser beiden Gebilde, des Reiches und der angevinischen Personalunion ist, dass sie beide um 1200 in eine schwere Krise gerieten, die sie tiefgreifend umgestaltete.

Zunächst geriet die Herrschaft als solche in eine Krise. Im Reich folgte auf das Ende der kurzen Herrschaft von Barbarossas Sohn Heinrich VI. im Jahr 1198 eine gespaltene Wahl, die das Land in zwei Lager teilte. Erst 1214 setzte sich der Staufer Friedrich II. definitiv durch und leitete das letzte Kapitel staufischer Herrschaft ein. Es wurde ein durchaus glanzvolles, dabei sehr spannungsreiches Kapitel, aber es war trotz aller Auffälligkeit Friedrichs II. in Deutschland selbst nur noch eine bedingt staufische Geschichte. Friedrich II. ist auch für die vermeintliche Modernität seiner Herrschaft berühmt geworden – aber es war eine Herrschaft im Königreich Sizilien. Friedrich II. war ein herrschaftsbewußter König und Kaiser, aber in Deutschland standen die Jahrzehnte seiner Herrschaft eher im Zeichen beginnender fürstlicher Landesherrschaft. Friedrich, der die Unterstützung der deutschen Fürsten brauchte, gewährte ihnen manche Garantie ihrer nicht unerheblichen Freiheiten. Man kann den Vorgang in Hinblick auf das große und vielgestaltige Reich vielleicht eine Herrschaftskonzentration nennen. Dabei zeigte sich, dass Deutschland nicht zum Kernbereich von Friedrichs Herrschaft zählte. Das gilt unbeschadet der Bemühungen um einen einheitlichen Mindeststandard in wichtigen Rechts- und Verfahrensfragen, die der Mainzer Landfrieden von 1235 für Deutschland stiften sollte. Darauf wird noch einzugehen sein. Auch im angevinisch-englischen Reich können wir eine Konzentration auf Kernbereiche feststellen.

Kurz nach 1200 verlor der englische König seine Festlandbesitzungen im Norden Frankreichs, und die Folge war ebenfalls eine Konzentration der Herrschaftsanstrengungen. Eine Konzentration mit erheblichen Folgen. Der englische König blieb erstmals für eine längere Zeit in England. Was das bedeutet, lässt sich leicht vergegenwärtigen, wenn man das Königtum des populären Richard Löwenherz mit dem seines ungeliebten Bruders Johann Ohneland vergleicht. Richard Löwenherz war von seinen ca. zehn Jahren als König nur drei Monate in England, Johann blieb in England, und das taten die Könige Englands bis in die Mitte des 14. Jahrhunderts, bis zum Beginn des 100-jährigen Krieges. Der unpopuläre Johann erlebte eine schwere Krise, die in der Magna Carta von 1215 gipfelte und die die Stellung des Königs vorübergehend erheblich schwächte.[21]

Statt einer detaillierten Parallelgeschichte soll sich diese Untersuchung auf die politischen und die Verfassungskrisen konzentrieren, die die historischen Kräfte-

---

20 Vgl. dazu zuletzt G. DILCHER, Die staufische Renovation im Spannungsfeld von traditionalem und neuem Denken. Rechtskonzeptionen als Handlungshorizont der Italienpolitik Friedrich Barbarossas, in: Historische Zeitschrift 276 (2003), S. 613–646, der die Arbeit von K. GÖRICH, Die Ehre Friedrich Barbarossas zwar nicht erwähnt, der aber dezidiert gegen Görichs Thesen Stellung bezieht.
21 Vgl. dazu Kapitel 2 und 3.

konstellationen auf den Prüfstand stellten und die das ergiebigste Untersuchungsfeld für unsere Fragestellung abgeben.[22]

Die erste Krise ist bereits benannt, die Krise der Herrschaftsnachfolge zwischen 1198 und 1214. Die zweite Krise trat etwa 50 Jahre später auf, in England als ein Bürgerkrieg, in dem der König zwischenzeitlich entmachtet wurde, in Deutschland als eine weitere Doppelwahl, also eine Wahl zweier konkurrierender Könige. Diese Doppelwahlen wurden nach der Doppelwahl von 1198 in etwa 50 jährigen Abständen zu einem Schicksal des Reiches, dem auch die Goldene Bulle von 1356 erst allmählich gegensteuern konnte. Die Krise der 1250er Jahre brachte England und Deutschland in engere Verbindung, denn sie führte dazu, dass ein Bruder des englischen Königs auf den deutschen Thron gewählt wurde. Im 14. Jahrhundert änderten sich die Krisenrhythmen etwas, und auch nach dem Grund hierfür müssen wir fragen. Während es im Reich im Jahr 1314 eine gespaltene Königswahl gab, sah sich in England 1311 der König einer entschlossenen Opposition gegenüber, wurde im Jahr 1327 gar abgesetzt und getötet. Am Ende des Jahrhunderts wurden 1399 in England und 1400 im Reich die Könige abgesetzt, bzw. ersetzt. In England nahm man 1399 unter Beteiligung des Parlaments König Richard II. seine Krone und tötete ihn schließlich, in Deutschland wählten 1400 die rheinischen Kurfürsten den Wittelsbacher Ruprecht von der Pfalz zum neuen König, nachdem sie den Luxemburger Wenzel für abgesetzt erklärt hatten.

Dies ist der Rahmen der politischen Geschichte, die Untersuchung beginnt mit einer schweren Herrschaftskrise und sie endet mit einer schweren Herrschaftskrise. Dazwischen liegen etwa 200 Jahre einer Entwicklung, die wir auf den folgenden Seiten genauer untersuchen wollen. Dass wir das für die deutsche Geschichte überhaupt tun können, ist die Folge der wiederholten Verknüpfung dieser Geschichte mit der Geschichte der päpstlichen Kurie. Es waren vor allem zwei große Themen, die die Kurie und das römisch-deutsche Königtum wiederholt gegeneinander aufbrachten: die Frage nach dem päpstlichen Anteil an der Erhebung des Kaisers und des römischen Königs *postmodum in imperatorem promovendus*, und die Politik dieses deutschen Herrschers in Italien. Beide Themen waren eng miteinander verbunden und das komplexe Geflecht, das daraus entstand, brachte erhebliche Weiterungen mit sich, die im Extremfall (Friedrich II.) sogar zur Absetzung des Kaisers führen konnten. Die Kurie war an diesem Geschehen durch ihre aktive Rolle beteiligt und ihre Funktion als Archiv der Briefe, Urkunden und Texte, die die entscheidenden Stationen dieser Konflikte erst erkennen lassen, ist für die historische Untersuchung unverzichtbar. Ohne das Register Innozenz' III. *super negotio Romani imperii* läge der deutsche Thronstreit von 1198 mit seiner dramatischen Dynamik weitgehend im Dunkel.[23]

---

22 Auch an dieser Stelle sei auf die eingehenderen Darstellungen in den folgenden Kapiteln verwiesen. Für eine knappe Übersicht vgl. die Literatur in Anm. 8.
23 Regestum Innocentii III papae super negotio Romani imperii (Miscellanea Historiae Pontificiae 12), hg. von F. Kempf, Rom 1947.

Der deutliche Vorsprung der päpstlichen Kurie in der Archivierung und Registerführung gegenüber dem römisch-deutschen Herrscher, und seinem in der Regel sehr bescheidenen Hof, erfordert immer wieder einen Blick auf die kurialen Interessen, die für die Überlieferung wichtiger Texte sorgten, und vor allem auf diese Überlieferung selbst. Um einen zeitgenössischen Problemhorizont ermessen zu können, sind die Überlegungen kirchlicher Juristen aus dem Umfeld der Kurie eine Hilfe. Insbesondere im 13. Jahrhundert käme man ohne ihre Reflexionen zum Selbstverständnis der Institutionen kaum aus. Sie formulierten keine Ansichten über die Formierung des englischen Parlaments und äußerten sich nur bei seltenen Gelegenheiten zum Kreis der deutschen Kurfürsten – etwa im Falle der eigenen Beteiligung an einer Königserhebung in der Rolle als päpstlicher Gesandter – aber ihre Überlegungen über den korporativen Charakter des Kardinalsgremiums sind für die Problemgeschichte sehr hilfreich.[24]

Die päpstliche Kurie erlebte in Anspruch und Aktionsradius die Jahrhundertwende vom zwölften zum dreizehnten Jahrhundert als einen *take-off*. Der Pontifikat Innozenz' III. markierte sowohl kirchenpolitisch als auch politisch den Aufbruch in eine neue Ära, zumindest den Anbruch einer neuen Professionalität.[25] Erkennbarer Ausdruck dieser neuen Professionalität ist das deutliche Anwachsen der päpstlichen Register in diesen Jahren. Sie bezeugt eine enorme Ausweitung der kurialen Kommunikation und eine veränderte Wertschätzung für den Inhalt dieser Kommunikation, deren Entscheidungsfreude zu einem Fundus für die päpstlichen Rechtssammlungen des 13. Jahrhunderts wurde. In den Jahren des Pontifikats von Innozenz III. wurde durch die Förderung der neuen Bettelorden zudem die Grundlage für die Verbindung des Papsttums mit dieser so dynamischen Bewegung geschaffen, deren Angehörige im Laufe des 13. Jahrhunderts zu entschiedenen und wirkungsvollen Vorkämpfern des päpstlichen Führungsanspruchs in der Kirche werden sollten. In verschiedenen der hier behandelten Konflikte werden wir auf Franziskaner stoßen, als Akteure oder intellektuelle Wegbereiter. Die verschiedenen Milieus, denen das Interesse dieser Arbeit gilt, kamen im Verlauf des späten Mittelalters immer wieder in Berührung und bei entsprechenden Herausforderungen konnte es dabei auch zum Transfer von institutionellen Erfahrungen kommen – zumindest dazu, dass die Erfahrungen des eigenen Milieus einen Vergleichshorizont für notwendige Problemlösungen boten.

In dieser Untersuchung wird die Dynamik von historischen Phänomenen in den Blick genommen, die für sich gesehen nicht unbekannt sind. Tatsächlich hat die Bedeutung solcher Fragen, wie der Genese des Kurfürstenkollegs, des englischen Parlaments oder des Kardinalskollegs dazu geführt, dass die Forschung eine detaillierte Bestandsaufnahme der einschlägigen Ereignisse und ihrer Quellen-

---

24 Vgl. dazu unten Kapitel 5.
25 Vgl. dazu die ausführlichen Nachweise im folgenden Kapitel.

grundlagen erarbeitet hat.²⁶ Diese Arbeiten sind eine notwendige Voraussetzung für einen historischen Vergleich. Ohne sie wäre er nicht möglich. Die vergleichende Perspektive lebt davon, dass sie Phänomene zueinander in Verbindung setzt, die bislang vorwiegend für sich betrachtet wurden. Den Wert detaillierter Einzelstudien hebt sie nicht auf. Sie ergänzt sie um einen anderen Blickwinkel. Aber der Vergleich wird doch eine Revision solcher Urteile anstreben, die durch einen isolierten Blick zustande gekommen sind. So erscheinen in einer jüngeren englischen Untersuchung die Barone Englands im fortschreitenden späten Mittelalter als politische Kraft, die sich zunehmend durch aristokratische Gruppeninteressen leiten ließ. Der Einsatz für die Ideale der Freiheit, der die Rebellion gegen König Johann Ohneland zu Beginn des 13. Jahrhunderts motiviert habe, und der zur Magna Carta von 1215 führte, sei in den Bewegungen des 14. Jahrhunderts verschwunden.²⁷ Die Autorin hat für ihre Untersuchung einen langen Zeitraum gewählt und sich damit neue Vergleichsmöglichkeiten erschlossen. Aber sie beschränkt sich ausschließlich auf die englische Entwicklung, sonst wäre ihr aufgefallen, wie sehr ihre Beurteilung der baronialen Politik der Verurteilung der kurfürstlichen Politik im spätmittelalterlichen Reich entspricht.²⁸ In beiden Fällen kommen die Urteile durch ein Zurücktreten politischer Kategorien zustande, und man kann es als einen Anspruch vergleichender Untersuchung formulieren, für die historische Entwicklung ein realistisch fundiertes Erwartungsprofil zu erarbeiten.²⁹

Die Neubewertung baronialer und fürstlicher Politik ist nur ein Ergebnis der vergleichenden Arbeitsweise. Es geht insgesamt um einen realistischen Blick auf die Möglichkeiten eines gesteuerten institutionellen Wandels unter den einfachen Kommunikationsbedingungen und dem geringen Grad organisatorischer Durchdringung, der das späte Mittelalter aus moderner Perspektive kennzeichnet. Dabei lebt der Vergleich nicht nur durch den Blick des Beobachters, sondern er bezieht seine Berechtigung auch aus der zeitgenössischen Verbindung der beobachteten Phänomene. Es gilt, den Vergleichshorizont so zu bestimmen, dass die untersuchten Erscheinungen in einem zeitlichen Verhältnis zueinander stehen, das den Be-

---

26 Anstelle einer ausführlichen Bibliographie an dieser Stelle vgl. die Literaturnachweise in den folgenden Kapiteln im jeweiligen thematischen Zusammenhang.
27 C. VALENTE, The Theory and Practise of Revolt in Medieval England, Aldershot u. a. 2003.
28 Zu den kritischen Urteilen über die kurfürstliche Politik im spätmittelalterlichen Reich vgl. für einen ersten Eindruck: M. KAUFHOLD, Deutsches Interregnum und europäische Politik. Konfliktlösungen und Entscheidungsstrukturen 1230–1280 (MGH Schriften 49), Hannover 2000, S. 12–25, 110–126, 464f.
29 Zu den methodischen Ansprüchen an eine vergleichende Untersuchung spätmittelalterlicher Entwicklungen vgl. etwa: M. BORGOLTE, Mediävistik als vergleichende Geschichte Europas, in: Mediävistik im 21. Jahrhundert. Stand und Perspektiven der internationalen und interdisziplinären Mittelalterforschung (Mittelalter Studien des Instituts zur interdisziplinären Erforschung des Mittelalters und seines Nachwirkens), hg. von H.-W. Götz/J. Jarnut, Paderborn 2003, S. 312–323; vgl. besonders die Beiträge in: Das Mittelalter im Spannungsbogen des Vergleichs: Zwanzig internationale Beiträge zu Praxis, Perspektiven und Problemen der internationalen Komparatistik (Europa im Mittelalter. Abhandlungen und Beiträge zur historischen Komparatistik 1), hg. von M. Borgolte, Berlin 2001.

zug zu einander immerhin möglich macht. Das ist keine ganz eindeutige Bedingung, denn sie setzt voraus, dass die Akteure im Reich, in England und an der Kurie zumindest Kenntnis von den Vorgängen bei ihren Nachbarn hatten oder haben konnten. Dabei müssen wir uns klar sein, dass eine solche Kenntnis keineswegs einen Bezug zueinander zur Folge haben musste. Man konnte von einer Entwicklung durchaus Kenntnis haben, ohne den Drang zu verspüren, ihr nachzueifern. Die Bedingung einer möglichen Kenntnis ist eine methodische Entscheidung. Sie ermöglicht es, die verschiedenen Entwicklungen auch als unterschiedliche Antworten auf verwandte Herausforderungen zu verstehen. Und um die zeitbedingte Herausforderungen und die jeweiligen Reaktionen geht es in besonderer Weise. Es wäre eine Vorwegnahme von Ergebnissen, die es erst zu ermitteln gilt, wollte man die Zeitschichten, die den jeweiligen Vergleichsrahmen begrenzen, genau festlegen. Immerhin wird es ja auch um die Frage gehen, wie lange die Erinnerung an politische Ereignisse als aktives Potential bewahrt wurde (z. B. Magna Carta). Doch scheint eine Orientierung an dem Zeitmaß einer Generation (ca. 35–40 Jahre) als Ausgangspunkt sinnvoll. Eine genauere Überprüfung ist noch erforderlich, aber wir können zunächst einmal davon ausgehen, dass innerhalb einer solchen Zeit die tatsächliche Erinnerung der Akteure an ein Geschehen fortlebte – was nicht bedeutet, dass es eine historisch „richtige" Erinnerung war. Wichtig für unsere Fragestellung ist, dass sie eine aktivierbare Erinnerung war.

In dieser Untersuchung geht es um die großen politischen Krisen und institutionellen Herausforderungen im Reich, in England und an der Kurie zwischen 1198 und 1400. Dabei ermöglicht die englische Überlieferung wiederholt den besten Einstieg in die Reformthematik. Der Aufbau der Arbeit folgt der Logik der Probleme und der unterschiedlichen Antworten. Daraus entsteht keine parallele Erzählung der Ereignisse. Die Anteile der jeweiligen Schauplätze sind nicht immer gleich gewichtig. Dies ist kein Handbuch, sondern eine fokussierte Studie zweier dynamischer Jahrhunderte, in denen das westliche Europa seinen politischen Institutionen einen arbeitsfähigen Zuschnitt verlieh. Dazu bedurfte es etlicher krisenhafter Erfahrungen und des langem Atems mehrerer Generationen.

Kapitel 1

Der Beginn einer neuen Zeit: Die Jahre 1198–1215

Unsere Untersuchung beginnt mit dem dramatischen Auftakt einer neuen Epoche um das Jahr 1200. Es ist nicht sinnvoll, die Anfangsphase des *späten Mittelalters* um die Jahrhundertwende des 12. zum 13. Jahrhundert zu präzise einzugrenzen, und es ist auch kaum möglich. Es ist ja gerade die Eigentümlichkeit dieser neuen Phase der mittelalterlichen Geschichte, dass das Geschehen auf der historischen Bühne nun von einer Vielzahl von Akteuren bestimmt wird, und dass die Ordnungen dieses sozialen Gefüges durch die komplexen Interessenlagen mitunter schwer zu erkennen sind. Dabei ist es nicht nur eine neue Komplexität, die die historische Analyse herausfordert und die der Interpretation dieser Zeit ein breites Spektrum eröffnet, sondern es ist auch eine veränderte Überlieferungslage, die den Blick verändert. Indem die Reichschronistik zurücktritt und einer Zahl von Geschichtsschreibern weicht, deren Aufmerksamkeit den Geschehnissen in den einzelnen Regionen des Reiches, den entstehenden *Ländern*, gilt, und indem die enorm anwachsende Überlieferung der päpstlichen Kanzlei eine immer größere Bedeutung für unsere Kenntnis der Reichsgeschichte erlangt, erscheint das römische Königtum nur noch als eine Größe unter vielen. Eine Institution, der man sich gleichsam von außen nähert, weil sie die Aufmerksamkeit der zeitgenössischen Geschichtsschreiber nicht mehr automatisch auf sich zog. Darin kommt auch ein Bedeutungsverlust des römischen Königtums zum Ausdruck, denn die Fähigkeit, die Blicke auf sich zu ziehen und dem politischen und kulturellen Geschehen im Reich einen Fokus zu verleihen, wäre schon für sich genommen ein Zeichen von Gestaltungsmacht. Über eine solche Fähigkeit, die historische Entwicklung gleichsam zu verkörpern und den historischen Entscheidungsprozessen ein Gesicht zu verleihen, verfügten nur sehr wenige römisch-deutsche Könige.[1] Allerdings muß um der Gerechtigkeit willen, und um der vergleichenden Perspektive dieser Untersuchung willen, festgehalten werden, dass sich die Reihe der englischen Könige und der Päpste der zwei Jahrhunderte zwischen ca. 1200 und 1400 kaum eindrucksvoller ausnimmt.[2] Sie provozierten in mehr als einem Fall den entschiedenen Protest

---

1 Vgl. zu einer Übersicht über die Gestalten der spätmittelalterlichen Könige die Lebensbilder in: Die deutschen Herrscher des Mittelalters, hg. von Schneidmüller/Weinfurter.
2 Vgl. zu den englischen Königen: Die englischen Könige im Mittelalter. Von Wilhelm dem Eroberer bis Richard III., hg. von N. Fryde/H. Vollrath, München 2004; zu den Päpsten vgl.: Die Geschichte des Christentums, Bd. 5, hg. von Vauchez und Bd. 6, hg. von Mollat du Jourdin/Vauchez; für eine knappe Übersicht: SCHIMMELPFENNIG, Das Papsttum.

ihrer Untertanen und ihres Hofes, und im Falle der englischen Könige blieb es nicht beim Unmut, vielmehr gipfelte die Unzufriedenheit in der Absetzung und Tötung der betroffenen Könige (Edward II. 1327, Richard II. 1399).[3] Eine solche Erfahrung war für die römisch-deutschen Könige des späten Mittelalters eine Ausnahme. Der englische König und der Papst konnten von einem Amtsapparat profitieren, der ihnen in ganz anderer Weise eine zentrale Rolle in ihrem Königreich und in der Kirche einräumte, als dies bei dem römisch-deutschen König der Fall war. Diese *strukturelle Zentralisierung*, deren Wirkungsgrad allerdings immer noch erheblich von der persönlichen Befähigung der einzelnen Amtsträger abhing, verlieh etwa dem englischen König allein durch das Amt eine exponierte Stellung, die der römisch-deutsche König durch großen persönlichen Einsatz erst erlangen musste.[4]

Doch diese herausgehobene Stellung des englischen Königs hatte auch zur Folge, dass mögliche Schwächen seiner Amtsführung ebenfalls in grellerem Licht begutachtet wurden, und diese Position unter besonderer Beobachtung hat zumindest zwei englische Könige das Leben gekostet (Edward II. (1307–1327) und Richard II. (1377–1399)) und zwei weiteren die Herrschaft sehr erschwert (Johann Ohneland (1199–1216) und Heinrich III. (1216–1272)).[5] Im römisch-deutschen Reich kam es nicht dazu, dass ein abgesetzter und gefangener König getötet wurde; in dem einen Fall, in dem ein abgesetzter König sein Leben verlor, starb er auf dem Schlachtfeld: Adolf von Nassau in der Schlacht bei Göllheim im Juni oder Juli 1298.[6] Im Reich wurden Königsherrschaften dadurch in Frage gestellt, dass die „Opposition" eigene Könige wählte und krönte, je nach Standpunkt waren dies Otto IV. (1198–1218) oder Philipp von Schwaben (1198–1208), Heinrich Raspe (1246–1247) und Wilhelm von Holland (1247–1256), Richard von Cornwall (1257–1272) oder Alfons von Kastilien (1257–1275), Albrecht I. (1298–1308), Ludwig der Bayer (1314–1347) oder Friedrich der Schöne (1314–1330), Karl IV. (1346–1378)

---

3   Diese Geschehnisse werden im weiteren Verlauf dieser Untersuchung eingehender vorgestellt.
4   Vgl. dazu etwa P. MORAW, Der „kleine König" im europäischen Vergleich, in: Rudolf von Habsburg (1273–1291). Eine Königsherrschaft zwischen Tradition und Wandel (Passauer historische Forschungen 7), hg. von E. Boshof/F.-.R Erkens, Köln 1993, S. 185–208; DERS., Über Entwicklungsunterschiede und Entwicklungsausgleich im deutschen und europäischen Mittelalter, in: Hochfinanz, Wirtschaftsräume, Innovationen. Festschrift für Wolfgang von Stromer, Bd. 2, hg. von Uwe Bestmann/Franz Irsigler, Trier 1987, S. 583–622; jetzt auch in: P. MORAW, Über König und Reich. Aufsätze zur deutschen Verfassungsgeschichte des späten Mittelalters, hg. von R. C. Schwinges, Sigmaringen 1995, S. 293–320.
5   Die Erfahrungen dieser Könige werden im weiteren Verlauf der Untersuchung noch eingehend dargestellt.
6   Zur Schlacht bei Göllheim vgl. Regesta Imperii VI,2. Regesten des Kaiserreichs unter Rudolf, Adolf, Albrecht, Heinrich VII., 1273–1313, hg. von V. Samanek, Innsbruck 1948, Nr. 1002; zu Adolf von Nassau vgl. Ch. REINLE, Adolf von Nassau, in: Die deutschen Herrscher des Mittelalters, hg. von Schneidmüller/Weinfurter, S. 360–371.

und schließlich Ruprecht von der Pfalz (1400–1410).⁷ Bei einem Vergleich dieser Doppelkönigtümer zeigt sich, dass sie in der Regel erstaunlich langlebig waren, und dass die Notwendigkeit einer Klärung der Situation, wer denn der *richtige* König sei, nicht drängte. Darauf kommen wir noch zurück.

An die Stelle markanter Königsgestalten tritt im späten Mittelalter allmählich ein Gremium von sieben Fürsten, die den neuen König zu wählen haben. Diese Kurfürsten, die sich im Verlauf der Epoche, die wir hier untersuchen, als *Kurfürstenkolleg* formierten, erlangten eine Schlüsselrolle in der politischen Ordnung des Reiches, doch hat die Tatsache, dass nur wenige Mitglieder dieses Wählerkreises ein eigenes prominentes Profil auf Reichsebene erlangten, zum unbestimmten Bild des römisch-deutschen Königtums im späten Mittelalter beigetragen.⁸

In einer Zeit, in der politische Entscheidungen in hohem Maße personalisiert waren, erscheint der Kreis der Kurfürsten letztlich als schwer fassbare Größe, obwohl die Entscheidungen dieser Institution in hohem Maße durch die sehr konkreten Interessen der Mitglieder geprägt waren. Das Kurfürstenkolleg ist in der deutschen Geschichte des späten Mittelalters tatsächlich eher eine abstrakte Institution als ein Zusammenschluß markanter politischer Köpfe. Darin mag ein Teil des Unbehagens begründet liegen, das die Forschung im Umgang mit den Kurfürsten immer wieder erfasst hat.⁹ Darin liegt aber auch ein besonderer Reiz der Entwicklungsgeschichte dieses Gremiums, denn an den Modalitäten seiner Entscheidungen lässt sich die Geschichte der politischen und der Verfassungsordnung des Reiches verfolgen.¹⁰

Das Verfahren zur Wahl des römisch-deutschen Königs wurde in den Jahrhunderten, in denen uns die Überlieferungslage einen einigermaßen verlässlichen Blick auf das Geschehen erlaubt, allmählich formalisiert. Eine ähnliche Formalisie-

---

7 Auf diese Fälle wird die Untersuchung in der Folge näher eingehen; für eine Übersicht mit Quellenangaben und weiterer Literatur vgl. Die deutschen Herrscher des Mittelalters, hg. von Schneidmüller/Weinfurter.
8 Vgl. für eine erste Übersicht über die Geschichte des Kurkollegiums und seiner Erforschung: M. KRAMMER, Das Kurfürstenkolleg von den Anfängen bis zum Zusammenschluß im Renser Kurverein des Jahres 1338 (Quellen und Studien zur Verfassungsgeschichte des deutschen Reiches in Mittelalter und Neuzeit V.1), Weimar 1913; H. MITTEIS, Die deutsche Königswahl. Ihre Rechtsgrundlagen bis zur Goldenen Bulle, 2. Aufl. Brünn/München/Wien 1944; M. LINTZEL, Die Entstehung des Kurfürstenkollegs, zuletzt in: DERS., Ausgewählte Schriften, Bd. 2 Berlin 1961, S. 431–463; W. BECKER, Der Kurfürstenrat. Grundzüge seiner Entwicklung in der Reichsverfassung und seine Stellung auf dem Westfälischen Friedenskongreß (Schriftenreihe der Vereinigung zur Erforschung der Neueren Geschichte 5), Münster 1973; K. F. KRIEGER, König, Reich und Reichsreform im Spätmittelalter (Enzyklopädie deutscher Geschichte 14), München 1992, S. 64–71; F. R. ERKENS, Kurfürsten und Königswahl. Zu neuen Theorien über den Königswahlparagraphen im Sachsenspiegel und die Entstehung des Kurfürstenkollegiums (MGH Studien und Texte 30), Hannover 2002.
9 Zur Diskussion über die Rolle der Kurfürsten vgl. neben der Literatur in der vorangehenden Anmerkungen etwa: KAUFHOLD, Deutsches Interregnum, S. 458–478.
10 Vgl. etwa ebda, S. 458–478.

rung, wenn auch ausdrücklicher beschlossen und umfassender bezeugt, lässt sich bei der Entwicklung des Papstwahlverfahrens beobachten, in dessen Verlauf das Kardinalskollegium als Wählergremium Gestalt annahm.[11] Die Ausbildung des Verfahrens und die Formierung des Kardinalskollegs vollzog sich in einem anderen Rhythmus als die Ausbildung des deutschen Königswahlverfahrens, aber doch nicht nach völlig verschiedenen Gesetzen.[12] In der späten Stauferzeit, in der diese Untersuchung einsetzt, waren Kaisertum und Papsttum durchaus ebenbürtige historische Größen, aufgrund der energischen Italienpolitik der Kaiser standen sie in regelmäßigem politischen Kontakt, und die deutsche Königswahl galt selbstverständlich als eine Wahl zum römischen Kaiser. Als Innozenz IV. den letzten Stauferkaiser Friedrich II. am 17. Juli 1245 auf dem Konzil von Lyon absetzte, da forderte er im letzten Satz der Absetzungsurkunde die deutschen Wahlfürsten auf, nun in freier Wahl zur Bestimmung eines neuen Kaisers zu schreiten: *Illi autem, quibus in eodem imperio imperatoris spectat electio, eligant libere successorem.*[13] Die enge Verbindung von Königswahl und Kaisertum begründete letztlich das besondere Interesse der Kurie an dem deutschen Wahlverfahren, von dem in diesem Kapitel die Rede sein wird.

So deutlich die Entwicklungstendenzen im historischen Blick hervortreten, so müssen wir uns doch immer wieder vergegenwärtigen, wie allmählich sich diese Entwicklung im Bewusstsein und in der Realität der Zeitgenossen vollzog. Die erste Königswahl, deren Verlauf uns so genau überliefert ist, dass wir einzelne Schritte des Vorgangs unterscheiden können, ist die Wahl des ersten Saliers, Konrads II., in Kamba am 4. September 1024.[14] Auch wenn die Schilderung der Wahl das Misstrauen der Historiker erweckt, weil der Verlauf offenbar aus der Perspektive des erfolgreichen Konrad harmonisiert wurde,[15] so bleibt der zeitgenössische

---

11 Zum Papstwahlverfahren und zur Rolle des Kardinalskollegiums, auf die noch einzugehen sein wird, vgl. für einen ersten Überblick: H. E. FEINE, Kirchliche Rechtsgeschichte. Die katholische Kirche, 5. Aufl. Köln/Wien 1972, S. 311–321; vgl. außerdem: L. GAUGUSCH, Das Rechtsinstitut der Papstwahl. Eine historisch-kanonistische Studie, Wien 1905; T. KUPPER, Das Papstwahlrecht der Kardinalbischöfe und die Papstwahl in der Zeit von 1059 bis 1179, Diss. masch. Innsbruck 1958; B. SCHIMMELPFENNIG, Papst- und Bischofswahlen seit dem 12. Jahrhundert, in: Wahlen und Wählen im Mittelalter (Vorträge und Forschungen 37), hg. von R. Schneider/H. Zimmermann, Sigmaringen 1990, S. 173–195; P. HERDE, Die Entwicklung der Papstwahl im dreizehnten Jahrhundert. Praxis und kanonistische Grundlagen, in: Österreichisches Archiv für Kirchenrecht 32 (1981), S. 11–41.
12 Vgl. zum Wahlthema allgemein: W. MALECZEK, Abstimmungsarten: Wie kommt man zu einem vernünftigen Wahlergebnis?, in: Wahlen und Wählen im Mittelalter, hg. von Schneider/Zimmermann, S. 79–134, sowie die verschiedenen anderen Beiträge in diesem Band.
13 Absetzungsurkunde Friedrichs II.: MGH Epistolae saeculi XIII e Regestis Pontificum Romanorum selectae, Bd. 2, hg. von C. Rodenberg, Berlin 1887, Nr. 124.
14 Vgl. zur Wahl Konrads II.: Wipo, Gesta Chuonradi, Kap. 2, ed. Bresslau, S. 13–20; S. WEINFURTER, Das Jahrhundert der Salier (1024–1125), 2. Aufl. Ostfildern 2004, S. 25–32; zu Konrad II. vgl. H. WOLFRAM, Konrad II. Herrscher dreier Reiche, München 2000.
15 Vgl. z.B. H. WOLFRAM, Konrad II., in: Die deutschen Herrscher des Mittelalters, hg. von Schneidmüller/Weinfurter, S. 119–135, hier S. 125f.

Horizont Wipos, der ca. 20 Jahre nach dem Geschehen schrieb, doch erhalten. Und auf diesen zeitgenössischen Horizont kommt es hier an.

Für die Wähler Wipos galt ein frühmittelalterliches *Gentleman´s agreement*: Man gab sich nicht selber die Stimme: *In omni electione nemini licet de se ipso iudicare*.[16] Diese Maxime hatte der später gewählte Konrad formuliert, als nach den Beratungen vor der eigentlichen Wahl nur noch zwei aussichtsreiche Kandidaten übriggeblieben waren, er selbst und sein jüngerer Verwandter gleichen Namens.[17] Konrad konnte seinen Konkurrenten für eine dynastische Perspektive gewinnen, in jedem Fall würde ein Salier Herrscher sein, und es ging ihm darum, dass das Königtum für die Familie gesichert würde und nicht durch einen familieninternen Streit gefährdet würde. Er hatte Erfolg. Sein Rivale, der jüngere Konrad, akzeptierte das Verfahren, und er akzeptierte schließlich auch seine deutliche Niederlage in der Abstimmung.[18] So wurde die Einheit des Reiches in einer klassischen Krisensituation gewahrt und das Jahrhundert der Salier auf dem deutschen Thron eingeleitet. Wie viel nüchterner erscheint dagegen der Abstimmungsvorgang in der Goldenen Bulle.[19] Im Kreise der Kurfürsten ist es nunmehr zulässig, die eigene Stimme für die eigene Person einzusetzen, um gegebenenfalls die nötige Mehrheit zur Wahl des Königs zu erlangen: *In dem Falle schließlich, dass drei anwesende Kurfürsten (oder Botschafter von abwesenden) einen vierten aus ihrer Mitte oder Gemeinschaft, das heißt einen anwesenden oder abwesenden Kurfürsten zum Römischen König wählen, soll nach unserer Verfügung die Stimme dieses Gewählten, wenn er anwesend ist (...), volle Kraft haben, die Zahl seiner Wähler zu erhöhen und die Mehrheit herzustellen – genau wie die der anderen Kurfürsten*.[20] Man kann darin einen Verlust adliger Noblesse und einen bedauernswerten Erfolg nüchternen Eigennutzes sehen, aber man kann dies auch als den Erfolg eines rationalen Pragmatismus verstehen, der letztlich eine stärkere Bindekraft für eine politische Gemeinschaft entwickelte, als alle Appelle an eine hochherzige Haltung. Dieser Frage werden wir nachzugehen haben. Aber schon jetzt läßt sich thesenhaft formulieren, dass ein Reich, dessen Zusammenhalt auf die noble Haltung seiner entscheidenden Akteure angewiesen ist, weniger stabil erscheint, als ein Reich, das nüchtern mit den Eigeninteressen der mächtigen Männer kalkuliert.[21]

Ein ähnlicher Pragmatismus kennzeichnete einen wichtigen Unterschied zwischen der Wahl Konrads II. und der Königswahlregelung in der Goldenen Bulle. In Kamba 1024 gab der vornehmste Fürst des Reiches, der Erzbischof von Mainz, als

---

16 Wipo, Gesta Chuonradi, Kap. 2, ed. Bresslau, S. 17.
17 Ebda, S. 15–18; vgl. dazu WOLFRAM, Konrad II., 60–63; WEINFURTER, Das Jahrhundert, S. 26–32.
18 Wipo, Gesta Chuonradi, Kap. 2, ed. Bresslau, S. 19f.; WOLFRAM, Konrad II., S. 60–63; WEINFURTER, Das Jahrhundert, S. 26–32.
19 Die Goldene Bulle Kaiser Karls IV. vom Jahre 1356 (MGH Fontes iuris Germ. 11), hg. von W. Fritz, Weimar 1972.
20 Ebda, Kap. 2 (5), S. 55f.
21 Über die Vorbilder für die Abstimmungsmodalitäten im Kreis der Kurfürsten, die im kanonischen Wahlverfahren zu finden sind, wird an späterer Stelle in dieser Untersuchung zu handeln sein; vgl. allgemein MALECZEK, Abstimmungsarten.

erster seine Stimme ab, um den anderen Wählern ein Vorbild für ihre Wahlentscheidung zu geben.[22] Die Goldene Bulle, die die Reihenfolge der Stimmabgabe bei der Königswahl in Frankfurt präzise regelte, schrieb vor, dass der Erzbischof von Mainz seine Stimme als letzter abzugeben habe. Nachdem der Erzbischof die Wahlentscheidungen der anderen sechs Kurfürsten erfragt hatte, fragten diese sechs ihn nach seiner Entscheidung *ut et ipse intentionem suam exprimat et ipsis aperiat votum suum.*[23] Das war keine Abwertung des erzbischöflichen Status, der Erzbischof von Mainz stand dem Königswahlverfahren der Goldenen Bulle vor. Er lud zur Wahl ein, und er leitete die Wahl.[24] Wenn er seine Stimme als letzter abgab, konnte der Erzbischof von Mainz in einer möglichen Patt-Situation das entscheidende Votum abgeben. Anders als in Kamba, wo die Zahl der Wähler unklar war, hatte im Kreise der sieben Kurfürsten – wenn sie denn alle anwesend waren – nun die Zahlenlogik eines formalisierten Entscheidungsverfahrens Einzug gehalten.

Die Formalisierung ließ eindrucksvollen Gesten einen geringeren Spielraum, aber das durchstrukturierte Verfahren der Goldenen Bulle erhob einen sehr weitgehenden Anspruch. Das Ideal der Einstimmigkeit war keineswegs aufgegeben. Vielmehr legte die Goldene Bulle nun den technischen Weg zu einer einstimmigen Entscheidung fest, von der jedermann wusste, dass sie nur unter besonderen Bedingungen zu erzielen war. Die Entscheidung der Mehrheit, auch der einfachen Mehrheit, sollte so angesehen werden, als sei diese Entscheidung einmütig getroffen worden – *ac si foret ab ipsis omnibus nemine discrepante concorditer celebrata.*[25] Das war eine enorme Abstraktionsleistung.

In Kamba hatte man im Jahr 1024 dasselbe Ideal der Einstimmigkeit gehabt, aber ein einstimmiges Wahlergebnis war nur dadurch erzielt worden, dass die Kritiker bei der Abstimmung nicht mehr anwesend waren.[26] Ihre nachträgliche Zustimmung musste später mühsam eingeholt werden. Das Ideal einer einstimmigen Wahl war 1024 wie 1356 dasselbe. Auch die Idee eines Mehrheitsentscheides, die schließlich in der Goldenen Bulle festgeschrieben wurde, wurde bereits in Kamba formuliert. Dort musste das Votum für einen der beiden Konkurrenten irgendwie herbeigeführt werden.[27] Die zentralen Aspekte des Themas scheinen

---

22 Wipo, Gesta Chuonradi, Kap. 2, ed. Bresslau, S. 18f.: *Archiepiscopus Moguntinensis, cuius sententia ante alios accipienda fuit, rogatus a populo, quid sibi videretur, abundanti corde, hilari voce laudavit et elegit maioris aetatis Chuonem suum in dominum et regem atque rectorem et defensorem patriae.*
23 Die Goldene Bulle Kaiser Karls IV., Kap. 4 (2), ed. Fritz, S. 58.
24 Ebda, Kap. 1 (15), S. 51, und Kap. 4 (2), S. 58.
25 Ebda, Kap. 2 (4), S. 54f.: *Postquam autem in eodem loco ipsi vel pars eorum maior numero elegerit, talis electio perinde haberi et reputari debebit, ac si foret ab ipsis omnibus nemine discrepante concorditer celebrata.*
26 Wipo, Gesta Chuonradi, Kap. 2, ed. Bresslau, S. 19: *Quamquam archiepiscopus Coloniensis et dux Fridericus cum aliis quibusdam Liutharingis causa iunioris Chuonis, ut fama fuit, immo hoste pacis diabolo instigante, impacti discederent.* Vgl. WOLFRAM, Konrad II., in: Die deutschen Herrscher des Mittelalters, hg. von Schneidmüller/Weinfurter, S. 125.
27 Wipo, Gesta Chuonradi, Kap. 2, ed. Bresslau, S. 16: *Ad extremum vero divina providentia contigit, ut ipsi inter se convenirent quodam pacto in tam dubia re satis convenienti, quod, si quem illorum maior pars populi laudaret, alter eidem sine mora cederet.*

beharrlich zu sein. Doch hier geht es tatsächlich um Genauigkeit. Wie setzten die Zeitgenossen diese Leitideen um? Dabei ist eine Entwicklung nicht zu übersehen. Aus dem weitgehend ungeregelten Auswahlverfahren im Jahr 1024 wurde ein genormter Wahlvorgang. Die Veränderungen im Verfahren waren erheblich und sie lassen sich als Indikatoren für die Veränderung der politischen Ordnung interpretieren. Darauf werden wir noch zurückkommen. Zunächst ist auf einen offenkundigen Befund hinzuweisen. Diese Veränderungen brauchten Zeit, sehr viel Zeit sogar. Zwischen den beiden Texten liegen mehr als 300 Jahre. In dieser Untersuchung geht es um eine Entwicklung, die sich über einen Zeitraum von ca. 200 Jahren erstreckte (1198–1411). Für die Wähler, die in der Generation nach der Goldenen Bulle einen römisch-deutschen König zu wählen hatten, lagen die Anfänge der Formierung ihres Wahlkollegiums wahrscheinlich in einer Zeit, *an die es keine Erinnerung mehr gibt*, um einmal in der Sprache mittelalterlicher Autoren zu sprechen.[28]

Es ist tatsächlich eine Frage, ob der Kaiser und die Kurfürsten zur Zeit der goldenen Bulle noch eine Erinnerung an die schicksalhafte Doppelwahl des Jahres 1198 hatten, als im Reich erstmals Kriterien dafür formuliert wurden, was für eine gültige Wahlentscheidung erforderlich sei. Eine solche Erinnerung ist sehr unwahrscheinlich.[29] Im Reich gab es keine durchgängige Überlieferung, es gab keine Hauptstadt mit einer königlichen Residenz und einem dort beheimateten Archiv. Die Familienüberlieferung der Staufer war seit einem Jahrhundert abgebrochen und die Welfen spielten auf der Reichsebene keine wichtige Rolle mehr.[30] Insofern ist die hier eingenommene Perspektive tatsächlich eine übergeordnete; sie untersucht eine Entwicklung, deren innerer Zusammenhang für die Akteure nur noch schwer fassbar war. Und doch ist dies nur zum Teil richtig. Denn an anderer Stelle, wo man über eine bessere Überlieferung verfügte, waren die zentralen Texte, die am Anfang dieser Entwicklung standen, nicht nur erreichbar, sondern sie wurden auch benutzt. An der päpstlichen Kurie verfügte man über eine Textsammlung aus

---

28 ... *a tempore, cuius non est memoria, circa electos Rom(anorum) reges et principes sic est de iure et consuetudine observatum*... (1. Appellation Ludwigs des Bayern gegen die Prozesse Johannes' XXII. vom 18. Dez. 1323, in: MGH Constitutiones et acta publica imperatorum et regum, Bd. 5, hg. von J. Schwalm, Hannover/Leipzig 1904–1913, Nr. 824, S. 644).
29 Die Frage der zeitlichen Erstreckung menschlicher Erinnerung und ihrer verschiedenen Hilfsmittel, die für diese Untersuchung eine besondere Bedeutung hat, wird weiter unten eingehend erörtert werden. Vgl. zu dem Problem der menschlichen Erinnerung im historischen Prozeß allgemein: FRIED, Der Schleier der Erinnerung; vgl. grundsätzlich auch: J. ASSMANN, Das kulturelle Gedächtnis. Schrift, Erinnerung und politische Identität in frühen Hochkulturen, 3. Aufl. München 2000; vgl. spezieller zu dem hier behandelten Raum und Zeitraum die klassische Studie von M. T. CLANCHY, From Memory to written Record. England 1066–1307, 2. Aufl. Oxford 1993; vgl. auch DERS., Literacy and Law in Medieval England, London 1990.
30 Vgl. zu den Welfen: B. SCHNEIDMÜLLER, Die Welfen. Herrschaft und Erinnerung (819–1252), Stuttgart/Berlin/Köln 2000.

den Jahren der Doppelwahl von 1198, weil der damalige Papst Innozenz III. über diesen Vorgang ein eigenes Thronstreitregister angelegt hatte.[31]

Dieses Thronstreitregister ist nicht nur für die moderne Forschung eine unverzichtbare Quellensammlung, ohne die wir nur eine geringe Kenntnis der damals verfassten Texte hätten, sondern es wurde an der Kurie im weiteren Verlauf des 13. Jahrhunderts noch herangezogen, wenn man Orientierung in ähnlichen Situationen suchte (z.B. bei der Doppelwahl von 1257). Dies belegen die Randvermerke von späteren Händen im Originalmanuskript Innozenz' III.[32] Die Tatsache, dass die Kurie nicht nur über diese Texte verfügte, sondern dass sie sie auch weiterhin als Quelle nutzte, um sich mit Argumenten in ihrer Haltung zu den Doppelwahlen im Reich des späten Mittelalters zu versorgen, brachte wichtige Aspekte der Auseinandersetzung von 1198 auch für die Akteure des Reiches wieder sichtbar in die Diskussion.[33] Daraus entstand eine komplexe Vermischung von Positionen und Argumenten, die aber erst sehr langsam eine argumentative Kraft entwickeln konnten. Während längerer Zeit galt es, erst einmal zu klären, welche Positionen in einer Rechtstradition des Reiches akzeptiert werden konnten. Daraus ergab sich ein vielschichtiger Klärungsprozeß, in dem Machtinteressen, politische Opportunität und menschliches Erinnerungsvermögen, aber auch die echte Suche nach Problemlösungen den Rhythmus bestimmten.

---

31   Regestum Innocentii III, ed. Kempf; zum Thronstreitregister vgl. u. a.: L. DELISLE, Les registres d'Innocent III, in: Bibliothèque de l'Ecole des Chartes. Revue d'erudition 46 (1885), S. 84–94; W. HOLTZMANN, Das Register Papst Innozenz' III. Über den deutschen Thronstreit, Bonn 1947/48; F. KEMPF, Zu den Originalregistern Innozenz' III. Eine kritische Auseinandersetzung mit Friedrich Bock, in: Quellen und Forschungen aus italienischen Archiven und Bibliotheken 36 (1956), S. 86–137; O. HAGENEDER, Zur Entstehung des Thronstreitregisters Papst Innozenz' III. und dessen Eingreifen in den deutschen Thronstreit, in: Römische Kurie. Kirchliche Finanzen. Vatikanisches Archiv. Studien zu Ehren von Hermann Hoberg, Bd. 1 (Miscellanea historiae pontificiae 45,1), hg. von E. Gatz, Rom 1979, S. 275–280; M. LAUFS, Politik und Recht bei Innozenz III. Kaiserprivilegien, Thronstreitregister und Egerer Goldbulle in der Reichs- und Rekuperationspolitik Papst Innozenz' III. (Kölner historische Abhandlungen 26), Köln u. a. 1980; F. KEMPF, Innozenz III. und der deutsche Thronstreit, in: Archivum Historiae Pontificiae 23 (1985), S. 63–92; O. HAGENEDER, Die Register Innozenz' III., in: Papst Innozenz III. Weichensteller der Geschichte Europas. Interdisziplinäre Ringvorlesung an der Universität Passau, 5.11.1997–26.5.1998, hg. von Th. Frenz, Stuttgart 2000, S. 91–101; E. BOSHOF, Innozenz III. und der deutsche Thronstreit, in: Papst Innozenz III., hg. von Frenz, S. 51–67.

32   Vgl. dazu die Einleitung zur Edition von Kempf, Regestum Innocentii III papae, S. XV–XIX. Zur Doppelwahl von 1257 vgl. etwa M. KAUFHOLD, Interregnum (Geschichte Kompakt: Mittelalter), Darmstadt 2002, S. 50–67 mit Angaben zu Quellen und weiterer Literatur.

33   Vgl. auch B. CASTORPH, Die Ausbildung des römischen Königswahlrechtes. Studien zur Wirkungsgeschichte des Dekretale „Venerabilem" Göttingen 1978.

Am Beginn dieser Entwicklung stand die Doppelwahl des Jahres 1198.³⁴ In diesem Jahr geriet die Herrschaft in eine Krise. Es war eine Krise, wie sie die deutsche Geschichte des Mittelalters in größeren Abständen immer wieder erfuhr, weil die dynastische Energie der Könige und Kaiser des Reiches nur selten ein Jahrhundert überdauerte.³⁵ Die Königswahl wurde auch deshalb zu dem großen Thema der mittelalterlichen deutschen Verfassungsgeschichte, weil viele Herrscher des Reiches das Personal für die alternative Lösung, ein mögliches Erbkönigtum, eher zögerlich bereitstellten. Die Königswahl füllte eine Lücke, die in den meisten Fällen vom regierenden Herrscherpaar selber verursacht worden war. Selbst eine etablierte Erbfolgeregelung hätte sich schwer getan, wenn der Erbe ausblieb. In dieser Frage geht es zunächst weniger um Sonderwege, sondern um die einfachen Regeln der Fortpflanzung. Erst wenn die Söhne ausblieben, stellte sich die Frage

---

34   Zur Doppelwahl von 1198 vgl. noch immer die knappe souveräne Übersicht von H. GRUNDMANN, Wahlkönigtum, Territorialpolitik und Ostbewegung im 13. und 14. Jahrhundert (1198–1378), in: Handbuch der deutschen Geschichte, Bd. 1: Frühzeit und Mittelalter, hg. von Bruno Gebhardt/Herbert Grundmann, 9. Aufl. Stuttgart 1970, S. 426–606, hier S. 429–440; in der 10. Auflage des Gebhardt Handbuchs von A. HAVERKAMP, Handbuch der deutschen Geschichte, Bd. 5: Zwölftes Jahrhundert 1125–1198, hg. von Bruno Gebhardt u. a., 10. Aufl. Stuttgart 2003 spielen die dramatischen Ereignisse von 1198 kaum eine Rolle; vgl. jetzt auch knapp Band 6 der Reihe: W. STÜRNER, Dreizehntes Jahrhundert. 1198–1273, hg. von Bruno Gebhardt u. a., 10. Aufl. Stuttgart 2007, S. 156–176; vgl. außerdem: Regesta Imperii V,1–4. Die Regesten des Kaiserreiches unter Philipp, Otto IV., Friedrich II., Heinrich (VII.), Conrad IV., Heinrich Raspe, Wilhelm und Richard (1198–1272), bearb. von J. F. Böhmer/J. Ficker/E. Winkelmann/P. Zinsmaier, Bd. 1–4, Innsbruck 1881–1901 und Köln/Wien 1983; E. WINKELMANN, Philipp von Schwaben und Otto IV. von Braunschweig, Bd. 1 (Jahrbücher der deutschen Geschichte), Leipzig 1873, S. 59–91; P. CSENDES, Philipp von Schwaben. Ein Staufer im Kampf um die Macht (Gestalten des Mittelalters und der Renaissance), Darmstadt 2003, S. 69–131; B. U. HUCKER, Otto IV. Der wieder entdeckte Kaiser, Frankfurt am Main/Leipzig 2003, S. 47–139; K. VAN EICKELS, Otto IV. (1198–1218) und Philipp (1198–1208), in: Die deutschen Herrscher des Mittelalters, hg. von Schneidmüller/Weinfurter, S. 272–292; W. STÜRNER, Friedrich II., Bd. 1: Die Königsherrschaft in Sizilien und Deutschland 1194–1220 (Gestalten des Mittelalters und der Renaissance), Darmstadt 1992, S. 76–80; S. KRIEB, Vermitteln und Versöhnen. Konfliktregelung im deutschen Thronstreit 1198–1208 (Norm und Struktur 13), Köln/Weimar/Wien 2000. Für die europäische Dimension vgl. zunächst: J. AHLERS, Die Welfen und die englischen Könige (Quellen und Darstellungen zur Geschichte Niedersachsens 102), Hildesheim 1987; T. HOLZAPFEL, Innozenz III., Philipp II. August, König von Frankreich und die englisch-welfische Verbindung 1198–1216 (Europäische Hochschulschriften, Reihe 3 406), Frankfurt am Main 1991; The Letters of Pope Innocent III (1198–1216) concerning England and Wales. A Calendar with an Appendix of Texts, hg. von Ch. R. Cheney/M. G. Cheney, Oxford 1967; Ch. R. CHENEY, England and the Roman Curia under Innocent III, in: The Journal of Ecclesiastical History 18 (1967), S. 173–186; DERS., Pope Innocent III and England (Päpste und Papsttum 9), Stuttgart 1976; DERS., England and France, in: Innocent III. Vicar of Christ or Lord of the World, hg. von J. M. Powell, 2. Aufl. Washington 1994, S. 153–156; N. FRYDE, Innocent III, England and the Modernization of European International Politics, in: Innocenzo III. Urbs et orbis; atti del congresso internazionale, Roma, 9–15 settembre 1998, Bd. 2 (Nuovi studi storici 55), hg. von A. Sommerlechner, Rom 2003, S. 971–984.
35   Vgl. zu diesem Thema auch die sehr berechtigten Bemerkungen von Bernd Schneidmüller in dem Beitrag über Heinrich I. in: Die deutschen Herrscher des Mittelalters, hg. von Schneidmüller/Weinfurter, S. 31–33.

nach der Königswahl in aller Dringlichkeit. Und anders als die archaische Legitimierung durch die Blutsverwandtschaft, deren Regeln nur bedingt einer historischen Entwicklung unterliegen, musste sich die Legitimation, die durch eine Wahl vermittelt wurde, den gewachsenen Ansprüchen gegenüber behaupten, die die Zeitgenossen an ein solches Verfahren stellten. Die Königswahl war ein krisenanfälligerer Vorgang als die Vererbung des Throns, weil es über die Gültigkeit einer Wahl unter den Zeitgenossen unterschiedliche Meinungen geben konnte, aber sie ist für die historische Untersuchung das reizvollere Thema.

Die Krise des Jahres 1198 wurde zunächst dadurch hervorgerufen, dass Kaiser Heinrich VI. zu einem Zeitpunkt starb, als sein Sohn noch nicht in der Lage war, seine Nachfolge anzutreten.[36] So wurde die Frage der Nachfolge genau zu einem Zeitpunkt akut, als die Ansprüche an das Verfahren der Nachfolgeregelung dramatisch anstiegen. Das war zunächst die Folge eines Zufalls. Hätte sich das Kardinalskolleg nach dem Tode Coelestins III. entschlossen, einen weiteren Übergangskandidaten zu wählen und nicht den jungen Lothar von Segni als Innozenz III. zum Papst zu erheben, so wären der Pontifikat Innozenz' III. und die Doppelwahl von 1198 nicht zusammengefallen, und die Vorgänge von 1198 wären nicht der kritischen Analyse eines intelligenten und machtbewußten Juristen auf dem Papstthron ausgesetzt gewesen.[37] Da dieser Papst bei aller Scharfsichtigkeit die politischen Entscheidungen nicht zu beeinflussen vermochte, die sich geradezu konträr zu seinen Urteilen verhielten, und da Innozenz III. mit durchaus pragmatischem Sinn seine Urteile den widrigen Entwicklungen anzupassen vermochte,[38] so wäre das Thronstreitregister wahrscheinlich nicht zustande gekommen, wenn Innozenz den päpstlichen Thron erst einige Jahre später erlangt hätte, als die politischen Entscheidungen bereits gefallen waren. Doch ist diese eigentümliche Verbindung von dramatischen Zufällen und grundsätzlicher Reflexion geradezu ein Signet der Jahre zwischen 1198 und 1215. Es waren Jahre, in denen hoffnungsvolle Ereignislinien jäh abbrachen, während andere aussichtslos erscheinende Positionen unverhofft eine zweite Chance bekamen. Es

---

36 Annales Marbacenses (MGH Script. rer. Germ. 9), hg. von H. Bloch, Hannover 1907, S. 70; P. CSENDES, Heinrich VI. (Gestalten des Mittelalters und der Renaissance), Darmstadt 1993, S. 189–196; STÜRNER, Friedrich II., Bd. 1, S. 63–66.

37 Vgl. zu einer Einschätzung Innozenz' III. neben der in Anm. 31 und 34 genannten Literatur den Versuch einer Synthese von J. E. SAYERS, Innocent III. Leader of Europe 1198–1216 (The Medieval World), London u. a. 1994. Die ungeheure Fülle der Beiträge in den zitierten Sammelbänden zeigt zum einen die Vielschichtigkeit des Pontifikates von Innozenz III. und lässt anderseits auch erahnen, dass es nur schwer möglich sein wird, eine solche Fülle von Aspekten einer Amtszeit in einem befriedigenden Gesamtbild zusammenzufassen.

38 Innozenz III. brachte in dem Schreiben an den Mainzer Erzbischof, mit dem er das Thronstreitregister eröffnete, die Erwartung zum Ausdruck, dass seine Strategie sich als erfolgreich und akzeptabel erweisen würde: *Credimus enim quod sic, dante Domino, in hoc procedimus, quod et Deo et hominibus erit acceptum, et apud deum meritum et apud homines ex hoc gloriam consequemur* (Regestum Innocentii III, ed. Kempf, Nr. 1). Vgl. dazu im einzelnen die nachfolgende Darstellung und allgemein: C. M. ROUSSEAU, A Papal Matchmaker. Principle and Pragmatism during Innocent III's Pontificate, in: Journal of Medieval History 24 (1998), S. 259–271.

gibt nur wenige Jahrzehnte von solcher Bewegung in der mittelalterlichen Geschichte des westlichen Europa, und wir können darin wohl ein Merkmal für eine historische Umbruchzeit erkennen.

Die historische Bedeutung dieser eineinhalb Jahrzehnte lag in der besonderen Konstellation, die das römische Königtum und seine Wähler, den päpstlichen Koronator, der diesen römischen König zum Kaiser erhob und den englischen König, der bei der Auswahl des Kandidaten ein eigenes Interesse geltend machte, in ein enges Zusammenspiel brachte. Es war eine Zeit wichtiger Entscheidungen. Im Reich setzte sich das Wahlprinzip gegen ein Modell der Erbfolge durch, das Heinrich VI. kurz zuvor etablieren wollte. Im Kampf zwischen Johann Ohneland und dem französischen König Philipp II. entschied sich die Zukunft des sogenannten „Angevinischen Reiches" und der Pontifikat Innozenz' III. wies einer verunsicherten Kirche den Weg in eine Zukunft, in der sie es vermochte, die dynamischen Kräfte, die bislang eher für Unruhe gesorgt hatten, zu integrieren und zu einem Antrieb für die Ausbildung einer päpstlich-hierarchischen Kirchenverfassung zu machen.[39]

Ein Verständnis von der Geschichte als einem dialektischen Prozeß ist ein wenig aus der Mode gekommen, aber die Feststellung, dass sich eine Entscheidungssituation dadurch auszeichnet, dass sich in ihr zwei grundsätzliche Alternativen in markanter gegensätzlicher Ausprägung eröffnen können, ist in Hinblick auf das Ende der Herrschaft Heinrichs VI. sehr hilfreich. Der Kaiser hatte im Zusammenhang mit der erwünschten Wahl seines kleinen Sohnes Friedrich

---

39 Vgl. für eine Übersicht zunächst zum Erbreichsplan Heinrichs VI. Annales Marbacenses, ed. Bloch, S. 67; Chronik von Reinhardsbrunn: Cronica Reinhardsbrunnensis, hg. von O. Holder-Egger, in: MGH Script. 30,1, Hannover 1896, S. 556; U. SCHMIDT, „Ein neues und unerhörtes Dekret." Der Erbreichsplan Heinrichs VI., in: Kaiser Heinrich VI. Ein mittelalterlicher Herrscher (Schriften zur staufischen Geschichte und Kunst 17), Göppingen 1998, S. 61–68; CSENDES, Heinrich VI., S. 171–178; V. PFAFF, Kaiser Heinrichs VI. höchstes Gebot an die römische Kurie (1196) (Heidelberger Abhandlungen zur Mittleren und Neueren Geschichte 55), Heidelberg 1927; E. PERELS, Der Erbreichsplan Heinrichs VI., Berlin 1926; zum Angevinischen Reich vgl. u. a.: GILLINGHAM, The Angevin Empire; Th. K. KEEFE, England and the Angevin Dominions, in: The New Cambridge Medieval History, Bd. 4,2, hg. von D. Luscombe/J. Riley-Smith, Cambridge 2004, S. 549–580; N. FRYDE, Why Magna Carta? Angevin England revisited (Neue Aspekte der europäischen Mittelalterforschung 1), Münster u. a. 2001; zur Situation des französischen Königtums in dieser Zeit vgl. J. W. BALDWIN, The Government of Philipp Augustus, Berkeley/Los Angeles/London 1986; vgl. außerdem die zahlreichen Beiträge in: La France de Philippe Auguste. Le temps des mutations. Actes du Colloque international organisé par le C.R.N.S. (Paris, 29. septembre – 4 octobre 1980) (Colloques internationaux de Centre national de la recherche scientifique 602), hg. von H.-R. Bautier, Paris 1982; zur Schlacht von Bouvines 1214: G. DUBY, Le dimanche de Bouvines, 27 juillet 1214 (Trente Journées qui ont fait la France 5), Paris 1973; zur Kirchenpolitik dieser Zeit vgl. neben H. GRUNDMANN, Religiöse Bewegungen im Mittelalter, Darmstadt 1970, die zahlreichen Beiträge in den unter Anm. 34 aufgeführten Sammelbänden zu Innozenz III.; vgl. außerdem: C. H. LAMBERT, The Friars. The Impact of the Early Mendicant Movement on Western Society (The Medieval World), London u. a. 1994; H. FELD, Franziskus und seine Bewegung, Darmstadt 1996.

den deutschen Fürsten im Jahre 1196 ein Angebot unterbreitet, das darauf abzielte, die Herrschaftsnachfolge im Reich durch Erbfolge zu regeln. Den Fürsten, die dafür auf ihr Wahlrecht verzichten mussten, hatte Heinrich die Erblichkeit ihrer Lehen, auch in weiblicher Linie angeboten und den geistlichen Fürsten den Verzicht auf das Spolienrecht offeriert. Die Überlieferung dieses Vorgangs und der Verhandlungen über den kaiserlichen Plan ist dürftig, doch ist erkennbar, dass der Kaiser nicht alle Fürsten für seinen Plan gewinnen konnte.[40] So scheiterte der Versuch einer Verfassungsänderung und als der Kaiser im Jahr darauf im Alter von 37 Jahren in Messina starb, da schwang das Pendel kraftvoll in die andere Richtung, und das bislang etwas unbestimmte Wahlverfahren, mit dem die deutschen Herrscher ihre Söhne zu Nachfolgern wählen ließen, wurde zu einem zentralen Thema der Reichsgeschichte.

Damit gelangt auch das Verständnis von einer dialektischen Entwicklung an seine Grenzen. Denn während der nächsten fast zweieinhalb Jahrhunderte blieb die Königswahl die zentrale Institution in der politischen Ordnung und in der Verfassungsordnung des Reiches, und die Wähler bemühten sich, dynastische Kontinuitäten zu unterbinden. Die Herrschaft Friedrichs II., der auf dem Höhepunkt seiner Macht in kühnen Entwürfen die Zukunft seiner Dynastie bis zum jüngsten Tag vorausgesehen hatte,[41] vermochte die Entwicklung nicht aufzuhalten. Nach Friedrichs Tod wurde die Wahl zum entscheidenden legitimierenden Element für die Bestimmung eines neuen Königs.[42] Tatsächlich wurde aber am Ende des 12. Jahrhunderts nicht nur in Deutschland über die Wahl in das wichtigste Amt des Reiches nachgedacht. Auf dem III. Laterankonzil von 1179 hatte Alexander III. dem Verfahren der Papstwahl eine verbindliche Ordnung gegeben und darin die notwendige Zweidrittelmehrheit bei der Entscheidung der Kardinäle festgesetzt.[43] Und auch in England wurde angesichts einer Herrschaftskrise nach dem Tod von Richard Löwenherz 1199 die Frage nach der Legitimierung des Nachfolgers durch eine Wahl thematisiert.[44] Richard hatte keinen Sohn hinterlassen, und so kamen in der Krise seines tatsächlich überraschenden Todes auch Lö-

---

40 Vgl. zum Erbreichsplan die Literatur in der vorangehenden Anmerkung.
41 Vgl. etwa: H. M. SCHALLER, Die Kaiseridee Friedrichs II., in: Probleme um Friedrich II. (Vorträge und Forschungen 16), hg. von J. Fleckenstein, Sigmaringen 1974, S. 109–134; nachgedruckt in: DERS., Stauferzeit. Ausgewählte Aufsätze (MGH Schriften 38), Hannover 1993, S. 53–83; DERS., Das Relief an der Kanzel von Bitonto, in: ebda. S. 1–23; vgl. auch KAUFHOLD, Deutsches Interregnum, S. 132f.
42 Vgl. dazu KAUFHOLD, Deutsches Interregnum, S. 27–36, 433–457 (mit weiterer Literatur); DERS., Interregnum, S. 22–26, 50–67, 123–142; in der Zeit nach dem Tod Friedrichs suchte man auch an der Kurie nach Orientierung im Streit um die Doppelwahl von 1257, wie die Randglossen im Thronstreitregister Innozenz III. aus dieser Zeit zeigen, vgl. Regestum Innocentii III, ed. Kempf, S. XV–XIX.
43 *Licet de vitanda*, X.1.6.6. Vgl. zum Papstwahlverfahren die Literatur in Anm. 11.
44 Zu Richard Löwenherz vgl. J. GILLINGHAM, Richard I (Yale English Monarchs), New Haven u. a. 1999; zu seinem Bruder Johann (Ohneland), der Richard schon zu Lebzeiten die Krone streitig gemacht hatte, vgl. R. V. TURNER, King John (The Medieval World), London 1997; W. L. WARREN, King John, 2. Aufl. London 1978.

sungsmöglichkeiten zur Sprache, die in diesen Jahren im Reich und an der Kurie intensiver behandelt wurden.[45]

Der Erzbischof von Canterbury Hubert Walter pflegte aufgrund seines Amtes eine besondere Nähe zum englischen Hof. Er soll sich nach dem Tod von Richard Löwenherz für die Wahl von dessen Bruder Johann ausgesprochen haben: *Wahrlich, wenn einer aus dem Geschlecht des verstorbenen Königs die anderen an Eignung und Macht übertrifft, dann ist es geboten, ohne Bedenken und zügig seiner Wahl zuzustimmen.*[46] Der Erzbischof hätte sein Plädoyer für Johann mit der allgemeinen Sentenz eröffnet, dass nur der das Recht zur Nachfolge in der Königsherrschaft habe, der von der Gesamtheit des Königreiches einmütig gewählt sei: *quod nullus praevia ratione alii succedere habet in regnum, nisi ab ab universitate regni unanimiter, invocata Spiritus gratia, electus.*[47] Das zeigt, dass die später so sicher erscheinende Erbfolge in England um die Jahrhundertwende durchaus als ein Problem wahrgenommen wurde. Das heißt nicht, dass die Wahl eines Königs in England als wünschenswerte Alternative erschien, aber es lässt erkennen, dass sich die Zeitgenossen der Alternativen bewusst waren, die um das Jahr 1200 für die Legitimation eines Amtsnachfolgers zur Verfügung standen.[48]

---

45 Richard I. *Löwenherz* starb bei der Belagerung eines seiner Vasallen im aquitanischen Chalus-Chabrol südlich von Limoges, bei der er sich ein fast spielerisches Armbrustduell mit einem Gegner geliefert hatte. Richard wurde in der Schulter getroffen und starb an den Folgen dieser Verletzung, nachdem er selber erfolglos versucht hatte, den Pfeil aus der Wunde zu ziehen; vgl. GILLINGHAM, Richard I., S. 321–334.

46 Randglosse des Matthaeus Parisiensis zum Text des Roger von Hoveden: Chronica maiora, Bd. 2 (RS 57,2), hg. von H. R. Luard, London 1874, S. 455: *Verum, si quis ex stirpe regis defuncti aliis praepolleat, pronius et promptius est in electionem ejus consentiendum ...;* Zur „Königsnähe" des Erzbischofs von Canterbury vgl. Ch. R. CHENEY, Hubert Walter (Leaders of Religion), London 1967, S. 77: „... by tradition, the archbishop was ex officio the king's chief adviser, his ‚prime minister'"; vgl. auch Ch. R. YOUNG, Hubert Walter, Lord of Canterbury and Lord of England, Durham 1968. Matthaeus Parisiensis nannte Hubert Walter, der das Lösegeld für Richard organisiert hatte, um ihn aus der Haft auf dem Trifels auszulösen: *... vir profundi pectoris, et in regno singularis columna stabilitatis et sapientiae incomparabilis;* Chronica maiora, Bd. 2, ed. Luard, S. 455.

47 Matthaeus Parisiensis, Chronica maiora, Bd. 2, ed. Luard, S. 454.

48 Das Bewusstsein für die Alternative ist ja auch in den Marbacher Annalen festzustellen, wenn der Schreiber dort den Erbreichsplan Heinrichs VI. in einem europäischen Vergleich vorstellt: *Ad eandem curiam imperator novum et inauditum decretum Romano regno voluit cum principibus confirmare, ut in Romanum regnum, sicut in Francie vel ceteris regnis, iure hereditario reges sibi succederent* (Annales Marbacenses, ed. Bloch, S. 68). Der Erzbischof von Canterbury soll sein Plädoyer für eine Wahl Johann Ohnelands damit begründet haben, dass die Wahl den König mit einer schwächeren Legitimation ausstatte, und ihm damit gleichsam ein Mandat unter Vorbehalt erteile. Die Passage, die sich in einer Randglosse zu dem Text von Roger von Hoveden findet, wurde um 1240 verfaßt, also nach dem Ende von Johanns Königtum, das sich im Rückblick als eine Krisenzeit erwies, in der sich die Barone gegen ihren König erhoben hatten, vgl. dazu unten, zu Johanns Königtum vgl. WARREN, King John und TURNER, King John; vgl. außerdem: D. A. CARPENTER, The Plantagenet kings, in: The New Cambridge Medieval History, Bd. 5, hg. von D. Abulafia, Cambridge 1999, S. 314–357. Die Passage mit der Begründung des Erzbischofs von Canterbury für sein Wahlplädoyer bei

Dass es um die zeitgenössische Wahrnehmung der Probleme und die Interpretation des eigenen Handelns in den Begriffen der zeitgenössischen Diskussion des ausgehenden 12. Jahrhunderts geht, können wir auch daran erkennen, dass fast zur selben Zeit die staufischen Königswähler in Deutschland ihre Wahl dem Papst unter Verwendung desselben Begriffs mitteilten. Die deutschen Fürsten, die im März 1198 in Thüringen den jüngeren Bruder Heinrichs VI. zu ihrem neuen Herrscher wählten, traten an den Papst als *Gesamtheit* (*universitas*) heran, um von ihm jene päpstliche Kooperation zu verlangen, auf die ein angehender Kaiser und seine Wähler nach ihrer Auffassung Anspruch erheben durften.[49] Sie meldeten dem Papst die Wahl, weil sie den Anspruch des Gewählten auf die Kaiserkrone, die der Papst verlieh, geltend machen wollten. In gleicher Weise verfuhren die Wähler von Otto IV., dessen Anspruch auf die Königskrone in Konkurrenz zu dem staufischen Thronanspruch erhoben wurde.[50] Die Wähler Philipps beanspruchten, eine gültige Wahl vollzogen zu haben und sie sprachen von sich als von *unserer Gesamtheit* (*universitas nostra*). Eine *universitas* war eine juristisch verfasste Gesamtheit, eine Körperschaft – zumindest im strengen Sinne.[51] Und in diesem Sinne könnte der gemeinsame Gebrauch des Wortes *universitas* im Zusammenhang mit der Wahl des Königs in England und Deutschland einen Hinweis darauf geben, dass die Zeitgenossen um 1200 die Königswahl als einen Vorgang verstanden, den die Wähler, als eine Wahlkörperschaft stellvertretend für alle freien Untertanen, vorgenommen hätten, denn es wählte nicht das Volk, sondern allenfalls die Großen. Der Wille der *Gesamtheit* der Untertanen kam bei

---

Matthaeus Parisiensis lautet: *Interrogatus autem postea archiepiscopus H[ubertus] quare haec dixisset, respondit se praesaga mente conjecturare et quibusdam oraculis edoctum et certificatum fuisse, quod ipse Johannes regnum et coronam Anglie foret aliquando corrupturus et in magnam confusionem praecipaturus. Et ne haberet liberas habenas hoc faciendi, ipsum electione, non successione haereditaria, sic tunc eligendum affirmavit ...* (Chronica maiora, Bd. 2, ed. Luard, S. 455); vgl. dazu auch CHENEY, Hubert Walter, S. 102f. Vgl. auch die knappe Feststellung der Chronica Regia Coloniensis Cont. A II. codd.: *Sic mortuo rege Richardo, frater eius Johannes in regem eligitur* (Chronica regia Coloniensis (MGH Script. rer. Germ. 18), hg. von G. Waitz, Hannover 1880, S. 166).

49 Regestum Innocentii III, ed. Kempf, Nr. 14: *Apostolice beatitudinis eminentia, que piis supplicantium desideriis et affectibus gratam semper consuevit impertiri benivolentiam et assensum, firmam universitati nostre certitudinem amministrat, quod in hiis que a sanctitate vestra iustissime postulamus, benignitatem apostolicam debeamus et in exaudiendo persentire facilem et in exequendo quod petimus fructuosam.*

50 Wahlanzeige der Wähler Ottos IV., ebda, Nr. 10; zur Doppelwahl vgl. die Literatur in Anm. 34 und außerdem die klassische Studie von H. MITTEIS, Die deutsche Königswahl. Ihre Rechtsgrundlagen bis zur Goldenen Bulle, 2. Aufl. Brünn/München/Wien 1944, S. 113–147.

51 Zu *universitas* vgl. besonders: P. MICHAUD-QUANTIN, Universitas. Expression du mouvement communautaire dans le Moyen Age (L'Église et l'État au Moyen Age 13), Paris 1970; vgl. auch zum Vergleich Englands mit dem Reich in dieser Frage: E. KANTOROWICZ, The King's Two Bodies. A Study in Medieval Political Theology, Princeton 1957, S. 190ff.; H. MITTEIS, Der Staat des Hohen Mittelalters. Grundlinien einer vergleichenden Verfassungsgeschichte des Lehnszeitalters, 4. Aufl. Weimar 1953, S. 357f.; vgl. zur Entwicklung im 13. Jahrhundert auch: KAUFHOLD, Deutsches Interregnum, S. 216–244 (mit weiterer Literatur).

der Entscheidung der Wähler zum Ausdruck und daraus resultierte die Legitimation des Königs. Zumindest in der Theorie. Somit wäre die Legitimation des Königs im Reich und in England sehr ähnlich konstruiert. Doch hier gilt es aufzupassen. Denn dies ist ein typischer Fall für eine Situation, in der die Begriffe gleich oder verwandt klangen, aber keine gleichen Zustände bezeichneten. Dies erweist sich im historischen Vergleich.

Die Wähler der rivalisierenden Könige in Deutschland – *Gegenkönige* waren sie nur in der Sicht ihrer Konkurrenten – mochten sich durch eine päpstliche Krönung zum Kaiser eine Stärkung ihres Kandidaten erhoffen. Unter den Staufern war der Zusammenhang zwischen der Erhebung zum König in Deutschland und dem römischen Kaisertitel sehr eng geworden, Friedrich Barbarossa wurde drei Jahre nach seiner Wahl und Krönung zum römischen König in Deutschland in Rom zum Kaiser gekrönt; sein Sohn Heinrich VI. wurde nicht einmal ein Jahr nach dem Tod seines Vaters zum Kaiser gekrönt.[52] Das Kaisertum erschien als natürliche Folge der Königswahl und mit entsprechendem Selbstbewusstsein traten die Wähler des Staufers an Papst Innozenz III. heran.[53] So sah sich Innozenz vor der Möglichkeit; eine Entscheidung darüber zu treffen, welchen Kandidaten er zum Kaiser krönen wolle.[54] Das war allerdings ein Verständnis seiner Situation, das keineswegs von den Betroffenen geteilt wurde.[55] Die staufischen Wähler und ihr König Philipp verwahrten sich massiv gegen jede Entscheidungskompetenz des Papstes in Hinblick auf den zukünftigen Kaiser, und wir dürfen wohl annehmen, dass der papstfreundliche Auftritt der welfischen Konkurrenz, die dem Papst eine weitgehende Entscheidungsgewalt einzuräumen schien, in hohem Maße der Erwartung geschuldet war, dass der Papst mit dieser zugestandenen Kompetenz zugunsten ihres Kandidaten entscheiden würde.[56] Als Otto IV. schließlich jene Kaiserkrönung

---

52 Friedrich I.: Regesta Imperii IV,2, Nr. 64 (Königswahl am 4. 3. 1152), Nr. 66 (Königskrönung am 9. 3. 1152), Nr. 319 (Kaiserkrönung am 18. 6. 1155); zu Heinrich VI.: Regesta Imperii IV,3, Nr. 145a (Kaiserkrönung am 15. 4. 1191) ; vgl. zu einer Übersicht: J. EHLERS, Friedrich I. Barbarossa (1152–1190), in: Die deutschen Herrscher des Mittelalters, hg. von Schneidmüller/Weinfurter, S. 233–257; DERS., Heinrich VI. (1190–1197), in: ebda, S. 258–271.
53 Regestum Innocentii III, ed. Kempf, Nr. 14; vgl. Anm. 49.
54 Ebda, Nr. 18 (Rede des Papstes über *sacerdotium* und *imperium*, 1199/1200): *Verum ad apostolicam sedem iam pridem fuerat recurrendum, ad quam negotium istud principaliter et finaliter dinoscitur pertinere: principaliter, quia ipsa transtulit imperium ab oriente in occidentem; finaliter, quia ipsa concedit coronam imperi.*
Ebda, Nr. 62 (*Venerabilem*): *Unde illis principibus ius et potestatem elegendi regem, in imperatorem postmodum promovendum, recognoscimus, ut debemus, ad quos de iure ac antiqua consuetudine noscitur pertinere, presertim cum ad eos ius et potestas huiusmodi ab apostolica sede pervenerit, que Romanum imperium in persona magnifici Karoli a Grecis transtulit in Germanos. Sed et principes recognoscere debent et utique recognoscunt (sicut idem in nostra recognovere presentia) quod ius et auctoritas examinandi personam electam in regem et promovendam ad imperium ad nos spectat, qui eam inungimus, consecramus et coronamus.*
55 Man denke nur an die berühmte Warnung der Wähler Philipps, die diese schon in ihre Wahlanzeige aufgenommen hatten: (Regestum Innocentii III, ed. Kempf, Nr. 14): *... ad iura imperii manum cum iniuria nullatenus extendatis ...*
56 Vgl. zum Auftritt der staufischen Königswähler und des gewählten Philipp z.B. Regestum Innocentii III, ed. Kempf, Nr. 14 u. Nr. 61; zum Auftritt der Wähler Ottos IV. vgl. ebda, Nr. 3

erlangt hatte, auf die seine Bemühungen lange abgezielt hatten, erwies sich, dass er seine früheren Zugeständnisse an die Kurie in neuem Licht sah.[57] Der unterschiedliche Auftritt der konkurrierenden Königs*parteien* war wohl eher die Folge einer unterschiedlichen rhetorischen Strategie als der Ausdruck einer grundsätzlich unterschiedlichen Auffassung des königlichen Amtes.[58] Allerdings muß man einräumen, dass die Unterschiede in der Rhetorik das Maß von Stilvarianten deutlich überschritten.[59]

In der Sache war wohl keine der beiden Parteien bereit, dem Papst eine Entscheidung zuzugestehen, die gegen ihren Kandidaten ausgefallen wäre. Insofern riefen die Parteien den Papst auch nicht als „Schiedsrichter" an, denn dazu fehlte eben jene Bereitschaft, die die Voraussetzung für ein Schiedsverfahren war: die Bereitschaft der streitenden Parteien, auch einen Entscheid zu akzeptieren, der gegen die eigenen Interessen ausfiel.[60] Letztlich waren alle Vorbringungen der

---

(Brief Ottos an Innozenz III., in dem er dem Papst seine Wahl anzeigt und ihn um die Exkommunikation seines Gegners und dessen Unterstützer bittet) oder Nr. 10 (Brief der Wähler Ottos an den Papst mit der Mitteilung der Wahl Ottos zum König). Zu dem großen Thema des päpstlichen Anspruchs auf eine Bestätigung der deutschen Königswahl vgl. für einen ersten Überblick neben MITTEIS, Die deutsche Königswahl, S. 117–132; D. UNVERHAU, Approbatio, reprobatio. Studien zum päpstlichen Mitspracherecht bei Kaiserkrönung und Königswahl vom Investiturstreit bis zum ersten Prozeß Johanns XXII. gegen Ludwig IV. (Historische Studien 424), Berlin 1973.

57 Vgl. dazu unten, für eine Überblick der Politik Ottos nach seiner Krönung vgl. HUCKER, Otto IV., S. 183–239.
58 Vgl. dazu etwa MITTEIS, Die deutsche Königswahl, S. 128f.
59 In dieser Entwicklung taucht erstmals ein Thema der Verfassungsgeschichte des spätmittelalterlichen Reiches auf, das die ältere Forschung zu sehr unterschiedlichen Interpretationen veranlasst hat: die Frage des möglichen *taktischen* Verhaltens angehender Kaiser gegenüber dem Papst, von dem sie eine Kaiserkrönung erhofften. Diese Diskussion ist angesichts der Zugeständnisse von König Albrecht I. an Bonifaz VIII. mit markanten konträren Positionen geführt worden: F. BAETHGEN, Die Promissio Albrechts I. für Bonifaz VIII., zuletzt in: DERS., Mediaevalia. Aufsätze, Nachrufe, Besprechungen, Bd. 1 (MGH Schriften 17,1), Stuttgart 1960, S. 202–217; M. LINTZEL, Das Bündnis Albrechts I. mit Bonifaz VIII., zuletzt in: DERS., Ausgewählte Schriften, Bd. 2, Berlin 1961, S. 464–488; vgl. auch: A. HESSEL, Die Vorlage des Sicherheitseides Albrechts I., in: Neues Archiv 37 (1912), S. 292–295; die Quellen, über die gestritten wurde, finden sich in: Constitutiones et acta publica imperatorum et regum, Bd. 4,1, hg. von J. Schwalm, Hannover 1906, Nr. 173–176, S. 181f.
60 Zu Innozenz als „Schiedsrichter" vgl. z.B.: A. VAUCHEZ/A. PARAVICINI BAGLIANI, Kirche, weltliche Gewalt und Gesellschaft, in: Die Geschichte des Christentums, Bd. 5, hg. von A. Vauchez, S. 655–687, 674f.; zum Schiedsverfahren vgl. etwa: H. KRAUSE, Die geschichtliche Entwicklung des Schiedsverfahrens in Deutschland, Berlin 1930; J. ENGEL, Zum Problem der Schlichtung von Streitigkeiten im Mittelalter, in: XIIe Congrès international de Sciences Historiques. Rapports 4: Methodologie et Histoire Contemporaine, Wien 1965, S. 111–129; W. JANSSEN, Die Anfänge des modernen Völkerrechts und der neuzeitlichen Diplomatie. Ein Forschungsbericht (Referate aus der deutschen Vierteljahrsschrift für Literaturwissenschaft und Geistesgeschichte), Stuttgart 1965; O. HAGENEDER, Die geistliche Gerichtsbarkeit in Ober- und Niederösterreich. Von den Anfängen bis zum Beginn des 15. Jahrhunderts (Forschungen zur Geschichte Österreichs 10), Graz u. a. 1967, S. 187–247; zu einer Übersicht über die Entwicklung im 13. Jahrhundert: KAUFHOLD, Deutsches Interregnum, S. 136–167; zum besonderen Problem der päpstlichen Vermittlung: W. MALECZEK, Das Frieden stiftende

konkurrierenden Rivalen Parteiargumente, tatsächlich war aber auch der Anspruch des Papstes, eine Entscheidung in der Doppelwahlproblematik herbeizuführen, ein Parteianspruch, der keineswegs von den anderen Beteiligten akzeptiert wurde. Dies charakterisierte die Situation nach 1198: In der Krise, die die Doppelwahl auslöste, bezogen die verschiedenen Akteure markante Positionen, deren Ansprüche und deren Begründungen letztlich Parteipositionen waren. Erst im Zuge der hier untersuchten Geschichte wurde aus Parteivorbringungen, wie dem Argument des Mehrheitsentscheides, ein allgemein akzeptiertes Verfahren. Daraus entstand der Grundkonsens, der die Grundlage einer Verfassungsordnung war. Unser Interesse gilt den historischen Kräften, die diese Entwicklung beförderten, besonders aber dem prozessualen Charakter dieser Entwicklung selbst.

Dazu ist es erforderlich, den Sitz im Leben der jeweiligen Argumente zu bestimmen. Die jeweiligen Argumente erfüllten eine Funktion, aber sie hatten doch in vielen Fällen ein Potential, das über eine interessengebundene Apologie hinauswies. Es geht somit um die Bestimmung von – in erster Linie – politischen Milieus und Situationen, die Entscheidungen vorbereiteten, begünstigten oder sogar herbeiführten. Und es geht um die Unterscheidung solcher Entscheidungssituationen in Hinblick auf ihr Gestaltungspotential im historischen Prozeß.

In diesem Sinne erscheint die Zeit der Doppelwahl zwischen 1198 und 1215 als eine Wendezeit; eine Zeit, in der weitreichende Entscheidungen für die künftige Verfassungsordnung im Reich, in England und an der Kurie getroffen wurden. Vielleicht kann es als ein Indiz für den Entscheidungscharakter dieser Zeit gelten, dass eine Doppelwahl in Deutschland überhaupt eine solche Krise auslöste. Die Doppelwahl schwächte die politische Ordnung vorübergehend, weil sie die Sicherheit, die ein unumstrittener Herrscher bot, in Frage stellte.[61] Aber dass diese Schwächung so verschiedene Akteure auf den Plan rief, zeigt, wie sehr die Situation zur Entscheidung drängte. Spätere Doppelwahlen haben in der deutschen Geschichte nicht denselben Effekt gehabt.

Die Doppelwahl von 1198 kam dadurch zustande, dass sich unter Heinrich VI. eine entschiedene Opposition gegen die staufische Herrschaft im Reich formiert hatte. Diese Opposition hatte ihre Heimat im Nordwesten des Reiches – der schon damals auf dem Weg in die „Königsferne" war, und sie gruppierte sich um den Erzbischof von Köln.[62] Köln verfügte traditionell über gute Handelsverbindungen

---

Papsttum im 12. und 13. Jahrhundert, in: Träger und Instrumentarien des Friedens im hohen und späten Mittelalter (Vorträge und Forschungen 43), hg. von J. Fried, Sigmaringen 1996, S. 249–332; KRIEB, Vermitteln und Versöhnen, S. 218–228. Die lange Tradition der bischöflichen Friedensstiftung arbeitet prägnant heraus: H. KAMP, Friedensstifter und Vermittler im Mittelalter (Symbolische Kommunikation in der Vormoderne), Darmstadt 2001.

61 Vgl. zur Schwächung der politischen Ordnung auch Regestum Innocentii III, ed. Kempf, Nr. 18, S. 52: *Nunc autem ecclesia per Dei gratiam in unitate consistit, et imperium peccatis exigentibus est divisim. Verum ecclesia non sic illi retribuit, quemadmodum illud ecclesie, quia super eius divisone condolet et compatitur, pro eo maxime quod principes eius maculam posuerunt in gloriam et infamiam in honore, libertatem et dignitatem ipsius pariter confundentes.*

62 Zum Erzbischof von Köln und seiner Politik gegen die Staufer vgl. W. JANSSEN, Das Erzbistum Köln im späten Mittelalter 1191–1515 (Geschichte des Erzbistums Köln 2,1), Köln 1995,

nach England; der Niederrhein war überhaupt ein wichtiger Markt für die englischen Kaufleute, die vor allem Wolle exportierten.⁶³ Das wirtschaftliche Geflecht war die Grundlage für eine politische Neigung der Herren am Niederrhein zum englischen König, die vom französischen König kritisch verfolgt wurde. In der langen Geschichte des Spätmittelalters wurde Flandern immer wieder zu einem Ausgangspunkt für die Angriffe des englischen Königs oder seiner Verbündeten gegen die französische Krone. Die Versuche der französischen Könige, den flandrischen Vasallen durch eine dynastische Familienpolitik enger an das Königshaus zu binden, erwiesen sich wiederholt als problematisch und führten am Ende des 14. Jahrhunderts dazu, dass Flandern zwar unter die Herrschaft eines französischen Königssohnes kam (Philipp der Kühne), doch wurde der Konflikt dadurch nicht entschärft. Vielmehr wurden nun die divergierenden Interessen in die französische Königsfamilie hineingeholt und sorgten dort für erbitterte Rivalitäten.⁶⁴

S. 122–134; H. STEHKÄMPER, Der Erzbischof Adolf von Altena und die deutsche Königswahl (1195–1204), in: Beiträge zur Geschichte des mittelalterlichen deutschen Königtums (Historische Zeitschrift, Beiheft NF 2), hg. von Th. Schieder, München 1973, S. 5–83; vgl. zum Erzbischof von Köln und der deutschen Königswahl auch die Übersicht von F.-R. ERKENS, Der Erzbischof von Köln und die deutsche Königswahl. Studien zur Kölner Kirchengeschichte, zum Krönungsrecht und zur Verfassung des Reiches (Studien zur Kölner Kirchengeschichte 21), Siegburg 1987.

63 Zum englischen Handel mit dem Niederrhein und zu den politischen Folgen vgl. T. H. LLOYD, The English Wool Trade in the Middle Ages, Cambridge 1977; N. FRYDE, Ein mittelalterlicher deutscher Großunternehmer. Terricus Teutonicus de Colonia in England, 1217–1247 (Vierteljahreshefte für Sozial und Wirtschaftsgeschichte, Beihefte 125), Stuttgart 1997; R. J. WHITWELL, English Monasteries and the Wool Trade in the 13th Century, in: Vierteljahreshefte für Sozial- und Wirtschaftsgeschichte 2 (1904), S. 1–33; Köln, das Reich und Europa. Abhandlungen über weiträumige Verflechtungen der Stadt Köln in Politik, Recht und Wirtschaft im Mittelalter (Mitteilungen aus dem Stadtarchiv von Köln 60), Köln 1971; A. ELLIS-ALBERDA, De contacten tussen Groot-Friesland en Agelsaksisch Engeland, voral op het gebied van de handel, in: It beaken. Tydskrift fan de Fryske Akademy 44 (1982), S. 49–72; H. STEHKÄMPER, England und die Stadt Köln als Wahlmacher König Ottos IV., in: Mitteilungen aus dem Stadtarchiv von Köln 60 (1971), S. 213–244; F. IRSIGLER, Köln und die Staufer im letzten Drittel des 12. Jahrhunderts, in: Europas Städte zwischen Zwang und Freiheit. Die europäische Stadt um die Mitte des 13. Jahrhunderts (Schriftenreihe der Europa-Kolloquien im Alten Reichstag, Sonderband), hg. von W. Hartmann, Regensburg 1995, S. 83–96. Vgl. für eine knappe, aber klare Skizze der politischen Konstellationen am Niederrhein auch CSENDES, Philipp von Schwaben, S. 46–48.

64 Zur Geschichte Flanderns im 14. Jahrhundert vgl. D. M. NICHOLAS, Medieval Flanders, London/New York 1992; D. HEIRBAUT, On and over the Edge of the Empire: The counts of Flanders and Hainault and the election of the king of the Romans 1000–1314, in: Königliche Töchterstämme, Königswähler und Kurfürsten (Studien zur Europäischen Rechtsgeschichte 152), hg. von A. Wolf, Frankfurt am Main 2002, S. 419–455; H. S. LUCAS, Diplomatic Relations between England and Flanders 1329–1336, in: Speculum 11 (1936), S. 59–87; W. SÖCHTING, Die Beziehungen zwischen Flandern und England am Ende des 14. Jahrhunderts, in: Historische Vierteljahrsschrift 24 (1929), S. 182–198; vgl. auch: M. KINTZINGER, Westbindungen im spätmittelalterlichen Europa. Auswärtige Politik zwischen dem Reich, Frankreich, Burgund und England in der Regierungszeit Kaiser Sigmunds (Mittelalter-Forschungen 2), Stuttgart 2000, S. 55–135; S. P. PISTONO, Flanders and the Hundred Years War. The Quest for the trêve marchande, in: Bulletin of the Institute of Historical Re-

In diesem spannungsvollen Geflecht zwischen französischer und englischer Krone und den Interessen niederrheinischer Herren fielen um die Wende vom 12. zum 13. Jahrhundert Entscheidungen von erheblicher Tragweite für das Reich.

Heinrich VI. hatte zwar zu Lebzeiten die Reichsfürsten dazu bewegen können, seinen an Weihnachten 1194 geborenen Sohn Friedrich zum römischen König zu wählen, aber diese Zustimmung wurde bei Heinrichs Tod auf eine Probe gestellt, der sie nicht standhielt.[65] Ein dreijähriger Junge in der weiten Entfernung des südlichen Italien reichte nicht aus, um die kritischen Stimmen gegenüber der staufischen Herrschaft zu einer zumindest formalen Loyalität zu nötigen. Die Opposition, die sich nun vor eine Aufgabe gestellt sah, die die deutschen Fürsten in den nächsten zweieinhalb Jahrhunderten immer wieder zu bewältigen hatten, nämlich einen geeigneten Königskandidaten zu finden, verfiel schließlich auf den Sohn Heinrichs des Löwen, Otto von Poitou.[66] Wir müssen hier nicht klären, wer im Einzelnen die Entscheidung für Otto herbeigeführt hat und welche Rolle bei dieser Entscheidung der Erzbischof von Köln, die Stadt Köln und der englische König Richard Löwenherz gespielt haben.[67] Unsere Fragestellung ist eine andere. Doch sollten wir die Konstellationen im Blick behalten, in denen die Entscheidungen fielen. Und dabei stellen wir fest, dass das Spektrum möglicher Kandidaten für den deutschen Thron im 13. Jahrhundert eine westeuropäische Ausweitung erfährt, die man als eine Schwäche des Reiches ansehen kann, aber nicht muß. Sowohl bei der politischen Entscheidung über den geeigneten Kandidaten als auch bei der verfassungsrechtlichen Auseinandersetzung mit der Kurie über den Anteil des Papstes an dem gesamten Vorgang bis zur Kaiserkrönung zeigt sich, dass hier tatsächlich ein Interessen- und Institutionengeflecht entstanden war, in dem nun alle Beteiligten etwa auf gleicher Augenhöhe ihre Anliegen geltend machen konnten. In diesen Konstellationen gab zu Beginn des 13. Jahrhunderts nicht allein der deutsche Herrscher die Impulse oder reiste nach seiner Krönung in Aachen selbstverständlich zur Kaiserkrönung nach Rom, wie Barbarossa und Heinrich VI., sondern der deutsche Thron wurde nun auch

---

search 49 (1976), S. 185–197; zur Geschichte Philipps des Kühnen (Philipp le Hardi) vgl.: R. VAUGHAN, Philip the Bold. The Formation of the Burgundian State, London 1962; zur Geschichte des 100jährigen Krieges, die den Hintergrund der Entwicklung in Flandern im späten 14. Jahrhundert bildet vgl. etwa: D. SEWARD, A Brief History of the Hundred Years War: The English in France, 1337–1453, London 2003; R. NEILLANDS, The Hundred Years War, London 2001; J. FAVIER, La Guerre de Cent Ans, Paris 1980; P. CONTAMINE, La Guerre de Cent Ans. 2. Aufl. Paris 1972.

65 Zur Situation bei Heinrichs Tod vgl. etwa: Ottonis de Sancto Blasio Chronica (MGH Script. rer. Germ. 47), hg. von A. Hofmeister, Hannover/Leipzig 1912, Kap. 45–46, S. 71–74; Annales Marbacenses, ed. Bloch, S. 69–71; CSENDES, Heinrich VI., S. 189–196; DERS., Philipp von Schwaben, S. 61–68.

66 Zu Otto und seiner welfischen Familie vgl. die Literatur in Anm 30 u. 34; zu Otto vgl. außerdem: B. U. HUCKER, Kaiser Otto IV. (MGH Schriften 34), Hannover 1990; weitere Arbeiten Huckers zu Spezialfragen der Forschung zu dem welfischen Kaiser finden sich zusammengestellt in: HUCKER, Otto IV. Der wiederentdeckte Kaiser, S. 554–556.

67 Vgl. dazu die Literatur in Anm. 62.

zum Objekt der Interessen seiner Nachbarn bzw. eines Papsttums, das den selbstverständlichen Zusammenhang zwischen der Königserhebung in Deutschland und der Kaiserkrönung in Rom nun aus seiner Sicht als Einladung verstand, auf den Prozeß in einem früheren Stadium einzuwirken.[68] Dies war insgesamt ein sehr rationaler Vorgang. Wir könnten die Beteiligung an der deutschen Königswahl in dieser Perspektive als Gradmesser eines westeuropäischen Ausgleichsprozesses verstehen – wobei wir dann erklären müssten, warum diese Beteiligung im 14. Jahrhundert wieder zurückging.

Die Gegner der staufischen Herrschaft im Reich fanden in Otto IV. einen Kandidaten, der dynastisch durchaus als präsentabel gelten konnte, immerhin hatte sein Vater Heinrich der Löwe zu den mächtigsten Reichsfürsten seiner Zeit gehört und über seine Mutter war Otto nah mit dem englischen König verwandt.[69] Da dieser englische König erheblich unter dem Staufer Heinrich VI. gelitten hatte, aus dessen Gefangenschaft er nur gegen ein sehr hohes Lösegeld entlassen worden war, wobei er sein Königreich von Heinrich zu Lehen hatte nehmen müssen, ist die Unterstützung von Richard Löwenherz für seinen Neffen Otto verständlich.[70] Es wurde zu einem Problem für Otto, dass diese Unterstützung im Konflikt der englischen Krone mit Philipp II. von Frankreich nicht aufrecht zu erhalten war, und nach Richards Tod mit dem Vertrag von Le Gôulet endete. Der Vertrag regelte die Verhältnisse zwischen dem französischen und dem englischen König, die sich in den fünf Jahren seit dem Tod von Richard Löwenherz entscheidend verändert hatte. Die Truppen des französischen Königs Philipps II. hatten die angevinischen Festlandsbesitzungen im Nordwesten Frankreichs erobert, wodurch das angevinische Königtum in England im Grunde seine Heimat verlor.[71] Zwar erschien der

---

68 Vgl. dazu etwa KAUFHOLD, Deutsches Interregnum, S. 79–82.
69 Vgl. etwa HUCKER, Otto IV. Der wiederentdeckte Kaiser, S. 22–36.
70 Zu Richards Gefangenschaft auf dem pfälzischen Trifels und zu der enormen Lösegeldzahlung von insgesamt 150 000 Mark: GILLINGHAM, Richard I., S. 222–253; CSENDES, Heinrich VI., S. 114–130. Da Richard vor seiner Freilassung dem Kaiser sein Königreich auftragen musste, und es als Lehen zurück erhielt, ließe sich sein Eingreifen in den deutschen Thronstreit evtl. auch aus seinem Status als Reichsfürst (zumindest als Vasall Heinrichs VI.) erklären, worauf etwa Hucker hinweist (HUCKER, Otto IV. Der wiederentdeckte Kaiser, S. 50f.), doch erscheint diese etwas unklare Legitimation gegenüber dem politischen Interesse und dem Wunsch nach Vergeltung nachrangig. Zu Richards Engagement für Otto vgl. auch seine Briefe an Innozenz III.:, Regestum Innocentii III, ed. Kempf, Nr. 4 und Nr. 5: *Inde est quod in sanctitatis vestre conspectu devotionis nostre spiritum totum supplicationibus exaurimus, quatinus Otthoni, nepoti nostro, prelibati ducis filio, quem ad regnum Alemannie celebris eorum vocavit electio quorum interest regem eligere* [offenbar zählt sich der König nicht zu den Wahlberechtigten], *et quem eorum consensus in loco ad hoc dedito sublimavit in regem, favore velitis apostolico consentire et regnum sibi Alemannie auctoritatis vestre munimine confirmare, electionem ipsius et coronationem approbantes, et propositum ducis Suavie et sequacium suorum super hoc reprobantes* (Nr. 5, S. 16).
71 Text des Vertrages von Le Gôulet: Diplomatic Documents. Preserved in the Public Record Office, Bd. 1: 1101–1272, hg. von P. Chaplais, London 1964, Nr. 9: ... *quod ipse* [i.e. Johann] *nepoti suo Ottoni nullum faciet auxilium* ....; zum „Loss of Normandy" vgl. etwa: D. CARPENTER, The Plantagenet Kings, in: The New Cambridge Medieval History, Bd. 5, hg. von Abulafia, S. 314–357, S. 317f.; F. M. POWICKE, The Loss of Normandy, 1189–1204, 2. Aufl. Manchester 1961.

Verlust noch revidierbar, und König Johann bemühte sich in den zehn Jahren zwischen dem Vertrag von Le Gôulet und der Schlacht von Bouvines entschieden darum, eine Rückeroberung zu organisieren. Aber der Verlust des Festlandes, das für Heinrich II. und für Richard Löwenherz noch ein selbstverständliches Aktionsfeld gewesen war, auf dem sie deutlich mehr Zeit zubrachten als in England selbst, führte dazu, dass Johann nun für die Engländer zu einer sehr präsenten Erscheinung wurde.[72] Da er eine problematische Natur war, für die kaum ein Zeitgenosse und kaum ein späterer Historiker freundliche Worte finden konnte, wurde daraus eine spannungsreiche Begegnung. Die Engländer machten das erste Mal seit langer Zeit die Erfahrung eines dauerhaft präsenten Königs, dessen Herrschaft sich über die ganze Insel (allerdings ohne Schottland und Wales) erstreckte. Es erwies sich als eine schwierige Erfahrung. Der König erhöhte mit brutaler Konsequenz den Druck auf den englischen Adel, um die nötigen Mittel für die Rückeroberung der Festlandsbesitzungen zu mobilisieren. Sein Auftritt wurde zunehmend als tyrannisch wahrgenommen, der Widerstand nahm Form an, und als der Feldzug auf dem Festland schlecht begann und dann schließlich mit der Niederlage bei Bouvines am 27. Juli 1214 endgültig fehlschlug, da war die Stunde der Opposition gekommen.[73]

Für Otto IV. waren diese Jahre eine Zeit dramatischer Wendungen, wobei er an dem Ereignis, das ihn auf den lange ersehnten Thron brachte, keinen erkennbaren Anteil hatte, während er an den beiden Wendepunkten, die sein Schicksal schließlich entschieden, persönlich beteiligt war. Am 9. Juni 1198 war Otto in Köln von einer Gruppe niederrheinischer Großer unter Führung des Erzbischofs von Köln gewählt worden, und einen Monat später wurde er in Aachen zum König gekrönt (12. Juli 1198).[74] Zu diesem Zeitpunkt war sein staufischer Rivale Philipp bereits zum König gewählt worden. Die Wahl des Staufers hatte im März in Thüringen stattgefunden, und er wurde am 8. September zum König gekrönt. Philipp hatte unter dem Druck der Umstände – den er vielleicht nicht nur als Unglück empfand – seinen Plan aufgegeben, die Königsherrschaft nur stellvertretend für den kleinen Friedrich zu erlangen, und er beanspruchte nunmehr die Krone für sich.[75] Der zeitliche Vorsprung seiner Königswahl brachte ihm keinen Vorteil, zumal der weitere Vorgang selber Anhaltspunkte bot, seine Legitimität in Frage zu stellen. Hauptkritikpunkt war das Protokoll der Krönung, die nicht in Aachen, sondern in Mainz stattfand, wo Philipp die Krone nicht aus der Hand des Kölner

---

72 Vgl. zu den Präsenzen Heinrichs II., Richards und Johanns etwa: J. C. HOLT, Magna Carta and Medieval Government (History series 38), London 1985, S. 29f., 32f., 96.
73 Diese Ereignisse, die zur Vorgeschichte der Magna Carta gehören, finden im nächsten Kapitel eingehendere Darstellung. Für einen Überblick über Johanns Politik in diesen Jahren vgl. WARREN, King John.
74 Regesta Imperii V,1, Nr. 198a, 198f, 198i; Wahlanzeige: Regestum Innocentii III, ed. Kempf, Nr. 10; zur Wahl vgl. Anm. 34.
75 Zu Philipps Königserhebung vgl. Regesta Imperii V,1, Nr. 15a und 19a; die Wahlanzeige seiner Wähler: Regestum Innocentii III, ed. Kempf, Nr. 14, und die Literatur in Anm. 34.

Erzbischofs, sondern aus der Hand des Erzbischofs von Tarentaise empfing.[76] Nun gab es zwei Könige, von denen der eine eine „korrektere" Krönung und der andere einen deutlich größeren Anhang vorweisen konnte.

Für eine solche Situation gab es keine Instanz, der sich die Wähler und ihre Könige gleichermaßen unterworfen hätten. Die klassische Lösung für ein solches Problem war der Kampf mit dem Gegner. Doch müssen wir feststellen, dass die Rivalen es damit nicht eilig hatten. Wenn wir die erste Phase dieses Thronkampfes mit dem Tod Philipps in Bamberg 1208 enden lassen, die die politischen Erfolge der staufischen Partei jäh zunichte machte, dann dauerte diese erste Phase ca. zehn Jahre. Für eine ungeklärte Herrschaftsfrage erscheint das zunächst eine lange Zeit. Die Entwicklung bei den späteren Doppelwahlen zeigt indes, dass zehn Jahre keineswegs ungewöhnlich waren: Die Entscheidung über die Doppelwahl 1257 fiel erst 1272 mit dem Tod Richards von Cornwall – nach 15 Jahren,[77] die Entscheidung über die Doppelwahl 1314 fiel 1322 mit dem Sieg Ludwigs des Bayern über seinen habsburgischen Rivalen Friedrich den Schönen – nach acht Jahren;[78] dass Karl IV. sich nach seiner Wahl am 7. Juli 1346 so bald gegen den Wittelsbacher Ludwig durchsetzen konnte, lag an Ludwigs Herztod am 11. Oktober 1347. Er kam für Karl günstig, sein Königtum hatte bis dahin wenige Erfolge vorzuweisen;[79] die Entscheidung zwischen Wenzel und Ruprecht von der Pfalz fiel zehn Jahre nach Ruprechts Wahl und der „Absetzung" Wenzels mit Ruprechts Tod 1410. Die nachfolgende Doppelwahl 1410 wurde durch den schnellen Tod von Jobst von Mähren 1411 entschieden.[80]

Eine schnelle militärische Entscheidung gab es nur nach der Absetzung Adolfs von Nassau am 23. Juni 1298.[81] Schon am 2. Juli 1298 wurde der von den Kurfürsten abgesetzte König durch seinen habsburgischen Nachfolger Albrecht besiegt und in der Schlacht bei Göllheim getötet.[82] Adolfs Tod war eine Ausnahme,

---

76 Ebda; vgl. auch den Brief Philipps an Innozenz III. aus dem Juni 1206, in dem er angesichts der Hoffnung auf einen Ausgleich noch einmal rückblickend den Vorgang seiner Königserhebung schildert (ebda, Nr. 135, S. 320: *Nulla igitur ambitione, sed pro causis supradictis nos in Romanorum regem eligi permisimus ...*).
77 Vgl. für einen ersten Überblick: KAUFHOLD, Interregnum; DERS., Die Könige des Interregnums (1245–1273), in: Die deutschen Herrscher des Mittelalters, hg. von Schneidmüller/Weinfurter, S. 315–339.
78 Vgl. für einen ersten Überblick: M. MENZEL, Ludwig der Bayer (1314–1347) und Friedrich der Schöne (1314–1330), in: Die deutschen Herrscher des Mittelalters, hg. von Schneidmüller/Weinfurter, S. 393–407.
79 Vgl. M. KINTZINGER, Karl IV. (1346–1378), in: Die deutschen Herrscher des Mittelalters, hg. von Schneidmüller/Weinfurter, S. 408–432, 413–416.
80 Vgl. für einen Überblick: M. KINTZINGER, Wenzel (1376–1400,† 1419), in: Die deutschen Herrscher des Mittelalters, hg. von Schneidmüller/Weinfurter, S. 433–445; O. AUGE/K.-H. SPIESS, Ruprecht (1400–1410), in: ebda, S. 447–461; M. KINTZINGER, Sigmund (1410/1411–1437) mit Jobst von Mähren (1410–1411), in: ebda, S. 462–485.
81 MGH Constitutiones et acta publica imperatorum et regum, Bd. 3, hg. von J. Schwalm, Hannover/Leipzig 1904–1906, Nr. 588–590.
82 Vgl. zu Adolf von Nassau: CH. REINLE, Adolf von Nassau (1292–1298), in: Die deutschen Herrscher des Mittelalters, hg. von Schneidmüller/Weinfurter, S. 360–371.

die auch dadurch möglich wurde, dass der abgesetzte König weitgehend allein stand. Solange ein König – auch ein noch so schwacher und umstrittener König –, über eine gewisse Unterstützung und einen „Ruheraum" verfügte, konnte er sich lange Zeit behaupten.

Die militärische Entscheidung war die Ausnahme. Umso mehr sollten wir die Alternative prüfen.[83] Sie bestand in erster Linie darin, die eigene Wahl als gültige Legitimation für den Thronanspruch zu bemühen, während die Wahl des Rivalen entweder Formfehler aufwies (wie etwa 1198, 1257 und 1314) oder durch eine Absetzung aufgehoben worden war (1298, 1346 und 1400).[84] Dabei verschob sich allerdings der Adressat solcher Argumentationen. War es ursprünglich die Kurie gewesen, an die sich die Wähler und ihr Kandidat gewandt hatten, so gewann das deutsche Publikum zunehmend an Bedeutung – bis die Kurie in der Mitte des 14. Jahrhunderts aus dem Argumentationsgefüge weitgehend ausgeschlossen wurde. Zwischen 1338 und 1356 wurden die entscheidenden Verfassungsnormen in Hinblick auf die deutsche Königswahl eher gegen die Kurie formuliert, zumindest ging der Prozeß der entscheidenden Formulierung ohne kuriale Beteiligung vor sich.[85]

Die besondere Rolle, die Papst Innozenz III. in dem historischen Bild einnimmt, das sich dem modernen Betrachter der Auseinandersetzung um die Doppelwahl von 1198 bietet, ist auch der Tatsache zu verdanken, dass das Thronstreitregister des Papstes das mit weitem Abstand bedeutendste Quellencorpus für diesen Konflikt darstellt. Texte, die keine Aufnahme in das Register fanden, hatten eine wesentlich geringere Überlieferungschance. Da es im Reich keine vergleichbare Registerführung und auch keine Archivpraxis gab – und damit sind nur die

---

83 Die grundsätzliche Alternative lag in einer – verschieden zu gestaltenden – Vermittlung. Diese Alternative hat für die Zeit nach der Doppelwahl 1198 S. Krieb eingehend untersucht: KRIEB, Vermitteln und versöhnen. Hier geht es weniger um Vermittlung als zunächst um die Frage der Argumente, die jede Partei für ihre Position formulierte.
84 Auf diese Doppelwahlen werden wir im weiteren Verlauf der Untersuchung eingehen. Schon an dieser Stelle könnte man feststellen, dass sich zwischen 1198 und 1400 solche Doppelwahl-/Absetzungkrisen im Abstand von etwa einem halben Jahrhundert einstellten.
85 Vgl. für die Jahre vom Weistum von Rhense bis zur Goldenen Bulle neben den Grundtexten (Weistum: Quellensammlung zur Geschichte der Deutschen Reichsverfassung in Mittelalter und Neuzeit, Bd. 1 (Quellensammlung zum Staats-, Verwaltungs- und Völkerrecht 2), hg. von K. Zeumer, 2. Aufl. Tübingen 1913, Nr. 141c; Die Goldene Bulle Kaiser Karls IV., ed. Fritz); E. E. STENGEL, Avignon und Rens. Forschungen zur Geschichte des Kampfes um das Recht am Reich in der ersten Hälfte des 14. Jahrhunderts (Quellen und Studien zur Verfassungsgeschichte des Deutschen Reiches in Mittelalter und Neuzeit 6,1), Weimar 1930; M. KAUFHOLD, Gladius Spiritualis. Das päpstliche Interdikt über Deutschland in der Regierungszeit Ludwigs des Bayern (1324–1347) (Heidelberger Abhandlungen zur Mittleren und Neueren Geschichte NF 6), Heidelberg 1994, S. 210–247, 264–287; H. THOMAS, Ludwig der Bayer (1282–1347), Regensburg u. a. 1993, S. 307–383; MORAW, Von offener Verfassung zu gestalteter Verdichtung, S. 235–242, 247–256; J. MIETHKE, Die päpstliche Kurie des 14. Jahrhunderts und die „Goldene Bulle" Kaiser Karls IV., in: Papsttum und Landesgeschichte, FS Hermann Jakobs (Beihefte zum Archiv für Kulturgeschichte 39), hg. von J. Dahlhaus/A. Kohnle, Köln/Weimar/Wien 1995, S. 437–450.

mittelalterlichen Überlieferungsprobleme angesprochen, die durch die Reformation und den dreißigjährigen Krieg noch erheblich übertroffen wurden – sind Briefe an Adressaten im Reich vergleichsweise spärlicher überliefert.[86] Da zudem spätere Päpste, die ihr Amt zu Zeiten der angesprochenen Doppelwahlen innehatten, entweder ein geringeres Interesse an den Vorgängen hatten, der Entwicklung im Reich ablehnend gegenüberstanden oder in einem Schisma ganz andere Probleme zu gewärtigen hatten, ist die Geschichte der Überlieferungsträger zahlreichen Brechungen ausgesetzt, deren Effekt nicht ohne weiteres zu ermessen ist. Allerdings ist diese Entwicklung selber ein wichtiger Aspekt in der Geschichte des institutionellen Wandels im späteren Mittelalter. Die zeitgenössische Überlieferung trug zur Textur der verschiedenen Phasen institutioneller Formierung einen gewichtigen Anteil bei, und sie gibt der historischen Untersuchung eventuell Kriterien zur Differenzierung unterschiedlicher Reformentwicklungen in den hier untersuchten Milieus an die Hand.

Von den beiden Konkurrenten um den deutschen Thron hatte Philipp die aussichtsreichere Position. Deutlich übertraf die Zahl und das Gewicht seiner Wähler und Anhänger die niederrheinische Opposition, die Otto unterstützte. Die Ausstellerlisten der jeweiligen Wahlanzeigen lassen ein politisches Kräfteverhältnis erkennen, das in der knappen Charakterisierung Arnolds von Lübeck durchaus treffend formuliert ist: *Cum sola Colonia et pars quedam Westfalie Ottoni faveret, totum robur imperii Philippo adherebat.*[87] Hier soll die Geschichte des Ringens um den deutschen Thron zwischen 1198 und 1208 nicht im Detail nachgezeichnet werden. Für die Frage, welche Rechtfertigungen aus den rivalisierenden Lagern für die Legitimität ihrer konkurrierenden Wahlentscheidungen angeführt wurden – und welche dieser Positionen im weiteren Verlauf der Geschichte bis 1400 zu anerkannten Kriterien wurden, die eine gültige Königswahl ausmachten, ist die Konstellation der Beteiligten von erheblicher Bedeutung. In dem Gefüge, in dem sich nach 1198 die Positionen der jeweiligen Wähler zu bewähren hatten, kam dem

---

86 Vgl. zur Überlieferungschance von Urkunden und Briefen außerhalb des Thronstreitregisters auch C. R. CHENEY, England and the Roman Curia under Innocent III, in: The Journal of Ecclesiastical History 18 (1967), S. 173–186, 175f.

87 Arnold von Lübeck: Arnoldi chronica Slavorum (MGH Script. rer. Germ. 14), hg. von J. M. Lappenberg/G. H. Pertz, Hannover 1868, S. 220; Wahlanzeige Ottos: Regestum Innocentii III, ed. Kempf, Nr. 10 (dort sind neben dem Erzbischof von Köln die Bischöfe von Paderborn und Minden, die Äbte von Corvey, Inden und Verden und der Herzog von Lothringen und Brabant als Wähler genannt, der Graf von Kuik erscheint als anwesend und zustimmend); Wahlanzeige für Philipp von Schwaben: Regestum Innocentii III, ed. Kempf, Nr. 14 (zu den Wählern Philipps gehören u. a. die Erzbischöfe von Magdeburg und Trier – der Erzbischof von Mainz war als Teilnehmer an dem Kreuzzug Heinrichs VI. noch nicht nach Deutschland zurückgekehrt, vgl. Regestum Innocentii III, ed. Kempf, Nr. 1 –, der Erzbischof von Saintes im Poitou, die Bischöfe von Regensburg, Freising, Augsburg, Konstanz, Eichstätt, Worms, Speyer etc.; der König von Böhmen, die Herzöge von Sachsen, Bayern, Österreich, der Herzog von Lothringen (!), die Markgrafen von Meissen, Brandenburg, Mähren etc., in der Wahlanzeige heißt es über die Situation bei der Wahl: ... *collecta multitudine principum, ubi nobilium et ministerialium imperii numerus aderat copiosus* ... (ebda., Nr. 14, S. 35). Das Argument breiter Unterstützung spielt dagegen in der Wahlanzeige für den Welfen keine Rolle.

Papst eine besondere Rolle zu. Bei ihm liefen die Argumente zusammen, und er verstand sie – durchaus in seinem Sinne – systematisch zu formulieren. Doch gilt dies erst in der weiteren Perspektive. Für die unmittelbar betroffenen Zeitgenossen stellte sich die Rolle Innozenz' III. anders dar.

Die Wähler Ottos erlebten, dass die Unterstützung der Kurie ihnen wenig half; die Erfolgsgeschichte Philipps lief der päpstlichen Entscheidungsfindung und dem kurialen Einsatz für den welfischen Thronkandidaten geradezu entgegen.[88] Die Wirkungslosigkeit des päpstlichen Engagements für Otto und gegen den letztlich erfolgreichen Philipp ist in der ersten Phase der Doppelwahlgeschichte kaum zu übersehen. Die Rolle des Papstes wurde erst in der Phase zu einem gestaltenden Faktor, als Innozenz sich 1210 gegen seinen welfischen Favoriten wandte und dem Staufer Friedrich eine zweite Chance vermittelte. In der ersten Phase war die Kurie der Anlaufpunkt für die Gesandten all derjenigen, die eigene Interessen im deutschen Thronstreit tangiert sahen. Ihre Briefe fanden Eingang in das berühmte Register des Papstes. Die deutschen Anhänger der jeweiligen Kandidaten baten den Papst um die Kaiserkrönung ihres Favoriten; der König von England, der den Welfen unterstützte und der König von Frankreich, der den Papst darum bat, von einer Unterstützung des Welfen abzusehen, erwähnten die Kaiserkrönung nicht.[89] Sie thematisierten das besondere Verhältnis des Papsttums zum römischen König, der normalerweise zum Kaiser erhoben wurde, nicht eigens, aber sie setzten es voraus. Sonst hätten sie sich nicht an den Papst gewandt. Der Verzicht auf die Erwähnung des Kaisertums ist sicherlich auf die besonderen Sensibilitäten dieser beiden Herrscher zurückzuführen, immerhin hatte sich schon Johann von Salisbury über die kaiserliche Anmaßung der Staufer empört und Richard Löwenherz hatte mit dem Kaisertum Heinrichs VI. keine guten Erfahrungen gemacht, Philipp II. von Frankreich beanspruchte den Titel *Augustus* schließlich für sich und er galt an der Kurie als ein König *qui superiorem non recognoscit*.[90]

---

[88] Vgl. als entscheidende Zeichen von Innozenz' Positionen im Thronstreit etwa seinen Brief an den Erzbischof von Mainz aus dem Mai 1199, in dem er die Entscheidung im Thronstreit beansprucht (Regestum Innocentii III, ed. Kempf, Nr. 1), die Konsistorialansprache um die Jahreswende 1200/01 (ebda, Nr. 29), in der der Papst seine Unterstützung für Otto vor den Kardinälen zu erkennen gibt (... *ei manifeste favendum et ipsum recipiendum in regem, et premissis omnibus que pro honorificentia ecclesie Romane debent premitti, ad coronam imperii evocandum.*), die Mitteilung der päpstlichen Unterstützung an Otto vom März 1201 (ebda, Nr. 32. Zitat S. 100: ... *auctoritate Dei omnipotentis nobis in beato Petro collata te in regem recipimus* ...); vgl. zu der Haltung des Papstes im Thronstreit auch die Literatur in Anm. 34.

[89] Vgl. für Briefschreiber aus dem Reich etwa die Briefe des Grafen von Flandern, Hennegau und Markgrafen von Namur (Regestum Innocentii III, ed. Kempf, Nr. 7), des Grafen Albert von Dagsburg (ebda, Nr. 8) und des Podestà von Mailand (ebda, Nr. 6: ... *quod debite ad consecrationem sacri imperii ipsum sine prorogatione convocetis* ...); vgl. auch die Briefe der Könige von England (ebda, Nr. 4 u. 5) und von Frankreich (ebda, Nr. 13). Vgl. dazu auch: T. HOLZAPFEL, Innozenz III., Philipp II. August, König von Frankreich und die englisch-welfische Verbindung 1198–1216 (Europäische Hochschulschriften, Reihe 3 406), Frankfurt am Main 1991.

[90] Vgl. die Verärgerung Johanns von Salisbury 1160 über die Politik des Kaisers und den Auftritt der Deutschen: *Quis Teutonicos constituit iudices nationum? Quis hanc brutis et impetuosis*

Den selbstbewussten staufischen Anspruch auf die besondere Qualität der Königswahl zu verteidigen, war nicht das Anliegen von Richard Löwenherz. Er gab keine Position auf, wenn er dem Papst das Recht zugestand, das Königtum Ottos zu bestätigen und seine Königswahl und Krönung zu approbieren.[91] Es ist auffällig, dass bereits 1198 die Positionen formuliert wurden, die in der deutschen Verfassungsgeschichte noch lange für Konfliktstoff sorgen sollten. In gewisser Weise wurde hier ein Tableau eröffnet, das die meisten neuralgischen Punkte der kommenden zwei Jahrhunderte thematisierte. Dabei ist zu erkennen, dass diese – beanspruchten – Rechtspositionen zwar innerhalb der opponierenden Lager weitergereicht und aufgenommen wurden, dass daraus aber keine Debatte wurde. Die Argumente der Gegenseite wurden nicht aufgenommen, stattdessen wiederholte man die eigenen Standpunkte.

Im Wesentlichen scheinen vier Problemfelder differenzierbar, die ein durchaus unterschiedliches Gewicht und ein unterschiedliches Potential hatten. Wir nennen sie zunächst, um sie dann in Hinblick auf ihre Bedeutung 1198 zu gewichten:

1. Der enge Zusammenhang zwischen deutscher Königswahl und dem römischen Kaisertitel.
2. Die päpstliche Bestätigung (Approbation) der fürstlichen Wahl.
3. Der Kreis der Wähler: Wer wählt den römisch-deutschen König?
4. Die äußeren Umstände der Wahl und die Frage bestimmter Entscheidungskriterien im Wahlverfahren.

Diese Problemfelder wurden während der zwei Jahrhunderte zwischen 1198 und 1400 wiederholt thematisiert, bis sich schließlich ein Konsens über das Wahlverfahren und die notwendigen Kriterien einer gültigen Entscheidung herausbilde-

---

hominibus auctoritatem contulit, ut pro arbitrio principem statuant super capita filiorum hominum? The Letters of John of Salisbury, Bd. 1, hg. von W. J. Millor/H. E. Butler/C. N. L. Brooke, Oxford 1986, Brief 124, S. 206; vgl. auch Johanns Bezeichnung des Kaisers als Tyrannen : *Teutonicus tirannus* (ebda, Bd. 2, Brief 272, S. 553 u. S. 555); der Brief, mit dem Heinrich VI. dem französischen König die Gefangennahme von Richard Löwenherz mitteilte, begann folgendermaßen: *Quoniam imperatoria celsitudo non dubitat regalem magnificentiam tuam laetiorem effici de universis quibus omnipotentia Creatoris nostri nos ipsos et Romanum imperium honoraverit, et exaltaverit; nobilitati tuae praesentium tenore declarare duximus, quod inimicus imperii nostri et turbator regni tui, rex Angliae, cum esset in transeundo mare, ad partes suas reversurus, rupta navi sua in qua ipse erat, duceret eam versus partes Histriae ...* (Chronica Magistri Rogeri de Houedene, hg. von W. Stubbs, Bd. 3 (Rolls Series 51,3), London/Oxford 1870, S. 195). Dies war durchaus ein Milieu, in dem man sich des Gewichts der Titel bewusst war und in dem man den anderen die Abstufungen auch spüren ließ; zum Augustus-Titel Philipps II.: BALDWIN, The Government, S. 355; zur Haltung des französischen Königs *qui superiorem non recognoscit*: Die Dekretale *Per venerabilem* (X 4.17.13); vgl. auch O. HAGENEDER, Anmerkungen zur Dekretale Per Venerabilem Innozenz' III. (X 4.17.13), in: Studien zur Geschichte des Mittelalters. Jürgen Petersohn zum 65. Geburtstag, hg. von M. Thumser u. a., Stuttgart 2000, S. 159–173.

91 Regestum Innocentii III, ed. Kempf, Nr. 5: *... favore velitis apostolico consentire et regnum sibi Alemannie auctoritatis munimine confirmare, electionem ipsius et coronacionem approbantes ...*

te.⁹² Hier geht es weniger um die Kriterien als solche, die bereits intensiv erforscht worden sind, sondern um die Frage, welche historischen Einflüsse die Auswahl und Präzisierung der widerstreitenden Positionen begünstigte, beschleunigten oder beendeten. Wir müssen daher die verschiedenen Positionen auf ihren konkreten historischen Bezug und letztlich auch auf ihre argumentative Qualität prüfen. Die argumentative Qualität liefert am Ende den historischen Zusammenhang zwischen der Entwicklung der Rechtspositionen und der Entwicklung der politischen Verhältnisse.

Ad 1. Der enge Zusammenhang zwischen deutscher Königswahl und Kaiserkrönung war für alle Beteiligten selbstverständlich, auch wenn sie ihn unterschiedlich formulierten. Die Wähler Philipps hatten ihn *in imperaturam* gewählt, zwar nicht zum Kaiser, aber doch zu einem Amtsträger mit kaiserlichen Kompetenzen.⁹³ Und sie hatten dabei das klare Bewusstsein, rechtmäßig (*rite*) vorgegangen zu sein. Die ganze Wahlanzeige für Innozenz III. lässt erkennen, dass die Wähler sich diese Kompetenz selbstverständlich zugestanden

Wir müssen hier die Frage nicht prüfen, welche Amtsbezeichnung sich hinter der *imperatura* verbarg, die auf Philipps besondere Situation Rücksicht nahm – Heinrich Mitteis hat sie differenziert erörtert⁹⁴ –, für diese Untersuchung reicht der enge Zusammenhang zwischen Wahl und Kaiserperspektive, die in der Formulierung eröffnet wird. Sie ist eindeutig. Auch für Papst Innozenz war die Königswahl der Beginn eines Vorgangs, an dessen Ende folgerichtig die Kaiserkrönung in Rom stand, der Gewählte war ein *postmodum in imperatorem promovendus*.⁹⁵ Daraus leitete Innozenz ja sein Interventionsrecht in der Doppelwahl ab: *quod ius et auctoritas examinandi personam electam in regem et promovendam ad imperium ad nos spectat, qui eam inungimus, consecramus et coronamus.*⁹⁶

Hier ging es um die unterschiedliche Interpretation eines Vorgangs, der als solcher für selbstverständlich gehalten wurde. Der heftig einsetzende Konflikt um den Vorgang der Königswahl bis hin zur Kaiserkrönung war zunächst eine Auseinandersetzung über die Deutungshoheit, nicht über den Vorgang selbst. Als Innozenz III. sich 1211 schließlich entschloß, den ungeliebten Staufer Friedrich zum Thron zu verhelfen, da forderte er die Wähler zu einer Kaiserwahl auf;⁹⁷ und Friedrich II. nannte sich nach seiner Wahl zum römisch-deutschen König *Romano-*

---

92 Für eine knappe Übersicht vgl. noch immer die souveräne Skizze von H. MITTEIS, Die deutsche Königswahl; für einzelne Aspekte vgl. die in Anm. 8 genannte Literatur.
93 Regestum Innocentii III, ed. Kempf, Nr. 14: ... *illustrem dominum nostrum Ph(ilippum) in imperaturam Romani solii rite et sollempniter elegimus* ...
94 Vgl. MITTEIS, Die deutsche Königswahl, S. 119–132.
95 Vgl. die Bulle *Venerabilem*, Regestum Innocentii III, ed. Kempf, Nr. 62 (S. 168).
96 Ebda, S. 168f.
97 ... *dat principibus licentiam alium imperatorem eligendi* (A. HAIDACHER, Beiträge zur Kenntnis der verlorenen Registerbände Innozenz' III. Die Jahrgänge 3–4 und 17–19 der Hauptregisterbände und die ursprüngliche Gestalt des Thronstreitregisters, in: Römische Historische Mitteilungen 4 (1961), S. 37–62, 61 (CCLXXVIII)).

rum imperator electus.⁹⁸ Das war weniger ein neuer Anspruch als vielmehr die Formulierung einer staufischen Erfahrung auf der Höhe der Zeit. Die Selbstverständlichkeit, mit der die Zeitgenossen den Zusammenhang von Aachener Königskrönung und Kaiserkrönung in Rom wahrnahmen, kam ja auch in den bereits angesprochenen Interventionen des englischen und des französischen Königs zum Ausdruck. Sie wandten sich an den Papst, weil es für sie evident war, dass der römisch-deutsche König vom Papst in Rom zum Kaiser gekrönt wurde.⁹⁹ Insofern war es durchaus begründet, wenn Innozenz III. wiederholt feststellte, dass die deutsche Königswahl ihn von ihrer Konsequenz her – *finaliter* – angehe: *finaliter, quoniam imperator a summo pontifice finalem sive ultimam impositionem promotionis proprie accipit ...*¹⁰⁰ Das war die Erfahrung des 12. Jahrhunderts.

Neu war die Interpretation. Um sie entbrannte der Streit. In dieser Frage liegt ein erhebliches Potential. Denn der Streit erreichte einen Höhepunkt in der Zeit von Friedrichs II. Kampf gegen seine Absetzung und ging dann in eine neue Phase über, in der die Folgerichtigkeit von Königswahl und Kaiserkrönung in der historischen Erfahrung aufgehoben wurde.¹⁰¹ Nun ging es um die selten gewordene Kaiserkrönung selbst, und nicht mehr um ihre Interpretation.

Ad 2. Die Frage des päpstlichen Approbationsanspruches bei der deutschen Königswahl wurde im 14. Jahrhundert zu einem zentralen verfassungsrechtlichen und verfassungspolitischen Thema im Reich.¹⁰² Der Anspruch wurde ab 1323 von Papst Johannes XXII. energisch formuliert und verfolgt.¹⁰³ Im 13. Jahrhundert wurde dieses Thema von den Päpsten noch nicht in aller Konsequenz forciert, wir finden Hinweise darauf eher bei weltlichen Herrschern, die vom Papst Unterstützung in einer nicht gesicherten Thronkandidatur suchten, in diesem Fall bei Ri-

---

98 MGH Constitutiones, Bd. 2, ed. Weiland, Nr. 43f. (September 1212).
99 Vgl. zur historischen Erfahrung Anm. 52.
100 Regestum Innocentii III, ed. Kempf, Nr. 29 (S. 75) und sehr ähnlich ebda, Nr. 30 (S. 91, an den Erzbischof von Köln): *Nec vos nec alios credimus dubitare quin imperii Romani provisio principaliter et finaliter nos contingat ...*
101 Zum Kampf von Papst- und Kaisertum vgl. KAUFHOLD, Interregnum, S. 11–21; W. STÜRNER, Friedrich II., Bd. 2: Der Kaiser 1220–1250, Darmstadt 2000, S. 458–592; J. MIETHKE, Der Kampf Ludwigs des Bayern mit Papst und avignonesischer Kurie in seiner Bedeutung für die deutsche Geschichte, in: Kaiser Ludwig der Bayer. Konflikte, Weichenstellungen und Wahrnehmung seiner Herrschaft (Quellen und Forschungen aus dem Gebiet der Geschichte NF 22), hg. von H. Nehlsen/H. G. Hermann, Paderborn u. a. 2002, S. 39–74; DERS., Geschichtsprozeß und zeitgenössisches Bewusstsein – Die Theorie des monarchischen Papats im hohen und späteren Mittelalter, in: Historische Zeitschrift 226 (1978), S. 564–599; F. KEMPF, Die Absetzung Friedrichs II. im Lichte der Kanonistik, in: Probleme um Friedrich II. (Vorträge und Forschungen 16), hg. von J. Fleckenstein, Sigmaringen 1974, S. 345–360; A. BORST, Der Streit um das geistliche und das weltliche Schwert, in: Staat und Kirche im Wandel der Jahrhunderte, hg. von W. P. Fuchs, Stuttgart 1966, S. 34–52.
102 Vgl. dazu die Literatur in Anm. 56 und 59.
103 Auf die Auseinandersetzung zwischen der Kurie und Ludwig dem Bayern wird noch einzugehen sein, vgl. für einen Überblick zunächst: KAUFHOLD, Gladius Spiritualis, S. 28–96.

Der Beginn einer neuen Zeit 49

chard Löwenherz.[104] Richard Löwenherz konnte den Papst dazu auffordern, die Wahl Ottos zu approbieren, es waren nicht die Rechte seines Reiches, die dadurch tangiert wurden. Etwas unschärfer äußerten sich die Wähler Ottos IV. in ihrer Wahlanzeige. Sie sollte dem Papst Wohlverhalten signalisieren und dazu wählte der Kölner Aussteller eine Formulierung, mit der der Papst gebeten wurde, die Wahl und die Krönung zu bekräftigen.[105] Wir können aber in Hinblick auf die erste Phase dieser Untersuchung feststellen, dass die Frage eines päpstlichen Prüfungsrechtes für die deutsche Königswahl noch keine prominente Rolle spielte.

Ad 3. Die Frage, wer den römisch-deutschen König und zukünftigen Kaiser wählen könne, enthielt dagegen ein erhebliches Problempotential. Die Zustimmung zu Philipps Königtum war erkennbar größer als der Anhang Ottos.[106] Wäre es nach der Zahl der Wähler gegangen, hätte an Philipps Überlegenheit kaum ein Zweifel bestanden. Ottos Wählern war ihre schwächere Ausgangslage bewusst und sie führten daher ein Kriterium ein, das das Übergewicht des staufischen Lagers etwas relativieren mochte. In den Briefen, die Otto, seine Wähler und seine Anhänger an die Kurie sandten, wurden die Wähler des Welfen nun mit einer besonderen Qualifikation versehen: *principes, ad quos de iure spectat electio*.[107] Innozenz selber nahm die unklare Formulierung in seiner Konsistorialansprache über die Wahlproblematik auf und präzisierte sie in einer Weise, die daraus ein Entscheidungskriterium machte: *Verum, cum tot vel plures ex hiis, ad quos principaliter spectat imperatoris electio, in eum* [i. e. Otto] *consensisse noscuntur, quot in alterum consenserunt ...*[108] Der Papst wußte, was die Wähler Ottos nicht ausdrücklich formuliert hatten, was aber für einen Außenstehenden nicht zu übersehen war: dass Philipps Wähler an Zahl und Rang überlegen waren.[109] Durch die Differenzierung nach solchen, denen die Wahl in besonderer Weise zustand, und denen, deren Stimmen weniger Gewicht hatten, wurde Philipps Vorteil relativiert – wenn man plausibel machen konnte, dass Otto ausreichend Unterstützung in der Gruppe der Fürsten hatte, denen die Wahl zustand. Die deutsche Forschung hat diese Frage der sogenannten „Prinzipalwähler" sehr eingehend diskutiert. Das soll hier nicht

---

104 Regestum Innocentii III, ed. Kempf, Nr. 5. Das vermeintliche Recht der Kurie, die deutsche Königswahl zu bestätigen, formuliert König Wilhelm von Holland im Jahre 1252 anläßlich der Einladung zu einem Hoftag in Frankfurt: ... *quod postquam nos electi fuimus a principibus in Romanorum regem, per summum pontificem confirmati et consecrati ac coronati, prout moris est* (MGH Constitutiones, Bd. 2, ed. Weiland, Nr. 359), vgl. dazu auch KAUFHOLD, Interregnum, S. 22–34, besonders S. 26f.
105 Regestum Innocentii III, ed. Kempf, Nr. 10: *Paternitati ergo vestre dignum supplicare duximus, quatinus ... ipsius electionem et consecrationem auctoritate vestra confirmare et imperiali coronationi annuere paterna pietate dignemini*. Die Formulierung findet sich sehr ähnlich auch in einem Schreiben des Kölner Erzbischofs an die Kurie (ebda, Nr. 9): *Paternitatem igitur vestram attente rogamus quatinus ... ipsius electionem, consecrationem ac coronationem confirmetis ...*
106 Vgl. dazu die Darstellung oben; vgl auch: STEHKÄMPER, Der Kölner Erzbischof, S. 59–71.
107 Regestum Innocentii III, ed. Kempf, Nr. 3, 6, 7, 9.
108 Ebda, Nr. 29, S. 88f.
109 Ebda, S. 79: ... *cum ipse* [i. e. Philipp] *a pluribus et dignioribus sit electus et adhuc plures et dignio-res principes sequantur eundem ...*

mehr geschehen. Die Frage, wer in den Kreis der bevorzugten Fürsten gehörte, scheint kaum klärbar zu sein und ist auch nicht unser Thema.[110] Hier geht es um die Frage, in welchen Zeiträumen das Problem eines exklusiven Wählerkreises eine Festlegung erfuhr. Für diese Frage ist die Begründung von einiger Bedeutung, die der Papst als prononciertester Vertreter der Präzisierung des Wählerkreises vorstellte. Der Anspruch, unter Ottos Wählern seien *tot, vel plures ex hiis, ad quos principaliter spectat imperatoris electio*, wurde ja von den anderen Wählern nicht akzeptiert. Die Wähler Philipps waren auch nicht bereit, die Klärung dieser Frage dem Papst zu überlassen.[111] Letztlich aber musste der Kreis der Wähler im Reich akzeptiert werden – aus welchen Gründen auch immer. Dabei war die Unterstützung des Papstes nur bedingt eine Hilfe. Im Grunde gilt dies für beide Lager im Reich: Man berief sich solange auf die Kurie, wie der Papst die eigene Position unterstützte. Veränderungen wurden in der komplexen Machtstruktur des Reiches im späteren Mittelalter weniger durch Autorität herbeigeführt, als dadurch, dass ein Konzept für die zahlreichen Schwierigkeiten, die diese komplexe Struktur hervorbrachte, eine sinnvolle Lösungsperspektive bot. Dadurch schwand die Wahrscheinlichkeit entschiedenen Widerstands, der erheblich einfacher und einheitlicher zu mobilisieren war, als ein gemeinsamer Reformversuch.[112]

Ein Konsens der widerstreitenden Positionen in der Frage eines unterschiedlichen Wahlrechts schien 1198 nicht einmal perspektivisch erkennbar. In seiner berühmten Antwort auf den Protest von Wählern Philipps gegen die Unterstützung des päpstlichen Legaten für Otto (*Venerabilem*, März 1202) wiederholte Innozenz die Differenzierung der Wähler, spitzte sie zu Ottos Gunsten zu und begründete sie allgemein mit der Berufung auf das Recht und die Rechtstradition des Reiches (*quamvis plures ex illis qui eligendi regem in imperatorem promovendum de iure ac consuetudine obtinent potestatem …*).[113] Die Berufung auf das Recht machte die Sache nicht leichter, denn unter Berufung auf eben dieses Recht hatten die Fürsten im staufischen Lager die Einmischung des päpstlichen Legaten in die Wahlentschei-

---

110 Vgl. zu der Frage der „Prinzipalwähler" aus der Fülle der Literatur etwa: MITTEIS, Die deutsche Königswahl, S. 135–140 (S. 135: „Dieser Satz [i. e. der oben zitierte] ist einer der meistbesprochenen von allen."); Regestum Innocentii III, ed. Kempf, S. 88f., Anm. 45; S. 171, Anm. 10; ERKENS, Kurfürsten und Königswahl, S. 2, kommt in seinem Forschungsbericht zu der Feststellung: „ … so wenig bekannt ist jener Prozeß, der zur Ausbildung des alleinigen Wahlrechts der Kurfürsten führte". In der Differenzierung der Wähler nach Graden der Zuständigkeit beginnt dieser Prozeß. Die Kriterien für die Auswahl der Kurfürsten, seien sie in den Erzämztern begründet, oder in der dynastischen Geschichte der Familie, sollen hier nicht erneut erörtert werden.
111 Vgl. die energischen Proteste der Wähler Philipps gegen den päpstlichen Entscheidungsanspruch in der Doppelwahl: Regestum Innocentii III, ed. Kempf, Nr. 61, 62.
112 Vgl. zur Reichsreform im späten Mittelalter: Quellen zur Reichsreform im Spätmittelalter (Ausgewählte Quellen zur deutschen Geschichte des Mittelalters 39), hg. von L. Weinrich, Darmstadt 2001; H. ANGERMEIER, Die Reichsreform 1410–1555. Die Staatsproblematik in Deutschland zwischen Mittelalter und Gegenwart, München 1984; K.-F. KRIEGER, König, Reich und Reichsreform im Spätmittelalter (Enzyklopädie Deutscher Geschichte 14), München 1992.
113 Regestum Innocentii III, ed. Kempf, Nr. 62, S. 170f.

dung wütend zurückgewiesen (*contra omnem iuris ordinem se ingessit*).[114] Hier gab es kaum eine Vermittlungsmöglichkeit, und auch die kritische historische Prüfung der vermeintlichen Rechtstraditionen bei der Königswahl hilft nicht weiter. Die Empörung der Zeitgenossen über den jeweiligen Kontrahenten war echt. Entschieden berief man sich darauf, im Einklang mit dem Recht zu handeln – und wir können hinzufügen, dass diese Begründung auch 130 Jahre später im Kampf Ludwigs des Bayern mit der Kurie um die Reichsrechte noch eine zentrale Rolle spielte.[115] Es ist eine interessante Frage, wie aus solchen kaum entwicklungsfähigen Positionen schließlich ein Verfassungskonsens erwuchs, der im Reich allgemeine Geltung beanspruchen konnte.

In den Jahren nach der Doppelwahl von 1198 war ein solcher Konsens nicht erkennbar. Die Präzisierung des Wählerkreises für die deutsche Königswahl ging zunächst einen anderen Weg. Es war ein Weg, der sich in einem politischen Gefüge mit noch unklaren Verfassungsnormen und widerstrebenden politischen Interessen auch einfacher verfolgen ließ. Die Rechtmäßigkeit einer Wahl wurde von der schwächeren Fürstengruppe deshalb in Frage gestellt, weil man ihr Votum nicht berücksichtigt habe. Die kirchlichen Juristen nannten dieses Übergehen wichtiger Männer (hier ging es tatsächlich nur um Männer) *contemptus*. Es war ein schwerwiegender Verfahrensfehler. Das Übergehen solcher Männer, die den Anspruch erheben konnten, bei wichtigen Wahlentscheidungen beteiligt zu werden, stellte die Gültigkeit der Entscheidung grundsätzlich in Frage: *ex eo quod fautores Ph(ilippi), absentibus aliis et contemptis, ipsum eligere presumpserunt, pateat eos perperam processisse, cum explorati sit iuris quod electioni plus contemptus unius quam contradictio multorum obsistat.*[116] Das Prinzip, das Innozenz III. hier formulierte, nach dem die Nichtberücksichtigung eines wichtigen Wählers der Anerkennung einer Wahlentscheidung entgegenstand, wurde bei den strittigen Königswahlen des 13. Jahrhunderts wiederholt herangezogen – allerdings in weniger präziser Formulierung und mit abnehmendem Erfolg. Es führte 1252 dazu, dass Wilhelm von Holland von den zwei norddeutschen Wählern in einer nachgeholten Wahl anerkannt wurde, weil die Lübecker ihre Anerkennung des Königs davon abhängig gemacht hatten,[117] dass diese Stimmen bei einer Königswahl berücksichtigt

---

114 Ebda, Nr. 61, S. 165; vgl. auch den Auftakt des Schreibens (S. 163): *Extimare non valet ratio, nec rudis simplicitas hoc potest credere, ut inde iuris cuiusque surgat turbatio, ubi iuris soliditas permansit hactenus inconvulsa.*
115 Vgl. dazu etwa die Erklärung im Weistum von Rhense: … *hoc esse de iure et antiqua consuetudine imperii approbata* …(Quellensammlung zur Geschichte, Bd. 1, ed. Zeumer, Nr. 141c).
116 Regestum Innocentii III, ed. Kempf, Nr. 62 (*Venerabilem*), S. 171; die Feststellung eines gravierenden *contemptus* richtete sich vor allem gegen die Nichtberücksichtigung des Erzbischofs von Köln, vgl. STEHKÄMPER, Der Kölner Erzbischof, S. 50–71; zur juristischen Problemlage vgl. MITTEIS, Die deutsche Königswahl, S. 136–147.
117 Auf die Wahl Wilhelms wird noch einzugehen sein. Die Lübecker hatten 1252 – also nach dem Tod Friedrichs II. und dem Weggang Konrads IV. aus Deutschland – ihre Anerkennung Wilhelms von einer Nachwahl durch den Herzog von Sachsen und den Markgrafen von Brandenburg abhängig gemacht; vgl. MGH Constitutiones, Bd. 2, ed. Weiland, Nr. 459: … *tamen quia se aliquot civitates et oppida excusabant dicentes, quod eidem domino W [ilhelmo] non de-*

würden, aber 1273 fand Ottokar von Böhmen mit der Berufung auf dieses Prinzip kein Gehör mehr an der Kurie und auch nicht im Reich.[118] Die Wähler, die am 1. Oktober 1273 Rudolf von Habsburg zum römisch-deutschen König wählten, übergingen den Protest des Burggrafen von Nürnberg, der den böhmischen König bei dieser Wahl vertrat, und sie akzeptierten auch den Einspruch gegen diese Behandlung auf einem Hoftag 1275 in Augsburg nicht. Darin konnte man einen *contemptus* im Sinne Innozenz' III. sehen. Doch er gefährdete die Wahl nicht mehr, und der Vorwurf des *contemptus* spielte in Doppelwahlen auch keine wichtige Rolle mehr. Wir werden in der weiteren Untersuchung zu prüfen haben, ob sich aus diesem verfahrenstechnischen Befund auch eine politische Entwicklung ablesen lässt. Die technische Dimension führt uns zum letzten Problemfeld, das 1198 thematisiert wurde:

Ad 4. Die Entscheidungskriterien im Wahlverfahren. Wenn Innozenz III. in Hinblick auf die Doppelwahl 1198 die größere Bedeutung des *contemptus* gegenüber dem Mehrheitsentscheid hervorhob, so lässt sich daraus auch eine Erklärung für das Zurücktreten des *contemptus* – Kriteriums in der zweiten Hälfte des 13. Jahrhunderts gewinnen. Bei der Wahl Rudolfs von Habsburg ist erstmals ein erkennbares Bewusstsein der Wähler für die Zusammensetzung des Wählerkreises und die Möglichkeit der Mehrheitsentscheidung festzustellen.[119] Wenn es grundsätzlich akzeptiert war, dass die Entscheidung für einen neuen König mit der einfachen Mehrheit eines Siebenergremiums fiel, dann relativierte dies die Bedeutung einer einzelnen Wählerstimme, die man überging, erheblich. Entscheidend war diese Stimme künftig nur noch, wenn sie mehrheitsbildend war – der Böhmenkönig stand 1273 mit seinem Widerspruch aber allein.[120] Hinter dieser verfahrenstechnischen Erklärung lässt sich eine weitergehende politische Entwicklung erkennen. Das Zurücktreten des *contemptus*-Problems (darum ging es im Prinzip, auch wenn die Quellen aus dem Reich den Begriff nicht verwenden) ging einher mit der Formierung des Wählergremiums und mit seiner Institutionalisierung. Das Problem der *Missachtung* blieb grundsätzlich erhalten, verschob sich aber in charakteristischer Weise. Künftig hatte der die Konsequenzen der Missachtung zu tragen, der die Einladung zur Wahl missachtete: er verlor für dieses eine Mal sein

---

bebant intendere tamquam regi, pro eo quod nobiles principes dux Saxonie et marchio Brandeburgensis, qui vocem habent in electione predicta, electioni non consenserant supradicte ...; vgl. KAUFHOLD, Interregnum, S. 23–26:
118 Zur Wahl Rudolfs von Habsburg und zum Protest Ottokars gegen die Wahl vgl. MGH Constitutiones, Bd. 3, ed. Schwalm, Nr. 14 u. 16; K.-F. KRIEGER, Rudolf von Habsburg, Darmstadt 2003, S. 84–114; KAUFHOLD, Deutsches Interregnum, S. 433–457; DERS., Interregnum, S. 123–139.
119 Vgl. dazu KAUFHOLD, Deutsches Interregnum, S. 433–478; DERS., Interregnum, S. 123–142.
120 Bei der Wahl Rudolfs hatte man die Stimme des Böhmenkönigs ohnehin an den Herzog von Bayern vergeben, wobei auch politische Opportunität eine Rolle spielte, vgl. KAUFHOLD, Deutsches Interregnum, S. 357–401.

Wahlrecht.[121] In dieser Entwicklung ist die zunehmende Bedeutung der (allmählich repräsentativen) Institutionen erkennbar, deren Formierungsprozeß unser Interessse gilt.

Mit Blick auf mögliche Entscheidungskriterien 1198 können wir jedoch festhalten, dass die Frage einer Stimmenmehrheit keine zentrale Rolle spielte. Die deutschen Wähler hielten sie nicht für entscheidend, und der Papst thematisierte die Frage zwar wiederholt – *cum enim in electionibus circa electores zelus, dignitas et numerus attendatur* –, behandelte die Mehrheit Philipps aber letztlich nicht als ausschlaggebend.[122] Angesichts der unklaren Umschreibung des Wählerkreises fehlte für die Betonung des Mehrheitskriteriums eine Bezugsgröße. Zwar ließe sich einwenden, dass auch in der eingangs geschilderten Wahl Konrads II. die Zahl der Königswähler nicht genauer definiert war, und dass dennoch das Kriterium der Mehrheit eine Rolle spielte, doch müssen wir für die Zeit um 1200 ein schärfer entwickeltes Verfahrensbewusstsein erwarten, wie der Vergleich mit anderen Mehrheitsentscheidungen dieser Zeit erkennen lässt. Und damit kommen wir zu der vergleichenden Perspektive dieser Untersuchung zurück.

Tatsächlich waren die Problemfelder 3 und 4 – wer sollte an der Entscheidung beteiligt werden und nach welchen Kriterien wurde die Gültigkeit einer Entscheidung bemessen? – zentrale Frage der politischen Geschichte Englands in dieser Zeit. In den Jahren nach der Magna Carta von 1215 kam der Frage, wer zu den Beratern des Königs gehörte eine entscheidende Rolle zu. In den regelmäßig wiederkehrenden Herrschaftskrisen zwangen die opponierenden Barone ihren König immer wieder, den Kreis seiner Berater so zu erweitern, dass die mächtigen Männer des Königreiches sich angemessen vertreten sahen.[123] Auch aus ihrer Sicht ging es darum, die Männer an den wichtigen Entscheidungen zu beteiligen, denen dies in erster Linie (*principaliter*) zukam, auch wenn sie dies nicht mit diesem Begriff thematisierten. Es wurde gefährlich für den König, wenn er den Eindruck erweckte, er missachte diese Männer grundsätzlich. Eine solche Missachtung konnte auch moderate Barone zum handgreiflichen Vorgehen gegen ihren König veranlassen. Wichtig ist bei diesen Reaktionen, dass die mächtigen Männer Englands ihren Anspruch auf eine angemessene Beteiligung an wichtigen Entscheidungen immer wieder institutionell festschreiben wollten. Dies galt zumindest in solchen Krisen, in denen der König nicht bereit war, seinen Beraterkreis aus eigenem An-

---

121 *Princeps vero elector ad electionem huiusmodi vocatus et requisitus et ad ipsam non veniens ... electionis voce seu iure, quod in eadem electione habuit et tali modo deseruit, careat ea vice* (Die Goldene Bulle Kaiser Karls IV., ed. Fritz, Kap. I.18, Zitat S. 52).
122 Vgl. zum Beispiel die Thematisierung der Mehrheitsfrage in der *Deliberatio* (Regestum Innocentii III, ed. Kempf, Nr. 29: *De Philippo videtur similiter quod non liceat contra eius electionem venire. Cum enim in electionibus circa electores zelus, dignitas et numerus attendatur et de zelo non sit facile iudicare, cum ipse a pluribus et dignioribus sit electus ...* (S. 79) ; ... *De Octone videtur quod non liceat ipsi favere, quoniam a paucioribus est electus ...* (S. 88). Diese Überlegungen waren freilich nur der Auftakt zu einer dialektischen Erörterung, die Innozenz schließlich zum Kreis der Prinzipalwähler führte, die Otto mindestens in gleicher Zahl zugestimmt hätten (vgl. dazu oben).
123 Vgl. für einen ersten Überblick: VALENTE, The Theory and Practise of Revolt.

trieb zu erweitern. Die Versuche der entschieden auftretenden Opposition, den Zugang zum Rat des englischen Königs zu formalisieren, bestimmten den Rhythmus der Institutionalisierung politischer Entscheidungsfindung in hohem Maße. Dies wird das Thema der beiden folgenden Kapitel sein. Wir müssen dabei in Erinnerung behalten, dass diese Institutionalisierung die Antwort auf ein Problem war, das sich grundsätzlich im Reich und in England stellte: Wer gehörte zu den Entscheidungsträgern? Der Vergleich wird dabei zeigen, dass das Bewusstsein für die zahlenmäßige Festlegung der Entscheidungsgremien in England früher ausgeprägt war und dass deshalb auch der Mehrheitsentscheid eine bedeutendere Rolle spielte. An der Kurie galt dies sowieso.

Statuimus igitur ut si forte, ..., inter cardinales de substituendo pontifice non potuerit concordia plena esse, et duabus partibus concordantibus tertia pars noluerit concordare ... ille Romanus pontifex habeatur, qui a duabus partibus fuerit electus et receptus.[124] 1179 hatte Papst Alexander III. das Verfahren für die Wahl künftiger Nachfolger auf dem Stuhl Petri klar definiert und dabei von einer Zweidrittelmehrheit der Kardinäle abhängig gemacht. Zwar war das Kardinalskollegium keine numerisch festgelegt Größe, die Zahl der Kardinäle schwankte in 12. und 13. Jahrhundert zwischen 19 und 35, aber zum Zeitpunkt der jeweiligen Wahl war der Kreis klar definiert und die Entscheidung fiel durch eine Auszählung der Stimmen.[125] Ein vergleichbarer Vorgang vollzog sich im Reich – wenn auch in anderen Formen – mit einiger zeitlicher Verzögerung und wir werden bei der Untersuchung prüfen müssen, ob die kurialen Erfahrungen die Ausbildung des Wahlverfahrens im Reich beförderten oder ob sie allein zur Ausbildung des Vergleichshorizontes dienen.

Die Ereignisgeschichte, in der sich schließlich Friedrich II. gegen den welfischen Kaiser Otto IV. durchsetzte, ist von hoher Dramatik. Die Peripetien des Geschehens zwischen 1202 und 1214 widersetzen sich einer strukturellen Einordnung weitgehend; diese Jahre stehen durchaus im Zeichen des mittelalterlichen Glücksrades der Fortuna: *Semper crescit et decrescit.* Alle Kandidaten, deren Aussichten auf das römisch-deutsche Königtum um 1198 ernsthaft erörtert wurden, bekamen ihre Chance.[126] Wir können den dramatischen Ereignissen hier nicht näher nachgehen,

---

124 *Licet de vitanda*, in: Conciliorum oecumenicorum decreta, hg. von G. Alberigo/H. Jedin, 3. Aufl. Bologna 1973, S. 211.
125 Zur Papstwahlordnung 1179 vgl. H. APPELT, Die Papstwahlordnung des III. Laterankonzils (1179), in: Ecclesia Peregrinans. Josef Lenzenweger zum 70. Geburtstag, hg. von K. Amon u. a., Wien 1986, S. 95–102; R. L. BENSON, The Bishop Elect. A Study in Medieval Ecclesiastical Office, Princeton 1968, S. 162–167; zur Papstwahl vgl. die Literatur in Anm. 11 u. 12. Zur Zahl der Kardinäle A. PARAVICINI-BAGLIANI, Die Ausbreitung und Festigung der römischen Strukturen, in: Die Geschichte des Christentums, Bd. 5, hg. von Vauchez, S. 181–289, 242f.; vgl. zu den Kardinalsernennungen im 13. Jahrhundert: C. EUBEL, Hierarchia Catholica Medii Aevi, Bd. 1, 2. Aufl. Münster 1913, S. 3–13. Die Zahl der Kardinalsernennungen pro Pontifikat schwankt stark. Während Innozenz III. 33 Kardinäle ernannte, ernannte Gregor IX. 13 und in einer Reihe kürzerer Pontifikate kam es zu keinen Ernennungen.
126 Vgl. zur Ereignisgeschichte die Literaturhinweis in Anm. 34.

aber wir sollten sie soweit skizzieren, dass wir die historischen Kräfteverhältnisse ermessen können, die die Entscheidung für Friedrich II. herbeiführten. Diese Entscheidung hatte für die deutsche Geschichte weitreichende Folgen, und es ist für eine Untersuchung von Entscheidungssituationen eine erhebliche Frage, von welchen Kräften sie maßgeblich abhing.

Zu Beginn des neuen Jahrhunderts hatte sich der Papst darauf festgelegt, Ottos Königtum zu unterstützen. Innozenz ließ seine Bereitschaft erkennen, den Welfen nach der Erfüllung wichtiger Garantien für die Kirche und den Bestand des Patrimonium Petri zum Kaiser zu krönen.[127] Aber weder diese Unterstützung noch eigenes militärisches Geschick vermochten Ottos Position entscheidend zu stärken. Vielmehr setzte sich Philipp von Schwaben zunehmend durch.[128] Im Sommer 1206 wurden erstmals Verhandlungen zwischen Innozenz und dem noch exkommunizierten Staufer aufgenommen, die schließlich dazu führten, dass der Papst Philipp aus dem Bann löste.[129] Im Frühjahr 1208 verhandelten die Legaten des Papstes direkt mit Philipp und eine Annäherung war unübersehbar, auch wenn eine Einigung über Friedensbedingungen noch nicht erzielt werden konnte: *tandem statuerunt inter eos treugas unius anni; et sic tractatum pacis redigentes in scriptis, ad apostolicam redierunt cum nuntiis utriusque.*[130] Philipp stand kurz vor seiner Anerkennung durch den Papst, und damit schien die Kaiserkrönung in erreichbare Nähe gerückt zu sein. Innozenz schien durch die historische Entwicklung zu einer Kurskorrektur gezwungen zu sein, die ihn veranlaßte, seine scharfe Zurückweisung des Staufers zu revidieren. Ein Mord ermöglichte ihm, seine Haltung im deutschen Thronstreit unverändert zu belassen.

Am 21. Juni 1208 wurde König Philipp von Schwaben in Bamberg durch den Pfalzgrafen Otto von Wittelsbach ermordet.[131] Die Hintergründe des Mordes sind nicht ganz geklärt, sind aber am ehesten in den Spannungen dynastischer Heiratspolitik zu suchen.[132] Dies ist nicht unser Thema, aber wir müssen feststellen, dass

---

127 Vgl. zur Entscheidung Innozenz' III.: Regestum Innocentii III, ed. Kempf, Nr. 29 (*Deliberatio* vom Jahreswechsel 1200/1201); Nr. 32 (Brief an Otto IV. vom 1. März 1201); Nr. 33 (Brief an die deutschen Fürsten vom 1. März 1201, in dem er seine Entscheidung für Otto und gegen Philipp bekannt macht); vgl. dazu: HUCKER, Otto IV. Der wiederentdeckte Kaiser, S. 73–139; KRIEB, Vermitteln und Versöhnen, S. 76–172.

128 Vgl. HUCKER, Otto IV. Der wiederentdeckte Kaiser, S. 73–139; KRIEB, Vermitteln und Versöhnen, S. 76–172; CSENDES, Philipp von Schwaben, S. 137–165.

129 Regestum Innocentii III, ed. Kempf, Nr. 136, 138 und 143; vgl. auch CSENDES, Philipp von Schwaben, S. 159–165; KRIEB, Vermitteln und Versöhnen, S. 153–183.

130 Bericht über die Ergebnisse der päpstlichen Gesandtschaft in Deutschland vom März/April 1208 (Regestum Innocentii III, ed. Kempf, Nr. 142).

131 Vgl. E. WINKELMANN, Philipp von Schwaben und Otto IV. von Braunschweig, Bd. 1 (Jahrbücher der deutschen Geschichte 19), Leipzig 1873, S. 464f. und besonders die Zusammenstellung der Quellen, S. 536–541.; vgl. auch: Regesta Imperii V,1, Nr. 185a; vgl. auch: CSENDES, Philipp von Schwaben, S. 189–194.

132 Vgl. zu dem Mord an Philipp von Schwaben auch die Theorie von B. U. HUCKER, Der Bamberger Königsmord. Privatrache oder Staatsstreich?, in: Die Andechs-Meranier in Franken. Europäisches Fürstentum im Hochmittelalter. Ausstellung in Bamberg (1998), hg. von L. Henning, S. 111–128.

die Ermordung Philipps von Schwaben in einem Moment, in dem der junge König die Unterstützung für sein Königtum gewonnen hatte, die Geschichte des Reiches im 13. Jahrhundert erheblich veränderte. Aus der Sicht eines modernen Betrachters ergibt sich durchaus eine Parallele zu dem schicksalhaften Attentat auf John F. Kennedy am 22. November 1963, das die Geschichte und die Imagination so sehr erschütterte.

Durch den Tod seines Rivalen erhielt Otto eine neue Chance. Die Fürsten waren des Kämpfens müde und so erkannten auch die Anhänger Philipps den Welfen als ihren König an. Von Friedrich (II.) war zu diesem Zeitpunkt nicht mehr die Rede. Für Otto war die Kaiserkrone in erreichbare Nähe gerückt, und nachdem er dem Papst die verlangten Garantien für kirchliche und kuriale Besitzstände beeidet hatte, erhielt er am 4. Oktober 1209 die Kaiserkrönung.[133] Danach erwies sich, dass das Amt seine eigenen Traditionen und Gesetze hatte, auf die ein Kandidat zwar feierlich verzichten mochte, denen ein Kaiser sich aber nur schwer entzog. Nach seiner Kaiserkrönung zog Otto entgegen seinen Versicherungen an den Papst schließlich nach Süditalien, um auch im staufischen Sizilien seinen Herrschaftsanspruch geltend zu machen.[134] Innozenz III. zögerte eine Weile, wandte sich dann aber von seinem vormaligen Schützling ab und forderte nun die Reichsfürsten zur Wahl eines neuen Herrschers auf.[135] Und damit bekam Friedrich seine zweite Chance. Der Vorgang ist ein Lehrstück in Bündnisgeschichte, aber er gehört ganz der Sphäre an, in der das Glück der richtigen Stunde und der Schlachten Geschicke entschied.[136] Für die Frage des institutionellen Wandels sind diese Ereignisse weniger ergiebig. Die endgültige Entscheidung für Friedrichs Königtum fiel ohne sein Zutun auf dem Schlachtfeld von Bouvines am 27. Juli 1214, und als Papst Innozenz auf dem IV. Laterankonzil den Vorstoß der englischen Gesandtschaft zugunsten des welfischen Verbündeten zurückwies, da wurde die erneuerte staufische Herrschaft durch die politische Realität und durch ein Papsttum gestützt, das sie seit 1198 erbittert bekämpft hatte. Nun waren die Würfel gefallen und der Anteil der Argumente an dieser Entscheidung war gering gewesen. Die Reflexion über Wahl und Legitimation im Reich hatte die Handlungen der Akteure weniger geleitet als nachträglich begründet. Aber die Akteure hatten sich durch Positionen leiten lassen, die ihnen aufgrund der historischen Erfahrung des Reiches als gesichert erschienen. Die schwere Herrschaftskrise stellte diese Erfahrungen in Frage und beförderte eine differenzierte Theoriebildung. Weil es eine Theoriebildung im unmittelbaren Umfeld der Ereignisse war, konnten die neuen – und

---

133 Zu den Garantien für die Kurie (22. März 1209, Speyer): Regestum Innocentii III, ed. Kempf, Nr. 189; zur Kaiserkrönung: Regesta Imperii V,1, Nr. 301a.
134 Zu Ottos Sizilienpolitik vgl. Regesta Imperii V,1, Nr. 349a, 439f, 440, 416–447e; HUCKER, Otto IV. Der wiederentdeckte Kaiser, S. 208–218.
135 Wie oben Anm. 99.
136 Zur Ereignisgeschichte der Phase von der päpstlichen Wendung gegen Otto bis zur Durchsetzung Friedrichs vgl. Annales Marbacenses (1210–1215), ed. Bloch, S. 81–86; WINCKELMANN, Philipp von Schwaben, Bd. 2, S. 230–431; HUCKER, Otto IV. Der wiederentdeckte Kaiser, S. 201–239, S. 401–440; STÜRNER, Friedrich II., Bd. 1, S. 126–184.

durchaus widersprüchlichen – Positionen sich noch nicht auf einen Verfassungskonsens berufen. Entsprechend wenig wurde tatsächlich argumentiert. Die Konfliktparteien im Reich griffen die Positionen der Gegenseite nicht auf, um sich mit ihnen auseinander zu setzen. Entsprechend wurden die Systematisierungen und Erörterungen an der Kurie vorgenommen, und nicht im Reich. Doch die dramatischen Ereignisse der Jahre zwischen 1198 und 1215 brachten ein Problembewusstsein hervor, das das Potential für die Lösung zukünftiger Verfassungskonflikte enthielt. Natürlich blieb das Grundproblem widerstrebender Interessen auch in den folgenden Jahrhunderten erhalten – weswegen die nun zu untersuchende Geschichte auch keine einfache Geschichte rationaler Lösungen ist. Aber die Konflikte um die Wahl des römisch-deutschen Königs in den folgenden zwei Jahrhunderten beförderten doch die Ausbildung und Erprobung eines Verfassungskonsenses, dessen Grundelemente bereits in den Parteipositionen von 1198–1215 formuliert worden waren.

Aber dieser Vorgang, in dem zu Beginn des neuen Jahrhunderts Grundpositionen für die Verfassungsordnung der Zukunft formuliert wurden – wenn wir dies einmal modern formulieren –, war nicht auf das Reich beschränkt. Auch in England und an der Kurie wurden fast zeitgleich zentrale Reformprogramme formuliert, deren Durchsetzung dann zu einem bedeutenden Thema in der Geschichte des 13. Jahrhunderts wurde. Die institutionelle Entwicklung war damit noch nicht abgeschlossen und erfuhr bis 1400 noch weitere, wesentliche Impulse. Am Beginn dieser Geschichte aber stand neben der Erfahrung der Doppelwahl von 1198 die Krise des angivinischen Reiches, die 1215 in der Magna Carta ihren Ausdruck fand, und das große Laterankonzil, auf dem Innozenz III. Leitlinien einer Kirchenreform formulierte. All diese Ereignisse waren ein sichtbarer Ausdruck einer enormen historischen Dynamik, die das westliche Europa zu Beginn des 13. Jahrhunderts erfasst hatte und in der diese Entwicklungen immer wieder ineinander griffen.

Kapitel 2

Zwei Ordnungsentwürfe für das 13. Jahrhundert: Magna Carta und das IV. Laterankonzil 1215

Die Überschrift des Kapitels wäre missverständlich, würde man sie als Beschreibung der Intentionen lesen, die hinter der Magna Carta und dem Laterankonzil von 1215 standen. Die Magna Carta und die Kanones des IV. Laterankonzils galten den Urhebern der Texte eher als die Essenz einer grundsätzlichen Ordnung, die im Falle der Magna Carta ihren Wert dadurch erhielt, dass sie eine sehr alte Ordnung war.[1] Die Formulierung zielt auf die praktische Rezeptionsgeschichte der Texte, die für die Verfassungsordnung Englands und der Kirche im 13. Jahrhundert zunehmend zu einem Leitfaden wurden.[2] Beide Texte zielten auf eine Rechtsord-

---

1   In einer etwas legendenhaften, aber in ihrem Grundtenor sehr treffenden Szene berichtet der Chronist Roger Wendover, wie sich Stephen Langton bei einem konspirativen Treffen mit den englischen Baronen 1213 für die alten Rechtsgarantien durch den König eingesetzt habe: *quod leges iniquas destrueret* [i. e. König Johann], *et leges bonas, videlicet leges regis Eadwardi, revocaret* .... Die Geschichte, die in die engere Vorgeschichte der Magna Carta gehört, lässt die Rechtszustände des letzten angelsächsischen Königs Edward des Bekenners (†1066) als Vorbild erscheinen (Matthaeus Parisiensis, Chronica maiora, Bd. 2, ed. Luard, S. 552). Für den Text der Magna Carta verwende ich die Edition von Bémont: Chartes des Libertés Anglaises, S. 26–39; für die Kanones des IV. Laterankonzils nun die Edition von García y García: Constitutiones Concilii Quarti Lateranensis una cum commentariis glossatorum (Monumenta Iuris Canonici A 2), hg. von A. García y García, Città del Vaticano 1981.
2   Vgl. zur Verfassungsgeschichte Englands und der Kurie im 13. Jahrhundert für einen Überblick: Select Documents of English Constitutional History. 1307–1485, hg. von S. B. Chrimes/A. L. Brown, London 1961; K. KLUXEN, Englische Verfassungsgeschichte. Mittelalter, Darmstadt 1987; J. E. A. JOLIFFE, The Constitutional History of Medieval England from the English Settlement to 1485, 3. Aufl. London 1954; Crown, Community and Parliament in the Later Middle Ages: Studies in English Constitutional History (Studies in Medieval History 6), hg. von G. Lapsley/H. M. Cam/G. Barraclough, Oxford 1951; B. WILKINSON, The Constitutional History of England 1216–1399, Bd. 1–3, London 1948–1958; vgl. auch die klassische, immer noch lohnende und vielfach nachgedruckte Darstellung von F. W. MAITLAND, The Constitutional History of England, Cambridge 1909; zur spezielleren Frage der Wirkung der Magna Carta jetzt R. V. TURNER, Magna Carta: Through the Ages, Harlow 2002; zur Entwicklung der Magna Carta im 13. Jahrhundert vgl. auch: W. S. MCKECHNIE, Magna Carta. A Commentary on the Great Charter of King John, 2. Aufl. Glasgow 1914; F. THOMPSON, The First Century of Magna Carta: Why it persisted as a Document (Research Publications of the University of Minnesota 16), Minneapolis 1925; J. C. HOLT, Magna Carta and the Origin of Statute Law, in: Studia Gratiana 15 (1972), S. 487–507; zur kirchlichen Verfassungsgeschichte vgl. etwa: H. E. FEINE, Kirchliche Rechtsgeschichte. Die Katholische Kirche, 5. Aufl. Köln/Wien 1972, vgl. besonders unten Kapitel 5 u. 8; zur Frage der Rezeption der Beschlüsse

nung, deren Grundzüge es zu sichern galt. Die Frage, die uns dabei vor allem beschäftigt, ist die nach den Mitteln und Instrumenten, mit denen diese Ordnung in England und in der Kirche künftig geschützt werden sollte. Der erste Artikel der Magna Carta legte großen Wert auf die zukunftssichernde Qualität des Dokumentes, wenn er im Ausgangssatz die Gültigkeit der garantierten Freiheiten für alle freien Männer des Königreiches und für die Generation *der Erben* sehr deutlich hervorhob: *Concessimus eciam omnibus liberis hominibus regni nostri, pro nobis et heredibus nostris in perpetuum, omnes libertates subscriptas, habendas et tenendas eis et heredibus suis, de nobis et heredibus nostris.*[3]

Hier lag die Wurzel institutioneller Entwicklung. Zwar erklärte der König, er würde die garantierten Rechte künftig beachten, aber konnte man einem König wie Johann trauen? Er hatte seine Rücksichtslosigkeit wiederholt bewiesen.[4] Was würde werden, wenn er seine gegenwärtige Schwäche überwunden hatte?[5] Selbst wenn der König sein Verhalten tatsächlich änderte, so war doch klar, dass die Erklärung über das Verhalten seiner Erben eine reine Absichtserklärung war, deren Erfüllung außerhalb von Johanns Reichweite lag. Die Zukunft war immer unsicher, aber für manche Gefahren konnte man Vorsorge treffen. Die Entwicklung der hier untersuchten Institutionen war in hohem Maße von dem Bedürfnis bestimmt, den Gefahren der Zukunft mit wirksamen Instrumenten zu begegnen.[6] Das erwies sich als schwierig, *the future is uncertain and the end is always near,* aber aus dieser Sorge bezog die Entwicklung ihre menschliche Dynamik.

Wenn die Barone dem künftigen Verhalten ihres Königs misstrauten, dann mochten sie über Möglichkeiten nachdenken, die Einhaltung der so nachdrücklich garantierten Rechte auch in Zukunft sicher zu stellen. Ein Schritt auf diesem Weg war die schriftliche Fixierung der Rechtszusagen selbst – wir werden zu ermessen haben, welche Aufgabe dem Text bei der weiteren Rechtssicherung zukam. Im Falle der Kanones des IV. Laterankonzils war die Funktion klar: Sie sollten künftig

---

des IV. Laterankonzils vgl etwa: S. UNGER, Generali concilio inhaerentes statuimus. Die Rezeption des Vierten Lateranum (1215) und des zweiten Lugdunense (1274) in den Statuten der Erzbischöfe von Köln und Mainz bis zum Jahr 1310 (Quellen und Abhandlungen zur mittelrheinischen Kirchengeschichte 114), Mainz 2004; P. B. BRIXTON, The German Episcopacy and the Implementation of the Decrees of the Fourth Lateran Council (1216–1245): Watchmen on the Tower, Leiden u. a. 1995.

3   Chartes des Libertés Anglaises, ed. Bémont, S. 27. Die Magna Carta war in der Form eines königlichen Privilegs ausgestellt.
4   Zu König Johann Ohneland, dem auch in der neueren englischen Geschichtsschreibung ein beharrlich schlechter Ruf anhaftet vgl. etwa King John. New Interpretations, hg. von S. D. Church, Woodbridge 2003; F. J. WATSON, The Demonisation of King John, in: Scottish History: The Power of the Past, hg. von E. J. Cowan/R. J. Finchlay, Edinburg 2002, S. 29–45; R. V. TURNER, King John, London 1997; DERS., King John's Concept of Royal Authority, in: History of Political Thought 17 (1996), S. 158–178; J. C. HOLT, The Northeners. A Study in the Reign of King John, London 1992; W. L. WARREN, King John, London 1978.
5   Zur geschwächten Situation Johanns bei der Ausstellung der Magna Carta im Juni 1215 vgl. unten die Darstellung der Entstehungsumstände.
6   Vgl. auch G. O. SAYLES, The King's Parliament of England, London 1975, S. 58f.: „Like the Great charter of 1215, the Provisions of Oxford were the work of angry and fearful men ..."

auf den Partikularsynoden der Christenheit vorgelesen werden, um deren Teilnehmer an die Beschlüsse des Konzils zu erinnern und sie zur Einhaltung dieser Beschlüsse zu ermahnen.[7] In Hinblick auf die institutionellen Folgen der Reformtexte müssen wir die Kräfteverhältnisse bei der Abfassung prüfen. Es ist für die weitere Wirkungsgeschichte eines Textes nicht unerheblich, ob er aus einer Konfliktsituation hervorgegangen ist, in der er der einen Seite als eine Sicherheit für die Zusagen galt, die sie der anderen Seite abgerungen hatte. Zumindest sollten wir annehmen, dass dies eine Rolle spielt. Dann wäre es wichtig zu bestimmen, ob die Entstehungssituation typische Züge des Verhältnisses zwischen König und Baronen sowie Papst und Kirchenvertretern trug oder ob die Konstellationen von 1215 das Potential eines der Beteiligten über seine Bedeutung hinaus begünstigte bzw. zurückdrängte. Verträge, die aus Extremsituationen hervorgehen, haben zumeist eine begrenzte Lebensdauer. In Hinblick auf diese Fragen, die für eine Untersuchung des Reformprozesses im 13. Jahrhundert eine erhebliche Rolle spielen, ist die Entstehungsgeschichte der Magna Carta das ergiebigere Thema. Weswegen wir mit ihr beginnen.

Die Magna Carta von 1215 war als ein königliches Privileg ausgestellt, aber die Zugeständnisse, die Johann seinen Baronen darin machte, lassen die Schwäche der königlichen Position zum Zeitpunkt der Ausstellung klar erkennen. Der Text verzichtet auch auf herrschaftliche Rhetorik, die den Eindruck erweckt hätte, Johann habe aus freien Stücken gehandelt.[8] Eine Notiz auf der Rückseite einer erhaltenen Originalausfertigung gibt den Charakter des Dokumentes durchaus treffend an: *Concordia inter Regem Johannem et Barones pro concessione libertatum ecclesie et regni Anglie.*[9] Und der Chronist Radulph von Coggeshall formulierte das Ergebnis des Treffens von König Johann und seinen Baronen im Juni 1215, aus dem die Magna Carta hervorging, in ähnlicher Weise: *quasi pax inter regem et barones formata est.*[10] Doch es war ein kurzer Frieden. Sobald König Johann seine augenblickliche

---

7   Vgl. dazu insbesondere C. 6, Constitutiones Concilii quarti Lateranensis, ed. García y García, S. 53 (... *metropolitani singulis annis cum suis suffraganeis provincialia non omittant concilia celebrare, in quibus de corrigendis excessibus et moribus reformandis, presertim in clero, diligentem habeant cum Dei timore tractatum, canonicas regulas et maxime que statute sunt in hoc generali concilio relegentes* ...).
8   Vgl. zum unterschiedlichen rhetorischen Auftritt etwa Friedrich Barbarossas Konstanzer Privileg 1183 (MGH DD F I, 848, S. 71f.: *Imperialis clementie mansueta serenitas eam semper in subditis dispensationem favoris et gratie habere consuevit, ut, quamvis districta severitate excessuum delicta debeat et possit corrigere, tamen magis studeat propitia tranquillitate pacis et piis affectibus misericordie Romanorum imperium regere et rebellium insolentiam ad debitam fidem et debite devotionis obsequium revocare*); vgl. zum Hintergrund knapp M. KAUFHOLD, Wendepunkte, S. 93–98.
9   Chartes des Libertés Anglaises, ed. Bémont, S. 26 mit Anm. 1.
10 Radulphus de Coggeshall, Chronicon Anglicarum (RS 66), hg. von J. Stephenson, London 1875, S. 172; vgl. zu dem Geschehen in Runnymede: H. G. RICHARDSON, The Morrow of the Great Charter, in: Bulletin of the John Rylands Library 28 (1944), S. 422–443; C. R. CHENEY, The Eve of Magna Carta, in: Bulletin of the John Rylands Library 38 (1955/56), S. 311–341,

Schwäche überwunden glaubte, nahm er den Kampf mit den Rebellen wieder auf.[11] Das Misstrauen der Barone von 1215 erwies sich als berechtigt, die Situation wurde nur dadurch entschärft, dass Johann schon 1216 starb, und das kindliche Alter des Thronfolgers Heinrich III. ermöglichte es einem energisch, aber auch ausgleichend wirkenden Regentschaftsrat unter William Marshall, den neu ausgebrochenen Konflikt zu entschärfen.[12] Die dramatische engere Geschichte der ersten Magna Carta dauerte von 1214 bis 1216, und sie enthält bereits die wichtigsten Aspekte des Reformthemas, aber um sie in die Perspektive zu stellen, die für unser Untersuchungsinteresse von Bedeutung ist, müssen wir weiter ausholen.

Die engere Geschichte der Magna Carta von 1215 ist die Geschichte des Kampfes zwischen einem ungeliebten König, der unter starkem politischem Druck seinen herrschaftlichen Auftritt überzog, und den mächtigen Männern des Landes, für die ein solcher königlicher Auftritt ungewohnt und nicht akzeptabel war. So setzten sie sich zur Wehr und profitierten davon, dass der König auf den Schlachtfeldern des Festlandes besiegt worden war.

In einem weiteren Sinn war die Geschichte der Magna Carta die Geschichte der Adaption königlicher Politik an deutlich veränderte Rahmenbedingungen. In diesem langwierigen Prozeß machten die englischen Barone erstmals die Erfahrung eines über längere Zeit tatsächlich anwesenden Königs. Diese Erfahrung war vergleichsweise neu, und das Problem der Festlandsbesitzungen des englischen Königs und der englischen Oberschicht spielte dabei eine zentrale Rolle.[13] Ereignisgeschichtlich war es die Niederlage der Truppen Johann Ohnelands und seiner Verbündeten, des Grafen von Flandern und des welfischen Kaisers Ottos IV. bei Bouvines am 27. Juli 1214, die die Bedingungen für die Vereinbarungen der Magna Carta herbeiführte.[14] Auf längere Sicht wurde die Ausrichtung der königlichen Strategie an den Festlandsinteressen der königlichen Familie nach Bouvines zu

---

danach auch in: DERS., The Papacy and England, London 1982 (Variorum collected studies series 154), S. XIII; HOLT, The Northeners, S. 109–128; DERS., Magna Carta, S. 188–266.

11 „In 1215 Magna Carta was a failure. It was intended as a peace, and it provoked war." HOLT, Magna Carta, S. 1.

12 Vgl. dazu insbesondere D. A. CARPENTER, The Minority of Henry III, Berkeley/Los Angeles 1990, S. 13–108.

13 Die langen Absenzen der Vorgänger Johann Ohnelands wurden bereits oben thematisiert. Die englische Forschung geht allerdings mehrheitlich davon aus, dass die Herrschafts- und Gerichtsstrukturen, die unter Heinrich II. (1154–1189) entstanden, eine sehr wirkungsvolle Ausübung der königlichen Autorität ermöglichten, vgl. z. B. FRYDE, Why Magna Carta?, S. 25–50; WARREN, King John, S. 174–199. Die Frage nach der Wirksamkeit solcher Herrschaftsstrukturen ist für die Frage nach dem Verlauf der Reformprozesse von erheblicher Bedeutung und wird im Zusammenhang mit der Rezeption der Magna Carta im Verlaufe des 13. Jahrhunderts eingehender behandelt. Doch seien schon an dieser Stelle deutliche Vorbehalte gegenüber dem Bild einer hocheffektiven königlichen Verwaltung im 12. Jahrhundert formuliert.

14 „The road from Bouvines to Runnymede was direct, short and unavoidable", HOLT, The Northeners, S. 100; zu Bouvines vgl. DUBY, Bouvines; A. CARTELLIERI, Die Schlacht bei Bouvines im Rahmen der europäischen Politik, Leipzig 1914; J. W. BALDWIN, The Government of Philipp Augustus, Berkeley/Los Angeles/London 1986.

einem erheblichen Problem der englischen Politik. In einem weiteren Sinne machte man im Reich parallele Erfahrungen mit den Adaptionsprozessen der königlichen Herrschaft an die veränderten Rahmenbedingungen des 13. Jahrhunderts, auch wenn diese Erfahrungen zeitlich verzögert auftraten und einen anderen Charakter hatten. Die zentralen Dokumente für das Verständnis der Verfassungsordnung des Reiches im 13. Jahrhundert, die *Confoederatio cum principibus ecclesiasticis*, das *Statutum in favorem principum* und der *Mainzer Reichslandfrieden*, entstanden zwischen 1220 und 1235.[15] Sie haben einen anderen Charakter als die Magna Carta und auch eine andere Wirkungsgeschichte, aber auch sie haben das Verhältnis des Königs zu den mächtigen Adligen des Landes – weltlichen und geistlichen – zum Gegenstand, und auch sie gingen aus dem Prozeß einer Umorientierung königlicher Politik im 13. Jahrhundert hervor – freilich einer Umorientierung unter anderem Vorzeichen: dem der weitgehenden Abwesenheit des deutschen Herrschers. Entsprechend stand der Neuanfang königlicher Politik unter Rudolf von Habsburg nach dem Interregnum auch im Zeichen eines nun anwesenden Königs. Auch wenn dieser König seine Herrschaft unter ganz anderen Bedingungen entwickeln musste, so hilft die Perspektive eines präsenten Königs nach der langen Erfahrung der Abwesenheit doch beim Verständnis seiner Herrschaft.[16]

Die vergleichende Perspektive einer Anpassung der königlichen Herrschaftspraxis an die Bedingungen eines reduzierten Aktionsradius im 13. Jahrhundert lässt im angevinischen Reich und im Imperium eine Parallele erkennen: ein wesentliches Anliegen der königlichen Politik lag deutlich außerhalb des Interessenhorizontes der Barone und der Fürsten. Während die Kaiserkrone auch im späten Mittelalter für die deutschen Herrscher noch eine Herausforderung war, die sich aus ihrem Amt als *rex Romanorum* ergab, hatten die Fürsten das Interesse an den Italienzügen überwiegend verloren.[17] In vergleichbarer Weise mochten die englischen Barone ihrem König nicht mehr folgen, wenn er die Interessen der Krone auf dem Festland verteidigte. Während der englische König dies als ein genuines Anliegen der Angehörigen des Königreichs ansah, sahen die Barone darin die Privatinteressen der englischen Königsfamilie, und sie verfolgten die dynastischen Schachzüge ihres Königs auf dem Kontinent mit offenem Misstrauen.[18] Die Koor-

---

15 MGH Constitutiones, Bd. 2, ed. Weiland, Nr. 73 (*Confoederatio*); Nr. 171 (*Statutum*); Nr. 196 (*Mainzer Reichslandfrieden*); vgl. dazu E. KLINGELHÖFER, Die Reichsgesetze von 1220, 1231/32 und 1235. Ihr Werden und ihr Wirken im Deutschen Staat Friedrichs II., Weimar 1955.
16 Zu den Grundlinien von Rudolfs Herrschaft vgl. zuletzt die klare Darstellung von KRIEGER, Rudolf von Habsburg; vgl. auch: P. MORAW, Der „kleine" König, in: Rudolf von Habsburg, hg. von Boshof/Erkens, S. 185–208.
17 Die Italienzüge etwa Heinrichs VII., Ludwigs des Bayern und Karls IV. waren keine großen Unternehmungen mehr. Die Beteiligung deutscher Fürsten und Ritter war überschaubar geworden. Vgl. für einen ereignisgeschichtlichen Überblick etwa: R. PAULER, Die deutschen Könige und Italien im 14. Jahrhundert, Darmstadt 1997.
18 Vgl. etwa den Konflikt angesichts der geplanten Kampagne Edwards I. in Flandern 1294: PRESTWICH, Edward I., S. 401–435; vgl. allgemein HOLT, Magna Carta, S. 77: „the feudal a-

dinatensysteme der königlichen und der baronialen Politik entwickelten sich nach 1214 in diesen Fragen auseinander und diese Entwicklung führte zu erheblichen Verzerrungen bei der wechselseitigen Wahrnehmung. Für England ist dies evident und wir werden verschiedentlich darauf stoßen. Für das Reich käme es auf eine vergleichende Überprüfung an. In jedem Fall gilt es, den zeitgenössischen Aktionshorizont der Akteure mit zu bedenken. Dabei zeigt sich, dass er erkennbaren Veränderungen unterlag.

Johann Ohneland konnte zunächst davon ausgehen, dass der Adel seines Landes das Ziel, die verlorenen Festlandsbesitzungen wieder zu erlangen, im Grundsatz mittrug, wenn es auch erhebliche Differenzen darüber gab, auf welchem Weg dieses Ziel zu erreichen sei. Immerhin war unter den Gebieten im Nordwesten Frankreichs, die der französische König Philipp II. zu Beginn des 13. Jahrhunderts in einer kurzen Abfolge erfolgreichen Kampagnen unter seine Herrschaft gebracht hatte, mit der Normandie auch das Heimatland der englischen Aristokratie, die einst mit Wilhelm dem Eroberer auf die Insel gekommen war. In der Folge hatten die normannischen Eroberer die alte angelsächsische Führungsschicht verdrängt. Ihren Festlandsbesitz und ihre Kultur hatte die neue Oberschicht weitgehend beibehalten; die englischen Barone sprachen altfranzösisch und die ersten Aufzeichnungen im englischen Parlament sind in französischer Sprache verfasst.[19] Diese Identität in einem *cross-chanel empire* (Gillingham) erhielt am 27. Juli 1214 bei Bouvines einen entscheidenden Schlag, auch wenn es noch geraume Zeit dauerte, bis die Auswirkungen tatsächlich sichtbar wurden.[20] Als Johann im Juni 1215 die Magna Carta ausstellte, da wahrte sein Titel den alten Anspruch, den sein Vater als Graf von Anjou und Herzog der Normandie nach seiner Heirat mit Eleonore von Aquitanien (1152) und seiner Krönung zum englischen König (1154) gelegt hatte:[21] *Johannes Dei gracia rex Anglie, dominus Hibernie, dux Normannnie, Aquitannie et comes Andegavie.*[22] Die Rechte und Freiheiten, die die Magna Carta verlieh, galten jedoch nur für die Untertanen seines Königreichs, nicht für die seiner Herzogtümer oder Grafschaften.[23] Die englische Forschung billigt den Bemühungen Heinrichs II., nach seinem Herrschaftsantritt in England 1154 die Regierungspraxis in seinen gewaltigen Ländereien durch Reiserichter und

---

ristocracy reacted with astonishing single mindedness throughout western Europe against demands for military service outside the realm".
19 Vgl. z.B. die Aufzeichnungen des Parlaments in den Rotuli Parliamentorum; ut et petitiones, et placita in Parliamento tempore Edwardi R. I. [ad finem Henrici VII.], Bd. 1, London 1767; vgl. D. A. KIBBEE, For to speke French trewely: the French Language in England, 1000–1600; its Status, Description and Instruction (Amsterdam Studies in the Theory and Hstory of Linguistic Science 3,60), Amsterdam 1991; K. E. KENNEDY, Changes in Society and Language Acquisition: the French Language in England 1215–1480, in: English Language Notes 35 (1998), S. 1–19.
20 Zu Bouvines vgl. oben Anm. 14.
21 Zu Heinrich II. vgl. Einleitung Anm. 14.
22 Chartes des Libertés Anglaises, ed. Bémont, S. 26.
23 Vgl. oben Anm. 3: ... *omnibus liberis hominibus regni nostri* ...

delegierte Amtsträger schlagkräftig zu organisieren, ein hohes Maß an Erfolg zu.[24] Die im Vergleich zum Reich weiter fortgeschrittene Organisation königlicher Rechtsprechung und herrschaftlicher Durchdringung im England Heinrichs II. hat sich eindrucksvoll in dem Traktat Glanvills *de legibus et consuetudinibus regni Anglie* (1187–1190) und in dem Dialog über das Schatzamt Richards von Ely (*Dialogus de Scaccario* 1177–1179) niedergeschlagen.[25] Da die Praxis, nach der das königliche Schatzamt die Pachtabgaben der Sheriffs aus den einzelnen Grafschaften (Shires) des Landes erhob, auszählte und den Eingang bestätigte (mithilfe eines Kerbholzes) im *Dialogus de Scaccario* präzise angegeben wird und da in der Zeit Heinrichs II. die regelmäßige Überlieferung dieser Zahlungsverpflichtungen einsetzte (*pipe rolls*), können wir für das spätere 12. Jahrhundert in England schon die Ansätze einer königlichen Finanzorganisation feststellen, die sich auf die Schriftlichkeit stützt.[26] Entsprechend prominent war das Thema finanzieller Belastungen der Untertanen in der Magna Carta. In den Jahren vor 1215 hatten die Barone die Gefahren einer entwickelten königlichen Finanzorganisation erlebt, als der König seine Ansprüche nicht nur formulierte, sondern ihre Durchsetzung mit Nachdruck betrieb.[27] Die Geschichte der Magna Carta blieb im 13. Jahrhundert eng mit der Geschichte königlicher Finanzforderungen an seine Untertanen verbunden. Es wurde fast zu einer Routine, dass die Barone und zunehmend auch das Parlament im Gegenzug zur Gewährung von Finanzhilfen an die Krone die Bestätigung der Magna Carta verlangten.[28] Wir kommen darauf zurück. Die Bedeutung, die die Schriftlichkeit auf diese Weise im politischen Leben Englands seit der Zeit Heinrichs II. eingenommen hat, ist von der englischen Forschung betont worden.[29]

Zunächst handelte es sich bei den schriftlichen Aufzeichnungen um eine Praxis der königlichen Kanzlei, aber im Laufe des 13. Jahrhunderts scheinen sich im hohen Adel Ansätze einer „Buchführung" über die laufenden Ausgaben durchgesetzt zu haben, auch wenn die Überlieferungschance dieser Gebrauchsaufzeichnungen nicht sehr groß war.[30] Die Frage, die hinter dieser möglichen Entwicklung

---

24 Zur angevinischen Herrschaftspraxis unter Heinrich II. vgl. Einleitung Anm. 14.
25 The Treatise on the Laws and Customs of the Realm of England commonly called Glanvill (Oxford Medieval Texts), hg. von G. D. G. Hall, Oxford 1993; Richardus Eliensis, Dialogus de Scaccario and Constitutio Domus Regis (Oxford Medieval Texts), hg. von C. Johnson u. a., 2. Aufl. Oxford 1983.
26 Vgl. etwa: Pipe Rolls of the Exchequer of Normandy for the Reign of Henry II. 1180 and 1184 (Publications of the Pipe Roll Society NS 53), hg. von V. Moss, London 2004.
27 Zu Johanns Finanzpolitik vgl. TURNER, King John, S. 87–114; WARREN, King John, S. 145–153; vgl. auch HOLT, The Northeners, S. 175–193.
28 Vgl. dazu Kapitel 3; vgl. allgemein: G. L. HARRISS, King, Parliament and Public Finance in Medieval England to 1369, Oxford 1975.
29 Vgl. etwa CLANCHY, From Memory to Written Record, S. 175–193; vgl. auch: VALENTE, The Theory and Praxise of Revolt, S. 54, 78, 80; C. R CHENEY, English Bishops' Chanceries 1100–1250 (Publications of the Faculty of Arts of the University of Manchester 3), Manchester 1950, S. 132.
30 Clanchy geht davon aus, dass die Praxis der Aufzeichnung regelmäßiger Ausgaben beim englischen Adel im 13. Jahrhundert weiter verbreitet war: „... that by the middle of the thirteenth century many magnate households, both clerical and lay, were keeping daily accounts

steht, und die für die Geschichte der Magna Carta von erheblicher Bedeutung ist, ist die Frage nach dem Grad der Laienschriftlichkeit im England des 13. Jahrhunderts. In der Zeit Heinrichs II. und seiner Söhne waren es Kleriker gewesen, die im Dienste des Königs die Mühen der Schriftlichkeit auf sich genommen hatten. Von Thomas Becket (1155/62–1170) bis zu Hubert Walter (1193–1205) organisierten die Erzbischöfe von Canterbury im Wesentlichen das Personal der königlichen Kanzlei.[31] Die englischen Kleriker besaßen die größte Erfahrung im Umgang mit den verschiedenen Formen der schriftlichen Überlieferung, ohne dass wir die Milieus der geistlichen und der weltlichen Schriftlichkeit trennen sollten. Erzbischof Hubert Walter, der so viel für den Ausbau der königlichen Kanzlei tat, war ein Neffe Ranulf Glanvills, und er war in dessen Haushalt aufgewachsen.[32] Dieser Königsdienst der Geistlichen war in den ersten Jahrzehnten des 13. Jahrhunderts noch so selbstverständlich, dass sich der gestrenge Bischof von Lincoln, Robert Grosseteste (1235–1253) genötigt sah, seinen Amtsbruder in Canterbury darauf hinzuweisen, dass die Männer der Kirche sich von den hohen weltlichen Ämtern fernhalten sollten:

Non solum autem religionis maxime, et consequenter aliis ecclesiasticis personis, illicitum est secularis justitiariae officium exercere, sed et secundum praescriptas rationes officium vicecomitatus et quodlibet officium consimile, et maxime ad quod spectat saeva exercere.[33]

Der wortgewaltige Bischof von Lincoln verfügte über eines der wenigen Exemplare der Magna Carta von 1215 und wir werden bei der Frage, welche Rolle die Niederschrift des Textes für die beteiligten Barone 1215 spielte, auf die zentrale Rolle der Geistlichen zurückkommen.[34] Die englische Forschung tendiert dazu, die Überlieferung der Magna Carta in erster Linie als einen Erfolg der Laienschriftlichkeit anzusehen, doch diese Annahme ist nicht unproblematisch.[35] Bei der Un-

---

of expenditure in writing on parchment." (CLANCHY, From Memory to Written Record, S. 93).

31 Zum Personal der königlichen Kanzlei in der Zeit Thomas Beckets vgl. J. C. ROBERTSON, Materials for the History of Thomas Becket Archbishop of Canterbury, Bd. 3 (Rolls Series 67,3), London 1877, S. 29; vgl. auch den Brief Hubert Walters über den königlichen Dienst eines Klerikers, in: Petrus Blesensis, Opera omnia (Patrologia Latina 207), hg. von J. P. Migne, Paris 1855, Brief 135, S. 403f.; vgl. dazu auch CHENEY, Hubert Walter, S. 158–171.

32 Vgl. The Historical Works of Gervase of Canterbury, Bd. 2, hg. von W. Stubbs, London 1880, S. 406; vgl. dazu auch CHENEY, Hubert Walter, S. 22.

33 Roberti Grosseteste episcopi quondam Lincolniensis epistolae (RS 25), hg. von H. R. Luard, London 1861, S. 213; zu Robert Grosseteste vgl. etwa: R. W. SOUTHERN, Robert Grosseteste. The Growth of an English Mind in the Middle Ages, 2. Aufl. Oxford 1992; J. McEVOY, Robert Grosseteste (Great medieval thinkers), New York 2000.

34 Vgl. die Aufstellung der erhaltenen vier Exemplare bei HOLT, Magna Carta, S. 441; die Frage, wie weit die erste Fassung der Magna Carta überhaupt verbreitet wurde, wird in diesem Kapitel weiter unten erörtert.

35 Vgl. zuletzt VALENTE, The Theory and Practise of Revolt, S. 54; eine starke Wirkung hinsichtlich der Annahme weltlicher Publikationsstrukturen hat der klassische Aufsatz von Poole

tersuchung der Geschehnisse im Vorfeld der Magna Carta bis hin zu ihrer Abfassung im Juni 1215 begegnet uns ein Mann immer wieder in entscheidenden Situationen, dem sein Amt einen besonderen Zugang zum König ermöglichte, der aber aufgrund langer Auseinandersetzungen mit dem König vor seiner Amtsübernahme auch den kritischen Baronen als einer der ihren erscheinen konnte: der Erzbischof von Canterbury, Stephen Langton.[36] Stephen Langton war von Innozenz III. als Nachfolger von Hubert Walter auf den Stuhl von Canterbury berufen worden, nachdem der Kandidat des Königs auf Widerstand im Kapitel von Canterbury gestoßen war, und das Verfahren ins Stocken geriet. Stephen Langton war ein profilierter Lehrer der Theologie in Paris, ein Mann mit einem enormen schriftlichen Werk, aber König Johann akzeptierte die Ernennung nicht und verweigerte Langton die Reise zu seinem Amtsantritt.[37] Innozenz III. war jedoch nicht bereit, sich durch solche Hindernisse von einer einmal getroffenen Entscheidung abbringen zu lassen, und er bestand mit Nachdruck auf seinem Beschluss.

Der Konflikt zwischen dem Papst und dem englischen König, der nun begann, und der von 1207–1213 dauerte, hatte nichts mit der Auseinandersetzung zwischen Johann Ohneland und dem französischen König Philipp II. über die englischen Festlandsbesitzungen zu tun, und er war auch unabhängig von den aufziehenden Spannungen zwischen Johann und den kritischen Baronen, aber er verschärfte die Schwierigkeiten des englischen Königs erheblich und trug zu einer Konstellation bei, in der Johanns Krone in ernsthafte Gefahr geriet.[38] König Johann erlebte nun, was vor ihm bereits der französische König Philipp II. und der römische König Philipp von Schwaben erlebt hatten: Innozenz III. zögerte nicht, einen König zu exkommunizieren, wenn der Anlaß ihm hinreichend gewichtig erschien. Der Erfolg der päpstlichen Exkommunikation war zunächst nicht größer als im Falle des Vorgehens gegen Philipp von Schwaben und seine Anhänger. Aber anders als in der Konfrontation mit dem Staufer kam dem Papst nun die politische Entwicklung zu Hilfe, in der sich der Konflikt Johanns mit dem französischen König so weit zuspitzte, dass dieser bereits eine Invasion Englands vorbereitete,

---

entfaltet: R. L. POOLE, The Publication of Great Charters by the English Kings, in: The English Historical Review 28 (1913), S. 444–453; vgl. auch M. KAUFHOLD, Die gelehrten Erzbischöfe von Canterbury und die Magna Carta im 13. Jahrhundert, in: Politische Reflexion in der Welt des späten Mittelalters. Political Thought in the Age of Scholasticism. Essays in Honour of Jürgen Miethke (Studies in Medieval and Reformation Traditions 103), hg. von M. Kaufhold, Leiden/Boston 2004, S. 43–64.

36 Zu Stephen Langton vgl. F. M. POWICKE, Stephen Langton, Oxford 1928; Ph. B. ROBERTS, Stephanus de Lingua Tonante. Studies in the Sermons of Stephen Langton (Studies and Texts 16), Toronto 1968; R. QUINTO, Stephano Langton († 1228) e la tradizione delle sue opere: „doctor nominatissimus" (Beiträge zur Geschichte der Philosophie und Theologie des Mittelalter N. F. 39), Münster 1994.

37 Zu den Umständen der Nominierung Stephen Langtons vgl. WARREN, King John, S. 159–163.

38 Zum Konflikt über die Besetzung des Erzbistums Canterbury 1207–1213 vgl. etwa: C. R. CHENEY, King John and the Papal Interdikt, in: The Bulletin of the John Rylands Library 31 (1948), S. 295–317; DERS., King John's Reaction to the Interdict in England, in: Transactions of the Royal Historical Society, 4th. Ser. 31 (1949), S. 129–150.

für die die päpstliche Exkommunikation eine willkommene Legitimation bot.[39] Im letzten Augenblick lenkte John ein, akzeptierte die päpstliche Entscheidung hinsichtlich der Besetzung in Canterbury und nahm sein Königreich vom Papst zu Lehen.[40] Damit wurde Innozenz plötzlich zum Verteidiger Johanns, und obwohl die konkreten Folgen dieser Lehnsnahme gering waren, hatte sie den Effekt, dass die englischen Könige des 13. Jahrhunderts sich in Krisen wiederholt an den Papst wandten, um die Zugeständnisse, die sie ihren opponierenden Baronen hatten machen müssen, wieder aufheben zu lassen.[41]

So trat Stephen Langton sein Amt als Erzbischof von Canterbury 1213 in einer besonderen Situation an. Die Lage war noch immer angespannt. Zwar erschien die Gefahr einer Landung französischer Truppen auf der Insel zunächst abgewendet, aber Johanns rücksichtslose Vorbereitung seines eigenen Militärschlages gegen den französischen König hatte die Unzufriedenheit vieler Barone zu einer Bereitschaft zur Rebellion gesteigert. Dem gelehrten Theologen blieb nicht viel Zeit, sich in seine neue Rolle einzufinden, und sein Verhalten rief bei den Zeitgenossen unterschiedliche Reaktionen hervor. Für die einen erschien er als Vermittler zwischen dem König und den rebellierenden Baronen, als *mediator et sequester*. So charakterisierte Radulph von Coggeshall die Rolle Langtons in Runnymede 1215.[42] Andere aber sahen in ihm einen Anstifter des Aufruhrs gegen den König und klagten ihn beim Papst entsprechend an, *quod dominus Cantuariensis incentor esset huius tumultus*.[43] Es ist nicht überraschend, dass das Verhalten des Erzbischofs von Canterbury in einer so dramatisch zugespitzten Situation sehr unterschiedliche Beurteilungen erfuhr. Hier geht es weniger um die Frage, wie sein Verhalten angemessen zu beurteilen ist, sondern hier geht es zunächst darum, auf die besondere Position

---

39 Vgl. BALDWIN, The Government of Philipp Augustus, S. 208; WARREN, King John, S. 199–202; vgl. aber auch C. R. CHENEY, The Alleged Deposition of King John, in: Studies in Medieval History, presented to Maurice Powicke, hg. von R. W. Hunt, Oxford 1948, S. 100–116; danach auch in: DERS., The Papacy and England, XII.

40 The Letters of Pope Innocent III (1198–1216) concerning England and Wales. A Calendar; with an Appendix of Texts, hg. von C. R. Cheney/M. G. Cheney, Oxford 1967, Nr. 941; vgl. J. FRIED, Der päpstliche Schutz für Laienfürsten. Die politische Geschichte des päpstlichen Schutzprivilegs für Laien (11.–13. Jahrhundert) (Abhandlungen der Heidelberger Akademie der Wissenschaften, Phil.-Hist. Klasse), Heidelberg 1980, S. 272f.

41 Vgl. beispielsweise die Aufhebung der Magna Carta am 24. August 1215 durch Innozenz III., der den Text zu diesem Zeitpunkt noch gar nicht im Einzelnen kannte: Selected Letters of Pope Innocent III (1198–1216) Concerning England and Wales (Medieval Texts), hg. von C. R. Cheney, London 1953, Nr. 82 (*de communi fratrum nostrorum consilio, compositum huiusmodi reprobamus et dampnamus*); vgl. auch die Erklärung Clemens' V. am 29. Dezember 1305 (dem Gedenktag Thomas Beckets), dass die Bestätigung der Magna Carta durch Edward I. ungültig sei (Foedera, Conventiones, Literae, Et Cujuscunque Generis Acta Publica, Inter Reges Angliae, Et Alios quovis Imperatores, Reges, Pontifices, Principes, vel Communitates, Ab Ineunte Saeculo Duodecimo, viz. ab Anno 1101, ad nostra usque Tempora, Habita aut Tractata, Bd. 1, hg. von T. Rymer u. a., Den Haag 1745, IV, S. 45).

42 Radulphus de Coggeshall, Chronicon, ed. Stephenson, S. 173.

43 Memoriale fratris Walteri de Coventria, Bd. 2 (Rolls Series 58,2), ed. W. Stubbs, London 1873, S. 227.

hinzuweisen, die der Erzbischof in dem Geschehen 1213–1215 einnahm.[44] Stephen Langton nahm in dem Konflikt und in der Sicherung der Ergebnisse eine prominente Rolle ein, weswegen er uns im Zusammenhang der Magna Carta noch verschiedentlich begegnen wird.[45]

Dabei war die Geschichte der Magna Carta von Anfang an durch eine eigentümliche Mehrschichtigkeit gekennzeichnet, die darauf zurückging, dass es sich bei der Bewegung der Barone um eine Erhebung gegen den König handelte, deren Legitimation zweifelhaft war und die sich in der unsicheren Vorbereitungsphase im Verborgenen abspielte. Nach dem Erfolg der Barone 1215 bot die Anbahnung der Magna Carta Stoff für eine Legendenbildung, deren Historizität mit Vorsicht zu beurteilen ist. Die gesicherten Stationen in der Vorgeschichte der Magna Carta sind im wesentlichen durch die Dokumente gefestigt, zu deren Ausstellung die Rebellen den König nötigten.[46] Dabei ist die genaue Entstehungsgeschichte dieser Dokumente zunächst ebenso unklar wie die Funktion, die der König und die Barone diesen Texten zuwiesen.[47] Diente die Ausfertigung der Magna Carta den Baronen als Faustpfand gegenüber einem König, dessen Absichten sie nicht trauten? War der schriftliche Text der entscheidende Garant für die Einhaltung der darin festgehaltenenen Bestimmungen? In einem solchen Fall würde man erwarten, dass die rebellischen Barone sich darum bemühten, entsprechende Ausfertigungen des Textes zu erhalten – was kaum zu erkennen ist.[48] Oder war die Ausfertigung eher der Niederschlag einer politischen Tradition, die ihre Kernanliegen auch ohne die Schriftform der Texte bewahrte, die aber die Schriftform hervorbrachte, weil sie eine zusätzliche Sicherheit versprach? Die Fragestellung lässt sich eventuell nicht auf diese beide Alternativen reduzieren, weil an dem Zustandekommen und an der Bewahrung der Magna Carta verschiedene Akteure mit unterschiedlichen Interessen, Erfahrungen und Einschätzungen hinsichtlich ihrer

---

44 Die politische Rolle Stephen Langtons in dem Konflikt um die Magna Carta wird derzeit von Daniel Baumann in einer Dissertation aufgearbeitet.
45 Vgl. allgemein: KAUFHOLD, Die gelehrten Erzbischöfe.
46 Bei den Dokumenten in der Vorgeschichte der Magna Carta handelt es sich vor allem um die sogenannte „Unknown Charter", ein Dokument, das die Krönungsurkunde Heinrichs I. und vermeintliche Konzessionen König Johanns in etwas ungewöhnlichem Stil verzeichnet (die Echtheit des Dokuments ist nicht unumstritten) und um die sogenannten „Articles of the Barons". Beide Texte sind mit einer knappen Einführung zur Forschungslage in den Appendices 4–5 von HOLT, Magna Carta ediert.
47 In der jüngsten Untersuchung zu diesem Thema hat C. Valente die Bedeutung der schriftlichen Form königlicher Zusicherungen besonders hervorgehoben (VALENTE, The Theory and Practise of Revolt, S. 54: „The basic method of reform in 1215 was to draw up documents …"). Diese Darstellung nimmt allerdings keine Rücksicht auf die Verbreitung der Magna Carta in ihrer frühen Phase, die diese Feststellung nicht unterstützt (vgl. dazu unten). Mit einer solchen Perspektive wird die Frühgeschichte der Magna Carta zu einer Textgeschichte, die den „Sitz im Leben" des Dokuments weitgehend ausser acht lässt und damit hinter Ergebnisse zurückfällt, die James Holt schon sehr markant formuliert hat (vgl. etwa HOLT, Magna Carta, S. 257f.).
48 Zur Überlieferung der Magna Carta von 1215 vgl. unten.

politischen Rolle in der Zukunft beteiligt waren, die die Rolle des Textes jeweils unterschiedlich beurteilten. Tatsächlich gewinnt unser Thema aus dieser Konstellation seine besondere Dynamik.

Die Geschichte der Magna Carta ist in hohem Maße eine Geschichte der Ausweitung ihrer sozialen Basis. Weil die unterschiedlichen Gruppen, die an ihrem Zustandekommen beteiligt waren, unterschiedliche Erwartungen an die Regelungen der Magna Carta hatten, erfuhr das Dokument eine solch bewegte Geschichte. Demgegenüber waren die Empfänger der Rechtszusicherungen Friedrichs II. in der *Confoederatio cum principibus ecclesiasticis ...* und im *Statutum in favorem Principum* fest umschrieben.[49] Damit markierten diese Texte zwar wichtige Etappen der deutschen Verfassungsgeschichte, hatten aber nicht das Potential, vom niederen Adel oder dem entstehenden städtischen Bürgertum für sich reklamiert zu werden.[50] Ihre Wirkungsgeschichte war dadurch begrenzt, dass sie weniger Projektionsfläche boten. Die Unschärfe, die die Voraussetzung für eine solche Dynamik ist, bot am ehesten der *Mainzer Reichslandfrieden* von 1235, weswegen er die Zeitgenossen und die Forschung länger beschäftigt hat und weswegen wir auf ihn noch verschiedentlich zurückkommen werden.[51]

Die eigentlich dynamische politische und Rechtstradition, die zur Ausfertigung der Magna Carta, zu den institutionellen Sicherheitsklauseln ihrer ersten Fassung und zu der Wiederbelebung dieser Garantieforderungen in den großen Krisen der englischen Verfassungsgeschichte führte, verlief zunächst subkutan, und sie erschöpfte ihre Energien auch nicht in dem Zustandekommen der Urkunde von 1215.[52] Um das Potential dieser Tradition zu ermessen, ist es daher für die Behandlung der Ereignisse von 1213–1215 wichtig, nach dem Verhältnis von politischen Kräften und den Texten zu fragen, die als wesentliche Zeugnisse dieser Ereignisse überdauert haben. Dabei müssen wir in Erinnerung behalten, dass die politischen Erwartungen über die Buchstaben des Dokumentes vom Juni 1215 hinausgingen. Dies ist keine Textgeschichte. Und damit kommen wir zu der Frage institutioneller Sicherungen für die Zusagen der Magna Carta von 1215. Sie weist

---

49 MGH Constitutiones, Bd. 2, ed. Weiland, Nr. 73 (Confoederatio): *principes ecclesiastici*; Nr. 171 (Statutum): *principes et magnates*.
50 Vgl. zum Charakter der Fürstengesetze KLINGELHÖFER, Die Reichsgesetze, S. 5–96.
51 Der Text des Mainzer Landfriedens von 1235 für das ganze Reich in MGH Constitutiones, Bd. 2, ed. Weiland, Nr. 196 und 196a, zum Mainzer Landfrieden vgl. A. BUSCHMANN, Der Mainzer Reichslandfriede von 1235 und die Landfriedenspolitik von Rudolf von Habsburg, in: Recht und Geschichte. Festschrift Hermann Baltl zum 70. Geburtstag, hg. von H. Valentinitsch, Graz 1988, S. 195–229; H. ANGERMEIER, Königtum und Landfriede im deutschen Spätmittelalter, München 1966, S. 27–33; KLINGELHÖFER, Die Reichsgesetze, S. 97–112; H. MITTEIS, Zum Mainzer Reichslandfrieden von 1235, in: Zeitschrift der Savigny-Stiftung für Rechtsgeschichte; Germanistische Abteilung 62 (1942), S. 13–56.
52 Was die Fortwirkung der Sicherheitsklausel der Magna Carta in der englischen Geschichte angeht, ist VALENTE, The Theory and Practise of Revolt, S. 67, zuzustimmen: „As a model for limited use of force to call the king back to his promises of reform, it provided the pattern for the next two centuries of resistance."

über den Text hinaus und eröffnet die Dimension des politischen Potentials. Um sie geht es im folgenden.

Die Anfänge einer organisierten Widerstandsbewegung gegen Johann Ohneland liegen ein wenig im legendenhaft-Ungefähren. Nach seiner Ankunft in England hatte Stephen Langton den König von seiner Exkommunikation losgesprochen.[53] Damit war der Frieden noch nicht vollständig wiederhergestellt, noch stand man dem König misstrauisch gegenüber, und im August 1213 soll es in London zu einer Versammlung geistlicher und weltlicher Großer gekommen sein, die dem König mit Mißtrauen begegneten. Dieses ein wenig konspirative Treffen (*secretius*) wurde von Stephen Langton geleitet.[54] Dabei ging es nicht um die Vorbereitung einer Rebellion gegen König Johann, sondern um einen Weg, den König zur Einhaltung der Versprechen zu verpflichten, die er bei seiner Lösung aus der Exkommunikation gegeben hatte.[55] Stephen Langton soll der Versammlung, *ut fama refert*, eine Urkunde Heinrichs I. unterbreitet haben, in der die ersehnten Freiheiten garantiert würden und die man dem König als Programm präsentieren könne, um dadurch eine Sicherheit für die Zukunft zu erlangen. Die Versammlung hätte sich diesem Vorschlag des Erzbischofs von Canterbury angeschlossen.[56] *Et juraverunt omnes in praesentia archiepiscopi saepe dicti, quod viso tempore congruo pro his libertatibus, si necesse fuerit, decertabunt usque ad mortem.*[57]

Die Erzählung Roger Wendovers trägt starke legendenhafte Züge, aber die legendenhafte Unbestimmtheit ist ein wesentliches Moment dieser Vorgeschichte der Magna Carta. Denn die Urkunde, die der Erzbischof von Canterbury den Bischöfen, Prälaten und Baronen in London präsentiert haben soll und deren Wortlaut der Chronist anführt, war die Krönungscarta Heinrichs I. von 1100.[58] Die Urkunde enthielt zwar einige Bestimmungen, die in erster Linie die Lehensverpflichtungen der englischen Barone und die Verpflichtungen ihrer Familienangehörigen (und Erben) gegenüber dem König berührten.[59] Doch war die wichtigste Bestimmung wohl die Eingangsverpflichtung des Königs, alle schlechten Rechtsgewohnheiten aufzuheben: *Et omnes malas consuetudines, quibus regnum Anglie injuste opprimebatur, inde aufero.*[60] Die Bezugsgröße, an der die vermeintliche

---

53 Vgl. dazu Annales Monastici, Bd. 2 (RS 36,2), hg. von H. R. Luard, London 1895, S. 277; zu den Vorgängen von 1213 und Langtons Rolle darin, vgl. auch M. POWICKE, Stephen Langton (The Ford Lectures delivered in the University of Oxford), Oxford 1928, S. 102; THOMPSON, The First Century of Magna Carta, S. 12.
54 Ebda.
55 Roger Wendover, in: Matthaeus Parisiensis, Chronica maiora, Bd. 2, ed. Luard, S. 552; vgl. dazu HOLT, Magna Carta, S. 223–227.
56 Ebda; vgl. dazu auch KAUFHOLD, Die gelehrten Erzbischöfe, S. 49.
57 Roger Wendover, in: Matthaeus Parisiensis, Chronica maiora, Bd. 2, ed. Luard, S. 554.
58 Ebda, S. 552–554; vgl. die kritische Edition der Krönungscarta Heinrichs I. bei Chartes des Libertés Anglaises, ed. Bémont, S. 1–7.
59 Vgl. zum Beispiel Art. 2 (Chartes des Libertés Anglaises, ed. Bémont, S. 3): *Si quis baronum, comitum meorum, sive aliorum qui de me tenent, mortuus fuerit, heres suus non redimet terram suam sicut faciebat tempore fratris mei, sed justa et legitima relevatione relevabit eam. Similiter et homines baronum meorum justa et legitima relevatione relevabunt terras suas de dominis suis.*
60 Ebda, S. 3 (Art. 1).

Verschlechterung der Zustände gemessen wurde, war dabei die Zeit des letzten angelsächsischen Königs, Edwards des Bekenners (1042–1066).[61] Auch die Erzählung über das geheime Treffen in London lässt die Orientierung der Männer um Stephen Langton an den Zuständen unter Edward dem Bekenner deutlich erkennen. Langton habe vom König verlangt, die ungerechten Gesetze aufzuheben und die guten Gesetze, nämlich die Gesetze aus der Zeit König Edwards, wieder einzuführen.[62] Nun gab der letzte angelsächsische König Englands, der 1066 kinderlos starb, in seiner tatsächlichen historischen Gestalt kaum ein Idealbild geordneter Zustände ab.[63] Darum ging es auch weniger. Edwards historisches Bild war hinreichend unscharf, um eine Projektionsfläche für die Wünsche der Barone abzugeben. Es war gerade diese Unbestimmtheit, die seine Attraktivität als Idealbild ausmachte, sie ermöglichte es den Baronen, die vermeintlichen Freiheiten dieser Jahre in ihrem Sinne zu verstehen. Wir werden sehen, dass ein etwas unbestimmter Überlieferungskern mit einem hohen Prestige für die Wirkungsgeschichte der Magna Carta eine enorme mobilisierende Kraft entwickeln konnte.

Der heilige Edward war keine eindeutige Figur. Er war auch keine exklusive Identifikationsfigur für die Opposition gegen König Johann. Im Gegenteil, auch der König sah sich in der Tradition seines angelsächsischen Vorgängers. Die Annalen des Klosters Burton berichten von einem scharfen Disput des Königs mit dem päpstlichen Gesandten Pandulf im Jahre 1211.[64] Gegenstand der Auseinandersetzung war Johanns Haltung zur Kirche, insbesondere sein Verhalten gegenüber Stephen Langton, den er zu diesem Zeitpunkt unter keinen Umständen einreisen lassen wollte.[65] König Edward diente Johann dabei als Kronzeuge für sein Recht der Bischofseinsetzung, und zwar als historischer und als heiliger Edward. Er habe den Bischof von Worcester zu Lebzeiten eingesetzt, und als Wilhelm der Eroberer dem Bischof sein Amt habe nehmen wollen, habe sich der Bischof an den nunmehr

---

61 Vgl. ebda, S. 4 u. 6 (Art. 5 u. 13).
62 Roger Wendover, in: Matthaeus Parisiensis, Chronica Maiora, Bd. 2, ed. Luard, S. 552: „*Audistis*", inquit, „*quomodo tempore* [quo] *apud Wintoniam regem absolvi, ipsum jurare compulerim quod leges iniquas destrueret, et leges bonas, videlicet leges Edwardi, revocaret et in regno faceret ab omnibus observari ...*"
63 Vgl. etwa: L. JONES, From Anglorum basileus to Norman Saint: the Transformation of Edward the Confessor, in: The Haskins Society Journal. Studies in Medieval history 12 (2003), S. 99–120; F. BARLOW, Edward the Confessor´s Early Life: Character and Attitudes, in: The Norman Conquest and Beyond (History Series 17), hg. von dems., London 1983, S. 57–83; DERS., Edward the Confessor and the Norman Conquest, in: ebda, S. 99–111; E. JOHN, Edward the Confessor and the Norman Succession, in: The English Historical Review 94 (1997), S. 241–267; F. BARLOW, Edward the Confessor, Berkeley 1970; zu den wirtschaftlichen Bedingungen der englischen Aristokratie unter Edward dem Bekenner vgl.: P. A. CLARKE, The English Nobility under Edward the Confessor (Oxford Historical Monographs), Oxford 1994.
64 Annales Monastici, Bd. 1, ed. Luard, S. 209–217; die Passage findet sich auch zitiert in den Annalen von Waverly (Annales Monastici, Bd. 2, ed. Luard), S. 268–271; vgl. zu der Gesandtschaft Pandulfs auch: F. A. CAZEL, The Legates Guala and Pandulf, in: Thirteenth Century England, hg. von P. R. Coss/S. D. Lloyd, Woodbridge 1988, S. 15–22.
65 Annales Monastici, Bd. 1, ed. Luard, S. 210: ... *sed nunquam ille S*[tephanus] *tale conductum poterit habere, quin illum, ex quo terram meam inraverit, faciam suspendi.*

gestorbenen Edward gewandt und an dessen Grab entscheidende Unterstützung erhalten.⁶⁶ Diese eigene Positionierung in der Tradition ließ der päpstliche Legat allerdings nicht gelten. Johann sei nicht der Nachfolger Edwards, des Beschützers der Kirche, sondern er sei der Nachfolger Wilhelms, des Bedrückers der englischen Kirche: ... *quod successor Sancti Edwardi non es, nec te ille potes comparare. Ipse enim fuit protector sanctae Ecclesiae; tu vero destructor et infestator.*⁶⁷ Entsprechend sei seine Haltung gegenüber den Regeln, die diese Männer aufgestellt hätten. Johann folge den schlechten Gesetzen Wilhelms, nicht den guten Gesetzen Edwards.⁶⁸ Der Bericht verlieh wohl eher einem englischen Disput eine dramaturgische Form, als dass er eine getreue Wiedergabe eines historischen Streitgesprächs wäre, aber wir erkennen den Konflikt um die Position des Königs in der politischen Tradition des Landes. Der König und seine Gegner beriefen sich nicht auf unterschiedliche Leitbilder, sondern sie bemühten zur Legitimation ihrer Positionen dasselbe Vorbild, das sie allerdings unterschiedlich interpretierten. So erscheint der Kampf um die politische Ordnung in England auch als ein Konflikt um die Deutungshoheit über die relevante Tradition. Im Rückblick erscheint es zunächst so, dass der König in diesen Auseinandersetzungen über strukturelle Vorteile verfügte, da die schriftliche Überlieferung, die aus der Arbeit der königlichen Institutionen seit dem späten 12. Jahrhundert hervorgegangen war, eine wie auch immer geartete historische Argumentation erleichterte. Die Frage ist allerdings, ob dies eine Rolle spielte? Dem Einsatz der schriftlichen Überlieferung zur Legitimierung politischer und rechtlicher Forderungen kommt für unseren Untersuchungsgegenstand eine zentrale Bedeutung zu, und es lässt sich zwischen 1200 und 1400 in England eine erkennbare Veränderung feststellen. Die Anforderungen an die schriftliche Absicherung von Rechtspositionen wuchsen, und wir sollten fragen, ob die treibenden Kräfte dieser Entwicklung erkennbar sind. In Hinblick auf die Beanspruchung des heiligen Edward behielt der König auf längere Sicht die Oberhand. Heinrich III. forcierte die Verehrung Edwards, indem er für die Abtei von Westminster, wo Edward begraben war, eine große neue Kirche bauen ließ.⁶⁹ Westminster wurde im 13. Jahrhundert zu einem Zentrum königlicher Herrschaft. Dort pflegte man eine Verehrung des heiligen Edward, die keine Breitenwirkung entfaltete, sondern die eher auf das königliche Umfeld beschränkt blieb.⁷⁰

---

66 Ebda, S. 211: *Unde videre potestis per sacras scripturas quod beatus et gloriosus rex Sanctus Edwardus contulit in tempore suo Sancto Wlstano episcopatum Wigornie.* Die Wundergeschichte vgl. ebda, S. 211.
67 Ebda, S. 213.
68 Ebda: *Item leges Willelmi Bastardi, licet pessimas, servari praecipis et diligis; et leges Sancti Edwardi, lict optimas, quasi vilissimas contemnis.*
69 Vgl. dazu besonders P. BINSKI, Westminster Abbey and the Plantagenets. Kingship and the Representation of Power 1200–1400, New Haven/London 1995.
70 Zur Verehrung des hl. Edward im 13. Jahrhundert vgl. BINSKI, Westminster Abbey, S. 52–89 (The Cult of St. Edward): „St. Edward remained an institutional saint, a saint more of Westminster and its political elite than of the nation" (ebda, S. 53).

Die Ereignisse des Jahres 1214 veränderte die Rahmenbedingungen für die Verhandlungen des englischen Königs mit seinen Baronen erheblich, auch wenn König Johann dies zunächst nicht bemerkte.[71] Nach der Niederlage von Bouvines war Johann geschwächt, und die Forderungen der Barone gewannen an Schärfe.[72] Die fehlende Bereitschaft des Königs zu Zugeständnissen und der aktuelle Eindruck seiner Schwäche beförderten die Bereitschaft zu offenen Widerstand: *Itaque convenerunt universi ad ecclesiam Sancti Eadmundi, et incipientibus majoribus juraverunt super majus altare, quod si rex leges et libertates jam dictas concedere diffugeret, ipsi ei werram tam diu moverent et ab ejus fidelitate se subtraherent, donec eis [per] cartam sigillo suo munitam confirmaret omnia quae petebant.*[73]

Die Berichte der Chronisten sind auch in dieser letzten Phase der Vorgeschichte der Magna Carta keine unproblematischen Zeugnisse, aber die Bereitschaft zum offenen Widerstand gegen Johann ist nun fassbar in den Geschehnissen selbst und in dem Text der Urkunde, der ein solches Vorgehen gegen den König als eine Notwehrmaßnahme legitimierte und für die Zukunft als Sicherung der zugestandenen Freiheiten ausdrücklich vorsah.[74] Nun ging es um die Kräfteverhältnisse zwischen dem König und den zum Widerstand entschlossenen Baronen. Als es den Rebellen am 17. Mai 1215 gelang, die Unterstützung der Stadt London für ihre Sache zu gewinnen, waren die Würfel gefallen, und Johann musste verhandeln.[75]

Der klassische Weg für solche Verhandlungen war die Vermittlung durch einen oder mehrere Männer, denen beide Seiten hinreichend vertrauten, um ihre Sache angemessen zu vertreten.[76] Eine solche Rolle erhielt nun offenbar Stephen Langton, auch wenn wir sein Vorgehen im einzelnen nicht rekonstruieren können. Langton hatte bereits an Ostern die rebellischen Barone im Auftrag des Königs aufgesucht, er hatte ihre Forderungen entgegengenommen und dem König überbracht – der sie zu diesem Zeitpunkt noch brüsk zurückweisen konnte.[77] In diesen

---

71 Zu 1214 vgl. HOLT, The Northeners, S. 98–108; vgl. auch DERS., Magna Carta, S. 406–411.
72 Nach Radulph von Coggeshall sollen die Barone ihre Forderungen nach einer Bestätigung der alten Freiheiten unter Berufung auf die Carta Heinrichs I. vergeblich vorgetragen haben: *... et chartam regis Henrici proferunt, quae libertates exprimit quas proceres, olim abolitas, nunc resuscitare contendunt. Sed rege pertinaciter renuente, discordes ab invicem discedunt* (Radulphus de Coggeshall, Chronicon, ed. Stephenson, S. 170).
73 Matthaeus Parisiensis, Chronica maiora, Bd. 2, ed. Luard, S. 583 (Roger Wendover).
74 Vgl. dazu unten.
75 Zu der Ereignisgeschichte, die zur Ausfertigung der Magna Carta führte, und die etwas unübersichtlich ist, vgl. v. a.: H. G. RICHARDSON, The Morrow of the Great Charter, in: The Bulletin of the John Rylands Library 28 (1944), S. 422–443; C. R. CHENEY, The Eve of Magna Carta, in: The Bulletin of the John Rylands Library 50 (1967/68), S. 280–307; VALENTE, The Theory and Practise of Revolt, S. 49–67. Es sind vor allem die Chroniken von Roger Wendover und Radulph von Coggeshall, die für die Ereignisfolge ergiebig sind (Roger Wendover, in: Matthaeus Parisiensis, Chronica maiora, Bd. 2, ed. Luard, S. 579–606; Radulphus de Coggeshall, Chronicon, ed. Stephenson, S. 165–177, besonders 172f.).
76 Vgl. grundsätzlich besonders H. KAMP, Friedensstifter und Vermittler im Mittelalter (Symbolische Kommunikation in der Vormoderne), Darmstadt 2001.
77 Roger Wendover, in: Matthaeus Parisiensis, Chronica maiora, Bd. 2, ed. Luard, S. 115; vgl. auch CHENEY, The eve of Magna Carta, S. 314f.

Forderungen war es noch einmal um die alten Rechte des Königreichs gegangen. So unscharf diese Vorgänge im Detail zu erkennen sind – weil die Berichte eher allgemein sind oder weil wir allzu detaillierten Erzählungen gegenüber begründete Skepsis walten lassen –, so lassen sich doch die Grundzüge eines Verfahrensmodells zur Bewältigung der Krise erkennen. Darin standen zur Gewalt bereite Barone, die ihre „Freiheiten" in Gefahr sahen, einem König gegenüber, der seine elementaren Kronrechte in Gefahr sah. Das Misstrauen verhinderte eine direkte Begegnung, weswegen eine Gesandtschaft, deren Stand dem Anlaß entsprechend hochrangig war, die Forderungen der Barone in Erfahrung brachte und dem König übermittelte, der je nach Einschätzung der Lage und seiner eigenen Position die geforderten Sicherheiten gewährte, abschwächte oder, was häufiger der Fall war, diese Forderungen empört zurückwies – in welchem Fall die nächste Konfrontation bereits vorbereitet war. Soweit ist dies das klassische Konfliktvermittlungsmodell, das die Mediävistik in jüngerer Zeit für viele früh- und hochmittelalterliche Konstellationen intensiv untersucht hat.[78] Es trat im Verlaufe des 13. Jahrhunderts in England dann allmählich zurück, weil die Situationen, in denen der König auf seine kritischen Baronen traf, durch die institutionelle Verfestigung seines Rates und des beginnenden Parlamentes zunehmend formalisiert wurden, so dass das alte Vermittlungsmodell an Bedeutung verlor. Doch dieser Prozeß wurde erst durch die Magna Carta eröffnet, und wir können daher in der Vorgeschichte der Begegnung in Runnymede noch den bewährten Einsatz von Vermittlern ausmachen. Dabei gab es in diesen englischen Verhandlungen jedoch eine besondere Konstante, die sich wohl mit dem Einsatz von Stephen Langton verband.

Schon bei dem ersten Zusammentreffen Langtons mit den kritischen Baronen hatte Langton nach dem Bericht von Roger Wendover die grundsätzlichen Anliegen in schriftlicher Form präsentiert – in Form der Krönungsurkunde Heinrichs I.[79] Derselbe Chronist berichtet in einer bereits zitierten Passage von einem weiteren Treffen der Opposition nach der Niederlage von Bouvines, bei dem es um dasselbe Anliegen ging, nun in etwas verschärfter Form.[80] Die Rolle Stephen Langtons bei dieser „Verschwörung" ist nicht klar, doch erscheint das ganze Treffen als eine – nunmehr rebellische – Neuauflage der ersten Zusammenkunft Langtons mit den Baronen, auf die Chronist auch ausdrücklich verweist.[81] Hier geht es um die Rolle, die die Barone der schriftlichen Fixierung und Bestätigung durch den König beimaßen. Es ist für die weitere Geschichte der Magna Carta im 13. Jahrhundert von Bedeutung, ob es die rebellierenden Barone selber waren, die der schriftliche

---

78 Vgl. zur Vermittlertätigkeit in Konflikten neben dem bereits zitierten KAMP, Friedensstifter und Vermittler im Mittelalter auch G. ALTHOFF, Spielregeln der Politik im Mittelalter. Kommunikation in Frieden und Fehde, Darmstadt 1997.
79 Roger Wendover, in: Matthaeus Parisiensis, Chronica maiora, Bd. 2, ed. Luard, S. 552.
80 Ebda, S. 583; vgl. auch: HOLT, The Northeners, S. 102.
81 Roger Wendover, in: Matthaeus Parisiensis, Chronica maiora, Bd. 2, ed. Luard, S. 583: *Nam cum diu simul et secretius tractare coepissent, producta est in medium carta quaedam regis Henrici primi, quam idem barones a Stephano Cantuariensi archiepiscopo, ut praedictum est, in urbe Londoniarum acceperant.*

Garantien der Rechte eine zentrale Bedeutung beimaßen oder ob die Aufzeichnung der Rechte für sie eine weitere Sicherung darstellte, die im wesentlichen von Stephen Langton veranlasst worden war. Die Frage ist nicht mit letzter Sicherheit zu klären, aber die Überlieferungsgeschichte der Dokumente gibt deutliche Hinweise, denn die Bewahrung der Dokumente von 1215 ging in hohem Maße auf Stephen Langton zurück.[82]

Die baroniale Forderung, dass der König die in Frage stehenden Garantien nicht nur mündlich zusagen, sondern dass er sie durch sein Siegel bestätigen solle, scheint in einem Dokument realisiert worden zu sein, das der Magna Carta unmittelbar vorausging. Dieses Dokument, das unter dem Namen „Die Artikel der Barone" bekannt geworden ist, enthält zentrale und politisch brisante Verpflichtungen für den König, die dann auch im Text der Magna Carta erscheinen.[83] Da sich darunter auch die Sicherheitsklausel der Magna Carta befindet, auf die noch näher einzugehen ist, und die den Baronen das Recht einräumt, sich mit Waffengewalt gegen ihren König zu stellen, wenn er gegen seine Zusagen verstößt, müssen die Artikel der Barone der Magna Carta dicht vorangegangen sein, denn die Schwäche des Königs, die ihn zu einer solchen Zusage nötigte, währte nur eine begrenzte Zeit.[84] Genauer lässt sich die Frage nicht klären, weil die Artikel der Barone undatiert sind und weil auch berechtigte Skepsis gegenüber der präzisen Datierung der Magna Carta besteht, aber die detaillierte ereignisgeschichtliche Rekonstruktion ist für unsere Fragestellung auch nicht erforderlich. Wichtig ist der erkennbare Charakter der „Artikel" als Kernbestand der Magna Carta vom Juni 1215, der dadurch mehr ist als ein reiner Entwurf, dass er das große Siegel des Königs trägt.[85] Es scheint sich damit um einen Text gehandelt zu haben, der die zentralen Anliegen der Rebellen enthielt, deren Erfüllung der König dadurch garantierte, dass er diese Forderungen besiegelte. Die formale Ausfertigung dieser geforderten Garantien als königliche Rechtsbestätigung geschah dann in der Form der Magna Carta. Die Bezeichnung „Die Artikel der Barone" stammt aus einer Verbindung der Textüberschrift (*Ista sunt Capitula que Barones petunt et dominus Rex concedit*) mit einem Vermerk in einer Hand des 13. Jahrhunderts auf der Rückseite des Dokumentes: *Articuli magne carte libertatum sub sigillo Regis Johannis*.[86]

Beide Begriffe, *capitula* und *articuli*, dienten im römisch-kanonischen Zivilprozeß dazu, beweisbedürftige Behauptungen zu formulieren, zu denen dann die

---

82 Vgl. dazu im einzelnen die folgende Aufstellung; vgl. auch KAUFHOLD, Die gelehrten Erzbischöfe, S. 47–50.
83 „Articles of the Barons"; der Text ist von Bémont in Chartes des Libertés Anglaises, S. 15–23 ediert; vgl. auch HOLT, Magna Carta, S. 432–440. Zur Entstehungsgeschichte vgl. die Einleitungen zur Edition (Chartes des Libertés Anglaises, ed. Bémont, S. 15; HOLT, Magna Carta, S. 429–432) und CHENEY, The Eve of Magna Carta, S. 324–326.
84 Vgl. Art 49 der „Artikel" und die Literatur wie in der vorangehenden Anmerkung.
85 Vgl. Chartes des Libertés Anglaises, ed. Bémont, S. 15.
86 Ebda, S. 15 mit Anm. 1; vgl. dazu auch: A. J. COLLINS, The Documents of the Great Charter, in: Proceedings of the British Academy 34 (1948), S. 233–279, S. 235.

geladenen Zeugen verhört wurden.[87] Die Aufgabe der Artikel war es also, die zentralen Verhandlungsgegenstände festzulegen. Genau dies war ja der Zweck der „Artikel der Barone", und die Verwendung der prozessrechtlichen Terminologie deutete darauf hin, dass die schriftliche Aufzeichnung von einem juristisch geschulten Bewusstsein veranlasst worden war. Die Provenienz der Artikel verweist nach Canterbury in die Kanzlei des Erzbischofs, wo man sie offenbar zunächst aufbewahrte.[88]

Die Artikel gehören in die unmittelbare Vorgeschichte der Magna Carta, wobei die Frage, wo die Magna Carta eigentlich abgefasst wurde und wer den Text letztlich ausfertigte, nicht wirklich geklärt ist.[89] Die große Urkunde trägt das Datum des 15. Juni 1215: *Data per manum nostram in prato quod vocatur Ronimed inter Windlesoram et Stanes, quinto decimo die junii, anno regni nostri decimo septimo.*[90] An diesem Tag waren der König und seine Anhänger mit ihren Truppen mit den rebellischen Baronen und ihren Truppen bei Runnymede an der Themse zusammengetroffen. Der Chronist Radulph von Coggeshall liefert einen knappen und für unsere Belange einschlägig erscheinenden Bericht des Treffens, in dem er die entscheidenden Akteure benennt und den Ablauf knapp skizziert.[91]

Am vereinbarten Tag hätten sich die Barone mit einem großen bewaffneten Gefolge auf der Wiese bei Runnymede eingefunden und dort ihre Zelte aufgebaut. Auch der König und seine Leute hätten dort ihr Lager aufgeschlagen. Durch die Vermittlung des Erzbischofs von Canterbury, vieler Bischöfe und einiger Barone sei eine Friedensvereinbarung erzielt und beschworen worden: *Intervenientibus itaque archiepiscopo Cantuariensi cum pluribus coepiscopis et baronibus nonnullis, quasi pax inter regem et barones formata est, et tactis sacrosanctis ab omnibus inviolabiliter tenenda juratur, etiam a rege.*[92] Alsbald sei der Text der Friedensvereinbarung in einer Urkunde aufgezeichnet worden, damit jede einzelne englische Grafschaft einen solchen Text habe, der durch das Siegel des Königs bestätigt sei. Nachdem man ein weiteres Treffen in London vereinbart habe, auf dem noch offene Fragen geklärt werden sollten, hätten sich die Barone zurückgezogen.[93] Soweit der knappe und sehr präzise erscheinende Bericht. Er führt uns mitten hinein in das Problem dieser Untersuchung.

---

87 W. LITEWSKI, Der römisch-kanonische Zivilprozeß nach den älteren ordines iudiciarii, Bd. 2, Krakau 1999, S. 402f.
88 Vgl. zur Provenienz des Dokumentes Chartes des Libertés Anglaises, ed. Bémont, S. 15 (Editorische Einleitung).
89 Vgl. dazu neben der Literatur in Anm. 75, COLLINS, The Documents of the Great Charter of 1215.
90 Chartes des Libertés Anglaises, ed. Bémont, S. 39.
91 Radulphus de Coggeshall, Chronicon, ed. Stephenson, S. 172; vgl. zu einer Übersicht über die Quellenlage CHENEY, The Eve of Magna Carta, S. 324–329.
92 Radulphus de Coggeshall, Chronicon, ed. Stephenson, S. 172.
93 Ebda: *Mox igitur forma pacis in charta est comprehensa, ita quod singuli comitatus totius Angliae haberent chartas regio sigillo communitas. Ibi quoque jura sua baronibus, et aliis de quibus indubitanter constabat quod eis competebant, rex restituit. Praefixo igitur alio die ad jura restituenda de quibus controversia fuit, baroni reversi sunt Londonias.*

Die Frage ist, ob dieser Bericht eher als ein Ergebnisprotokoll des vorläufigen Friedensschlusses von Runnymede zu lesen ist denn als eine Verlaufserzählung, da die Bedenken gegenüber dieser präzisen Hergangsschilderung schwer wiegen.[94] Tatsächlich liegt hier das Problem: Ist es wahrscheinlich, dass ein so langer Text wie die Magna Carta, der in der modernen Edition aus 63 durchaus längeren Artikeln besteht, von den königlichen Schreibern auf der Wiese von Runnymede im Angesicht der Rebellen ausgefertigt wurde?[95] Der Text enthält nicht nur grundsätzliche Erklärungen (*Quod Anglicana Ecclesia libera sit …; Nulla vidua distringatur ad se maritandum; Nullus liber homo capiatur, vel imprisonetur …nisi per legale judicium parium suorum vel per legem terre.*)[96], sondern auch präzise Verfahrensvorschriften für die Erfassung von Besitzveränderungen in den einzelnen Grafschaften.[97] Die Abfassung eines solchen Textes erforderte eine gewisse Zeit, zumal die Magna Carta auch nicht alle Artikel des baronialen Entwurfes im Wortlaut übernahm. Es ist daher wahrscheinlich, dass der genaue Wortlaut der Vereinbarung bei dem Treffen der Barone mit dem König in Runnymede noch nicht feststand, sondern dass bei dieser Gelegenheit zunächst eine grundsätzliche Einigung über die Grundzüge des Friedensschlusses und über die grundsätzliche Gewichtung der Interessen im künftigen Verhältnis erzielt wurde. Die „Ausführungsbestimmungen" dieses Friedensschlusses wurden wahrscheinlich erst in den folgenden Tagen in der königlichen Kanzlei niedergeschrieben – so wie es Cheney und Holt bereits dargestellt haben.[98] Der Chronist hätte das Geschehen, aus dem die Magna Carta hervorging, also in ein Ereignis zusammengefasst.[99] Das würde bedeuten, dass die rebellischen Barone das Treffen mit dem König verließen, ohne die schriftliche Bestätigung ihrer Forderungen im Gepäck zu haben. Denn für sie gab es wichtigeres. Sie hatten etwas erreicht, das bedeutender war, als ein schriftliches Dokument. Sie hatten dem König wichtige Rechtsgarantien abgerungen, und sie hatten ihn zu dem Zugeständnis bewegt, dass er sich künftig vor Entscheidungen, die für sie

---

94 Da es hier nicht um eine präzise ereignisgeschichtliche Klärung des Vorgangs geht, in dem die Magna Carta entstand, soll auf die Bedenken, die insbesondere CHENEY, The Eve of Magna Carta, S. 324–334, gegenüber dem Tagesdatum des 15. Juni vorbringt, nicht im Detail eingegangen werden. Cheney plädiert dort mit guten Gründen für einen etwas späteren Termin (19. Juni), an dem die Magna Carta ausgefertigt worden sei. Das Problem wird die englische Geschichtsschreibung sicher noch wiederholt beschäftigen. Jedoch ist die Differenz von vier Tagen für die Frage der weiteren Wirkungsgeschichte nicht entscheidend.
95 In der Edition von Chartes des Libertés Anglaises, ed. Bémont, S. 26–39, umfasst der Text immerhin 14 Druckseiten.
96 Chartes des Libertés Anglaises, ed. Bémont, S. 27, 28, 33 (Art. 1, 8, 39).
97 Ebda, Art. 18.
98 Vgl. CHENEY, The Eve of Magna Carta; HOLT, Magna Carta, S. 255f. („Magna Carta was not a treaty; … The settlement of the 19th was made *viva voce* … It was reinforced not by the bonds of parchment, but by the solemnity of an oath and the dread and political disadvantages of perjury").
99 Die Zusammenfassung trägt erkennbar idealisierende Züge, denn Radulph schildert ja auch die Ausfertigung der vielen Kopien für jede einzelne der (ca. 33) englischen Grafschaften, für die es keine Belege gibt. Die Frage der Verbreitung der Magna Carta wird weiter unten noch eingehender behandelt

essentiell waren, mit ihnen beraten musste. Dies war vielleicht das entscheidende Moment, denn daraus ließen sich die anderen Bestimmungen ableiten.

Der König hatte sich verpflichtet, seine Entscheidungen am *Recht des Landes* auszurichten – so etwa, wenn er zusagte, künftig nur noch Amtsträger zu bestellen, die die Rechte des Königreiches kennen und befolgen würden (*Nos non faciemus justiciarios, constabularios, vicecomites, vel ballivos, nisi de talibus qui sciant legem regni et eam bene velint observare.*).[100] Die Verpflichtung auf das Recht des Königreiches, die ja schon in den ersten Treffen der rebellischen Barone so eine wichtige Rolle gespielt hatte, war mehr als eine Absichtserklärung. Denn es war klar, dass die Barone sich selber als die Garanten dieser Rechte sahen und dass der König sie deshalb konsultieren müsse. Diese Rechte schützten in erster Linie den Besitz – wenn etwa die Erhebung von Abgaben von einem gemeinsamen Beschluß des Königreiches abhängig gemacht wurde: *Nullum scutagium vel auxilium ponatur in regno nostro, nisi per commune consilium regni nostri.*[101] Aber die Rechtsgarantien gingen doch weit über den Schutz des Besitzes hinaus, denn der bereits zitierte Artikel, dass kein freier Mann verhaftet, gefangengesetzt, enteignet, für rechtlos erklärt oder ins Exil gezwungen werden dürfe, ohne dass es dafür einen ordentlichen Gerichtsbeschluß oder eine Grundlage im Recht des Landes gebe (*nisi per legale iudicium parium suorum vel per legem terre*) – der Kern der späteren *habeas corpus*-Akte – schützte das Individuum vor dem Zugriff königlicher Willkür.[102] Tatsächlich ging es um das Recht des Landes auf den verschiedenen Ebenen königlicher Politik bis hinein in die königliche Herrschaftspraxis in den einzelnen Grafschaften, die über starke regionale Traditionen verfügten.[103] Artikel 48 hielt fest, dass alle schlechten Gewohnheiten königlicher Amtsträger in den verschiedenen Grafschaften von eigens eingesetzten Kommissionen, deren Mitglieder von geeigneten Bewohnern dieser Grafschaften gewählt würden, zu benennen und innerhalb von 40 Tagen abzuschaffen seien.[104] Das Anliegen dieses Artikels, die Überprüfung königlicher Politik auf lokaler und regionaler Ebene durch Vertreter der betroffenen Amtsbezirke, wurde zu einem hartnäckig wiederkehrenden Konfliktpunkt in den Verfassungskämpfen der folgenden zwei Jahrhunderte, und die zunächst noch unbestimmte Auswahl der Grafschaftsvertreter sollte eine der Wurzeln für die Wahl von Vertretern dieser Grafschaften (shires) im späteren Parlament werden. Die Stärke der rebellischen Barone schlug sich in der Fristsetzung von 40 Tagen für die Abschaffung der Missbräuche erkennbar nieder; es ist eine Fristsetzung, die uns in dem politisch brisantesten Artikel der Magna Carta ebenfalls begegnet: im Artikel 61, der den Baronen ein bewaffnetes Widerstands-

---

100 Chartes des Libertés Anglaises, ed. Bémont, S. 34 (Art. 45).
101 Ebda, S. 29 (Art. 12).
102 Ebda, S. 33 (Art. 39); vgl. auch D. J. MEADOR, Habeas Corpus and Magna Carta: Dualism of Power and Liberty (Magna Carta Essays 2), Charlottsville 1966; E. JENKS, The Story of Habeas Corpus, in: Select Essays in Anglo-American Legal History 2, Boston 1908, S. 531–548.
103 Vgl. z. B. J. R. MADDICOTT, Magna Carta and the Local Community 1215–1259, in: Past and Present 102 (1984), S. 25–65.
104 Cartes Anglaises des Libertés, ed. Bémont, S. 34.

recht gegen ihren König einräumt, wenn dieser König zukünftig das garantierte Recht brechen sollte.

Der Artikel 61 der Magna Carta, der auch bereits in den Artikeln der Barone enthalten war, ist der deutlichste Niederschlag der realen Kräfteverhältnisse im Juni 1215. Denn darin gestand der König den Baronen zu, dass sie eine Kommission von 25 Männern wählen könnten, deren Aufgabe es war, die Einhaltung der garantierten Freiheiten zu überwachen: *qui debeant pro totis viribus suis observare, tenere et facere observari, pacem et libertates quas eis concessimus.*[105] Tatsächlich erhielt diese Kommission die Funktion einer Kontrollinstanz über den König und seine Amtsträger. Jeglicher Verstoß von königlicher Seite gegen die zugesicherten Freiheiten konnte einer Gruppe von vier dieser Barone angezeigt werden, die diese Klage dann dem König oder seinem Vertreter, falls der König sich auf dem Festland befand, vortrugen.[106] Damit begann eine Frist von 40 Tagen, innerhalb derer der angezeigte Missstand abgestellt werden musste. Wenn dies nicht geschah, so konnten die 25 Barone über den Fall beraten, und falls ihnen der königliche Verstoß gegen die Freiheiten gravierend erschien, konnten sie handgreifliche Maßnahmen gegen den König und gegen seinen Besitz hin veranlassen: *et illi viginti quinque barones cum communia tocius terre distringent et gravabunt nos modis omnibus quibus poterunt, scilicet per capcionem castrorum, terrarum, possesionum, et aliis modis quibus poterunt, donec fuerit emendatum secundum arbitrium eorum...*[107] Dies war in der Tat ein weitgehendes Widerstandsrecht gegen einen König, dessen Rechtsbekundungen die Barone nicht trauten.[108] Und es war kaum vorstellbar, dass ein König, der seine Amtsgewalt in stärkerem Umfang zurückgewonnen hätte, diese Klausel noch akzeptieren würde. Sie war ein zu offenkundiger Beleg seiner Schwäche.[109] Artikel 61 der Magna Carta war das Produkt einer extremen Situation, in der sich die Kontrahenten zutiefst misstrauten und in der die augenblicklich Stärkeren versuchten, ihren Vorteil institutionell festzuschreiben. So etwas konnte kaum gelingen, und es hatte auch nicht lange Bestand. Aber in diesem Versuch, die garantierten Freiheiten der Magna Carta durch eine bewaffnete Sicherheitsklausel abzusichern, lassen sich Potential und Instrumente einer politischen Tradi-

---

105 Ebda, S. 37.
106 Ebda: *... ita scilicet quod, si nos vel justiciarius noster, vel ballivi nostri, vel aliquis de ministris nostris, in aliquo erga aliquem delinquerimus, vel aliquem articolorum pacis aut securitatis transgressi fuerimus, et delictum ostensum fuerit quatuor baronibus de predictis viginti quinque baronibus, illi quatuor barones accedant ad nos vel justiciarium nostrum, si fuerimus extra regnum, proponentes nobis excessum; petent ut excessum illum sine dilacione faciamus emendari.*
107 Ebda, S. 37f.
108 Zur Bedeutung des Artikel 61 der Magna Carta für die Entwicklung des Widerstandsrechts vgl. F. KERN, Gottesgnadentum und Widerstandsrecht im früheren Mittelalter. Zur Entwicklungsgeschichte der Monarchie, 2. Aufl. 1954, S. 233–238; vgl. auch VALENTE, The Theory and Practise of Revolt, S. 67; zum Art. 61 in der historischen Situation 1215 vgl. HOLT, Magna Carta, S. 78–81.
109 Vgl. etwa Henry de Bracton († 1268) über die notwendige Stärke des Königs: *Potentia vero omnes sibi subditos debet praecellere* (in: De legibus et consuetudinibus Angliae, Bd. 2, hg. von George E. Woodbine, New Haven/London 1922, S. 305); vgl. dazu auch KAUFHOLD, Deutsches Interregnum, S. 98–135.

tion erkennen, die in den folgenden zwei Jahrhunderten lebendig blieb und die immer dann neu belebt wurde, wenn das Verhalten des Königs auch den wohlmeinenden Baronen nicht mehr akzeptabel erschien. Die besondere Situation des Juni 1215 ließ die Kräfte dieser Tradition so deutlich hervortreten, dass sie für die historische Betrachtung erkennbar werden. Da sie in der folgenden Zeit häufiger unter der Oberfläche wirkten, ist es wichtig, die Anteile am Geschehen von 1215 zu verstehen. Sie bestimmten die englische Verfassungsgeschichte im späten Mittelalter nachhaltig.

Der Artikel 61 stärkte die Position der 25 Barone noch dadurch, dass er alle Untertanen des Königs dazu anhielt, diesen Wächtern über die königlichen Garantien ihre Unterstützung durch einen Eid zu bekunden.[110] In diesem Fall verweist der gemeinsame Treueeid der Untertanen ebenso wie die Einsetzung des 25köpfigen Ausschusses auf ein Milieu, das schon bei der unmittelbaren Vorgeschichte der Magna Carta eine entscheidende Rolle gespielt hatte: auf die Stadt London, deren Hinwendung zu den Rebellen den König schließlich zum Einlenken gezwungen hatte.[111]

Die gemeinsame Eidesleistung war ein Mittel, mit dem sich die Mitglieder städtischer Kommunen ihrer Zusammengehörigkeit versicherten, und aus der Sicht der herrschaftlichen Autorität wurde dieser Eid, der die Begründung des Zusammenschlusses nicht aus der Legitimation durch den Herrscher ableitete, sondern eine eigene Legitimität beanspruchte, nicht gern gesehen.[112] Die Londoner, die sich erstmals 1141 in der Krise der Herrschaft Stephens als Kommune konstituiert hatten, hatten dies in der Krise von Johanns Herrschaft erneut getan, und sie wählten sich in diesem Zuge eine Art Stadtrat aus 24 *aldermen* und einem

---

[110] Tatsächlich ordnete der König die Eidesleistung auf die 25 Barone für alle freien Männer seines Königreiches an, wenn er feststellen ließ: *Et quicumque voluerit de terra juret quod ad predicta omnia exequenda parebit mandatis predictorum viginti quinque baronum, et quod gravabit nos pro posse suo cum ipsis, et nos publice et libere damus licenciam jurandi cuilibet qui jurare voluerit, et nulli umquam jurare prohibemus. Omnes autem illos de terra qui per se et sponte sua noluerint jurare viginti quinque baronibus de distringendo et gravando nos cum eis, faciemus jurare eosdem de mandato nostro sicut prededictum est.* (Chartes des Libertés Anglaises, ed. Bémont, S. 38 (Art. 61)).

[111] Zur Rolle der Stadt London vgl. etwa HOLT, Magna Carta, S. 55–57; RICHARDSON, The Morrow of the Great Charter; CHENEY, The Eve of Magna Carta; K. SCHULZ, „Denn sie lieben die Freiheit so sehr". Kommunale Aufstände und die Entstehung des europäischen Bürgertums im Hochmittelalter, Darmstadt 1992, S. 232–245; zum Eid in der kommunalen Welt vgl. etwa P. PRODI, Das Sakrament der Herrschaft. Der politische Eid in der Verfassungsgeschichte des Okzidents (Schriften des Italienisch-Deutschen Instituts in Trient 11), Berlin 1997; DERS., Der Eid in der europäischen Verfassungsgeschichte, München 1992; W. EBEL, Der Bürgereid als Geltungsgrund und Gestaltungsprinzip des deutschen mittelalterlichen Stadtrechts, Göttingen/Weimar 1958.

[112] Zur Rolle des Eides in der Kommune vgl. u. a.: SCHULZ, „Denn sie lieben die Freiheit so sehr", S. 5f.; vgl. auch G. DILCHER, Conjuratio, in: Handwörterbuch zur deutschen Rechtsgeschichte, Bd. 1, hg. von A. Erler/E. Kaufmann, Berlin 1971, Sp. 631–633; P. BLICKLE, „Coniuratio". Die politische Karriere einer lokalen Gesellschaftsformation, in: Stadt-Gemeinde-Genossenschaft. Festschrift für Gerhard Dilcher zum 70. Geburtstag, hg. von A. Cordes/J. Rückert/R. Schulze, Berlin 2003, S. 341–360.

Bürgermeister.¹¹³ Dieses Londoner Leitungsgremium mit 25 Mitgliedern war das Vorbild für die Kontrollkommission, die der Artikel 61 der Magna Carta einführte. Das ist nicht zuletzt daran erkennbar, dass eine erhebliche Zahl der Mitglieder des Kontrollausschusses auch Mitglieder des Londoner Stadtrates waren.¹¹⁴ Wenn wir nun noch berücksichtigen, dass die Kontrollinstitution, die die Magna Carta vorsah, ihre Aufgabe nach eigenem Selbstverständnis im Namen der *communia tocius terrae* (so der Wortlaut des Artikel 61) wahrnahm, dann sind die Parallelen zum kommunalen städtischen Milieu kaum mehr zu übersehen.¹¹⁵ Tatsächlich hatte die Krise von 1214/15 dazu geführt, dass sich die politischen Vorstellungen und die Akteure aus der baronialen Aristokratie und aus dem Milieu der bedeutenden Handelsstadt London einander so weit angenähert hatten, dass daraus eine gemeinsame Krisenstrategie erwuchs, die sogar den Transfer politischer Konzepte ermöglichte. Denn das geschah 1215.

Was die Rebellen mit dem Artikel 61 der Magna Carta vornahmen, war der Transfer eines politischen Konzeptes, das sich im städtischen Leben bewährt hatte, auf ein Königreich. So lässt sich der Vorgang wohl beschreiben. Es war der Transfer eines Konzeptes, das aus der Erfahrung und dem Milieu der städtischen Kaufleute auf die relevanten Kräfte des englischen Königreichs übertragen wurde. Das Ganze war ein Versuch. Aber es war ein Versuch mit einem enormen Potential, das in den weiteren Jahrzehnten des 13. Jahrhunderts bereits eine nachhaltige Wirkung entfaltete.

Die englische Forschung hat wiederholt hervorgearbeitet, wie unscharf der Begriff der *communitas regni* sei und welche unterschiedlichen Personengruppen sich auf ihn beriefen.¹¹⁶ Sie hat auch die Frage, ob die Barone, die die Ausstellung der Magna Carta 1215 erzwangen, vorwiegend im eigenen Interesse handelten oder ob sie das Interesse des ganzen Königreichs im Auge hatten, wiederholt diskutiert.¹¹⁷ Doch erscheint diese vorwiegend ereignisgeschichtlich gestützte Inter-

---

113 Vgl. dazu etwa Schulz, „Denn sie lieben die Freiheit so sehr", S. 217–245, bes. S. 226–232.
114 Die Liste der 25 Mitglieder des Kontrollgremiums findet sich bei Roger Wendover, in: Matthaeus Parisiensis, Chronica maiora, Bd. 2, ed. Luard, S. 604–606; zu den Mitgliedern des Londoner Leitungsgremiums vgl. HOLT, Magna Carta, Appendix 8, S. 478–480; SCHULZ, „Denn sie lieben die Freiheit so sehr", S. 239–241.
115 Es ließe sich einwenden, dass der Wortlaut der Magna Carta auch auf die Kanzlei des Königs zurückging, der die Idee eines „kommunitären" Untertanenverbandes selber bereits formuliert hatte (vgl. oben). Aber in diesem Fall geht die Verbindung von Kontrollausschuß und kommunalem Selbstverständnis auf die Rebellen zurück, wie sich aus dem Wortlaut der Artikel der Barone erkennen läßt: ...*et illi XXV cum communa tocius terrae distringent et gravabunt regem modis omnibus quibus poterunt...* (Chartes des Libertés Anglaises, ed. Bémont, S. 22 (Art. 49)).
116 Vgl. etwa die klassische Untersuchung von S. REYNOLDS, Kingdoms and Communities in Western Europe, 900–1300, 2. Aufl. Oxford 1997, die allerdings weitgehend auf die rechtshistorische Aufarbeitung des Begriffs *community* verzichtet und daher nur eine begrenzte historische Differenzierung des Phänomens für möglich hält. Dies erscheint mir als eine problematische Verkürzung der Untersuchung.
117 Vgl. zuletzt VALENTE, The Theory and Practise of Revolt, S. 54–67; vgl. zu einem abgewogenen Urteil vor allem J. HOLT, Rights and Liberties in Magna Carta, in: Magna Carta and Me-

pretation ein wenig zu kurz zu greifen, da sie das historische Potential dieses Lösungsversuches von 1215 nicht ganz erfasst. Zum Zeitpunkt der Magna Carta bezeichnete der Begriff *communitas terrae* in der Realität kaum mehr als eine Gruppe von Baronen, die im Name des Königreiches gegen den König auftraten. Aber die Krise hatte Akteure aus verschiedenen sozialen Milieus zusammengeführt, und ihr Selbstverständnis, als maßgebliche Kräfte der Gesamtheit des Königreiches zu handeln und im Namen dieser *communitas regni* den König zu kontrollieren, hatte zwar etwas anmaßendes, aber es wies auch in eine Zukunft, in der Barone, Gentry und städtische Kaufleute ihre Interessen im Parlament als einer gemeinsamen Institution dieses Königreiches vortragen konnten. Dabei handelten sie keineswegs immer im Einklang, und es wäre ein erhebliches Missverständnis, wollte man in der allmählichen Formierung des Parlaments den Zusammenschluß von Adel, Gentry, Städte- und Gemeindevertretern gegen den König sehen. Dies war keine vordemokratische Geschichte, es war der König, der das Parlament berief.[118] Aber auf diese Weise wurde klar, dass der König vor wichtigen Entscheidungen den Adel und die Vertreter der Gentry und der Städte und Grafschaften seines Landes hören musste. Im Laufe der hier untersuchten zwei Jahrhunderte erhielt dieser Vorgang eine gewisse prozessuale Form. Der Rahmen, innerhalb dessen die Meinungsbildung zu erfolgen hatte, wurde abgesteckt und es wurde auch klar, welche Kräfte an dieser Meinungsbildung beteiligt werden mussten. Das soziale Spektrum reichte über den Adel hinaus, auch wenn die treibenden Kräfte fast aller hier untersuchten Verfassungskonflikte aus dem Kreis der Barone kamen. Die Magna Carta enthielt verschiedene Bestimmungen, die den Interessen der Kaufleute galten, und ihre Freiheiten waren immerhin allen freien Männern des Königreiches garantiert worden: *Concessimus eciam omnibus liberis hominibus regni nostri ... omnes libertates subscriptas ...*[119]

Das mochte in verschiedener Hinsicht eine Absichtserklärung sein, deren Umsetzung erhebliche Defizite aufwies. Mancher freie Mann musste erfahren, dass die Freiheiten eines Barons nicht seine Freiheiten waren, aber im Vergleich mit der Entwicklung im Reich wird der Unterschied schon frühzeitig deutlich. Die Konflikte in der Zeit König Heinrichs (VII.) (1222–1235), auf die noch einzugehen ist, führten eher zu einer Abgrenzung der Interessen von Fürsten und Städten – etwa in dem dezidierten Verbot von städtischen Bündnissen, das der König im November 1226 auf Druck der Fürsten erließ.[120] Auch die Privilegien, die Friedrich II. in

---

dieval Government, hg. von dems., S. 203–215, hier S. 206–215; vgl. auch DERS., The Barons and the Great Charter, in: ebda, S. 179–202.

118 Auf die entscheidenden Schritten in der Formierung des Parlamentes geht diese Untersuchung im weiteren Verlauf ein; die zentrale Rolle des Königs haben George Osborne Sayles und Henry Gerald Richardson in einer Reihe von Publikationen immer wieder betont. Die Argumentation ist in der knappen Studie von G. O. SAYLES, The King's Parliament of England, London 1975 pointiert zusammengefasst.

119 Chartes des Libertés Anglaises, ed. Bémont, S. 27 (Art. 1); vgl. die Privilegien für die Städte und Kaufleute, ebda, S. 29 (Art. 13), S. 32 (Art. 35), S. 33 (Art. 41).

120 MGH Constitutiones, Bd. 2, ed. Weiland, Nr. 294; vgl. zu einer Übersicht über die Regierungsjahre Heinrichs (VII.) bis 1228: P. THORAU, König Heinrich (VII.) und die Territorien.

diesen Jahren ausstellte, begünstigten nur die geistlichen und die weltlichen Fürsten, wie ihre berühmten, durch die Forschung verliehenen Namen andeuten (*Confoederatio cum principibus ecclesiaticis* und *Statutum in favorem principipum*).[121] Allein die Tatsache, dass die neben dem König entscheidende Institution des spätmittelalterlichen Reiches das Kur*fürsten*kolleg war, läßt erkennen, dass sich die Formierung von Entscheidungsgremien auf der Reichsebene im fürstlichen Milieu vollzog. Die Magna Carta verdankte ihre Entstehung einer breiteren Allianz. Für die weitere konstitutionelle Entwicklung in England musste sich erweisen, ob diese Allianz auch in künftigen Krisen zusammenkommen würde oder ob sie auf die besondere Situation des Sommers 1215 beschränkt blieb. Für die Wirkungsgeschichte der Magna Carta ist diese Konstellation von erheblicher Bedeutung, denn die verschiedenen beteiligten Akteure und ihre unterschiedlichen Interessen schlugen sich nicht nur in dem breiten Spektrum der Rechtszusagen nieder, die König Johann gewähren musste, sondern sie führte auch zu unterschiedlichen Haltungen gegenüber dem Dokument selber. Die Magna Carta war für die einen eine handgreifliche Garantie, auf deren Wortlaut sie sich berufen konnten, während es für die anderen der Niederschlag einer politischen Grundkonstellation war, die sie im Umgang mit dem König anstrebten, wobei der Wortlaut des Dokumentes weniger wichtig war, als die Tatsache, dass die Magna Carta ihnen auch in Zukunft das Recht einräumte, zu den wichtigen Fragen des Königreiches angemessen gehört zu werden. In der Sprache der Magna Carta hieß dieses Verfahren der Beratung *commune consilium regni*.[122]

Dieses Recht der Barone – denn hierbei ging es um den Anspruch der bedeutenden Männer des Königreichs, vom König gehört zu werden – war mehr als eine abstrakte Zusicherung. Die Magna Carta sah Ladungsfristen vor (mindestens 40 Tage), die der König zu beachten hatte, und sie hielt auch fest, dass die Entscheidung in der entsprechenden Angelegenheit am vorgesehenen Tage von den Anwesenden getroffen werden konnte – selbst wenn nicht alle erschienen waren.[123] Hier ging es um die praktische Durchführung solcher Beratungen, die auch bei gutem Willen aller Beteiligten unter den Kommunikationsbedingungen der

---

Untersuchungen zur Phase der Minderjährigkeit und der „Regentschaften" Erzbischofs Engelbert I. von Köln Herzog Ludwigs I. von Bayern (1211) 1220–1228 (Jahrbücher der deutschen Geschichte 22), Berlin 1998.

121 Vgl. oben Anm. 15.
122 Vgl. Chartes des Libertés Anglaises, ed. Bémont, S. 29: ...*Nullum scutagium vel auxilium ponatur in regno nostro, nisi per commune consilium regni nostri* ...(Art. 12); *Et ad habendum commune consilium regni de auxilio assidendo aliter quam in tribus casibus predictis*...(Art. 14).
123 Ebda, S. 29f. (Art. 14). Aus dem Art. 14 geht hervor, dass das Recht auf Beratung des Königs für die Prälaten des Reiches und die Kronvasallen (*illi qui de nobis tenent in capite*) galt: *Et ad habendum commune consilium regni de auxilio assidendo aliter quam in tribus casibus predictis, vel de scutagio assidendo, summoneri faciemus archiepiscopos, episcopos, abbates, comites, et majores barones sigillatim per litteras nostras; et preterea faciemus summoneri in generali per vicecomites et ballivos nostros omnes illos qui de nobis tenent in capite ad certum diem, scilicet ad terminum quadraginta dierum ad minus, et ad certum locum; et in omnibus litteris illius summonicionis causam summonicionis exprimemus; et sic facta summonicione negocium ad diem assignatum procedat secundum consilium illorum qui presentes fuerint, quamvis non omnes summoniti venerint.*

Zeit nicht einfach zu organisieren war und die angesichts des tatsächlichen Zustandekommens dieser Bestimmung den König veranlassen mochte, die praktischen Probleme als Entschuldigung dafür anzuführen, dass er die Beratung nicht anberaumte.[124] Dieser praktische Aspekt, der auf eine tatsächliche Erfahrung in der Organisation solcher Beratungen schließen läßt, unterscheidet diese englischen Regelungen von vergleichbaren Verfahren im Reich, wo man vom Wormser Konkordat bis zur Goldenen Bulle durchaus Regelungen dafür finden kann, dass entweder der König zu Bischofswahlen zu laden war oder die Kurfürsten sich zur Beratung wichtiger Fragen des Reiches treffen sollten, wo man aber keine praktische Festlegungen für die Sicherstellung dieser Zusammenkünfte vorgesehen hatte. Da die Reisewege im Reich in mehreren Fällen länger waren als in England und da entsprechend auch die Kommunikation unter den Fürsten schwieriger war, ist das Fehlen solcher Regeln für die praktische Durchführung solcher Versammlungen bereits ein Zeichen dafür, dass sie niemals einen Arbeitsrhythmus entwickelten.

Für die Mehrzahl der englischen Barone war die Zusage, künftig vom König zu den wichtigen Fragen gehört zu werden, von größerer Bedeutung als der genaue Wortlaut des Dokuments. Der Überlieferungsbefund ist kaum anders zu interpretieren. Von der Fassung der Magna Carta, die im Sommer 1215 ausgefertigt wurde, sind noch vier Exemplare erhalten.[125] Das könnte auch auf eine höhere Verlustquote zurückzuführen sein, aber in diesem Fall lassen die Notizen der königlichen Kanzlei erkennen, dass von dem Dokument, das die Schreiber König Johanns nach den Verhandlungen in Runnymede ausgestellt hatten, nur dreizehn Kopien angefordert wurden.[126] Die Mehrzahl dieser Exemplare (10) wurde einem Mann des Erzbischofs von Canterbury übergeben, die restlichen gingen an weitere Bischöfe.[127] Damit erscheinen Stephen Langton und die englischen Bischöfe als Hauptinteressenten am genauen Wortlaut der Vereinbarungen. Dieses Interesse schlug sich auch erkennbar in einer weiteren Sicherheitsmaßnahme nieder. Artikel 62 der Magna Carta sah vor, dass Stephen Langton und andere Prälaten ebenso wie der päpstliche Legat Pandulf Sicherheitsabschriften des Textes erstellen lassen

---

124 Wie sehr die praktischen Probleme einer Umsetzung des Beratungsanspruchs in den englischen Verfassungskrisen dazu genutzt werden konnten, den jeweils anderen von den Beratungen auszuschließen, wird etwa 1261 deutlich. König Heinrich III. beklagte sich ausführlich über die Organisation der Beratung, die ihn absichtlich von einer Teilnahme ausschließen würde (Documents of the Baronial Movement of Reform and Rebellion. 1258–1267 (Oxford Medieval Texts), hg. von R. F. Treharne/I. J. Sanders, Oxford 1973, Nr. 30 (8/9), S. 214: *8. Item nulla ratio quam rex pretendit potest stare, sed ipsi de consilio sic dicunt: volumus et decrevimus ita fieri: nullam aliam rationem pretendentes. 9. Item faciunt tractatus suos et consilia sua in diversis locis domino rege nesciente super quibus nec requirunt dominum regem super hoc, nec eum vocant ad consilium plus quam minorem regni.*).

125 Zur Überlieferungslage der Magna Carta vgl. Chartes des Libertés Anglaises, ed. Bémont, S. 24–26; HOLT, Magna Carta, S. 441–446 (Appendix 6); COLLINS, The Documents of the Great Charter.

126 Vgl. zur Evidenz des Archivs: CHENEY, The Eve of Magna Carta, S. 340.

127 Ebda.

sollten.[128] Und nach dem Ausweis des *Red Book of the exchequer* wurden diese Sicherheitskopien auch tatsächlich erstellt und längere Zeit verwahrt.[129] Das Interesse an der präzisen Sicherung des Wortlautes der Magna Carta war zu diesem Zeitpunkt kein allgemeines Interesse der Barone, es war in erster Linie ein Interesse Stephen Langtons und der Geistlichen, die so dachten wie er. Langton war ein Mann des Wortes, ein Gelehrter, zu dessen Selbstverständnis es gehörte, ein Bewahrer der Tradition zu sein.[130] In einem Kommentar zum Buch Deuteronomium hatte er diese Rolle des Priesters charakterisiert, der für den König die Gesetzestexte im Wortlaut bewahrte. Von den Geistlichen bekam der König diesen Text zur Verfügung gestellt, wenn er im Bedarfsfall eine Abschrift benötigte.[131] So erscheint der Erzbischof von Canterbury, der in dem Konflikt wiederholt als Vermittler aufgetreten war, als ein Hüter des Wortlautes der Magna Carta. An ihn konnten sich die Barone wenden, wenn das Vorgehen des Königs ihrem Rechtsverständnis widersprach. Die Magna Carta sah ohnedies vor, dass Langton eng in die Beratung der 25 Barone eingebunden sein sollte, die die Entscheidungen des Königs prüften: *per judicium viginti quinque baronum de quibus fit mencio inferius in securitate pacis, vel per judicium majoris partis eorundem, una cum predicto Stephano Cantuariensi archiepiscopo, si interesse poterit, et aliis quos secum ad hoc vocare voluerit.*[132]

So plausibel eine solche Aufgabenbeschreibung für den Erzbischof von Canterbury im Lichte seines erkennbaren politischen Engagements und seines theologischen Hintergrundes erscheint[133] – die Feststellung, dass die Bewahrung des Wortlautes der Magna Carta in hohem Maße ein Anliegen des Erzbischofs von Canterbury war, deckt sich nur bedingt mit den erhaltenen Berichten. Der bereits zitierte Radulph von Coggeshall hatte das Geschehen so dargestellt, dass die Bedingungen des Friedensschlusses zwischen dem König und den Baronen, die man aufgrund der Vermittlung unter Leitung von Stephen Langton beschwor, alsbald schriftlich festgehalten wurden, so dass jede Grafschaft in England eine eigene Urkunde mit demselben Wortlaut erhalten sollte, beglaubigt durch das Siegel des Königs.[134] In der Praxis hätte das bedeutet, dass die königliche Kanzlei für jeden der etwa 34 Sheriffs, die den englischen Grafschaften vorstanden, eine Kopie des

---

128 Chartes des Libertés Anglaises, ed. Bémont, S. 38f.: *Et insuper fecimus eis fieri litteras testimoniales patentes domini Stephani Cantuariensis archiepiscopi, domini Henrici Dublinensis archiepiscopi, et episcoporum predictorum et magistri Pandulfi, super securitate ista et concessionibus prefatis.*
129 The Red Book of the Exchequer, Bd. 1 (Rolls Series), hg. von H. Hall, London 1896, S. CXX; vgl. auch Chartes des Libertés Anglaises, ed. Bémont, S. 39, Anm. 1.
130 Vgl. etwa KAUFHOLD, Die gelehrten Erzbischöfe.
131 Vgl. die Textbeispiele in: D. L. D'AVRAY, Magna Carta: its Background in Stephen Langton's Academic Biblical Exegesis and its Episcopal Reception, in: Studi Medievali, 3 Ser. 38 (1997), S. 427–438; vgl. dazu KAUFHOLD, Die gelehrten Erzbischöfe, S. 58f.
132 Chartes des Libertés Anglaises, ed. Bémont, S. 36 (Art. 55).
133 Vgl. etwa KAUFHOLD, Die gelehrten Erzbischöfe.
134 Radulphus de Coggeshall, Chronicon, ed. Stephenson, S. 172: *Intervenientibus itaque archiepiscopo Cantuariensi cum pluribus coepiscopis et baronibus nonnullis, quasi pax inter regem et barones formata est, et tactis sacrosanctis ab omnibus inviolabiliter tenenda juratur, etiam a rege. Mox igitur forma pacis in charta est comprehensa, ita quod singuli comitatus totius Angliae singulas unius tenoris haberent chartas regio sigillo communitas.*

Textes ausgefertigt hätte.¹³⁵ Es hat bedeutende englische Forscher gegeben, die dieses Verfahren für selbstverständlich gehalten haben,¹³⁶ aber es gibt auch die kritischen Stimmen sehr guter Kenner der Archive, die aufgrund der Überlieferungslage zu einer zurückhaltenden Erwartung gegenüber der königlichen Publikationstätigkeit im Falle der Magna Carta neigen.¹³⁷ Diese Skepsis gegenüber der tatsächlichen Verbreitung der Magna Carta von 1215 erscheint sehr begründet. Sie erhält nicht nur Unterstützung aus der Evidenz der Archive, sondern sie wird auch durch den Vergleich mit anderen, fast zeitgleichen Publikationsbemühungen gestützt, die die Erwartungen an die Leistungsfähigkeit solcher Veröffentlichungskampagnen auf ein realistisches Maß reduzieren. Im Falle der Verbreitung der Magna Carta von 1215 ist die vergleichende Methode ein notwendiges Verfahren, denn sie führt zwei Entwicklungen zusammen, die jede für sich eine prominente Stellung im 13. Jahrhundert einnehmen, die aber in ihren durchaus bescheidenen Anfängen deutliche Parallelen aufweisen. Durch den Vergleich erhalten die Erwartungen, die man an die Verbreitung dieser Dokumente richtete, ein realistisches Maß. Die Rede ist vom IV. Laterankonzil und seinen Kanones.¹³⁸

Im November 1215 kam in der Lateranbasilika die größte Kirchenversammlung zusammen, die das Mittelalter bis dahin erlebt hatte. Über 1200 Prälaten (ca. 400 Bischöfe, 800 Äbte und Prioren) und zahlreiche weltliche Herren oder deren Vertreter fanden sich zu dem Konzil in Rom ein.¹³⁹ Auch Stephen Langton war unter den Anwesenden.¹⁴⁰ Er hatte einen schwierigen Stand, denn seine Vermittlungsbemühungen in England waren bei Befürwortern von König Johanns Politik auf scharfe Ablehnung gestoßen, und die Kritik war Innozenz III. in Form massiver Vorwürfe gegen den Erzbischof von Canterbury unterbreitet worden: *Suggestum est autem domino papae quod dominus Cantuariensis incentor esset huius tumultus in Anglia orti.*¹⁴¹ Papst Innozenz III., der nach dem Einlenken Johann Ohnelands 1213 als Lehnsherr Englands agierte, hatte die Magna Carta am 24. August

---

135 Zu den Sheriffs und den Grafschaften zu Beginn des 13. Jahrhunderts vgl. W. L. WARREN, The Governance of Norman and Angevin England 1086–1272 (The Governance of England 2), London/Melbourne/Auckland 1987, S. 133–144.
136 Vgl. den einflussreichen Beitrag von R. L. POOLE, The Publication of Great Charters by the English Kings, in: The English Historical Review 28 (1913), S. 444–453.
137 Vgl. etwa CHENEY, The Eve of Magna Carta, S. 340; COLLINS, The Documents of the Great Charter; HOLT, Magna Carta, S. 255–266. Interessant ist, dass die Autorin der jüngsten Arbeit zu diesem Thema zwar die Bedeutung der Ausstellung der Urkunden in der Krise von 1215 betont (VALENTE, The Theory and Practise of Revolt, S. 54: „The basic ‚method of Reform' in 1215 was to draw up documents ..."), dass sie aber die praktische Frage der Verbreitung nicht thematisiert. Hier scheint die Erwartung einer hohen Leistungsfähigkeit des königlichen Apparates nachzuwirken, die auch den Aufsatz von Poole durchzieht.
138 Zum IV. Laterankonzil und seinen Kanones vgl. Constitutiones Concilii quarti Lateranensis, ed. García y García.
139 Vgl. zu den Konzilsteilnehmern R. FOREVILLE, Lateran I–IV, Mainz 1970, S. 296–298.
140 Zur Anwesenheit Langtons auf dem Konzil vgl. Memoriale fratris Walteri de Coventria, Bd. 2 (RS 58,2), hg. von W. Stubbs, London 1873, S. 227f.
141 Ebda, S. 228.

1215 scharf verurteilt und für ungültig erklärt.[142] Dabei läßt das päpstliche Schreiben erkennen, dass der Papst den Wortlaut des Dokumentes, dessen Bestimmungen er kassierte, gar nicht kannte. Er sprach von der Magna Carta in ungefähren Begriffen (*compositum huiusmodi*) und verlangte von den Baronen, sich ihrem König zu unterwerfen; über die Rebellen und ihre Anhänger sprach er die Exkommunikation aus.[143] Als Exkommunizierte fanden die Vertreter der rebellischen Barone und der Prälaten, die König Johann kritisch gegenüberstanden, auf dem Konzil kein Gehör (*quibus tamen excommunicationis objectus est titulus, non est audientia data*).[144] Die päpstliche Missbilligung verhinderte, dass Stephen Langton seine Politik verteidigen konnte.[145]

Auch das andere große politische Thema dieser Jahre kam auf dem Konzil noch einmal zur Sprache und führte zu einer leidenschaftlichen Auseinandersetzung. Die Anhänger Friedrichs II. und Ottos IV. machten sich gegenseitig heftige Vorwürfe.[146] Nur mit Mühe konnte der Papst die Widersacher zur Ordnung rufen. *Da beide Parteien in Beschimpfungen ausbrachen, gab der Papst mit der Hand ein Zeichen.*[147] Die Würfel waren gefallen, der Papst bezog eindeutig Stellung für Friedrich II., der Welfe erhielt keine dritte Chance.[148] So führte das Konzil die beiden großen Streitfragen, mit denen diese Untersuchung begonnen hat – den Streit um den deutschen Thron infolge der Doppelwahl von 1198 und den Konflikt um die Stellung des englischen Königs im Umfeld der Magna Carta von 1215 – noch einmal vor einer großen Versammlung zusammen. Und es verband diese Streitfragen bei dieser Gelegenheit nicht in der Sache, aber im Umfeld mit einer Frage, die uns auch im Zusammenhang mit der Verbreitung der Magna Carta schon beschäftigt hat: Auf welche Weise wurde die Durchsetzung der Reformbeschlüsse von 1215 – in diesem Fall der Beschlüsse zur Reform der Kirche – eigentlich erreicht?

Das IV. Laterankonzil bot ein halbes Jahr nach dem Friedensschluß in Runnymede ein Lehrstück über die Verbreitungsmöglichkeiten von Reformtexten im frühen 13. Jahrhundert. Dazu wurde der ganze Apparat der abendländischen Kir-

---

142 Selected Letters of Pope Innocent III, ed. Cheney/Semple, Nr. 82: ... *de communi fratrum nostrorum consilio, compositum huiusmodi reprobamus et dampnamus, sub interminatione anathematis prohibentes ne dictus rex eam observare presumat, aut barones cum complicibus suis ipsam exigent, tam cartam quam obligationes seu cautiones quecumque pro ipsa vel de ipsa sunt facte, irritantes penitus et cassantes ut nullo unquam tempore aliquam habeant firmitatem.*
143 Memoriale fratris Walteri de Coventria, Bd. 2, ed. Stubbs, S. 228: *Excommunicati sunt ... omnes qui regem Angliae in hac parte infestabant cum adjutoribus et fautoribus eorum.*
144 Ebda.
145 Ebda: *Sed quoniam intellexit gratiam domini sibi subtractam, pauca verba de caetero in concilio fecit.*
146 Vgl. dazu: S. KUTTNER / A. GARCÍA Y GARCÍA, A New Eyewitness Account of the Fourth Lateran Council, in: Traditio 20 (1964), S. 115–178.
147 Ryccardi de Sancto San Germano, Chronica (Rerum Italicarum Scriptores 7,2) hg. von C. A. Carufi, Bologna 1938, S. 148. Die Auseinandersetzung um die deutsche Krone mit Rede und Gegenrede ebda, S. 71–73.
148 Vgl. die Stellungnahme des Papstes bei KUTTNER/GARCÍA Y GARCÍA, A New Eyewitness Account, S. 128: ... *subiunxit hinc dominus papa dicens hec verba: 'Nulli debet esse dubium: Quod principes Alemannie et imperii circa Fridericum Cecilie regem fecerunt, ratum habemus, immo ipsum fovere et promovere in omnibus volumus et complebimus'.*

che mobilisiert. Zumindest war dies das Ziel. Das Konzil war sorgfältig vorbereitet worden. Schon am 19. April 1213 war die Einladung *Vineam Domini Sabaoth* ergangen und hatte die beiden Hauptanliegen, die Vorbereitung eines neuen Kreuzzuges und die Reform der Kirche, ausdrücklich benannt.[149] Die Prälaten sollten nicht nur möglichst vollzählig erscheinen (*In eurer Provinz sollen ein oder zwei Suffraganbischöfe zur Betreuung der Christen zurückbleiben*), sie sollten auch den Reformbedarf eifrig ermitteln und dem Konzil unterbreiten. Alles, was die Zustimmung des Konzils finde, solle zum Lob und zur Ehre Gottes, zum Heil und zur Errettung der Seelen und zum Wohl und Nutzen des christlichen Volkes gebilligt und beschlossen werden.[150] Damit kommen wir zu dem entscheidenden Punkt für den Vergleich: Wie wurden die Kanones des Konzils formuliert und verabschiedet, und wie wurden sie anschließend in der Christenheit bekannt gemacht, damit die beschlossenen Reformen eine Wirkung entfalten konnten? Tatsächlich ist die Antwort gar nicht so einfach, denn obwohl das IV. Laterankonzil eine so gut besuchte Versammlung von Männern war, die mit dem geschriebenen Wort selbstverständlich umgingen, sind nur wenige Berichte über den Verlauf des Konzils erhalten.[151] Der aus der Sicht unserer Fragestellung hilfreichste stammt von Richard von San Germano.[152] Er schildert den Ablauf der drei feierlichen Sitzungen des Konzilsplenums unter der Leitung des Papstes, und er vermittelt dabei den Eindruck einer Versammlung, die sich über strittige Fragen leidenschaftlich ereifern konnte.[153] Der Fall des deutschen Thronstreites zeigte, wie schwierig es war, wichtige Anliegen in einer so großen Versammlung zu erörtern. Und der knappe Bericht über die letzte Sitzung des großen Konzilsplenums schildert in biblischen Worten einen päpstlichen Auftritt, der den Führungsanspruch seines Amtes wirkungsvoll in Szene setzte: *Am Montag aber, dem letzten Tag im November ... zeigte sich der Herr Papst zum dritten Male; wie ein Bräutigam ging er hervor aus der Kammer, stieg die Stufen empor und setzte sich auf den Richterstuhl ...*[154] Innozenz hielt eine letzte Ansprache, bekräftigte noch einmal die Beschlüsse des Konzils gegen Joachim von Fiore und hob die Rechtmäßigkeit von Friedrichs II. Königswahl hervor. Danach verab-

---

149 Innocentius III., Opera Omnia tomis quatuor distributa, Bd. 3 (Patrologia Latina 216), hg. von J. P. Migne, Paris 1855, S. 823–825 (Regesta Pontificum Romanorum, ed. Potthast, Nr. 4706).
150 Ebda, S. 824.
151 Vgl. zur Quellenlage die Einleitung in: Constitutiones Concilii quarti Lateranensis, ed. García y García, insb. S. 6.
152 Vgl. oben Anm. 147.
153 Vgl. etwa Ryccardi de Sancto San Germano, Chronica, ed. Carufi, S. 72: *Ad quod, cum vellent ipsi contrarium respondere, et Marchionem ipsum in sua obiectione arguere eorum principio obstitit marchio, et ordine turbato responsi adiecit quod ipsi Mediolanenses verbum facere pro Oddone non poterant, cum tamquam ipsius fautore set complices simili essent excommnunicatione ligati, et ex eo maxime, quod eorum civitas Patarenos foveret in fidei cristiane contemptum. Quod cum egre nimium ferrent Mediolanenses, ipsi marchionem ipsum mentitum fuisse, ceteris audientibus, alta voce clamantes, quia pars utraque in contumeliam prorumpebant, dominus papa manu innuit et egredientibus ceteris, ipse ecclesiam est egressus.*
154 Ebda, S. 72f.: *Die vero lune ultimo mensis Novembris, in festo scilicet beati Andree, die tam sollempni et memoranda in eum terbio se manifestavit dominus papa egrediens tamquam sponsus de talamo suo, et ascendens sedit pro tribunali.*

schiedete das Konzil 70 Dekrete.[155] Der Bericht liefert keinen Hinweis darauf, dass diese Dekrete, die den Kern des Reformanstoßes formulierten, der von dem Konzil ausgehen sollte, zuvor von der Versammlung beraten worden seien.[156] Es gibt keine Spuren einer Erörterung des Für und Wider bestimmter Kanones, wie es sie über die Frage der deutschen Thronbesetzung gegeben hatte. Und es erscheint unsicher, wie weit die genauere Kenntnis von den verabschiedeten Reformbestimmungen bei den Teilnehmern der Versammlung ging. Der Eindruck, den Roger Wendover aufzeichnete, sollte die Erwartungen dämpfen. Der englische Mönch und Chronist fasste die Reformanstrengung mit knappen Worten zusammen: ... *recitata sunt in pleno concilio capitula sexaginta, qui aliis placabilia atque aliis videbantur onerosa.*[157] Tatsächlich waren es 71 Kanones, und man wird sich durchaus fragen können, ob sie alle in vollem Wortlaut vorgetragen wurden, bevor das Konzil seine Zustimmung gab.[158] Dies wäre ein langwieriger Vorgang gewesen, und der Bericht Richards von San Germano liefert darauf keine Hinweise. Doch wäre auch ein alternatives Szenario vorstellbar: das Konzil gab seine grundsätzliche Zustimmung zu der Auswahl und der Ausrichtung der Bestimmungen, und die genaue Formulierung des Wortlautes wurde der päpstlichen Kanzlei überlassen. Es war auch nicht unbedingt erforderlich, über alle Kanones zu beraten. Eine Reihe der Beschlüsse des IV. Lateranum formulierte keine neuen Anliegen, sondern bekräftigte die traditionelle Lehre der Kirche. Die Verabschiedung als Konzilskanon diente in diesen Fällen der Bekräftigung eines alten Anliegens.

Damit die alten und die neuen Bestimmungen in der ganzen Kirche verbreitet würden, sollte ein bewährtes System in Anspruch genommen werden. Die Kanones des Konzils sollten auf den Provinzialsynoden, die die Erzbischöfe jedes Jahr abhielten, bekannt gemacht werden, damit sie in das Bewusstsein der Kleriker übergingen.[159] Innozenz verlangte auch, dass zur besseren Umsetzung dieser Maßnahme in jeder Diözese geeignete Männer ernannt würden, die den Reformbedarf ermitteln und dem Erzbischof und seinen Suffraganen mitteilen sollten. Die notwendigen Maßnahmen sollten dann auf den jährlichen Diözesansynoden mitgeteilt werden.[160] Dies war nicht nur eine Empfehlung, vielmehr drohte der Papst

---

155 Ebda, S. 73: *et sancta synodus LXX capitula promulgavit.*
156 Vgl. dazu auch Constitutiones Concilii quarti Lateranensis, ed. García y García, insb. S. 5–11.
157 Roger de Wendover, Liber qui dicitur Flores Historiarum, Bd. 2 (Rolls Series 84,2) hg. von H. G. Hewlett, London 1887, S. 156.
158 Vgl. den Text der Kanones bei Constitutiones Concilii quarti Lateranensis, ed. García y García, S. 41–118.
159 Die Vorschrift zur Publikation der Konzilsbeschlüsse findet sich in Kanon 6 des Lateranum IV, Constitutiones Concilii quarti Lateranensis, ed. García y García, S. 53: *Sicut olim a sanctis patribus noscitur institutum, metropolitani singulis annis cum suis suffraganeis provincialia non omittant concilia celebrare, in quibus de corrigendis excessibus et moribus reformandis, presertim in clero, diligentem habeant cum Dei timore tractatum, canonicas regulas et maxime que statute sunt in hoc generali concilio relegentes, ut eas faciant observari, debitam penam transgressoribus infligendo.*
160 Ebda.

jedem Prälaten, der sich diesem Verfahren entzöge, mit dem Entzug seines Amtes.[161]

Das klingt nach einem effizienten Vorgehen, das die bewährten Strukturen nutzte, um die Beschlüsse des Konzils in der Christenheit zu verbreiten. Die Voraussetzungen erschienen günstig, schließlich waren auf diesem Konzil im Lateran mehr Prälaten zusammenkommen, als jemals zuvor im Mittelalter. Wenn diese Männer der Kirche sich den Reformgeist zu eigen machten, den Innozenz verlangte, wenn sie vielleicht noch etwas länger in Rom blieben, bis sie selber eine Abschrift der Kanones erhalten hatten, die sie dann mit in ihre Kirchenprovinz oder zumindest ihre Diözese mitnehmen konnten, dann konnten sie deren Wortlaut auf der nächsten Synode in ihrer Heimat bekannt machen. Angesichts solcher Bedingungen konnte man eine Verbreitung der wichtigen Beschlüsse in angemessener Zeit erwarten. Und hier beginnt das Problem.[162]

Erzbischof Stephen Langton war noch längere Zeit in Rom geblieben, und kehrte erst 1219 nach Canterbury zurück.[163] Es dauerte allerdings noch bis 1222, dass er eine Synode in Oxford abhielt, auf der er die Kanones des IV. Laterankonzils publik machen ließ. In Oxford wurden die Texte offenbar im Wortlaut vorgetragen.[164] Die Synode von 1222 sorgte in der Tat für eine erkennbare Zunahme von

---

161 Ebda: *Quisquis autem hoc salutare statutum neglexerit adimplere, a sui executione officii suspendatur.*
162 Vgl. zur Verbreitung der Kanones des IV. Laterankonzils in England etwa: M. GIBBS/J. LANG, Bishops and Reform: 1215–1272: with Special Reference to the Lateran Council of 1215, Oxford 1934 ; vgl. für das Reich: P. P. PIXTON, The German Episcopacy and the Implementation of the Decrees of the Fourth Lateran Council 1216–1245. Watchmen on the Tower, Leiden/New York/Köln 1995; S. UNGER, Generali concilio inhaerentes statuimus. Die Rezeption des Vierten Lateranum (1215) und des zweiten Lugdunense (1274) in den Statuten der Erzbischöfe von Köln und Mainz bis zum Jahr 1310 (Quellen und Abhandlungen zur mittelrheinischen Kirchengeschichte 114), Mainz 2004.
163 Vgl. GIBBS/LANG, Bishops and Reform, S. 107; vgl. zu den späten Jahren von Stephen Langton auch: F. A. CAZEL, The Last Years of Stephen Langton, in: The English Historical Review 79 (1964), S. 673–697.
164 Vgl. die Beschlüsse der Synode von Oxford 1222 in: W. LYNDWOOD, Provinciale (seu constitutiones Angliae), continens constitutiones provinciales 14 archiepiscoporum Cantuariensium, Oxford 1679, dort wird für die Verbreitung der Beschlüsse vorgeschrieben (S. 9): *Ut autem omnia fine bono concludantur; Lateranense Concilium sub Sanctae Recordationis Papae Innocentio celebratum in praestatione Decimarum & aliis capitulis praecipimus observari & in Synodis Episcopalibus Constitutiones illius Concilii una cum istis, prout videbitur expedire, volumus recitari*; vgl. auch: B. E. FERME, Canon Law in Late Medieval England. A Study of William Lyndwood's Provinciale with Particular Reference to Testamentary Law (Studia e textus historiae iuris canonici 8), Rom 1996; vgl. auch: Dunstaple Annals, in: Annales Monastici, Bd. 3, ed. Luard, S. 76: *Eodem anno, post Pascha, Stephanus Cantuariensis archiepiscopus, apud Oxoniam concilium [celebra]vit mense Aprili; ubi recitatum est et observari mandatum concilium Lateranense … Et capitula multa sunt ibi de novo statuta*; Memoriale fratris Walteri de Coventria, Bd. 2, ed. Stubbs, S. 251: *Celebratum est concilium provinciale apud Oxoniam a domino Stephano Cantuariensi archiepiscopo, cum episcopis suffraganeis et abbatibus, in conventuali ecclesia de Oseneya, in XV. dies post Pascha: ubi quaedam institute concilii generalis sub Innocentio papa celebrati, cum quibusdam adiectionibus pro emendatione cleri et populi, sollemniter sunt recitata et promulgata*; C. R. CHENEY, Legislation of the Medieval English Church, in: The English Historical Review 50 (1935), S. 193–

Manuskripten, die die Statuten des IV. Laterankonzils enthielten. Es sind etwa 50 Handschriften bekannt, deren Entstehung sich auf die Synode von Oxford zurückführen läßt.[165] Die Jahrzehnte nach der Synode waren eine Phase intensiver Textproduktion in der englischen Kirche, und dieser Befund stützt die Annahme, dass es die Geistlichen im Umfeld von Stephen Langton waren, die an der Niederschrift der Magna Carta ein besonderes Interesse hatten.[166] Aber die Bemühungen der Prälaten um eine Textfassung der Provinzialstatuten galten nur bedingt dem Wortlaut der Kanones. Die überlieferten Handschriften vermitteln den Eindruck, dass ein brauchbarer Text kein erstrangiges Anliegen gewesen sei. Christopher Cheney hat die Eindrücke seiner langen und intensiven Beschäftigung mit den Diözesanstatuten dieser Zeit nüchtern zusammengefasst: „ignorance, neglect, and misunderstanding".[167] Die Textgestalt deutet in vielen Fällen auf Desinteresse und einen recht freien Umgang mit der Vorlage hin, wobei die Änderungen, Ergänzungen oder Zusammenfügungen selten sinnvoll waren.[168] Dies ist ein Befund, den auch die Überlieferung der Magna Carta in den ersten Jahrzehnten des 13. Jahrhunderts ergibt. Wir kommen noch darauf.

So entsteht der Eindruck, dass in dieser Phase die Textfassungen nicht das Hauptinstrument der Reform waren. Die oftmals problematische schriftliche Fassung stützte ein Rechtsverständnis, dessen Kern nicht von der Niederschrift abhing. Allerdings ist dies der Charakterzug einer Übergangsphase. Denn angesichts von 71 Kanones des Laterankonzils von 1215, die nicht nur bekannte Vorschriften wiederholten, und angesichts von 62 Artikeln der Magna Carta aus dem gleichen Jahr, die viele bekannte Rechtsvorstellungen enthielten, aber auch präzise Gewichte, Fristen, Zahlungen festlegten, muß man die Frage stellen, inwieweit die Wirksamkeit detaillierter Bestimmungen von einer verlässlichen Überlieferung abhing? Mußte eine Präzisierung nicht auf längere Sicht scheitern, wenn sie nicht von einer eindeutigen und überprüfbaren Referenz begleitet wurde? Die Frage führt uns zu den Konflikten des 13. Jahrhunderts, die auf die Magna Carta folgten. Spielte die große Urkunde bei der Sicherung der erlangten Freiheiten eine erkennbare Rolle oder blieb sie eine Episode? Gelang die angestrebte Kontrolle der königlichen Macht? Es empfiehlt sich, die Entwicklungen im Reich vergleichend heranzuziehen, die zu Beginn des Jahrhunderts für das Königtum so krisenhaft begonnen hatte. Doch geht es bei der Berücksichtigung des Reiches nicht nur um die verglei-

---

224, 385–417, hier S. 208f.; danach auch in: DERS., The English Church and its Laws 12th–14th Centuries (Variorum Collected Studies Series 160), London 1982.
165 CHENEY, Legislation of the Medieval English Church, S. 218.
166 Vgl. ebda („It may be said, that the legislation of the English Church in this period [i.e. 1222–1342] exceeds in bulk and importance all that was produced in other periods of the middle ages").
167 C. R. CHENEY, A Group of Related Synodal Statutes of the Thirteen Century, in: Medieval Studies presented to Aubrey Gwynn, S.J., hg. von J. A. Watt/J. B. Morrall/F. X. Martin, Dublin 1961, S. 114–132, hier S. 132; zuletzt in: DERS., The English Church and its Laws 12th–14th centuries (Variorum Reprints), London 1982, VIII, S. 132.
168 CHENEY, Legislation of the Medieval English Church, S. 219f.; jetzt auch in: DERS., The English Church and its Laws, I, S. 219f.

chende Perspektive, vielmehr kreuzten sich die Geschichten in der Mitte des 13. Jahrhunderts, und die Verstrickungen in die Reichsgeschichte führten die schwerste Krise des englischen Königtums seit der Magna Carta herbei.

Kapitel 3

Der Rhythmus politischer Krisen im 13. Jahrhundert

Tatsächlich ist es kaum möglich, die Wirkungsgeschichte der Magna Carta von 1215 im 13. Jahrhundert zu verfolgen. So interessant es wäre, die Kommission der 25 Barone bei der Überprüfung von Beschwerden gegen Amtsträger des Königs zu sehen – wir müssen doch zunächst darauf verzichten.[1] Denn der Artikel 61 der Magna Carta blieb nicht lange in Kraft. Er war der Ausdruck des baronialen Misstrauens gegen König Johann gewesen, doch Johann starb schon im Jahr nach dem Erlaß der Magna Carta am 18. Oktober 1216.[2] Sein Sohn, Heinrich III., war ein Junge von neun Jahren, zu jung, um das Land allein zu regieren, und zu jung, um das Misstrauen der Barone zu erwecken.[3] Als er den Thron bestieg, legten ihm die Barone die Urkunde mit den Freiheitsgarantien zur Bestätigung vor, und Heinrich bestätigte sie im Jahre 1216 und 1217.[4]

Der junge englische König erhielt einen Vertrauensvorschuß. Die Magna Carta, die Heinrich III. 1216, 1217 und schließlich 1225 bestätigte, war um eben jene Passagen gekürzt worden, die eine institutionalisierte Kontrolle der Politik des Herrschers vorgesehen hatten.[5] Insbesondere der Widerstandsartikel 61 der Magna Carta von 1215 verschwand ersatzlos. Die mächtigen Männer verzichteten auf das Kontrollgremium der Fünfundzwanzig, was nicht bedeutete, dass sie auf die Mitsprache im königlichen Rat verzichteten. Im Gegenteil. Weil die Beratungspraxis nun wieder das normale Maß erlangte, konnte man auf die Institutionalisierung der Kontrolle verzichten. Es ging den Baronen darum, gehört zu werden. Die Machtstellung, die der Artikel 61 den Überwachern der königlichen Politik eingeräumt hatte, war eine misstrauische Gegenreaktion gegen eine königliche Politik

---

1   Für einen ersten Überblick über die Geschichte Englands im 13. Jahrhundert vgl. CARPENTER, The Plantagenet Kings.
2   Vgl. WARREN, King John, S. 254f.
3   Zur Minderjährigkeit Heinrichs III. vgl. die grundlegende Studie von CARPENTER, The Minority of Henry III.
4   Vgl. ebda, S. 22–25 und 60–63.
5   Zu den Texten der Magna Carta von 1216 und 1217, von denen noch ein Original (1216), bzw. noch drei Originale (1217) existieren vgl. Chartes des Libertés Anglaises, ed. Bémont, S. 45–60 (Text der Magna Carta von 1225 mit den hervorgehobenen Änderungen gegenüber 1216, 1217), TURNER, Magna Carta, S. 83; der Text der Magna Carta von 1225 (von der noch zwei Exemplare erhalten sind): ebda. Zu einem kommentierten Vergleich der Fassungen von 1216–1225 vgl. MCKECHNIE, Magna Carta, S. 139–157; vgl. dazu auch TURNER, Magna Carta, S. 81–88.

gewesen, die man als tyrannisch ansah. Wenn der König gerecht herrschte, so reichte es aus, wenn er die Belange seiner bedeutenden Untertanen ernst nahm und sie bei seinen Entscheidungen angemessen berücksichtigte. Mit dem Rückgang des Misstrauens konnten auch die Freiheitsgarantien knapper gefasst werden. Die Text der Magna Carta von 1225 ist daher deutlich kürzer als der Text von 1215.[6] Der Wortlaut von 1225 wurde zum verbindlichen Text der Magna Carta. Es war dieser Text, der im weiteren Verlauf des 13. Jahrhunderts immer wieder bestätigt wurde und den Edward I. im Jahr 1297 ein letztes Mal in Form einer königlichen Urkunde bekräftigte.[7] Das weitere Schicksal der Magna Carta im 13. Jahrhundert ist indes das Thema des nächsten Kapitels, zunächst soll es um die Frage gehen, wie sich die politischen Konstellationen im 13. Jahrhundert weiter entwickelten.

Die Geschichte der Verfassungskonflikte im englischen 13. Jahrhundert ist zu einem großen Teil die Geschichte des Königtums von Heinrich III., denn Heinrich regierte das Land von 1227 bis 1272.[8] Er war kein populärer König und auch keine energische Herrschergestalt wie sein Sohn Edward I. (1274–1307), aber er war immerhin fast 30 Jahre König, bevor es einen ersten massiven Widerstand gegen seine Politik gab. Unzufriedenheit hatte es allerdings schon zuvor gegeben, doch wollen wir uns in diesem Kapitel auf tatsächliche Krisen konzentrieren.[9] Im Jahre 1227 hatte Heinrich sich für volljährig erklärt und die Regierungsgeschäfte weitgehend in die eigene Hand genommen. Die lange erste Phase seiner eigenständigen Regierung 1227–58 wird als die Zeit der „personal rule" Heinrichs III. bezeichnet.[10] Sie endet in einer längeren schweren Herrschaftskrise 1258–65, in der

---

6 Chartes des Libertés Anglaises, ed. Bémont, S. 46–60.
7 Zu den Bestätigungen der Magna Carta im 13. Jahrhundert vgl. etwa F. THOMPSON, The First Century of Magna Carta: why it persisted as a Document (Research Publications of the University of Minnesota 16), Minneapolis 1925, Appendix C; zur Magna Carta von 1297 vgl. auch Chartes des Libertés Anglaises, ed. Bémont, S. 45, vgl. auch Abb. 1.
8 Zur Königsherrschaft Heinrichs III. etwa neben der klassischen und noch immer hilfreichen Studie von M. POWICKE, King Henry III and the Lord Edward. The Community of the Realm in the 13th Century, Bd. 1–2, Oxford 1947, v. a.: D. A. CARPENTER, The Reign of Henry III, London/Rio Grande 1996; M. T. CLANCHY, Did Henry III have a Policy?, in: History 53 (1968), S. 203–216 ; vgl. auch B. K. U. WEILER, Henry III of England and the Staufen Empire. 1216–1272, Woodbridge 2006; CARPENTER, The Plantagenet Kings, S. 327–342.
9 Ein Hinweis auf Unzufriedenheiten mit der Herrschaft Heinrichs III. liefert die sogenannte „Paper Constitution" von 1238 oder 1244 (ihre genaue Datierung ist unklar): Matthaeus Parisiensis, Chronica maiora, Bd. 4, ed. Luard, S. 366–368. Da die „Paper Constitution", die eher einen unfertigen Entwurf für eine politische Reform darstellt, nicht eindeutig einer historischen Situation oder bekannten Krise zuzuordnen ist, wird sie im nächsten Kapitel behandelt, wenn es um die Überlieferungstradition der Magna Carta und ihrer Freiheitsrechte geht. Vgl. zur „Paper Constitution" auch: C. R. CHENEY, The ‚Paper Constitution' preserved by Matthew Paris, in: The English Historical Review 65 (1950), S. 213–221; zuletzt in: C. R. CHENEY, Medieval Texts and Studies, Oxford 1973, S. 231–241 (insb. zur Frage der historischen Zuordnung und Datierung).
10 Zur „personal rule" Heinrichs III. vgl. etwa: D. A. CARPENTER, King, Magnates and Society: The Personal Rule of King Henry III (1234–1258), in: Speculum 60 (1985), S. 39–70.

Heinrich zwischenzeitlich weitgehend entmachtet wurde. Diese Zeit, die als Phase baronialer „Reformpolitik" gilt, hat eine ansehnliche Zahl einschlägiger Reformtexte hervorgebracht, die uns ein lebendiges und hochpolitisches Bild der Akteure vermitteln.[11] Ausgelöst wurde die Krise durch ein Verhalten des Königs, das die Barone so sehr provozierte, dass sie die Kontrollmechanismen für die königliche Regierung, die sie 1215 erstmals eingeführt hatten, schrittweise wieder aktivierten. Dies geschah in einem Prozeß zunehmender Radikalisierung, der auch nicht von allen Baronen mitgetragen wurde, der aber in seiner extremen Formulierung jene Positionen wieder erkennen ließ, die die Krise von 1215 hervorgebracht hatte. Dennoch war dies keine rein englische Krise. Denn der Auslöser für diese Spannungen war eine Folge des schweren Konflikts zwischen den Päpsten und dem Stauferkaiser Friedrich II., der 1239 mit Friedrichs Exkommunikation in seine entscheidende Phase eintrat.[12] Dieser Konflikt, der mit Friedrichs II. Tod noch nicht beendet war, dauerte bis zur Doppelwahl 1258.[13] Im Reich und in England ging es um die Mitte des 13. Jahrhunderts um mehr als um eine kurzzeitige Erschütterung der Königsherrschaft, wenngleich der innere Verlauf dieser politischen Krisen sehr unterschiedlich war. Auch ihr Charakter war sehr unterschiedlich. Der Widerstand der englischen Barone gegen ihren König trug die klassischen Züge eines Verfassungskonflikts, der durch einen königlichen Alleingang in einer sensiblen Frage ausgelöst worden war. Die baroniale Empörung zielte zunächst darauf, diese Form königlicher Entscheidungen, deren Folgen die *communitas regni* stark belasten konnten, künftig auszuschließen. Dies war in den Grundzügen eine Problemstellungen wie im Jahr 1215.

Im Reich ging der Kampf um die Herrschaft Friedrichs II. und die Regelung seiner Nachfolge zunächst nicht von den mächtigen Männern aus. Friedrich hatte sich nach seiner Königswahl nur etwa sieben Jahre in Deutschland aufgehalten und war dann zur Kaiserkrönung und zur Wiederherstellung der staufischen Herrschaftsposition in Sizilien nach Italien gezogen und nur noch 1235 einmal für kürzere Zeit zurückgekehrt. Die Fürsten hatten von seiner Entscheidung für Italien eher profitiert, die berühmten Privilegienbriefe von 1220 und 1232 (*Confoederatio*

---

11   Die Texte sind zusammengestellt in Documents of the Baronial Movement, ed. Treharne /Sanders.
12   Vgl. zum Konflikt Friedrichs II. mit den Päpsten Gregor IX. und Innozenz IV. 1239–1250: KAUFHOLD, Interregnum, S. 11–21; STÜRNER, Friedrich II., Bd. 2, S. 458–592; H. J. MIERAU, Exkommunikation und Macht der Öffentlichkeit: Gerüchte im Kampf zwischen Friedrich II. und der Kurie, in: Propaganda, Kommunikation und Öffentlichkeit (11.–16. Jh.) (Forschungen zur Geschichte des Mittelalters 6), hg. von K. Hruza, Wien 2001, S. 47–80; G. BAAKEN, Die Verhandlungen von Cluny (1245) und der Kampf Innozenz' IV. gegen Friedrich II., in: Deutsches Archiv für Erforschung des Mittelalters 50 (1994), S. 531–579; J. P. LOMAX, Ingratus or indignus. Canonistic Argument in the Conflict between Pope Gregory IX and Emperor Frederick II, Bd. 1–2, Ann-Arbor 1987; KEMPF, Die Absetzung Friedrichs II., S. 345–360; F. GRAEFE, Die Publizistik im letzten Kampfe zwischen Kaiser Friedrich II. und Papst Gregor IX. (Heidelberger Abhandlungen zur Mittleren und Neueren Geschichte 24), Heidelberg 1909.
13   Vgl. zu den Ereignissen 1239–1258 und zu den Möglichkeiten ihrer Interpretation zuletzt KAUFHOLD, Deutsches Interregnum.

cum principibus ecclesiasticis, *Statutum in favorem principum*) hatten ihnen erhebliche Freiheiten zugestanden.[14] Diese Freiheiten waren nicht aus einem Verfassungskonflikt hervorgegangen wie in England, sondern eher aus einem politischen *quid pro quo*. Der Kampf der Päpste mit Friedrich II., der das letzte Jahrzehnt seiner Herrschaft bestimmte, nahm seinen Ausgang in der eigentümlichen Verbindung von italienischer Politik und dem Ringen um den Charakter des Kaisertums. Diese besondere Konstellation, die eine zentrale Frage der Reichsverfassung – die Legitimation königlicher und kaiserlicher Herrschaft – mit den politischen Konflikten Italiens verband, führte im späten Mittelalter dazu, dass die Kontrahenten in den entscheidenden Verfassungskämpfen des Reiches weniger die Fürsten und der Herrscher, sondern die Fürsten und die Kurie waren. Der Kampf, der in Deutschland um die Herrschaft Friedrichs II. und um seine Nachfolge geführt wurde, hatte weniger den Charakter eines Verfassungskampfes als den eines Machtkampfes. Wer sollte König sein? Darin war der Konflikt 1239–1258 der langen Krise nach der Doppelwahl von 1198 ähnlich. Charakteristischerweise ging es eher um die Frage, wie man König wurde, als um die Frage, wie ein König richtig regierte. Und dennoch waren die Herrschaftskämpfe in Deutschland und die englische Verfassungskrise miteinander verbunden.

Ohne die Absetzung Friedrichs II. hätte der Papst das Königreich Sizilien nicht dem Sohn des englischen Königs angeboten. Und Heinrich III. hätte sich nicht auf das *negocium siciliae* eingelassen. Dies aber war der Auslöser für die Empörung der englischen Barone.[15] Die Exkommunikation Friedrichs II. durch Gregor IX. am Palmsonntag 1239 und die Absetzung des Kaisers durch Innozenz IV. am 17. Juli 1245 in Lyon hatten ihre Wurzeln vornehmlich in der italienischen Politik des Kaisers.[16] Aber sie brachten die Verhältnisse in Deutschland in Bewegung, weil sie für die Gegner des Staufers eine Legitimation ihrer Unzufriedenheit bis hin zur offenen Empörung bot. Den Anfang machten die rheinischen Erzbischöfe von Mainz und Köln, die sich am 10. September 1241 gemeinsam auf die Seite Papst Gre-

---

14 MGH Constitutiones, Bd. 2, ed. Weiland, Nr. 73 (*Confoederatio*); ebda, Nr. 171 (*Statutum*); vgl. dazu KLINGELHÖFER, Die Reichsgesetze von 1220, 1231/32 und 1235 und das vorangehende Kapitel.

15 Zum *Negocium Siciliae* vgl. die zentralen Dokumente in: Foedera, Bd. 1, ed. Rymer u. a.; die Quellen für die Erhebung der englischen Barone sind zusammengestellt in: Documents of the Baronial Movement, ed. Treharne/Sanders; vgl. auch: C. RODENBERG, Innozenz IV. und das Königreich Sizilien, Halle 1892; A. WACHTL, Die sizilische Thronkandidatur des Grafen Edmund von England, in: Deutsches Archiv für Erforschung des Mittelalters 4 (1941), S. 98–178; POWICKE, King Henry III, Bd. 1, S. 343–409; H. MARC-BONNET, Richard de Cornouailles et la couronne de Sicile, in: Melanges d'histoire du Moyen Age dediés à la mémoire de Louis Halphen, Paris 1951, S. 483–489; G. BAAKEN, Ius Imperii ad Regnum. Königreich Sizilien, Imperium Romanum und römisches Papsttum vom Tode Heinrichs VI. bis zu den Verzichtserklärungen Rudolfs von Habsburg (Forschungen zur Kaiser- und Papstgeschichte des Mittelalters, Beihefte zu J. F. Böhmer, Regesta Imperii 11), Köln/Weimar/Wien 1993, S. 387–404; KAUFHOLD, Deutsches Interregnum, S. 48–56.

16 Vgl. zur Exkommunikation Friedrichs II. oben Anm. 12; die Absetzungsbulle: *Ad apostolice dignitatis*, MGH Epistolae saeculi XIII e Regestis Pontificum Romanorum selectae, Bd. 2, hg. von C. Rodenberg, Berlin 1887, Nr. 124.

gors IX. stellten.[17] Dies war ein etwas verspäteter Schritt, weniger, weil die Exkommunikation Friedrichs II. schon über zwei Jahre zurücklag, sondern deswegen, weil Gregor IX. drei Wochen zuvor verstorben war. Die Nachricht war noch nicht bis an den Rhein gedrungen.[18] Damit war den Erzbischöfen der Bündnispartner abhanden gekommen, aber es führte kein Weg mehr zurück. Nun begann eine lange Phase von Versuchen, die staufische Herrschaft im Reich zu beenden. Es war ein Kampf um die Krone, der zunächst noch keinen maßgeblichen verfassungspolitischen Gehalt hatte – wenn man einmal davon absieht, dass die Gegner der Staufer den Anteil des Papstes an der Königswahl stärker betonten als die Verteidiger Friedrichs II. und seines Sohnes Konrads IV. Das lag weitgehend in der Natur der Sache. Allmählich entwickelte sich aber eine eigene Dynamik. Die Wahlen der Könige, die von der Kurie und der antistaufischen Fürstengruppe gegen Friedrich aufgestellt wurden, waren vergleichsweise unbedeutende Vorgänge mit geringer Beteiligung.[19] Weder Heinrich Raspe noch Wilhelm von Holland erlangten aufgrund ihrer Wahl eine eigenständige Legitimation als römische Könige. Die päpstliche Unterstützung war in beiden Fällen zu massiv.[20] Das änderte sich allerdings, als Friedrich II. 1250 starb und sein Sohn Konrad IV. Deutschland verließ, um in Sizilien seinen Thronanspruch geltend zu machen.[21] Nach Konrads Rückzug blieb Wilhelm von Holland als einziger präsenter Kandidat für den deutschen Thron zurück. Bislang hatte er zwar einen Anspruch auf die Krone geltend gemacht, war auch im Bereich der Staufergegner als König aufgetreten, hatte aber darüber hinaus keine Akzeptanz erlangt.[22] Das änderte sich nun. Wilhelm war anders als Konrad IV., der zwar zum König gewählt, aber nie gekrönt worden war, bereits an Allerheiligen 1248 in Aachen zum König gekrönt worden.[23] Seine Wahl im Jahr zuvor (3. Oktober 1247) war allerdings eine rein geistliche Angelegenheit gewesen. Weltliche Wähler hatten sich in Worringen nicht beteiligt.[24] Das erwies sich nun als unzureichend. Aus jenen Teilen Deutschlands, die sich durch die rheinischen Erzbischöfe nicht hinreichend vertreten sahen, kam die Forderung, dass

---

17 Urkundenbuch für die Geschichte des Niederrheins, Bd. 2: Von dem Jahr 1201 bis 1300 einschließlich, hg. von Th. J. Lacomblet, Düsseldorf 1846, Nr. 257; vgl. dazu KAUFHOLD, Deutsches Interregnum, S. 253; vgl. auch K. E. DEMANDT, Der Endkampf des staufischen Kaiserhauses im Rhein-Main-Gebiet, in: Hessisches Jahrbuch für Landesgeschichte 7 (1957), S. 102–164.
18 Gregor IX. starb am 21. August 1241; vgl. auch KAUFHOLD, Interregnum, 12.
19 Vgl. zur Wahl Heinrich Raspes: Regesta Imperii V,1-4. Die Regesten des Kaiserreiches unter Philipp, Otto IV., Friedrich II,. Heinrich (VII.), Conrad IV., Heinrich Raspe, Wilhelm und Richard (1198–1272), hg. von J. Ficker/P. Zinsmaier u. a., Innsbruck/Köln/Wien 1881–1983, Nr. 4865d; zur Wahl Wilhelms von Holland, ebda Nr. 4886.
20 Vgl. M. KAUFHOLD, Die Könige des Interregnums: Konrad IV., Heinrich Raspe, Wilhelm, Alfons, Richard (1245–1273), in: Die deutschen Herrscher des Mittelalters, hg. von Schneidmüller/Weinfurter, S. 315–339, 323–327 und 328f.
21 Ebda, S. 320–323.
22 Zu Wilhelm von Holland 1248–1252 vgl. etwa KAUFHOLD, Interregnum, S. 22–26; DERS., Die Könige des Interregnums, S. 327–331.
23 Regesta Imperii V, Nr. 4934a.
24 Regesta Imperii V, Nr. 4886; vgl. dazu KAUFHOLD, Interregnum, S. 17f.

Wilhelm von weiteren Fürsten gewählt werden müsse. Und an dieser Stelle wurden die Vorgänge verfassungsrechtlich bedeutsam.

Der Schauplatz des Vorgangs lag in Norddeutschland, in Braunschweig, *ubi ... rex W(ilhelmus) a marchione Brandenburgense ac duce Saxonie ceterisque huius terre magnatibus in Romanum sollemniter electus est principem.*[25] Die Darstellung der Annalen aus dem Erfurter Dominikanerkloster ist bei genauerer begrifflicher Prüfung etwas undurchsichtig. *Princeps Romanus* war kein klar umrissenes Amt, und wozu musste ein Mann, der bereits König (*rex Wilhelmus*) war, noch gewählt werden? Doch entsprach die unklare Schilderung durchaus der Situation. Sie war etwas unklar, und die Beteiligten bemühten sich um eine Nachbesserung. Daraus entstanden die Verwicklungen. Für die historische Betrachtung ergibt sich hier ein Blick auf eine Übergangsphase. Wir haben gewissermaßen einen Archäopterix der mittelalterlichen deutschen Verfassungsgeschichte vor Augen. Ein Phänomen, das zudem den Vorzug hat, von zwei Quellen überliefert zu sein, die beide dasselbe Bild der Unsicherheit widergeben. Es ist eine Unsicherheit über die Formalitäten des Wahlverfahrens, der man dadurch zu begegnen versuchte, dass man einzelne Legitimationsmomente aus verschiedenen Traditionen addierte.

Zusätzlich zu dem Bericht der Erfurter Dominikaner gibt es noch ein bedeutendes Schreiben aus der Feder eines päpstlichen Legaten, der Wilhelm 1252 begleitete. Die Kurie hatte erhebliche Anstrengungen unternommen, um Wilhelms Königtum zu unterstützen.[26] Die Anwesenheit des Kardinals Hugo von S. Sabina bei dem Wahlvorgang 1252 ist wohl in diesem Zusammenhang zu sehen. Nach dem Rückzug der Staufer aus Deutschland wollte Papst Innozenz IV. Wilhelms Erfolgsaussichten auf die tatsächliche Übernahme der deutschen Krone mit Nachdruck unterstützen. Dazu war es auch erforderlich, dass Hugo Zugeständnisse an die deutsche Rechtstradition machte, die ihm offenkundig fremd war. Sein Brief an zwei norddeutsche Bischöfe läßt das erkennen.[27]

Darin teilte der Legat den Bischöfen von Schwerin und Havelberg mit, dass er persönlich bei der Wahl Wilhelms durch den Herzog von Sachsen und den Markgrafen von Brandenburg zum römischen König anwesend gewesen sei.[28] Diese Wahl sei erfolgt, obwohl Wilhelm bereits rechtmäßig zum König gewählt, vom Papst bestätigt und in Aachen feierlich gesalbt und gekrönt worden sei.[29] Obwohl

---

25 Annales Erphordenses fratrum Praedicatorum, in: Monumenta Erphesfurtensia. Saec. XII. XIII. XIV. (MGH Script. rer. Germ. 42), hg. von O. Holder-Egger, Hannover/Leipzig 1899, S. 72–116, hier S. 111.
26 Vgl. eine knappe Zusammenstellung in KAUFHOLD, Interregnum, S. 22f.
27 Der Brief des Kardinals Hugo von S. Sabina an die Bischöfe von Schwerin und Havelberg stammt vom 25. März 1252, dem Tag der Wahl Wilhelms von Holland durch die beiden norddeutschen Fürsten: MGH Constitutiones, Bd. 2, ed. Weiland, Nr. 459.
28 Ebda: ... *paternitati vestre tenore presentium intimamus, quod nos in die annunciationis dominice presentes interfuimus in Brunesvvic, ubi et quando dux et marchio antedicti* [d.h. von Sachsen und von Brandenburg] *electionem de predicto rege factam ratam habuerunt et gratam ac eundem in regem elegerunt unanimiter ad cautelam ac eidem fidedlitatem et homagium in solempni curia nobis presentibus prestiterunt.*
29 Ebda.

Wilhelm damit bereits rechtmäßiger König der Römer sei, hätten sich einige Städte und Ortschaften (*aliquot civitates et oppida*) geweigert, ihn als König anzuerkennen, weil die beiden genannten Fürsten, *qui vocem habent in electione predicta*, dieser Wahl nicht zugestimmt hätten.[30] Die Braunschweiger Wahl wurde nun zur Vorsicht (*ad cautelam*) durchgeführt, und nachdem dies geschehen sei, sollten die genannten Bischöfe die Stadt Lübeck nunmehr ermahnen, Wilhelm als ihren rechtmäßigen König anzuerkennen.[31] Der Vorgang ist etwas überraschend und sehr aufschlussreich. Es ist schon ungewöhnlich, dass die Kurie sich bemühte, Rücksicht auf die Rechtsvorstellungen *einiger Städte und Ortschaften* zu nehmen, die nicht im Kernbereich des Reiches lagen. Lübeck war zwar bereits eine bedeutende Handelsstadt, aber dass die Kurie den Interessen Lübecks keinen zentralen Stellenwert beimaß, war schon daran zu erkennen, dass der päpstliche Legat in demselben Brief die Lübecker wissen ließ, dass sie künftig den Markgrafen von Brandenburg unterstünden.[32] König Wilhelm hatte die Stadt dem Markgrafen unterstellt, obwohl das Reichsfreiheitsprivileg die Lübecker vor solchen Maßnahmen eigentlich schützte.[33] Daraus entwickelte sich ein längerer Konflikt, den wir aber an dieser Stelle nicht verfolgen können. Wichtig ist hier nur, dass die Interessen Lübecks für den Legaten und den König zweitrangig waren.

Interessant ist, dass der Legat die rechtlichen Bedenken dieser norddeutschen Städte dennoch ernst nahm, und interessant ist auch das Anliegen der Städte selber, denn es verweist auf ein Rechtsverständnis, das nicht in erster Linie durch schriftliche Texte tradiert wurde. Dieses Rechtsverständnis bestand unabhängig von diesen Texten, aber wir können es nur in Krisensituationen fassen, in denen es soweit hervortrat, dass es Aufnahme in die Texte fand, die zur Lösung solcher Krisen beitragen sollten. Diese Entwicklung können wir tatsächlich auch in England beobachten. Das Bedürfnis des päpstlichen Legaten, die Rechtsbedenken auszuräumen, obwohl nach seinem Verständnis die Königswahl und die Königserhebung Wilhelms bereits ordnungsgemäß durchgeführt worden war, ist bezeichnend für Krisensituationen, in denen die Legitimität des gewählten Verfahrens umstritten war. In solchen Situationen suchten die Akteure Sicherheit, indem

---

30 Ebda.
31 Ebda: ... *quatenus cives Lubicensis diligencius moneatis, ut infra proximum pentecostem dicto domino W. in omnibus obediant tamquam rege* ...
32 MGH Constitutiones, Bd. 2, ed. Weiland, Nr. 459: ... *marchiones Brandenburgenses, quibus idem rex civitatem Lubicensem dicitur concessise* ...; zu diesem Vorgang vgl. auch: KAUFHOLD, Deutsches Interregnum, S. 230–233; zur Stellung Lübecks in der Mitte des 13. Jahrhunderts vgl. etwa A. RANFT, Lübeck um 1250 – eine Stadt im „take-off", in: Europas Städte zwischen Zwang und Freiheit. Die europäische Stadt um die Mitte des 13. Jahrhunderts (Schriften der Europa Kolloquien im Alten Reichstag: Sonderband), hg. von W. Hartmann, Regensburg 1995, S. 169–188; vgl. auch: M. LUTTERBECK, Der Rat der Stadt Lübeck im 13. und 14. Jahrhundert. Politische, personale und wirtschaftliche Zusammenhänge in einer städtischen Führungsgruppe, Lübeck 2002.
33 Urkundenbuch der Stadt Lübeck (Codex diplomaticus Lubecensis, Abt. 1), hg. von J. F. Böhmer, Lübeck 1843, Nr. 35; vgl. zu dem Vorgang auch KAUFHOLD, Deutsches Interregnum, S. 230–239.

sie einzelne legitimierende Elemente addierten. Es ging weniger um ein geschlossenes Verfahren mit einer inneren Logik (wie Hugo von S. Sabina es für die erste Königserhebung Wilhelms vorgestellt hatte) als vielmehr um eine Sammlung solcher legitimierenden Akte, die möglichst vielen Beteiligten konstitutiv erschienen. *Wer vieles bringt, wird manchem etwas bringen.* Noch bei der Absetzung des englischen Königs Richards II. 1399 sind die Gegner des Königs so verfahren, dass sie einzelne Schritte wie den vermeintliche Rücktritt des Königs und seine Absetzung durch das Parlament miteinander verbanden, obwohl diese Akte sich im Grunde eher ausschlossen als ergänzten.[34] Dies war ein typischer Zug verfassungsrechtlich unklarer Situationen, in denen die Unsicherheit dazu führte, dass die Akteure die Erklärungsmöglichkeiten verschiedener Rechtstraditionen prüften und gegebenenfalls miteinander verbanden. Der hohe Entwicklungsstand verfahrensrechtlicher Reflexion im kanonischen Recht brachte es mit sich, dass in diesen Situationen die Kanonisten eine wichtige Rolle spielten.[35] Im Falle der Wahl Wilhelms von Holland 1252 war das Modell für den Wahlvorgang, von dem der päpstliche Legat ausging, das Modell des kirchlichen Rechts.[36] Die Wahl Wilhelms, die 1248 durchgeführt und mit der päpstlichen Bestätigung (*confirmacio*) abgeschlossen worden war, war danach gültig. Wer damals ordentlich eingeladen worden war und nicht mitgewählt hatte, der hatte auf sein Stimmrecht verzichtet. Doch dieses Modell eines geschlossenen Vorgangs war zur Legitimierung König Wilhelms offenkundig unzureichend. Daher stammte die eigentümliche Lösung, dass die zwei norddeutschen Fürsten einen König wählten, der bereits König war. Die Formulierung, dass diese Wahl zur Vorsicht (*ad cautelam*) geschehe, läßt sich so lesen, dass sie aus der Sicht des Legaten rechtlich nicht unbedingt erheblich war, dass sie aber geschehe, um die Bedenken auszuräumen, die gegen dieses kirchenrechtliche Verständnis der Wahl erhoben wurden. Das Ergebnis war in der Praxis ein gestrecktes Wahlverfahren, das in der Durchführung der Tradition deutscher Königswahlen entsprach. Wer bei der Wahl des Königs nicht zugegen war oder nicht zugegen sein

---

34 Zur Absetzung Richards II. vgl. unten Kapitel 9.
35 Zum kanonischen Recht im späten Mittelalter vgl. einführend z.B.: H. J. BECKER, Das kanonische Recht im vorreformatorischen Zeitalter, in: Recht und Verfassung im Übergang vom Mittelalter zur Neuzeit, Bd. 1 (Abhandlungen der Akademie der Wissenschaften in Göttingen, Phil.-Hist. Klasse, 3. Folge 228), hg. von H. Boockmann u. a., Göttingen 1998, S. 9–24; D. BAUER, The Importance of Medieval Canon Law and the Scholastic Tradition for the Emergence of the Early Modern Legal Order, in: Peace Treaties and International Law in European History. From the Late Middle Ages to World War One, hg. von R. Lesaffer, Cambridge 2004, S. 198–221; J. A. BRUNDAGE, The Profession and Practise of Medieval Canon Law (Variorum Collected Studies Series 797), Aldershot 2004; DERS., Medieval Canon Law (The Medieval World), London 1996; H. G. WALTHER, Das Problem des untauglichen Herrschers in Theorie und Praxis des europäischen Spätmittelalters, in: Zeitschrift für Historische Forschung 23 (1996), S. 1–28; M. MCMAHON SHEEHAN, Canon Law and English Institutions: some Notes on Current Research, in: Marriage, Familiy and Law in Medieval Europe. Collected Studies, hg. von dems./J. Farge, Cardiff 1996, S. 31–37; zur Rolle des kanonischen Rechts bei der Absetzung Richards II., die sehr evident ist, vgl. Kapitel 9.
36 Vgl. dazu B. CASTORPH, Die Ausbildung des römischen Königswahlrechts. Studien zur Wirkungsgeschichte des Dekretale „Venerabilem", Göttingen 1978, S. 48–50.

wollte, weil er mit dem Kandidaten nicht einverstanden war, der konnte seine Zustimmung noch nachträglich geben.[37] Und bevor der gewählte König diese Zustimmung mächtiger Skeptiker erlangt hatte, konnte er sich kaum als richtiger König ansehen. Dies ist ein typischer Befund für institutionell noch wenig integrierte Organisationen.

Die Braunschweiger Nachwahl ist ein fassbarer Beleg für eine politische Tradition, die aus der Sicht der Historiker unter der Oberfläche verläuft, weil sie sich nur bei besonderen Gelegenheiten schriftlich niederschlägt. Diese gleichsam subkutane Tradition wirkte im politischen Alltag nicht gestaltend, sie hatte einen eher defensiven Charakter. Ihr Kernstück waren einige wenige Mindestanforderungen an die zentrale politische Institution, in diesem Fall an die Königswahl. Und diese Tradition trat nur dann in Erscheinung, wenn diese Mindestanforderungen ignoriert wurden. In den Krisen des spätmittelalterlichen England zeigt sich ein durchaus vergleichbares Bild. Das Potential der Widerstandstradition, die im Artikel 61 der Magna Carta einen ersten historischen Ausdruck fand, wurde immer dann aktiviert, wenn die bedeutenden Untertanen des englischen Königs seine Herrschaftspraxis als willkürlich beurteilten. Die institutionellen Garantien, die sie dann für die Kontrolle des Königs vorsahen, dienten der Vermeidung solcher Krisen in der Zukunft, und sie verschwanden zunächst wieder, wenn die aktuelle Zuspitzung überwunden war. Dabei ist die schriftliche Überlieferung zwar ein Zeugnis dieser Tradition – und für die historische Betrachtung ist sie die entscheidende Voraussetzung, aber sie war noch nicht der entscheidende Träger dieser Tradition. Getragen wurde sie von einer noch lange diffusen Rechtsauffassung, die aber über einige unveräußerliche Kernpunkte verfügte.

Die Forderung der Stadt Lübeck, dass der Herzog von Sachsen und der Markgraf von Brandenburg der Königswahl zustimmen mussten, verweist auf die Rechtsauffassung des Sachsenspiegels, der die beiden Fürsten als Angehörige einer Sechsergruppe benannt hatte, die die erste Stimme in der deutschen Königswahl hatten.[38] Der Sachsenspiegel erlaubt um 1230 einen ersten Blick auf eine Tradition im Norden des Reiches, die einen bestimmten Personenkreis als Königswähler vorsah.[39] Hier geht es weniger um die eigentümlichen Verfahrensschritte, die der Sachsenspiegel beschrieb, als um den Kreis der namentlich genannten Wähler. Ihre Teilnahme wurde offenbar als erforderlich angesehen, denn derselbe

---

37 Vgl. dazu etwa MITTEIS, Die deutsche Königswahl, S. 47–65; vgl. auch KAUFHOLD, Interregnum, S. 23–26.
38 Sachsenspiegel, Landrecht III 57 § 2 (Sachsenspiegel (MGH Fontes Iuris N. S. 1,1), hg. von K. A. Eckhardt, 2. Aufl. Göttingen/Berlin/Frankfurt 1955, S. 243); Die deutsche Königswahl im 13. Jahrhundert, Bd 1: Die Wahlen von 1198 bis 1247 (Historische Texte: Mittelalter 9), hg. von B. Schimmelpfennig, Göttingen 1968, S. 56f.: *In des keisers kore scal de erste sin de biscop van trire, de andere van Megenze, de dridde van Kolne. Under den leien is de erste an deme kore de palenzgreve van'me Rine, des rikes druzte; de andere de marschalk, de hertoge van Sassen; de dridde de kemerere, de margreve van Brandeborch.*
39 Zur Datierung des Sachsenspiegels vgl. etwa A. WOLF, Gesetzgebung in Europa 1100–1500. Zur Entstehung der Territorialstaaten, 2. Aufl. München 1996, S. 101.

Personkreis wurde zehn Jahre später in den Annalen von Stade wieder genannt,[40] und die Vorbehalte der Lübecker gegen die Königswahl Wilhelms lassen erkennen, dass die Teilnahme des Herzogs von Sachsen und des Markgrafen von Brandenburg an der Königswahl im Norden bereits als eine Rechtstradition angesehen wurde. Die differenzierte Entwicklung des Verfahrens ist von der historischen Forschung wiederholt untersucht worden ist.[41] Wir können in diesen Belegen den Kernbestand eines Rechtsverständnisses erkennen, das die Teilnahme der beiden norddeutschen Fürsten als eine notwendige Bedingung ansah, um in der Wahl einen legitimierenden Vorgang zu sehen.

Dass die Lübecker auf der Zustimmung der beiden norddeutschen Fürsten zu Wilhelms Königtum bestanden, war wahrscheinlich ebenso sehr dem regionalen Selbstbewusstsein geschuldet, wie es Ausdruck eines Verfassungsverständnisses war, das das ganze Reich umfasste. Aber diese beiden Aspekte schlossen sich nicht gegenseitig aus. Ein wohlverstandenes Eigeninteresse war auch in England eine wichtige Antriebskraft politischer Reformen.[42] Es kam darauf an, wie weit die Akteure schließlich von ihrem Eigeninteresse abstrahieren konnten. Es ging bei der Braunschweiger Nachwahl bereits um abstrahierbare Verfassungsnormen, um die Frage, wer an einer Königswahl teilnehmen müsse, damit sie als ordnungsgemäß anzusehen sei.

Es ging um die Bedingungen der Wahl. Das können wir auch aus der Tatsache ersehen, dass nur bei der Wahl nachgebessert wurde. Die Königskrönung Wilhelms wurde dagegen nicht wiederholt. Bei Friedrich II. hatte man auch die Königskrönung 1215 noch einmal vorgenommen. 1252 sah man das nicht mehr als notwendig an. Die Königskrönung war ein relativ klarer Vorgang, der verfassungsrechtlich wenig Konfliktpotential enthielt. Die Krönung war ein zeremonieller Akt. Die Entscheidungen fielen – in der Regel– vorher. Und bei den Konflikten und Reformen, mit denen wir uns befassen, ging es um Entscheidungen. Es ging um die Frage, wer die Entscheidungen traf und wie sie getroffen wurden. Das war im Reich und in England die zentrale Frage. Es war eine Frage, über die zu streiten sich lohnte.

---

40 Annales Stadenses, ed. Lappenberg, in: MGH Script. 16, hg. von G. H. Pertz, Hannover 1859, S. 271–379, hier (zum Jahre 1240) S. 367: *Ex praetaxatione principum et consensu eligunt imperatorem Treverensis, Moguntinus et Coloniensis ... Palatinus eligit, quia dapifer est, dux Saxonie, quia marscalus, et margravius de Brandenburg, quia camerarius.*

41 Zur Forschung über das Wahlverfahren im Umfeld des Sachsenspiegels vgl. etwa: F. R. ERKENS, Kurfürsten und Königswahl. Zu neuen Theorien über den Königswahlparagraphen im Sachsenspiegel und die Entstehung des Kurfürstenkollegiums (Monumenta Germaniae Historica: Studien und Texte 30), Hannover 2002; KAUFHOLD, Deutsches Interregnum, S. 58–478.

42 Auch in der Erhebung der Barone gegen König Johann Ohneland, die schließlich zur Magna Carta führte, war eine entscheidende Initiative von den Baronen des Nordens ausgegangen, für die der König bis zu diesem Zeitpunkt keine präsente Figur gewesen war, vgl. dazu die klassische Untersuchung von HOLT, The Northeners.

Dabei lag der Fokus des Problems in England etwas anders als im Reich. Während man in Deutschland vornehmlich mit dem Problem befasst war, wer den König wählte, entzündete sich in England der Streit darüber, wie der König entschied. Die Entscheidungen Heinrichs III. in der Umbruchphase, die das Ende der Staufer herbeiführte, rief seine Gegner auf den Plan. Das Ende der staufischen Herrscher führte zu einem Kampf um ihr Erbe. Da es ein Ende mitten in einem scharfen Konflikt mit dem Papsttum und seinen Anhängern war, war das kaum zu vermeiden. Die deutsche Krone und die Krone Siziliens waren zu vergeben, und solche Chancen weckten Begehrlichkeiten. Aber sie weckten auch Besorgnisse.[43] In England weckten sie beides.

Die Absetzung Friedrichs II. stellte den Papst vor die Aufgabe, dieses vermeintliche Urteil Gottes auch sichtbar umzusetzen.[44] Die einzelnen Schritte, die die Kurie in dieser Angelegenheit – mit eher geringem Erfolg – unternahm, sollen hier nicht näher erörtert werden.[45] Hier kommt es vor allem auf einen Schritt an, der eine politische Krise in England auslöste. Nachdem Papst Innozenz IV. vergeblich versucht hatte, den jüngeren Bruder des englischen Königs zur Übernahme des sizilischen Throns zu bewegen – den Weg dorthin hätte dieser sich freilich zunächst erkämpfen müssen –, übertrug sein Nachfolger Alexander IV. die Krone Siziliens schließlich dem jüngeren Sohn des englischen Königs, dem zehnjährigen Edmund.[46] Die Übernahme der sizilischen Krone war eine Entscheidung Heinrichs III. gewesen, die vielen seiner Untertanen nicht einleuchtete. Zwar konnte man in einer normannischen Vergangenheit durchaus gemeinsame Wurzeln finden – immerhin waren die Eroberung Englands 1066 und die Eroberung des italienischen Südens durch die kriegerischen Männer aus der Normandie fast parallel vor sich gegangen –, aber das war lange her.[47] Die gemeinsame Geschichte wog weniger als die Sorge vor künftigen Lasten, die die königliche Initiative nach sich ziehen konnte. Die Sorge war nicht ganz unbegründet. *Multa sit pecunia oportuna* hatte Innozenz IV. gemahnt.[48] Die finanzielle Dimension hatte die ersten Wunschkandidaten des Papstes von dem Projekt Abstand nehmen lassen, und sie hatte den Bruder des englischen Königs zu dem trockenen Kommentar veranlasst, das

---

43 Vgl. dazu zuletzt KAUFHOLD, Deutsches Interregnum, S. 27–97.
44 Vgl. die anspruchsvolle Formulierung in der Absetzungsurkunde: ... *memoratum principem, qui se imperio et regnis omnique honore et dignitate reddidit tam indignum quique propter suas iniquitates a Deo, ne regnet vel imperet, est abiectus, suis ligatum peccatis et abiectum omnique honore a dignitate a Domino ostendimus, denuntiamus ac nichilominus sententiando privamus ...* (MGH Epistolae saeculi XIII, Bd. 2, ed. Rodenberg, Nr. 124, S. 93).
45 Vgl. dazu etwa: KAUFHOLD, Interregnum, S. 7–33.
46 Die Belehnung mit Sizilien wurde am 9. April 1255 vorgenommen: Foedera, Bd. 1,2, ed. Rymer u. a., S. 126–128.
47 Zur Eroberung Englands 1066 und der Eroberung Apuliens, Kalabriens und Siziliens durch die Normannnen vgl. etwa BROWN, Die Normannen, Düsseldorf 2004.
48 Foedera, Bd. 1,1, ed. Rymer, S. 183, vgl. zur finanziellen Dimension des *negocium Siciliae* etwa: KAUFHOLD, Deutsches Interregnum, S. 54–56.

sei, als ob ihm jemand den Mond verkaufe: *Steig hinauf und hol´ ihn Dir*.[49] Dergleichen Geschäfte waren nicht jedermanns Sache.

In der Sache stand Heinrich III. allein. Nicht einmal sein Bruder war bereit, ihn finanziell zu unterstützen.[50] Vielen englischen Baronen erschien dies eine riskante Konstellation zu sein. Denn wenn der König bei dem Versuch, seinem jüngeren Sohn eine eigene Krone zu erwerben, nicht auf Mittel der königlichen Familie zurückgreifen konnte, dann würde der König die Mittel von ihnen verlangen. Eine andere Möglichkeit gab es kaum.[51] Dazu waren sie nicht bereit. Dabei ging es wohl um mehr als nur um Geld. Diese Geschäfte hatten eine eminent politische Dimension. Die energische Politik König Johanns bei dem Versuch, die Mittel für die Rückeroberung des englischen Festlandsbesitzes zusammenzubringen, war von vielen Baronen 45 Jahre zuvor als tyrannisch empfunden worden.[52] Aus dieser Erfahrung war die Magna Carta hervorgegangen, die einen Schutz gegen die Wiederholung solcher königlichen Zugriffe bieten sollte. Ein Eingriff in die traditionellen Besitzrechte des englischen Adels war ein Angriff auf seine Freiheiten. Im Mai 1258 drängte die Entwicklung die Barone zum Handeln.

Im Frühsommer 1258 begann eine Krise der englischen Königspolitik, die bis 1265/66 dauerte.[53] Sie entwickelte eine eigene Dynamik, die ausgehend von moderaten Reformforderungen über radikale Neuentwürfe der politischen Ordnung und gescheiterte Vermittlungsversuche schließlich in einen Krieg führte, den wir mit dem deutschen Begriff *Bürger*krieg etwas irreführend charakterisieren würden. Es war auch kein Krieg der Barone gegen ihren König. Der Krieg wurde von einer radikalen Fraktion der englischen Barone unter Simon de Montfort gegen den König und seine Anhänger geführt.[54] Im Zuge dieser Auseinandersetzungen formulierten die Rebellen eine Reihe von Reformforderungen und Entwürfen für eine Neuordnung der Königsherrschaft in England.[55] Diese Texte lassen die großen Reformanliegen deutlich erkennen. Sie werden im nächsten Kapitel eingehender behandelt. Dabei wird sichtbar, wie schnell eine ernsthafte Krise die baronialen

---

49 Matthaeus Parisiensis, Chronica maiora, Bd. 5, ed. Luard, S. 457.
50 Vgl. ebda, S. 520 u. 524; vgl. dazu KAUFHOLD, Deutsches Interregnum, S. 56.
51 Zu den finanziellen Forderungen des Königs an seine Barone und zu den baronialen Besorgnissen vgl. etwa den Bericht des Matthaeus Parisiensis zu den Beratungen in London Anfang April 1258 (Chronica maiora, Bd. 5, ed. Luard, S. 676): *Rex namque multis et arduis negotiis sollicitabatur ... Exegit insuper pecuniam infinitam, de qua persolvenda se obligavit Papa mercatoribus pro ipso rege, ad instantiam ipsius regis, sub magnis poenis quas recitare reor inhonestum, irretitum. Quantitas autem pecuniae ad tantam ascendit summam, ut stuporem simul et horrorem in auribus generaret audientium. Doluit igitur nobilitas regni, se unius hominis ita confundi supina simplicitate.*
52 Vgl. dazu oben Kapitel 2.
53 Vgl. die einschlägigen Quellen in Documents of the Baronial Movement, ed. Treharne /Sanders.
54 Vgl. dazu etwa die konzentrierte Skizze von D. A. CARPENTER, What happened in 1258?, in: War and Government in the Middle Ages. Essays in honor of J. O. Prestwich, hg. von J. B. Gillingham, Woodbridge 1984, S. 106–119; vgl. auch J. R. MADDICOTT, Simon de Montfort, Cambridge 1994.
55 Die wichtigsten Texte aus dieser Phase sind zusammengestellt in: Documents of the Baronial Movement, ed. Treharne/ Sanders.

Anliegen wieder auf die Agenda zurückbrachte, die schon die Magna Carta geprägt hatte. Im Mai 1258 legten die Barone dem König eine lange Petition vor, in der es um die Fragen der Vererbung von Lehen, der Kontrolle königlicher Burgen, der schlechten Erfahrungen von Kaufleuten mit der Zahlungsmoral des königlichen Hofes und andere Fragen ging, die wiederholt an den langen Zusicherungskatalog der Magna Carta erinnerten. Auch die Instrumente, mit denen die Barone ihre Anliegen vorbrachten und deren Umsetzung garantieren wollten, wiesen erkennbare Ähnlichkeiten auf: *Domino rege Henrico apud Wodestok existente, convocatis et convenientibus apud Oxoniam totius regnis magnatibus, cum equis et armis maioribus et minoribus, una cum clero, ad provisionem et regni in melius reformacionem et ordinacionem faciendam* ... so begann die Petition der Barone.[56]

Die Barone waren zu den Beratungen mit dem König bewaffnet erschienen, und sie hatten ihn dazu bewegt, eine Kommission einzusetzen, die die baronialen Gravamina untersuchen und Reformvorschläge unterbreiten sollte.[57] Sowohl die Zusammensetzung des Gremiums, als auch der Zeitpunkt seines Zusammentretens wurden präzise festgelegt. Die Reformen, die die Kommission erarbeiten würde, waren nicht nur Vorschläge, sie sollten vielmehr einen verbindlichen Charakter haben.[58] Nach über 30 Jahren persönlicher Herrschaft („personal rule") Heinrichs III. hatte der König das Vertrauen seiner Barone verloren und musste einen Teil seiner Entscheidungsgewalt abtreten. Es war eine Abtretung auf Zeit, kein neues Modell für eine künftige Regierung. Aber es war das Reformmodell, das in den Krisen der englischen Königsherrschaft regelmäßig auftauchen sollte. Durch die *ordinationes* der Reformkommissionen sollte die königliche Politik wieder auf die richtige Bahn gelenkt werden. Dabei reflektierte die Zusammensetzung dieser Kommissionen die unterschiedlichen Grade königlicher Schwäche in der Krisensituation.[59]

Anfangs waren die Männer des Königs noch in gleicher Zahl in diesen Gremien vertreten wie die Vertreter seiner Gegner.[60] Im Zuge der Schwächung der königlichen Position ging die Mehrheit in diesen Reformkommissionen an die

---

56 Ebda, S. 76–91, Zitat S. 76.
57 Matthaeus Parisiensis, Chronica maiora, Bd. 5, ed. Luard, S. 688–690, 695f.; Erklärung des Königs vom 2. Mai 1258 (Documents of the Baronial Movement, ed. Treharne/Sanders, S. 74–77, S. 74): *Rex omnibus, etc. Noveritis nos concessisse proceribus et magnatibus regni nostri, iuramento in animam nostram per Robertum Walerand prestito, quod perxXII fideles de concilio nostro iam electos et per alios xii. fideles nostros, electos ex parte procerum ipsorum, qui apud Oxoniam a festo Pentecostes proximo futuro in unum mensem convenient, ordinetur, rectificetur et reformetur status regni nostri secundum quod melius viderint expedire ad honorem Dei et ad fidem nostram ac regni nostri utilitatem.*
58 Documents of the Baronial Movement, ed. Treharne/Sanders, S. 74 u. S. 76.
59 Zur Frage der Interpretation der Zusammensetzung solcher Schieds- und Kontrollkommissionen vgl. grundsätzlich (mit weiterführender Literatur): KAUFHOLD, Deutsches Interregnum, S. 136–167; KAUFHOLD, Interregnum, S. 101–106.
60 Vgl. etwa die Bestimmungen über die Zusammensetzung der Reformkommission im Mai 1258: Documents of the Baronial Movement, ed. Treharne/Sanders, S. 74–76.

Rebellen.⁶¹ Das war von erheblicher Bedeutung, da diese Kommissionen ihre Entscheidungen mit der Stimmenmehrheit fällten: *Et quicquid per XXIIII° utrimque electos et super hoc iuratos, vel partem majorem eorum, circa hoc ordinatum fuerit inviolabiliter observabimus.*⁶² Die Zuspitzung des englischen Verfassungskonfliktes läßt sich an der veränderten Rolle des Beratergremiums ablesen, das dem König an die Seite gestellt wurde. Die präzisen Formalisierungen, die hinsichtlich der Zusammensetzung, der Entscheidungsfindung und mitunter auch hinsichtlich der Häufigkeit der Beratungen formuliert wurden, erlauben einen klaren Blick auf die Entwicklung. Wir beschränken uns auf die wesentlichen Stationen, die gleichsam ein Spektrum baronialer Kontrollansprüche über die Politik des Königs eröffnen. Diese Modelle kamen immer nur für kürzere Zeit zur Anwendung. Zu einer dauerhaften Institution wurden sie nicht. Aber sie verleihen dem historischen Prozeß der Institutionalisierung politischer Kontrollmechanismen ein Profil.

Grundsätzlich lehnte der König jegliche Kontrolle seiner Herrschaft ab.⁶³ Die Grundhaltung der englischen Königs des späten Mittelalters unterschied sich kaum von der berühmten römischrechtlichen Sentenz, die Glanvill im Prolog seines Traktates über die Rechte in England in der Epoche Heinrichs II. zitierte: *quod principi placet, legis habet vigorem.*⁶⁴ Der König war der Herr des Landes, und die grundlegenden Entscheidungen seiner Politik waren ebenso seine ureigene Domäne wie auch die Auswahl seiner Berater ihm allein zustand. Diese königliche Haltung wird uns im Verlaufe des späten Mittelalters immer wieder begegnen – zu Beginn der Krisen und an ihrem Ende, wenn der König aufgrund neu gewonnener Stärke seine Handlungsfähigkeit zurückerhielt.

*Dicimus et providimus quod serenissimus princeps dominus Henricus rex Anglie illustris dominium suum, auctoritatem et regiam potestatem habeat, plenarie optineat, et libere exerceat sine cuiuscumque impedimento vel contradictione ...*⁶⁵ So begannen die Bestimmungen des Dictum von Kenilworth, mit denen der englische König nach dem Sieg über die Barone im Oktober 1266 seine Herrschaftsgewalt wieder geltend machte.⁶⁶

---

61 Vgl. etwa die Bestimmungen vom Sommer 1264, die den Modus der Ernennung königlicher Berater regeln sollte: Documents of the Baronial Movement, ed. Treharne/Sanders, S. 294–301. Die neun Berater des Königs, die mit einer 2/3 Mehrheit bindende politische Beschlüsse fassen konnten, wurden durch eine Kommission von drei Männern ausgewählt, von denen zwei dezidierte Gegner des Königs waren (ebda, S. 295 mit Anm. 4).
62 Ebda, S. 74 u. 76. Vgl. allgemein dazu wie Anm. 59.
63 Vgl. zum Thema der Königsherrschaft im späten Mittelalter etwa: Das spätmittelalterliche Königtum im europäischen Vergleich (Vorträge und Forschungen 32), hg. von R. Schneider, Sigmaringen 1987; Die Macht des Königs. Herrschaft in Europa vom Frühmittelalter bis in die Neuzeit, hg. von B. Jussen, München 2005; vgl. auch KAUFHOLD, Deutsches Interregnum, S. 98–135.
64 The Treatise on the Laws and Customs of the Realm of England commonly called Glanvill (Oxford Medieval Texts), hg. von G. D. G. Hall, Oxford 1993, S. 2.
65 Documents of the Baronial Movement, ed. Treharne/Sanders, S. 320.
66 Vgl. dazu etwa PRESTWICH, Edward I, S. 55–65; W. G. GUERNSEY, The Dictum of Kenilworth and the Common Law, in: Studies in Medieval Culture 4 (1973/74), S. 312–320.

Die Formierung institutionalisierter Beschränkungen für die königliche Entscheidungsgewalt war kein einfacher Entwicklungsvorgang. Sie war vielmehr eine Geschichte dramatischer Konflikte, in denen es um prinzipielle Fragen der Entscheidungskompetenz, aber auch um persönliche Machtanteile und um verletzte Ehre ging.[67] Da die Herrschaft des Königs stark durch seine Person geprägt war, sah er in den Beschränkungen seiner Amtsgewalt auch Angriffe auf seine Person. Die Gegner des Königs beließen es ihrerseits durchaus nicht bei der Vorbringung grundsätzlicher Rechtspositionen, sondern sie nutzen die Gelegenheit, den geschwächten König auch persönlich zu demütigen. Die Begegnungen des englischen Königs mit den Vertretern der Rebellen, die in verschiedener Form überliefert sind, haben in einigen Fällen die Dramatik Shakespearscher Szenen.[68]

Im Juli 1260 führte der englische König in einem Prozeß gegen seinen Schwager Simon de Montfort öffentlich Klage gegen das illoyale Verhalten des Mannes, der schließlich zu einem Führer der Rebellen gegen den König wurde.[69] Die lakonischen Antworten Simons auf die Vorhaltungen des Königs zeigen das unterkühlte Verhältnis dieser mächtigen Männer:

Le roy dit que tant cum il fu dela, manda il a sa Iustice en Angleterre que nul parlement fust tenu iusque a sa revenue.
Le conte dit que bien puet estre qu'il li manda.
Le roy dit quela Iustice defandi au conte et as autre del conseil qui donc furent qu'il ne parlamentassent, ne parlamant ne tenissent iusque a la venue le roy.
Le conte dit que bien puet estre que le Iustice le defandi.[70]

Der hilflose Versuch des Königs, Herr des Verfahrens zu bleiben und sich dagegen zu verwahren, dass Mitglieder seines Rates in seiner Abwesenheit ein Par-

---

67 Das Thema der Ehre hat in der jüngeren Forschung ein verstärktes Interesse gefunden (vgl. etwa die verschiedenen Arbeiten von Knut GÖRICH, Ehre als Ordungsfaktor. Anerkennung und Stabilisierung von Herrschaft unter Friedrich Barbarossa und Friedrich II., in: Ordnungskonfigurationen im hohen Mittelalter (Vorträge und Forschungen 64), hg. von B. Schneidmüller/S. Weinfurter, Ostfildern 2006, S. 59–92; DERS., Die „Ehre des Reichs" (honor imperii): Überlegungen zu einem Forschungsproblem, in: Rittertum und höfische Kultur der Stauferzeit (Europäische Geschichtsdarstellungen 12), hg. von J. Laudage/ Y. Leiverkus, Köln 2006, S. 36–74; DERS., Die Ehre Friedrich Barbarossas.
68 Vgl. etwa die Auseinandersetzungen zwischen Heinrich III. und dem Führer der Rebellen Simon de Montfort im Sommer 1260 bei Documents of the Baronial Movement, ed. Treharne/Sanders, S. 194–210, und die Klagen des Königs gegen die Behandlung durch die Berater, die man ihm zur Seite gestellt hat (März 1261), ebda, S. 210–218 und 218–238. Vgl. für die Stimmung dieser Jahre auch das von Matthaeus Parisiensis überlieferte Zusammentreffen Heinrichs mit Simon de Montfort am Ufer der Themse (Matthaeus Parisiensis, Chronica maiora, Bd. 5, ed. Luard, S. 706). Das Treffen, das nur als kurzer Wortwechsel geschildert wird, entsprang wohl allein der Phantasie des Chronisten, wäre aber in der Atmosphäre dieser Jahre gut vorstellbar.
69 Documents of the Baronial Movement, ed. Treharne/Sanders, S. 194–210; zu Simon de Montfort vgl. etwa: MADDICOTT, Simon de Montfort (mit ausführlicher Bibiographie).
70 Documents of the Baronial Movement, ed. Treharne/Sanders, S. 206.

lament einberiefen, war in diesen Jahren nicht wirklich erfolgreich.[71] Die bittere Klage, dass man ihn, den König übergangen hatte, sollte sich noch häufiger wiederholen.[72] Der König fühlte sich nicht ernst genommen, sah sich aus den Sitzungen des Rates ausgeschlossen, weil die Ratsmitglieder den Ort der Zusammenkunft kurzfristig geändert hatten, ohne ihn zu informieren, und er klagte darüber, dass man seine Vertrauten aus seiner Umgebung verbanne.[73] Dies waren die Niederungen des Verfassungskampfes. Sie haben nur eine begrenzte historische Dimension. Die historische Dimension zeigt sich in den Stufen zunehmender Kontrollgewalt des Rates über den König.

Es begann mit der erzwungenen Zuordnung eines Beratungsgremiums zu den königlichen Entscheidungsvorgängen.[74] Die Zusammensetzung dieses Gremiums aus 24 Männern nahm die Stärke des Kontrollgremiums der Magna Carta von 1215 wieder auf, veränderte sie aber geringfügig, indem sie durch eine paritätische Zusammensetzung den etwa ausgeglichenen Kräfteverhältnissen zwischen König und Baronen Rechnung trug. Im Zuge dieser Festlegungen begegnet uns die erste formale Regelung über die Zusammensetzung und die Häufigkeit der Zusammenkünfte des königlichen Parlaments.[75] In den sogenannten *Provisionen von Oxford*, einem Reformprogramm aus dem Frühsommer 1258, auf das der König und seine Anhänger in den folgenden Jahren wiederholt einen Eid ablegen mussten, wurde unter der Überschrift *Dez parlemenz, quant serrunt tenuz per an et comment* festgehalten, dass es künftig drei Termine für die Sitzungen des Parlamentes geben sollte: 6. Oktober, 3. Februar und 1. Juni.[76] Allerdings waren diese Parlamente

---

71 Zur Rolle des Königs bei der Einberufung des Parlaments vgl. etwa G. O. SAYLES, The King's Parliament of England, London 1975, bes. S. 3–21, 35–47, 137–141.
72 Vgl. die Vorwürfe des Königs gegen den – ihm verordneten – Rat: Documents of the Baronial Movement, ed. Treharne/Sanders, S. 210–238.
73 Ebda, S. 212–214. Vgl. etwa ebda, S. 214: *Item nulla ratio quam rex prentendit potest stare, sed ipsi de consilio sic dicunt: volumes et decrevimus ita fieri: nullam aliam rationem pretendentes.*
74 Ebda, S. 74–76.
75 Zur Frühgeschichte des englischen Parlaments vgl. etwa R. BUTT, A History of Parliament. The Middle Ages, London 1989, S. 65–116; vgl. auch H. G. RICHARDSON/G. O. Sayles, The Earliest Known Official Use of the Term ‚Parliament', in: The English Historical Review 82 (1967), S. 747–749; danach auch in: The English Parliament in the Middle Ages, hg. von dens., London 1981, J. R. MADDICOTT, The Earliest Known Knights of the Shire: New Light on the Parliament of April 1254, in: Parliamentary History 18 (1999), S. 109–130; vgl. zum Hintergrund auch: J. E. A. JOLLIFFE, Some Factors in the Beginnings of Parliament, in: Historical Studies of the English Parliament, Bd. 1, hg. von E. B. Fryde/E. Miller, Cambridge 1970, S. 31–69; R. F. TREHARNE, The Nature of Parliament in the Reign of Henry III, in: ebda, S. 70–90 (zuerst in: The English Historical Review 74 (1959), S. 590–610); J. C. HOLT, The Prehistory of Parliament, in: The English Parliament in the Middle Ages, hg. von R. G. Davies /J. H. Denton, Philadelphia 1981, S. 1–28; Origins of the English Parliament, hg. von P. Spufford, 2. Aufl. London 1969.
76 Documents of the Baronial Movement, hg. von Treharne/Sanders, S. 110; zu den Provisionen von Oxford vgl. C. VALENTE, The Provisions of Oxford: Assessing/Assigning Authority in Times of Unrest, in: The Experience of Power in Medieval Europe 950–1350, hg. von R. Berkhofer/A. Cooper/A. J. Kosto, Aldershot 2005, S. 25–41; H. W. RIDGEWAY, The Lord Edward and the Provisions of Oxford (1258): a Study in Faction, in: Thirteenth century England,

keine großen Versammlungen. Im Grunde war ein solches Parlament die bei Bedarf erweiterte Runde der 24 Mitglieder des königlichen Rates.[77] In den *Provisionen* wurden noch weitere Vorgaben über die Zahl von Beratern in verschiedenen Situationen gemacht, die hier nicht im Detail verfolgt werden müssen.[78] Allerdings verschoben sich dabei die Kräfteverhältnisse allmählich. Der königliche Rat wurde nun kleiner (15 Männer) und war mehrheitlich mit Männern besetzt, die dem König kritisch gegenüberstanden. Das war nicht unerheblich bei einem Gremium, das den König in allen Fragen beriet, die für ihn und das Königreich von Bedeutung waren (*totes choses ke al rei u al reaume pertenent*).[79] Die Entscheidungsspielräume Heinrichs III. verengten sich.[80]

In diesen Reformen und Formalisierungen der politischen Entscheidungsfindung trat zunehmend eine Größe auf den Plan, die erstmals in der Magna Carta 1215 benannt worden war: die *communitas regni* (*commun de Engleterre*).[81] Die Berater wurden in ihrem Namen ernannt und waren auf diese Weise Delegierte der *communitas*. Die *Provisionen* sahen für diese Gemeinschaft des Königreiches einen eigenen Eid vor, durch dessen Leistung sie sich zusammenschloß. Der Text des Eides war eher allgemeiner Natur, aber er ließ die Entschlossenheit der Anführer erkennen: Wer immer sich der *communitas* entgegenstellte, sollte als ein Todfeind behandelt werden (*le tendrums a enemi mortel*).[82] Für die Reformer war es selbstverständlich, dass die Rechte der Magna Carta vormals der *communitas terre* gewährt

---

Bd. 1: Proceedings of the Newcastle upon Tyne Conference 1985, hg. von P. R. Coss /S. D. Simon, Woodbridge 1986, S. 89–99; E. F. JACOB, What were the "Provisons of Oxford"?, in: History 9 (1924), S. 188–200.

[77] Documents of the Baronial Movement, ed. Treharne/Sanders, S. 110: *A ceis trez parlemenz vendrunt les cunseilers le rei esluz, tut ne seient il pas mandez pur ver le estat del reaume ...*

[78] So wurden von der *communitas* (siehe Anmerkung 81) zwölf Männer ausgewählt, die mit dem König im Parlament verhandeln sollten (Documents of the Baronial Movement, ed. Treharne/Sanders, S. 104 (10) und 110 (22)); für die Festlegung der näheren Bedingungen, unter denen die *communitas* dem König eine Finanzhilfe (für das Sizilienprojekt) gewähren würde, berief die *communitas* einen 24er-Ausschuß ein (ebda, S. 104 u. S. 106 (11); und die Zusammensetzung des königlichen Rates wurde verändert: künftig sollten ihm 15 Männer angehören (ebda, S. 104 (9 u. 23). Das Auswahlverfahren für die 15 Berater war kompliziert. Aus dem paritätisch besetzten 24er Rat wählte man vier Männer aus, die ihrerseits dann 15 Ratsmitglieder auswählten (ebda). Die Kompetenzabgrenzungen der einzelnen Gremien, die auf diese Weise entstanden, war nicht ganz einfach.

[79] Documents of the Baronial Movement, ed. Treharne/Sanders, S. 110 (23).

[80] Am 18. Oktober 1258 wies der König alle seine Untertanen an, dass sie alle Beschlüsse seines Rates in der Form, in der der Rat sie beschlossen habe, befolgen sollten. Der König trat die Regierungsgewalt zunehmend an die Mehrheit eines Rates ab, dessen Zusammensetzung er nicht hatte bestimmen können (*Et comandons et enioinons a tuz feaus et leaus en la fei kil nus deivent, kil ferment teignent et iurgent a tenir et a maintenir, les establissement ke sunt fet u sunt a fere par lavant dit cunseil u la greignure partie des eus, en la maniere kil e dit desus* (Documents of the Baronial Movement, ed. Treharne/Sanders, S. 116).

[81] Die *communitas regni* wird in den *Provisionen von Oxford* wiederholt als aktive Kraft angeführt: Documents of the Baronial Movement, ed. Treharne/Sanders, S. 96, 100, 104, 110. Zur *communitas regni* 1258 vgl. auch CLANCHY, England and its Rulers, S. 190–205; VALENTE, The Theory and Practise of Revolt, S. 68–107.

[82] Documents of the Baronial Movement, ed. Treharne/Sanders, S. 100 (4).

worden waren, nicht nur den einzelnen freien Männern des Landes (*libertates que in cartis suis dudum communitas terre concessis...*).⁸³ In dem Maße, in dem die Gemeinschaft des Königreiches Gestalt annahm – und durch die Reformer in den verschiedenen politischen Gremien vertreten wurde –, wurde nun auch eine Abgrenzung gegenüber denjenigen vorgenommen, die der *communitas terre* nicht angehören sollten. In der Reformbewegung dieser Jahre tritt erstmals ein Feindbild auf den Plan, das von nun an eine bedeutende Rolle in allen englischen Verfassungskonflikten spielen sollte: die Fremden (*alieni*).

Die Tatsache, dass der König sich mit Beratern umgab, die vom Festland kamen, erregte den Zorn der englischen Barone. Sie sahen sich als Einheimische ausgeschlossen aus dem Kreis der Macht (*rex spretis indigenis*) und ihrer angestammten Rechte beraubt.⁸⁴ Dabei waren diese in der englischen Geschichtsschreibung so prominenten *Poitevins* und *Savoyards* durchaus Angehörige der weiteren königlichen Familie. Da der König seine festländischen Interessen mit den klassischen Mitteln dynastischer Politik verfolgte, ging er entsprechende Heiratsverbindungen mit den mächtigen Familien auf dem Festland ein. Dadurch eröffnete sich den unversorgten näheren und weiteren Verwandten der Königin ein Weg an den englischen Königshof. Die Rolle dieser *Aliens* in der englischen Politik eröffnet einen wichtigen Zugang zum Verständnis eines „Rhythmus" der Reformpolitik. Wir werden darauf noch zurückkommen.

Zunächst gilt es, einen Blick auf die Bedingungen der Regierung zu werfen, denen der englische König im Frühsommer 1264 zustimmen musste, nachdem er bei Lewes eine entscheidende Schlacht gegen die Rebellen verloren hatte.⁸⁵ Danach nutzten die siegreichen Barone ihre Chance und zwangen dem König ein Entscheidungsmodell auf, das ihn in erheblicher Weise einschränkte. Es wurden nun drei Ratgeber benannt – zwei von ihnen waren profilierte Gegner des Königs, die im Namen des Königs neun Berater auswählen sollten. Diese neun Berater ernannten auch die wichtigsten Amtsträger des Königs. *Omnia autem predicta faciat dominus rex per consilium predictorum novem in forma supradicta, vel ipsi vice et auctoritate domini regis ....*⁸⁶ Der Tiefpunkt königlicher Autorität war erreicht und in dieser Situation musste Heinrich seine Treue zu dieser Vereinbarung dadurch öffentlich zu erkennen geben, dass er seine Untertanen zum Widerstand gegen sich selbst

---

83   Ebda, S. 268 (Januar 1264).
84   Vgl. z.B. die Beschwerden der Barone im Januar 1264 (Documents of the Baronial Movement, ed. Treharne/Sanders, S. 270 u. S. 272): ... *post adventum quorundam alienigenarum quos rex spretis indigenis ad consilium attraxit contra eosdem et quosdam curiales etiam indigenas quantumcumque graviter delinquerent non poterat iusticia in curia domini regis immo nec brevia de communi iusticia que de consuetudine regni singulis petentibus concedi deberent nec aliqua remedia iuris impetrari.*
85   Zur Schlacht bei Lewes am 14. Mai 1264, bei der der König selber in die Hände der Rebellen fiel, vgl. MADDICOTT, Simon de Montfort, S. 256–278; PRESTWICH, Edward I, S. 44–46; D. A. CARPENTER, Simon de Montfort and the Mise of Lewes, in: Bulletin of the Institute of Historical Research 58 (1985), S. 1–11.
86   Documents of the Baronial Movement, ed. Treharne/Sanders, S. 294–301, Zitat S. 296 u. 298.

aufforderte, für den Fall, dass er gegen seine Zusagen verstieß.⁸⁷ Damit hatten die Rebellen auf dem Höhepunkt ihrer Überlegenheit über einen besiegten und gedemütigten König die Sicherheitsklausel des Artikels 61 der Magna Carta von 1215 wiederbelebt, die schon bei der ersten Redaktion nach dem Tode Johanns Ohneland aus dem Text gestrichen worden war. Nun, fast 50 Jahre später, war sie wieder da. Sie blieb allerdings auch nach ihrer Wiederkehr nicht länger in Kraft als bei ihrem ersten Auftauchen 1215. Denn schon wenige Monate nach dieser Selbstverpflichtung gelang dem König mithilfe seines Sohnes der entscheidende Sieg über seine Gegner.⁸⁸ Eine entschiedene Reaktion setzte ein, und sie beseitigte alle Einschränkungen der königlichen Entscheidungsgewalt.⁸⁹ Das Pendel, das lange Zeit in eine Richtung geschwungen war, die den König unter zunehmende Kontrolle gestellt hatte, schwang wieder in die andere Richtung aus. Viele Rebellen zahlten einen hohen Preis für ihre Unterstützung von Simon de Montfort, denn sie wurden verfolgt und verloren ihren Familiebesitz. Die „Enterbten" (Disinherited) wurden zu Irrlichtern der englischen Geschichte des späten Mittelalters.⁹⁰

Die Verfassungsentwicklung im spätmittelalterlichen England vollzog sich nicht in einem linearen Prozeß. Der wieder erstarkte König kehrte zu seiner alten Politik zurück. Angesichts der extremen Bedingungen, die seine Gegner ihm auferlegt hatten, ist dies kaum verwunderlich. Die Kontrolle des Königs durch den Rat hatte zuletzt ein Ausmaß erreicht, das den König weitgehend seiner Entscheidungskompetenzen beraubte. Ein solches Verfassungsmodell war auch für viele Kritiker des Königs kein Vorbild. Die Radikalisierung der Rebellen hatte zuletzt dazu geführt, dass Simon de Montfort seine Anhänger verlor. In der Schlacht von Evesham, die seine Reformen beendete und ihn das Leben kostete, hatte er nicht mehr genügend Unterstützung, um die Männer des Königs besiegen zu können.⁹¹ Die Verfassungskrise hatte in ihren verschiedenen Stufen das gesamte Kontrollpotential der Widerstandradition von 1215 erneut aktiviert. Die Frage würde

---

87 Ebda, S. 308–317, S. 310: ... *quod si nos vel dictus Edwardus filius noster contra predictam ordinationem, provisionem nostram, seu iuramentum, quod absit, in aliquo venire, seu pacem et tranquilitatem regni nostri turbare, seu occasione factorum precedentium tempore turbationis ac guerre precedentis, aliquem de predictis, aut de parte predictorum quos diffidavimus, occasionare seu alicui de eis dampnum facere aut fieri procurare presumpserimus, liceat omnibus de regno nostro contra nos insurgere et ad gravamen nostrum opem et operam dare iuxta posse.*

88 In der Schlacht bei Evesham am 4. August 1265 besiegte der Thronfolger Edward I. die Rebellen, deren Anführer Simon de Montfort dabei sein Leben verlor; vgl. MADDICOTT, Simon de Montfort, S. 331–345; PRESTWICH, Edward I, S. 46–54.

89 Vgl. das „Dictum von Kenilworth" (31. Oktober 1266) in: Documents of the Baronial Movement, ed. Treharne/Sanders, S. 316–337, S. 320.

90 Zu den „Disinherited" vgl. etwa: VALENTE, The Theory and Practise of Revolt, S. 76f.; S. CAMERON/A. ROSS, The Treaty of Edinburgh and the Disinherited (1328–1332), in: The Journal of the Historical Association 84 (1999), S. 237–256; C. H. KNOWLES, Provision for the Families of the Montfordians Disinherited after the Battle of Evesham, in: Thirteenth Century England, Bd. 1, S. 124–127.

91 Vgl. dazu wie Anm. 87; vgl. auch: O. de LABORDERIE/ J. R. MADDICOTT/D. A. CARPENTER, The Last Hours of Simon de Montfort: A New Account, in: The English Historical Review 115 (2000), S. 378–412.

sein, ob nach dem Zusammenbruch der Rebellion mehr von diesen Kontrollmechanismen zurückbleiben würde, als dies 1215 der Fall gewesen war. Auffällig war das Augenmerk auf die konkrete Zusammensetzung des königlichen Rates, dessen Mitgliederzahl und dessen Entscheidungsmodalitäten (einfache Mehrheit, 2/3 Mehrheit) in den verschiedenen Reformprogrammen präzise festgeschrieben wurden. Eine Übernahme solcher Festlegungen auf moderatem Niveau war immerhin denkbar. Sie mochte möglichen Kritikern die königliche Bereitschaft signalisieren, sich auch dann beraten zu lassen, wenn man mächtig genug war, die Entscheidungen allein zu treffen. Darauf werden wir zurückkommen. Zunächst gilt es jedoch, einen Blick auf die Zustände im Reich in den späten 1250er Jahren zu werfen, wo das Königtum ebenfalls turbulente Zeiten durchlief.

In Deutschland gab es in diesen Jahren ebenfalls einen heftigen Konflikt um die Königsherrschaft. Doch obwohl der Bruder des englischen Königs eine zentrale Rolle in dieser Auseinandersetzung spielte und obwohl der Verlauf des Konflikts durchaus Auswirkungen auf die englische Entwicklung hatte – und *vice versa* –, war die Streitfrage in Deutschland anders gelagert. In Deutschland fragte man nicht danach, wer die Entscheidungen des Königs kontrollierte, sondern danach, wer den König zum König machte. Der römisch-deutsche König gab in dieser Phase wenig Anlaß zu der Besorgnis, dass er seine Amtsgewalt missbrauchen könne.

Die Geschehnisse der Doppelwahl von 1257 sollen hier nicht im einzelnen nachgezeichnet werden. Sie sind an anderer Stelle eingehender behandelt worden und sie stehen nicht im Mittelpunkt unserer Fragestellung.[92] Der römisch-deutsche König Wilhelm von Holland starb jung. Im Januar 1256 verlor er sein Leben in einem Kampf in Friesland, der mit seinem Königtum nichts zu tun hatte.[93] Deutschland benötigte einen neuen König, der vielleicht auch ein Kaiser für das Reich werden konnte. Doch es zeigte sich, dass es unter den deutschen Fürsten

---

[92] Vgl. zu den Ereignissen der Doppelwahl von 1257 zuletzt die Darstellungen von KAUFHOLD, Deutsches Interregnum, S. 27–56; DERS., Interregnum, S. 50–67; WEILER, Henry III, S. 172–182; DERS., Matthew Paris, Richard of Cornwall's Candidacy for the German Throne and the Sicilian Business, in: The Journal of Medieval History 26 (2000), S. 70–91; vgl. auch G. GROPPER, Die Doppelwahlen von 1198 und 1257 im Spiegel der Historiographie (Politik im Mittelalter 11), Neuried 2003; die Vereinbarungen und Verträge im Vorfeld der Doppelwahl von 1257 sind ediert in: MGH Constitutiones, Bd. 2, ed. Weiland; vgl. auch Regesta Imperii V, Nr. 5287–5294 (Richard) u. Nr. 5483e–5488c (Alfons); die wichtigsten Quellen sind auch zusammengestellt in: Die deutsche Königswahl im 13. Jahrhundert, Bd. 2, ed. Schimmelpfennig, S. 9–50; die älteren Darstellungen sind über die genannte Literatur leicht zugänglich; wichtig sind etwa: M. GROTEN, Konrad von Hochstaden und die Wahl Richards von Cornwall, in: Köln. Stadt und Bistum in Kirche und Reich des Mittelalters, Festschrift O. Engels, hg. von H. Vollrath/S. Weinfurter, Köln/Weimar/Wien 1993, S. 483–510; C. C. BAYLEY, The Diplomatic Preliminaries of the Double Election of 1257 in Germany, in: The English Historical Review 62 (1947), S. 457–482; N. DENHOLM-YOUNG, Richard of Cornwall, Oxford 1947; A. BUSSON, Die Doppelwahl des Jahres 1257 und das römische Königtum Alfons X. von Castilien, Münster 1866.

[93] Vgl. zu Wilhelm von Holland und zu seinem Tod zuletzt KAUFHOLD, Interregnum, S. 22–34.

keinen wirklich aussichtsreichen Kandidaten gab. Schon Wilhelm von Holland war eher aus einem Randgebiet des Reiches auf den Thron gelangt, und die Lage nach seinem Tod stellte sich noch schwieriger dar. Eine Einigung der Königswähler auf einen gemeinsamen Kandidaten scheiterte schließlich, und so kam es 1257 zur Wahl zweier Männer, die beide – wenn auch auf unterschiedliche Weise – Traditionen entstammten, die durchaus eine Verbindung zum Thron des Reiches eröffneten.[94] König Alfons X. von Kastilien und Richard von Cornwall, jüngerer Bruder des englischen Königs, konnten zum Zeitpunkt der Wahl als respektable Kandidaten gelten, auch wenn sie die Chance, die ihnen die Wahl eröffnete, schließlich nicht nutzten. Um diese Fragen soll es hier allerdings nicht gehen. Die Doppelwahl von 1257 unterzog das Institut der Königswahl nach dem Ende der Staufer erstmals einem enormen Belastungstest. Die Königswahlkrise von 1198–1214 lag etwa ein halbes Jahrhundert zurück, und die Frage war, ob sich die Argumente und Kriterien, die nach der Doppelwahl von 1198 formuliert worden waren, nun erkennbar auswirkten.

Die Überlieferung ermöglicht uns, bei der Doppelwahl von 1257 einen Blick auf einige Gesichtspunkte bei der fürstlichen Meinungsbildung im Vorfeld der Wahl zu werfen.[95] Da etwa die Entscheidung der Wähler Richards von Cornwall von erheblichen Geldzahlungen begleitet wurde, hat diese Doppelwahl nicht nur in der historischen Forschung, sondern bereits bei manchem Zeitgenossen Stirnrunzeln hervorgerufen: *Stulti principes Alimanniae, qui nobile ius suum pro pecunia vendiderunt.*[96] Diese fürstliche Haltung spricht nicht eindeutig für einen Primat des Verfassungsbewusstseins bei der Wahlentscheidung, jedoch ist in dieser Frage Nüchternheit durchaus angebracht.[97] Die Zuwendungen an die Wähler hatten beiden Kandidaten hinreichend Stimmen eingebracht, um einen berechtigten Anspruch auf die deutsche Krone vorbringen zu können, sie halfen aber nicht mehr bei der Frage, welcher von beiden Königen als der richtige anzusehen sei. Zur Beantwortung dieser Frage mussten die Positionen auch verfassungsrechtlich stimmig formuliert werden.

Allerdings sind die verfassungsrechtlichen Positionen für die historische Untersuchung erheblich schwerer zu fassen, als dies bei der Doppelwahl von 1198 der Fall war. Die Auseinandersetzung um die Wahlen von 1257 hatten einen anderen Charakter als die Auseinandersetzung nach 1198. Es fehlte der Wille zur Entscheidung. Bei der Doppelwahl von 1198 war es der bestimmte Auftritt Innozenz III.

---

94 Vgl. zu der Logik der Wahlentscheidungen von 1257 zuletzt KAUFHOLD, Deutsches Interregnum, S. 36–97; DERS., Interregnum, S. 58–67, 93–106.
95 Die Wahlabsprachen vor der Wahl Richards sind in verschiedenen Urkunden dieser Phase zu erkennen (MGH Constitutiones, Bd. 2, ed. Weiland, Nr. 376–387); vgl. dazu auch die Literatur in Anm. 92.
96 Annales Hamburgenses, hg. von J. M. Lappenberg in: MGH Script. 16, hg. von G. H. Pertz, Hannover 1859, S. 380–385, hier S. 384.
97 Geldzahlungen waren bei deutschen Königswahlen keine Seltenheit, vgl. etwa H. STEHKÄMPER, Geld bei deutschen Königswahlen des 13. Jahrhunderts, in: Wirtschaftskräfte und Wirtschaftswege. Festschrift Hermann Kellenbenz, Bd. 1 (Beiträge zur Wirtschaftsgeschichte 4), hg. von J. Schneider, Stuttgart 1978, S. 83–136.

gewesen, der die verfassungsrechtliche Formulierung der widerstreitenden Positionen beförderte und der durch die begleitende Registrierung wichtiger Schriftstücke überhaupt die Quellenbasis für die Untersuchung dieses Vorgangs schuf. Im Jahr 1257 war Alexander IV. Papst, und das machte die Sache nicht einfacher. Der Kontrast zwischen den scharfsinnig argumentierenden Stellungnahmen Innozenz' III. und den gewundenen Einlassungen Alexanders IV. ist enorm.[98] Innozenz III. beanspruchte die Entscheidungskompetenz und er wusste diesen Anspruch intelligent zu begründen. Alexander IV. hatte keine Ambitionen, die Frage zu entscheiden, wer von ihm zum Kaiser gekrönt werden sollte, und er brauchte viele Worte, um diese Unsicherheit zu artikulieren.[99] Innozenz' juristischer Zugriff änderte den Lauf der Dinge nicht, aber die Qualität seiner Überlegungen führte dazu, dass noch spätere Generationen sich mit ihnen auseinandersetzten. Die Rhetorik Alexanders IV. eignete sich nicht zu sentenzenhafter Verdichtung.

Auch 1198 war der Kampf um die Krone letztlich nicht durch Argumente entschieden worden, sondern durch den dramatischen Verlauf der Ereignisse. Diese Dramatik fehlte in den Jahren nach 1257, weil keiner der beiden Kandidaten seinen Thronanspruch energisch und nachhaltig verfolgte.[100] Als Folge dieser auch für die jeweiligen Wähler enttäuschenden Entwicklung, löste sich der Anhang des Kastiliers bald auf, und Alfons verfolgte seinen Thronanspruch von seinem kastilischen Hof aus, wo ihm die Kenntnis der deutschen Entwicklungen weitgehend fehlte.[101] Tatsächlich kam Alfons niemals nach Deutschland.[102] So fehlte die Konfrontation, die die Meinungsbildung einer unschlüssigen Kurie vorangetrieben hätte, und es ist ein durchaus charakteristischer Ausdruck dieser Situation, dass die wichtigste Quelle, die verfassungsrechtlichen Positionen und Argumente beider Seiten überliefert, der Entwurf einer päpstlichen Stellungnahme war, der sich allerdings nicht zu einer klaren Position durchringen konnte.[103] Doch bevor wir prüfen, ob die Positionen von 1198 sich in den Argumenten von 1257 wiederfinden, sollten wir in Hinblick auf den hier untersuchten Rhythmus der Verfassungsentwicklung eines festhalten. Zwar ließen die Akteure von 1257 weniger Entschlossenheit erkennen, die Thronfrage zur Entscheidung zu bringen, aber die Entscheidung blieb dennoch ähnlich lange unentschieden wie nach 1198. Damals waren zunächst Philipp von

---

98 Man vgl. etwa das Schreiben an Richard von Cornwall Anfang des Jahres 1258: MGH Constitutiones, Bd. 2, ed. Weiland, S. 517–520.
99 Ebda.
100 Für einen knappen Überblick über das Königtum von Alfons von Kastilien und Richard von Cornwall vgl. zuletzt KAUFHOLD, Die Könige des Interregnums, S. 332–339.
101 Vgl. etwa die päpstlichen Schreiben an Alfons aus den Jahren 1262 und 1263: MGH Epistolae saeculi XIII, Bd. 3, ed. Rodenberg, Nr. 517; MGH Constitutiones, Bd. 2, ed. Weiland 2, Nr. 404.
102 Vgl. auch den Bericht des Bischofs von Konstanz über seine Reise nach Burgos, wo er als Gesandter der Königswähler den neuen römisch-deutschen König über dessen Wahl informierte: MGH Constitutiones, Bd. 2, ed. Weiland, Nr. 395.
103 Die sogenannte Bulle *Qui celum* und ihre verschiedenen Textvarianten sind ediert in MGH Constitutiones, Bd. 2, ed. Weiland, Nr. 405, und MGH Epistolae saeculi XIII, Bd. 3, ed. Rodenberg, Nr. 560, I–II.

Schwaben, dann Friedrich II., Otto IV. und Innozenz III. entschieden aufgetreten, aber es hatte dennoch 16 Jahre gedauert, bis die Schlacht von Bouvines eine definitive Entscheidung herbeigeführt hatte. Bis dahin hatte es immer wieder heftige und unerwartete Umschwünge gegeben. Die Doppelwahlfrage von 1257 wurde ebenfalls 16 Jahre später geklärt, als nach dem Tod Richards von Cornwall die deutschen Fürsten einvernehmlich – zumindest weitestgehend einvernehmlich – Rudolf von Habsburg zum neuen König wählten.[104] Dadurch ließen sie erkennen, dass sie die Problematik von 1257 nicht wiederholen wollten, und in gewisser Weise wurde durch diese Wahl Rudolfs das Doppelkönigtum von 1257–1272 desavouiert.[105] So hatte das unterschiedliche Erscheinungsbild der Konflikte in der Sache wenig Einfluß auf ihre zeitliche Erstreckung. Und noch etwas ist von Bedeutung. Auch die Haltung der Kurie unterlag erheblichen Konjunkturen. Die Positionen, die Innozenz III. so energisch beansprucht hatte, wurden von seinen Nachfolgern in der Mitte des 13. Jahrhunderts keineswegs als selbstverständliche Errungenschaft vorausgesetzt. Innozenz hatte nicht gezögert, die Prüfung der Doppelwahlfrage und auch die Entscheidung in dieser Frage zu beanspruchen.[106] Alexander IV. wich einem solchen Vorgehen aus, und Urban IV. beklagte in seinem Entwurf zu *Qui celum*, dass die beiden Konkurrenten die Entscheidung der Kurie niemals gesucht hätten.[107] Dass die Anhänger Philipps von Schwaben sich seine Stellungnahme in der Königswahlfrage entschieden verbeten hatten, hatte Innozenz III. 60 Jahre zuvor nicht daran gehindert, beherzt in das Geschehen einzugreifen. Das Echo dieses Eingreifens klang in dem Entwurf für *Qui celum* noch nach; in diesem Text, der als Antwort Urbans IV. an Richard von Cornwall die Argumente beider konkurrierender Könige von 1258 aufführt – denn Urban IV. berief sich ausdrücklich auf Innozenz, aber die Haltung des Papstes war nun erheblich vorsichtiger.

Tatsächlich zitierte der Papst die Dekretale *Venerabilem* seines berühmten Vorgängers als Vorbringung der kastilischen Gesandten. Sie hatten ihre eigene Auslegung der Handlungsspielräume des Papstes aus der Dekretale vorgetragen, und sie hatten dazu die historischen Beispiele aus *Venerabilem* zitiert – ergänzt durch das Personal der Doppelwahl von 1198: *sicut in electionibus Lotharii et Conradi, Ottonis et Philippum, ac aliorum plurium observatum fuisse dicebant; ad hoc predictam decre-*

---

104 Zur Wahl Rudolfs von Habsburg vgl. die Quellen bei Die deutsche Königswahl im 13. Jahrhundert, Bd. 2, ed. Schimmelpfennig, S. 56–70; vgl. dazu zuletzt KAUFHOLD, Deutsches Interregnum, S. 433–457; DERS., Interregnum, S. 123–139; KRIEGER, Rudolf von Habsburg, S. 84–114.
105 Vgl. etwa Rudolfs dezidierten Rückbezug auf das Jahr der Absetzung Friedrichs II. (1245) als Referenzjahr seiner Revindikationspolitik: MGH Constitutiones, Bd. 3, ed. Schwalm, Nr. 72 (2), 284 und 290.
106 Vgl. dazu oben Kapitel 1.
107 ... *presertim cum tam tui* [i.e. Richards] *quam ipsius regis* [i.e. Alfons'] *nuntii in recordationis felicis Alexandri pape predecessoris nostri, nostra et fratrum nostrorum presentia constituti super predictis iudiciarum apostolice sedis examen expresse usque ad hec tempora declinarint ..., Qui celum* (3) (MGH Constitutiones, Bd. 2, ed. Weiland, Nr. 405, S. 524; Die deutsche Königswahl, Bd. 2, ed. Schimmelpfennig, S. 30).

talem epistolam inducentes.[108] Die zitierte Dekretale seines Vorgängers hatte weniger Zurückhaltung gezeigt, wenn es darum ging, festzuhalten, welche Rechtsnormen als Entscheidungsgrundlage bei strittigen Wahlen anzusehen seien. Innozenz III. hatte einfach festgestellt, welche Rechte den Wählern *de iure ac consuetudine* zukamen.[109]

Qui celum lieferte also kaum einen eigenen Beitrag in dem konfliktreichen Prozess um die Ausbildung eines schließlich allgemein akzeptierten Verfassungskonsenses. Der Text gewinnt eine historische Bedeutung aus seiner Dokumentation der Argumente nach der Doppelwahl von 1257. In gewisser Weise ist eine weitere Präzisierung der Kriterien auszumachen, die schließlich für eine gültige Wahl als erforderlich angesehen wurden. Jedoch gilt dies nur aus der übergeordneten Perspektive des Historikers. Wir haben schon anlässlich der Doppelwahl von 1198 festgestellt, dass die Auseinandersetzung um die Gültigkeit der Wahlen das Tableau an Argumenten bereitete, um dessen Gewichtung die Auseinandersetzung der kommenden zwei Jahrhunderte gehen sollte. Nähmen wir die Argumente der beiden Seiten zusammen, die *Qui celum* wiedergibt, so wäre die Formulierung des Wahlverfahrens einen deutlichen Schritt weiter.

Es wurde ein Kreis von sieben Wählern erkennbar,[110] die innerhalb eines Zeitraumes von einem Jahr und einem Tag nach dem Tod des alten Königs zur Wahl seines Nachfolgers zusammentreten sollen.[111] Die Wahl solle in Frankfurt abgehalten werden,[112] und auch im Falle der Spaltung der Wähler gab es ein Kriterium: dann sollte der Papst jenen zum König ausrufen, der von der Mehrheit gewählt worden war, *qui electus est a maiori parte*.[113] Doch was sich hier in der Perspektive langfristiger Entwicklungen bereits als künftige Lösung abzeichnete, war in der konkreten Situation keineswegs in Reichweite. Denn diese Zusammenstellung eines entscheidungsfähigen Wahlverfahrens wurde durch keine reale historische Kraft getragen. Vielmehr ergänzten sich die Kriterien nur dann zu einem Gesamtbild, wenn man die Argumente beider Seiten – die sich gegenseitig die Legitimität ihres Anspruchs bestritten – zusammenfügt. Doch wurden Könige nicht durch die Stimme historischer Vernunft, sondern durch die Stimmen realer Fürsten gewählt.

---

108 *Qui celum* (14) (MGH Constitutiones, Bd. 2, ed. Weiland, Nr. 405, S.530); vgl. Innozenz III., *Venerabilem*: *Sciunt autem principes, et tua nobilitas non ignorat quod, cum Lot(harius) et Corradus in discordia fuissent electi, Romanus pontifex Lot(harium) coronavit et imperium obtinuit coronatus, eodem Corrado tunc demum ad eius gratiam redeunte* (Regestum Innocentii III, Nr. 62, S. 172f.)
109 Regestum Innocentii III, ed. Kempf, Nr. 62 (*Venerabilem*), S. 171.
110 MGH Constitutiones, Bd. 2, ed. Weiland, Nr. 405, S. 525 (Die deutsche Königswahl, Bd. 2, ed. Schimmelpfennig, S. 31) : … *apud principes vocem in huiusmodi electione habentes, qui septem sunt numero* …
111 Ebda, (6) S. 525 (Die deutsche Königswahl, Bd. 2, ed. Schimmelpfennig, S. 31) : … *Secundum quas* [i. e. *consuetudines circa electionem novi regis Romanorum* etc.] *infra annum et diem, postquam vacat imperium, talis electio debet celebrari* ….
112 Ebda, (12) S. 529 (Die deutsche Königswahl, Bd. 2, ed. Schimmelpfennig, S. 36): *Nam cum intra predictum opidum de Frankenford Romani regis et imperatoris, et non alibi, debeat electio celebrari* ….
113 Ebda (14), S. 530 (Die deutsche Königswahl, Bd. 2, ed. Schimmelpfennig, S. 37).

Und diese Wähler waren in den frühen 1260er Jahren noch nicht bereit, ihre Standpunkte zu vereinen.

Tatsächlich hing die Entscheidungsfähigkeit des Wählerkreises davon ab, dass die Zahl von sieben Wählern ebenso festgeschrieben wurde, wie die Entscheidung dieser sieben Wähler mit einer Mehrheit. Aber diese beiden Kriterien, die beide in *Qui celum* formuliert wurden, die Größe des Wahlgremiums und das Prinzip der Mehrheitsentscheidung, wurden von keiner der streitenden Parteien zusammengefügt.

Die Konfliktsituation mochte dazu führen, dass beide Seiten ihre Argumente schärften, ihren Positionen ein klares und günstiges Profil verliehen, aber sie führte nicht dazu, dass die Konfrontation mithilfe dieser Dialektik überwunden wurde. Ein solcher Reformschritt, der die Kriterien der Kontrahenten in einem arbeitsfähigen Modell zusammenfasste, war wahrscheinlich erst nach dem Ende des aktuellen Konfliktes möglich. Nach dem Tod der Rivalen (oder eines der Rivalen) konnten die betroffenen Akteure mit geschärftem Problembewusstsein ein Verfahren durchsetzen, das die erlebten Komplikationen nach Möglichkeit für die Zukunft ausschloß. Dieses Modell, das man früher einmal als dialektisch bezeichnet hätte, scheint für das Verständnis verschiedener hier untersuchter Krisenszenarien und Reformschritte hilfreich.

Die Wahl Rudolfs von Habsburg am 1. Oktober 1273 war der praktische Ausdruck des neuen Konsenses nach den konfliktreichen Erfahrungen im Gefolge der Doppelwahl von 1257.[114] Mit Rudolf von Habsburg gewann das Königtum in Deutschland zwar keine dominante Rolle, aber Rudolfs Herrschaft beendete jene fast 40jährige Phase, in der der König eine zwar selbstverständliche Größe, aber eine meist abwesende Größe gewesen war. Mit Rudolf I. kehrte das Königtum als präsente Kraft auf die deutsche Bühne zurück. Dabei zeigte sich, dass die Umsetzung einer königlichen Politik, die die Fürsten, Herren und Städte grundsätzlich vom König erwarteten, in der Praxis auf beträchtliche Widerstände stoßen konnte.[115] Der König erfuhr seine Grenzen, aber seine Agenda wies doch verschiedene Projekte auf, die im Grundsatz – wenn auch nicht im Maßstab – wieder Ansätze für europäische Vergleiche lieferten (Revindikationspolitik, Erneuerung des Mainzer Reichslandfriedens). Rudolfs Königtum wird häufiger aus dem Blickwinkel der nur begrenzt erfolgreichen Wiedererlangung staufischer Herrschaftspositionen

---

114 Zur Wahl Rudolfs von Habsburg vgl. Quellen: Die deutsche Königswahl, Bd. 2, ed. Schimmelpfennig, S. 56–70; vgl. dazu die klassische Darstellung: O. REDLICH, Rudolf von Habsburg. Das deutsche Reich nach dem Untergang des alten Kaisertums, Innsbruck 1903, S. 133–170; die Betonung des Konsenses bei KAUFHOLD, Deutsches Interregnum, S. 433–457; vgl. zuletzt: KRIEGER, Rudolf von Habsburg, S. 84–114.

115 Zu Rudolfs Politik vgl. KRIEGER, Rudolf von Habsburg; TH. ZOTZ, Rudolf von Habsburg, in: Die deutschen Herrscher des Mittelalters, hg. von Schneidmüller/Weinfurter, S. 340–359; U. KUNZE, Rudolf von Habsburg. Königliche Landfriedenspolitik im Spiegel zeitgenössischer Chronistik (Europäische Hochschulschriften III 895), Frankfurt am Main 2001; Th. M. MARTIN, Die Städtepolitik Rudolfs von Habsburg (Veröffentlichungen des Max-Planck-Instituts für Geschichte 44), Göttingen 1976; vgl. auch BOSHOF/ERKENS, Rudolf von Habsburg, S. 1273–1291.

gesehen. Er gilt zu Recht als der König, der das Interregnum beendete.[116] Tatsächlich aber war Rudolf im 13. Jahrhundert der erste römisch-deutsche König, der für seine Untertanen eine anhaltend präsente Größe war. Rudolf zog niemals nach Italien. Es ist möglich, dass der mitunter etwas volkstümliche Stil seiner Regierung, über den eine Reihe von Anekdoten kursierten, das Königtum der herrschaftlichen Aura entkleidete, die die staufischen Kaiser so gepflegt hatten. Aber Rudolfs tätige Herrschaft führte trotz aller Probleme dazu, dass das Königtum in Deutschland mit einiger Verzögerung nun jenen Problemen und Aufgaben verstärkt begegnete, denen etwa der englische König sich schon deutlich früher gegenüber gesehen hatte.[117] Bevor das Jahrhundert zu Ende ging, erlebte das Königtum in Deutschland eine schwere Krise. Aber auch der so erfolgreiche gestartete englische König Edward I., der auf einer ganz anderen Grundlage operieren konnte, musste erfahren, dass die Spielräume mächtiger Könige sich schnell verengen konnten.

Am 28. Juni 1298 beschloß die Mehrheit der Wahlfürsten, die sechs Jahre zuvor den Grafen Adolf von Nassau zum römisch-deutschen König gewählt hatte, dass Adolf seinem Amt nicht gewachsen war. *Darüber hinaus fand man diesen König solcher Herrschaft und Macht nicht gewachsen und nicht tauglich.*[118] Die Folge war gravierend, denn mit ihrem Spruch setzten die Fürsten Adolf als König ab.[119] Anders als ein halbes Jahrhundert zuvor nach der Absetzung Friedrichs II. durch

---

116 Vgl. dazu REDLICH, Rudolf von Habsburg, S. 203–267; KRIEGER, Rudolf von Habsburg, S. 102–161; KAUFHOLD, Deutsches Interregnum, S. 1–26, 433f.

117 Auf einzelne Aspekte des Vergleichs wird noch einzugehen sein, für eine erste Skizze der Vergleichsperspektive vgl. die Beiträge von Peter MORAW, Rudolf von Habsburg: Der „kleine" König im internationalen Vergleich, in: Rudolf von Habsburg 1273–1291, hg. von Boshof/Erkens, S. 185–208; und: DERS., Über Entwicklungsunterschiede und Entwicklungsausgleich, S. 563–622.

118 *Insuper rex tanto regimini tanteque potestati inventus est insufficiens et inutilis ....* Absetzungsurkunde: MGH Constitutiones, Bd. 3, ed. Schwalm, Nr. 589, Zitat S. 552.

119 Ebda: *Igitur super premissis cum principibus electoribus, episcopis, prelatis, ducibus, comitibus, baronibus et sapientibus omnibus ibidem presentibus deliberatione prehabita diligenti et communi consilio et voluntate omnium ac consensu unanimi illorum, quorum intererat, predictum dominum Adolfum, qui se regno reddidit tam indignum quique propter suas iniquitates et causas prescriptas a deo, ne regnet amplius, est eiectus, privatum regno, cui hactenus prefuit, a domino ostendimus, denunciamus privatum et nichilominus concordi sentencia predictorum principum electorum dictante sentenciando privamus, omnes, qui ei iuramento fidelitatis tenentur astricti, a iuramento huiusmodi perpetuo absolventes, firmiter inhibendo, ne quisquam de cetero sibi tamquam regi pareat vel intendat.* Zu Adolf von Nassau vgl. F. TRAUTZ, Studien zur Geschichte und Würdigung Adolfs von Nassau (Geschichtliche Landeskunde 2), Wiesbaden 1965, S. 1–45; H. PATZE, Erzbischof Gerhard II. von Mainz und König Adolf von Nassau. Territorialpolitik und Finanzen, in : Hessisches Jahrbuch für Landesgeschichte 13 (1963), S. 83–140 ; A. GERLICH, Adolf von Nassau (1292–1298). Aufstieg und Sturz eines Königs; Herrscheramt und Kurfürstenfronde, in : Nassauische Annalen 105 (1994), S. 17–78 ; DERS., König Adolf von Nassau. Die Reichspolitik am Rhein und in Schwaben 1293 und 1294, in : Nassauische Annalen 109 (1998), S. 1–72 ; E. SCHUBERT, Die Absetzung König Adolfs von Nassau, in: Studien zur Geschichte des Mittelalters. Jürgen Petersohn zum 65. Geburtstag, hg. von M. Thumser/A. Wenz-Haubfleisch/Peter Wiegand, Stuttgart 2000, S. 271–301; C. REINLE, Adolf von Nassau (1292–1298), in: Die deutsche Herrscher des Mittelalters, hg. von Schneidmüller/Weinfurter, S. 360–371.

Innozenz IV. kam es in der Folge nicht zu langen Kämpfen um das Königtum. Denn die Wahlfürsten übertrugen die Exekution ihres Urteils einem Rivalen Adolfs, der sich selber nicht nur für einen geeigneten König hielt, sondern der in Adolf auch eine Gefahr für seinen Anspruch auf sein Erbland Östereich sah.[120] Albrecht war der Sohn Rudolfs von Habsburg und deshalb 1292 nicht zum König gewählt worden. Die Fürsten wollten der neuen Familie im engeren Kreis der Macht die Grenzen aufzeigen. Nun erhielt Albrecht die Gelegenheit, gegen seinen Rivalen vorzugehen und seine Krone selber zu erringen.[121] Albrecht zögerte nicht lange, schon wenige Tage später traf er in einer Ritterschlacht bei Göllheim auf Adolf und besiegte ihn.[122] Adolf ließ sein Leben auf dem Schlachtfeld, und einen Monat nach seiner Absetzung, am 28. Juli 1298, wählten die Fürsten Albrecht I. zu ihrem neuen König – *vacante iam pridem Romano regno per mortem dive recordationis domini Adolfi quondam Romanorum regis*.[123]

Die Absetzung Adolfs von Nassau erscheint nicht als ein planvoller und geordneter Vorgang, sondern als ein Geschehen, in dem sich kurfürstlicher Unmut, massive Eigeninteressen, etwas unklare Legitimationsversuche und die brutale Faktizität des militärischen Vorgehens in eigentümlicher Weise vermengten.[124] Das mag das klare Bild der Kurfürstenopposition in diesem besonderen Fall eintrüben, es ist aber ein Erscheinungsbild, das die Absetzungsverfahren gegen legitime Könige dieser Epoche wiederholt boten. Edward II. und Richard II. von England mussten dies 1327 und 1399 erfahren.[125] Auch in ihren Fällen erwies sich das Vorgehen ihrer Gegner keineswegs als schlüssig, folgerichtig und unanfechtbar. Die englische Forschung diskutiert im Zusammenhang der Absetzung und der Tötung dieser Könige vergleichbare Fragen.[126] Es ist unwahrscheinlich, dass sich für diese Fragen jemals eindeutige Antworten finden lassen, denn wir können davon ausgehen, dass auch die Akteure keine klare Vorstellung hatten, wie sie vorgehen sollten. Die Absetzung eines Königs, der nach seiner Krönung wie Adolf selbstver-

---

120 Vgl. dazu etwa SCHUBERT, Die Absetzung, S. 288f. Adolf hatte die Gegner der noch jungen habsburgischen Herrschaft in Österreich unterstützt.
121 Ernst Schubert hat mit plausiblen Argumenten dafür plädiert, das Vorgehen Albrechts gegen Adolf nicht in erster Linie als Umsetzung das Absetzungsurteils zu sehen, sondern es im Rahmen des Konfliktes um Albrechts österreichisches Erbe zu verstehen (das Adolf in Frage stellte). Das militärische Vorgehen habe zunächst dazu gedient, eine Drohkulisse für politische Verhandlungen zu schaffen (vgl. SCHUBERT, Die Absetzung, S. 287–292).
122 Vgl. dazu zuletzt SCHUBERT, Königsabsetzung im deutschen Mittelalter, S. 254–273; zur Schlacht bei Göllheim vgl. H. DANUSER, Göllheim und Königsfelden. Ein Beitrag zur Geschichte König Albrechts, Zürich 1974.
123 Zur Wahl Albrechts I. vgl. das Wahldekret vom 28. Juli 1298: MGH Constitutiones, Bd. 4,1, ed. Schwalm, Nr. 9.
124 Vgl. dazu zuletzt auch SCHUBERT, Die Absetzung, S. 287–292; vgl. auch S. 291: „Der Schlüssel für die Absetzung Adolfs von Nassau liegt nicht in der sogenannten kurfürstlichen Opposition gegen den König, sondern in den militärischen Vorgängen."
125 Vgl. zu den Absetzungen dieser beiden englischen Könige die Darstellungen im weiteren Verlauf dieser Arbeit.
126 Vgl. dazu besonders unten Kapitel 9.

ständlich als *dei gratia Romanorum rex* auftrat, war nicht vorgesehen.[127] Die Verfassungsgeschichte mag nach klaren Rechtspositionen fragen, die Akteure fragten danach, wie sie einen ungeliebten König in die Schranken weisen oder gar aus dem Amt entfernen konnten. Dass dieser Vorgang umstritten war, schützte den König nicht, im Gegenteil. Gerade die Tatsache, dass es kein klares Absetzungsverfahren gab, erhöhte die Wahrscheinlichkeit, dass die Gegner des Königs Tatsachen schufen. Die Gegner Heinrichs III. von England erlebten, wie der König zurückkam und mit harter Hand gegen sie vorging. Edward II. und Richard II. überlebten ihre Absetzung nicht lange, und sie kamen nicht mehr zurück.

Die Unsicherheit im Verhalten gegenüber einem ungeliebten aber legitimen Amtsinhaber beförderte die Versuche, den Erwerb und die Ausübung des Amtes an Bedingungen zu knüpfen, auf deren Einhaltung sich der Kandidat vor seiner Wahl und Krönung verpflichtete. Verstieß er gegen diese Bedingungen, so konnte man die Konstruktion bemühen, dass er sein Amt bereits durch sein Verhalten verloren habe. Dieser Argumentation werden wir im 14. Jahrhundert wiederholt begegnen. Eine Gelegenheit für die Sicherheitsleistungen des Kandidaten vor seiner Wahl war eine Selbstverpflichtung in Form einer Wahlkapitulation.[128] Im Falle Adolfs von Nassau ist dieser Text ein aussagekräftiges Dokument. Darin verpflichtete sich Adolf seinem maßgeblichen Förderer, dem Erzbischof von Köln, gegenüber zu erheblichen Zugeständnissen.[129] Falls er gegen diese Zusagen verstoße, so verzichte er auf das Recht, das ihm aus der Königswahl erwüchse und erkläre sich einverstanden, dass die Wahlfürsten (*principes ius in electione imperii habentes*) zur Wahl eines anderen Königs schritten, *ad electionem alterius regis procedant*.[130] Es kommt hier nicht auf die präzise juristische Qualität dieser Passage an. Man muß sie in der Tat nicht als ein Absetzungsrecht interpretieren.[131] Dass sie indes die Legitimation von Adolfs Königtum von seiner Amtsführung abhängig machte, ist

---

127 So z. B. Adolf am 18. November 1292: MGH Constitutiones, Bd. 2, ed. Weiland, Nr. 494. Zu der grundsätzlichen Frage nach der Absetzbarkeit des Königs vgl. zuletzt SCHUBERT, Königsabsetzung im deutschen Mittelalter, S. 11–114; vgl. auch M. WALLNER, Zwischen Königsabsetzung und Erbreichsplan. Beiträge zu den Anfängen der kurfürstlicher Politik im 14. Jahrhundert (1298–1356) (Historische Studien 482), Husum 2004.
128 Vgl. zu den Wahlkapitulationen allgemein: G. LOTTES, Zwischen Herrschaftsvertrag und Verfassungsnotariat. Die Wahlkapitulationen der deutschen Kaiser und Könige, in: Reich, Regionen und Europa in Mittelalter und Neuzeit. Festschrift für Peter Moraw (Historische Forschungen 67), hg. von P. J. Heinig u. a., Berlin 2000, S. 133–148; H.-J. BECKER, Pacta conventa (Wahlkapitulationen) in den weltlichen und geistlichen Staaten Europas, in: Glaube und Eid. Treueformeln, Glaubensbekenntnisse und Sozialdisziplinierung zwischen Mittelalter und Neuzeit (Schriften des Historischen Kollegs 28), hg. von P. Prodi/E. Müller-Luckner, München 1993, S. 1–9; G. KLEINHEYER, Die kaiserlichen Wahlkapitulationen. Geschichte, Wesen und Funktion (Studien und Quellen zur Geschichte des deutschen Verfassungsrechts A 1), Karlsruhe 1968.
129 MGH Constitutiones, Bd. 3, ed. Schwalm, Nr. 474.
130 Ebda (14), S. 462.
131 Ernst Schubert hat auf die Grenzen dieser Selbstverpflichtung hingewiesen, vgl. SCHUBERT, Die Absetzung, S. 272f.

evident. Damit gelangte die grundsätzliche Stellung des Königs in die Reichweite eines mächtigen Reichsfürsten (des Erzbischofs von Köln), denn für die Prüfung möglicher Verstöße gegen die Wahlvereinbarung gab es keine unabhängige Instanz. Die Grundproblematik einer solchen königlichen Stellung begegnet uns auch in einer Erzählung des Matthaeus Parisiensis über das dramatische Zusammentreffen Heinrichs III. mit einem Magister der Hospitaliter.[132]

Die Begegnung zu Beginn des großen Konfliktes mit den Baronen zeigt einen König, der sich von einem Untertanen sagen lassen muß, dass der Bestand seines Königtums davon abhänge, dass er das Rechte beachte: *Quamdiu iustitiam observas, rex esse poteris; et quam cito hanc infringeris, rex esse desines.*[133] Vergleichbares hatte der Erzbischof von Köln dem Adolf von Nassau bedeutet, wenn sich sein Rechtsverständnis auch in hohem Maße aus dem Blickwinkel Kölner Interessen erklären ließ. Für den König lag die grundsätzliche Gefahr darin, dass sein Amt von dem Ermessen mächtiger Männer abhängen konnte.[134] Von Männern, die nicht nach der Devise verfuhren *Right or wrong, my king*. Den Zeitgenossen war die Gefahr für den einzelnen König sehr klar. Matthaeus Parisiensis ließ Heinrich III. in seiner Erzählung alarmiert reagieren und sogleich die Gefahr einer Absetzung benennen.[135] Er kam dieser Erfahrung sehr nahe, und Adolf von Nassau fiel ihr zum Opfer.

Aus der Perspektive einer vergleichenden Untersuchung der Krisenrhythmen und der Rhythmen der Erinnerung ist der improvisierte Charakter der Königsabsetzungen in England und im Reich ein hilfreiches Moment. Denn bei einem Verfahren, das nicht auf bewährte Prozeduren setzen konnte, sondern das ganz unterschiedliche Kriterien zur Rechtfertigung eines fragwürdigen Vorgehens heranzog, läßt sich erkennen, welche Vorbilder den Akteuren noch gegenwärtig waren. Wir können davon ausgehen, dass sie alle legitimierenden Momente bemühten, die im zeitgenössischen Bewusstsein eine Rolle spielen konnten.[136]

Im Falle Adolfs läßt sich erkennen, dass die Fürsten in der Begründung für die Notwendigkeit ihres Vorgehens (*Propter quod non valentes absque gravi Christi offensa eius iniquitates amplius tollerare ...*) und in der Begründung der schließlichen Absetzung (*... predictum dominum Adolfum, qui se regno reddidit tam indignum quique propter suas iniquitates et causas prescriptas a deo, ne regnet amplius, est eiectus, denunciamus privatum et nichilominus concordi sentencia predictorum principum electorum dictante*

---

132 Matthaeus Parisiensis, Cronica maiora, Bd. 5, ed. Luard, S. 339; vgl. dazu CLANCHY, Did Henry III have a Policy?, S. 203–216.
133 Matthaeus Parisiensis, Cronica maiora, Bd. 5, ed. Luard, S. 339.
134 Vgl. dazu etwa KAUFHOLD, Deutsches Interregnum, S. 98–135 (mit weiterer Literatur).
135 Matthaeus Parisiensis, Cronica maiora, Bd. 5, ed. Luard, S. 339.
136 Vgl. dazu auch Michael Prestwich über die Absetzung Edwards II. 1327: „To try to determine precisely how it was that Edward II was removed from the throne, whether by abdication, depostion, Roman legal theory, renunciation of homage, or parliamentary decision, is a futile task. What was necessary was to ensure that every conceivable means of removing the king was adopted, and the procedures combined all possible precedents." (PRESTWICH, Plantagenet England, S. 218).

sentenciando privamus ...) den Formulierungen des Absetzungsdekretes von Innozenz IV. gegen Friedrich II. folgten.[137] Die Frage, woher die Kenntnis dieses Texts stammte, hat einen eigenen Reiz. Wenige Jahre später wäre sie einfach zu beantworten: das Absetzungsurteil wurde in die große Rechtssammlung Bonifaz' VIII., den *Liber Sextus*, übernommen und fand Verbreitung in der gesamten lateinischen Christenheit.[138] Tatsächlich aber wurde der Text des *Liber Sextus* Anfang März 1298 promulgiert.[139] Die Absetzungsbulle wurde dreieinhalb Monate später ausgefertigt, und es ist kaum davon auszugehen, dass die Kanzlei des Erzbischofs von Mainz, der als Aussteller der Urkunde auftrat, so schnell an eine Kopie gelangt war.[140] Papst Bonifaz VIII., der in manchem an den Stil Innozenz' IV. anknüpfte, fand an dem Mainzer Umgang mit der kurialen Tradition keinen Gefallen.[141] Er verurteilte die Absetzung Adolfs von Nassau in scharfer Form (*electionem dicit esse nullam*).[142]

Das Absetzungsurteil Innozenz' IV. gegen Friedrich II vom 17. Juli 1245 war der Mainzer Kanzlei wahrscheinlich aus der *Collectio III* bekannt, die Innozenz IV. am 9. September 1253 publizierte. Mit dieser Novellensammlung dokumentierte Innozenz solche Dekretalentexte, die nach der Promulgation des *Liber X* im Jahr

---

137 MGH Constitutiones, Bd. 3, ed. Schwalm, Nr. 589, S. 552 die Übernahmen sind fast wörtlich: MGH Epistolae saeculi XIII, Bd. 2, ed. Rodenberg, Nr. 124, S. 93f.; zur Absetzung Friedrichs II. vgl. oben; allgemein: E. W. PETERS, The Shadow king: Rex inutilis in Medieval Law and Literature 751–1327, New Haven u. a. 1970.

138 VI.14. 2; zur Entstehung und zur Verbreitung des Liber Sextus vgl. M. BÉGOU-DAVIA, Le „Liber Sextus" de Boniface VIII et les extravagantes des papes précédentes, in: Zeitschrift der Savigny-Stiftung für Rechtsgeschichte, Kan Abt. 90 (2004), S. 77–191; T. SCHMIDT, Frühe Anwendungen des Liber Sextus Papst Bonifaz' VIII, in: Proceedings of the Ninth National Congress of Medieval Canon Law, 13.–18. July 1992 (Monumenta Iuris Canonici Ser. C: Subsidia 10), hg. von P. Landau/J. Müller, Città del Vaticano 1997, S. 117–134; D. WILLIMAN, A Liber Sextus from the Bonifacian Library: Vatican Borghese 7, in: Bulletin of Medieval Canon Law NS 7 (1977), S. 103–107; E. Göller, Zur Geschichte des Zweiten Lyoneser Konzils und des Liber Sextus, in: Römische Quartalschrift für christliche Altertumskunde und für Kirchengeschichte 20 (1906), S. 81–87.

139 Vgl. die vorangehende Anmerkungen.

140 Zur Rolle Gerhards II. von Mainz, der die Absetzungsurkunde ausstellte (MGH Constitutiones, Bd. 3, ed. Schwalm, Nr. 589, S. 549) vgl. etwa SCHUBERT, Die Absetzung, S. 282–287; zur Rezeptionsgeschwindigkeit des Liber Sextus vgl. etwa SCHMIDT, Frühe Anwendungen des Liber Sextus. An der Kurie stammen die ersten Belege für die Verwendung des Liber Sextus aus dem Mai und Juli 1298 (ebda, S. 118f.), in Deutschland datiert der erste Beleg aus dem kirchlichen Milieu vom April 1299 (Lübeck: ebda, S. 130f.).

141 Zu Bonifaz VIII. und seiner Amtsauffassung vgl. zuletzt: A. PARAVICINI-BAGLIANI, Boniface VIII, Paris 2003; MIETHKE, De Potestate Papae, S. 45–82.

142 *Albertus rex Alamannie et Romanorum numptios mittit sollempnes ad curiam pro sua electione presentanda et confirmatione obtinenda, quam Bonifatius repellit et electionem dicit esse nullam multis rationibus et causas*; Die Annalen des Tholomeus von Lucca in doppelter Fassung nebst Teilen der Gesta Florentinorum und Gesta Lucanorum (MGH Script. Rer. Germ. N.S. 8), hg. von B. Schmeidler, 2. Aufl. Berlin 1955, S. 235; vgl. dazu etwa T. S. R. BOASE, Boniface VIII (Makers of the Middle Ages), London 1933, S. 217–219.

1234 wichtige Rechtsmaterien behandelten.[143] Ihre Verbreitung war noch nicht ganz so ausgedehnt wie die des späteren *Liber Sextus*, aber in Mainz hatte man ein spezifisches Interesse an dem Absetzungsurteil gegen Friedrich II. Schließlich hatte sich der Erzbischof von Mainz früh auf die Seite des Papstes gegen Friedrich II. gestellt.[144] Die einschlägigen Formulierungen des Absetzungsurteils gegen Adolf von Nassau gingen damit auf eine besondere Mainzer Überlieferung zurück, die gut 50 Jahre nach dem ursprünglichen Ereignis erneut in einer Krisensituation herangezogen wurde. Wir werden dieser Form der Wiederaufnahme von Rechtstexten aus der Zeit Friedrichs II. im folgenden Kapitel erneut begegnen – bei der Wiederbelebung des *Mainzer Reichslandfriedens* von 1235 durch Rudolf von Habsburg in den späten Jahren seiner Herrschaft. Doch zunächst gilt es noch einen abschließenden Blick auf die Krisenerfahrungen des englischen Königs zu werfen, der ebenfalls am Ende des 13. Jahrhunderts in Schwierigkeiten geriet. Er war zu diesem Zeitpunkt sogar mit Adolf von Nassau verbündet. Das Bündnis diente der Vorbereitung Edwards I. für seinen Kampf mit dem französischen König. Es blieb allerdings ohne Folgen.[145]

Im Jahr 1294 kam es nach es nach fast vier Jahrzehnten ohne Kämpfe um die englischen Festlandsbesitzungen zu einer Neubelebung dieses Konfliktes, der bereits auf eine lange Tradition zurückblicken konnte. Diese Kämpfe, die in der ersten Hälfte des 13. Jahrhunderts eine regelmäßige Erscheinung in den Beziehungen des französischen und des englischen Königs gewesen waren, hatten mit dem Frieden von Paris 1259 ein Ende gefunden.[146] Der englische König hatte auf die Besitzungen im Norden Frankreichs verzichtet und dafür einen garantierten

---

[143] Vgl. dazu P.-J. KESSLER, Untersuchungen über die Novellen-Gesetzgebung Papst Innozenz' IV. Ein Beitrag zur Geschichte der Quellen des kanonischen Rechts, 1. Teil, in: Zeitschrift der Savigny-Stiftung für Rechtsgeschichte, Kan. Abt. 31 (1942), S. 142–320, bes. S. 148, 250–252 (mit Anm. 258), 275–290; das Absetzungsurteil *ad apostolicae* wurde als Kap. 23 der *Collectio III* publiziert.

[144] Vgl. das Bündnis des Mainzer Erzbischofs mit dem Erzbischof von Köln im September 1241 gegen Friedrich II.: Urkundenbuch für die Geschichte des Niederrheins, Bd. 2, ed. Lacomblet, Nr. 257; vgl. dazu etwa: KAUFHOLD, Deutsches Interregnum, S. 253f.

[145] Vgl. zu Adolfs Verhandlungen mit dem englischen König in der zweiten Hälfte des Jahre 1294: MGH Constitutiones, Bd. 3, ed. Schwalm, Nr. 509–521; vgl. dazu PRESTWICH, Plantagenet England, S. 300f.; E. BOCK, Englands Beziehungen zum Reich unter König Adolf von Nassau, in: Mitteilungen des Instituts für Österreichische Geschichtsforschung: Ergänzungsband 12 (1933), S. 199–257.

[146] Vgl. zu den zahlreichen Kämpfen und Waffenstillständen des englischen und französischen Königs in der ersten Hälfte des 13. Jahrhunderts die Quellen in: Foedera, Bd. 1, ed. Rymer u. a.; vgl. zu den schwierigen Beziehungen der englischen Könige zum Festland zuletzt K. VAN EICKELS, Vom inszenierten Konsens zum systematisierten Konflikt: Die englisch-französischen Beziehungen und ihre Wahrnehmung an der Wende vom Hoch- zum Spätmittelalter (Mittelalter-Forschungen 10), Stuttgart 2002; vgl. auch KAUFHOLD, Deutsches Interregnum, S. 27–97; zum Frieden von Paris 1259 vgl. M. GAVRILOVITCH, Étude sur le traité de Paris de 1259, Paris 1899; vgl. auch M. C. L. SALT, List of English Embassies to France, 1272–1307, in: The English Historical Review 44 (1929), S. 263–278.

Rechtsstatus für seine Besitzungen im Südwesten erhalten.[147] Dabei ging es vor allem um Garantien für die Gascogne. Ihr Status war nun erneut strittig geworden. Die Gereiztheit stieg, und schließlich wurden die Kämpfe wieder aufgenommen. Es geht hier nicht um die Details der Eskalation.[148] Aus einer übergeordneten Perspektive erscheinen die verschiedenen Unzufriedenheiten und Provokationen eher als Anlässe denn als Ursachen einer neuen kriegerischen Etappe in dem langen Konflikt, der schließlich in den Hundertjährigen Krieg mündete. Die übergeordnete Perspektive führt auch dazu, dass wir die Kämpfe in Schottland in die Betrachtung einbeziehen, die nun ebenfalls begannen.[149]

Die zeitliche Parallele in den Kriegen mit dem französischen König und den Kriegen in Schottland wurde seit dem Ende des 13. Jahrhunderts zu einer wiederholten Erscheinung in der Konstellation der englisch-französischen und schottischen Könige, denn die einfache Maxime „der Feind meines Feindes ist mein Freund" veranlasste den französischen König wiederholt zu einem in etwa parallelen Vorgehen mit den Schotten gegen den englischen Gegner. Diese später „Auld Alliance" genannte Verbindung mochte ältere Vorläufer haben, sie wurde aber erst am Ende des 13. Jahrhunderts wirklich virulent, als der englische König nach dem Ende der schottischen Königsdynastie eine deutliche Überordnung über die schottische Krone verlangte.[150] Es gab sowohl für den Konflikt auf dem französischen Festland wie für den schottischen Konflikt reale Anlässe, aber im Grunde entsprangen sie derselben Entwicklung, die den Fortschritt des königlichen Amtsbewußtseins im Frankreich und im England des 13. Jahrhunderts widerspiegelt.[151]

---

147 Die Dokumente der Verhandlungen zum Frieden von Paris (1257–1259) und die Vertragstexte selbst sind ediert in: Layettes du trésor des Chartes (Inventaires et documents B), Bd. 2, hg. von A. Teulet, Paris 1866; vgl. dazu auch I. J. SANDERS, The Texts of the Peace of Paris 1259, in: The English Historical Review 66 (1951), S. 81–97; P. CHAPLAIS, The Making of the Treaty of Paris and the Royal Style, in: The English Historical Review 67 (1952), S. 235–253; DERS., Le Traité de Paris de 1259 et l'inféodisation de la Gascogne allodiale, in: Le Moyen Âge 61 (1955), S. 121–137; vgl. auch: KAUFHOLD, Deutsches Interregnum, S. 83–97; VAN EICKELS, Vom inszenierten Konsens, S. 183–244.
148 Vgl. dazu etwa VALE, The Origins of the Hundred Years War, S. 48–79; M. PRESTWICH, Edward I, London 1988, S. 376–400.
149 Vgl. allgemein VALE, The Origins of the Hundred Years War; zu Schottland vgl. G. W. S. BARROW, Robert Bruce and the Community of the Realm of Scotland, London 1965; Edward I and the Throne of Scotland, 1290–1296, hg. von E. L. G. Stones/G. G. Simpson, Oxford 1978; C. MCNAMEE, The Wars of the Bruces: Scotland, England and Ireland, 1306–1328, East Linton 1997; M. BROWN, The Wars of Scotland 1214–1371, Edinburgh 2004; PRESTWICH, Plantagenet England, S. 227–265.
150 Vgl. dazu die Literatur in der vorangehenden Fußnote; vgl. zur Auld Alliance N. A. T. MACDOUGALL, An Antidote to the English: the Auld Alliance, 1295–1560 (The Scottish History Matters Series), East Linton 2001; J. LAIDLAW, The Auld Alliance. France and Scotland over 700 Years, Edinburgh 1999; E. BONNER, Scotland's ‚Auld Alliance' with France, 1295–1560, in: History 84 (1999), S. 5–30.
151 Zur Entwicklung des Königtums in England vgl. die verschiedenen bereits zitierten Arbeiten von TURNER, King John; POWICKE, Henry III and the Lord Edward; CARPENTER, The Plantagenet Kings; DERS., Henry III; PRESTWICH, Edward I; DERS., The Three Edwards; vgl. die Übersicht: Die englischen Könige im Mittelalter, hg. von Fryde/Vollrath; vgl. auch

Beide Könige beanspruchten innerhalb ihres erweiterten Königreiches die eindeutige hierarchische Überordnung über alle anderen Herrschaftsträger. Diese Überordnung kam praktisch dadurch zum Ausdruck, dass das königliche Gericht auch solche Klagen akzeptierte, die aus der Gascogne an das *parlement de Paris* oder die aus Schottland an den englischen König gerichtet wurden.[152] Die Zuständigkeit dieser Gerichte wurde aber von dem englischen König als Herzog der Gascogne und von den schottischen Großen in Frage gestellt.[153] In der Sache erlebte Edward I. als Vasall des Königs von Frankreich denselben Druck, den er auf den König von Schottland ausübte, indem er auf der Überordnung der englischen über die schottische Krone bestand. Es ging bei aller Verschiedenheit im historischen Detail bei beiden Kontrahenten um eine hierarchische Abstufung der verschiedenen Herrschaftspositionen.

Die Krise, die Edward I. nach einer langen und erfolgreichen Herrschaftsperiode erfasste, war die Folge der Überforderung seiner Untertanen durch die Kriege mit den Schotten und auf dem Festland. Die Belastungen wurden als zu hoch empfunden.[154] Der Unwillen richtete sich gegen die Höhe der Belastungen und gegen den Anspruch des Königs auf Heeresfolge auf dem Festland: *videtur toti communi-*

R. TURNER, England: Kingship and the Political Community c. 1100–1272, in: A Companion to Britain in the Later Middle Ages, hg. von S. H. Rigby, Oxford 2003, S. 182–207; S. L. WAUGH, England: Kingship and the Political Community, in: ebda, S. 208–223; E. M. HALLAM, Royal Burial and the Cult of Kingship in France and England, 1060–1330, in: Journal of Medieval History 8 (1982), S. 359–380; bei Bedarf vgl. evtl. auch: P. R. HYAMS, What did Henry III of England think in Bed and in French about Kingship and Anger?, in: Angers Past. The Social Uses of an Emotion, hg. von B. H. Rosenwein, Ithaka (N. Y.) 1998, S. 92–124; zur Entwicklung des Königtums in Frankreich von Philipp II. zu Philipp IV. vgl. BALDWIN, The Government of Philip Augustus; JORDAN, The Challenge of the Crusade; LE GOFF, Ludwig der Heilige; J. R. STRAYER, The Reign of Philip the Fair, Princeton 1980; vgl. auch Die französischen Könige des Mittelalters. Von Odo bis Karl VIII. 888–1498, hg. von J. Ehlers/H. Müller/B. Schneidmüller, München 1996; vgl. Représentation, pouvoir et royauté à la fin du Moyen Age. Actes du colloque organisé par l'Université du Maine les 25 et 26 mars 1994, hg. von J. Blanchard, Paris 1995.

152 Vgl. dazu etwa: Lettres des rois, reines et autres personnages, Bd. 1, hg. von M. Champillion-Figeac, Paris 1839, S. 404, 426–429; PRESTWICH, Edward I, S. 376–381.

153 Vgl. zur Entwicklung des Konflikts zwischen dem französischen und dem englischen König ab 1293 etwa die Schilderung in der Chronik Walters von Guisborough: The Chronicle of Walter of Guisborough (Camden Third Series 89), hg. von H. Rothwell, London 1957, S. 240–243; vgl. auch die englische Stellungnahme zu den Vorfällen in: English Medieval Diplomatic Practise, Bd. 1,2, hg. von P. Chaplais, London 1982, Nr. 237 (besonders S. 426–430 mit den Anmerkungen des Editors); vgl. dazu etwa PRESTWICH, Edward I, S. 379f.; zu dem Verhältnis Edwards I. zu den Schotten vgl. etwa: Edward I. and the Throne of Scotland 1290–1296, ed. E. L. G. Stones/G. G. Simpson (z.B. Bd. 2, S. 16, A.3, S. 30f., D. 10); vgl. für die Vorgeschichte auch die Dokumente in: Anglo-Scottish Relations 1174–1328. Some Selected Documents (Oxford Medieval Texts), hg. von E. L. G. Stones, Oxford 1965.

154 Vgl. die Klagen, die das Parlament im Juli 1297 vorbrachte: Chartes des Libertés Anglaises, ed. Bémont, S. 77f.: ... *quod auxilium facere non possunt propter paupertatem in qua sunt propter tallagia et prisas antedictas* ...(Zitat, S. 77 (2)). Vgl. zu den Summen etwa: CARPENTER, The Plantagenet Kings, S. 348.

tati quod ibi non debent aliquod servitium facere.[155] Die Forderungen wurden dezidiert im Namen der *Communitas terre* vorgetragen (*tota communitas terre sentit se valde gravatum*), jenem Verband der Untertanen, der sein Debut in der Magna Carta erlebt hatte und der seitdem zu einer immer bedeutenderen Kraft in den englischen Verfassungskämpfen geworden war.[156] Anders als in der Magna Carta erklärte dieser Untertanenverband nun aber nicht sein grundsätzliches Misstrauen gegen den König und verlangte eine institutionalisierte Kontrolle des Herrschers wie 1215 und 1259, sondern es ging der *Communitas* zwischen 1297 und 1300 um die Abstellung konkreter Gravamina.[157] In diesen konkreten Fällen verlangten die Unzufriedenen künftig eine Mitsprache, aber sie waren nicht stark genug, um sich durchzusetzen.[158] Der König, der die Auseinandersetzung mit seinen Baronen über die Frage der Heeresfolge auf dem Festland von einem dezidierten herrschaftlichen Standpunkt aus begonnen hatte, musste von diesem Anspruch einige Abstriche machen.[159] Schließlich musste er die Bestimmungen der Magna Carta 1301 noch einmal in der Form bestätigen, dass er einräumte, all jene Bestimmungen, die gegen die Magna Carta verstießen, in Abstimmung mit dem allgemeinen Ratschluß zu verbessern oder gar aufzuheben (*... de communi consilio regni nostri modo debito emendentur vel eciam adnullentur*).[160]

Die *Communitas regni* war am Ende des 13. Jahrhunderts mehr als eine abstrakte Größe in der politischen Ordnung Englands. Sie wurde in diesen Jahren auch von einem Parlament vertreten, das allmählich das soziale Spektrum der politischen Kräfte des Landes repräsentierte. Das Parlament, das Edward I. im Jahre 1295 zusammenrief, umfasste neben den Baronen auch die Vertreter der einzelnen Grafschaften. Die Grafschaften wurden als *communitates* von je zwei Rittern vertreten, die mit der Vollmacht (*plena potestas*) ausgestattet sein sollten,

---

155 Chartes des Libertés Anglaises, ed. Bémont, S. 77 (1).
156 Vgl. auch VALENTE, The Theory and Practise of Revolt, S. 112f.
157 Vgl. auch PRESTWICH, Plantagenet England, S. 170f.
158 Vgl. die Forderungen in dem etwas irreführenderweise *Statutum de tallagio non concedendo. Articuli inserti in Magna Carta* genannten Text, der die Ansprüche auflistet, der aber niemals vom König anerkannt oder als Statut erlassen wurde (Chartes des Libertés Anglaises, ed. Bémont, S. 88f.; vgl. dazu auch die Einleitung des Herausgebers, S. 87f.); vgl. auch PRESTWICH, Plantagenet England, S. 170f.
159 Edward soll dem Grafen von Norfolk, der die Heeresfolge verweigerte, wütend den Tod durch den Strick angedroht haben: *Et iratus rex prorupit in hec verba, ut dicitur, „Per Deum, O comes, aut ibis aut pendebis"* (The Chronicle of Walter of Guisborough, ed. Rothwell, S. 290). Damit erhielt die Verweigerung der Heeresfolge durch die Androhung der Todesstrafe die Qualität eines Majestätsverbrechens. Vgl. die verschiedenen Forderungen der Gegner von Edwards Politik und Edwards Zugeständnisse 1297–1301 bei Chartes des Libertés Anglaises, ed. Bémont, S. 76–109.
160 Ebda, S. 109. Die Zusage bezog sich auf die Bestimmungen der Magna Carta und der sogenannten Forest Charter (1217), die den Umgang mit den ausgedehnten königlichen Waldbesitzungen regelte. Die Forest Charter ist bei Chartes des Libertés Anglaises, ed. Bémont, S. 64–70 ediert; vgl. dazu etwa: J. R. BIRRELL, Forest law and the Peasantry in the Later Thirteenth Century, in: Thirteenth century England, Bd. 2, hg. von P. R. Coss, Woodbridge 1988, S. 149–163.

bindende Entscheidungen für ihre Gemeinden zu treffen.[161] Etwa 40 Jahre, nachdem das Parlament in der Krise des Barons War erstmals deutliche Konturen angenommen hatte, war es nun zu einer deutlich größeren Versammlung geworden, die allmählich den Anspruch erheben konnte, einen erheblichen Teil der politisch bedeutenden Untertanen des Königs zu repräsentieren.

Das 13. Jahrhundert endete in England mit einer Bekräftigung der Magna Carta, die 1297 ein letztes Mal als Urkunde ausgestellt wurde.[162] Damit musste Edward zu einer Form der Politik in Abstimmung mit der *Communitas regni* zurückkehren, die er in den Jahren vor der Krise zunehmend verlassen hatte.[163] Es war letztlich die Haltung Edwards zum Krieg mit dem französischen König gewesen, die die Kritiker auf den Plan gerufen hatte. Die Krise von 1297–1301 hatte einen gemäßigteren Charakter als die Krise von 1258–1265, aber auch sie verband die Fragen der Beratung des Königs und der Haltung zum französischen König miteinander, ebenso wie es das Geschehen von 1259 getan hatte. Allerdings ging es damals um einen weitreichenden Friedensschluß. Der Friede von Paris hatte die Rebellion der Barone nicht ausgelöst. Aber er fiel in dieselben Jahre.[164] Hier geht es nicht darum, anhand allzu abstrakter Kategorien historische Parallelen zu konstruieren, das Geschehen unterscheidet sich zu sehr. Aber es ist doch in Hinblick auf die Thematik des nächsten Kapitels eine interessante Frage, inwieweit die englischen Akteure eine Tradition pflegten, die das politische Grundmodell kontrollierter Herrschaft, das 1215 erstmals sichtbar geworden war, bewahrte, und ob in dieser Tradition die Haltung zu den Festlandsinteressen des englischen Königs eine eigene Entwicklung genommen hatte. Es ist eine Frage, die uns mitten in die Dynamik politischer Traditionsbildung hineinführt. Aber bevor wir dieser Dynamik nachgehen, die aus der Perspektive der Zeitgenossen erwuchs, werfen wir

---

161 Vgl. dazu die Einladungen zu dem Parlament im Herbst 1295 in: Select Charters and other Illustrations of English Constitutional History, hg. von W. Stubbs/H. W. C. Davis, 9. Aufl. Oxford 1913, S. 480–482 (Nr . II–IV); vgl. dazu auch G. POST, Plena potestas and Consent in Medieval Assemblies: A Study in Romano-Canonical Procedure and the Rise of Representation, in: Traditio 1 (1943), S. 355–408; vgl. auch J. G. EDWARDS, The *Plena Potestas* of English Parliamentary Representatives, in: Historical Studies of the English Parliament, Bd. 1, hg. von E. B. Fryde /E. Miller, Cambridge 1970, S. 136–149; für eine Übersicht über die Entwicklung des Parlaments in den letzten Jahren des 13. Jahrhunderts vgl. auch: BUTT, A History of Parliament, S. 148–166; Documents illustrating the Crisis of 1297–98 in England (Camden Fourth Series 24), hg. von M. Prestwich, London 1980; dazu vgl. DERS., Plantagenet England, S. 165–187.
162 Vgl. auch VALENTE, The Theory and Practise of Revolt, S. 112f. („In fact the 1297 version of Magna Carta became the standard text"; ebda, 113); vgl. auch die Abb. 1 in diesem Band.
163 Vgl. etwa G. L. HARRISS, The Formation of Parliament, 1272–1377, in: The English Parliament, hg. von Davies/Denton, S. 29–60, S. 30f.
164 Der Friede von Paris 1259 und die Rebellion der Barone ab 1258 hatten letztlich ihre Ursache in dem Sizilienprojekt Heinrichs III. (vgl. oben). Die enormen Kosten, die wegen der Annahme der sizilischen Krone zu erwarten waren, provozierten die Barone. Aber sie erhöhten auch die Bereitschaft des englischen Königs, den Konflikt um die Festlandsbesitzungen dort zu beenden, wo er ohnehin nicht mehr auf Erfolge rechnen konnte (vgl. zuletzt KAUFHOLD, Deutsches Interregnum, S. 48–66, 83–97).

noch einen letzten Blick aus der der vergleichenden Perspektive des Historikers auf die Entwicklungen des 13. Jahrhunderts. So unterschiedlich sie in England, im Reich und an der Kurie waren, so gab es doch einige auffällige gemeinsame Themen.

Die Krisen des 13. Jahrhunderts hatten die Akteure des Reiches, der Kurie und Englands in verschiedener Weise zusammengeführt. Auslöser war zweimal (1198–1214 und 1257) die deutsche Königswahl. In Deutschland war die Königswahl das bestimmende und das interessanteste verfassungsgeschichtliche Problem des 13. Jahrhunderts. Es ging dabei eher um die Rolle der Fürsten, als um die Rolle des Herrschers. Er war nicht stark genug, um eine intensivere Auseinandersetzung um seine Position zu provozieren. In England war die Frage der richtigen Amtsführung des Mannes an der Spitze dagegen das zentrale Thema. Für die Kurie gilt dasselbe. Innozenz IV. hatte mit seinem Anspruch auf die Lenkung der Christenheit durch eine Person ein hierarchisches Prinzip formuliert, das in seiner Geschlossenheit seinesgleichen suchte und das in der großen Auseinandersetzung des Pariser Armutsstreites von bedeutenden Theologen der 1250er Jahre energisch verteidigt wurde.[165] Hier geht es weniger um die theoretischen Konzepte, sondern um das dynamische Verhältnis von Leitideen und politischer Realität. Doch ist bei der vergleichenden Untersuchung dynamischer Prozesse die Frage von erheblichem Reiz, inwieweit dasselbe Konzept bei den verglichenen Akteuren auf eine ganz unterschiedliche Aufnahme stoßen konnte. Denn auch eine entschiedene Ablehnung ist ein Indiz dafür, dass ein Konzept eine prägnante historische Erscheinung gewonnen hat. Man wusste, was man nicht wollte. Die politische Dynamik entsteht nicht allein aus der Rezeption, sondern auch aus ihrer Zurückweisung.

Das Konzept des *Regimen unius personae* war von Innozenz IV. in klarer Schärfe nach der Absetzung Friedrichs II. formuliert worden. Nur durch die Lenkung durch eine Person konnte sichergestellt werden, dass die Kirche mit einer Stimme sprach und in einem Geist handelte.[166] Dies war ein rein formales Argument, das

---

[165] Vgl. dazu M. BIERBAUM, Bettelorden und Weltgeistlichkeit an der Universität Paris. Texte und Untersuchungen zum literarischen Armuts- und Exemtionsstreit des 13. Jahrhunderts (1255–1272) (Franziskanische Studien: Beiheft 2), Münster 1920; vgl. knapp mit weiterer Literatur: KAUFHOLD, Deutsches Interregnum, S. 406–412.

[166] Vgl dazu den eindrucksvollen Kommentar der Absetzungsbulle, den Innozenz IV. als Jurist selber formulierte. Apparatus in V libros decretalium, hg. von P. Vendramenus, Frankfurt 1570, II. 27. 27, fol. 316V: *Privamus: Notandum quia papa deponit imperatorem ... et est hoc iure: Nam cum Christus filius Dei, dum fuit in hoc seculo, et etiam ab aeterno dominus naturalis fuit et de iure naturali in imperatores et quoscumque alios sententias depositionis ferre potuisset et damnationis et quascumque alias utpote in personas, quas creaverat et donis naturalibus et gratuitis donaverat et in esse conservaverat, et eadem ratione et vicarius eius potest hoc; nam non videretur discretus dominus fuisse, ut cum reverentia eius loquar, nisi unicum post se talem vicarium reliquisset, qui haec omnia posset. Fuit autem iste vicarius eius Petrus ...; et idem dicendum est de successoribus Petri, cum eadem absurditas sequeretur, si post mortem Petri humanam naturam a se creatam sine regimine unius personae reliquisset*; vgl. dazu etwa: A. MELLONI, Innozenzo IV. La concezione e l'esperienze della christianitá come regimen unius personae, Genua 1990; zur Theoriebildung des päpstlichen Amtes im 13. Jahrhundert vgl. etwa: J. MIETHKE, Geschichtsprozeß und zeit-

keinerlei Aussage darüber machte, wo der Weg hinführte, den diese eine Person wies. Doch im wirklichen Leben bestand die Gefahr, dass diese eine Person an der Spitze den falschen Weg wies. Die englischen Barone sahen diese Schattenseiten deutlich. *Doluit igitur nobilitas regni, se unius hominis ita confundi supina simplicitate.*[167] Hinter dem triumphalen *Regimen unius personae* konnte nach wenigen Fehlentscheidungen die *simplicitas unius personae* hervortreten, die alle anderen in Schwierigkeiten brachte und dadurch so viel Widerstand provozierte, dass die Einheit des Königreiches in Gefahr geriet. Der Anspruch auf das *Regimen* und die Klage über die *simplicitas* entstammen nicht nur derselben Zeit um 1250, sondern sie entstammen demselben Konflikt – dem Kampf um die staufische Herrschaft und um ihr Erbe. Die Chancen wurden verschieden interpretiert, die Ausgangslage an der Kurie und im Königreich England war auch unterschiedlich. Aber das Thema der Entscheidungskompetenz forderte beide heraus. Es lag gewissermaßen in der Luft, und die Krise erforderte eine Stellungnahme. Es ist wichtig zu sehen, dass die Entscheidungen sich zwar deutlich unterschieden, dass sie aber auf dieselbe Herausforderung reagierten.

Die Herausforderungen liefern einen Hinweis auf eine unterschiedliche Disposition der verglichenen Größen. In England und an der Kurie waren die zentralen Instanzen jeweils in der Lage, eine erkennbare Position zu der Frage ihrer Lenkungsgewalt zu entwickeln. Der römisch-deutsche König war auf dieser Ebene keine erkennbare Größe. Auf der Ebene des Königtums lieferte das Reich eher den Anlaß für die historischen Herausforderungen, denen sich die Kurie und England in unterschiedlicher Weise stellten. Eine institutionelle Entwicklung wurde dadurch nicht befördert. Die institutionelle Entwicklung im Reich vollzog sich auf der Ebene der Fürsten. Dabei ging es durchaus um ihr Verhältnis zum König, um die besondere Situation der Königswahl. Doch zeigt sich bei aller unterschiedlichen Disposition der politischen Kräfteverhältnisse auch bei dem Verhältnis des Königs zu den mächtigen Männern des Landes die Bedeutung von Herausforderungen, die eine Vergleichsperspektive eröffnen. Es sind Herausforderungen, die durch die Stichworte *Revindikation* und *Quo warranto* bezeichnet werden. Nach seinem Amtsantritt sah sich Rudolf von Habsburg vor der Aufgabe, die materiellen Grundlagen seiner Königsherrschaft zu überprüfen. Nach Jahrzehnten, in denen das Königtum in Deutschland keine präsente Größe gewesen war, bedeutete dies den Versuch, allmählich entfremdetes Krongut für die Krone zurück zu gewinnen. Die Forschung hat für diese Aufgabe den Begriff der *Revindikation* geprägt. Um Güter und Rechte, die vormals der Krone gehört hatten – oder gehört haben sollten –, nun wieder für die Krone zu beanspruchen, musste Rudolf einen Zeitpunkt definieren, der als Referenzjahr gelten sollte, und er musste eine Strategie entwickeln, wie er die Rechtsansprüche der Krone belegen und wie er sie

---

genössisches Bewußtsein. Die Theorie des Monarchischen Papats im Hohen und Späten Mittelalter, in: HZ 226 (1978), S. 564–599; K. PENNINGTON, Pope and Bishops. The Papal Monarchy in the Twelfth and Thirteenth Centuries (The Middle Ages), o. O. 1984; zur Absetzung Friedrichs vgl. aus dieser Perspektive auch KEMPF, Die Absetzung Friedrichs II.

167 Matthaeus Parisiensis, Chronica maiora, Bd. 5, ed. Luard, S. 676.

durchsetzten konnte. Das war keine einfache Aufgabe. Vor eine vergleichbare Aufgabe sah sich der englische Königs Edward I. gestellt. Edward (1272–1307) regierte zur selben Zeit wie Rudolf (1273–1291), allerdings war er bei seinem Regierungsantritt ein deutlich jüngerer Mann und so überlebte er den Habsburger um etliche Jahre. Obwohl Edward die Rebellion gegen seinen Vater überwunden hatte, und obwohl England im 13. Jahrhundert immer einen präsenten König gehabt hatte, begann er eine großangelegte Kampagne zur Überprüfung der Kronrechte in seinem Königreich. Diese Kampagne, die alle Vasallen des Königs danach befragte, aufgrund welchen Rechts (*quo warranto*) sie die Ausübung ursprünglich königlicher Rechte beanspruchten, verlangte von den Baronen die Vorlage urkundlicher Beweise für die königliche Verleihung der in Rede stehenden Rechte.[168] Auch in diesem Fall musste ein Zeitrahmen festgelegt werden, um zu definieren, welche Rechte überprüft werden sollten. Beide Kampagnen gingen von unterschiedlichen Vorbedingungen aus, die Könige verfügten in beiden Kampagnen über unterschiedliche Machtmittel und der zeitliche Horizont wurde verschieden definiert.[169] Und doch war der grundsätzliche Anspruch sehr ähnlich. Die Könige bestanden auf einer Klärung ihrer Rechte. Diese königliche Politik ist bislang allein aus der Entwicklung der jeweiligen Königreiche heraus erklärt worden. In der Geschichte Englands nach der Herrschaft Heinrichs III. und in der Geschichte Deutschlands nach dem Interregnum gibt es gewichtige Begründungen für die Notwendigkeit einer *Quo warranto*- oder *Revindikationspolitik*, aber diese Bewegungen eröffnen auch die Möglichkeit des Vergleichs. Die Herausforderungen waren grundsätzlich vergleichbar, und gerade deshalb eröffnen die vielen Unterschiede in der Durchführung dieser Kampagnen den Blick auf die verschiedenen Möglichkeiten herrschaftlicher Durchdringung eines Königreichs im 13. Jahrhundert. Aus der Perspektive unserer Untersuchung verbindet sich damit die Frage, inwieweit

---

168 Vgl. den Writ Edwards I. im Anhang der einschlägigen Untersuchung von D. W. SUTHERLAND, Quo warranto Proceedings in the Reign of Edward I. 1278–1294, Oxford 1963, App. 1,1 (S. 191): *Rex vicecomiti salutem. Precipimus tibi quod per totam ballivam tuam, videlicet, tam in civitatibus quam burgis et villis mercatoriis et alibi, publice proclamare facias quod omnes alii* [sic] *qui aliquas libertates per cartas predecessorum nostrorum regum Anglie vel alio modo haberet clamant sint coram nobis tali die apud talem locum ad ostendendum cuiusmodi libertates haberet clamant et quo warranto.*
169 Vgl. dazu das nächste Kapitel.

der unterschiedliche Grad herrschaftlicher Durchdringung eines politischen Gefüges Auswirkungen auf den institutionellen Wandel hatte? Zunächst führt uns der Vergleich von *Quo warranto* und *Revindikation* zum Problem unterschiedlicher Erinnerungshorizonte. Dies ist das Thema des nächsten Kapitels. Dabei wird sich zeigen, dass die Unterschiede nicht nur zwischen England und dem Reich erheblich waren, sondern dass die herrschaftliche Erinnerung des englischen Königs eine andere Erstreckung hatte als die seiner Kritiker.

Kapitel 4

Die Dynamik politischer Traditionsbildung: Der Rhythmus der Erinnerung

Im Jahr 1290 fanden der englische König Edward I. und die Barone seines Landes zu einem Kompromiß, der das Erinnerungsvermögen nicht unbeträchtlich herausforderte: Der König sagte seinen Untertanen zu, dass er die Freiheiten und Rechte bestätigen würde, die sie oder ihre Vorfahren seit der Zeit König Richards I. (1189–1199) ohne Unterbrechung innehatten und deren Verleihung vermittels eines königlichen Schreibens bewiesen werden konnte.[1] Dabei ging ging es um Besitz- und Rechtstitel, die von den Untertanen des Königs gehalten wurden und die der König nun daraufhin überprüfen ließ, ob sie ursprünglich rechtmäßig erworben worden waren. Diese Überprüfung hatte im Jahre 1278 begonnen.[2] Allerdings erwies sie sich in der praktischen Durchführung als erheblich schwieriger, als der König erwartet hatte. In vielen Fällen war ein eindeutiger Nachweis der Verleihung eines alten Rechts nicht ohne weiteres möglich. Viele Privilegien waren in allgemeiner Form abgefaßt, und es ergab sich ein erheblicher Ermessensspielraum.[3]

Nach zwölf Jahren mußte der König einsehen, dass die Forderung, jedes beanspruchte Recht müsse nachgewiesen werden, nicht durchsetzbar war, und er einigte sich mit den Baronen auf die eingangs genannte Formel. Jedes Recht, von dem

---

[1] ... *quod omnes de regno suo quicunque fuerint ... qui per bonam inquisicionem patrie aut alio modo [sufficienti] verificare poterint quod ipsi et eorum antecessores vel predecessores usi fuerunt libertatibus quibuscumque de quibus per brevia predicta fuerunt implacitati ante tempus regis Ricardi consanguinei sui* [i. e. Richard I. 1189–1199] *aut toto tempore suo et hucusque [sine interruptione] continuarunt ... dominum regem adire possint cum recordo justiciariorum ... et dominus rex statum eorum affirmabit per litteras suas.* Text in: SUTHERLAND, Quo Warranto Proceedings, Appendix I. IX, S. 203f.

[2] Die Standarddarstellung zu dieser sogenannten *Quo Warranto*-Kampagne ist die bereits zitierte Untersuchung von SUTHERLAND, Quo Warranto Proceedings, die auch die einschlägigen Quellentexte in den Appendices wiedergibt. Vgl. zum Beginn der Kampagne Appendix I. I, S. 190–193, Zitat S. 191: *Cum igitur prelati, comites, barones et alii de regno diversas libertates habere clament ad quas examinandas et judicandas rex huiusmodi prelatis, comitibus, baronibus, et aliis diem prefixerat, provisum est et concorditer concessum quod predicti prelati, comites, barones et alii huiusmodi libertatibus utantur in forma brevis ...* Der König verlangte eine standardisierte Überprüfung sämtlicher alter Rechtstitel, wobei das Versäumnis den Verlust der entsprechenden Rechte zur Folge hatte, die dann an den König übergingen (S. 192: *... et si ad diem illum non venerint, tunc libertates ille nomine districtionis capiantur in manum domini regis per vicecomitem loci ...*).

[3] Vgl. die verschiedenen Beispiele in SUTHERLAND, Quo Warranto Proceedings, S. 113–129.

der Inhaber nachweisen konnte, dass seine Familie es seit dem Herrschaftsantritt von König Richard (Löwenherz) ununterbrochen innehabe, sollte vom König bestätigt werden. König Richard war 1189 zum König von England gekrönt worden.[4] Damit lag der Zeitpunkt, bis zu dem die Erinnerung zurückgeführt werden mußte, fast genau 100 Jahre zurück.[5] Das war eine lange Zeit, und diese Festsetzung führt uns mitten hinein in ein zentrales Problem: Wie konnte eine solche Erinnerung gerichtsfest belegt werden? Gab es in diesem Fall einen strukturellen Vorteil des Königs – immerhin hatten die englischen Könige im 13. Jahrhundert eine eindrucksvolle Überlieferung hinterlassen? Und die ambitionierte Wahl der Frist ermöglicht auch einen Vergleich mit Kampagnen anderer europäischer Herrscher. Die Revindikationen Rudolfs von Habsburg wurden schon genannt, aber aus den Anfängen des 13. Jahrhunderts ist auch noch das ähnlich gelagerte Verfahren Friedrichs II. in Erinnerung. Dieser hatte nach seiner Kaiserkrönung in den *Assisen von Capua* 1220 die sizilischen Barone aufgefordert, innerhalb enger Fristen ihre Rechte bestätigen zu lassen – andernfalls würden sie sie verlieren.[6] Friedrich hatte dasselbe Stichjahr wie Edward I. gewählt: 1189, das Jahr in dem König Wilhelm II. von Sizilien gestorben war.[7] Allerdings war dies 70 Jahre früher gewesen, und damals war das Jahr 1189 für viele Zeitgenossen noch ein Zeithorizont, mit dem sie eine Erinnerung verbinden konnten. Im Jahr 1290 war 1189 eine abstrakte Größe. Und doch müssen wir uns vor Irrtümern hüten. Es wäre irreführend, wollte man die beanspruchte Reichweite königlicher Erinnerung nun einfach miteinander vergleichen und in dieser Form gar eine Rangordnung aufstellen. Denn die Fristen waren wahrscheinlich nur zum Teil politisch motiviert.

---

4   Vgl. J. GILLINGHAM, Richard I (Yale English Monarchs), New Haven u. a. 1999, S. 106–122.
5   Vgl. dazu auch: M. T. CLANCHY, Remembering the Past and the Good Old Law, in: History 55 (1970), S. 165–176, S. 174. Der Bezug auf die Zeit von Richard Löwenherz zur Festlegung eines juristischen Zeithorizontes wurde schon im Statut von Westminster (Kap. 39) von 1275 vorgenommen: Statutes of the Realm, Bd. 1, London 1810, S. 26–39.
6   Die Assisen von Capua von 1220 sind überliefert bei Richard von San Germano: Ryccardi de Sancto Germano Notarii Chronica (Rerum Italicarum Scriptores N.S. 7,2), hg. von C. A. Garufi, 2. Aufl. Bologna 1937–38, S. 88–93: *Volumus et districte iubemus ut quia post obitum domini imperatoris Henrici sigillum nostrum devenit ad manus Marcvaldi, qui de ipso sigillo plura confecisse dicitur que sunt in preiudicium nostrum, et simile factum putatur de sigillo imperatricis matris nostre post obitum eius, universa privilegia, que facta sunt et concessa ab eisdem imperatore et imperatrice ab hiis qui sunt citra Farum usque ad Pascha resurrectionis Domini presententur: et ab illis de Sicilia usque ad Pentecostem. Omnia etiam privilegia et concessionum scripta et nobis cuilibet hactenus facta in eisdem terminis precipimus presentari. Quod si non presentaverint, (in) ipsis privilegiis non impune utantur; sed irritatis penitus qui ea conculcaverint, indignationem imperialem incurrant.* Vgl. dazu STÜRNER, Friedrich II., Bd. 2, S. 9–26.
7   Das Stichjahr ergibt sich daraus, dass Friedrich die Rückgabe aller Privilegien seines Vaters forderte, dessen Herrschaft nach staufischem Verständnis nach dem Tode Wilhelms II. 1189 begonnen hatte, vgl. dazu etwa STÜRNER, Friedrich II., Bd. 2, S. 15; vgl. auch P. SCHEFFER-BOICHORST, Das Gesetz Kaiser Friedrichs II. „De resignandis Privilegiis", in: Sitzungsberichte der königlich preussischen Akademie der Wissenschaften zu Berlin, Philosophisch-Historische Klasse (1900), S. 132–152, danach in: DERS., Gesammelte Schriften, Bd. 2 (Historische Studien 43), Berlin 1905, S. 248–273.

Es erscheint ohne weiteres plausibel, dass Friedrich II. im Jahr 1220 den Tod Wilhelms II. als Referenzpunkt wählte. Denn mit ihm starb in der Sicht der Staufer der letzte legitime männliche Vertreter jener Dynastie, deren Erbe die Staufer beanspruchten. Und es gab sicher gute Gründe für Edward I., den Herrschaftsantritt seines Großonkels als Bezugspunkt zu wählen, immerhin war Richard Coeur de Lion am Ende des 13. Jahrhunderts so bekannt, dass ihm 1300 ein mittelenglisches Versepos gewidmet wurde.[8] Aber das ist nur eine Begründung und nicht unbedingt die entscheidende.

Beide Herrscher, Edward I. und Friedrich II., räumten dem Recht eine besondere Rolle in ihrer Herrschaft ein. Die Gesetzgebung Friedrichs II. hat das Interesse der historischen Forschung immer wieder beschäftigt, und Edward I. gilt als englischer Justinian.[9] Beide hatten Erfahrungen mit den Bestimmungen des römischen Rechts. Und das römische Recht lieferte Vorbilder für die Bemessung solcher Fristen. Zeiträume von 30, 40 und 100 Jahren galten im römischen Recht als Verjährungsfristen, nach deren Ablauf (je nach Gütern) man das Recht an einer Sache ersitzen konnte.[10] Hier geht es nicht um eine präzise Klärung der Rechtsverhältnisse nach dem Ablauf solcher Fristen – sie war ohnehin kaum möglich sondern darum, dass diese Verjährungsfristen eine gewisse Orientierung für die Festsetzung vergleichbarer Zeiträume im 13. Jahrhundert boten.

Rudolf von Habsburg erwirkte am 19. November 1274 auf einem Hoftag in Nürnberg einen Fürstenspruch, der ihn ermächtigte, jene Reichsgüter, die vor der Absetzung Friedrichs II. in der Hand des Kaisers gewesen waren (*antequam lata esset in eum deposicionis sentencia*), für die Krone zurückzugewinnen – notfalls mit Gewalt (*iniuriosam violenciam regali potentia debeat repellere et iura imperii conservare*).[11] In diesem Fall gab es eine klare politische Begründung für die Wahl des Stichdatums, die Absetzung Friedrichs II. war in der Tat ein einschneidender Vor-

---

8   Vgl. dazu etwa: Richard Coeur de Lion in History and Myth (Medieval Studies 7), hg. von J. Nelson, London 1992 .
9   Zu Friedrich II. und dem Recht vgl. etwa: E. KANTOROWICZ; The King´s Two Bodies. A Study in Medieval Political Theology, Princeton/New Jersey 1957, S. 87–143,: H. HÜBNER, Friedrich II. von Hohenstaufen und das Recht, Köln 1997; zu Edward I. vgl. z. B. PRESTWICH, Edward I, S. 267–297; vgl. auch: T. F. T. PLUCKNETT, Legislation of Edward I. (The Ford Lectures 1947), Oxford 1949.
10 Vgl. zu diesen Fristen etwa M. KASER, Das römische Privatrecht, Bd. 2 (Handbuch der Altertumswissenschaft: Rechtsgeschichte des Altertums), 2. Aufl. München 1971–75, S. 285–288. Die Ersitzung eines Rechts, etwa an einem Stück Land oder an einem Wegezoll, wird im römischen Recht als *Vindikation* bezeichnet. Entsprechend bezeichnete die Forschung den Versuch der Rückgewinnung solcher während einer Schwächephase des Königtums ersessener (oder usurpierter – je nach nach Perspektive) Rechte als *Revindikation*. Vgl. zur Bedeutung der Fristen des römischen Rechts im Mittelalter auch H. G. WALTHER, Das gemessene Gedächtnis. Zur politisch-argumentativen Handhabung der Verjährung durch gelehrte Juristen des Mittelalters, in: Mensura. Maß, Zahl, Zahlensymbolik im Mittelalter, 1. Halbband (Miscellanea Medievalia), hg. von A. Zimmermann/G. Vuillemin-Diem, Berlin/New York 1983, S. 212–232.
11 MGH Constitutiones, Bd. 3, ed. Schwalm, Nr. 72 (Zitat S. 60), vgl. dazu KRIEGER, Rudolf von Habsburg, S. 118–127; O. REDLICH, Rudolf von Habsburg. Das deutsche Reich nach dem Untergang des alten Kaisertums, Innsbruck 1903, S. 479–510.

gang gewesen. Aber gleichzeitig war dies auch eine Frist von etwa 30 Jahren (29 Jahre, 4 Monate). Die ungefähre Orientierung an einer Frist, die im Recht über eine Tradition verfügte, erhöhte die Aussicht, dass die Maßnahme des Königs Akzeptanz fand. Wir bewegen uns hier auf unsicherem Gelände, denn es ist nicht mehr zu überprüfen, inwieweit solche Rechtsfristen im Bewußtsein der betroffenen Fürsten eine Rolle spielten. Es gibt allerdings Hinweise.

Ein etwas unbeholfener Versuch König Wilhelms von Holland, im Zusammenspiel mit dem rheinischen Städtebund 1255 Rechtssicherheit durch die Festschreibung von Rechtszuständen zu gewinnen, liefert einen Hinweis auf solche Vorstellungen. Denn in einem Umfeld, in dem es um die Rechtmäßigkeit von Zöllen und Abgaben ging, durch deren Zunahme entlang des Rheins viele Städte sich bedrängt sahen, stellte der König fest, dass die Untertanen ihren jeweiligen Herren nur die Dienste und Abgaben schuldeten, die diese und ihre Vorfahren vor 30, 40 oder 50 Jahren rechtens zu leisten gewohnt waren.[12] Der Beschluß war im Einvernehmen mit den Herren und den Städten zustandegekommen (*de concordi consensu et unanimi voluntate nobilium et eciam civitatum*), und er läßt daher auch das Rechtsverständnis der Kräfte erkennen, auf die der König Rücksicht nehmen mußte. Es wird deutlich, dass es keine klar definierte Norm gab, aber es ist auch deutlich, dass die genannten Fristen den Fristen des zitierten römischen Rechts (30 und 40 Jahre) sehr nahe sind. Die Unbestimmtheit des königlichen Appells in der konkreten Festlegung läßt die grundsätzliche Schwäche des Königs erkennen, der in möglichen Konfliktfällen kaum eine Handhabe hatte, um regelnd einzugreifen, und sie markiert einen deutlichen Unterschied zum energischen Zugriff Friedrichs II. oder Edwards I. Aber die Aufzählung der Fristen, die sich diesmal nicht an einem Stichdatum orientiert, zeigt auch, wie solche Zeiträume bemessen sein mußten, um überhaupt eine gewisse Chance auf eine Durchsetzung zu eröffnen.

Anders als der englische König verfügte der römisch-deutsche König weder über den Apparat noch über die Machtstellung, den Großen seines Reiches den Entzug ihrer Güter anzudrohen, weil sie wichtige Rechtsformalitäten mißachteten. Rudolf von Habsburg setzte sich in einem langjährigen Kampf gegen König Ottokar von Böhmen durch, der die Huldigung für seine Reichslehen verweigert hatte. Er entzog ihm das Reichslehen Österreich und setzte diesen Beschluß in einem erfolgreichen Kampf mit Ottokar durch.[13] Erfolgreich war der römisch-deutsche

---

12 MGH Constitutiones, Bd. 2, ed. Weiland, Nr. 375 (S. 477f.): ... *ut nobiles et domini terre iudiciis suis iuste utantur ac iura sua per omnia obtineant sicut debent, ab illis eciam hominibus, qui in eorum iurisdiccionibus commorantur, ea servicia et iura recipiant et requirant, que ipsi et progenitores eorum ante triginta vel quadraginta seu quinquaginta annos iuste facere consueverunt* ...; zum Rheinischen Städtebund vgl. etwa: E.-M. DISTLER, Städtebünde im deutschen Spätmittelalter. Eine rechtshistorische Untersuchung zu Begriff, Verfassung und Funktion (Studien zur europäischen Rechtsgeschichte 207), Frankfurt am Main 2006; KAUFHOLD, Interregnum, S. 35–49; Propter culturam pacis. Der Rheinische Städtebund von 1254/1256. Katalog zur Landesausstellung in Worms, Koblenz 1986.

13 Vgl. zu dem Vorgehen Rudolfs I. gegen Ottokar von Böhmen, das auf dem bereits zitierten Nürnberger Reichstag vom 19. November 1274 in eine entscheidende Phase trat, als Rudolf den König von Böhmen mit der Unterstützung der Reichsfürsten ultimativ zur Lehnsnahme

König deshalb, weil er es umsichtig verstanden hatte, den Böhmenkönig zunächst zu isolieren, bevor er schließlich im Kampf gegen ihn antrat. Rudolf konnte auf die Unterstützung der Reichsfürsten zählen, weil er ihre Rechtsvorstellungen in den einzelnen Phasen des Konfliktes berücksichtigt hatte.[14] Der englische König agierte von einer höheren Warte aus, aber auch er mußte bei seinen Entscheidungen das Rechtsbewußtsein seiner Barone respektieren, sonst riskierte er, für willkürlich gehalten zu werden. Und das war für ihn immer eine gefährliche Situation.[15] Insofern liefern die Konflikte über die Bewertung von Rechtspositionen, die die Mächtigen des Landes im Laufe der Zeit für sich reklamierten, Aufschluß über das Zeitverständnis der Beteiligten. Sie eröffnen einen Zugriff auf den Rhythmus der Erinnerungen.

Hundert Jahre waren eine lange Zeit.[16] Für einen herrschaftlichen Rückgriff erwiesen sie sich als eine zu lange Zeit.[17] Denn Edwards *Quo warranto*-Kampagne stieß auf so viele Widerstände, dass der König sich schließlich dazu bewegen ließ, in fraglichen Fällen den Status Quo zu akzeptieren und auf seinen Anspruch der Rückführung in königliche Hand zu verzichten.[18] Daraus läßt sich erkennen, dass sich zwischen der herrschaftlichen Erinnerung und der Erinnerung der mächtigen Untertanen keine namhafte Differenz öffnen durfte. Sie ließ sich durch die Königsmacht nicht überbrücken, sondern konnte zu einer Gefahr für die königliche Herrschaft werden. Am Ende des 13. Jahrhunderts war auch ein Dokument nicht in der Lage, den Zustand seiner ursprünglichen Entstehung unverbrüchlich festzuschreiben. Zu dieser Zeit führte die zunehmende Bedeutung der verschiedenen

---

und Huldigung, bzw. zur Rechtfertigung seiner Weigerung vor dem Pfalzgrafen aufgefordert wurde (MGH Constitutiones, Bd. 3, ed. Schwalm, Nr. 72), und das am 26. August 1278 in der Schlacht bei Dürnkrut seinen Abschluß fand – in der Ottokar sein Leben ließ: REDLICH, Rudolf von Habsburg, S. 203–333; J. HOENSCH, Premysl Otakar II. von Böhmen. Der goldene König, Graz/Wien/Köln 1989, S. 200–254; G. ALTHOFF, Rudolf von Habsburg und Ottokar von Böhmen. Formen der Konfliktaustragung und -beilegung im 13. Jahrhundert, in: Spielregeln der Politik im Mittelalter. Kommunikation in Frieden und Fehde, hg. von dems., Darmstadt 1997, S. 85–98; KAUFHOLD, Deutsches Interregnum, S. 357–401; KRIEGER, Rudolf von Habsburg, S. 127–161.

14 Vgl. dazu zuletzt KAUFHOLD, Deutsches Interregnum, S. 387–392.
15 Vgl. etwa ebda, S. 110–126.
16 Justinian hatte den Kirchen den besonderen Schutz einer Verjährungsfrist von 100 Jahren zugestanden (Novelle 9). Diese Frist wurde dann auch in das *Decretum Gratiani* übernommen (C.16 q.3 c.7); vgl. dazu auch WALTHER, Gemessene Zeit, S. 214f. und 220f.
17 Justinian hatte die lange Verjährungsfrist von 100 Jahren für Kirche schließlich wieder an die normale Verjährungsfrist von 40 Jahren angepaßt (Novelle 111 und Novelle 131.6), nachdem sich die lange Verjährungsfrist in der Praxis als schwierig erwiesen hatte (*experimento inveniatur inutile*), vgl. dazu WALTHER, Gemessene Zeit, S. 215.
18 Vgl. etwa SUTHERLAND, Quo Warranto Proceedings, S. 145–166 mit einer Übersicht über eine Reihe von Pozessen in verschiedenen Grafschaften (Zitat S. 161: „In terms of recoveries made, the proceedings in Yorkshire (1279–1281) were an almost ludicrous failure. The results in Buckinghamshire (1286) were not much better"), vgl. zu einer nüchternen Bilanz der Kampagne ebda, S. 162–189. Zu der Frage, wie weit die Erinnerung in den Prozessen infolge der *Quo warranto*-Kampagne zurückging, vgl. die Aufstellung in Appendix IV (ebda, S. 226–228).

Rechtserlasse des englischen Königs dazu, dass die Juristen begannen, diese Statuten in zunächst noch inoffizieller Form für den eigenen Gebrauch zusammenzustellen, in den sogenannten *Statute Books*.[19] In einem dieser *Statute Books*, dessen Inhalt in einem Prozeßinventar überliefert ist, war am Ende des 13. Jahrhunderts eine *carta de runmede* enthalten.[20] Dabei konnte es sich nur um die Magna Carta von 1215 handeln. Unter dem Namen *Magna Carta* aber bewahrten die Juristen den Text der Carta Heinrichs III. von 1225. Auch die Überlieferung des Wortlautes bewahrte einen Text nicht davor, im Lichte neuer Erfordernisse neu bewertet zu werden. In der schriftlichen Traditionsbildung war der ursprüngliche Text von 1215 nicht mehr Bestandteil einer lebendigen Traditon der Magna Carta obwohl der Text auch am Ende des 13. Jahrhunderts noch verfügbar war. Es kam darauf an, wie man diese Texte benutzte.

Die *Quo warranto*-Kampagne brachte eine Fülle von Prozeßunterlagen und damit eine Fülle von Informationen über die Vergabe von königlichen Rechten in das Archiv des Königs. Doch es war eine ungeordnete Fülle, die sich dem Gebrauch durch ihre Unübersichtlichkeit entzog.[21] Jan Assmann hat auf die Tücken einer solchen Überlieferung hingewiesen: „Schriftlichkeit, darauf kommt es mir hier vor allem an, stellt an sich noch keine Kontinuität dar. Im Gegenteil: sie birgt Risiken des Vergessens und Verschwindens, Veraltens und Verstaubens, die der mündlichen Tradition fremd sind."[22]

Tatsächlich erlebte die mündliche Tradition in dieser Herausforderung einen eindrucksvollen und denkwürdigen Auftritt. Als der Graf von Warenne im Zuge der *Quo warranto*- Kampagne von den Richtern des Königs gefragt wurde, worauf er die Rechte an seinem Land zurückführe, da holte er ein altes und sehr mitgenommenes Schwert hervor (*produxit in medium gladium antiquum et eruginatum*) und erklärte, dies sei sein Rechtsbeleg. *Meine Vorfahren sind nämlich mit Wilhelm dem*

---

19   Zu den *Statute Books* vgl. zuletzt: D. C. SKEMER, Reading the Law: Statute Books and Private Transmission of Legal Knowledge in Late Medieval England, in: Learning the Law. Teaching and the Transmission of the Law in England 1150–1900, hg. von J. A. Bush/A. Wijfels, London/Rio Grande 1999, S. 113–131.
20   Vgl. H. G. RICHARDSON/G. O. SAYLES, The Early Statutes, in: The Law Quaterly Review 50 (1934), S. 201–223, 540–571, hier 540.
21   Vgl. dazu SUTHERLAND, Quo Warranto Proceedings, S. 173f. Schon 1272 hatte Heinrich III. Schwierigkeiten, Dokumente, die die königliche Kanzlei wenige Jahre zuvor ausgestellt hatte, in seinen Registern wiederzufinden. Die Geistlichen der Christ Church in Canterbury hatten sich dem Papst gegenüber auf diese Privilegien berufen (im Jahr 1272), der König bestritt jedoch entschieden, solche Privilegien jemals ausgestellt zu haben, und erklärte sie zu Fälschungen (Diplomatic documents preserved in the Public Record Office, hg. von P. Chaplais, London 1964, Nr. 434, S. 304). Tatsächlich aber weisen die Patent Rolls von 1265 einen entsprechenden Eintrag auf (Calendar of the Patent Rolls preserved in the Public Record Office: Henry III., Bd. 5: A. D. 1258–1266, London 1910, S. 496f.). Dazwischen lagen nur sieben Jahre, aber der Vorgang war in Vergessenheit geraten; vgl. dazu CLANCHY, From Memory to Written Record, S. 69f.
22   J. ASSMANN, Das kulturelle Gedächtnis. Schrift, Erinnerung und politische Identität in frühen Hochkulturen, 3. Aufl. München 2000, S. 101.

Bastard gekommen und haben ihre Länder mit dem Schwert erobert, und mit dem Schwert werde ich sie gegen jeden verteidigen, der sie besetzen will. Der König hätte das Land nicht allein erobert, *sed progenitores nostri fuerunt cum eo participes et coadiutores*. Diese Antwort wurde von anderen Adligen mit Zustimmung aufgenommen und Unruhe erhob sich. Der König mußte einlenken.[23] Dies war der selbstbewußte Gegenentwurf einer legitimierenden Tradition, die sich dem verfeinerten juristischen Zugriff des Königs und seiner Juristen verweigerte. Wir werden im Umfeld der Reformpolitik zu Beginn des 14. Jahrhunderts erneut auf diese Haltung stoßen (bei den Ordainers). Es war eine Haltung, die für den König kritisch werden konnte, wenn er sie einfach überging. Das Schwert, das der Graf von Warenne vorwies, war kein poliertes Zeichen symbolischer Kommunikation, es war das schartige Schwert eines Kriegers, der nicht bereit war, sich bei der Wahl der Waffen im Kampf um seine Rechte auf Dokumente beschränken zu lassen. Die Geschichte hat natürlich deutlich legendenhafte Züge,[24] aber sie war doch der vitale Ausdruck einer Tradition, deren Entschlossenheit die englischen Könige immer deutlich erfuhren. Es war eine Tradition, die am Ende des 13. Jahrhunderts trotz aller Schriftlichkeit noch sehr lebendig war und die weit in das 14. Jahrhundert hinein fortlebte. Wir kommen darauf zurück.

Dabei war diese Tradition durchaus nicht so unumstößlich, wie der Auftritt des Grafen von Warenne suggerierte. Sein Selbstverständnis beruhte auf den Leistungen seiner Vorfahren. Diese *Antecessores* und *Progenitores* standen im Zentrum seiner wehrhaften Rechtfertigung. Das aristokratische Wissen über die Beteiligung der Vorfahren an der Eroberung war von Generation zu Generation weitergegeben worden, und es führt uns eine alternative Traditionsbildung vor Augen, die politisch einige Brisanz besaß. Denn dieser Strom der Überlieferung war es auch, der sein eigenes Rechtsverständnis tradierte, das den Widerstandsartikel der Magna Carta von 1215 formuliert hatte, und das die Neubelebung dieses Widerstandsartikels in der Krise von 1258–1265 herbeiführte. Allerdings war auch diese Tradition eine lebendige Tradition, und das bedeutete, dass sie das Bewahrte stets aus dem Blickwinkel gegenwärtiger Bedürfnisse sah.

Die Vergangenheit, auf die sich der Graf von Warenne berief, erfuhr in der mündlichen Tradierung erhebliche Veränderungen. In Hinblick auf die englisch-normannische Geschichte ist diese Veränderung an einem Entfremdungsprozeß ablesbar, der uns einen deutlichen Hinweis auf die Rhythmen der Erinnerung gibt. Die Vorfahren des Grafen von Warenne hatten England erobert, aber sie waren

---

23 The Chronicle of Walter of Guisborough, ed. Rothwell, S. 216 Anm. d: *Cito post inquietavit rex quosdam ex magnatibus terre per iusticiarios suos scire volens quo Warranto tenerent terras et si non haberent bonum varentum saysiuit statim terras illorum; vocatusque est inter ceteros Comes de Warenna coram justiciarios regis et interrogatus quo Waranto teneret produxit in medium gladium antiquum et eruginatum et ait: „Ecce domini mei ecce Warentum meum. Antecessores enim mei cum Willemo bastardo venientes conquesti sunt terras suas gladio et easdem gladio defendam a quocunque eas occupare volente. Non enim rex per se terram devicit et subiecit sed progenitores nostri fuerunt cum eo participes et coadiutores."* Adheseruntque sibi et sue responsioni ceteri magnates, et tumultuantes et inpacati recesserunt. Rex autem cum audiret talia timuit sibi et ab incepto errore conquievi.
24 Vgl. etwa PRESTWICH, Edward I, S. 259–264.

damals aus der Normandie gekommen und sie hatten ihre Schiffe bei der Landung nicht verbrannt.[25] Die neue Oberschicht in England war seit der Eroberung von 1066 normannisch, und sie sprach das alte Französisch der Normannen. Die Eroberung von 1066 führte auf längere Sicht zu einem „cross-channel-empire" (Gillingham), in dem Adel und König auf beiden Seiten des Atlantik Besitzungen hatten.[26] Dieser Zustand änderte sich 1204 mit dem Verlust der Normandie und der Festlandsbesitzungen infolge der Eroberung durch Philipp II. von Frankreich. Der Verlust der Festlandsbesitzungen führte dazu, dass der König nur noch bei gelegentlichen militärischen Expeditionen den Kanal überquerte. Damit setzte ein Prozeß der Entfremdung ein. Der normannische Adel in England und der Adel in den ehemaligen Festlandsbesitzungen des englischen Königs wurden sich fremd. Dieser Vorgang ist in jüngerer Zeit als das langsame Ende des Angevinischen Reiches („slow death", Peltzer) bezeichnet worden.[27] Eigentum auf der anderen Seite des Kanals, das zur Zeit des Angevinischen Reiches eine selbstverständliche Erscheinung gewesen war, wurde eine Generation nach dem Verlust der Festlandslehen des englischen Königs zu einer Ausnahme. Um 1250 war die Verbindung kaum noch existent – obwohl der englische König seinen Anspruch auf die Herrschaft über die Normandie, Anjou, Maine und Touraine noch bis 1259 aufrechterhielt.[28] Tatsächlich vollzog der Frieden von Paris nur noch eine Trennung *de jure*, die *de facto* schon weitgehend eingetreten war. Der normannische Adel in England hatte die Erwartung einer „Wiedervereinigung" schon zuvor aufgegeben. Die Folge war ein zunehmender Widerstand gegen die eigene Einbindung in die königliche Politik auf dem Kontinent. Ein markanter Zug der Rebellion von 1258–1265 war der Unmut der Barone gegen die „fremden" Berater des Königs: *quod regnum Anglie de cetero per indigenas gubernetur, necnon ut exirent alienigene, non reversuri.*

---

25 Zu einer Übersicht über Quellen und Literatur zur normannischen Eroberung Englands vgl. etwa: M. CHIBNALL, England and Normandy 1042–1137, in: The New Cambridge Medieval History, Bd. 4,2, hg. von Luscombe, S. 191–216, 808–810; D. MATTHEW, Britain and the Continent 1000–1300: the Impact of the Norman Conquest, London 2005; F. KEMMLER, Facts and Fiction: the Norman Conquest, in: War and the Cultural Construction of Identities in Britain (Internationale Forschungen zur allgemeinen und vergleichenden Literaturwissenschaft 59), hg. von B. Korte, Amsterdam 2002, S. 39–60; N. J. HIGHAM, The Norman Conquest, o. O. 2001; M. M. CHIBNALL, The Debate on the Norman Conquest (Issues in Historiography), Manchester 1999; The Battle of Hastings. Sources and Interpretations (Warfare in History: Sources and Interpretations 1), hg. von S. R. Morillo, Woodbridge 1996; A. WILLIAMS, The English and the Norman Conquest, Woodbridge 1995; H. R. LOYN, Anglo-Saxon England and the Norman Conquest, 2. Aufl. London 1991; R. A. BROWN, The Normans and the Norman Conquest, Woodbridge 1985; F. BARLOW, The Norman Conquest and Beyond (History series 17), London 1983.
26 Vgl. GILLINGHAM, The Angevin Empire.
27 Vgl. Künftig: J. PELTZER, The Slow Death of the Angevin Empire in: Historical Research (2008) [im Druck]; vgl. auch N. VINCENT, Twyford under the Bretons, in: Nottingham Medieval Studies 41 (1997), S. 88–99. In beiden Untersuchungen läßt die Entwicklung der kanalübergreifenden Eigentumsverhältnisse erkennen, dass die Bindungen über den Kanal zwischen 1230 und 1250 zunehmend abbrechen.
28 Vgl. dazu knapp: KAUFHOLD, Deutsches Interregnum, S. 83–97 (Heinrich III. und das Festland).

Diese Forderung hatten die opponierenden Barone dem französischen König bei dessen Vermittlungsversuchen zwischen den Parteien 1263/64 vorgetragen.[29] Die Unzufriedenheit der Barone galt insbesondere dem Einfluß der Verwandten des Königs aus der Familie der Lusignan.[30] Sie kamen aus dem Poitou, mithin aus den ehemaligen Festlandsbesitzungen des englischen Königs.[31] In der jüngeren englischen Forschung ist die Haltung der Rebellen zu dem Thema der Fremden auch zu einer Unterscheidung zwischen den verschiedenen Aufständen seit 1215 herangezogen worden.[32]

Doch die herkömmliche Lesart des „Fremdenproblems" berücksichtigt die entscheidenden historischen Veränderungen nicht hinreichend. Dass der Einfluß der Fremden (*alieni*) bei Hofe in der zweiten Hälfte des 13. Jahrhunderts zu einem bedeutenden politischen Thema wurde (und dass die Kritik daran zunehmend aggressive Züge entwickelte), war auch eine Folge des Entfremdungsprozesses, der diese Verwandten des Königs vom Festland erst zu distinkten Zielen machte. Für die Initiatoren der Magna Carta von 1215 waren die *alieni* noch kein zentrales Thema, weil die Verbindung mit dem Kontinent in ihrem Bewußtsein noch präsent war. Immerhin lag die Schlacht von Bouvines, mit der der englische König eine großangelegte Revision der Eroberung Philipps II. versucht hatte, erst ein Jahr zurück. Der Kanal war während 150 Jahren eher ein verbindendes als ein trennendes Meer gewesen. Das änderte sich nach dem Verlust der Normandie im Laufe des 13. Jahrhunderts und in dieser allmählichen Entfremdung entstand ein neues Feindbild. Dabei zeigten Heinrich III. und Edward II. keine Bereitschaft, sich von ihren kritisierten Beratern zu trennen. Tatsächlich kamen diese Berater auch im Zuge einer dynastischen Verbindung der Königsfamilie nach England, die im genuinen Interesse des Königs lag, denn er hielt länger als seine Barone an der Hoffnung auf die Rückkehr fest. Und als die nördlichen Gebiete nach dem Frieden von

---

29   Documents of the Baronial Movement, ed. Treharne/Sanders, Nr. 38, S. 288 (15); das Zitat stammt aus der Schiedsurkunde Ludwigs IX. vom 23. Januar 1264, der sogenannten *Mise d'Amiens*; vgl. dazu etwa KAUFHOLD, Deutsches Interregnum, S. 116f. (mit weiterer Literatur).
30   Vgl. zum Unmut über die Lusignan etwa den Brief eines Teilnehmers am Parlament von Oxford (Juli 1258), auf dem der Reformprozeß eingesetzt hatte: Documents of the Baronial Movement, ed. Treharne/Sanders, Nr. 4, S. 90–97 (insb. S. 92 und 96).
31   Vgl. auch die Klagen der Chronisten in den Annalen von Waverly (Annales Monastici, Bd. 2, ed. Luard) S. 350; vgl. auch Matthaeus Parisiensis, Chronica maiora, Bd. 5, e.d Luard, S. 697 (das Thema ist bei Matthaeus allerdings häufiger zu finden); vgl. zu dem Problem auch: VALENTE, The Theory and Practise of Revolt, S. 84–90; CARPENTER, The Plantagenet Kings, S. 337; H. W. RIDGEWAY, The Politics of the English Royal Court 1247–65, with Special Reference to the Role of the Aliens, Oxford 1983; H. S. SNELLGROVE, The Lusignans in England, Albuquerque 1950.
32   VALENTE, The Theory and Practise of Revolt, S. 141, 153, 241–247 zeichnet ein kritisches Bild der späteren Reformer und oppositionellen Magnaten gegenüber den Initiatoren der Magna Carta. Dieses Bild sei durch zunehmendes Eigeninteresse geprägt, während die Initatoren der Magna Carta noch das Gemeinwohl als Ziel verfolgt hätten, was sich auch in ihrer Haltung gegenüber den Fremden niedergeschlagen hätte, die kritisch, aber noch nicht feindselig gewesen sei (ebda, S. 57f.).

Paris endgültig aufgegeben waren, galt es für den König immer noch, seine Position in der Gascogne abzusichern. Die Barone teilten diese Interessen nicht mehr, die Kämpfe auf dem Festland waren im 13. Jahrhundert immer weniger ihre Kämpfe. Edward I. mußte dies in der verweigerten Heeresfolge 1297 schmerzlich erfahren. Es läßt sich abschließend festhalten, dass sich in der Überlieferung der Jahre 1258–65 unter den verschiedenen Kritikern des Königs keine Stimmen finden, die den Verzicht auf die Festlandsbesitzungen im Frieden von Paris 1259 als Fehler verurteilten – etwa in dem Sinne, in dem die deutschen Fürsten bei der Absetzung König Wenzels im Jahre 1400 von einer „Entgliederung des Reiches" sprachen (*so hait er auch daz heilige Romische rich swerlich und schedelichen entgledet und entgledern laßen, nemelich Meylan und daz land in Lamparten ...*).[33] 45 Jahre nach der Schlacht von Bouvines gab es in England niemanden mehr, der seine Stimme für den Fortbestand des alten Angevinischen Reiches vernehmbar erhoben hätte.

In der Krise von 1297 hatte der englische König die Magna Carta noch einmal aufwendig bestätigt.[34] Dabei wurde der Text von 1225 ein letztes Mal in der Form einer Urkunde ausgestellt. Im März 1287 hatte Rudolf von Habsburg den *Mainzer Reichslandfrieden* Friedrichs II. von 1235 für das Reich wiederbelebt.[35] In den Jahren zuvor hatte er bereits eine Landfriedenspolitik in einzelnen Territorien und Regionen des Reiches begonnen (seit 1281), nun galt seine Initiative dem ganzen Reich. Ausdrücklich berief sich Rudolf bei dieser Politik auf Friedrich II. (... *cum dive memorie quondam Fredericus imperator in statutis suis super pace plenius et expressius statuisset et nos similiter in nostris super pace statutis in curia Herbipolensi statuissemus*).[36] Die beiden Vorgänge haben eine unterschiedliche Dimension. Die Magna Carta war das ganze 13. Jahrhundert hindurch immer wieder bestätigt worden, sie war im zeitgenössischen Bewußtsein eine feste Größe.[37] Das galt für den Mainzer Reichslandfrieden von Friedrich II. nicht.

Der Mainzer Reichslandfrieden war 1235 von Friedrich II. erlassen worden, um die verschiedenen, vorwiegend mündlich überlieferten Rechtstraditionen in einigen Grundzügen zu vereinheitlichen.[38] Wie die Magna Carta begann das

---

33 Deutsche Reichstagsakten unter König Wenzel, Bd. 3: 1397–1400 (Deutsche Reichstagsakten, Ältere Reihe 1–3), hg. von J. Weizsäcker, München 1877, Nr. 205 (2), S. 255.
34 Vgl. dazu das vorangehende Kapitel und auch: Documents illustrating the Crisis of 1297–98 in England (Camden Fourth Series 24), hg von M. Prestwich, London 1980.
35 MGH Constitutiones, Bd. 3, ed. Schwalm, Nr. 390; vgl. dazu auch KRIEGER, Rudolf von Habsburg, S. 162–166; allgemeiner zu Rudolfs Landfriedenspolitik: A. GERLICH, Studien zur Landfriedenspolitik König Rudolfs von Habsburg (Institut für Geschichtliche Landeskunde an der Universität Mainz: Jahresgabe 1963), Mainz 1963; vgl. auch H. ANGERMEIER, Königtum und Landfriede im deutschen Spätmittelalter, München 1966, S. 71–79; REDLICH, Rudolf von Habsburg, S. 429–478.
36 MGH Constitutiones, Bd. 3, ed. Schwalm, Nr. 422 (1) (Hoftag in Erfurt, 1290), Zitat S. 413.
37 Vgl. für eine Aufstellung der Bestätigungen der Magna Carta im 13. Jahrhundert etwa: F. THOMPSON, The First Century of Magna Carta: Why it Persisted as a Document (Research Publication of the University of Minnesota 16), Minneapolis 1925, Appendix C.
38 MGH Constitutiones, Bd. 2, ed. Weiland, Nr. 196 (Präambel).

Abb. 1: Die Magna Carta von 1297, ausgestellt von König Edward I. Diese letzte Ausfertigung des Dokumentes in Form einer Urkunde überliefert den Text von 1225.

National Archives, Washington.

Abb. 2: Der Mainzer Reichslandfrieden Friedrichs II. in einer Bestätigung durch Rudolf von Habsburg im Jahre 1291 (Speyer). *Stadtarchiv Speyer.*

Abb. 3: Die sogenannte *Cedula* enthält den Text des Dekrets *Ubi periculum,* in dem das Konklave für die Papstwahl festgelegt wird. Die *Cedula* trägt die Siegel der Bischöfe, die der Konklaveordnung auf dem II. Konzil von Lyon 1274 zustimmten. Das Dokument diente dem Papst dazu, die widerstrebenden Kardinäle zur Zustimmung zu bewegen.

Vatikanstadt, Archivio Segreto Vaticano.

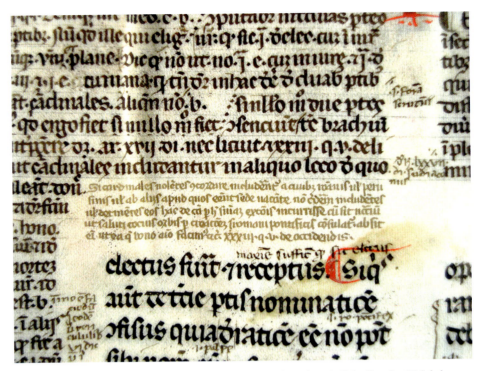

Abb. 4: Die Glosse mit den Anfangsworten *Si cardinales nolentes* hat ein Schreiber des 13. Jahrhunderts der Glossa ordinaria zu dem Papstwahldekret *Licet vitanda* s. v. *Nullatenus* in einer Kölner Handschrift der Dekretalensammlung Gregors IX. hinzugefügt. Sie sieht vor, dass die Bürger des Ortes, an dem die Papstwahl stattfindet, die Kardinäle einschließen sollten, falls diese nicht bereit seien, einen Papst zu wählen. Diese Maßnahme sei nötig, da die Wahl das Heil der Welt betreffe.

Stadtarchiv Köln.

Mainzer Dokument mit einem Bekenntnis zur Freiheit der Kirche(n).[39] Doch der Landfrieden Friedrichs hatte einen deutlich anderen Charakter als das Privileg von König Johann von 1215. Friedrich erlebte 1235 keine Krise seiner Herrschaft, sondern er stand auf einem Höhepunkt.[40] Entsprechend akzentuierte er in diesem Landfrieden für das ganze Reich die Position des Herrschers und der von ihm abgeleiteten Gewalten.[41] Das Dokument enthielt Regelungen zur Einschränkung der Fehdepraxis (*dass niemand Rächer seines eigenen Schmerzes sei* (5)), zur Bestellung und Eignung von Richtern, der Begrenzung von Münzrechten (mit dem Referenzzeitraum der Herrschaft Heinrichs VI., d.h. einem Zustand, der etwa 40 Jahre zuvor mit dem Tod seines Vaters geendet hatte), und zur Bestellung eines eigenen Notars (*Item habebit notarium specialem*), der die Achtfälle und Klageschriften der Prozesse aufzeichnen sollte.[42] Der *Mainzer Reichslandfrieden* ist aufgrund dieses offenkundigen Bestrebens um eine Stärkung der herrschaftlichen Rechtspflege als einer der letzten Versuche des römisch-deutschen Königtums verstanden worden, der zunehmenden Lösung der Fürsten und Territorialherren aus der königlichen Jurisdiktion zu begegnen.[43] Dazu sollte dieses Gesetz Friedrichs II. in ganz Deutschland bekannt werden, und der Kaiser versah es mit entsprechenden Strafandrohungen.[44] Doch obwohl Friedrich II. die Verbreitung des Textes in Urkundenform anordnete, haben diese Bemühungen kaum Spuren hinterlassen. Tatsächlich erinnert dieser Vorfall an die frühe Publikationsgeschichte der Magna Carta,

---

39 Ebda (1), S. 242: *Libertas ecclesiarum et iura tanto liberalius nostra debet fovere clemencia ...*
40 Vgl. zu Friedrichs Lage im Jahre 1235 etwa die Bewertung aus den Gesta Treverorum continuata, hg. von G. Waitz, in: MGH Script. 24, Hannover 1879, S. 368–488, hier S. 403: *cum opulentia et potentia magna tunc temporis regnum tenebat Romanorum.* Vgl. u. a. H. GRUNDMANN, Wahlkönigtum, Territorialpolitik und Ostbewegung im 13. und 14. Jahrhundert (1198–1378), in: Handbuch der deutschen Geschichte, Bd. 1: Frühzeit und Mittelalter, hg. von Bruno Gebhardt/Herbert Grundmann, 9. Aufl. Stuttgart 1970, S. 426–606, hier S. 449–457; E. H. KANTOROWICZ, Kaiser Friedrich der Zweite, Berlin 1927, S. 375–387; STÜRNER, Friedrich II., Bd. 2, S. 302–321.
41 Vgl. auch die markante Formulierung aus der Präambel: ... *Ex his enim precipue munitur auctoritas imperantis, cum in observancia pacis et execucione iustistie quantum terribilis est perversis, tantum est desiderabilis mansuetis* (MGH Constitutiones, Bd. 2, ed. Weiland, Nr. 196, S. 241); vgl. dazu auch Kaufhold, Deutsches Interregnum, S. 119f.
42 MGH Constitutiones, Bd. 2, ed. Weiland, Nr. 196, S. 247.
43 Vgl. dazu etwa KLINGELHÖFER, Die Reichgesetze, S. 97–99, 108–110, 123–125; die Lösung der Territorialherren aus der königlichen Jurisdiktion war durch die umfangreichen Fürstenprivilegien 1220 (*Confoederatio cum principibus ecclesiasticis*) und 1232 (*Statutum in favorem Principum*) schriftlich festgelegt worden (MGH Constitutiones, Bd. 2, ed. Weiland, Nr. 73 u. Nr. 171).
44 MGH Constitutiones, Bd. 2, ed. Weiland, Nr. 196, S. 241f.: ... *quia tamen ardua quedam, que generalem statum et tranquillitatem imperii reformabant, nondum fuerant specialiter introducta, quorum partem aliquam, si quando casus trahebat in causam, ficta opinio quam statuti iuris aut optente contradictorio iudicio consuetudinis sentencia terminabat – de consilio et assensu dilectorum principum ecclesiasticorum et secularium in sollempni curia celebrata Moguncie constituciones quasdam certis capitulis comprehensas, presentibus eisdem principibus, nobilibus plurimis et aliis fidelibus imperii, fecimus promulgari. Quas in publica munimenta redactas ab universis et singulis iussimus inviolabiliter observari, pena contra transgressores sacrarum constitutionum edita, prout violate maiestatis decus et facilitas exigit delinquentis.*

die im ersten Kapitel unserer Untersuchung problematisiert wurde. Es gibt auch im Fall des *Mainzer Reichslandfriedens* einen Chronisten, der davon berichtet, dass der Text als Urkunde verbreitet worden sei, aber entsprechende Exemplare dieser Kaiserurkunden sind nicht erhalten.[45] Insofern gibt es bei allen Unterschieden zwischen den Texten und den Umständen ihrer ersten Veröffentlichung doch eine entfernte Parallele. In beiden Fällen erfuhr ein Text, der in den Anfangsjahrzehnten des 13. Jahrhunderts grundsätzlich für ein allgemeines Publikum ausgestellt worden war – der diesem Publikum aber noch nicht zugänglich war –, in der Spätphase dieses Jahrhunderts noch einmal eine breiter angelegte Publikation.[46] Am Ende des Jahrhunderts kamen keine wesentlichen neuen Inhalte hinzu, sondern die Positionen, die 1225 und 1235 formuliert worden waren, erfuhren nun besondere Aufmerksamkeit und gezielte Verbreitung.

Im Falle der Magna Carta konnte man am Ende des 13. Jahrhunderts auf eine Überlieferung zurückgreifen, die den Text einigermaßen zuverlässig bewahrt hatte, im Falle des *Mainzer Reichslandfriedens* ist diese Textüberlieferung nicht mehr erkennbar. Erkennbar erscheint allerdings, dass sich die Erinnerung an Friedrich II. im Zusammenhang mit der Erneuerung des Mainzer Reichslandfriedens gegenüber den Anfangsjahren von Rudolfs Herrschaft verändert hatte. Während Rudolf in den 1270er Jahren noch seine Distanz gegenüber dem Staufer erkennen ließ, der 1245 vom Papst abgesetzt worden war, erschien Friedrich II. im Jahr 1290 ganz unproblematisch als eine große Herrschergestalt (*cum dive memorie quondam Fridericus imperator in statutis suis super pace plenius et expressius statuisset ...*).[47] In Hinblick auf die Modalitäten und die Reichweite der Erinnerung wäre die Frage nach der Rolle einzelner prägnanter Persönlichkeiten in der Strukturierung der historischen Erinnerung zu stellen. Vermochten ihr Bild und und ihre Taten anders in Erinnerung zu bleiben als die historischen Texte? Auch in dieser Frage liefert die

---

45 Die Chronica regia Coloniensis berichtet über die Publikation des Mainzer Reichslandfriedens: ... *pax iuratur, vetera iura stabiliuntur, nova statuuntur, et Teutonico sermone in membrana scripta omnibus publicantur*... (Chronica regia Coloniensis (MGH Script. rer. Germ. 18), hg. von G. Waitz, Hannover 1880, S. 267); zur Überlieferung des Textes vgl. die editorischen Vorbemerkungen in MGH Constitutiones, Bd. 2, ed. Weiland, Nr. 196 und die Aufstellung aller überlieferten Textvarianten in: Nove Constitutiones Domini Alberti d. i. der Landfriede von 1235 mit der Glosse des Nicolaus Wurm, hg. von H. Boehlau, Weimar 1858; zur Überlieferungsgeschichte vgl. auch: H. MITTEIS, Zum Mainzer Reichslandfrieden von 1235, in: Zeitschrift der Savigny-Stiftung für Rechtsgeschichte, Germ. Abt. 62 (1942), S. 13–56; A. BUSCHMANN, Zum Textproblem des Mainzer Reichslandfriedens von 1235, in: Arbeiten zur Rechtsgeschichte. Festschrift für Gustaf Klemens Schmelzeisen (Karlsruher Kulturwissenschaftliche Arbeiten 2), hg. von H.-W. Thümmel, Stuttgart 1980, S. 25–46; vgl. zu einer knappen Einschätzung auch KELLER, Zwischen regionaler Begrenzung und universalem Horizont, S. 494; KAUFHOLD, Deutsches Interregnum, S. 104.
46 Vgl. zur gezielten Publikation der Magna Carta in der Spätphase des 13. Jahrhunderts etwa: KAUFHOLD, Die gelehrten Erzbischöfe, S. 52–59.
47 MGH Constitutiones, Bd. 3, ed. Schwalm, Nr. 422, S. 413; zur Haltung Rudolfs gegenüber Friedrich II. (*Fridericus quondam imperator*) im Zusammenhang mit den Rekuperationen vgl. ebda, Nr. 72 (S. 60).

Geschichte der englischen Revolten gegen den König wertvolle Hinweise. Allerdings sind sie nicht eindeutig.

Die Reformbewegung der englischen Barone hatte ihren Ausgangspunkt in einem Parlament 1258. Die entscheidenden Punkte des Reformprogramms wurden in einem Schriftstück zusammengefaßt, auf das der englische König in den folgenden Jahren immer wieder verpflichtet wurde, in den *Provisionen von Oxford*.[48] Obwohl die Provisionen in den Jahren bis 1265 eine so zentrale Rolle gespielt haben, ist kein Exemplar dieses Textes erhalten.[49] Wie verhielt es sich mit der Erinnerung an den Mann, der die Bewegung der Barone gegen den König angeführt hatte, und der in der Schlacht von Evesham gegen Truppen des Königs unter dem Thronfolger Edward sein Leben ließ: Simon de Montfort?[50] Blieb er eine historisch erkennbare Größe, verehrt von Anhängern seiner Politik, verschmäht von den Anhängern des Königs?

Tatsächlich gab es nach seinem Tod für eine Zeitlang Ansätze einer Heiligenverehrung.[51] Es gab populäre und geistliche Lieder, die an Simons Schicksal erinnerten.[52] Und König Heinrich bemühte sich nach seinem Sieg, den Zeichen einer beginnenden Heiligenverehrung für Simon entgegenzuwirken.[53] Simon de Montfort verlor nicht nur sein Leben, sondern seine Familie verlor auch ihr Land.[54]

---

48   Documents of the Baronial Movement, ed. Treharne/Sanders, Nr. 5, S. 96–113 mit den zahlreichen Anmerkungen.
49   Vgl. zur Bedeutung der Provisisonen von Oxford etwa den Antrag Heinrichs III. auf die Aufhebung der Provisionen in dem Schiedsverfahren vor Ludwig IX. (1264): *Petit* [i. e. Heinrich III.] *eciam predictas provisiones quibus nititur pars adversa, ordinaciones, statuta et obligaciones, et quicquid ex eis et ob eas secutus est per vestrum arbitrium et ordinacionem, domine rex Francie, cassari et irritari seu cassa et irrita nunciari* (Documents of the Baronial Movement, ed. Treharne/Sanders, S. 254); vgl. zur Überlieferungsgeschichte der Provisionen von Oxford auch E. F. JACOB, What were the Provisions of Oxford?, in: History 9 (1924/1925), S. 188–200; H. G. RICHARDSON/G. O. SAYLES, The Provisions of Oxford, in: Bulletin of the John Rylands Library 17 (1933), S. 291–321.
50   Vgl. zu Simon de Montfort vor allem: J. R. MADDICOTT, Simon de Montfort, Cambridge 1994; vgl. auch D. A. CARPENTER, Simon de Montfort. The First Leader of a Political Movement in English History, in: History 76 (1991), S. 3–23; C. H. KNOWLES, Simon de Montfort 1265–1965, London 1965; M. WADE LABARGE, Simon de Montfort, London 1962; C. BEMONT, Simon de Montfort, Comte de Leicester, sa vie 1208–1265 son role politique en France et en Angleterre, Paris 1884.
51   Vgl. dazu besonders C. VALENTE, Simon de Montfort, Earl of Leicester, and the Utility of Sanctity in Thirteenth Century England, in: Journal of Medieval History 21 (1995), S. 27–49.
52   Ebda, S. 35–40; vgl. auch zu einer Quelle aus Canterbury: MADDICOTT, Simon de Montfort, S. 281.
53   Vgl. das sogenannte Dictum von Kenilworth (Documents of the Baronial Movement, ed. Treharne/Sanders, S. 314–337, S. 322): *Rogantes humiliter tam dominum legatum quam dominum regem ut ipse dominus legatus sub districtione ecclesiastica prorsus inhibeat, ne S. comes Leycestrie a quocumque pro sancto vel iusto reputetur, cum in excommunicatione sit defunctus, sicut sancta tenet ecclesia; et mirabilia de eo vana et fatua ab aliquibus relata nullis unquam labiis proferantur; et dominus rex eadem sub pena corporali velit districte inhibere.*
54   Vgl. dazu MADDICOTT, Simon de Montfort, S. 369–371.

Dieses Land ging an den jüngeren Bruder Edwards I., Edmund of Lancaster.[55] Dessen Sohn Thomas erbte den Besitz und er erbte die Tradition des Widerstandes gegen den König. Thomas von Lancaster wurde einer der führenden Köpfe der Rebellion gegen Edward II.[56] Sein moderner Biograph, der die Lebensgeschichten beider Männer intensiv studiert hat, sieht in Simon de Montfort ein Vorbild für die politische Haltung des Thomas von Lancaster, der in der Krise der Herrschaft Edwards II. die Maßnahmen der rebellischen Barone unter Montforts Führung direkt aufgegriffen habe.[57] „We are dealing with men who knew their history and were rooted in it."[58] Und doch wissen wir nicht, wie die Kenntnis dieser Geschichte übermittelt wurde. Als Thomas of Lancaster geboren wurde, war Simon de Montfort seit 15 Jahren tot.[59] Aber viele seiner Anhänger lebten noch, sie litten unter den Folgen ihres Kampfes gegen den König. Die unmittelbare Reaktion der siegreichen Anhänger des Königs, die ihren Erfolg auch genutzt hatten, um sich an den Länderein der Rebellen schadlos zu halten, wurde im *Dictum von Kenilworth* 1266 abgeschwächt.[60] Viele Enteignete (Disinherited) bekamen die Gelegenheit, gegen die Zahlung einer Strafe (das Fünffache des jährlichen Ertrages) ihren Besitz zurückzuerwerben. Allerdings gab es Ausnahmen und für viele seiner ehemaligen Gefolgsleute blieb Simon de Montfort eine besondere Figur.[61] Es ist nicht überraschend, dass einige dieser ehemaligen Gefolgsleute Simons zu den aktiven Förderern seiner Heiligenverehrung zählten.[62] Doch blieb diese Verehrung für den getöteten Rebellen eine begrenzte Erscheinung, die schon am Ende des 13. Jahrhunderts nachließ und deren abgeschwächtes Fortleben die Zeit Edwards II. (1307–1327) kaum überdauert haben dürfte.[63]

So zeigt auch die Erinnerung an Simon de Montfort ein Muster, das wir bei der Überlieferung der Widerstandtradition in England bereits feststellen konnten. Eine Erinnerung mit einem tatsächlich mobilisierenden Potential blieb etwa 40–50

---

55 Vgl. J. R. MADDICOTT, Thomas of Lancaster 1307–1322. A Study in the Reign of Edward II (Oxford Historical Monographs), Oxford 1970, S. 1–7. Mit dieser Landvergabe wurde die Verbindung der Titel von Simon de Montfort mit der Königsfamilie fortgesetzt, denn Simon de Montfort war mit der Schwester des englischen Königs verheiratet gewesen (vgl. dazu: MADDICOTT, Simon de Montfort, S. 21–76).
56 Vgl. dazu die Untersuchung von MADDICOTT, Thomas of Lancaster.
57 Ebda, S. 321: „ ... he drew directly on precedents from Montfort's activities in the 1260s".
58 Ebda.
59 Ebda, S. 2f.
60 Documents of the Baronial Movement, ed. Treharne/Sanders, S. 320: *Dicimus et providemus ut prefatus dominus rex universis et singulis qui, ab inicio presentis turbacionis regni et occasione ipsius usque ad hoc tempus, in ipsum vel in coronam regiam commiserunt iniuriam quamlibet vel offensam, et qui ad pacem ipsius venerunt infra XL dies post publicacionem huiusmodi nostre provisionis, omnino remittat et parcat.* Vgl. zu den Enteignungen nach der Niederlage Simons etwa: PRESTWICH, Plantagenet England, S. 119–123.
61 Zu den besonderen Regelungen der Besitzfragen für die Gegner des Königs vgl. das Dictum von Kenilworth (12), in: Documents of the Baronial Movement, ed. Treharne/Sanders, S. 324–326; zur Rolle Simons de Montfort für die Disinherited vgl. VALENTE, Simon de Montfort, S. 40–42.
62 Ebda.
63 Ebda., S. 42–47.

Jahre lebendig. Da die Rebellionen gegen den König kein Thema der Mechanik waren, sind genauere Festlegungen nicht hilfreich. Allerdings bieten die Formalisierungen vergleichbarer Fristen wie der Verjährung oder der Ersitzung von Rechtstiteln einen bedeutenden Hinweis auf die Erfahrungswerte unterschiedlicher Rechtskulturen mit den „Rhythmen der Erinnerung", weswegen wir auf diese Frage noch zurückkommen müssen. Zunächst gilt es indes, eine noch sichere empirische Grundlage zu gewinnen. In Hinblick auf die Empirie der Empörung läßt sich schon an dieser Stelle festhalten, dass es im Abstand der Spanne von 40–50 Jahren nach dem Höhepunkt des Regimes von Simon de Montfort und seiner Niederlage 1264/65 zu einer markanten Konfrontation der Widerstandstradition mit dem Rechtsverständnis des Königs kam. In den Jahren 1311/12 hatten die widerstreitenden politischen Traditionen der machtvollen Königsherrschaft und der Kontrolle des Königs durch die Prinzipien der Magna Carta eine klare Formierung erfahren und stießen in fast programmatischer Weise aufeinander. Dies geschah 46 Jahre nach der letzten großen Erhebung gegen den König. Die Widerstandsbewegung gegen Edward II. von 1311/12 ist für unsere Fragestellung besonders aufschlußreich, und wir werden bald darauf zurückkommen. Zunächst gilt es, die Übersicht über Überlieferungsvorgänge des 13. Jahrhunderts mit einem prominenten Fall abzurunden, dessen Erinnerungsgeschichte für einigen Streit gesorgt hat.

Die Erinnerung an Simon de Montfort wurde in besonderer Weise durch die Franziskaner gepflegt, denen Simon nahegestanden hatte.[64] Allerdings bieten die Franziskaner selber einen besonderen Fall brisanter Überlieferungsgeschichte, oder wie Roberto Lambertini und Andrea Tabbaroni formuliert haben, sie lebten mit einer „Eredità difficile": mit der Erinnerung an ihren Ordensgründer Franziskus.[65] Schon bald nach dem Tod des Franziskus war es zu Auseinandersetzungen darüber gekommen, wie man mit dem Vermächtnis eines Mannes umgehen sollte, der schon drei Jahre nach seinem Tod zur Ehre der Altäre erhoben worden war und der bei seinem Tod seinen Brüdern eine kritische Ermahnung zurückgelassen hatte (sein *Testament*), die bei ihrer Befolgung der weiteren Entwicklung des Or-

---

64   Vgl. dazu MADDICOTT, Simon de Montfort, S. 80–84, 91–96, 252–254. Eine besondere Wertschätzung für Simon zeigt der zeitgenössische *Song of Lewes* (geschrieben aus der Perspektive der erfolgreichen Rebellen bald nach der Schlacht. Als Autor wird ein Franziskaner vermutet): The Song of Lewes, hg. von C. L. Kingsford, Oxford 1890; zum *Song of Lewes* vgl. MADDICOTT, Simon de Montfort, S. 279–284. Vgl. zum Anteil der Franziskaner an der Verehrung Simons auch VALENTE, Simon de Montfort, S. 35–40.
65   R. LAMBERTINI/A. TABBARONI, Dopo Francesco: L'eredità difficile, Turin 1989; vgl. zu diesem Thema auch: P. K. BALTHASAR, Geschichte des Armutsstreites im Franziskanerorden bis zum Konzil von Vienne (Vorreformationsgeschichtliche Forschungen 6), Münster 1911; R. B. BROOKE, Early Franciscan Government. Elias to Bonaventure (Cambridge Studies in Medieval Life and Thought N. S. 7), Cambridge 1959; S. da CAMPAGNOLA, Francesco d'Assisi nei suoi scritti e nelle sue Biografie dei Secoli XIII–XIV, Assisi 1981 (vgl. die knappen Ausführungen S. 116–123 (Il Permanere die una tradizione orale); M. ROBSON, St. Francis of Assisi. The Legend and the Life, London 1997; D. BURR, The Spiritual Franciscans. From Protest to Persecution in the Century after Saint Francis, University Park (Pennsylvania) 2001 (mit einer klaren Darstellung der historischen Entwicklung innerhalb des Ordens).

dens erhebliche Einschränkungen auferlegt hätte.⁶⁶ Im Streit um die Zukunft des rasant wachsenden Ordens spielte das Leitbild des schwierigen Heiligen während der ersten Jahrzehnte eine bedeutende Rolle. Der Streit um die Richtung des Ordens wurde auch zu einem Streit um die richtige Erinnerung an Franziskus.⁶⁷ Der Ordensgeneral Bonaventura unternahm es selbst, eine neue Vita des Ordensgründers zu schreiben, und im Jahre 1266 verfügte das Generalkapitel der Franziskaner in Paris, dass diese *Legenda Maior* künftig die einzige Lebensbeschreibung sein solle, die im Orden Verwendung finden dürfe.⁶⁸ Der Beschluß des Generalkapitels („illud decretum draconianum", Bihl) ordnete an, dass alle älteren Viten des Franziskus zu zerstören seien. Und dieser Auftrag galt nicht nur für die Texte, die sich im Besitz des Ordens befanden, sondern er zielte auf alle erreichbaren Exemplare der älteren Lebensbeschreibungen: *Item precipit generale Capitulum per obedientiam, quod omnes legende de beato Francisco olim facte deleantur, et ubi extra ordinem inveniri poterunt, ipsas fratres studeant amovere.*⁶⁹ Das Argument, dass die *Legenda Maior* des Ordensgenerals als einzige die nötige Gewißheit über das Leben des Heiligen biete, weil Bonaventura die berichteten Geschehnisse aus dem Munde derer erfahren hätte, die Franziskus immer begleitet hätten, verdeckt kaum die Tatsache, dass es sich hier um eine großangelegte Zensurmaßnahme handelte.⁷⁰ Sie war durchaus erfolgreich, aber man sollte in Hinblick auf den Ort des eigentümlichen Beschlusses doch festhalten, dass Paris nicht nur die Wirkungsstätte des Ordensgenerals Bonaventura war, sondern dass diese Wirkungsstätte immerhin die Universität Paris war, wo man sich darum bemühte, der Wahrheit näherzukom-

---

66   Das Testament des Franziskus ist ediert in: Die Opuscula des Hl. Franziskus von Assisi (Spicilegium Bonaventurianum 13), hg. von K. Esser/E. Grau, 2. Aufl. Grottaferrata 1989, S. 431–447; zu den Auseinandersetzungen um die Zukunft des Ordens vgl. die Literatur in Anm. 68. Das Leben des Franziskus selber ist hier nicht unser Thema. Die Literatur zu Franziskus ist kaum zu übersehen, vgl. für eine neuere, allerdings nicht unproblematische Darstellung (Mit ausführlicher Besprechung der Quellenlage und mit dem Verzeichnis der Forschungsliteratur): H. FELD, Franziskus von Assisi und seine Bewegung, Darmstadt 1996; eine klare knappe und übersichtliche Skizze zur Geschichte der Bettelordensbewegung in ihrem historischen Umfeld gibt C. H. LAWRENCE, The Friars. The Impact of the Early Mendicant Movement on Western Society, London/New York 1994.
67   Vgl. zu einer Übersicht über die Quellenlage und die verschiedenen Lebensbeschreibungen: FELD, Franziskus von Assisi, S. 10–45; eine ältere Darstellung der Quellen liefert: J. R. H. MOORMAN, The Sources for the Life of S. Francis of Assisi, Manchester 1940.
68   M. BIHL, De vero sensu Definitionis Capituli generalis an. 1266 Legendas antiquiores S. Francisci proscribentis, in: Archivum Franciscanum Historicum 30 (1937), S. 274–281; vgl. dazu auch FELD, Franziskus von Assisi und seine Bewegung, S. 42–44; J. MOORMAN, A History of the Franciscan Order. From its Origin to the Year 1517, Oxford 1968, S. 151f. (mit Anm. 1 auf S. 151); die Legenda Maior des Bonaventura ist ediert in den Analecta Franciscana sive chronica aliaque varia documenta ad historiam fratrum minorum spectantia, Bd. 10, Quaracchi 1941, S. 557–652.
69   A. G. LITTLE, Definitiones Capitulorum Generalium Ordinis Fratrum Minorum 1260–1282, in: Archivum Franciscanum Historicum 7 (1914), S. 676–682, 678.
70   Ebda: *cum illa legenda, que facta est per generalem ministrum, fuerit compilata prout ipse habuit ab ore eorum, qui cum b. Francisci quasi semper fuerunt et cuncta certitudinaliter sciverint et probata ibi sint posita diligenter.* Vgl. zu den Grundlagen der *Legenda Maior*, die eher eine autoritative Redaktion der zu zerstörenden Celano-Viten war, auch FELD, Franziskus von Assisi, S. 42–44.

men, indem man widerstreitende Meinungen miteinander konfrontierte, und nicht indem man die Schriften der Kontrahenten zerstörte.

Die rigiden Maßnahmen Bonaventuras führten den Orden aus seiner schweren Krise. Als der Ordensgeneral auf dem II. Konzil von Lyon 1274 starb, hatte das von ihm so energisch beförderte Leitbild für den Orden eine hohe Verbindlichkeit erlangt.[71]

Nach dem Tod Bonaventuras brach die Kontoverse über die franziskanische Frage der richtigen Haltung zur Armut alsbald wieder aus. Durch die Positionen von Petrus Johannes Olivi (1247/48–1296) und seiner Anhänger, die ein radikales Verständnis der Armutsforderung vertraten, wurde die Auseinandersetzung um die Zukunft des Ordens erneut eröffnet.[72] Olivis Forderung, dass der Franziskanerorden und seine einzelnen Mitglieder nicht nur auf jegliches Eigentum verzichten sollten, sondern dass sie sich generell der materiellen Güter nur in einer sehr eingeschränkten (ärmlichen) Weise bedienen dürften (*usus pauper*), rief bei der Mehrheit des Ordens, der sogenannten Kommunität, mitunter entschiedenen Widerspruch hervor.[73] Damit war eine neue Phase in der bewegten Geschichte des Franziskanerordens angebrochen, die schließlich in den sogenannten „theoretischen Armutsstreit" im früheren 14. Jahrhundert mündete. Es waren neue Fragen," bei deren Beantwortung das Vorbild des historischen Franziskus keine wichtige Rolle mehr spielte.

---

71   Zu Bonaventuras Wirken vgl. etwa C. CARGNONI, Bonaventura, secondo fondatore, in: Italia francescana 73 (2003), S. 37–42; D. WALTZ, Thomas von Celano und Bonaventura. Der Wandel des Franziskusbildes, in: Scripturus vitam. Lateinische Biographie von der Antike bis in die Gegenwart. Festgabe für Walter Berschin zum 65. Geburtstag, hg. von ders., Heidelberg 2002, S. 531–552; J. G. VAN DEN EIJNDEN, Der Theologe als kirchlicher Leiter: Bonaventura als Interpret der Regel der Minderbrüder, in: Wissenschaft und Weisheit 61 (1998), S. 211–238; O. CAPITANI, Il franciscanesimo ed il papato di Bonaventura a Pietro di Giovanni Olivi: una reconsiderazione, in: Ricerche storiche 13 (1983), S. 595–612; zu Bonaventuras Tod auf dem II. Konzil von Lyon vgl. etwa den knappen Bericht in der Ordinatio Concilii: Il Concilio II di Lione (1274). Secondo la ordinatio concilii generalis Lugdunensi (Studi e testi francescani 33), hg. von A. Franchi, Rom 1965, S. 95ff.
72   Vgl. zu der Kontroverse um die Positionen von Olivi und den sogenannten *Spiritualen* zuletzt BURR, The Spiritual Franciscans. Vgl. auch D. BURR, Olivi and Franciscan Poverty. The Origins of the Usus Pauper Controversy (Middle Age Series), Philadelphia 1989; E. MÜLLER, Das Konzil von Vienne 1311–1312. Seine Quellen und seine Geschichte (Vorreformationsgeschichtliche Forschungen 12), Münster 1934, S. 242–250; grundlegend für die Aufarbeitung der Kontroverse um Olivi waren die Arbeiten von Franz Ehrle, der auch wesentliche Texte aus der Auseinandersetzung publizierte: F. EHRLE, Die Spiritualen, ihr Verhältnis zum Franziskanerorden und zu den Fraticellen, in: Archiv für Literatur- und Kirchengeschichte des Mittelalters 1 (1885), S. 509–569; 2 (1886), S. 106–164; 3 (1887), S. 553–623; 4 (1888), S. 1–200; DERS., Petrus Johannis Olivi, sein Leben und seine Schriften, in: Archiv für Literatur- und Kirchengeschichte des Mittelalters 3 (1887), S. 409–552.
73   Vgl. vorangehende Anmerkung, vgl. auch LAMBERTINI/TABBARONI, L'eredità difficile, S. 81–100. Zwei grundlegende Texte Olivis in der Debatte um den *usus pauper* sind in jüngerer Zeit von David Burr neu herausgegeben worden: Petrus Ioannis Olivi, De usu paupere: The Quaestio and the Tractatus (Italian Medieval and Renaissance Studies 4), hg. von D. Burr, Florenz/Perth 1992.

„Once we move beyond Bonaventure's generalate, we seem to enter a new world" (Burr).[74] Zwar hatte das Generalkapitel der Franziskaner in Padua 1276 noch einmal eine Anfrage an die Mitglieder des Ordens geschickt, mit der nach bislang unbekannten Spuren des heiligen Franziskus gesucht werden sollte (*quod inquirant de operibus beati Francisci et aliorum sanctorum fratrum, aliqua memoria digna, prout in suis provinciis contigerit, eidem generali sub certis verbis et testimoniis rescribenda*).[75] Doch war dies kaum mehr als ein letzter, pietätvoller Versuch, der Erinnerung des umstrittenen Ordensgründers gerecht zu werden. In den franziskanischen Kontroversen des ausgehenden 13. Jahrhunderts ging es nicht mehr um die richtige Erinnerung an Franziskus als einen realen Menschen, der ein konkretes Vorbild lieferte, dem die Brüder nacheifern konnten. Franziskus erschien nun als eine zentrale Gestalt der Heilsgeschichte, deren Mission sie dem realen Geschehen entrückte. Die Erinnerung an den charismatischen Ordensgründer, der die Armut so vehement (und durchaus rücksichtslos) gelebt und gefordert hatte und der 1226 nach langer Krankheit gestorben war, trat zurück. Das war nicht verwunderlich, war doch Olivi erst 29 Jahre nach dem Tod des Franziskus geboren worden.[76] So erkennen wir in dem Bemühen des Generalkapitels von 1276 um die Sicherung noch unentdeckter Werke und Spuren des Franziskus ein letztes Bemühen um das historische Bild des Heiligen. Der Abstand dieses letzten Versuchs vom Tod des Franziskus betrug genau 50 Jahre. Jenseits dieser Spanne spielte die historische Evidenz keine bedeutende Rolle mehr. Die *historia* des realen Franziskus wurde nun zum Material einer heilsgeschichtlichen Exegese. Die Kontroversen der Zukunft entfalteten sich an der exegetischen Deutung, nicht an ihrem Material.

Dieses Kapitel handelt von der zeitlichen Erstreckung menschlicher Erinnerungen im 13. Jahrhundert. Wir beschränken uns an dieser Stelle noch auf die Kraft der Erinnerungen in diesem historischen Rahmen. Die Frage nach den grundsätzlichen Bedingungen der menschlichen Erinnerung und nach den jeweiligen Anteilen der spezifischen historischen Konstellationen können wir erst dann sinnvoll prüfen, wenn wir das 14. Jahrhunderte zum Vergleich herangezogen haben. Denn das 14. Jahrhundert eröffnet den Blick auf eine Erinnerungskultur unter dem erkennbar stärker werdenden Eindruck schriftlicher Überlieferung. Auch die Frage nach einem möglichen Zusammenhang zwischen den „Rhythmen der Erinnerung" und den „Rhythmen politischer Krisen" wurde noch nicht ausdrücklich formuliert. In einer Untersuchung, die dem tatsächlichen Potential politischer Traditionen nachgeht, ist die Frage unausweichlich, wie lange die Erinnerung an ein Geschehen die Menschen noch zu mobilisieren vermag. Allerdings läßt sich die Abfolge der Verfassungskrisen des 13. Jahrhunderts im Reich, an der Kurie und in England nicht durch das mechanische Abzählen auf einer Zeitleiste erklären. Der

---

74 BURR, The Spiritual Franciscans, S. 43.
75 A. G. LITTLE, Definitiones Capitulorum Generalium Ordinis Fratrum Minorum 1260–1282, in: Archivum Franciscanum Historicum 7 (1914), S. 676–682, S. 681.
76 Petrus Johannes Olivi wurde 1247/48 bei Béziers geboren und trat bereits mit zwölf Jahren in den Franziskanerorden ein, vgl. etwa BURR, Olivi and Franciscan Poverty, S. 38.

Versuch einer Erklärung komplexer sozialer Phänomene bedarf anders als der Versuch ihrer Normierung einer gewissen Unschärfe. Wir versuchen hier, Wahrscheinlichkeiten einzugrenzen. In diesem Sinne sind einige Aussagen möglich.

30 Jahre waren für die historische Erinnerung eine problemlose Spanne. Das bedeutet, dass die Erinnerung nach 30 Jahren einigen Belastungen standhielt. Die energischen herrschaftlichen Rückgriffe auf die Zustände vor 30 Jahren, die Friedrich II. (1220) und Rudolf von Habsburg (1275) erfolgreich duchführten, sind dafür ein klares Indiz. Ein Rückgriff um 100 Jahre überforderte dagegen die zeitgenössische Vorstellung, auch dann, wenn er durch die breitere Überlieferung des englischen Königs unterstützt wurde. Nach 100 Jahren war die erinnerte Situation nicht mehr „aktualisierbar", zumindest nicht in einem zentralen rechtlichen Anliegen. Das läßt das Scheitern der *Quo warranto*-Kampagne Edwards I. erkennen. Die historische Erinnerung an die *Carta von Runnymede* (1215) am Ende des 13. Jahrhunderts bestätigt diesen Befund. Die entscheidende Phase lag in der Spanne von 40–50 Jahren. Hier vollzog sich der Übergang von der aktualisierbaren und damit noch lebendigen Tradition zur geschichtlichen Erinnerung, die für die Akteure keine direkte Bindungskraft mehr hatte.[77] Zugleich bezeichnete diese Spanne den Abstand, in dem nochmalige Initiativen nach dem Vorbild des 40–50 Jahre zurückliegenden Ereignisses (oder nach dem Bild der vor 40–50 Jahren verstorbenen Person) zu beobachten sind.[78] Dabei wurde diese Grenze nicht nur durch die Erinnerung damaliger Akteure vorgegeben, die 50 Jahre nach dem Ereignis allmählich an das Ende ihres Lebens gelangten. Bonaventura hatte Franziskus nie getroffen, er hatte keine persönliche Erinnerung an den Gründer seines Ordens.

Die Dynamik der Erinnerung, die wir in diesem Kapitel untersucht haben, war im wesentlichen eine Dynamik mündlicher Tradition. Zu Beginn des 14. Jahrhunderts wird angesichts der Auseinandersetzung um das Reformprogramm der *New Ordinances* in England deutlich, dass das Verhältnis von mündlicher und schriftlicher Tradition nicht nur ein technisches Problem sondern eine eminent politische Frage war. Die politische Dimension hatte sich in der *Quo warranto*-Kampagne Edwards I. bereits angedeutet. Die Frage stellt sich daher in Hinblick auf das 14. Jahrhundert, ob die Zunahme der Schriftlichkeit die Rhythmen der Erinnerung veränderte. Allerdings ist dies eine rückwärts gerichtete Frage, und unser eigentliches Untersuchungsziel ist der historische Wandel. Bevor wir den veränderten Bedingungen des 14. Jahrhunderts nachgehen, ergänzen wir daher das Bild der bereits untersuchten Zeit um die Grundzüge des institutionellen Wandels an der Kurie des 13. Jahrhunderts. Anders als in den bislang untersuchten Fällen stand der institutionelle Wandel an der Kurie des 13. Jahrhunderts noch nicht im Zeichen der Krise sondern eher im Zeichen päpstlicher Erfolge.

---

77 Vgl. die Entfremdung der englischen Barone von ihrem normannischen Ursprung.
78 Vgl. etwa die Revolte der englischen Barone 1258–65 nach dem Vorbild der Erhebung von 1215, und die militante Reformbewegung von 1311 nach dem Vorbild der Bewegung Simons de Montfort 1258–65; vgl. auch die Wiederaufnahme des *Mainzer Reichslandfriedens* von 1235 durch Rudolf von Habsburg 1281–87.

Kapitel 5

Institutionelle Formierung im Zeichen des Triumphes: Die Kurie im 13. Jahrhundert

Die Bedeutung des Jahres 1198 für die Geschichte der päpstlichen Kurie ist unübersehbar. 1198 erscheint gleichsam als Wasserscheide in der Edition kurialer Quellen. Was vor diesem Datum an der Kurie geschrieben wurde, hat Eingang in die Regestenwerke der früh- und hochmittelalterlichen Papstgeschichte gefunden, was danach geschrieben wurde, ist in neuen Reihen erfaßt worden. Dies ist zunächst keine Frage der historischen Bedeutung, sondern ein praktisches Erfordernis. Mit dem Amtsantritt Innozenz' III. nahm der kuriale Schriftverkehr enorm zu.[1] Das *Regestum super Negotio Imperii* Innozenz' III., dem wir die Kenntnis über die Vorgänge nach der Doppelwahl 1198 in so hohem Maße verdanken, ist zwar ein Sonderfall der kurialen Überlieferung, aber es ist ein Sonderfall in einem zunehmend schriftgestützten Umfeld, das solche Anstrengungen grundsätzlich förderte. Diese Überlieferungspraxis lieferte die Voraussetzungen dafür, dass die päpstlichen Entscheidungen und ihre Begründungen in der Doppelwahlkrise von 1198 den Nachfolgern Innozenz' III. Orientierung in ähnlichen Problemsituationen liefern konnten. Wir sind oben bereits darauf eingegangen, dass das Originalregister an der Kurie die Spuren späterer Benutzung im Zusammenhang mit der Doppelwahl von 1257 erkennen läßt (auch wenn 1257 kein Papst die Geschicke der Kirche lenkte, dessen Entschlußfreudigkeit mit der Innozenz' III. vergleichbar gewesen wäre).[2] Im Sinne unserer Fragestellung läßt sich der Pontifikat Innozenz' III. daher als eine bedeutende Etappe in der internen Traditionsbildung der

---

1   Regesta Pontificum Romanorum ab condita ecclesia ad annum post Christum natum MCXCVIII, 2 Bde., hg. von P. Jaffé/W. Wattenbach, 2. Aufl. Leipzig 1885–1888; Regesta Pontificum Romanorum, 2 Bde., hg. von A. Potthast, Berlin 1874–1875; vgl. dazu auch Th. FRENZ, Papsturkunden des Mittelalters und der Neuzeit (Historische Grundwissenschaften in Einzeldarstellungen 2), Wiesbaden 1986; vgl. zur päpstlichen Kanzlei unter Innozenz III. auch: O. HAGENEDER, Studien und Vorarbeiten zur Edition der Register Papst Innozenz' III. 2. Die äußeren Merkmale der Originalregister Innozenz' III., in: Mitteilungen des Instituts für Österreichische Geschichtsforschung 65 (1957), S. 296–339; DERS., Quellenkritisches zu den Originalregistern Innozenz' III., in: Mitteilungen des Instituts für Österreichische Geschichtsforschung 68 (1960), S. 128–139; vgl. auch: Ch. R. CHENEY, Innocent III and England, Stuttgart 1976; The Letters of Pope Innocent III (1198–1216) concerning England and Wales. A Calendar with an Appendix of Texts, hg. von Ch. R. Cheney/M. G. Cheney, Oxford 1967.
2   Vgl. dazu Regestum Innocentii III, ed. Kempf, S. XV–XVIII.

Kurie verstehen. Es ist eine Traditionsbildung, die sehr viel stärker auf einer schriftlichen Grundlage beruht, als dies in England oder in Deutschland der Fall war. Die „Leistungsfähigkeit" der päpstlichen Kanzlei erwies sich unter Innozenz IV. im Konflikt mit Friedrich II.[3] Auch nach seiner Flucht aus dem belagerten Rom, die nur aufgrund ihres Überraschungsmomentes gelingen konnte, verfügte der Papst in Lyon über die wichtigsten Texte, auf die er seine Absetzung des Kaisers stützte. Auf dem Konzil konnte er die Anklagen gegen Friedrich auf Briefe und Privilegien des Staufers stützen, in denen dieser der Kurie Zusagen gemacht hatte, die er Innozenz zufolge nicht eingehalten hatte.[4] Der Vertreter Friedrichs auf dem Konzil, Thaddäus von Suessa, zeigte sich vorbereitet, und er war in der Lage, der Anklage mit entlastenden Dokumenten entgegenzutreten.[5] Thaddäus gehörte zu den führenden Männern in der Kanzlei Friedrichs II., deren Schriftkultur dem kurialen Niveau durchaus ebenbürtig war.[6] Der Unterschied zwischen dem kurialen und dem kaiserlichen Schriftgebrauch erschließt sich nicht im Vergleich zweier hochrangiger Kanzleien, sondern er resultiert aus der unterschiedlichen Bedeutung, die diese hochentwickelte Schriftlichkeit im jeweiligen Wirkungsbereich von Papst und Kaiser hatte. An der Kurie gab es keine von der päpstlichen Tradition unabhängige Überlieferung bedeutender Personengruppen, wie etwa der Kardinä-

---

3 Vgl. zu dem Konflikt von Kurie und Kaiser in den Jahren 1243–1245: HALLER, Das Papsttum, Bd. 4, S. 160–194; STÜRNER, Friedrich II., Bd. 2, S. 509–539.

4 Die beiden wichtigen Berichte über das Konzil von Lyon berichten übereinstimmend, dass der Papst im Plenum eine Reihe von Urkunden mit dem kaiserlichen Siegel präsentiert und vorgetragen habe, um seine Anklage zu belegen, die Brevis Nota: *Et postquam de afflictione huiusmodi pluria dixit, fecit legi quoddam privilegium aurea bulla munitum ab eodem imperatore, cum esset rex, Honorio predecessori suo concessum ... Item fecit legi pluria alia privilegia aurea bulla munita ecclesie, dum esset rex et postea imperator, concessa ...* (MGH Constitutiones, Bd. 2, ed. Weiland, S. 514); Matthaeus Parisiensis (Chronica maiora, Bd. 4, ed. Luard, S. 435) berichtet: *Imponebatque* [i.e. Innocentius] *ei multiplex perjurium, et quod spreto veritatis tenore, numquam pacta, nusquam promissa conservabat. Super quibus ut magis haec audientes certificaret, signorum imperialium de auro appensione communitas ostendit epistolas, quibus evidenter arguit et redarguit ipsum super perjurio.*

5 Brevis Nota (MGH Constitutiones, Bd. 2, ed. Weiland, S. 515): *Quibus dictis iudex Thadeus unus de nuntiis imperatoris surrexit et fere respondit ad singula, que dixerat dominus papa, et mirabiliter excusare videbatur imperatorem et asseruit multa mala, que fecisse et procurasse dicebat ecclesiam contra eum, et ostendit super hiis plurima paria litterarum; et multis eius responsio fuit grata*; Matthaeus Parisiensis (Chronica maiora, Bd. 4, ed. Luard, S. 435): *Quibus etiam verbis alacriter se opposuit Thadaeus, se tunc errigens imperterritus in publico, ostendens e contra literas Papales bullatas, quae videbantur jam dictis obviare.* Zu Thaddaeus von Suessa vgl. G. PEPE, Taddeo de Sessa e la politica religiosa di Federico II, in: Civiltà Moderna 3 (1931), S. 745–764; STÜRNER, Friedrich II., Bd. 2, S. 533–539.

6 Zur Kanzlei Friedrichs II. vgl. W. KOCH, Kanzlei- und Urkundenwesen Friedrichs II. – eine Standortbestimmung, in: Mezzogiorno – Federico II – Mezzogiorno. Atti del convegno internazionale di studio, Potenza–Avigliano–Castel Lagopesole–Melfi 18.–23. ottobre 1994, hg. von C. D. Fonseca, Rom 2002, S. 595–619; H. M. SCHALLER, Kanzlei und Kultur zur Zeit Friedrichs II. und Manfreds, in: Stauferzeit, hg. von dems., Hannover 1993, S. 525–533; DERS., Die Kanzlei Kaiser Friedrichs II. ihr Personal und ihr Sprachstil, in: Archiv für Diplomatik, Schriftgeschichte, Siegel- und Wappenkunde 3 (1957), S. 207–286; 4 (1958), S. 264–327.

le.⁷ In der Sphäre der Herrschaft und des kirchlichen Rechts waren die päpstlichen Entscheidungen maßgeblich. Der Kaiser mußte dagegen berücksichtigen, dass seine Untertanen nach verschiedenen mündlich tradierten Rechtstraditionen lebten, denen sie eine hohe Verbindlichkeit beimaßen und dass sie in vielen Fällen gar nicht in der Lage waren, die eindrucksvollen Texte seiner Kanzlei zu lesen.⁸ Das Verfahren der Absetzung Friedrichs II. auf dem Konzil von Lyon 1245 gibt einen wichtigen Hinweis auf die Bedeutung der schriftlichen Rechtsüberlieferung für die Ebene der höchsten Herrscherämter. Es ist eine Bedeutung, die diese Schrifttradition in den hier behandelten Königreichen während des 13. Jahrhunderts nicht erlangte, weil in der Praxis königlicher Herrschaft der Adel eine zentrale Rolle spielte und der auf einer eigenen Rechtstradition bestand.⁹ In Lyon spielte dieses Herrschaftsverständnis keine Rolle. Auf dem Konzil verhandelte man nach „modernen" Regeln. Das bedeutete, Innozenz IV. war darum bemüht, im formalen Vorgang ein Höchstmaß an Legitimität zu erreichen. Das bedeutete nicht, dass er allgemeine Akzeptanz erlangte. Vielmehr war das Urteil durchaus umstritten, oder es wurde ignoriert.¹⁰ Doch setzte das päpstliche Vorgehen einen Standard, dessen Wirkung sich Thaddäus von Suessa nicht ganz entziehen konnte – der dem Papst wohlvorbereitet entgegentrat, obwohl er die Zuständigkeit dieses nach seiner Meinung nicht allgemeinen Konzils in Frage stellte.¹¹ Die Absetzung eines Kaisers oder eines Königs war in jedem Fall ein heikler Vorgang, gegen den sich Friedrich mit guten Argumenten zur Wehr setzte.¹² Innozenz IV. ließ in seinem Vorgehen keinerlei Zweifel an der Rechtmäßigkeit seines Vorgehens, seine Selbstgewißheit

---

7 Vgl. dazu unten.
8 Diese Feststellung gehört ja zu den wesentlichen Aussagen dieser Untersuchung und sie wird von Friedrich II. in der Präambel zum Mainzer Reichslandfrieden ausdrücklich formuliert: MGH Constitutiones, Bd. 2, ed. Weiland, Nr. 196, S. 241 (... *licet per totam Germaniam constituti vivant in causis et negociis privatorum consuetudinibus antiquitus traditis et iure non scripto* ...).
9 Vgl. dazu das vorangehende Kapitel; vgl. allgemeiner zum König und Adel in der Herrschaftskonstellation des 13. Jahrhunderts: KAUFHOLD, Deutsches Interregnum, S. 98–135 (mit weiterführender Literatur).
10 Zur Absetzung vgl. O. HAGENEDER, Das päpstliche Recht der Fürstenabsetzung. Seine kanonistische Grundlegung, in: Archivum Historiae Pontificiae 1 (1963), S. 53–95; KEMPF, Die Absetzung Friedrichs II. im Lichte der Kanonistik.
11 Brevis Nota (MGH Constitutiones, Bd. 2, ed. Weiland, S. 516): *Tunc surrexit iudex Thadeus percipiens, quod iam securis erat posita ad radicem, pro multorum privilegiorum autenticatione, et si contra predictum imperatorem vellet procedere, appellabat ad futurum pontificem et concilium generale. Ad quos dominus papa respondit humiliter et benigne, quod erat concilium generale, quia tam principes seculares quam ecclesiastici ad illud fuerant invitati* ... Vgl. zu der Appellation an den zukünftigen Papst und das allgemeine Konzil auch: H. J. BECKER, Die Appellation vom Papst an ein allgemeines Konzil. Historische Entwicklung und kanonistische Diskussion im späten Mittelalter und in der frühen Neuzeit (Forschungen zur kirchlichen Rechtsgeschichte und zum Kirchenrecht 17), Köln/Wien 1988, S. 38–47.
12 Vgl. Friedrichs Rundschreiben an die europäischen Könige und Fürsten: MGH Constitutiones, Bd. 2, ed. Weiland, Nr. 262. Vgl. zur Problematik der Herrscherabsetzung auch: E. SCHUBERT, Königsabsetzung im deutschen Mittelalter. Eine Studie zum Werden der Reichsverfassung (Abhandlungen der Akademie der Wissenschaften zu Göttingen, Philologisch-Historische Klasse 267), Göttingen 2005, S. 11–98.

erschien unerschütterlich.¹³ Doch zeigte die verhaltene Reaktion der relevanten „Öffentlichkeit" die gedämpfte Akzeptanz seines Vorgehens, und in dieser Unsicherheit liegt wohl der Grund dafür, dass das Bemühen um die Legitimation im Verlauf des 14. Jahrhunderts dazu führte, dass die Gegner des Königs in England Elemente des Absetzungsverfahrens gegen Friedrich II. nun gegen ihren König einsetzten. Wir werden sehen, wie das Bedürfnis nach Legitimation in Krisensituationen die Rezeption der schriftlichen Rechtstradition beförderte.¹⁴ Für Innozenz IV. waren die schriftlichen Rechtsverleihungen, die er bei der Absetzung des Kaisers zitiert hatte, so wichtig, dass er sie – und andere für die Kurie wichtige Privilegien – noch während des Konzils kopieren ließ. Es entstanden mindestens zwei Serien von jeweils 17 Pergamenttrotuli: ein Arbeitsarchiv, das auch in Krisenzeiten verfügbar war.¹⁵ Innozenz wollte vorbereitet sein.

Der selbstgewisse und formal geschlossene Auftritt der Kurie in der Mitte des 13. Jahrhunderts beunruhigte die Zeitgenossen allerdings ebensosehr, wie er sie beindruckte. Mochte man im weiteren Verlauf der Geschichte das päpstliche Absetzungsurteil von 1245 in England gegen den eigenen König verwenden, so reagierten englische Geistliche alarmiert, als Heinrich III. die Möglichkeit andeutete, sich an der päpstlichen Herrschaftspraxis zu orientieren.¹⁶ Die Praxis der päpstlichen Kurie, möglichen Überschneidungen erteilter Privilegien durch die *non obstante*-Klausel zu begegnen, erschien kritischen englischen Beobachtern als königliche Praxis nicht tragbar und eine entsprechende Absichtserklärung Heinrichs III. provozierte eine scharfe Zurückweisung.¹⁷ Tatsächlich strebte das Papsttum in dem halben Jahrhundert vom Amtsantritt Innozenz' III. bis zum Kampf Innozenz' IV. gegen den Stauferkaiser nach einer Herrschaftsposition in der Christenheit, die man je nach Standpunkt eindrucksvoll oder beunruhigend nennen konn-

---

13 Vgl. v.a. seinen Kommentar zu seinem eigenen Vorgehen, Apparatus in V libros decretalium II.27.27, Frankfurt 1579, fol. 316v–317v, besonders sub verbum *privamus*.
14 Vgl. dazu unten insbesondere zur Absetzung Richards II.
15 Vgl. dazu H. BRESSLAU, Handbuch der Urkundenlehre für Deutschland und Italien, Bd. 1, 3. Aufl. Berlin 1958, S. 155f. (mit weiterer Lit. in Anm. 7). Eine Kopienserie verblieb bei der Kurie, eine wurde im Kloster Cluny hinterlegt, von beiden sind noch Teile erhalten.
16 Vgl. Matthaeus Parisiensis, Chronica maiora, Bd. 5, ed. Luard, S. 339; vgl. dazu auch KAUFHOLD, Deutsches Interregnum, S. 115f. Der zitierte Magister der Hospitaliter und der Chronist selber waren Ordensleute, zu Matthaeus Parisiensis vgl. R. VAUGHAN, Matthew Paris, Cambridge 1958; K. SCHNITH, England in einer sich wandelnden Welt (1189–1259). Studien zu Roger Wendover und Matthaeus Parisiensis, Stuttgart 1974; A. GRANSDEN, Historical Writing in England, Bd. 1, London 1974, S. 356–379.
17 Vgl. den Wortwechsel zwischen Heinrichs III. und einem Magister des Hospitaliter über die Rechte des Ordens: *Nonne dominus Papa quandoque, immo multotiens, factum suum revocat ... Sic et ego infringam hanc et alias cartas, quas praedecessores mei et ego temere concessimus. ... Quid est quod dicis, domine rex. Absit, ut in ore tuo recitetur hoc verbum illepidum et absurdum*; Matthaeus Parisiensis, Chronica maiora, Bd. 5, ed. Luard, S. 339. Zur *non obstante*-Formel vgl. O. HAGENEDER, Probleme des päpstlichen Kirchenregiments im hohen Mittelalter. Ex certa scientia, non obstante (Lectiones eruditorum extraneorum in Facultate Philosophica Universitatis Carolinae Pragensis factae 4), Prag 1995.

te. Es war eine Entwicklung, die durch den exklusiven Anspruch des Papstes auf den *vicarius Christi*-Titel unter Innozenz III. und durch die Proklamation des *Regimen unius personae* über die Christenheit durch Innozenz IV. schlaglichtartig erhellt wurde, und die wir an dieser Stelle nur knapp skizzieren wollen, da sich die Forschung schon eingehender mit ihr auseinandergesetzt hat.[18]

Als Innozenz III. sein Amt zu Beginn des Jahres 1198 übernahm, trat er an die Spitze einer Kirche, die vor großen religiösen und politischen Herausforderungen stand, auf die sie bislang noch keine überzeugende Antwort gefunden hatte. Die rasante Entwicklung der Kanonistik seit dem Erfolg von Gratians Decretum hatte dazu geführt, dass die geistliche Ordnungsgewalt zunehmend klare Begriffe von ihren Kompetenzen erarbeitete und dass geistliche Autoritäten in der zweiten Hälfte des 12. Jahrhunderts manchen heftigen Konflikt mit weltlichen Herrschaftsträgern ausgefochten hatten.[19] Nicht immer war der Papst beteiligt gewesen. Im Falle der Auseinandersetzung von Thomas Becket mit König Heinrich II. hatte die Kurie eher Distanz gewahrt, aber der Kampf des Erzbischofs von Canterbury, der durch sein Martyrium eine besondere Qualität erhielt, stellte die Frage nach dem Verhältnis von königlicher und geistlicher Macht doch mit großem Nachdruck.[20] Im Verhältnis zum Kaiser hatte die lange Herrschaft Friedrich Barbarossas manchen Anlaß zu handfesten Konflikten geboten, die die Frage des Verhältnisses der beiden Gewalten wiederholt provozierte.[21] Das Verhältnis von Papst und Kaiser

---

18 Zum Papsttum im 13. Jahrhundert vgl. etwa zusammenfassend die einschlägigen Kapitel in SCHIMMELPFENNIG, Das Papsttum; Die Geschichte des Christentums. Religion, Politik, Kultur, Bd. 5: Machtfülle des Papsttums. 1054–1274, hg. von A. Vauchez, Freiburg/Basel/Wien 1994; The Religious Roles of the Papacy: Ideals and Realities (Papers in Medieval Studies/Pontifical Institute of Medieval Studies 8), hg. von Ch. Ryan, Toronto 1989; C. J. DOBSON, The Thirteenth-Century Papacy as viewed by Those Outside the Roman Curia, Ann Arbor 1982; Handbuch der Kirchengeschichte, Bd. 3,2: Vom kirchlichen Hochmittelalter bis zum Vorabend der Reformation, hg. von H. Jedin/H. G. Beck, Freiburg 1968; J. HALLER, Das Papsttum. Idee und Wirklichkeit, Bde. 3–4, Stuttgart 1952.

19 Vgl. dazu etwa die verschiedenen Beiträge in: J. A. BRUNDAGE, The Profession and Practise of Medieval Canon Law (Variorum Collected Studies Series 197), Aldershot 2004; U. R. BLUMENTHAL, Papal Reform and Canon Law in the 11th and 12th Centuries (Variorum Collected Studies Series 618), Aldershot 1998; P. LANDAU, Die Entstehung der systematischen Dekretalensammlungen und die europäische Kanonistik des 12. Jahrhunderts, in: Zeitschrift der Savigny-Stiftung für Rechtsgeschichte, Kan. Abt. 65 (1979), S. 120–148; J. A. BRUNDAGE, Medieval Canon Law (The Medieval World), London 1996; vgl. auch: S. KUTTNER, Die mittelalterliche Kanonistik in der Forschung der letzten hundert Jahre, in: Zeitschrift der Savigny-Stiftung für Rechtsgeschichte, Kann. Abt. 69 (1983), S. 1–14.

20 Vgl. zu Thomas Beckett etwa: A. DUGGAN, Thomas Becket, London 2004; H. VOLLRATH, Thomas Becket: Höfling und Heiliger (Persönlichkeit und Geschichte 164), Göttingen 2004; S. JANSEN, Wo ist Thomas Becket? Der ermordete Heilige zwischen Erinnerung und Erzählung (Historische Studien 465), Husum 2002; F. BARLOW, Thomas Becket, London 1986.

21 Zum Verhältnis von Papst und Kaiser in der Zeit Friedrich Barbarossas vgl. etwa: J. MIETHKE, Rituelle Symbolik und Rechtswissenschaft im Kampf zwischen Kaiser und Papst. Friedrich Barbarossa und der Kampf um die Bedeutung von Ritualen, in: Ein gefüllter Willkomm. Festschrift für Knut Schulz zum 65. Geburtstag, hg. von F. J. Felten/S. Irrgang/K. Wesoly, Aachen 2002, S. 91–126; J. LAUDAGE, Alexander III. und Friedrich Barbarossa (Forschungen zur Kaiser und Papstgeschichte des Mittelalters 16), Köln u. a. 1997; W. HEINE-

hatte infolge ihrer Interessenkonflikte in Italien eine eminent politische Dimension, und dieses besondere Moment der Konfliktverstärkung wurde durch die staufische Übernahme der sizilischen Krone unmittelbar vor Innozenz' III. Amtsantritt zusätzlich belebt.[22] Die Sizilienfrage begleitete die päpstliche Politik während des gesamten 13. Jahrhunderts, sie spielte in den hier behandelten Pontifikaten Innozenz' III., Innozenz' IV. und Bonifaz' VIII. jeweils eine wichtige Rolle. Das Königreich Sizilien beanspruchte die päpstliche Aufmerksamkeit während dieser Zeit in besonderem Maße.[23] Das Absetzungsurteil Innozenz' IV. gegen Friedrich II. endete mit dem herrisch klingenden Satz: *De prefato vero Sicilie regno providere curabimus cum eorum fratrum nostrorum consilio, sicut viderimus expedire*, und den Tod des Kaisers vermeldete der Papst den Sizilianern in euphorischen Wendungen.[24] Die Ernüchterung ließ nicht lange auf sich warten, und wir werden im weiteren auf die Entwicklung von der Absetzung des Kaisers bis zur Katastrophe Bonifaz' VIII. eingehen, aber zunächst gilt es, die Bilanz der Amtszeit Innozenz' III. noch abzurunden. Die Politik war nur die eine Seite dieses Pontifikates, und die Bilanz wäre kaum dazu angetan, den historischen Rang dieses Papstes zu begründen. Seine besonderen Leistungen lagen in den Initiativen, mit denen er eine Neubestimmung der päpstlichen Amtsgewalt einleitete, und in dem Einsatz für die neuen religiösen Bewegungen, mit dem er erkennen ließ, dass er die beanspruchte Führungsrolle in der Kirche auch wahrzunehmen verstand.[25]

Diese alleinige Führungsrolle in der Kirche beanspruchte Innozenz III. mit einer Entschiedenheit, die ein neues Kapitel in der Geschichte des päpstlichen Amtes einleitete.[26] Er verlieh der Fülle der päpstlichen Amtsgewalt (*plenitudo potestatis*) mit den Mitteln des Kirchenrechts eine neue Dimension.[27] Dies geschah nicht, indem Innozenz eine geschlossene Theorie seiner Amtskompetenzen entwickelt hätte, sondern es geschah durch die Fülle und das Gewicht der Entscheidungen,

---

MEYER, „beneficium – non feudum sed bonum factum." Der Streit auf dem Reichstag von Besançon 1157, in: Archiv für Diplomatik 15 (1969), S. 155–236.

22 Vgl. zur päpstlichen Italienpolitik im späten 12. Jahrhundert etwa G. BAAKEN, Ius Imperii ad Regnum. Königreich Sizilien, Imperium Romanum und Römisches Papsttum vom Tode Heinrichs VI. bis zu den Verzichtserklärungen Rudolfs von Habsburg (Forschungen zur Kaiser- und Papstgeschichte des Mittelalters 11), Köln/Weimar/Wien 1993; F. BAETHGEN, Die Regentschaft Papst Innozenz' III. im Königreich Sizilien (Heidelberger Abhandlungen zur Mittleren und Neueren Geschichte 44), Heidelberg 1914.

23 Vgl. etwa BAAKEN, Ius Imperii ad Regnum; KAUFHOLD, Deutsches Interregnum, S. 48–56.

24 Absetzungsbulle: MGH Epistolae saeculi XIII, Bd. 2, ed. Rodenberg, Nr. 124, S. 94; Tod des Kaisers: MGH Epistolae saeculi XIII, Bd. 3, ed. Rodenberg, Berlin 1894, Nr. 32 (S. 24f.).

25 Vgl. zu Innozenz' III. Pontifikat oben Kapitel 1.

26 Die entscheidende Rolle, die Innozenz III. in der Durchsetzung der päpstlichen Führungsposition in der Kirche einnahm, kann als communis opinio der einschlägigen Forschung gelten, und kommt in allen zu Innozenz bereits zitierten Untersuchungen zum Ausdruck. Vgl. etwa SCHATZ, Papsttum und Partikularkirchliche Gewalt, S. 111 („bei ihm wird in einer Ausschließlichkeit, wie wohl bei keinem Papst vor ihm, Kirche vom Papsttum her verstanden ..."); PENNINGTON, Pope and Bishops, S. 58 („No other pope was as important for edging papal monarchy toward absolutism"); MIETHKE, Historischer Prozeß und zeitgenössisches Bewußtsein, S. 582–590.

27 Vgl. dazu die klare Darstellung PENNINGTONS, Pope and Bishops.

die er in seiner Amtszeit an sich zog und die für die Kanonisten zum Leitfaden ihrer allmählich voranschreitenden Theoriebildung wurden.[28] Der *Liber Extra* Gregors IX. zitiert zu fast allen Titeln, und insbesondere zu den bedeutenden Fragen der kirchlichen Organisation, Rechtsentscheidungen Innozenz' III.[29] Seine bestimmende Rolle im innerkirchlichen Reformprozeß wurde durch die Wirkung des IV. Laterankonzils und seiner Kanones noch verstärkt.[30] *Romanus pontifex, qui non puri hominis, sed veri Dei vicem gerit in terris* – dieses Selbstverständnis Innozenz' III. zeigte nachhaltige Wirkung.[31] Die Systematisierung päpstlicher Rechtsentscheidungen im *Liber Extra* Gregors IX. verschaffte den Dekretalen Innozenz' III. noch eine deutlich erweiterte Öffentlichkeit und beförderte den zentralistischen Anspruch des päpstlichen Amtes, bis es unter Innozenz IV. einen vorläufigen Höhepunkt erreichte. Innozenz III. hatte seine herausgehobene Stellung aus dem exklusiven Auftrag abgeleitet, den Christus dem Petrus erteilt habe, bei Innozenz IV. wird diese Einsetzung eines irdischen Stellvertreters in den Rang einer Notwendigkeit erhoben, der sich auch Gott selbst nicht mehr ohne Gesichtsverlust entziehen konnte: *Denn er wäre nicht als ein besonnener Herr erschienen, um mit Ehrfurcht vor ihm zu reden, hätte er nicht nach sich einen solch einzigartigen Stellvertreter zurückgelassen, der dies alles könnte.*[32]

Ut cum reverencia eius loquar, wer in einem juristischen Kommentar so von Gott sprach, der ging davon aus, dass die Fachleute des Kirchenrechts an solchen Formulierungen keinen ungebührlichen Anstoß nehmen würden. Und tatsächlich durfte der Papst in seinem zentralistischen Anspruch auf weitgehende Unterstützung bei den Fachleuten des Kirchenrechts rechnen.[33] Aber auch unter den Theologen fand der so entschieden formulierte päpstliche Führungsanspruch energische Befürworter. Innerkirchlich beruhte die herausgehobene Stellung des römischen Bischofs gegenüber den anderen Prälaten der Christenheit auf der Feststellung, dass allein der Nachfolger des Petrus einen umfassenden göttlichen Auftrag für die Seelsorge erhalten hatte, während die übrigen Bischöfe keine gleichwertige Beauftragung beanspruchen konnten: *alii in partem sollicitudinis, tu in plenitudinem potestatem vocatus es,* so hatte Bernhard von Clairvaux die unterschiedlichen Kompetenzen und Verantwortlichkeiten prägnant unterschieden.[34]

---

28 Vgl. ebda, S. 33, 58, 190; zur Theoriebildung über die päpstliche Amtsgewalt vgl. besonders MIETHKE, Geschichtsprozeß und zeitgenössisches Bewußtsein; DERS., De Postestate Papae.
29 Vgl. Corpus Iuris Canonici, Bd. 2: Decretalium Collectiones, hg. von E. Friedberg, Leipzig 1881.
30 Vgl. zum IV. Laterankonzil oben Kapitel 2 mit Anm. 1 und 2 zur Edition der Kanones und zu ihrer Rezeption.
31 Das Zitat stammt aus der Compilatio tertia, 1.5.3, hier zitiert nach PENNINGTON, Pope and Bishops, S. 16, Anm. 11.
32 Innocentius IV, Apparatus in V libros decretalium, hg. von Petrus Vendramenus, Frankfurt 1570, II.27.27 s. v. *Privamus*.
33 Vgl. oben Anm. 26.
34 *De consideratione* II. VIII, 16 in: S. Bernardi opera, Bd. 3: Tractatus et opuscula, hg. von J. Leclercq, Rom 1963, S. 379–493, 424; vgl. zur Geschichte dieser Formel auch J. RIVIÈRE, In partem sollicitudinis. Évolution d'une formule pontificale, in: Revue des Sciences Religieuse 5 (1925), S. 210–235; SCHATZ, Papsttum und partikularkirchliche Gewalt.

Allerdings stellte eine solche zentralistische Ekklesiologie ein altes Verständnis des bischöflichen Amtes in Frage, das auch zu Zeiten Innozenz' IV. noch entschiedene Verfechter fand. Diese Verteidiger einer eigenen apostolischen Tradition des Bischofsamtes formulierten ihre Position in den Jahren nach dem Pontifikat Innozenz' IV. an dem Ort, an dem theologische Streitfragen mit besonderer Leidenschaft diskutiert wurden, an der Universität Paris.[35] Einer der dortigen weltgeistlichen Magister, Wilhelm von Saint-Amour, wurde zum Wortführer der „Episkopalisten" und griff die Mendikanten als Vertreter einer streng hierarchischen Kirchenverfassung scharf an.[36] *Non ergo, ut videtur, tota potestas ecclesie in inferioribus prelatis descendit a summo pontifice, sed potius a Christo Domino, capite totius ecclesie* hielt Gerhard von Abbeville den Fürsprechern einer weitgehend auf den Papst ausgerichteten Ekklesiologie entgegen.[37] Aber die Hierarchie war nicht mehr bereit, ihre Position infrage stellen zu lassen, und die Auseinandersetzung wurde nicht nur mit theologischen Argumenten geführt. Das war auch eine Folge der Genese dieses Streites, der sich an der Frage entzündet hatte, ob die Bettelordenstheologen in Paris Mitglieder der theologischen Magisterkorporation sein könnten, und der sich in der Folge zu einem grundsätzlichen Konflikt über die Berechtigung der mendikantischen Lebensweise und der Ordnung in der Kirche entwickelte.[38] Der Papst verhängte energische Sanktionen gegen Wilhelm von Saint-Amour. Wilhelm verlor seine Position in Paris und mußte sogar das Königreich verlassen.[39] Die theologische Antwort auf die Kritik der „Konservativen"

---

35   Vgl. zum sogenannten „Pariser Armutsstreit" die Quellen in: Chartularium Universitatis Parisiensis, Bd. 1, hg. von H. Denifle, Paris 1889; M. BIERBAUM, Bettelorden und Weltgeistlichkeit an der Universität Paris. Texte und Untersuchungen zum literarischen Armuts- und Exemtionsstreit des 13. Jahrhunderts (1255–1272) (Franziskanische Studien, Beiheft 2), Münster 1920; E. FARAL, Les „Responsiones" de Guillaume de Saint-Amour, in: Archives d'histoire doctrinale et littéraire du moyen âge 25–26 (1950–1951), S. 337–394; Wilhelm von Saint-Amour war der maßgebliche Wortführer der Gegner des neuen Zentralismus, dessen Verteidiger die Theologen der Bettelorden waren; M. M. DUFEIL, Guillaume de Saint Amour et la polémique Universitaire Parisienne 1250–1259, Paris 1972; S. CLASEN, Der Hl. Bonaventura und das Mendikantentum. Ein Beitrag zur Geschichte des Pariser Mendikantenstreites (1252–1272) (Franziskanische Forschungen 6), Werl 1940; J. RATZINGER, Der Einfluß des Bettelordensstreites auf die Entwicklung der Lehre vom päpstlichen Universalprimat unter besonderer Berücksichtigung des heiligen Bonaventura, in: Theologie in Geschichte und Gegenwart. Festschrift für M. Schmaus, hg. von J. Auer/H. Volk, München 1957, S. 697–724; erneut abgedruckt in: J. RATZINGER, Das neue Volk Gottes. Entwürfe zur Ekklesiologie, 2. Aufl. Düsseldorf 1970, S. 49–71; DERS., Die Geschichtstheologie des heiligen Bonaventura, München 1959; Y. CONGAR, Aspects ecclésiologique de la querelles entre Mendiants et séculiers dans la seconde moitié du XIIIe siècle et le debut du XIVe, in: Archives d'historire doctrinale et littéraire du moyen âge 36 (1961), S. 35–152; Die Auseinandersetzungen an der Pariser Universität im 13. Jahrhundert (Miscellanea Medievalia 10), hg. von A. Zimmermann, Berlin/New York 1976.
36   Vgl. vorangehende Anm. und J. D. DAWSON, William of Saint-Amour and the Apostolic Tradition, in: Medieval Studies 40 (1978), S. 223–238.
37   Text in BIERBAUM, Bettelorden und Weltgeistlichkeit, S. 203.
38   Vgl. dazu Anm. 35, für einen (sehr) knappen Überblick über die Entwicklung des Konflikts vgl. DAWSON, William of Saint-Amour, S. 226–232.
39   Chartularium Universitatis Parisiensis, Bd. 1, ed. Denifle, Nr. 314 und 315.

formulierten die Vertreter der Bettelorden in Paris. In eindeutiger Form tat dies Bonaventura, dessen energische Führungsrolle in der Leitung des Franziskanerordens in diesen Jahren wir bereits behandelt haben: *Sic ergo unus debet esse ad quem reducatur universalis subiectio: et hoc, sicut ostensum est, sic exigebat universalis iustitiae ordo.*[40]

So war ein halbes Jahrhundert nachdem Franziskus die Zustimmung Papst Innozenz' III. zu seiner Lebensweise erlangt hatte (1209), dieses Ideal (und das Ideal des Dominikus) zum Gegenstand einer scharfen theologischen Auseinandersetzung geworden, deren Ausgang für die zukünftige Verfassung der Kirche wegweisend war. Der Austragungsort dieses Konfliktes war Paris, weil die Universität Paris die besten theologischen Köpfe der Zeit anzog, aber die Problematik hatte die ganze lateinische Christenheit erfaßt, nachdem die Bettelorden so erfolgreich gewesen waren. Widerstände gegen die Mendikanten gab es nicht nur in Paris, sondern auch in Norwegen und in Mähren.[41] Dort bemängelte Bischof Bruno von Olmütz, dass die Mendikanten nur deshalb so erfolgreich seien, weil sie es den Menschen so einfach machten (*quoniam gaudent brevitate moderni*).[42] Die Frage nach der richtigen Seelsorge (die ja auch eine Frage der richtigen Antwort auf die soziale Dynamik des 13. Jahrhunderts mit einer neuen Bedeutung städtischer Lebensformen war) und die Frage nach der Organisation dieser Seelsorge bewegte die gesamte westliche Kirche, und die hierarchische Antwort bestimmte ihre Zukunft in hohem Maße. In Hinblick auf diesen institutionellen Wandel können wir durchaus feststellen, dass es 40–50 Jahre dauerte, bis das Auftreten der Bettelorden zu einer Auseinandersetzung mit Entscheidungscharakter führte. Ein halbes Jahrhundert nachdem Innozenz III. der Gruppe ärmlicher junger Männer gegen innerkirchlichen Widerstand eine Tür geöffnet hatte, verhalfen die Nachfolger des Franziskus, Dominikus und ihrer Gefährten dem Papsttum zu den theologischen Argumenten, mit denen die Kurie dem Führungsanspruch, den Innozenz so energisch betont hatte, zum Erfolg verhalf. Dabei interessieren uns an dieser Stelle die institutionellen Auswirkungen, die dieser Wandel an der Kurie selbst hatte. Diese Auswirkungen traten etwas verzögert auf, und durchliefen dann einen Institutionalisierungsprozeß, dessen Grundzüge den bislang beobachteten Mechanismen durchaus vergleichbar waren. Es ging dabei um das Papstwahlverfahren.[43]

---

40 *De perfectione evangelica, Quaest.* 4. 3, in: Bonaventura Sanctus, Opera Omnia, Bd. 5, Quaracchi 1891, S. 194.
41 Vgl. etwa die Widerstände gegen die Dominikaner in Bergen: Diplomatarium Norvegicum, Bd. 2.1, hg. von C. C. Lange, Oslo 1851, Nr. 7; vgl. dazu auch M. KAUFHOLD, Norwegen, das Papsttum und Europa im 13. Jahrhundert. Mechanismen der Integration, in: Historische Zeitschrift 265 (1997), S. 309–342, hier S. 324f. Zu den Widerständen in Mähren vgl. die folgende Anmerkung.
42 Bruno von Olmütz, *Relatio*, MGH Constitutiones, Bd. 3, ed. Schwalm, Nr. 620, S. 591: ... *et quoniam gaudent brevitate moderni, populus querit pocius missas illas conventualibus et parrochialibus ecclesiis pretermissis.* Zu der *Relatio* von 1273, vgl. B. ROBERG, Das zweite Konzil von Lyon [1274] (Konziliengeschichte), Paderborn u. a. 1990, S. 95–101.
43 Zum Papstwahlverfahren im 13. Jh. vgl. etwa: H. DONDORP, Die Zweidrittelmehrheit als Konstitutivum der Papstwahlen in der Lehre der Kanonisten des 13. Jahrhunderts, in: Archiv

Die zunehmende Konzentration der kirchlichen Entscheidungsgewalt auf das päpstliche Amt führte mit einer gewissen Notwendigkeit zur Verschärfung der Interessenkonflikte vor der Wahl. Es ist kein Zufall, dass es 1241–43 und 1268–1271 zu langen Sedisvakanzen kam.[44] Zuviel konnte von der Entscheidung über den künftigen Inhaber der Plenitudo potestatis abhängen.[45] Die Kurie versuchte schließlich, auf diese Entwicklung mit einer Reform des Papstwahlverfahrens zu reagieren: durch die Einführung der Konklaveordnung, die die Bewegungsfreiheit der Papstwähler für die Dauer des Wahlvorgangs empfindlich einschränkte, um die Bereitschaft der Kardinäle zu einer Wahlentscheidung zu erhöhen. Die Entstehung und Durchsetzung der Konklaveordnung war die bedeutendste institutionelle Neuerung an der Kurie im 13. Jahrhundert. Diesem Vorgang wenden wir uns nun zu.[46]

Nach der langen Vakanz des päpstlichen Stuhles – die Kardinäle hatten nach dem Tod Clemens' IV. am 29. November 1268 fast drei Jahre gebraucht, um am 1. September 1271 mit Gregor X. einen neuen Papst zu wählen – nutzte der Erwählte die Chance des II. Konzils von Lyon, um solchen Krisen künftig vorzubeugen.[47] In Lyon erwirkte Gregor X. eine Reform des Papstwahlverfahrens, die er in

---

für katholisches Kirchenrecht 161 (1992), S. 396–425; P. HERDE, Die Entwicklung der Papstwahl im 13. Jahrhundert, in: Österreichisches Archiv für Kirchenrecht 32 (1981), S. 11–41; O. JOELSON, Die Papstwahl des 13. Jahrhunderts bis zur Einführung der Konklaveordnung Gregors X. (Historische Studien 178), Berlin 1928.

44 Vgl. die Übersicht über die Pontifikate bei EUBEL, Hierarchia Catholica Medii Aevi, Bd. 1, S. 5–8.

45 Vgl. zu dieser Wahlproblematik: KAUFHOLD, Deutsches Interregnum, S. 413–424 (mit weiterer Literatur).

46 Zur Geschichte des Konklave vgl.: A. MELLONI, Das Konklave in Geschichte und Gegenwart, Freiburg 2002; U. STUTZ, Neue Forschungen über den Ursprung des Konklaves, in: Zeitschrift der Savigny-Stiftung für Rechtsgeschichte, Kann. Abt. 48 (1928), S. 555–558; E. RUFFINI AVONDO, Le origini del conclave papale, in: Atti della R. Accademia delle Scienze di Torino 62 (1927), S. 409–431; K. WENCK, Das erste Konklave der Papstgeschichte, Rom Augst bis Oktober 1241, in: Quellen und Forschungen aus italienischen Archiven und Bibliotheken 18 (1926), S. 101–170.

47 Vgl. zur Wahl Gregors X. und den langen vorausgehenden Wahlbemühungen: A. FRANCHI, Il conclave di Viterbo (1268–1271) e le sue origini. Saggi con documenti inediti, Ascoli 1993; vgl. zum II. Konzil von Lyon: A. FRANCHI, Il concilio II di Lione (1274) secondo la Ordinatio Concilii Generalis Lugdunensis. Editione del testo e note, Rom 1965; ROBERG, Das zweite Konzil von Lyon; S. KUTTNER, Conciliar Law in the Making. The Lyoness Constitutions (1274) of Gregory X in a Manuscript at Washington, in: Miscellanea Pio Paschini, Bd 2: Studi di storia ecclesiastica (Lateranum N. S. 15), Rom 1949, S. 39–81, danach auch in: DERS., Medieval Councils, Decretals and Collections of Canon Law (Variorum Reprints), London 1980, Nr. 12; Y. CONGAR, Les enjeux du concile, in: 1274. Année charnière, mutuations et continuités, Lyons, Paris: 30 sept. – 5. oct. 1974. Actes du colloques (Colloques internationaux du Centre National de la Recherche Scientifique 558), Paris 1977, S. 437–448; danach auch in: DERS., Droit ancien et structures ecclésiales (Variorum Collected Studies Series 159), London 1982, Nr. 1; E. PETRUCCI, Il problema della vacanza papale e la costituzione „Ubi periculum" di Gregorio X, in: Atti del convegno di studio. VII centenario del 1o conclave (1268–1271), Viterbo 1975, S. 69–96.

der Form der Bulle *Ubi Periculum* am 1. November 1274 bekanntmachte.[48] Die Neuregelung war eingebettet in eine umfassendere Reihe von Vorschriften zur Regelung kirchlicher Wahlen, aber die Papstwahl war der eigentliche Kern von Gregors Inititiative.[49]

Die Bulle verfügte eine deutliche Einschränkung für die Bewegungsfreiheit der Kardinäle, und sie tat dies unter ausdrücklicher Berufung auf die problematischen Erfahrungen, die die Kirche in der jüngeren Vergangenheit mit längeren Sedisvakanzen gemacht hatte (*quot et quantis sit plena periculis ecclesiae Romanae prolixa vacatio, exacti temporis consideratio edocet*).[50] Künftig waren die Kardinäle gehalten, nach dem Tod eines Papstes und nach dem Ablauf der üblichen Trauerfrist von zehn Tagen in dem Palast zusammenzukommen, in dem der verstorbene Amtsinhaber zuletzt residiert hatte. Dort hatten sie einen geschlossenen Raum (*conclave*) zu beziehen, der ihnen wenig Privatsphäre ließ (*nullo intermedio pariete seu alio velamine*). Der Kontakt zur Aussenwelt wurde unterbunden, und die ohnehin kargen Bedingungen würden nochmals eingeschränkt, falls die Kardinäle drei Tage nach Beginn der Zusammenkunft noch keinen neuen Papst gewählt hätten. Dann müßten sie sich für die nächsten fünf Tage bei den Mahlzeiten mit nur einem Gang begnügen.[51] Während der Dauer des Wahlverfahrens erhielten die Kardinäle keine Pfründeneinnahmen aus der päpstlichen Kammer.[52] Das waren durchaus Einschränkungen. Gregor X. sah in ihnen einen Weg, die Entscheidungsbereitschaft der künftigen Papstwähler zu forcieren. Darin stand er nicht allein. Der Dominikanergeneral Humbert von Romans hatte anläßlich des Konzils 1274 eine deutliche Kritik an dem Wahlverhalten der Kardinäle formuliert. Seine Vorschläge zur Abhilfe waren ähnlich.[53] Tatsächlich hatten die Dominikaner schon ein halbes Jahrhundert zuvor in den Statuten von 1228 für die Wahl ihres Generalministers ein Konklave vorgesehen (*in uno conclavi firmiter includantur*).[54]

---

48 Text von *Ubi Periculum*: VI.1.6.3; vgl. zur Publikation: B. ROBERG, Der Konziliare Wortlaut des Konklave-Dekrets „Ubi periculum" von 1274, in: Annuarium Historiae Conciliorum 2 (1970), S. 231–262, hier S. 240f.
49 Der Text der Konzilskanones, der auch Regelungen zu Bischofswahlen umfaßt in: Conciliorum oecumenicorum decreta, hg. von G. Alberigo/H. Jedin, 3. Aufl. Bologna 1973, S. 314–322.
50 Conciliorum oecumenicorum decreta, ed. Alberigo, S. 314, vgl. auch ebda: *Ideoque omnia, quae pro vitanda discordia in electione Romani pontificis a nostris sunt praedecessoribus et praecipue a felicis recordationis Alexandro papa tertio salubriter instituta, omnino immota in sua firmitate manere censentes, nihil enim illis detrahere intendimus, sed q u o d e x p e r i e n t i a d e e s s e p r o b a v i t, praesenti constitutione supplere.*
51 Ebda, S. 315: *Verum si, quod absit, infra tres dies postquam, ut praedicitur, conclave praedictum iidem cardinales intraverint, non fuerit ipsi ecclesiae de pastore provisum, per spatium quinque dierum immediate sequentium, singulis diebus tam in prandio quam in cena uno solo ferculo sint contenti.*
52 *Provisionis quoque huiusmodi pendente negocio, dicti cardinales nihil de camera papae recipiant ...* (ebda).
53 Humbertus de Romanis, Opus Tripartitum, in: Secundus Tomus Conciliorum Omnium tam Generalium quam Particularium, hg. von P. Crabbe, Köln 1551, S. 1000; vgl. auch KAUFHOLD, Deutsches Interregnum, S. 418f. mit Anm 58.
54 *Qui postquam fuerint congregati in ij. feria post Pentecosten, a prioribus conventualibus illius provincie et fratribus presentibus in loco, in quo electio est facienda, in uno conclavi firmiter includantur,*

Die konstruktive Haltung der Kardinäle in der unsicheren Situation nach dem Tod eines Papstes erschien manchem Zeitgenossen nicht selbstverständlich, und die päpstliche Konklaveordnung erscheint von milder Strenge, wenn man sie mit den Konklaveerfahrungen vergleicht, die die Kardinäle bei früherer Gelegenheit bereits hatten erleiden müssen. Denn das Konklave hatte zum Zeitpunkt der Verabschiedung von *Ubi periculum* schon eine gewisse Tradition.

Die Anfänge dieser Tradition sind nicht mit letzter Sicherheit zu datieren, aber wir können uns hier an ein Konklave zur Papstwahl halten, das „im hellen Licht der Geschichte" abgehalten wurde, auch wenn die Ereignisse, die dabei sichtbar werden, dunkle Züge tragen.[55] Die Rede ist von dem sogenannten „Schreckenskonklave" von 1241.[56]

Nach dem Tode Gregors IX. im August 1241 hatte der Senator der Stadt Rom Matthäus Orsini die Kardinäle genötigt, in dem befestigten und abgeschlossenen Septizonium ihre Wohnung zu nehmen.[57] Während der nächsten zwei Monate mußten die dort versammelten zehn Kardinäle unter unfreundlicher Bewachung und unter unerfreulichen hygienischen Bedingungen einen neuen Papst wählen. Die Wahl war schwierig, weil der Konflikt Gregors IX. mit Friedrich II. die römische Kirche unter einen erheblichen Druck des Kaisers gebracht hatte. Die Stadt Rom war von den Truppen des Kaisers eingeschlossen, und die Entscheidung über einen neuen Papst war auch eine Entscheidung über die künftige Politik der Kurie in dem Konflikt. Deswegen drang der Senator der Stadt auf eine schnelle Wahl. Nach zwei Monaten wählten die Kardinäle Coelestin IV.[58] Es war eine Mehrheit, die um einen hohen Preis zustande gekommen war: *duobus ex nostro collegio nuper extinctis, propter angustias carceris; residui in febrium extrema deducti vix mortis imperium evaserunt.*[59] Die Kardinäle hatten schwer gelitten, und der Ertrag ihrer Leiden war nicht von langer Dauer. Der neue Papst blieb keine drei Wochen im Amt. Dann starb er an den Folgen des Konklaves.[60] Damit erhöhte sich die Zahl der

---

ita quod inde nullatenus valeant egredi, nec eis ullo modo aliqua alimenta ministrentur, quousque magister ordinis secundum formam inferius positam sit electus (Die Constitutionen des Prediger-Ordens vom Jahre 1228, hg. von H. Denifle, in: Archiv für Literatur- und Kirchengeschichte des Mittelalters 1 (1885), S. 164–227, hier S. 215) vgl. allgemeiner zu den Institutionen des Dominikanerordens: G. R. GALBRAITH, The Constitution of the Dominican Order 1216 to 1360 (Publications of the University of Manchester, Historical Series 44), Manchester/London/New York 1925, S. 85–110, 175–191.

55 Vgl. zu der Diskussion um das erste Konlave der Kirchengeschichte die zitierten Arbeiten von Wenck und Ruffini Avondo in Anm. 46. Allein die Überlieferungslage läßt das Konklave von 1241 als den markanten Beginn einer Tradition erscheinen, den wir hier als Ausgangspunkt annehmen können, vgl. folgende Anmerkung.
56 Vgl. dazu den Bericht über das Konklave: K. HAMPE, Ein ungedruckter Bericht über das Konklave von 1241 im römischen Septizonium (Sitzungsberichte der Heidelberger Akademie der Wissenschaften, Philosophisch-historische Klasse, Abh. 1), Heidelberg 1913, Text: S. 26–31.
57 Zu dem folgenden HAMPE, Ein ungedruckter Bericht, passim.
58 Ebda, S. 15.
59 Ebda, S. 27.
60 Ebda, S. 16–18.

Todesopfer des ersten Konklaves auf drei. Zu einer Wiederholung der Tortur waren die Kardinäle nicht bereit, und sie suchten ihr Heil in der Flucht aus Rom. Sie könnten die Rechtsgrundlage für eine erneute Zitation nach Rom nicht erkennen, teilten sie mit.[61] Dieses erste erzwungene Konklave erwies sich letztlich als kontraproduktiv. Die Kardinäle fanden sich nun für längere Zeit nicht mehr zusammen, und es kam erst eineinhalb Jahre später, am 25. Juni 1243, zur Wahl Innozenz' IV.[62]

Aus der Sicht der Kardinäle war das Konklave keine erstrebenswerte Neuerung. Zwar lag das „Schreckenskonklave" von 1241 schon eine Generation zurück, als Gregor X. seine Reform präsentierte, aber die langen Verhandlungen, die seiner Wahl im Jahre 1271 vorausgegangen waren, hatten in mancher Hinsicht ähnliche Erfahrungen hervorgebracht.[63] Als die Kardinäle in Viterbo nach eineinhalb Jahren noch immer nicht zu einer Entscheidung gelangt waren, hatten die Stadtoberen sie eingeschlossen und schließlich auch das Dach der Unterkunft abdecken lassen, um die Einigung zu erzwingen.[64] Es dauerte dann immer noch mehr als ein Jahr, bis eine Wahl möglich wurde, und die Lebensbedingungen der eingeschlossenen Kardinäle wurden dabei so unkomfortabel, dass Hostiensis, der dem Kollegium angehörte, auf sein Wahlrecht verzichtete – aus Sorge um seine Gesundheit.[65]

Angesichts solcher Aussichten ist es nicht verwunderlich, dass die Initiative zur Zusammenkunft der Wähler im Konklave bis zu der Konstitution Gregors X. eher vom weltlichen Arm ausgegangen war. *Quid ergo fit, si nullo modo due partes possunt consentire? Respondeo: recurratur ad bracchium seculare*, hatte Alanus Anglicus († 1266) in einer Glosse zu *Licet vitanda* festgestellt.[66] Gemessen an solchen in der Regel machtpolitisch motivierten Zwangsmaßnahmen, die die Kardinäle seit 1241 wiederholt erduldet hatten, erscheint die Reform Gregors X. in pragmatischerem Licht. Die Kardinäle sahen dies allerdings anders. Entsprechend umsichtig mußte Gregor vorgehen. Er überwand ihren Widerstand durch ein taktisch abgestimmtes Vorgehen.[67]

61　Ebda, S. 17–20. Aus dem Schreiben der nach Anagni geflüchteten Kardinäle, in denen sie aus ihren Erfahrungen im zurückliegenden Konklave berichten und ihre Weigerung mitteilen, nach Rom zurückzukehren, kennen wir die Innenansicht dieses ersten Konklaves; ...*canones non invenimus, que vos trahant, ut nos propter electionis negocium ad illum locum hoc tempore citaretis* ... (ebda, S. 27).
62　Wahl Innozenz' IV.: Resta Pontificum Romanorum, Bd. 2, hg. von A. Potthast, Berlin 1875, Nr. 11076; vgl. auch A. FRANCHI, Il conclave di Viterbo (1268–1271) e le sue origini. Saggio con documenti inediti, Ascoli Piceno 1993, S. 15–18.
63　Vgl. dazu FRANCHI, Il conclave di Viterbo, besonders S. 61–79.
64　Vgl. dazu ebda, Nr. VI (S. 86–91), dazu ebda, S. 74f.
65　Vgl. zum Auszug des Hostiensis aus dem Konklave: Heinricus von Segusio, Lectura sive Apparatus domini Hostiensis super quinque libris decretalium, Straßburg 1512, *de renunciatione*, ad. 1.9.10.
66　Der Text dieser Glosse wird mitgeteilt von WENCK, Das erste Konklave, S. 106f. (Anm. 8).
67　Das Vorgehen des Papstes und der Widerstand der Kardinäle wird aus der Konzilsüberlieferung deutlich: *Ordinatio Concilii Generalis Lugdunensis*, in: Il concilio II di Lione, ed. Franchi, S. 93f.; Diario del Concilio, in: ebda, S. 114; vgl. auch zu den Konklaveverhandlungen: ROBERG, Das zweite Konzil von Lyon, S. 293–309.

Als Gregor X. den Kardinälen seinen Entwurf von *Ubi periculum* auf dem Konzil erstmals vorstellte, reagierten diese reserviert.[68] Damit begann ein Ringen um die Zustimmung der anderen Konzilsteilnehmer. Sie wurden sowohl vom Papst als auch von den Kardinälen, die sich nun täglich ohne den Papst versammelten, zur Beratung einbestellt.[69] Dabei verfügte Gregor X. über die stärkere Position. Er legte den Prälaten die neue Regelung dar und verpflichtete sie unter Hinweis auf seine Autorität zur Zustimmung.[70] Gregor ließ sich diese Zustimmung durch Urkunden (die sogenannten Cedule, siehe Abb. 3) bestätigen, die alle Prälaten durch ihre Siegel bekräftigten.[71] Das Ringen um *Ubi periculum* verzögerte den geplanten Ablauf des Konzils etwas, aber auf diese Weise gewann der Papst die Zustimmung der Versammlung, und er veröffentlichte die Reformbeschlüsse zum Papstwahlverfahren schließlich *sacro concilio approbante*.[72]

Gregor X hatte erfolgreich agiert. Doch taktische Vorteile in Entscheidungssituationen wirken selten auf längere Sicht, wenn die bestehenden Kräftekonstellationen ihnen entgegenstehen. In Lyon hatte der Papst eine schnelle Verfassungsänderung erreicht, aber die eigentliche Bewährungsprobe für seine Reform stand noch aus. Und als sie eintrat, waren die Kardinäle im Vorteil. Sie trat bald ein, denn Gregor X. starb 1276 und seine Nachfolger hoben den Konklavebeschluß auf.[73] So hatte die Reform zunächst nur zwei Jahre Bestand. Der Vorgang ist ein interessantes Lehrstück über die Möglichkeit, Verfassungsänderungen zu beschleunigen. Der Reformbedarf war kaum zu bestreiten, und die wiederholte Einrichtung eines Konklave *de facto* durch den weltlichen Arm zeigte auch, dass die Abwehr der Konstitution durch die Kardinäle sie nur bedingt vor den Unannehmlichkeiten dieser Maßnahme schützte. Letztlich fand die Regelung doch Eingang in die Verfassungsordnung der Kirche, als Bonifaz VIII. sie 1298 in den *Liber Sextus* aufnehmen ließ.[74] Damit war der Vorgang, dem unser Hauptinteresse gilt, vorerst abgeschlossen. Die Konklavevorschrift war von der Vorbringung einer

---

68 *Ordinatio Concilii*, ed. Franchi, S. 93: *Eodem anno, et mense, die sabbati, VII eiusdem, dominus papa ostendit cardinalibus constitutionem, quam fecerat super electione romani pontificis; propter quam orta est dissensio inter eum et cardinales.*
69 Ebda, S. 93f.
70 Ebda, S. 94: *Et dominus papa, similiter, vocatis prelatis, ut supradictum est, et exposita intentione sua eis, prius iniuncto eis in virtute obedientie, et sub pena excommunicacionis, quod nemini revelarent illa, que audirent, et viderent, et facerent.*
71 Ebda: *Tunc ibi, cum eo fecit eos consentire et assentire illi constitutioni; et mandavit quod singuli, sua sigilli apponerent constitutioni predicte; quod et fecerunt. Nam facte sunt cedule per regna, et provincias; quibus omnes prelati sua sigilla apposuerunt.* Die Schriftstücke mit den zahlreichen Siegeln befinden sich noch heute im Vatikanischen Archiv: Archivio Segreto Vaticano, A. A. Arm. I–XVIII, 2187–2194.
72 *Conciliorum Oecumenicorum Decreta*, ed. Alberigo, S. 314.
73 Vgl. etwa Johannes XXI.: *Hic statim post consecrationem suam revocavit cum magno scandalo illam sanctam constitutionem, quam G. Papa X de celeri provisione Rom. ecclesie in Lugd. concilio promulgarat, et hoc fecit in consistorio Viterbiensi anno Domini 1276* (Cathalogus Paparum post Tempus Friderici I, in: MGH Script. 22, hg. von G. H. Pertz, Hannover 1872, S. 363); vgl. auch SÄGMÜLLER, Die Thätigkeit und Stellung der Kardinäle, S. 140f.
74 VI.1.6.3.

Partei (gegen heftige Widerstände) zu einer Verfassungsnorm geworden. Das bedeutet nicht, dass alle Widerstände überwunden waren. Im Jahr 1311 bekräftigte Clemens V. mit der Bulle *Ne romani* noch einmal ausdrücklich die Konklavekonstitution und stellte fest, dass die Kardinäle kein Recht hätten, einen solche Erlaß des Papstes aufzuheben (*quod lex superioris per inferiorem tolli non potest*).[75] Um 1300 war die Papstwahl im Konklave zu einer Richtlinie geworden, auch wenn die Maßnahme in der praktischen Umsetzung immer noch auf Widerstand stossen konnte. Der Widerstand ist indes nicht verwunderlich. Die Aussicht darauf, für einen eventuell langen Zeitraum mit Amtsbrüdern, denen man sich nicht sehr verbunden fühlt, in ein Gebäude eingeschlossen zu werden, war nicht nur eine abstrakte Verfassungsfrage, sondern auch eine sehr konkrete Herausforderung. Darin unterschied sich die Konklavereform von den anderen hier untersuchten Reformprozessen – wie etwa der Durchsetzung des Mehrheitsprinzips. Anders als diese Reformvorgänge war die Konklaveordnung nicht nur eine Abstraktionsleistung. Sie bedeutete auch eine persönliche Belastung für die direkt Betroffenen, woraus sich die energischen Widerstände erklären.

Die Einführung des Konklaves war die zentrale institutionelle Neuerung an der Kurie des 13. Jahrhunderts. Vom ersten deutlichen Auftritt der Maßnahme bis zu ihrer definitiven Übernahme in die Kirchenverfassung hatte es knapp 60 Jahre gedauert.

Die Durchsetzung der Konklaveordnung war letztlich ein Erfolg der päpstlichen Amtsgewalt über die Entscheidungsansprüche der Kardinäle. Die Bulle *Ne Romani* hatte das hierarchische Verhältnis klar formuliert.[76] Interessant ist allerdings, dass die herrschaftliche Stellung des Papstes in der Christenheit während der zweiten Hälfte des 13. Jahrhunderts eine Entwicklung genommen hatte, die die hierarchischen Ansprüche nur bedingt unterstützte. Pointiert formuliert war der Zeitraum, in dem die Konklaveordnung durchgesetzt wurde, in etwa die Spanne von der Absetzung Friedrichs II. (1245) durch den Papst *de jure* bis zur Absetzung Bonifaz' VIII. (1303) durch den verlängerten Arm des französischen Königs *de facto*.[77] Das ist eine Zuspitzung, aber es ist eine mögliche Zuspitzung.

---

75 *Ne Romani*: Clem. I.3.2; vgl. auch J. A. WATT, The Constitutional Law of the College of Cardinals: Hostiensis to Joannes Andreae, in: Medieval Studies 33 (1971), S. 127–157, hier S. 145.
76 Vgl. vorangehende Anm.
77 Zur Absetzung Friedrichs II. vgl. oben Kapitel 3; zum Vorgehen Philipps des Schönen gegen Bonifaz VIII. (also zum Attentat von Anagni) vgl. den Bericht des William Hundleby, in: MGH Script. 28, hg. von R. Pauli, Hannover 1888, S. 622–626; vgl. dazu: zuletzt A. PARAVICINI-BAGLIANI, Boniface VIII. Un pape hérétique?, Paris 2003, S. 139–151; A. P. M. J. DUC DE LEVIS MIREPOIX, L'attentat d'Anagni. La conflit entre le papauté et le roi de France, Paris 1969 (Trente jours qui ont faites la France 7); J. HALLER, Das Papsttum. Idee und Wirklichkeit, Bd. 5, 2. Aufl. Stuttgart 1953, S. 91–217 (bes. S. 202–214); R. FAWTIER, L'attentat d'Anagni, in: Mélange d'archéologie et d'histoire 60 (1948), S. 153–179; vgl. auch KAUFHOLD, Wendepunkte, S. 144–151; zum größeren Zusammenhang vgl. J. RIVIÈRE, Le problème de l'eglise et de l'état au temps de Philippe le Bel: étude de théologie positive (Spicilegium sacrum Lovaniense: Etudes et documents 8), Louvain/Paris 1926; zur kirchenrechtlichen Dimension des Bonifaz-Konfliktes vgl. auch T. SCHMIDT, Der Bonifaz-Prozeß. Verfahren der

Bonifaz VIII. trat nach dem Attentat von Anagni als Inhaber der obersten kirchlichen Amtsgewalt nicht mehr auf. Die rechtliche Dimension des Vorgangs blieb zunächst in der Schwebe, die faktische Auswirkung aber war evident. Das Papsttum hatte erfahren, was das französische Königtum unter *potestas realis* verstand und dass es sie einzusetzen bereit war.[78]

In gewisser Weise verliefen die hier skizzierten Entwicklungen gegenläufig, zumindest zeigen sie bei einer Berücksichtigung der politischen Probleme des Papsttums keine lineare Fortentwicklung der unter Innozenz III. und unter Innozenz IV. beanspruchten Führungsposition.[79] Bezieht man allerdings diese politische Perspektive dezidiert in die Betrachtung ein, so muß man bereits in Hinblick auf Innozenz III. feststellen, dass seine Politik in Hinblick auf das Reich nicht sehr erfolgreich war. In der Doppelwahlfrage, mit der wir unsere Untersuchung begonnen haben, blieben seine Impulse bei genauerer Prüfung weitgehend ohne Wirkung. Er zeigte sich indes flexibel genug, seine Forderungen den Realitäten anzupassen. Man wird sich fragen können, ob er die Erhebung Friedrichs II. zum römischen König, die er schließlich energisch betrieb, noch als Erfolg gewertet hätte, wenn er älter geworden wäre. Die politischen Probleme des Papsttums treten nicht erst in der historischen Perspektive hervor. Sie waren auch manchen Zeitgenossen bereits bewußt, die Maßnahmen der Kurie mobilisierten immer auch Widerstände in den Reihen der Kirche – bis hin zu jenem dramatischen Konflikt zwischen Bonifaz VIII. und den Colonna-Kardinälen an der Kurie selbst.[80] Die Frage, die sich daraus ergibt, ist die Frage nach dem Anspruch der Kardinäle auf eine Beteiligung an der päpstlichen Kirchenleitung. Gab es in dieser Hinsicht eine Entwicklung im Fortgang des 13. Jahrhunderts, oder ist erkennbar, dass die Stellung der Kardinäle durch den Zuwachs der päpstlichen Amtsgewalt in der Kirche verändert wurde?[81]

Papstanklage in der Zeit Bonifaz' VIII. und Clemens' V (Forschungen zur kirchlichen Rechtsgeschichte und zum Kirchenrecht 19), Köln/Wien 1989.

78 Einer berühmten zeitgenössischen Anekdote zufolge hatte der Kanzler des französischen Königs Pierre Flotte Bonifaz VIII. in einem Wortwechsel zugestanden, die *potestas verbalis* zu haben, aber für das Königtum die *potestas realis* festgestellt: William Rishanger: Willelmi Rishanger, qondam Monachii S. Albani, et quorundam anonymorum, Chronica et annales regnantibus Henrico Tertio et Edwardo Primo (RS 28), hg. von H. T. Riley, London 1865, S. 197f.; vgl. dazu auch MIETHKE, De potestate papae, S. 54f.

79 Vgl. auch die Einschätzung von Bernhard Schimmelpfennig in Hinblick auf Innozenz III. und Bonifaz VIII.: „Doch während der erstere mit seiner Politik häufig erfolgreich war ... scheiterte Bonifaz in fast allen Bereichen." (SCHIMMELPFENNIG, Das Papsttum, S. 191); vgl. zum Verhältnis von realen Erfahrungen der Kurie und der zeitgleichen Entwicklung der kanonistischen Theorie auch PENNINGTON, Pope and Bishops, S. 31.

80 Vgl. zu diesem Konflikt: L. MOHLER, Die Kardinäle Jakob und Peter Colonna. Ein Beitrag zur Geschichte des Zeitalters Bonifaz' VIII. (Quellen und Darstellungen aus dem Gebiet der Geschichte), Paderborn 1914, S. 17; HALLER, Das Papsttum, Bd. 5, S. 115–127; die Texte aus der Colonna-Kontroverse bei H. DENIFLE, Die Denkschriften der Colonna gegen Bonifaz VIII. und der Cardinäle gegen die Colonna, in: Archiv für Literatur- und Kirchengeschichte des Mittelalters 5 (1889), S. 493–529.

81 Zur Entwicklung des Kardinalats im 13. Jahrhundert vgl. u. a.: W. MALECZEK, Papst und Kardinalskolleg 1191–1216, Wien 1984; M. DYKMANS, Les pouvoir des cardinaux pendant la

Im idealen Zustand würde sich der Papst mit einem Kreis bewährter Ratgeber aus den verschiedenen Teilen der Christenheit umgeben, mit denen er die dringlichen Angelegenheiten der Kirche beriet, bevor er seine Entscheidungen traf. *Omnia fac cum consilio, et post factum non paenitebis.* So empfahl es Bernhard von Clairvaux in seinem großen Traktat *de consideratione* über das päpstliche Amt.[82] Bei der Wahl der Besten solle der Papst auch nicht davor zurückschrecken, Widerstrebende in seinen Kreis zu zwingen.[83] In der Wirklichkeit kurialer Ämtervergabe waren solche Notsituationen selten, aber sie kamen durchaus vor. So ließ Urban IV. (1261–1264) den Erzbischof Guido von Narbonne wissen, dass er seine Bedenken gegen die Berufung zum Kardinal zur Kenntnis genommen habe, dass aber die Erwägung der Umstände ihn veranlasse, auf seiner Wahl zu bestehen: *Talia namque nos*

---

vacance du Saint Siège d'apres un nouveau manuscrit de Jacques Stefaneschi, in: Archivio della società romana di storia patria 104 (1981), S. 119–145; J. A. WATTS, Hostiensis on Per Venerabilem: The Role of the College of Cardinals, in: Authority and Power. Studies on Medieval Law and Government Presented to Walter Ullman on his Seventieth Birthday, hg. von B. Tierney/P. A. Linehan, Cambridge 1980, S. 99–113; DERS., The Constitutional Law of the College of the College of Cardinals, in: Medieval Studies 33 (1971), S. 127–157 ; A. PARAVICINI BAGLIANI, Cardinali di curia e 'familiae' cardinalizie dal 1227 al 1254 , Bd. 1–2 (Italia Sacra 18–19), Padua 1972; G. ALBERIGO, Cardinalato e collegialità. Studi sull'ecclesiologia tra XI e il XIV secolo (Testi e ricerche di scienze religiose 5), Florenz 1969; C. G. FÜRST, Cardinalis. Prolegomena zu einer Rechtsgeschichte des Römischen Kardinalskollegiums, München 1967; K. GANZER, Die Entwicklung des auswärtigen Kardinalats im Hohen Mittelalter. Ein Beitrag zur Geschichte des Kardinalskollegiums vom 11. bis 13. Jahrhundert, Tübingen 1963; H.-W. KLEWITZ, Die Entstehung des Kardinalskollegiums, in: Zeitschrift der Savigny-Stiftung für Rechtsgeschichte, Kan. Abt. 25 (1936), S. 115–221; danach auch in: DERS., Reformpapsttum und Kardinalkolleg, Darmstadt 1957, S. 9–134; H. JEDIN, Vorschläge und Entwürfe zur Kardinalsreform, in: Römische Quartalsschrift 43 (1935), S. 87–126; V. MARTIN, Les cardinaux et la curie (Bibliothèque catholique des sciences religieuses), Paris 1930; B. SÜTTERLIN, Die Politik Kaiser Friedrichs II. und die römische Kurie in den Jahren 1239–1250 (Heidelberger Abhandlungen zur mittleren und neueren Geschichte 58), Heidelberg 1929; J. LULVÈS, Die Machtbestrebungen des Kardinalkollegiums gegenüber dem Papsttum, in: Mitteilungen des Instituts für österreichische Geschichtsforschung 35 (1914), S. 455–483; DERS., Die Machtbestrebungen des Kardinalats bis zur Aufstellung der ersten päpstlichen Wahlkapitulationen, in: Quellen und Forschungen aus italienischen Archiven und Bibliotheken 13 (1910), S. 73–102; R. STERNFELD, Der Kardinal Johann Gaëtan Orsini (Papst Nikolaus III.), 1244–1277. Ein Beitrag zur Geschichte der Kurie im 13. Jahrhundert, Berlin 1905; J. MAUBACH, Die Kardinäle und ihre Politik um die Mitte des 13. Jahrhunderts unter den Päpsten Innozenz IV., Alexander IV., Urban IV., Clemens IV. (1243–1268), Bonn 1902; J. B. SÄGMÜLLER, Die Thätigkeit und Stellung der Cardinäle bis Papst Bonifaz VIII., Freiburg 1896.

82 Bernhard von Clairvaux, *De consideratione*, ed. Leclercq; vgl. etwa IV. 9 (S. 456): *Tum est undecumque evocare et adsciscere tibi, exemplo Moysi, senes, non iuvenes, sed senes non tam aetate quam moribus, quos tu nosti quia senes populi sunt. Annon eligendi de toto orbe, orbem iudicari?* IV.11 (S. 457): *Diligenter proinde omne quod faciendum erit, tracta apud te et cum his qui te diligunt. Tracta ante factum, quia post factum sera retractatio est. Sapientis consilium est: Omnia fac cum consilio, et post factum non paenitebis.*

83 *De consideratione* IV.11 (S. 457): *Itaque non volentes neque currentes assumito, sed cunctantes, sed renuentes, etiam coge illos, et compelle intrare*; vgl. zu Bernhards Haltung zum Kardinalat auch ALBERIGO, Cardinalato e collegialità, S. 63–66.

potissimum induxerunt, ut te in partem sollicitudinis apostolicae vocaremus.[84] Der Papst betonte seine Verbundenheit mit den Kardinälen, mit denen er einen Körper bilde – wobei er freilich den Kopf vorstellte –, und er hob hervor, wie sehr er auf ihre Hilfe angewiesen sei, um die Last des Amtes zu tragen.[85] In der Praxis bedeutete das eine regelmäßige Beratung des Papstes mit den Kardinälen im sogenannten *consistorium*.[86] Die Häufigkeit dieser Beratung schwankte ein wenig im Laufe des hier behandelten Zeitraumes, aber von Innozenz III. ist überliefert, dass er solche Konsistorien dreimal in der Woche abhielt. Bei dieser Gelegenheit wurden Anliegen und Klagen unterschiedlicher Art vorgetragen; während er die einfachen Fälle (*causae minores*) durch die Kardinäle entscheiden ließ, entschied er die bedeutenden Fälle (*causae majores*) nach eingehender Erörterung selbst.[87] Diese Praxis war durchaus neu (zumindest war sie längere Zeit nicht ausgeübt worden), und Innozenz zeigte sich dabei als so versierter Kenner des Rechts, dass sein Konsistorium zur vielbesuchten Schulungsstätte für ambitionierte Juristen wurde.[88] Vor diesem Forum trug er manche seiner wichtigen Entscheidungen im deutschen Thronstreit nach 1198 vor. Für den scharfsinnigen Juristen Innozenz war das Konsistorium auch eine Bühne und ein Ort intellektueller Herausforderung. Das galt nicht für alle Päpste und so wurde die Häufigkeit der Konsistorien unter Innozenz nicht zur allgemeinen Praxis. Im Normalfall tagte das Konsistorium eher zweimal in der Woche.[89] Die Verwendung der Formel *de fratrum nostrorum consilio* verweist auf

---

84 Veterum Scriptorum et Monumentorum Amplissima Collectio, Bd. 2, hg. von E. Marténe, Paris 1729, S. 1256f.
85 Ebda: *In cardine quidem praeeminentis apostolatus divina providentia tales voluit considere ministros, eosque tanti prerogativa sublimavit honoris, ut tamquam membra in unum corpus convenientia, summo pontifici velut proprio capiti deservirent & existentes ejusdem ecclesie columnae precipuae, ipsius onera supportent.*
86 Vgl. zum Konsistorium auch ALBERIGO, Cardinalato e collegialità, S. 52–63.
87 *Ter in hebdomada solemne consistorium, quod in desuetudinem jam devenerat, publice celebrabat, in quo, auditis querimoniis singulorum, minores causas examinabat per alios; majores autem ventilabat per se, tam subtiliter et prudenter, ut omnes super ipsius subtilitate ac prudentia mirarentur ...;* Gesta Innocentii III Papae, Kap. 41, in: Innocentii III Opera omnia, Bd. 1 (Patrologiae Latinae 214), hg. von J. P. Migne, Paris 1890, Sp. LXXXf.
88 Ebda: *... multique litteratissimi viri et jurisperiti Romanam Ecclesiam frequentabant, ut ipsum duntaxat audirent, magisque discebant in ejus consistoriis, quam didicissent in scholis, praesertim cum promulgantem sententias audiebant ...*
89 Eine Fälschung aus dem späten elften Jahrhundert schreibt Johannes VIII. (872–882) einen Erlaß über die Kardinäle zu, der unter Verweis auf eine noch ältere Konstitution Leos IV. (847–855) eine zweimalige Zusammenkunft im Lateranpalast angeordnet haben soll: *... bis in hebdomada ad Lateranense palatium iuxta decreta predecessoris nostri Leonis quarti vos convenire mandamus;* R. WEIGAND, Unbekannte (Überlieferungen von) Dekretalen zum Kardinalskollegium, in: Studia in Honorem Eminentissimi Cardinalis Alphonsi M. Stickler, hg. von R. J. Castillo Lara, Rom 1992, S. 599–616, hier S. 607. Stefan Kuttner hat diesen Text als Fälschung des späten elften Jahrhunderts identifiziert, mit der eine Gruppe von Kardinälen während des Guibertinischen Schismas (1080–1100) die Position der Kardinäle stärken wollte; S. KUTTNER, Cardinalis. The History of a Canonical Concept, in: Traditio 3 (1945), S. 129–214, hier S. 193–196; danach auch in DERS., The History of Ideas and Doctrines of Canon Law in the Middle Ages (Variorum Collected Studies Series 113), London 1980. Man kann wahrscheinlich davon ausgehen, dass der Verfasser das allmählich entstehende Kardinalsgremi-

abgestimmte Entscheidungen des Papstes mit den Kardinälen im Konsistorium.[90] Aus dem Blickwinkel dieser Untersuchung schließt sich die Frage an, wie verbindlich die Ratschläge der Kardinäle für den Papst waren und wie eng seine Einbindung in den Kreis der Kardinäle bei wichtigen Entscheidungen war. Die Frage führt uns zum Charakter des Kardinalsgremiums und zu den möglichen Folgen dieses Charakters für den Papst. Allerdings ist schon vorweg festzustellen, dass eindeutige Befunde nur schwer zu erlangen sind.

Der Kreis der Kardinäle erscheint schon im 12. Jahrhundert als ein Kollegium. Die Forschungsmeinungen variieren allerdings in der genaueren Bestimmung des Zeitpunktes, an dem das Kardinalskolleg begann, als Gesamtheit zu agieren und als solche angesprochen zu werden. Das Spektrum reicht immerhin von Paschalis II. (1099–1118) bis zu der Zeit, in der die Konstitution *Licet vitanda* (1179) die Papstwahl mit einer Zweidrittelmehrheit des Kardinalskollegiums vorsah.[91] Dennoch muß man darauf verweisen, dass sich noch Hostiensis († 1271) im späteren 13. Jahrhundert gegen Angriffe auf den korporativen Charakter des Kardinalskollegs zur Wehr setzte.[92] Die Position der Kardinäle war in der Ekklesiologie des beginnenden Spätmittelalters nicht ganz einfach zu bestimmen.[93] In den großen Kirchenrechtsbüchern des 13. Jahrhunderts, dem *Liber Extra* und dem *Liber sextus*, kamen die Kardinäle als Sondergruppe nicht vor.[94] Dem Papst gegenüber befanden sie sich in einer eigentümlichen Situation. Als *Brüder* des Papstes hatten sie im Grunde einen Status, der sich auf das Wirken Gottes (des *Vaters*) zurückführen ließ. Tatsächlich wurde diese Bruderschaft aber allein durch den Papst verliehen:

---

um mit einer gewichtigen Tradition versehen wollte und dabei die Praxis am Ende des 11. Jahrhunderts zur Vorlage nahm. Zur Häufigkeit des Konsistoriums im späteren Mittelalter vgl. etwa G. SCHWAIGER, Konsistorium, in: Lexikon des Mittelalters, Bd. 5, München /Zürich 1991, Sp. 1371; SÄGMÜLLER Die Thätigkeit und Stellung der Kardinäle, S. 97–101.

90 Vgl. etwa die Papstwahlkonstitution *Licet vitanda* (1179), Conciliorum oecumenicorum decreta, ed. Alberigo, S. 211; in leicht abgewandelter Form den letzten Satz der Absetzungsbulle Innozenz IV. gegen Friedrich II. (MGH Epistolae saeculi XIII, Bd. 2, ed. Rodenberg, Nr. 124, S. 94): *De prefato vero Sicilie regno providere curabimus cum eorundem fratrum nostrorum consilio, sicut viderimus expedire.*

91 Vgl. etwa: KLEWITZ, Die Entstehung des Kardinalskollegiums, S. 98 (Entstehung in der Zeit Paschalis' II.); FÜRST, Cardinalis, S. 118 (ebenso); ALBERIGO, Cardinalato e collegialità, S. 46–49, benennt keinen Zeitpunkt und hebt die formierende Rolle des gregorianischen Papsttums hervor; SÄGMÜLLER, Die Thätigkeit und Stellung, S. 172f. (Formierung unter Alexander III., 1179).

92 Hostiensis, Lectura, *de iudaeis*, ad X.5.6.17; *De penitentiis et remissionibus*, ad V. 38. 14; vgl. dazu B. TIERNEY, A Conciliar Theory of the 13th Century, in: The Catholic Historical Review 36 (1951), S. 415–440, hier S. 431ff.; J. A. WATT, The Early Medieval Canonists and the Formation of Conciliar Theory, in: Irish Theological Quaterly 24 (1957), S. 13–31, 26; vgl. auch: KAUFHOLD, Deutsches Interregnum, S. 424–427; vgl. zur Ausprägung des korporativen Selbstverständnisses unter dem Eindruck der universitären Erfahrung: MALECZEK, Papst und Kardinalskollegium, S. 282.

93 Vgl. dazu besonders ALBERIGO, Cardinalato e collegialità.

94 Vgl. Corpus Iuris Canonici, Bd. 2, ed. Friedberg; vgl. auch LULVÉS, Die Machtbestrebungen des Kardinalskollegiums, S. 457; die große Darstellung von MORRIS, The Papal Monarchy, enthält in dem einschlägigen Kapitel „The Structure of Government" (S. 527–549) keinen Abschnitt über die Kardinäle.

At postestatem non habent, nisi quam tu eis aut tribueris, aut permiseris.[95] Die Worte Bernhards von Clairvaux entsprachen der allgemeinen Überzeugung.[96] Und sie entsprachen auch der allgemeinen Erfahrung, in der die Begegnung mit dem Papst etwas durchaus einschüchterndes haben konnte: *Wenn die Lippen blau anlaufen, wenn das Gesicht erbleicht, wenn die Zunge stammelt und alle Glieder zittern*, so schilderte ein Zeitgenosse in den 1260er Jahren in gewisser Überzeichnung die Wirkung der päpstlichen Präsenz.[97] Es läßt sich erkennen, dass es hinsichtlich der Rolle der Kardinäle in den kurialen Entscheidungsvorgängen unterschiedliche Auslegungen geben mochte.

Institutionelle Vorbilder gab es durchaus. Hostiensis wurde schon zitiert, der den Vergleich der kurialen Konstellation mit dem Verhältnis eines Patriarchen und seines Kapitels herangezogen hatte, das der Papst und die Kardinäle an Vornehmheit indes weit übertreffen würden.[98] Die Grundkonstellation war entscheidend.[99] Und sie hätte bei konsequenter Adaption durchaus Folgen gehabt. Energisch ermahnte Alexander III. den Patriarchen von Jerusalem, dass es ihm nicht zukomme, ohne den Rat seines Kapitels – mit dem er einen Körper bilde – über die Belange seiner Kirche zu entscheiden.[100] Bonifaz VIII. erkannte durchaus an, dass es sich für den Papst gezieme, den Rat seiner Kardinäle einzuholen und dass diese Beratung frei von irgendeinem Druck auf die Kardinäle statthaben solle.[101] Die tatsächliche Politik Bonifaz' VIII. gegenüber den Colonna-Kardinälen erwies dabei deutlich, dass hier keine konstitutionellen Strukturen formuliert wurden, sondern dass das Modell einer idealen Kirchenleitung skizziert wurde. Auch die gewählten Begriffe lassen dies erkennen. *Decet* war durchaus ein Verb, das im kanonistischen Sprachgebrauch eine gewisse Verbindlichkeit signalisierte, aber es benannte keine

---

95 Bernhard von Clairvaux, *De consideratione* IV.9, ed. Leclercq, S. 455.
96 Vgl. etwa MALECZEK, Papst und Kardinalskollegium, S. 284; B. TIERNEY, Pope and Council. Some new Decretist Texts, in: Medieval Studies 19 (1957), S.197–218, hier S. 198.
97 Aegidius de Fuscariis, Ordo Iusdiciarius; die ganze Passage lautet: *Si livent labia, si pallet facies, si lingua balbulit et membra quaelibet contremescunt, nullus debet admiratione moveri, quia in illius praesentia, locuturus assurgo, qui ligandi et solvendi obtinet potestatem, cui oboediunt imperia et regna terrarum, et nemo est, qui audeat dicere, cur ita facis* (Der Ordo iudiciarius des Aegidius de Fuscariis (Quellen zur Geschichte des römisch-kanonischen Processes im Mittelalter 3,1) hg. von L. Wahrmund, Innsbruck 1916, S. 260).
98 Hostiensis, Lectura, *Qui filii sunt legitimi*, IV.17.13.
99 Vgl. auch SÄGMÜLLER, Die Thätigkeit und Stellung der Kardinäle, S. 226f.
100 X. 3.10.4: *Novit plenius, sicut credimus, tuae discretionis prudentia, qualiter tu et fratres tui unum corpus sitis, ita quidem, quod tu caput, et illi membra esse probantur. Unde non decet te omissis membris aliorum consilio in ecclesiae tuae negotiis uti ...*; vgl. auch X. 3.10.10; vgl. dazu künftig auch die Habiliationschrift von Th. M. Krüger (Augsburg) zum konstitutionellen Selbstverständnis der Kardinäle im späten Mittelalter und dessen Genese.
101 VI.1.6.17: *Decet namque ipsi Romano Pontifici per fratres suos, sacrosanctae Romanae ecclesiae cardinales, qui sibi in exsecutione officii sacerdotalis coadiutores assistunt, libera provenire consilia. Decet ipsius nullo modo vacillare iudicia, ut fratres ipsos nullus saecularis potestatis metus exterreat, nullus temporalis favor absorbeat, nullus eis terror immineat, nihil eos a veri consilii soliditate removeat, quin cum per ipsum Romanum Pontificem in quibuscunque negotiis contingeret eorum peti consilia in consulendo, per omnia liberi eidem Romano Pontifici in omnibus, que pro tempore imminent, libere consulant et assistant ...*

zwingende Notwendigkeit. Ähnlich verhielt es sich mit dem verlangten *consilium*, das der Patriarch von Jerusalem von seinem Kapitel einholen mußte und der Papst von seinen Kardinälen tunlichst einholen sollte. Es bezeichnete eine Beratung, aber es bedeutete nicht, dass sich das *caput* des Kapitels oder des Kardinalskollegs der Zustimmung dieser Gremien hätte versichern müssen. Soweit ging die Verpflichtung nicht. Den Juristen war der Unterschied durchaus bewußt.[102] Die Zustimmung, der *consensus*, kam im entsprechenden Titel des *Liber Extra* vor (*De his, quae fiunt a praelato sine consensu capituli*), aber sie wurde im Zusammenhang der zitierten Beratungen nicht mehr verlangt.[103] Ein Beispiel dafür bietet der Vorgang, durch dessen gelegentliche oder häufigere Wiederholung der Fortbestand des Kardinalskollegs erst gesichert wurde: die Ernennung neuer Kardinäle. Neue Kardinäle wurden im Konsistorium ernannt. Zwar war der Papst gehalten, den Rat der übrigen Kardinäle vor einer Ernennung einzuholen, aber letztlich lag die Entscheidung bei ihm.[104] So war es dem Papst möglich, das Kollegium mit Kandidaten zu ergänzen, von denen er Unterstützung erwarten konnte. Allerdings blieb das Kardinalskolleg im Laufe des 13. Jahrhunderts eine überschaubare Gruppe.[105] Mitunter nahmen die Päpste dann Kreationen vor, die das Kolleg ganz neu zusammensetzten, weil sie bei einer Kardinalskreation mehr neue Kardinäle erhoben, als das alte Kolleg Mitglieder zählte. So wie Innozenz IV., der bei seiner Flucht vor Friedrich II. aus Rom nur noch von sieben Kardinälen begleitet wurde.[106] In dieser Situation, in der die Konfrontation mit dem Kaiser ihrem Höhepunkt zustrebte, wünschte der Papst eine breitere Unterstützung, und er ernannte zehn neue Kardinäle auf ein Mal: *volens dominus papa partem suam melius roborare, ..., creavit decem cardinales.*[107]

War die Zahl der Kardinäle zu klein, so war die Entscheidungsfähigkeit bei einer möglichen Papstwahl tangiert. Im Falle von sieben Wählern genügten drei Kardinäle, um einen unliebsamen Kandidaten zu verhindern. Obwohl die Zahl der Ernennungen durch einen Papst nicht ausdrücklich geregelt war, überstieg die Zahl der Mitglieder im Kardinalskollegium doch selten 20 Kardinäle.[108] Zwar

---

102 Vgl. SÄGMÜLLER, Die Thätigkeit und Stellung der Kardinäle, S. 221.
103 X. 3.10.
104 Zum Verfahren bei der Kardinalsernennung vgl. SÄGMÜLLER, Die Thätigkeit und Stellung der Kardinäle, S. 182–186.
105 Vgl. zu den Kardinalserhebungen im 13. Jahrhundert: EUBEL, Hierarchia Catholica Medii Aevi, Bd. 1, S. 3–13.
106 Matthaeus Parisiensis, Chronica maiora, Bd. 4, ed. Luard, S. 355: *Intravit igitur unam galearum illarum dominus papa sero cum septem cardinalibus, et paucis aliis comitantibus*; vgl. auch Nicolaus de Curbio, Vita Innocentii IV, in: A. MELLONI, Innocenzo IV. La concezione e l'esperienze della christianitá come regimen unius personae (Testi e ricerche di scienze religiose NF 4), Genua 1990, Appendice, Kap. 12.
107 Matthaeus Parisiensis, Chronica maiora, Bd. 4, ed. Luard, S. 354; vgl. auch Nicolaus de Curbio, Vita Innocentii IV (siehe vorangehende Anm.).
108 Vgl. dazu die Ernennungs- und Sterbedaten in: EUBEL, Hierarchia Catholica Medii Aevi, Bd. 1, S. 3–13; vgl. auch J. MAUBACH, Die Kardinäle und ihre Politik um die Mitte des 13. Jahrhunderts unter den Päpsten Innocenz IV., Alexander IV., Urban IV., Clemens IV. (1243–1268), Bonn 1902.

ernannte Innozent III. im Laufe seines Pontifikates 33 neue Kardinäle, aber ein Drittel dieser neuen Kardinäle erlebte das Ende von Innozenz' Pontifikat nicht.[109] Ein vergleichbares Bild ergibt sich für die Kardinalskreationen Gregors IX. (1227–1241) und Innozenz' IV. (1243–1254).[110] Als Nikolaus IV. im Jahre 1289 in der Dekretale *Coelestis altitudo* den Kardinälen die Hälfte der kurialen Pfründeneinkünfte zusprach, die diese Einkünfte dann unter sich aufteilten, wurde die Begrenzung der Mitgliederzahl im Kardinalskollegium auch zu einer Frage des eigenen Anteils am Gesamtaufkommen.[111]

Die ältere Forschung hat die Frage von politischen Parteiungen intensiver in den Blick genommen und daraus manche Schlußfolgerung für die Politik der Kurie gezogen.[112] Aber Werner Maleczek hat in jüngerer Zeit zu Recht auf die tatsächliche Schwierigkeit hingewiesen, solche politische Parteibildungen aus den überlieferten Unterlagen zu rekonstruieren.[113] Dadurch wird das Kardinalskolleg nicht zu einem politikfreien Gremium hoher Kirchenfachleute. Vielmehr bot das etwas unbestimmte Beratungsrecht der Kardinäle im Konsistorium auch die Möglichkeit zu einer weitreichenden Auslegung im Sinne der Kardinäle, falls die Haltung des Papstes Anlaß zum Widerspruch bot.

Es ist nicht überraschend, dass die mächtigen und weniger mächtigen politischen Zielpersonen des päpstlichen Zorns im 13. Jahrhundert an die Kardinäle appellierten, ihrem heilsgeschichtlich bedeutenden Rang entsprechend, mäßigend auf den Papst einzuwirken. *Cum ad singula, quae praesidens sedi Petri proposuit statuere, vel denuncianda decrevit, aequa participatio vos admittat ...*, so wandte sich etwa Friedrich II. 1239 an die Kardinäle.[114] Die Sizilianer, die sich 1282 gegen die Herrschaft Karls von Anjou auf ihrer Insel erhoben hatten, suchten Unterstützung bei den Kardinälen, indem sie hervorhoben, dass diese nicht nur zur Teilhabe an der Sorge, sondern auch zur Teilhabe an der *plenitudo potestatis* berufen seien (... *non tam in partem sollicitudinis, quam in plenitudinem potestatis*).[115] Und als Bonifaz VIII. am Ende des 13. Jahrhunderts gegen die Colonna-Kardinäle vorging, und diese sich schließlich in einer Verbindung mit dem französischen König gegen den Papst zusammenfanden, da erfuhr die Frage des Mitspracherechts der Kardinäle eine

---

109 Vgl. EUBEL, Hierarchia Catholica Medii Aevi, Bd. 1, S. 3–5; zehn der 33 neuen Kardinäle starben vor oder im Jahr 1216.
110 Von den 13 Kardinälen, die Gregor IX. ernannte, starben sogar sechs vor dem Ende seiner Amtszeit (ebda, S. 5f.), von 15 Kardinälen, die Innozenz IV. ernannte, starben fünf vor dem Ende seines Pontifikates und weitere zwei bis 1256 (ebda, S. 7). Zwar ernannte Urban IV. (1261–1264) 14 neue Kardinäle, die auch nach seinem Tod im Amt blieben, aber sein Vorgänger und seine Nachfolger nahmen kaum oder keine Erhebungen vor (ebda, S. 7–9), so dass sich das Gesamtbild nicht veränderte.
111 *Celestis altitudo*: Regesta Pontificum Romanorum, ed. Potthast, Nr. 23010, vgl. auch SÄGMÜLLER, Die Thätigkeit und Stellung der Kardinäle, S. 191.
112 Vgl. dazu die älteren Arbeiten in Anm. 81.
113 Vgl. MALECZEK, Papst und Kardinalskolleg, S. 264–266.
114 Annales Stadenses a. 1239, ed. Lappenberg, S. 364.
115 M. AMARI, La guerra del vespro siciliano, Bd. 3, 9. Aufl. Mailand/Neapel/Pisa 1886, S. 308–323, Zitat S. 308; vgl. dazu ebda, Bd. 1, S. 228–231; SÄGMÜLLER, Die Thätigkeit und Stellung der Kardinäle, S. 207.

Institutionelle Formierung im Zeichen des Triumphes 177

dramatische Zuspitzung.[116] In dieser Konstellation kam die Frage einer möglichen Absetzung des Papstes in den Blick.[117]

Die Angriffe des Papstes auf die Colonna Kardinäle führten zu einer scharfen Reaktion der Getroffenen gegen Bonifaz (*iste namque pseudopresul*).[118] Bitter beklagten die abgesetzten Kardinäle die Atmosphäre der (unberatbaren) Willkür und der Einschüchterung in Bonifaz' Konsistorium, und sie suchten in ihrer institutionell schwierigen Lage Zuflucht bei einer Instanz, der sie zutrauten, auch über päpstliche Entscheidungen richten zu können: bei einem allgemeinen Konzil.[119] Friedrich II. hatte einen ähnlichen Vorstoß unternommen, als er die Kardinäle aufforderte, ein allgemeines Konzil einzuberufen.[120] Allerdings verhinderte er drei Jahre später den Zusammentritt eines solchen Konzils mit rücksichtsloser Entschiedenheit, weil er von diesem Konzil einen anderen Ausgang befürchten mußte, als er zunächst im Sinn gehabt hatte.[121] Gregor IX. hatte das Konzil wohl zu dem Zweck zusammengerufen, zu dem es unter Innozenz IV. schließlich zusammentrat, um den Kaiser abzusetzen. Friedrich II. sah in dem Konzil eine Instanz, die über die Rechtmäßigkeit von Gregors Vorgehen gegen den Kaiser urteilen könne. Wenn er seine Sorge artikulierte, dass die Herde des Herrn unter einem solchen Hirten auf Abwege geführt würde (*dum metuit ne grex dominicus sub tali pastore per devia deducatur*), so klang in dieser Wortwahl durchaus ein justiziabler Vorwurf durch.[122] Denn in der Beunruhigung über die Abwege (*devia*) des Papstes konnte man den Verweis auf die berühmte Stelle des *Decretum Gratiani* erkennen, in der festgestellt wurde, dass der Papst von niemanden gerichtet werden könne – es sei denn, man ertappe ihn dabei, dass er vom Glauben abweiche (*a nemine est iudicandus, nisi deprehendatur a fide devius*).[123] Der Vorwurf der Glaubensabweichung und Häresie wurde durch die Gegner Bonifaz' VIII. zu einem bedrohlichen Instrument gegen

---

116 Vgl. zu diesem Konflikt oben.
117 Vgl. zu Bonifaz aus der oben zahlreich zitierten Literatur etwa MIETHKE, De potestate papae, S. 45–82.
118 Aus der sogenannten „dritten Denkschrift" der Colonna: H. DENIFLE, Die Denkschriften der Colonna, S. 519.
119 Ebda, S. 521: ... *quin immo, si aliquis nostrum aut confratrum nostrorum verbum non consonans suo voto proponeret, verbis contra talia proponentem iniuriose prolatis, super reges et regna in temporalibus etiam presidere se glorians, omnia per se solum posse por libito de plenitudine potestatis, licet in ipso legitima papalis autoritas non subsistat, asserere non formidat; ebda, S. 522: petivimus super hoc congregari generale Concilium ... Et causas cardinalium de statu eorum in Concilio tantum debet audiri, discuti et decidi ...*; vgl. auch die vorangehende „Denkschrift" der Colonna, ebda, S. 513; zu diesem Verfahrensschritt vgl. BECKER, Die Appellation vom Papst an ein allgemeines Konzil, bes. S. 54–59.
120 *Levate in circuitu* (20. April 1239) in: MGH Constitutiones, Bd. 2, ed. Weiland, S. 290–299, S. 297: *ecce quod sacrosancte ecclesie cardinales per sanguinem Iesu Christi et sub attestatione divini iudicii per nuncios vestros et litteras attestamur, ut generale concilium prelatorum et aliorum Christi fidelium debeant evocare.*
121 Vgl. dazu knapp KAUFHOLD, Interregnum, S. 12.
122 MGH Constitutiones, Bd. 2, ed. Weiland, S. 297.
123 D. 40 c.6; vgl. MORRIS, Papal Monarchy, S. 209; ZIMMERMANN, Papstabsetzungen.

die Kurie ausgebaut. Allerdings geschah dies erst nach Bonifaz' Sturz, als der französische Hof durch solche Vorwürfe Druck auf den Nachfolger ausübte.[124]

Die Colonna-Kardinäle drangen mit ihren Stellungnahmen gegen Bonifaz VIII. nicht durch. Erst in ihrer Verbindung mit dem französischen König erlebten sie die Genugtuung, den Papst fallen zu sehen. Auch Philipp der Schöne hatte in der Schlußphase seines Kampfes das Mittel der Appellation an ein allgemeines Konzil genutzt, um die selbstgewisse Position des Papstes in Frage zu stellen. Dabei ging es stärker um die Legitimation des entscheidenden Schlages gegen Bonifaz, als darum, in dieser Phase tatsächlich ein Konzil zusammenzurufen, aber das Vorgehen zeigte Wirkung. Der französische König nötigte einen wichtigen Teil der Prälaten seines Landes zur Unterstützung seines Vorgehens, und seine Anklagen gegen Bonifaz mit ihren Vorwürfen gegen den Mißbrauch seines Amtes erreichten eine bedeutende Öffentlichkeit.[125] In diesem Umfeld entstand auch der große Traktat über die königliche und päpstliche Gewalt des französischen Dominikaners Jean Quidort, der die Überzeugung äußerte, dass der Papst bei schweren Verfehlungen von einem allgemeinen Konzil abgesetzt werden könne.[126] *Dennoch glaube ich, dass zu einer solchen Absetzung einfach schon das Kardinalskollegium genügen würde, weil das Kollegium, da sein einhelliger Beschluß (consensus) anstelle der Kirche den Papst bestimmt, ihn doch in ähnlicher Weise müßte absetzen können.*[127]

Wir verfolgen an dieser Stelle die weitere Entwicklung der Appellationen an eine allgemeines Konzil und der Versuche, die Position des Papstes in der Verfassung der Kirche genauer zu bestimmen, nicht weiter, sondern kommen abschließend zu unserem eigentlichen Thema, der Traditionsbildung und der Dynamik institutioneller Reformen zurück.[128]

Helene Wieruszowski und Hans-Jürgen Becker konnten zeigen, dass die Konzilsappellationen der Gegner Bonifaz' VIII. an ein allgemeines Konzil auf Vorlagen zurückgriffen, die aus der Zeit stammten, als der Staufer Friedrich II. mit der Kurie

---

124 Vgl. dazu SCHMIDT, Der Bonifaz-Prozeß.
125 Die entscheidenden Texte dieser Konfrontation haben noch keine neuere Edition erfahren: P. DUPUY, Histoire du différend d'entre le pape Boniface VIII et Philippe le Bel, roy de France, Paris 1655; vgl. für eine zusammenfassende Übersicht BECKER, Die Appellation vom Papst an ein allgemeines Konzil, S. 61–71; für weitere Literatur vgl. oben Anm 77.
126 *De regia potestate et papali*: Johannes Quidort von Paris, Über königliche und päpstliche Gewalt (Frankfurter Studien zur Wissenschaft von der Politik 4), hg. von F. Bleienstein, Stuttgart 1969, hier Kap. 24, S. 199–202, S. 201: *sed ad depositionem quod fiat per concilium generale ...*; vgl. etwa MIETHKE, De potestate papae, S. 68–82, 116–126; K. UBL, Johannes Quidorts Weg zur Sozialphilosophie, in: Francia 30,1 (2003), S. 43–72.
127 Johannes Quidort von Paris, Über königliche und päpstliche Gewalt, ed. Bleienstein, S. 201; die deutsche Übersetzung ebda. S. 343.
128 Zur Wirkung solcher Appellationen, die nach dem Verständnis der Appellanten die Vollstreckung des Urteils, gegen das appelliert wurde, aussetzten, vgl. BECKER, Die Appellation vom Papst an ein allgemeines Konzil, S. 10–17, bes. S. 13; vgl. auch die einschlägige Position der Colonna: DENIFLE, Die Denkschriften der Colonna, S. 513.

im Konflikt lag.¹²⁹ Sowohl die Colonna als auch die Berater Philipps IV. griffen um 1300 auf diese Texte zurück, die um die Mitte des 13. Jahrhunderts (1239–1245) entstanden waren. Anders als in den bislang untersuchten Fällen in England und im Reich, bei denen es in erster Linie um die Traditionsbildung politisch bedeutender Personengruppen innerhalb dieser Königreiche ging, handelte es sich es bei diesen Vorgängen um einen Transfer. Die Gegner des Papstes im Kardinalskollegium und am französischen Hof belebten die Positionen neu, die man im Umfeld Friedrichs II. 60 Jahre zuvor formuliert hatte. Es waren Konflikte um den Herrschaftsanspuch des Papstes, die der Situation um die Jahrhundertwende grundsätzlich vergleichbar waren, es war nicht die Identifikation mit einer Person und ihren Taten, die die Kontinuität begründete. Hier kündigte sich um die Wende zum 14. Jahrhundert eine neue Traditionsbildung an, die einen abstrakteren Charakter hatte und in der die schriftliche Überlieferung eine zentrale Rolle spielte. Das Vorgehen hatte durchaus eine polarisierende Wirkung.¹³⁰ Zu Beginn des 14. Jahrhunderts wurden diese Konflikte um die verbindliche Tradition an verschiedenen Schauplätzen erkennbar. Dazu kommen wir im folgenden Kapitel.

Die institutionelle Entwicklung der Kurie im 13. Jahrhundert stand ganz im Zeichen des wachsenden päpstlichen Herrschaftsanspruchs. Sowohl die Genese der eigentlichen Neuerung, der Einführung des Konklaves, wie auch die Frage der Beteiligung des Kardinalskollegs an der päpstlichen Kirchenleitung waren Folgen dieser zentralistischen Dynamik. Die Dynamik selber entwickelte sich in einem Rhythmus, den wir bei den anderen untersuchten Prozessen institutioneller Formierung im 13. Jahrhundert auch beobachten konnten. Etwa 40 Jahre nach dem Ende von Innozenz' III. Pontifikat kam es in Paris zu dem entscheidenden Konflikt um die päpstliche Führungsposition in der Kirche, in dem die innerkirchlichen Widerstände niedergerungen wurden. Die zunehmende Bedeutung des päpstlichen Amtes ließ die Schwachstellen in der apostolischen Sukzession, die Vakanzen nach dem Tod der Amtsinhaber, störungsanfälliger werden. Die immer stärkere Betonung der *plenitudo potestatis* provozierte in Krisenzeiten die Frage nach der korrigierenden Rolle des Kardinalskollegs. Dabei erwies sich, dass das Kardinalskolleg anders als etwa der englische Adel angesichts ähnlicher Zentralisierungsversuche des Königs kein hinreichend eigenständiges Selbstverständnis entwickelt hatte. Zwar waren auch die englischen Adligen einst von ihrem König mit den Besitzrechten belehnt worden, die sie nun so energisch verteidigten, doch dies lag lange zurück, und in der Zwischenzeit hatten stolze Familientraditionen heran-

---

129 Vgl. BECKER, Die Appellation vom Papst an ein allgemeines Konzil, S. 57–59, 67; vor allem aber: H. WIERUSZOWSKI, Vom Imperium zum nationalen Königtum. Vergleichende Studien über die publizistischen Kämpfe Kaiser Friedrichs II. und König Philipps des Schönen mit der Kurie (Historische Zeitschrift, Beiheft 30), München/Berlin 1933.
130 Die Positionen der Colonna Kardinäle wurden von den übrigen Kardinälen scharf zurückgewiesen; vgl. deren Stellungnahme: DENIFLE, Die Denkschriften der Colonna, S. 524–529; eine ähnlich scharfe Zurückweisung einer ausschließlich schriftlichen Rechtstradition erfuhr der englische König Edward II. im Jahre 1312 durch Vertreter seines hohen Adels, vgl. dazu das folgenden Kapitel.

wachsen können. Ein Kardinal war dagegen vom Papst persönlich ernannt worden, auch wenn er die päpstliche Entscheidung in hohem Maße seiner Familie verdankte. So entstanden durchaus Vorstellungen von einer Mitregierung der Kardinäle in der Kirchenleitung, aber sie erhielten nie die selbstbewußte Fundierung, die eine lange Besitzgeschichte verleiht und die letztlich ebensosehr durch Interessen und Gefühle geprägt wird wie durch institutionelle Modellvorstellungen. Diese vom Papst unabhängige Tradition fehlte den Kardinälen und dies verhinderte, dass aus den heftigen Krisen, die das Papsttum auch im 13. Jahrhundert erschütterten, eine institutionelle Reform der kardinalizischen Stellung hervorging. Man wird allerdings gut daran tun, die grundsätzlichen Aussichten auf eine rechtliche Stärkung der Mitregierung der Kardinäle auch unter anderen Voraussetzungen nüchtern zu bewerten. Denn die Bischöfe, die auf eine lange und selbstbewußte apostolische Tradition zurückblicken konnten, verloren ihre unabhängige Position im Laufe des 13. Jahrhunderts trotz dieser starken Position. Im Falle des Konklaves beobachten wir dagegen einen Reformrhythmus, der den institutionellen Entwicklungen in England und in Deutschland durchaus vergleichbar ist. Eine Phase von ca. 50 Jahren bietet eine realistische Orientierung für eine Zeitspanne, innerhalb derer ein Phänomen von seinem ersten Auftreten zu einer normierenden Wirkung gelangt. Eine historische Erscheinung, die um die Mitte des 13. Jahrhunderts erstmals feststellbar ist, erlangte bis zum Ende des Jahrhunderts den Charakter einer gefestigten, auch rechtlich abgesicherten Einrichtung. Im Falle des Konklave spielte das Moment persönlicher Erinnerung der Betroffenen ebenso wie in England und im Reich eine bedeutende Rolle – wenn auch unter anderem Vorzeichen, als abschreckende Erinnerung. In diesem Fall dauerte es etwa 50 Jahre, bis eine neue Institution verankert war. Die Parallelen zur Entwicklung in den untersuchten Königreichen sind kaum zu übersehen. Doch zeigten sich um die Jahrhundertwende deutlich die ersten Versuche einer Traditionsbildung auf abstrakterem schriftlichen Niveau. Die Frage, wie sich die traditionsbewußten politischen Kräfte zu diesen Entwicklungen verhielten, ist das Thema des nächsten Kapitels. Es führt hinein in ein bewegtes Milieu.

Kapitel 6

Traditionsbildung im Zeichen wachsender Verschriftlichung

Zu Beginn des 14. Jahrhunderts wurde das Bild vielschichtiger. Die Konflikttraditionen bestanden fort. In England trafen Könige, die bei der Auswahl ihrer Berater keine Beschränkungen akzeptieren wollten, auf Untertanen, die darin die Zeichen willkürlicher Herrschaft erkannten; in Deutschland kam es weiterhin zu Doppelwahlen, aber die Antagonisten begannen, sich in der Berufung auf legitimierende Traditionen erkennbarer voneinander abzugrenzen. Dabei ging es nicht nur um die Inhalte der jeweiligen Traditionen, sondern auch um ihre Bewahrung. Wir treffen in England 1311 erstmals auf einen ausdrücklichen Konflikt zwischen einer königlich-schriftlichen und einer aristokratisch-mündlichen Tradition. Die Positionen wurden von den Zeitgenossen selber formuliert. Doch ist das Bild nur auf den ersten Blick klar.

Die Formierung politischer Traditionen in England schritt unter König Edward II. (1307–1327) erkennbar voran.[1] Edward stieß schon bald nach dem Beginn seiner Herrschaft auf Widerstände, und im Jahre 1311 mußte er sich schließlich auf ein Reformprogramm (*New Ordinances*) verpflichten.[2] Es war von einer Kommission aus 21 *Ordainers* ausgearbeitet worden, die in der Tradition vergleichbarer Texte des 13. Jahrhunderts ein umfassendes Dokument erstellten, das in 41 Kapi-

---

[1] Zu der konfliktreichen politischen Entwicklung in der Zeit Edwards II. vgl. das folgende Kapitel. Einführend zu Edward II. vgl. die Vita: Vita Edwardi Secundi. The Life of Edward the Second (Oxford Medieval Texts), hg. von W. Childs/N. Denholm-Young, Oxford 2005; Chronicles of the Reigns of Edward I. and Edward II., 2 Bde. (RS 76), hg. von W. Stubbs, London 1882–83; Calendar of the Charter Rolls preserved in the Public Record Office, Bd. 3: Edward I., Edward II. (1300–1326), London 1908; Calendar of the Close Rolls preserved in the Public Record Office: Edward II., 4 Bde, London 1892–1898; vgl. auch: R. M. HAINES, King Edward II: Edward of Caernarfon, his Life, his Reign, and its Aftermath. 1284–1330, Montreal/London 2003; M. ORMROD, England: Edward II and Edward III, in: The New Cambridge Medieval History, Bd. 6, hg. von Jones, S. 273–296; M. PRESTWICH, The Three Edwards. War and State in England; 1272–1377, London 1980; DERS., Plantagenet England, S. 178–220; M. BUCK, Politics, Finance and the Church in the Reign of Edward II. Walter Stapeldon Treasurer of England (Cambridge Studies in Medieval Life and Thought, 3. Ser. 19), Cambridge u. a. 1983; C. BINGHAM, The Life and Times of Edward II, London 1973; Th. F. TOUT, The Place of the Reign of Edward II in English History, 2. Aufl. Manchester 1936.

[2] Select Documents, ed. Chrimes/Brown, S. 11–17; vgl. auch M. PRESTWICH, A New Version of the Ordinances of 1311, in: Bulletin of the Institute of Historical Research 57 (1984), S. 189–202.

teln politische, rechtliche, personelle und wirtschaftliche Gravamina aufzählte und die Wege zu ihrer Beilegung weisen sollte.³ Die Magna Carta wurde ausdrücklich genannt; sie sollte in allen Punkten eingehalten werden, und in den Punkten, in denen ihre Bestimmungen unklar waren, sollten die *Ordainers* das Recht zur Klärung erhalten.⁴ Wie in vergleichbaren Situationen zuvor, verlangten auch die *New Ordinances* vom König, sich bei der Auswahl seiner wichtigsten Berater und Amtsträger mit den Baronen abzustimmen, *et ceo en parlament*.⁵ Das Parlament mußte nun auch herangezogen werden, wenn der König in den Krieg ziehen wollte, oder wenn er Veränderungen der Münzpolitik plante.⁶ Dazu mußte das Parlament zumindest einmal, im Bedarfsfall auch zweimal, im Jahr zusammentreten und zwar an einem Ort, der den Baronen zugänglich war.⁷

Die *New Ordinances* lassen in ihrem wiederholten Rekurs auf die parlamentarische Entscheidung der Barone klar erkennen, dass die wichtigste Instanz für die Belange des Königreichs in der Beratung des Königs mit den mächtigen Männern seines Reiches bestand. Die großen Fragen sollten *von Angesicht zu Angesicht* beraten und entschieden werden, diese Verfahrensregel ist wichtiger als programmatische Festlegungen dessen, wie der König sich in Zukunft zu verhalten habe. Die *New Ordinances* sind in diesem Sinne weniger ein schriftlich formuliertes Reformprogramm als vielmehr eine schriftliche Festlegung, wie die künftige Politik bedeutende Fragen in Angriff nehmen solle. Es ist evident, dass die *Ordainers* den ihrer Ansicht nach beklagenswerten Zustand des Königreiches auf die schlechte Beratung des Königs zurückführten, und dass sie in erster Linie diesem Mangel abhelfen wollten.⁸ Mit diesem Anliegen standen sie in einer direkten Fortsetzung der Reformentwürfe des 13. Jahrhunderts. Edward II. aber begegnete diesem Anliegen nun in einer Weise, die über die vorwiegend schikanösen Praktiken hinauswies, mit denen sich die Akteure in der Zeit Simons de Montfort das Leben erschwert hatten, indem sie Beratungen kurzfristig einberiefen oder an andere Orte verlegten.⁹ Edward begegnete dem Anspruch seiner Barone auf Mitsprache im königlichen Rat schon im Jahr darauf grundsätzlicher.

Die Auseinandersetzung zwischen dem König und den Baronen hatte den französischen König dazu veranlaßt, eine Gesandtschaft nach England zu entsen-

---

3   Ebda; J. H. TRUEMAN, The Personnel of Medieval Reform. The English Lords Ordainers of 1310, in: Medieval Studies 21 (1959), S. 247–271.
4   *New Ordinances* (6), Select Documents, ed. Chrimes/Brown, S. 12: *Derechief ordeine est qe la Graunde Chartre soit gardee en touz ses pointz, en tieu manere qe sil yeit en la dite chartre nul point oscur ou dotif soit declaree par les ditz ordeinours, et autres qe il vorrount a eux a ce appeller.*
5   Ebda, S. 14 (14).
6   Ebda, S. 13 (9): *nous ordeinoms qe le roi desoremes ne aile hors de son roiaume, nenprenge countre nuly fait de guerre, saunz commun assent de son barnage, et ceo en parlement;* und 16 (30).
7   Ebda, S. 16 (29): *nous ordeinoms qe le roi tiegne parlement une foiz par an, ou deux foiz si mestier soit, et ceo en lieu covenable.*
8   Ebda, S. 11: *Porceo qe par mauveis consail et deceivaunt nostre seignur le roi et tous les soens sont en totes terres dehonurez ...*
9   Vgl. dazu oben Kapitel 3.

den, um zwischen den Parteien zu verhandeln – immerhin war seine Tochter Isabella mit Edward II. verheiratet.[10]

In der französischen Gesandtschaft befanden sich auch zwei Legisten, die sich kritisch mit den *New Ordinances* auseinandersetzten.[11] Sie erstellten ein Gutachten, das die Rechtmäßigkeit des Reformprogramms grundsätzlich in Frage stellte und zudem einzelne Bestimmungen zurückwies.[12] Aus der Sicht eines Juristen am französischen Hof verstießen die *New Ordinances* in elementarer Weise gegen die Rechte des Königs (*in magnum dedecus regis et suae coronae*).[13] Das war nicht überraschend, die Zurückweisung einer Einschränkung der königlichen Herrschaftsgewalt hatte bereits 50 Jahre zuvor Ludwig IX. veranlaßt, als Vermittler zwischen dem englischen König und seinen Baronen die *Provisionen von Oxford* zu verwerfen.[14] Den französischen Rechtsgelehrten war diese Entscheidung Ludwigs noch in Erinnerung, und sie sahen in den *New Ordinances* einen ähnlich unzulässigen Eingriff in die Königsmacht wie in den *Provisionen von Oxford*.[15] Die Unterschiede in der politischen Tradition waren evident. Und die englischen Barone bestanden auf diesen Unterschieden.

Mit dem Gutachten der Legisten konfrontiert, wiesen die englischen Reformer die Rechtskraft solcher Überlegungen zurück. Ihr Land werde nicht durch geschriebene Gesetze regiert, sondern durch die alten Gesetze und Rechtsgewohnheiten (*terra ista non gubernatur lege scripta, immo per leges et consuetudines antiquas*).[16] Diese Ordnungen hätten schon unter den Vorfahren im Königreich England gegolten, und wenn sie sich in irgendeiner Frage als unzureichend erwiesen, so würde der König mit den Großen seines Reiches über eine Rechtsanpassung beraten und auf gemeinsamen Beschluß hin die Rechtssicherheit herstellen.[17] *Quare dixerunt quod ordinationes de jure procedent approbatae robore perpetuo.*[18]

---

10 Annales Londonienses, in: Chronicles of the reigns of Edward I. and Edward II., Bd. 1, ed. Stubbs, S. 210.
11 Ebda, S. 211: *Applicuerunt siquidem duo legistae Francigeni subscriptas ordinationes reprobandas et condemnandas pro posse suo ....*
12 Das Gutachten der Legisten folgt ebda, S. 212–215.
13 Ebda, S. 212: *Item quia ordinaverunt ultra et contra formam eis traditam, videlicet contra jura et rationem, in derogationem juris regis, et in enormen laesionem et diminutionem suorum reddituum, et in magnum dedecus regis et suae coronae.*
14 Vgl. die *Mise d'Amiens* in: Documents of the Baronial Movement, ed. Treharne/Sanders, Nr. 38 (17), S. 288: *Item, dicimus et ordinamus, quod dictus rex plenam potestatem et liberum regimen habeat in regno suo, et eius pertinentiis ; et sit in eo statu, et in ea plenaria potestate, in omnibus et per omnia, sicut erat ante tempus predictum.*
15 Annales Londonienses, ed. Stubbs, S. 214: *Item, quia aliae per rectam sententiam Sancti Lodowici fuerunt cassatae similes quasi per omnia ordinationes...*
16 Ebda, S. 215.
17 Ebda, S. 215: *... gubernatur... per leges et consuetudines antiquas, praedecessorum regum Angliae usitatas et approbatas, et, si praedictae leges et consuetudines in aliquo casu minus fuerint sufficientes, rex et sui praelati, comites et barones, ad querimoniam vulgi tenentur eas emendare, et super hoc ex communi assensu certitudinem stabilire.*
18 Ebda.

In dieser Auseinandersetzung wird ein politisches Modell der englischen Barone erkennbar. Der Umgang mit der der Magna Carta war exemplarisch. Sie sollte unverbrüchlich gelten, aber dort, wo Unklarheiten über ihre Anwendung oder Auslegung bestanden, sollte darüber verhandelt werden. Das politische Modell der Barone war der Tradition verpflichtet, aber es bewahrte seine Zukunftsfähigkeit dadurch, dass es auf der regelmäßigen Konsultation bestand. Die Aktualisierung der Tradition durch die Beratung ist das Kernstück dieses Rechtsverständnisses, die *praedecessores* und der *assensus commune* sind unveräußerliche Leitbilder. Sie begegnen uns in diesen Jahren wiederholt in prägnanter Weise.

Bei der Krönung Edwards II. war der traditionelle Eid, den die englischen Könige bei dieser Gelegenheit schworen, erweitert worden.[19] Der König mußte nicht nur versichern, die Gesetze und Rechte des Königreichs zu wahren und zu schützen, sondern er mußte schwören, die Rechte zu schützen, die die *Community of the realm* für wichtig erachte (*quiels la communaute de vostre roiaume aura esleu*).[20] So sehr in diesen Situationen die Barone als Akteure auftreten, so ist doch zu erkennen, dass sie beanspruchen, für alle Untertanen zu sprechen. Sowohl in der lateinischen Fassung des Krönungseides als auch in der zitierten Schlüsselszene, in der die Barone die Argumentation der französischen Juristen zurückweisen, erscheint das „Volk" (*vulgus*) als Beteiligter im Entscheidungsprozeß, wenn auch nicht als zentraler Akteur.[21] Die Wiederholung dieser Bestandteile eines Verfassungsmodells in unterschiedlichen zeitgenössischen Texten läßt darauf schließen, dass es sich in der Tat um eine Tradition mit breiter Grundlage handelte. Auch die Erfahrung, dass der König nur allzu bereit war, die Zusagen gegenüber den Ordainern in Vergessenheit geraten zu lassen, änderte an der Einstellung der Barone zu der schriftlichen Garantie des königlichen Wohlverhaltens nichts. Als es 1312 zu Auseinandersetzungen über die Umsetzung der *New Ordinances* kam, verlangte Edward II. eine schriftliche Aufzeichnung der baronialen Klagen.[22] Aber die Barone verlangten nur, dass der König sich verpflichte, die Zusagen der *New Ordinances* einzuhalten.[23] Es ist vielleicht hilfreich, die Verweigerung gegenüber einem so rational erscheinenden Vorgang wie der Verschriftlichung (*et quicquid dictaret ratio indubitanter reportarent*) im Gedächtnis zu behalten. Hier ging es um mehr als um pragmatische Fragen.

---

19   Der Eid (in lateinischer und französischer Fassung) in: Select Documents, ed. Chrimes /Brown, S. 4f., vgl. dazu etwa: VALENTE, The Theory and Practise of Revolt, S. 27; MADDICOTT, Thomas of Lancaster, S. 82.
20   Select Documents, ed. Chrimes/Brown, S. 5.
21   Krönungseid (Select Documents, ed. Chrimes/Brown, S. 4): *Concedis justas leges et consuetudines esse tenendas, et promittis per te eas esse protegendas, et ad honorem Dei corroborandas, quas vulgus elegerit, secundum vires tuas?* Zur Antwort der Barone auf die französischen Legisten vgl. Anm. 17.
22   Vita Edwardi Secundi, ed. Denholm-Young/Childs, S. 64: *... mandat baronibus sub forma concordie ut petitiones eorum exponerent, et quicquid dictaret ratio indubitanter reportarent.*
23   Ebda.

Die Entscheidungsfindung war das eine große Thema, das andere war die Bewahrung der Tradition, in der die Regeln fortlebten, die das soziale Leben ordneten. Im Sommer 1312 hatten die Barone die abstrakten Prinzipien der französischen Legisten zurückgewiesen und sich auf die Rechtsgewohnheiten berufen, die ihnen ihre Vorfahren hinterlassen hatten. Dass diese Verpflichtung auf die Traditionen der Vorfahren ein konkretes Erlebnis sein konnte, können wir im selben Jahr an einem eindrucksvoll überlieferten Vorgang verfolgen. Im Jahre 1311 war Heinrich, der Graf von Lincoln, gestorben. Er war zu Lebzeiten ein energischer Vertreter der Tradition gewesen, von der hier die Rede ist.[24] Heinrich von Lincoln hatte nur eine Tochter, die mit Thomas von Lancaster verheiratet war, einem der profiliertesten Gegner Edwards II.[25] So betrachtete der sterbende Graf von Lincoln seinen Schwiegersohn nicht nur als den Erben seiner Ländereien (*filiam meam unicam desponsasti; unde haereditas mea tibi incumbit*), sondern auch als den Erben seiner Ideale.[26] Er rief ihn auf dem Sterbebett zu sich und erinnerte ihn an die daraus erwachsenden Verpflichtungen. Er führte ihm die Gefahren vor Augen, die nach seiner Überzeugung die Freiheit der englischen Kirche und die Freiheiten der Engländer bedrohten.[27] Diese Gefahren waren nicht abstrakt, sie bestanden in erster Linie aus übermäßigen Geldforderungen, die die Kirche und die Untertanen des Königs im Übermaß bedrückten. Aufmerksam solle Thomas von Lancaster darauf achten, dass der König sich nicht mit schlechten und fremden Beratern umgebe und dass er nicht gegen den Geist der Magna Carta verstoße.[28] Dies war ein bodenständiges Vermächtnis, das die Interessen der eigenen Familie im Blick behielt, und kein idealistischer Diskurs. Es mag der Zufall der Überlieferung sein, der uns gerade in diesen Jahren die verschiedenen Zeugnisse einer politischen Tradition vor Augen führt, die aus persönlichen Bezügen lebte. Wir haben schon im Zusammenhang mit den Reformen Simons de Montfort darauf verwiesen, dass Thomas von Lancaster Simons Ländereien erbte und sich als politischen Erben Simons sah.[29] Es ist aber vielleicht nicht nur der Zufall der Überlieferung, der uns die persönliche Tradition in dieser Phase so deutlich vor Augen führte. Die Tradition geriet unter Druck, und sie mochte gerade deshalb verstärkt zur Darstellung drängen. Doch das Bild ist noch nicht vollständig, denn diese Tradition lebte nicht

---

24 Vgl. Johannis de Trokelowe, Annales, in: Chronica Monasterii S. Albani, Bd. 3 (RS 28,3), hg. von H. T. Riley, London 1866, S. 63–127, hier S. 72f.; zu Heinrich von Lincoln vgl. auch: I. J. SPREY, Lacy, Henry, 3rd Earl of Lincoln, in: Historical Dictionary of Late Medieval England. 1272–1485, hg. von R. H. Fritze/W. B. Robinson, Westport 2002, S. 304–306.
25 Ebda, S. 72; zu Thomas von Lancaster vgl. die Biographie von MADDICOTT, Thomas of Lancaster.
26 Johannis de Trokelowe, Annales, ed. Riley, S. 72.
27 Ebda: *Cernis jam oculata fide, quod Ecclesia Anglicana, quae solebat esse libera, per oppressiones Romanorum et injustas exactiones a regibus totiens extortas, nunc facta est ancilla. Populus etiam terrae nostrae, quae multis libertatibus gaudere solebat, variis vexationibus et talliagiis, per reges huc usque impositis, in servitutem deducitur.*
28 Ebda, S. 73.
29 Vgl. dazu MADDICOTT, Thomas of Lancaster, S. 321 („We are dealing with men who knew their history and were rooted in it.").

nur vom persönlichen Vorbild und Vermächtnis, sondern sie lebte auch vom persönlichen Feindbild. Dies war die andere Seite einer politischen Tradition, die *von Angesicht zu Angesicht* entstand und fortlebte: nichts vermochte sie so zu beleben, wie der Kampf gegen einen prägnanten Feind. In diesem Fall war der Feind Piers Gaveston, ein Vertrauter Edwards II., der die Abneigung der Barone auf sich zog, weil er die Aufmerksamkeit des jungen Königs in einem Maße genoß, die den Baronen unangemessen schien.[30]

Die *New Ordinances* widmeten Piers Gaveston einen langen Paragraphen, in dem festgelegt wurde, dass er das Land verlassen müsse und niemals zurückkehren dürfe.[31] Sollte er das Land nicht verlassen, so würde man mit ihm verfahren, wie mit einem Feind des Königs. Tatsächlich geschah genau das. Der König bereute seinen Entschluß bald, und er hob den Landesverweis für Piers auf. Daraufhin gingen die Barone gegen Gaveston vor und töteten ihn.[32] Gegenüber dem entsetzten König beriefen sie sich auf den Beschluß der *New Ordinances,* den der König mit den Baronen getroffen habe, weswegen er ihn nicht allein wieder aufheben könne.[33] In der Tat war das Kapitel der *New Ordinances*, in dem die Vergehen von Piers Gaveston festgestellt wurde und er aus dem Königreich verwiesen wurde, das einzige Kapitel, das dem Verfasser der *Vita Edwardi* überlieferungswürdig erschien. Dieses Kapitel zitiert er im Wortlaut, auf die anderen verweist er nur.[34] Es ist deutlich erkennbar, dass dem Verfasser die Ausweisung des ungeliebten Gaveston wichtiger waren, als die Frage, wie die Unklarheiten bei der Auslegung der Magna Carta geklärt werden sollten oder wie häufig die Parlamente künftig zusammenkommen sollten. Dieser starke persönliche Bezug hatte die Auswirkungen auf die Reichweite der Tradierung, auf die wir im Zusammenhang mit den Konflikten des 13. Jahrhunderts wiederholt gestoßen sind: die Erinnerung erstreckte sich in der Regel über 40–50 Jahre. Doch es gab auch die Ansätze einer schriftgestützten Traditionsbildung, die sich von der persönlichen Erinnerung der Beteiligten löste und im Rekurs auf überlieferte Texte legitimierende Vorlagen fand. Die Frage war, ob die Reichweite der Überlieferung damit größer wurde oder ob sich damit in erster Linie das Spektrum der herangezogenen Vorbilder erweiterte?

Im Zusammenhang mit der *Quo warranto*-Kampagne Edwards I. haben wir weiter oben festgestellt, dass der königliche Versuch, die Bestätigung von Gerichts- und Besitzrechten seiner Untertanen davon abhängig zu machen, dass diese Rechte sich über 100 Jahre zurückführen ließen, gescheitert war.[35] 100 Jahre waren eine

---

30 Zu Piers Gaveston vgl. J. S. HAMILTON, Piers Gaveston. Earl of Cornwall 1307–1312. Politics and Patronage in the Reign of Edward II, Detroit 1982; Edward the Second, the Lord Ordainers and Piers Gaveston's Jewels and Horses 1312–1313 (Camden Third Series 41,1), hg. von R. A. Roberts, London 1929.
31 Select Documents, ed. Chrimes/Brown, S. 15 (20).
32 Vgl. dazu etwa Vita Edwardi Secundi, ed. Denholm-Young/Childs, S. 38–55.
33 Ebda, S. 60: *Nichil enim sine consilio et communi assensu domini Regis et suorum baronum potest statui; igitur eadem ratione nec dissolve.*
34 Ebda, S. 32–36.
35 Vgl. oben Kapitel 4.

Spanne, die im Normalfall nicht zu überblicken war und von der die Rechtmäßigkeit wichtiger Rechtstitel nicht abhängig gemacht werden durfte. Für den Verfasser der *Vita Edwardi Secundi*, der seinen Text um 1326 schrieb, waren 100 Jahre ein Stilmittel, um einen gewaltigen Zeitraum zu charakterisieren, den er aber noch zu überschauen glaubte.[36] Anläßlich von Knappheit und Teuerung in den Jahren 1315–21 schrieb er: *Non est visa temporibus nostris in Anglia nec audita centum [annis] retroactis tanta caristia.*[37] Doch hier irrte er. Die letzte schwere Hungersnot lag etwa 60 Jahre zurück. Im Jahre 1258 verzeichnete Matthaeus Parisiensis eine gravierende Knappheit der Nahrungsmittel (*cum fames ingrueret inaudita*).[38] 100 Jahre blieben für die Erinnerung eine lange Zeit, wenn man das Geschehen tatsächlich überschauen wollte. Man konnte den Schwierigkeiten begegnen, indem man wichtige Vorgänge nicht nur dokumentierte, sondern indem man dieses Material so ablegte, dass man es im Bedarfsfall wiederfand.

Im Jahr 1375 konnte der Bischof von Lichfield auf eine Registerüberlieferung zurückgreifen, die über 100 Jahre zurückreichte. Sein ältestes Register umfaßte Einträge aus den Jahren 1258–95.[39] Im Jahr 1376 tagte das *Gute Parlament* in Westminster.[40] Die Ritter und die Vertreter der Grafschaften und Städte (*toutes les chivalers et communes*) wählten Peter de la Mare zu ihrem Sprecher und begründeten damit eine lange Tradition.[41] Der Auftritt von Peter de la Mare als Vertreter der *Commons* im Parlament erinnert an die Auseinandersetzungen über Friedrich II. auf dem Konzil von Lyon, wenn der Bericht über den Verlauf der Versammlung festhält, dass Peter ein Buch mit Statuten vor sich hatte, aus dem er zitierte, um

---

36 Zur Vita Edwardi Secundi vgl. GRANSDEN, Historical Writing in England, Bd. 2, S. 31–37.
37 Vita Edwardi Secundi, ed. Denholm-Young/Childs, S. 69; zu den Hintergründen dieser Hungersnot vgl. W. C. JORDAN, The Great Famine: Northern Europe in the Early Fourteenth Century, 3. Aufl. Princeton 1998.
38 Matthaeus Parisiensis, Chronica maiora, Bd. 5, ed. Luard, S. 673: *Eodemque tempore, cum fames ingrueret inaudita, ita ut multi in semetipsis contabescentes morerentur, et summa frumenti Londoniis novem vel amplius [solidis] venderetur.*
39 Die Einträge in das Bischofsregister von Robert de Stretton (1360–1385) enthalten Verweise auf Vorgänge in den Amtszeiten der Bischöfe Alexander von Stavensby (1224–40), Roger des Weseham (1245–57) und Roger de Molend (1257–96): The Registers or Act Books of the Bishops of Coventry and Lichfield (an Abstract), hg. von R. A. Wilson, in: William Salt Archaeological Society New Series 5,2 (1905), S. 128.
40 Vgl. dazu Select Documents, ed. Chrimes/Brwon, S. 93–111; vgl. allgemein: G. HOLMES, The Good Parliament, Oxford 1975.
41 Select Documents, ed. Chrimes/Brown, S. 96: ... *en quel trete et conseil par commune assent par cause qe le dit sire Peirs de la Marche fuist si bien parlaunt et si sagement rehersaunt les maters et purpose de ses compagniouns et les enfourmaunt pluis avaunt qils mesmes ne savoient, prierent a luy qil vodroit prendre la charge pur eux davoir la sovereinte de pronuncier lour voluntes en le graunt parlement avaunt les ditz seignours ... Et le dite sire Peirs ... prist celle charge*; vgl. dazu HOLMES, The Good Paliament, S. 134–139 ; vgl. auch BROWN, The Governance of Late Medieval England, S. 213–215, zur Genese des parlamentarischen Verfahrens, für die das *Good Parliament* eine wichtige Rolle spielte, vgl. ebda, S. 207–215; zu Peter de la Mare vgl. auch: J. P. ROSKELL, Sir Peter de la Mare, Speaker for the Commons in Parliament in 1376 and 1377, in : Nottingham Medieval Studies 2 (1958), S. 24–37; jetzt auch in: DERS., Parliament and Politics in Late Medieval England, Bd. 2, London 1981, S. 1–14.

seine Forderungen zu begründen.[42] Als zehn Jahre später König Richard II. (1377–1399) den Zorn seiner Untertanen erregte, da suchte ihn eine Delegation des Parlamentes auf.[43] Sie erinnerte Richard II. daran, dass Königen, die sich von ihrem Volk entfremdeten, in der englischen Tradition der Verlust ihres Thrones drohe.[44] Das war eine deutliche Erinnerung an die Absetzung von Richards Großvater Edward II., der seinen Thron aus eben diesen Gründen im Jahr 1327 verloren hatte.[45] Richards Untertanen argumentierten mit dieser historischen Erinnerung, aber auch mit einem einschlägigen Rechtstext (Statut). Danach wurde die politische Tradition, auf die sie sich beriefen, aus zwei Quellen gespeist: *ex antiquo statuto et de facto non longe retroactis temporibus experientes*.[46] Es mag sein, dass 60 Jahre im Fall der Absetzung (und Tötung) eines Königs schneller vorübergingen, als im Falle einer Hungersnot, deren Umstände leichter in Vergessenheit gerieten, weil sie nicht so selten war. Dennoch lag der Vorfall lange zurück, und auch Edward III., der durch die Absetzung seines Vaters 1327 dem Thron ein entscheidendes Stück näher gekommen war, war 1386 schon seit einigen Jahre tot – und er hatte zuvor viele seiner Gefährten aus den Anfangsjahren überlebt.[47] Eine „lebendige" Erinnerung an die Absetzung Edwards II. war 1386 unwahrscheinlich geworden. Es gab Hilfestellungen, wenn auch deren Charakter nicht ganz klar ist. Im Jahre 1334 setzte sich der Bischof von Hereford in einem Verteidigungsschreiben gegen den Vorwurf zur Wehr, die Rebellion gegen König Edward unterstützt zu haben. Als Ergebnis dieser Auseinandersetzung über die Verantwortlichkeiten im Vorgehen gegen den König entstand eine Rechtfertigungsschrift, die die Vorwürfe gegen Edward überliefert.[48] Wenn auch der Verfasser des Textes umstritten ist, so lag der

---

42 Select Documents, ed. Chrimes/Brown, S. 99: *Et le dit sire Peirs avoit une liver des estatutes prest sur luy et overa le liver et luyst lestatute avaunt toutz les seignours et communes issint qil ne purroit ester dedist.*

43 Vgl. zu den Krisen in Richards II. Herrschaft das folgende Kapitel. Zu der hier angesprochenen Episode vgl. die Chronik des Henry Knighton: Chronicon Henrici Knighton vel Cnitthone Monachi Leycestrensis, Bd. 2 (RS 92,2), hg. von J. R. Lumby, London 1895, S. 219.

44 Ebda: *... si rex ex maligno consilio quocunque vel inepta contumacia aut contemptu seu proterva voluntate singulari se alienaverit a populo suo, nec voluerit per iura regni, et statute ac laudabiles ordinations cum salubri consilio dominorum et procerum regni gubernari et regulari, sed capitose in suis insaniis consiliis propriam voluntatem suam singlarem proterve exercere, extunc licitum est eis cum communi assensu et consensus populi regni ipsum regem de regali solio abrogare, et propinquiorem aliquem de stirpe regia loco eius in regni solio sublimare.*

45 Zur Absetzung Edwards II. vgl. das nächste Kapitel. Für eine erste Übersicht vgl. die Zusammenstellung der wichtigsten Quellen in Select Documents, ed. Chrimes/Brown, S. 179–193; vgl. dazu auch FRYDE, The Tyrany and Fall of Edward II., besonders S. 195–206; VALENTE, The Theory and Practise of Revolt, S. 153–162; vgl. zu dem Vorfall 1386 auch ebda, S. 31.

46 Chronicon Henrici Knighton, Bd. 2, ed. Lumby, S. 219; PRESTWICH, Plantagenet England, S. 216–220.

47 Vgl. zu den letzten Jahren Edwards III.: ORMROD, The Reign of Edward III, S. 27–39; vgl. auch ebda, S. 219, Anm. 21: „The first obvious reference to Edward II´s deposition came in the political crisis of 1386–7".

48 Simon Dunelmensis, Historiae Anglicanae Scriptores, Bd. 10, hg. von R. Twysden, London 1652, col. 2763–2768; der Text ist jetzt auch in einer Neuedition zugänglich: im Anhang von

Text dennoch vor. Inwieweit er von der Opposition 1386 herangezogen wurde, ist allerdings unklar. Klar ist dagegen ein anderer Befund, den wir zunächst festhalten sollten: 1327 wurde anlässlich der Absetzung Edwards II. kein offizielles Absetzungsdekret aufgesetzt.[49] Peter de la Mare hätte daher in seinem Statutenbuch keine Vorlage gefunden, mit der er eine Delegation zum König hätte ausstatten können. Dies änderte sich bei der Absetzung Richards II. 1399, die nicht nur durch die Geschichtsschreiber, sondern auch durch die Texte, die aus dem Parlament seines Nachfolgers überliefert sind, erkennbarer tradiert ist.[50] Der Wandel setzte zwischen den beiden Absetzungen ein, also zwischen 1327 und 1399. Und darin, dass bei der Absetzung Richards II. das Schicksal seines Großvaters, das nun über 70 Jahre zurücklag, noch immer eine Rolle spielte, erkennen wir den Wandel in der Traditionsbildung. Über eine so lange Spanne hatte die politische Erinnerung als mobilisierbarer Faktor im 13. Jahrhundert nicht getragen. Die Zeichen des Wandels nahmen in den 1320er Jahren zu. Dabei geht es nicht um neue Phänomene, sondern es handelte sich um eine Verdichtung der bisherigen Ansätze. Der Gebrauch geschriebener Texte im politischen Prozeß nahm zu. Es geht darum, die Phase genauer zu fassen, in der die schriftliche Überlieferung den Zustand einer kritischen Masse erreichte, mit der sie eine eigene Dynamik entfalten konnte.

Die Veränderung äußerte sich nicht in erster Linie in einer Zunahme der schriftlichen Aufzeichnungen. Die hatten seit der Magna Carta 1215 einen erheblichen Umfang erreicht, das steht außer Frage. Die Veränderung äußerte sich eher in

---

C. VALENTE, The Deposition and Abdication of Edward II, in: The English Historical Review 113 (1998), S. 852–881 (Edition: S. 878–881); vgl. zu dem Bischof von Hereford, Adam Orleton: R. M. HAYNES, The Church and Politics in Fourteenth-Century England. The Career of Adam Orleton c. 1275–1345 (Cambridge Studies in Medieval Life and Thought, 3rd Series 10), Cambridge u. a. 1978.

49 Vgl. dazu auch ORMROD, The Reign of Edward III, S. 46. VALENTE, The Deposititon and Abdication, S. 871–875, versteht dagegen die sogenannte *Forma deposicionis Regis Edwardi Anglie post Conquestum Secundi* (Druck in FRYDE, The Tyranny and Fall, S. 233f.) als ein offizielles Dokument („an official and quite biased record", VALENTE, The Deposititon and Abdication, S. 872) . Dagegen muß allerdings der Berichtscharakter des Textes betont werden, der zwar großen Wert darauf legt, dass der Beschluß zur Absetzung des Königs einvernehmlich (*unanimiter*) von allen Untertanen des Königs, dem Adel, der Geistlichkeit und dem Volk herbeigeführt worden sei. Die Übereinstimmng der Untertanen bei der Absetzung des Königs erscheint als das zentrale Thema des Textes. Die Absetzung geschah, weil der König sich als ungeeignet erwiesen hatte (*regis insufficiencia*), ohne dass die Gründe für dieses Urteil im Einzelnen dargelegt würden. Das unterscheidet den Text deutlich von einem juristisch argumentierenden Absetzungsdekret, mit dem etwa Innozenz IV. die Absetzung Friedrichs II. verfügt hatte. Für einen „offiziellen" Text erschiene die *Forma deposicionis* vergleichsweise unbeholfen; vgl. zur Frage des Erlasses und Einsatzes von Statuten 1327 und 1386 auch die sorgfältige Argumentation von D. CLEMENTI, Richard II's Ninth Question to the Judges, in: The English Historical Review 86 (1971), S. 96–113, die das Potential dieser Fragestellung in einer längeren Perspektive zumindest andeutet.

50 Zum Geschehen vgl. das folgende Kapitel, zur Einführung vgl. VALENTE, The Theory and Practise of Revolt, S. 171–207; vgl. die Zusammenstellung der relevanten Texte in Select Documents, ed. Chrimes/Brown, S. 179–193.

der stärkeren Verwendung der einmal aufgezeichneten Texte, und das bedeutete zunächst einmal, in ihrer Archivierung und in einer Form der Überlieferung, die die einmal aufgeschrieben Texte für die Nachwelt überhaupt verfügbar machte. In den zitierten Fällen des Bischofs von Lichfield und Peters de la Mare war es ja darum gegangen, dass ältere Texte in einem Bischofsregister oder in einem sogenannten *Statutebook* für den Gebrauch erschlossen wurden. Darin waren diese Beispiele durchaus typisch.

Einen deutlichen Hinweis auf den Wandel in der Textüberlieferung gibt die Archivgeschichte des Erzbistums Canterbury.[51] Im späten 13. Jahrhundert hatte John Peckham (1279–1292) den Bischofsstuhl innegehabt.[52] Peckham war vom Festland gekommen, wo er zuletzt an der Kurie gewirkt hatte, und er hatte in Canterbury vergleichsweise schlichte Archivverhältnisse vorgefunden. Der italienische Notar Johann von Bologna, den er eigens mitgebracht hatte, fühlte sich fremd angesichts solcher Umgangsformen mit Rechtsdokumenten, denen Männer seines Schlages mit größerer Sorgfalt zu begegnen pflegten.[53] Wie ein Wanderer, der sich in der Dunkelheit mit seinem Stab vorwärts taste (*cum baculo velut in tenebris ambulans*) könne man sich fühlen, wenn man den Weg des Rechts suche.[54] Peckham legte Wert darauf, dass die Privilegien seiner Kirche sorgfältig verwahrt würden, aber das bedeutete nicht, dass sie einfach auffindbar waren: *et tunc in archivis nostris rimari faciemus, si forte, ut bene credimus, aliqua inveniantur ...*[55] Aus der Zeit John Peckhams stammt das älteste Register der Erzbischöfe von Canterbury.[56] Doch das führte noch nicht dazu, dass nun eine organisierte Archivüberlieferung einsetzte. Tatsächlich bekommen wir erst im Jahr 1330 wieder einen Einblick in den Bestand der erhaltenen Rechtsdokumente, die man in Canterbury aufbewahrte. Aus diesem Jahr ist ein Verzeichnis mit 310 Einträgen erhalten, das eine Aufstellung von Urkundentiteln liefert, die zu diesem Zeitpunkt in 32 Gefäßen (*vasa*) aufbewahrt wurden.[57] Allerdings ist die Systematik der Aufstellung nicht ohne

---

51   Vgl. dazu etwa; I. J. CHURCHILL, Table of Canterbury Archbishopric Charters (Camden Third Series 41,3), London 1929; vgl. zur Entwicklung der bischöflichen Kanzleien in England bis in das 13. Jahrhundert auch C. R. CHENEY, English Bishops' Chanceries 1100–1250 (Publications of the Faculty of Arts of the University of Manchester 3), Manchester 1950.

52   D. L. DOUIE, Achbishop Pecham, Oxford 1952; vgl. auch KAUFHOLD, Die gelehrten Erzbischöfe, S. 50–54, S. 59f.

53   Vgl. die Klage Johanns von Bologna in der *Summa notarie* in: Briefsteller und Formelbücher des elften bis vierzehnten Jahrhunderts, 2 Bde. (Quellen und Erörterungen zur bayerischen und deutschen Geschichte 9), hg. von L. von Rockinger, München 1863–64, hier Bd. 2, S. 603f: *Cum igitur sollempnis vestra curia et regnum Anglie quasi totum personis careat que secundum formam romane curie vel ydoneam aliam qualemcumque noticiam habeant eorum que ad artem pertinent notarie, sed per nonnullos clericos acta causarum, processus iudicium, diffinitiones litium, et aliam tam in iudicio quam extra inter homines emergencia conscribantur...*

54   Ebda, in etwas freier, aber durchaus treffender Wiedergabe.

55   Registrum Epistolarum Fratris Johannis Peckham, Archiepiscopi Cantuariensis, Bd. 1 (Rolls Series 77), hg. von C. T. Martin, London 1882–1885, S. 172; vgl. auch CHENEY, English Bishops' Chanceries, S. 134f.; CHURCHILL, Table of Canterbury, VII.

56   Vgl. CHENEY, English Bishops' Chanceries, S. 147.

57   Vgl. CHURCHILL, Table of Canterbury, V.

weiteres ersichtlich, eine chronologische Ordnung gibt es nicht.[58] Wer in diesen Gefäßen nach einem einschlägigen Privileg suchte, ließ sich mitunter eher von der Hoffnung (*ut bene credimus*) als von dem Verzeichnis leiten. Das bedeutete indes, dass ein solches Archiv in seiner „Einsatzfähigkeit" noch immer stark von der Person abhing, die es betreute. Der Erzbischof von Canterbury hatte in der frühen Geschichte der königlichen Kanzlei eine bedeutende Rolle gespielt, die Amtszeit von Hubert Walter (Erzbischof von Canterbury 1193–1205) hatte einen wegweisenden Charakter gehabt. Die Erzbischöfe von Canterbury verfügten über ein hohes Maß an administrativer Erfahrung, und sie hatten diese Erfahrung immer wieder in enger Abstimmung mit dem englischen König – manchmal auch in Konkurrenz zu ihm – weiterentwickelt. Es ist daher nicht sehr überraschend, dass wir eine vergleichbare Entwicklung wie am Hofe des Erzbischofs um 1330 einige Jahre zuvor am Hofe des englischen Königs beobachten können.

Am 7. August 1320 erging die königliche Order an das Personal des Schatzamtes (Exchequer), die *rolls*, Bücher und andere Mittel der Überlieferung so zu ordnen, dass sie für den Gebrauch erschlossen würden – *which, the king understands, are not so well disposed of as is needed for him and the common weal.*[59] Dies erschien zunächst keine so große Aufgabe zu sein, denn sie sollte bis zu St. Michael (29. September) erledigt sein.[60] Schließlich wurde daraus eine etwas längere Bestandsaufnahme, die im Dezember 1322 darin gipfelte, dass ein Register der Bestände, mit Ausnahme der Kanzleibestände, angelegt wurde.[61] William Stapledon, der mit der Aufgabe betraut wurde, war zuvor Bischof von Exeter gewesen.[62] Nicht alles war neu, und doch änderte sich der Zugriff, schon T. F. Tout sah in der Zeit Edwards II. eine entscheidende Phase in der englischen „Verwaltungsgeschichte".[63]

Als das erste Parlament nach dem Tode Edwards II. 1327 zusammentrat, präsentierten die Ritter und die Vertreter der Grafschaften und Städte (die *bone Gent de la Commune*) einen umfangreichen Forderungskatalog. Der König sollte zu den verschiedenen Punkten gemeinsam mit seinem Rat Versicherungen abgeben.[64] Ausdrücklich verlangte die Petition, dass der König und seine Berater ihre Zusicherungen schriftlich geben sollten (*mis en escrit*).[65] Das war im Grunde das klassi-

---

58   Es ist auch nicht immer klar, wie viele Urkunden sich hinter einem „Betreff" verbergen, vgl. etwa ebda, S. 18: *Littere tangentes eleccionem magistri Thomas de Cantilupo in Episcopum Herefordensem.*
59   Calendar of the Close Rolls: Edward II, Bd. 3: 1318–1323, London 1895, S. 258.
60   Ebda.
61   Ebda, S. 688f: *On 3rd December 1322, after Stapleton's reappointment, the general calendaring of the administrative achives, apart from those of the Chancery, was undertaken.*
62   Vgl. etwa PRESTWICH, Plantagenet England, S. 59.
63   Vgl. dazu die verschiedenen Kapitel in TOUT, The Place of the Reign of Edward II; vgl. auch VALENTE, The Theory and Practise of Revolt, S. 160.
64   Rotuli Parliamentorum, Bd. 2, London 1767–1777, S. 7–11.
65   Ebda, S. 10 (38): *Prie la Commue a nostre Seignur le Roi & a son Cunsail, qe tous les pointz avant-ditz, ensemblement ove autre point le qes nostre nostre Seigneur le Roi & sun Cunsail pur profit de la*

sche Verfahren, das man schon im Umgang mit der Magna Carta im 13. Jahrhundert verlangt hatte: besiegelte Abschriften sollten in allen Grafschaften durch die Sheriffs bekannt gemacht werden. Wir haben bei der Untersuchung dieses Verfahrens im 13. Jahrhundert seine Anfälligkeit festgestellt. Und wir haben auch festgestellt, dass diese Form der Verbreitung von Rechtsgarantien insbesondere von der sogenannten Gentry favorisiert wurde. Diese soziale Zuschreibung der Schrifttradition wiederholte sich ebenfalls in dem Vorgang 1327. Dennoch geschah hier mehr als nur die Fortsetzung einer Tradition nachlässig umgesetzter Absichtserklärungen, die schon über 100 Jahre alt war. Die Verhandlungen dieser Fragen im Parlament eröffneten eine neue Bühne, und als man einige Jahre später begann, diese Petitionen und Antworten und die Beschlüsse regelmäßig aufzuzeichnen, erschloß sich auch ein neues Medium der Überlieferung. Die Forderungen von 1327 und die Antworten des Königs und seiner Berater sind nicht nach den besiegelten Urkunden zitiert, sondern nach den *Rotuli Parliamentorum*.[66] Die Parlamentsversammlungen wurden zum entscheidenden Geschehen.

1322 hatte Edward II. im sogenannten *Statut von York* festhalten lassen, dass über die Angelegenheiten der Krone, des Königreichs und seiner Untertanen im Parlament verhandelt werden müsse.[67] 1341 bekräftigte Edward III. in einem Statut, dass alle Verstöße gegen die Magna Carta oder gegen die Rechtstraditionen des Landes im Parlament anzuzeigen seien. Das Parlament wurde zum Kontrollforum für die Magna Carta.[68] Damit übernahm das Parlament allmählich die Funktion, für die die Magna Carta von 1215 in Artikel 61 den Kontrollausschuß vorgesehen hatte. Allerdings waren die Kompetenzen anders geregelt. Das Parlament wurde vom König einberufen, und es war von ihm abhängig.[69] Tatsächlich gibt es für die Verhandlungen des Parlaments im 14. Jahrhundert auch noch keine klare

---

Corone & du Roialme vodrunt granter & accepter ... mis en escrit; lequel escrit soit ensile de sun Graunt Sele & livers as Chivalers des Cuntes severalment, pur chescun Cunte au Viscuntes ... lu pur la Proclamatioun fere par tutes lur Baylies ...

66 „From 1339 a parliament roll was made up as a matter of routine ..." (G. L. HARRISS, The Formation of Parliament, 1272–1377, in: The English Parliament in the Middle Ages, hg. von Davies/Denton, S. 29–60, Zitat S. 40). Vgl. die Reihe der Rotuli Parliamentorum für das 14. Jahrhundert: Rotuli Parliamentorum, Bd. 1–3 (Edward I. – Richard II.).

67 Select Documents, ed. Chrimes/Brown, S. 31f., S. 31: *mes les choses qe serrount a etablir pur lestat de nostre seignur le roi et de ses heirs, et pur lestat du roialme et du people, soient tretes, accordees, establies, en parlementez par nostre seignur le roi et par lassent des prelatz, countes, et barouns, et la communalte du roialme, auxint come ad este acustume cea enarere;* zum Statut von York vgl. auch: J. R. STRAYER, The Community of the Realm and the Statute of York, in: DERS., Medieval Statecraft and the Perspectives of History, Princeton 1971, S. 266–290.

68 Select Documents, ed. Chrimes/Brown, S. 64–66, S. 64: *Et si rienz desore soit fait countre la Grand Chartre et la Charter de a Forest soit desclare en proschein parlement, et par les piers de la tere duementz redressez. Et si nul, de qel condicion qil soit, rienz face al encountre, estoise al jugement de des pieres en proschein parlement, et issint de parlement en parlement ...*; S. 65: *Et si nul les face, ministre le roi ou autre persone, de quele condicion qil soit, ou vient countre nul point de la Grand Chartre, autres estatuz, u leis de la terre, respoigne en parlement...*

69 Vgl. etwa die klaren Darstellungen des Parlamentes im späten Mittelalter bei BROWN, The Governance, S. 156–237; B. WILKINSON, The Later Middle Ages in England 1216–1485, 2. Aufl. London 1978, S. 372–383; vgl. dazu auch SAYLES, The Kings's Parliament of England.

Geschäftsordnung oder gar ein geregeltes Verfahren für die Gesetzgebung.[70] Es gibt allerdings einen Text, der um 1320 herum entstand und der die Modalitäten einer Parlamentsversammlung von der Einberufung bis zur Auflösung und der Anlage der Rotuli Parliamentorum idealtypisch beschreibt: den *Modus Tenendi Parliamentum*.[71] Der Text scheint eine fast ausschließliche Verbreitung in juristischen Textsammlungen gefunden zu haben, und er stellt wichtige Verfahrensregeln, die im *Good Parliament* von 1376 erkennbar wurden, wie die Initiative der *Commons* unter der Leitung ihres Sprechers bei den Beratungen, nicht vor. Aber er ist ein erstes klares Textzeugnis für das Interesse an den Vorgängen im Parlament.[72]

Im Prozeß der allmählichen Formierung des Parlaments als einer Institution war damit eine Zwischenposition erreicht. Es gab noch keine verbindlichen Normen für den Ablauf eines Entscheidungsverfahrens. Tatsächlich war es durchaus möglich, dass der König ein Statut wieder aufhob, das im Parlament verabschiedet worden war. So geschah es mit dem zitierten Statut von 1341, das Edward III. 1343 widerrief, weil es dem Recht des Landes entgegenstehe.[73] Allerdings berief er sich bei diesem Widerruf darauf, dass das Parlament keinen ordentlichen Beschluß gefaßt habe (*cum dictum parliamentum alias fuisset sine expedicione aliqua in discordia dissolutum*). Noch wurde um die Verbindlichkeit und um die Legitimation einzelner Parlamentsbeschlüsse gerungen. Aber die Zunahme der beschreibenden Überlieferung lässt doch klar erkennen, dass das Parlament nun zum Schauplatz dieser Konflikte wurde. Die Konfliktkonstellation von 1340/41 hatte im Grunde einen klassischen Zuschnitt – der König verlangte von seinen Untertanen mehr Geld für die Militäroperationen auf dem Festland, als diese zu geben in der Lage waren.[74] Ein halbes Jahrhundert zuvor, unter dem Großvater Edwards III. – unter Edward I. –, hatten diese Spannungen zur erneuten Ausstellung und Ergänzung der Magna Carta geführt.[75]

1340 stellten die Ritter und die Vertreter der Grafschaften keine solche Forderung mehr. „The Age of the Charters had finally passed."[76] Solche Forderungen wurden fortan im Parlament vorgetragen. Es war diese Fokussierung politischer Konflikte, die eine Neuerung darstellte. Zwar blieb die Entscheidungsfindung im

---

70 Vgl. BROWN, The Governance, S. 218–224; WILKINSON, The Later Middle Ages, S. 378–383.
71 Der Charakter *Modus Tenendi Parliamentum* ist nicht ganz klar. Der Text existiert in zwei Rezensionen, die in juristischen Codices überliefert sind; Eine Edition der verschiedenen Varianten mit einer ausführlichen Einleitung zur Textproblematik liegt vor in: Parliamanentary Texts of the Later Middle Ages, hg. von N. Pronay/ J. Taylor, Oxford 1980. Interessant ist, dass der Text für die Einberufung eines Parlamentes eine 40-Tage Frist vorsieht, die bereits in der Magna Carta und den Provisionen von Oxford als Einberufungsfrist für bedeutende Versammlungen mit dem König vorgesehen war (ebda, S. 67 und S. 103).
72 Vgl. zur Überlieferung im juristischen Schriftgut: ebda, S. 13–22.
73 Select Documents, ed. Chrimes/Brown, S. 66f.
74 Vgl. zu dieser Krise 1340/41 das folgende Kapitel und die Rotuli Parliamentorum, Bd. 2, S. 112–134.
75 Chartes des Libertés Anglaises, ed. Bémont, S. 90–98 und S. 99–108 (*Articuli super cartas*).
76 HARRISS, King, Parliament and Public Finance, S. 261.

Parlament weiterhin umstritten, aber der König konnte es sich nicht mehr leisten, das Parlament zu übergehen.[77]

Im Parlament konnte der König gemeinsam mit den Vertretern der *Communitas regni* nicht nur über strittige Auslegungen der Magna Carta verhandeln, sondern er konnte auch neue Gesetze erlassen. Wir haben oben auf die Erweiterung des Krönungseides anlässlich der Inthronisation Edwards II. hingewiesen, der die *Communitas regni* in die künftige Rechtsfindung einband.[78] Insofern spiegelte die Veränderung des Eides die Entwicklung der Kräfteverhältnisse zwischen König und Untertanen. Dies ist die politische Interpretation der Texterweiterung. Aber die Ergänzung hat eventuell noch eine andere Dimension, indem sie, vergleichbar dem Prolog zum *Liber Sextus* von Papst Bonifaz VIII., den Aspekt herrschaftlicher Gesetzgebung, also den aktiven Prozeß im positiven Recht, stärker hervorhob, als dies die Tradition getan hatte.[79] In England standen die *Statutes* im Zentrum königlicher und zunehmend parlamentarischer Gesetzgebung.[80] Wobei ihr Zustandekommen, wie bereits ausgeführt, nicht eindeutig geregelt war.

Die Überlieferung solcher Statuten ist ein Spiegel dieses Prozesses. Seit 1299 begann man in der königlichen Kanzlei, neue Statuten in *Rolls* zu verzeichnen (Enrollment).[81] Allerdings waren diese Aufzeichnungen noch lange Zeit unvollständig und unsystematisch.[82] Sie dienten der Information und hatten noch keinen Rechtscharakter. Entsprechend waren Sammlungen der Statuten, sogenannte *Statutebooks*, unter den denjenigen verbreitet, die aufgrund ihrer Tätigkeit bei Hofe oder bei Gericht solche Texte nutzten.[83] Es war ein solches *Statute Book*, das Peter de la Mare 1376 im Parlament benutzte, als er als Sprecher der Ritter und der Vertreter der Grafschaften auftrat. Wobei wir zunächst festhalten müssen, dass diese Sammlungen einen privaten Charakter hatten. Ein *Statute Book* war kein *Liber X* oder *Liber Sextus*, aber diese Sammlungen trugen entschieden dazu bei, die Statuten in der Öffentlichkeit zu verbreiten. Geradezu modellhaft erscheint dieser Vor-

---

77 Vgl. dazu auch WILKINSON, The Later Middle Ages, S. 379; vgl. dazu auch die folgenden Kapitel.
78 Select Documents, ed. Chrimes/Brown, S. 4f.
79 Vgl. den Prolog zum Liber Sextus: *Amplectimur quippe voluntarios pro ipsorum quiete labores, et noctes quandoque transimus insomnes, ut scandala removeamus ab ipsis, et, quas humana natura, novas semper deproperans edere formas, lites quotidie invenire conatur, nunc antiquorum declaratione, nunc vero novorum editione iurium, prout nobis est possibile, reprimamus* (Corpus Iuris Canonici, Bd. 2, ed. Friedberg, S. 934); vgl. zur Entwicklung des positiven Rechts um 1300 auch S. GAGNÉR, Studien zur Ideengeschichte der Gesetzgebung, Uppsala 1960.
80 Vgl. dazu etwa RICHARDSON/SAYLES, The Early Statutes; BROWN, Governance, S. 219–224; PLUCKNETT, Legislation of Edward I; DERS., Statutes and their Interpretations in the first Half of the Fourteenth Century (Cambridge Studies in English Legal History), Cambridge 1922.
81 Vgl. dazu RICHARDSON/SAYLES, The Early Statutes.
82 Vgl. ebda, S. 213: "the roll does not for a good many years provide a collection of statutes in any sense complete or peculiarily authoritative."; PLUCKNETT, Statutes and their Interpretations in the first Half of the Fourteenth Century, S. 11.
83 Vgl. zu den Statute Books etwa D. C. Skemer, Reading the Law; vgl. auch die Aufsätze in Ch. R. CHENEY, The English Church and ist Laws 12th –14th Centuries (Variorum collected Studies Series 160), London 1980; DERS, Medieval Texts and Studies, Oxford 1973.

gang in der Art und Weise, in der der Autor der *Vita Edwardi Secundi* die Wirkung der *New Ordinances* darstellt. Er schildert die Umstände ihrer Entstehung und ihrer Verbreitung unter dem königlichen Siegel in alle Grafschaften, wo sie verlesen wurden.[84] Dies war im Grunde die Umsetzung des idealtypischen Publikationsverfahrens, das im Falle der Magna Carta vorgesehen war, aber nur sehr begrenzt umgesetzt wurde. Nun erscheint die Publikation nicht als Absicht sondern als ein Vorgang, der eine arbeitsfähige Grundlage hatte. Denn die *New Ordinances* fanden nun Eingang in die *Statute Books,* wo sie von denjenigen eingesehen und nachgelesen werden konnten, die sich für den Text interessierten. Unter dem Hinweis auf diese Möglichkeit verzichtete der Autor der *Vita* auf die Wiedergabe des Wortlautes.[85] Damit erreichte die Traditionsbildung ein neues Stadium. Die oben gestellte Frage nach dem Erreichen einer „kritischen Masse" in der Textüberlieferung kann nicht quantitativ beantwortet werden, insofern ist der Vergleich nur begrenzt belastbar. Aber sie kann qualitativ beantwortet werden. Wenn in der öffentlichen Erörterung bedeutender politischer Fragen mit guten Gründen davon ausgegangen werden konnte, dass die in Rede stehen Texte demjenigen zugänglich waren, der sich darum bemühte (*set si quis eas sibi dixerit ignotas, inter alia statuta reperiet insertas*), dann eröffnete sich der schriftlichen Traditonsübermittlung eine neue Wirkungsmöglichkeit.[86]

Der historische Prozeß, der zunächst in einem (einzelnen) juristischen, präzise beschreibenden, aber noch nicht normierenden Text erkennbar wird, dessen Regeln dann durch eine dichtere Überlieferung allmählich als praktizierte Tradition hervortraten, bevor sie schließlich nach vielfältigen Konflikten in einer institutionellen Festschreibung verbindlich wurden (ein Abschluß, der in diesem englischen Fall außerhalb unseres Untersuchungshorizontes liegt), hat eine erkennbare Parallele in der Formierung des deutschen Königswahlverfahrens. Dort erhalten wir eine erste präzise Schilderung im *Sachsenspiegel* (um 1230), dann tritt uns das weitgehend ausgebildete Verfahren bei der Wahl und Erhebung Rudolfs von Habsburg in der Praxis entgegen (1273) und wurde schließlich, nach klärenden Kämpfen, in der *Goldenen Bulle* 1356 zu einer zentralen Institution des Reiches.[87] Dabei konnte

---

84 Vita Edwardi Secundi, ed. Denholm-Young/Childs, S. 32–34.
85 Vita Edwardi Secundi, ed. Denholm-Young/Childs, S. 32 und S. 34: *Quas hic ideo interserere nolui, quia seriem huius materie rescinderem vel fastidium legentibus afferrem; set si quis eas sibi dixerit ignotas, inter alia statuta suo loco reperiet insertas.*
86 Ebda; vgl. zur Wirkung der Publikation der *New Ordinances* in den Grafschaften: MADDICOTT, Thomas of Lancaster, S. 328f: („Ordinary men and women were aware of the rights which the Ordinances had given them").
87 Vgl. zu dem Verhältnis vom ersten Beleg eines Textes bis zu seiner breiteren und gesicherten Überlieferung auch den wichtigen Hinweis der Herausgeber auf die Überlieferungsgeschichte des *Modus Tenendi Parliamentum*: „The fact that the earliest surviving manuscripts of the *Modus* derive from a period some fifty years after the generally accepted date of composition ... From the point of view of legal manuscripts, however, there is nothing exceptional about the relatively long interval in time between the date of composition of the work and the date earliest surviving manuscripts" (Parliamentary Texts of the Later Middle

sich das Verfahren von seiner ersten Beschreibung bis zu seiner verbindlichen schriftlichen Normierung durchaus noch in einzelnen Punkten ändern. Das geschah in England und das geschah auch im Falle der deutschen Königswahl. Dieser Königswahltradition wenden wir uns nun zu. Ein Hinweis ist zuvor noch wichtig.

Bei der Formierung des englischen Entscheidungsverfahrens handelte es sich nicht einfach um einen linearen Entwicklungsvorgang, der die gesamte Gesellschaft erfaßte. Die Fokussierung der politischen Auseinandersetzung im Parlament war die Folge des gewachsenen Anteils der Gentry an den Verhandlungen im Parlament. Ritter, Vertreter der Grafschaften und der Städte drängten in diesem Prozeß zu einer schriftlichen Form. Sie hatten in den Parlamentsversammlungen des 13. Jahrhunderts noch keine bedeutende Rolle gespielt, doch veränderte sich das im 14. Jahrhundert so weit, dass die *commons* schließlich im Parlament ein formales Absetzungsverfahren gegen die Berater des Königs anstrengen konnten. Auf dieses erste *Impeachment*-Verfahren im Parlament von 1376 kommen wir noch zu sprechen.[88] Es kam in demselben Parlament zum Austrag, in dem Peter de la Mare mit den Statuten argumentierte, und es war dieser Peter de la Mare, der das Verfahren gegen die Berater des Königs energisch betrieb.[89]

Die schriftliche Traditionsbildung, die sich auf diese Weise vollzog, war ein Prozeß, der in besonderer Weise von der Gentry, den *Commons* im Parlament, befördert wurde. In der Berufung auf schriftliche Rechtszusagen gegenüber dem hohen Adel lag damit auch eine soziale Spannung, und die Rechtsverbriefungen konnten helfen, einen geringeren ständischen Rang im Streitfall auszugleichen. Allerdings dürfen wir daraus nicht auf eine generelle emanzipatorische Qualität der schriftlichen Tradition schließen. In der sogenannten Peasant's Revolt, der Erhebung englischer Bauern gegen ihre Grundherren im Jahre 1381, begannen die Unruhen damit, dass die Aufständischen die Traditionsbücher der Grundherren in ihre Gewalt brachten und sie verbrannten – in der Hoffnung, damit aus der Abhängigkeit befreit zu sein (*statuerunt omnes curiarum rotulos et munimenta vetera dare flammis, ut, obsoleta antiquarum rerum memoria, nullum jus omnino ipsorum domini in eos in posterum vendicare valerent; factumque est ita*).[90] In diesem Fall erschien den

---

Ages, hg. von N. Pronay/J. Taylor, Oxford 1980, S. 29). Vgl. dazu etwa die oben behandelte Überlieferung des *Mainzer Reichslandfriedens*.

88 Vgl. dazu zunächst Rotuli Parliamentorum, Bd. 2, S. 321–330; HOLMES, The Good Parliament, S. 108–134; T. F. T. PLUCKNETT, The Origin of Impeachment, in: Transactions of the Royal Historical Society, 4th Ser. 24 (1942), S. 47–71; DERS., The Impeachment of 1376, in: Transactions of the Royal Historical Society, 5th Ser. 1 (1951), S. 153–164.

89 Ebda; vgl. auch HOLMES, The Good Parliament, S. 134–139.

90 Thomae Walsingham Quondam Monachi S. Albani, Historia Anglicana, Bd. 1: 1272–1381 (RS 28,1), hg. von H. Th. Riley, London 1863, S. 455. Die Chronik von Thomas Walsingham bietet eine ausführliche Schilderung der Peasant Revolt (ebda, S. 453–484); vgl. zur Peasant Revolt auch: A. DUNN, The Peasant's Revolt: England's Failed Revolution of 1381, Stroud 2004; R. WEBBER, The Peasant's Revolt. The Uprising in Kent, Essex, East Anglia and London during the Reign of Richard II, Lavenham 1980; R. HILTON, Bond Men Made Free. Medieval Peasant Movements and the English Rising of 1381, New York 1973.

Bauern die schriftliche Tradition als Instrument der Herrschaft. Ihre eigenen Versuche, sich die beanspruchten Rechte in Form einer Charter garantieren zu lassen, zeigten die Unsicherheit im Umgang mit dieser schriftlichen Form. Es war eine Unsicherheit, die darin zum Ausdruck kam, dass die Aufständischen nun die Ausstellung von Urkunden in ihrem Sinne erzwangen, und nach dem Erhalt dieser Texte davon ausgingen, dass ihr Status dadurch gesichert sei.[91]

Die politische Konstellation im Deutschland des 14. Jahrhunderts war eine ganz andere als die in England.[92] Eine regelmäßige beratende Zusammenkunft des Königs mit seinen Untertanen unterschiedlicher Stände wie im englischen Parlament entstand noch lange nicht. Die entscheidende Bühne im Deutschland des 14. Jahrhunderts war der Kreis der Kurfürsten. Und doch war auch in Deutschland eine Entwicklung zu beobachten, die mit der Fokussierung der politischen Fragen in England auf das Parlament eine grundsätzliche Parallele aufwies. Auch in Deutschland verschob sich das Grundmuster der Auseinandersetzungen in entscheidender Weise. Erstmals entstand überhaupt eine Debatte, indem die Kontrahenten aufeinander antworteten, Vorschläge der Gegenseite aufgriffen und verwarfen. Das war in dieser Form neu. In den Konflikten um die Doppelwahlen von 1198 und 1257 hatten die rivalisierenden Parteien ihre Positionen an der Kurie vorgetragen, und dort wurden die Argumente gegeneinander abgewogen – durchaus im eigenen Interesse. Oder die weiträumige Konstellation der beteiligten politischen Kräfte verhinderte eine Auseinandersetzung in Deutschland (wie im Falle der Doppelwahl 1257). Dies änderte sich im 14. Jahrhundert.

---

91 Der Chronist Thomas Walsingham, der dem Kloster S. Albans angehörte, das als großer Landbesitzer zum Ziel des bäuerlichen Zorns wurde (vgl. zu Thomas Walsingham in S. Albans: GRANSDEN, Historical Writing in England, Bd. 2, S. 118–156), geht ausführlicher auf die Phase des Aufstandes ein, in der die Bauern die Ausstellung von Rechtsbriefen erzwangen Historia Anglicana, Bd. 1, ed. Riley, S. 482–484. *Et hii omnes qui venerunt talia petituri, citati fuerant per villanos Sancti Albani, in gravem Abbatis et Conventus, et Monasterii detrimentum; nam mox, acceptis chartis praedictis, rustici aestimabant se supra lineam regiam generosos, et quietos ab omni servitio et consuetis operibus impendendis; unde nullum omnino opus, nullas consuetudines, postremo nec redditus quidem, facere vel reddere decreverunt.* Angesichts von Thomas' Position als Grundbesitzer war dies keine neutrale Beobachtung, sondern ähnelt der Reaktion, die Großgrundbesitzer auch zu anderen Zeiten auf die Freiheitsforderungen ihrer Bauern gezeigt haben. Aber auch nach der Berücksichtigung des starken Vorurteils bleibt der Eindruck, dass die aufständischen Bauern dem Wortlaut der Texte eine fast magische Kraft zumaßen. Diese Einschätzung war wohl auch eine Folge der Erfahrungen, die sie mit den Aufzeichnungen gemacht hatten, die ihren unfreien Status und ihre Dienste festschrieben.

92 Vgl. zum Reich im 14. Jahrhundert zuletzt die Beiträge in: Heiliges Römisches Reich Deutscher Nation 962 bis 1806. Von Otto dem Großen bis zum Ausgang des Mittelalters, Bd. 2: Essays, hg. von M. Puhle/C.-P. Hasse, Dresden 2006 (v. a. die Beiträge in den Kap. V–VI); vgl. zur politischen Struktur des Reiches im 14. Jahrhundert besonders MORAW, Von offener Verfassung zu gestalteter Verdichtung; DERS, Über Entwicklungsunterschiede und Entwicklungsausgleich, S. 563–622; vgl. auch die verschiedenen Aufsätze in: Über König und Reich. Aufsätze zur Verfassungsgeschichte des späten Mittelalters, hg. von P. Moraw/R. C. Schwinges, Sigmaringen 1995; vgl. auch K.-F. KRIEGER, König, Reich und Reichsreform im späten Mittelalter (Enzyklopädie deutscher Geschichte 14), 2. Aufl. München 2005; zur Ereignisgeschichte vgl. auch H. THOMAS, Deutsche Geschichte im Spätmittelalter 1250–1400, Stuttgart u.a. 1983.

Die politische Konstellation wurde im Reich (allerdings vor allem nördlich der Alpen) durch die Rivalitäten dreier Familien um die Krone und um ihre Stellung zur Krone geprägt.[93] Diese Konkurrenz äußerte sich auf der institutionellen Ebene in Spannungen unter den Königswählern, deren Kreis noch keinen definitiven Abschluß gefunden hatte und der als Institution nun unter einen doppelten Druck geriet. Einmal musste seine Zusammensetzung angesichts konkurrierender Ansprüche verbindlich geregelt werden, nachdem die Mehrheitsentscheidung *de facto* zur Norm geworden war, und zum anderen musste sein Verhältnis zur Kurie geklärt werden, deren Anspruch auf die Kaiserkrönung schließlich dazu führte, dass der Papst nun auch ein Approbationsrecht für das Wahlverfahren der Kurfürsten beanspruchte.[94] Es ist kaum überraschend, dass sich die beiden Fragen in der politischen Praxis überlagerten, da die Kontrahenten in Deutschland unterschiedliche Haltungen zu den kurialen Ansprüchen einnahmen, je nachdem, wie dringlich die Notwendigkeit einer päpstlichen Unterstützung für die eigenen Ansprüche gesehen wurde. Das war ja bereits in der Doppelwahl von 1198 zu beobachten gewesen. In diesem Kräftefeld entwickelte sich die politische Diskussion um das vorrangige Thema der deutschen Königswahl. Obwohl es also keinen festen Rahmen für die Auseinandersetzungen um diese wichtigen Verfassungsfragen gab – das Fehlen eines „Hofes" als eines räumlich abgegrenzten Milieus, das auch unabhängig vom Inhaber der Krone einen gleichsam natürlichen Rahmen (inklusive eines entsprechenden Archives wie in England, Frankreich und an der Kurie) bot, tat ein übriges –, verlagerte sich die Auseinandersetzung nach Deutschland. Diese Entwicklung, die wir nun in den Blick nehmen, korrespondierte durchaus mit der Entwicklung des politischen Erfahrungshorizontes: zum einen wurden im 14. Jahrhundert ernsthafte Bewerbungen um die römisch-deutsche Königskrone von Kandidaten aus anderen europäischen Königreichen selten, und zum andern wurden die begrenzten Möglichkeiten einer wirksamen Italienpolitik der römisch-deutschen Könige offenkundig.[95] Der Erfahrungshorizont wurde also enger und

---

93 Vgl. dazu das folgende Kapitel und die Literatur in der vorangegangenen Fußnote.
94 Zum päpstlichen Anspruch auf das Approbationsrecht vgl. vor allem D. UNVERHAU, Approbatio, reprobatio. Studien zum päpstlichen Mitspracherecht bei Kaiserkrönung und Königswahl vom Investiturstreit bis zum ersten Prozeß Johanns XXII. gegen Ludwig IV. (Historische Studien 424), Berlin 1973.
95 Vgl. zu den politischen Entwicklungen das folgende Kapitel; vgl. zu einer ersten Übersicht über das Geschehen (nicht für die Beurteilung des Geschehens: M. R. BRABÄNDER, Die Einflußnahme auswärtiger Mächte auf die deutsche Königswahlpolitik vom Interregnum bis zur Erhebung Karls IV. (Europäische Hochschulschriften, Reihe 3: Geschichte und ihre Hilfswissenschaften 590), Frankfurt am Main 1994; zur Italienpolitik der römisch-deutschen Könige und Kaiser im 14. Jahrhundert vgl. etwa die nüchterne Einschätzung des jungen Karls IV., als er in den 1330er Jahren die Italienpolitik seines Vaters kritisch begleitete: Vita Karoli Quarti. Die Autobiographie Karls IV, hg. von E. Hillenbrand, Stuttgart 1979, Kap. 8: *Post hec pater noster videns, quod expense sibi deficiebant et guerram ulterius ferre contra predictos dominos Lombardie non posset, cogitavit de recessu suo et volebat nobis committere easdem civitates et guerram. Nos vero recusavimus quae cum honore conservare non poteramus. Tunc data nobis licentiam recendendi premisit nos versus Boemiam*; vgl. auch E. WIDDER, Itinerar und Politik. Studien

auch die entscheidenden Wortmeldungen in der Auseinandersetzung um die Königswahl rückten enger zusammen und begannen, sich aufeinander zu beziehen. Man könnte in dieser Konzentration auch eine Parallele zu der englischen Erfahrung nach dem Verlust der Festlandsbesitzungen ein Jahrhundert zuvor sehen. Allerdings war die Beschränkung im Frieden von Paris 1259 schließlich anerkannt worden, während der Rombezug der deutschen Krone und des Kaisertums noch bis weit in das 15. Jahrhundert hinein aufrechterhalten wurde.[96]

Das komplexe Geflecht von dynastischen Rivalitäten im Reich und politischer Konfrontation mit der Kurie prägte die Traditionsbildung in Deutschland zwischen 1314 und 1347 nachhaltig. In dieser Phase erfuhr die Ausbildung des deutschen Königswahlrechts 1356 ihren mittelalterlichen Abschluß in der Goldenen Bulle.[97] Die Jahrzehnte der Herrschaft Ludwigs des Bayern und Karls IV. bis 1356 bildeten die entscheidende formative Phase für die abschließende Formulierung des deutschen Königswahlrechts und müssen daher in engem Zusammenhang gesehen werden, das gilt insbesondere für die Zeit von 1324 bis 1356.[98] Im Jahr 1324 begann ein lang anhaltender Konflikt zwischen Ludwig und der Kurie um die päpstliche Rolle bei der deutschen Königswahl, der erst 1356 aufgelöst wurde. Die Phasen des Konflikts sind Thema des folgenden Kapitels.[99]

---

zur Reiseherrschaft Karls IV. südlich der Alpen, Köln/Weimar/Wien 1993; PAULER, Die deutschen Könige und Italien, S. 168–173.

96   Vgl. dazu zuletzt B. SCHNEIDMÜLLER, Die Kaiser des Mittelalters. Von Karl dem Großen bis Maximilian I., München 2006.

97   Die Goldene Bulle Kaiser Karls IV. ed. Fritz.

98   Vgl. dazu neben den einschlägigen Kapiteln der Literatur in Anm. 92: Kaiser Ludwig der Bayer. Konflikte, Weichenstellungen und Wahrnehmung seiner Herrschaft (Quellen und Forschungen aus dem Gebiet der Geschichte, N. F. 22), hg. von H. Nehlsen/H. G. Hermann, Paderborn u. a. 2002; M. MENZEL, Ludwig der Bayer. Der letzte Kampf zwischen Kaisertum und Papsttum, in: Die Herrscher Bayerns, hg. von A. Schmid, München 2001, S. 106–117; B. SCHIMMELPFENNIG, Ludwig der Bayer. Ein Herrscher zwischen Papst und Kurfürsten, in: Krönungen. Könige in Aachen; Geschichte und Mythos, Bd. 2, hg. von M. Kramp, Mainz 2000, S. 460–468; H. THOMAS, Ludwig der Bayer. Kaiser und Ketzer, Graz u. a. 1993; J. MIETHKE, Ludwig der Bayer, in: Theologische Realenzyklopädie, hg. von G. Krause/G. Müller/H. R. Balz, Bd. 21, Berlin 1991, Sp. 482–487; H. ANGERMEIER, Kaiser Ludwig der Bayer und das deutsche 14. Jahrhundert, in: Wittelsbach und Bayern. Beiträge zur bayerischen Geschichte und Kunst, Bd. 1,2, hg. von H. Glaser, München/Zürich, 1980, S. 369–378, 51–68; B.-U. HERGEMÖLLER, Die Goldene Bulle. Kaiser Karl IV. und die Kunst des Möglichen, in: Kaiser Karl IV. Staatsmann und Mäzen, hg. von F. Seibt, München 1978, S. 143–146, 446f.

99   Vgl. auch die vorangehende Fußnote. Zur Herausbildung einer schriftlichen Verfassungstradition vgl. auch M. LENZ, Konsens und Dissens. Deutsche Königswahl (1273–1349) und zeitgenössische Geschichtsschreibung (Formen der Erinnerung 5), Göttingen 2002. Die Arbeit, deren grundsätzlicher Zugriff im Grunde einen wichtigen Aspekt der hier untersuchten Fragestellung thematisiert, konzentriert sich auf die regionalen Unterschiede im Reich und berücksichtigt ausschließlich die Geschichtsschreibung, während die wichtige Urkundenüberlieferung unberücksichtigt bleibt. So gelangt der Verfasser zu interessanten Erkenntnissen über regionales Verfassungsbewusstsein (ebda, S. 250–265), aber er bekommt die eigentliche Dynamik der Tradition nicht recht zu fassen.

Im Jahr 1324 setzte eine umfangreiche Textproduktion ein, in deren Mittelpunkt das Verhältnis König Ludwigs zur römischen Kurie, die Legitimität von Ludwigs Königtum und die päpstliche Politik in einem weiteren Sinne stand.[100] Da es um die Rechtmäßigkeit von Ludwigs Königtum ging, die von der Kurie grundsätzlich in Frage gestellt wurde – weil Ludwigs Wahl nicht von Papst Johannes XXII. approbiert worden war –, sah Ludwig sich herausgefordert, im Laufe des Konflikts die Rechtsgrundlagen seines Königtums prägnant zu formulieren, ebenso wie seine Anhänger und Gegner und die betroffenen Untertanen sich im Zuge der langen Auseinandersetzung veranlasst sahen, ihre Position zu den jeweiligen Ansprüchen zu formulieren.[101]

Ludwig sah keine Veranlassung an seinem rechtmäßigen Titel zu zweifeln: *ut non sit, qui dubitet, vel ignoret, quod (Romanorum) rex eo solum quod electus est a principibus electoribus, ad quos pertinet ipsius eleccio, omnibus vel maiori numero eorundem et coronatus corona regia in solitis locis et consuetis rex est et pro rege habetur et nominatur.*[102] Dabei berief er sich ebenso wie Johannes XXII. auf die Tradition. Diese Form den römischen König zu bestimmen, gelte seit unvordenklichen Zeiten: *a tempore, cuius non est memoria.*[103] Auch der Papst argumentierte in dieser Weise, indem er sich einfach darauf berief, dass sein Approbationsrecht bei der Königswahl notorisch sei.[104] Ähnlich waren die unterschiedlichen Positionen ja bereits in der Doppelwahl 1198 begründet worden. Es war der einzige Weg, Rechtsansprüche zu begründen, wenn es keine Grundlagentexte gab, auf die man sich berufen konnte. Die Problematik dieses Verfahrens wurde in dem langen Konflikt offenkundig, und diese Erfahrung leitete dann die schriftliche Fixierung der Tradition ein. Zunächst galt es aber noch, strittige Einzelfragen zu klären, denn von ihnen hing Ludwigs Königtum ab. Ludwig war nicht von allen Wahlfürsten gewählt worden, daher stellte sich die Frage nach dem Quorum. Im Mai 1324 formulierte Ludwigs Kanzlei eine entsprechende Position.[105] Wer von der Mehrheit der Fürsten (*puta a*

---

100 Vgl. für einen Überblick noch immer das klassische Werk von R. SCHOLZ, Unbekannte kirchenpolitische Streitschriften aus der Zeit Ludwigs des Bayern (1327–1354). Texte und Analysen, 2 Bde. (Bibliothek des Preußischen Historischen Instituts in Rom 9–10), Rom 1911–1914.
101 Vgl. zur päpstlichen Position gegenüber Ludwig etwa den sogenannten „ersten Prozeß" Johannes' XXII.: MGH Constitutiones, Bd. 5, ed. Schwalm, Nr. 792, S. 617: *Verum prefatus Ludovicus, a nobis, ad quem sue electionis huiusmodi sicut premittitur in discordia celebrate ac persone ipsius examinatio, approbatio ac admissio, repulsio quoque et reprobatio noscitur pertinere, electione nequaquam admissa nec eius approbata persona … prefati Romani regni nomen sibi et titulum regium usurpavit ….* Vgl. zu einer Übersicht über die verfassungsgeschichtliche Dimension des Konflikts prägnant MIETHKE, Der Kampf Ludwigs des Bayern; für eine Übersicht über den Konflikt (mit weiterer Literatur) KAUFHOLD, Gladius Spiritualis.
102 MGH Constitutiones, Bd. 5, ed. Schwalm, Nr. 824 (13), S. 644.
103 Ebda.
104 Ebda, Nr. 792, S. 617: *a nobis, ad quem … ipsius examinatio, approbatio ac admissio, repulsio quoque et rebrobatio noscitur pertinere …*
105 In der dritten Appellation Ludwigs, der sogenannten „Sachsenhauser-Appellation" vom 22. Mai 1324: MGH Constitutiones, Bd. 5, ed. Schwalm, Nr. 909; vgl. dazu BECKER, Die Appellation vom Papst an ein allgemeines Konzil, S. 89–93; vgl. zu der Appellation auch KAUF-

quatuor) zum König gewählt worden sei, der sei rechtmäßiger König.[106] Und Ludwig sei sogar von einer Zweidrittelmehrheit gewählt worden.[107] Man könne daher auch nicht davon sprechen, dass er *in Zwietracht* gewählt worden sei, wie der Papst entgegen der Wahrheit behaupte.[108] Tatsächlich hätten schon zwei Wähler ausgereicht, um den König zu wählen, wenn die anderen am vorgesehenen Wahltag nicht erschienen wären.[109]

Interessant ist nun, dass Ludwig eine historische Begründung für seinen Thronanspruch vortrug, die die Tradition deutscher Doppelwahlen zur Legitimation heranzieht: *et tam Lottarius, quam Corradus, tam Philippus quam Otto, tam Riccardus, quam Alfonsus, tam Adolfus quam Albertus electi fuissent in discordia.*[110] Damit wurde eine Tradition benannt, die bis zur umstrittenen Wahl Lothars von Süpplingenburg zum römischen König im Jahr 1125 zurückreichte, gegen den die Staufer 1127 ihren Kandidaten Konrad zum König erhoben hatten.[111] Die Stationen der Erinnerung waren die Doppelwahlen 1125–1127, 1198 und 1257 sowie 1298, wobei es sich 1125–27 nicht um eine Doppelwahl, sondern um eine Wahl mit einem spannungsvollen Verlauf, aber einer eindeutigen Entscheidung handelte, die erst zwei Jahre später zur Erhebung eines staufischen Königs gegen Lothar führte.[112] Das Ereignis lag allerdings auch schon fast genau 200 Jahre zurück. In den genannten Doppelwahlen hatte das Argument der Stimmenmehrheit keine entscheidende Rolle gespielt. Insofern mußte die Kanzlei Ludwigs nicht präzise argumentieren, und wir können in Hinblick auf die Reichweite der Erinnerung zunächst nur festhalten, dass die Tatsache eines Konfliktes um das Königtum auch nach 200 Jahren noch in Erinnerung war bzw. für die Erinnerung wieder erschlossen worden war. Es ist bei dieser Vorbringung Ludwigs interessant, dass er zwar auf die wiederholte Erfahrung von Doppelwahlen im Reich verweist, aber in diesem Zusammenhang keinen Hinweis lieferte, wer im jeweiligen Fall aus seiner Sicht der rechtmäßige Throninhaber war. Er stellte vielmehr fest, dass alle diese Gewählten ihr Amt rechtmäßig ausgeübt hätten: *omnes reges Romanorum electos eciam in discordia …*

HOLD, Gladius Spiritualis, S. 66–68; zum Anteil der Franziskaner (insbesondere Bonagratias von Bergamo) an der Appellation vgl. E. L. WITTNEBEN, Bonagratia von Bergamo. Franziskanerjurist und Wortführer seines Ordens im Streit mit Papst Johannes XXII. (Studies in Medieval and Reformation Thought 90), Leiden u. a. 2003, S. 229–253 (mit ausführlichen Literaturangaben).

106 MGH Constitutiones, Bd. 5, ed. Schwalm, Nr. 909, S. 726.
107 Ebda: *Primo quia ille censetur in concordia electus ad imperium, qui a maiori parte electorum, puta a quatuor electus fuerit. Et tamen, cum nos fuerimus non solum a maiori parte, immo a duabus partibus principum electorum electus, sicut notorium est …*
108 Ebda: *… falso et mendaciter dicit esse in discordia celebratam …*
109 Ebda: *… ab omnibus electoribus sive a maiori parte ipsorum sive etiam a minori, dummodo fiat electio a duobus electoribus ad minus et in die ad eligendum prefixa per eum, ad quem spectat prefigure, huiusmodi electus est habendus tamquam in vera Concordia electus …*
110 Ebda, Nr. 909, S. 731.
111 Vgl. zu einer Übersicht: G. ALTHOFF, Lothar III. (1125–1137), in: Die deutschen Herrscher des Mittelalters, hg. von Schneidmüller/Weinfurter, S. 200–216, bes. S. 203–208.
112 Vgl. den Bericht über die Wahl Lothars: *Narratio de electione Lotharii in regem Romanorum*, hg. von W. Wattenbach, in: MGH Script. 12, hg. von G. H. Pertz, Hannover 1856, S. 509–512.

*tamen administraverunt semper imperium, sicut et poterunt de iure.*¹¹³ Man wird diese Position so verstehen können, dass Ludwig die Legitimation des Königtums in so exklusiver Weise auf die Wahl zurückführte, dass er in einer historischen Perspektive, die in den angegebenen Fällen über keine weiteren Kriterien verfügte, um nachträglich die Rechtmäßigkeit festzustellen, auf eine solche Eindeutigkeit verzichtete. Darin lag eine erhebliche historische Vernunft. In einem Punkt griff Ludwig allerdings eine Tradition auf, die uns in der Nachbereitung der Doppelwahl von 1257 begegnet, ohne dass ihre Herkunft zu klären wäre. Die Feststellung Ludwigs, dass ein Minimum von zwei Wählern erforderlich sei, um die Wahl ordnungsgemäß durchführen zu können, war in der Auseinandersetzung um die Doppelwahl von 1257 bereits von den Vertretern Richards von Cornwall an der Kurie vorgebracht worden.¹¹⁴ Diese Mindestbeteiligung fand in der Goldenen Bulle keine Aufnahme, spielte aber bei der Auseinandersetzung um die Doppelwahl 1410 von Sigmund und Jobst noch eine gewisse Rolle, ohne jemals einen Verfassungsstatus zu erlangen. Es gab solche Kriterien, die nur dann bemüht wurden, wenn eine Wahlentscheidung strittig war, und die in dem „grauen" Bereich der Parteiargumente verblieben.

Die Ansätze einer historischen Argumentation, die Ludwigs Kanzlei bei der Verteidigung seines Königtums erkennen ließ, indem sie die Vorgänger, auf deren Beispiel sich Ludwig berief, benannte, waren in dieser Form neu. Auch zuvor hatte man sich auf die Tradition berufen, aber diese Tradition hatte keine spezifischen Namen. Nun benannte man Vorbilder, wenn auch in unbestimmter Form. Die zitierten Positionen entstammten einer Appellationsschrift, mit der Ludwig auf das päpstliche Verfahren gegen ihn reagiert hatte.¹¹⁵ In der frühen Phase der Auseinandersetzung hatte die Kanzlei Ludwigs verschiedene solcher Texte verfasst, mit denen der Wittelsbacher zunächst versuchte, Zeit zu gewinnen, die aber im Fortgang des Konflikts eine immer schärfere Form annahmen und die Rechtmäßigkeit von Johannes' XXII. Papsttum schließlich in Frage stellten.¹¹⁶ Mit diesem Schritt trat Ludwig schließlich in eine Traditionslinie, die von Friedrich II. über Philipp IV. von Frankreich zurück in das Reich führte.¹¹⁷ Allerdings konnte Ludwig aus dieser Tradition nur Argumente gegen die päpstlichen Herrschaftsansprüche gewinnen. Vorlagen für eine spezifische Behandlung der Königswahlfrage oder auch der deutschen Doppelwahltraditon fand er in dieser Überlieferung nicht. Doch lässt sich in dem Gebrauch von Textvorlagen seit 1239/45 und in dem

---

113 MGH Constitutiones, Bd. 5, ed. Schwalm, Nr. 909 (21), S. 73.
114 Vgl. das Konzept der Bulle *Qui celum*, in: Die deutsche Königswahl im 13. Jahrhundert, Bd. 2, ed. Schimmelpfennig, S. 29–38, S. 32: *Intellegitur autem is electus esse concorditer, in quem vota omnium electorum principum vel saltem duorum tantummodo in electione presentium diriguntur.*
115 Vgl. zu den Appellationen Ludwigs BECKER, Die Appellation vom Papst an ein allgemeines Konzil, S. 83–99.
116 Vgl. ebda; die Texte der Appellationen sind in MGH Constitutiones, Bd. 5, ed. Schwalm ediert: Nr. 824 (18. Dezember 1323), Nr. 836 (5. Januar 1324), Nr. 909f. (22. Mai 1324); vgl. dazu auch KAUFHOLD, Gladius Spiritualis, S. 59–72.
117 Vgl. dazu besonders BECKER, Die Appellationen vom Papst an ein allgemeines Konzil, S. 93; WIERUSZOWSKI, Vom Imperium zum nationalen Königtum, S. 85.

verstärkten Argumentieren mit historischen Fallbeispielen eventuell dieselbe Hinwendung zu einer schriftlichen Tradition erkennen. Die Anfänge der staufischen Herrschaft im Reich waren anders kaum zugänglich.

Noch deutlicher wird der Rückgriff auf die historische Überlieferung auf einem protokollarischen Höhepunkt des Vorgehens von Ludwig gegen Papst Johannes XXII. Am 18. April 1328 erklärte Ludwig in Rom Papst Johannes XXII. für abgesetzt.[118] Es war weder ein sinnvoller noch ein wirkungsvoller Schritt, doch geht es hier nur um einen Aspekt dieses Verfahrens. Ludwig berief sich bei seinem Vorgehen ausdrücklich auf Otto I., der mit dem römischen Klerus und Volk Papst Johannes XII. abgesetzt hätte (*Otto primus, qui cum clero et populo Romano Johannem XII. deposuit*).[119] Der Vorgang lag sehr lange zurück: im Jahr 963 hatte eine römische Synode unter dem Vorsitz Ottos Papst Johannes XII. wegen einer Reihe schwerwiegender Anklagen vorgeladen und ihn schließlich für abgesetzt erklärt, nachdem er der wiederholten Ladung nicht gefolgt war.[120] Dreieinhalb Jahrhunderte ließen sich nur durch eine schriftliche Überlieferung überbrücken. Ludwigs Kanzlei begann, sich ihrer zu bedienen, ohne dass wir die Vorlagen im Einzelnen identifizieren könnten. Es ist auch nicht unbedingt erforderlich, denn hier geht es nicht in erster Linie um Textabhängigkeiten, sondern vor allem darum, dass nun Texte herangezogen wurden. Dieser Befund verstärkt sich noch, wenn wir ein prominentes Beispiel politischer Literatur dieser Phase hinzuziehen: den *Tractatus de iuribus regni et imperii Romanorum* des Würzburger Offizials Lupold von Bebenburg aus dem Jahr 1339.[121] Der Traktat behandelt in einem politisch dramatischen Umfeld die Rechte des Reiches in einer historischen und kanonistischen Perspektive.[122] Lupold ist für unsere Untersuchung ein besonders geeigneter Autor, denn er entwickelte sein Thema in einer europäischen Perspektive, die die Herrschaft im Reich dezidiert nach Maßstäben beurteilte, die er auch auf die anderen Königreiche Europas anwandte. Lupold leitete seinen Traktat durch vier Kapitel über die Frühgeschichte des römischen Kaisertums bis in die Zeit Karls des Großen ein, in

---

118 MGH Constitutiones, Bd. 6.1, ed. Schwalm, Nr. 436; vgl. dazu KAUFHOLD, Gladius Spiritualis, S. 106–108 (mit weiterer Literatur); ein zweites Absetzungsurteil, das dasselbe Tagesdatum trägt, ist tatsächlich erst später in Pisa unter dem Einfluß franziskanischer Gegner des Papstes entstanden und dann zurückdatiert worden; vgl. MIETHKE, Ockhams Weg, S. 421f.
119 MGH Constitutiones, Bd. 6.1, ed. Schwalm, S. 348.
120 Vgl. dazu H. ZIMMERMANN, Prozeß und Absetzung Papst Johannes' XII. im Jahre 963. Quellen und Urteile, in: Österreichisches Archiv für Kirchenrecht 12 (1961), S. 207–230; vgl. zur Wahl dieses Beispiels auch knapp MIETHKE, Ockhams Weg, S. 418, Anm. 282.
121 Der Traktat liegt nun in einer kritischen Edition vor, die mit einer umfassenden Einleitung zu Leben und Werk von Lupold den Weg zur älteren Literatur weist: Politische Schriften des Lupold von Bebenburg (MGH Staatsschriften des späteren Mittelalters 4), hg. von J. Miethke/Ch. Flüeler, Hanover 2004; vgl. zum Entstehungsdatum MIETHKE, Einleitung, in: ebda. S. 41; vgl. für eine knappe und kenntnisreiche Übersicht zu Lupold: S. KRÜGER, Lupold von Bebenburg, in: Fränkische Lebensbilder N. F., Bd. 4, Würzburg/Neustadt a. d. Aisch 1971, S. 49–86.
122 Zu den Geschehnissen im Reich in den Jahren 1338/39 vgl. KAUFHOLD, Gladius Spiritualis, S. 210–247; H.-J. BECKER, Das Mandat „Fidem Catholicam" Ludwigs des Bayern von 1338, in: Deutsches Archiv für Erforschung des Mittelalters 26 (1970), S. 454–512, hier S. 456–467.

denen er die ihm vorliegenden Informationen kritisch vergleichend auswertete. Eine Textpassage, in der es um den Anteil der Päpste an der Übertragung des Kaisertums von den Griechen auf die Franken geht, mag als anschauliches Beispiel gelten:

Deshalb erwählte Papst Stephan Pippin, Karl, Karlmann und ihre Nachfolger zur Verteidigung der römischen Kirche und des apostolischen Stuhls. Es scheint, dass durch diese Wahl die Übertragung des Kaisertums von den Griechen auf die genannten Frankenkönige vollzogen wurde, die (wie gesagt) Deutsche waren. Daher bemerkt Johannes Andreae in seinen Novella zu X 1. 6. 34 [s. v. legitur in cronicis], im Speculum historiale (XXIII c. 156) stehe, dass die Übertragung des Kaisertums im genannten Jahr erfolgt sei, nämlich 753, während der Annalista Saxo berichtet, dass in diesem Jahr Salbung und Wahl stattfanden. Doch auch wenn man annimmt, dass durch diese Wahl die Übertragung des Kaisertums von den Griechen auf die Deutschen vollzogen wurde, darf man trotzdem nicht behaupten, das Kaisertum sei auf die Person Karls des Großen übertragen worden (wie es in X 1. 6. 34 und Clem. 2. 9. 1 heißt), sondern vielmehr auf die Person Pippins oder wenigstens auf alle drei Personen, nämlich Pippin, Karl und Karlmann. Deshalb können wir sagen, dass man sich angesichts der Widersprüche in den Chroniken an den Annalista Saxo halten muß – einen Autor, der vermutlich aus dem Frankenreich selbst stammt und von dem Vorgang der Übertragung eine gute Kenntnis gehabt haben dürfte.[123]

In dieser Passage, in der Lupold die Translationstheorie der Bulle *Venerabilem* zurückweist, lässt sich seine Arbeitsweise deutlich erkennen. Sorgfältig wog er die ihm zugänglichen Überlieferungen aus verschiedenen Geschichtswerken und aus dem kanonischen Recht gegeneinander ab.[124] „So amalgiert der Text historische und juristische Analyse" (Jürgen Miethke).[125] Lupold arbeitete mit einer schriftlichen Tradition. Das ist evident.[126] Die Formulierung *non memini me legisse* als Kriterium für die Zurückweisung umstrittener historischer Sachverhalte im Rahmen einer politischen Tradition war tatsächlich eine neue Erscheinung. Und dabei ging es nicht nur um Geschehnisse, die aufgrund ihres zeitlichen Abstandes kaum anders zu überprüfen waren, als durch schriftliche Zeugnisse. Es ging nun auch bei

---

123 Die Übersetzung dieser Passage stammt von Alexander Sauter und ist der Ausgabe Lupold von Bebenburg, De iuribus regni et imperii. Über die Rechte von Kaiser und Reich (Bibliothek des Deutschen Staatsdenkens 14), hg. von J. Miethke, übers. von A. Sauter, München 2005, S. 65 u. 67 entnommen, der der Text der kritischen Edition von Miethke/Flüeler (Politische Schriften des Lupold von Bebenburg, ed. Miethke/Flüeler) zugrunde liegt.

124 Vgl. zur Rolle des kanonischen Rechts als Träger historischer Überlieferung etwa L. SCHMUGGE, Kanonistik und Geschichtsschreibung. Das Kirchenrecht als historische Quelle bei Tholomeus von Lucca und anderen Chronisten des 13. und 14. Jahrhunderts, in: Zeitschrift der Savigny-Stiftung für Rechtsgeschichte, Kan. Abt. 68 (1982), S. 219–276; vgl. auch die Einleitung von Jürgen Miethke zur Edition des Tractatus (Politische Schriften des Lupold von Bebenburg ed. Miethke/Flüeler, S. 112f.).

125 Zitat, ebda, S. 113.

126 Vgl. auch seine Feststellung: *Nam post assumpcionem et coronacionem predictas non memini e legisse ipsum Karolum sibi aliquam de novo terram vel proviciam subiugasse*; (ebda, S. 276).

solchen Vorgängen um eine schriftliche Traditionsbildung, die den politisch bedeutenden Zeitgenossen im Jahre 1339 noch unmittelbar im Gedächtnis waren.

Im Jahr 1338 waren in Rhense am Rhein die Kurfürsten des Reiches zusammengekommen, um in dem Konflikt mit dem Papst über das päpstliche Approbationsrecht Stellung zu beziehen. Schließlich war es ihr Wahlrecht, dessen legitimierender Charakter durch den päpstlichen Anspruch auf eine Überprüfung des Verfahrens in Frage gestellt wurde. Das Ergebnis des Zusammentreffens war eine bedeutende Urkunde, das sogenannte *Weistum von Rhense*.[127]

Die Kurfürsten stellten grundsätzlich fest, dass es nach alter Rechtstradition des Reiches üblich sei, dass der von den Kurfürsten einstimmig oder mit einfacher Mehrheit gewählte Kandidat rechtmäßiger römischer König sei. Zur Führung seines Titels oder zur Ausübung der Reichsrechte bedürfe er keiner Bestätigung durch den apostolischen Stuhl.[128] Es war eine prinzipielle Erklärung, keine Parteinahme in dem unmittelbaren Konflikt. Mit dem Weistum von Rhense wurde das Prinzip und der Rechtscharakter der deutschen Königswahl erstmals in einem Dokument festgehalten, das nicht eine regionale Rechtstradition (*Sachsenspiegel*) oder eine Parteimeinung (*Qui celum*), sondern den Verfassungskonsens der entscheidenden Kräfte im Reich wiedergab.[129] Seit der ersten Formulierung der Grundzüge des Wahlverfahrens im Sachsenspiegel waren über 100 Jahre vergangen. Nun aber war ein Stadium erreicht, in dem der Verfassungskonsens so verbindlich geworden war, dass er auch durch den Kampf um das Königtum und durch vorübergehende taktische Zugeständnisse nicht mehr grundsätzlich infrage

---

127 Quellensammlung zur Geschichte der Deutschen Reichsverfassung in Mittelalter und Neuzeit, Bd. 1 (Quellensammlung zum Staats-, Verwaltungs- und Völkerrecht 2,1), hg. von K. Zeumer, 2. Auflage Tübingen 1913, Nr. 141c; zum Weistum von Rhense und zu den Umständen seiner Entstehung vgl. die klassische Darstellung von E. E. STENGEL, Avignon und Rhens. Forschungen zur Geschichte des Kampfes um das Recht am Reich in der ersten Hälfte des 14. Jahrhunderts (Quellen und Studien zur Verfassungsgeschichte des Deutschen Reiches in Mittelalter und Neuzeit 6,1), Weimar 1930; E. SCHUBERT, Die Stellung der Kurfürsten in der spätmittelalterlichen Reichsverfassung, in: Jahrbuch für westdeutsche Landesgeschichte 1 (1975), S. 97–128, hier S. 111–128; DERS., Kurfürsten und Wahlkönigtum. Die Wahlen von 1308, 1314 und 1346 und der Kurverein von Rhens, in: Balduin von Luxemburg. Erzbischof von Trier – Kurfürst des Reiches 1285–1354. Festschrift aus Anlaß des 700. Geburtstages, hg. von J. Mötsch/F.-J. Heyen, Mainz 1985, S. 103–117; DERS., Königswahl und Königtum im spätmittelalterlichen Reich, in: Zeitschrift für Historische Forschung 4 (1977), S. 257–338, hier S. 331–337; KAUFHOLD, Gladius Spiritualis, S. 221–224; vgl. auch J. FICKER, Zur Geschichte des Kurvereins zu Rense, in: Sitzungsberichte der österreichischen Akademie der Wissenschaften, Phil.-hist. Klasse 11, 19, Wien 1854, S. 673–710.

128 Weistum von Rhense, in: Quellensammlung, ed. Zeumer, Nr. 141c: *... hoc esse de iure et antiqua consuetudine imperii approbata, quod, postquam aliquis a principibus electoribus imperii vel a maiori parte numero eorundem principum etiam in discordia pro rege Romanorum est electus, non indiget nominatione, approbatione, confimatione, assensu vel auctoritas sedis apostolice super administratione bonorum et iurium imperii sive titulo regio assumendis ...*

129 Es ist allerdings zu berücksichtigen, dass der König Johann von Böhmen aus politischen Gründen nicht anwesend war, vgl. die Literatur in Anm. 127.

gestellt werden konnte.¹³⁰ Das geregelte Wahlprinzip hatte einen praktischen Verfassungsrang erreicht – wenn auch noch Einzelfragen zu klären waren.¹³¹ Dies war der Moment, in dem das Wahlverfahren Bestandteil der schriftlichen Tradition wurde. Lupold griff die Zusammenkunft in Rhense in seinem Traktat ausdrücklich auf, aber der Einfluß des Weistums ging noch weiter: „Die fünf Hauptthesen des Tractatus in den Kapiteln V–IX sind exakt an der Rhenser Erklärung entlang formuliert" (Miethke).¹³² Es gehört gewissermaßen zu einem entschieden formulierten Prinzip, dass auch seine Belastbarkeit in der zeitgenössischen Debatte erprobt wurde. Tatsächlich bemühte sich Ludwig der Bayer darum, die Gunst der Stunde zu nutzen und den Rechtscharakter der Wahl bis zur Kaiserwahl hin auszuweiten, so dass die päpstliche Kaiserkrönung überflüssig geworden wäre.¹³³ Gleichzeitig ging er auf der Grundlage des Mandats *Fidem Catholicam* scharf gegen Geistliche vor, die weiterhin die päpstliche Position unterstützten.¹³⁴ Das Mandat trug ebenfalls eine grundsätzliche Auseinandersetzung mit dem päpstlichen Jurisdiktionsanspruch gegenüber dem Kaiser vor.¹³⁵ Damit wurde 1338 eine Debatte eröffnet, in der bedeutende Autoritäten insbesondere des kanonischen Rechts, aber auch der Theologie und der Geschichtsschreibung herangezogen wurden, und in der erstmals eine deutliche Auseinandersetzung von Verfassern solcher Texte mit bereits vorliegenden schriftlichen Positionierungen erkennbar wird.¹³⁶ Die Debatte mün-

---

130 Vgl. zum Kampf um Ludwigs Königtum und Nachfolge und zur Haltung Karls IV. in der Approbationsfrage das kommende Kapitel.
131 Im Rhenser Weistum blieb die Frage noch ungeklärt, welcher Sohn eines Kurfürsten das Wahlrecht des Vaters erbte, weswegen in Rhense vier Pfalzgrafen bei Rhein vertreten waren: *domini Radulphus, Rupertus et Rupertus ac Stephanus, repesentantes comitem palatinum Reni, cum non esset diffinitum, quis eorum comes esse debeat vocem habens* (Quellensammlung, ed. Zeumer, Nr. 141c); vgl. zur grundsätzlichen Fragestellung auch: M. KAUFHOLD, Entscheidungsstrukturen in Dynastie und Reich des 14. Jahrhunderts. Ein Versuch zur Formierung der Reichsverfassung am Beispiel der Wittelsbacher, in: Zeitschrift der Savigny-Stiftung für Rechtsgeschichte, Germanistische Abteilung 120 (2003), S. 126–149.
132 Die ausdrückliche Berufung auf Rhense in Lupold von Bebenburg, De iuribus (Politische Schriften des Lupold von Bebenburg, ed. Miethke/Flüeler, S. 291f.): *Pro hoc quoque facit, quod principes electores in villa Renis anno domini MoCCC XXXVIII super iuribus regni et imperii sentenciando sub iuramentis et secundum morem ipsorum solempniter pronunciarunt id esse obtentum in hoc articulo et sequente de consuetudine hactenus obervata a tempore, cuius inicii seu contrarii memoria hominum non existit*; zu der Feststellung von Miethke über die Formulierung der Hauptthesen des Traktats (mit einer Gegenüberstellung der Textpassagen) vgl. die Einleitung, ebda, S. 113f.
133 Quellensammlung, ed. Zeumer, Nr. 142: *... quod, postquam aliquis eligitur in imperatorem sive in regem ab electoribus imperii concorditer vel a maiori parte eorundem, statim ex sola electione est verus rex et imperator Romanorum censendus et nominandus ...;* vgl. dazu etwa H.-J. BECKER, Das Kaisertum Ludwigs des Bayern, in: Kaiser Ludwig der Bayer, hg. von Nehlsen/Hermann, S. 119–138.
134 Vgl. dazu BECKER, Das Mandat „Fidem Catholicam", insb. S. 493–512 (Textedition); zu den Auswirkungen auch KAUFHOLD, Gladius Spiritualis, S. 226–232.
135 Vgl. dazu den Text bei BECKER, Das Mandat „Fidem Catholicam", S. 505–512, und die Erklärungen von Becker, ebda, S. 481–489.
136 Vgl. neben dem bereits zitierten Lupold die Zusammenstellung von Texten, die im Mandat *Fidem Catholicam* verwendet wurden bei BECKER, Das Mandat „Fidem Catholicam", S. 474–

dete schließlich nach der Beilegung der politischen Konflikte in der Königswahlregelung der *Goldenen Bulle* von 1356.[137] Auf zwei Hoftagen, im Januar und an Weihnachten 1356, erließ Karl IV. eine umfassende Regelung der Königswahl im Deutschen Reich, in der die zentralen Fragen, die das Wahlverfahren seit über 150 Jahren begleitet hatten, verbindlich geregelt wurden.[138] Es war das Jahr nach der Kaiserkrönung Karls IV. in Rom, und der (unumstrittene) Kaisertitel verlieh Karl nun die Autorität, eine Lösung des Problems herbeizuführen, das die Verfassungsordnung des Reiches wiederholt schweren Prüfungen unterzogen hatte – *zur Herbeiführung einer einstimmigen Wahl und zur Behebung der vorgenannten abscheulichen Spaltung und der mannigfaltigen aus ihr folgenden Gefahren.*[139]

Künftig hatte der Mainzer Erzbischof nach dem Erhalt der Nachricht vom Tod des Königs einen Monat Zeit, um den Kurfürsten eine neue Wahl anzuzeigen und ihnen den vorgesehenen Wahltermin mitzuteilen. Wahlort war Frankfurt.[140] Sollte der Erzbischof die Einladung versäumen, so sollten die Kurfürsten binnen drei Monaten in Frankfurt zusammenkommen. Der Reiseweg sollte für die einzelnen Kurfüsten durch eine detaillierte Geleitsregelung sichergestellt werden.[141] Das Gefolge, mit dem die Kurfürsten in die Stadt Frankfurt eingelassen werden sollten, war auf 200 Reiter (davon 50 Bewaffnete) begrenzt.[142] Auf diese Weise konnten bei eine deutschen Königswahl in Frankfurt deutlich über 1000 Reiter zusammenkommen.

Auch das Zeremoniell der Wahl wurde festgehalten. Sie begann nach alter Gewohnheit mit einer Messe zur Anrufung des Heiligen Geistes, in deren Verlauf die Kurfürsten einen bemerkenswerten Eid schworen, der mit der Festlegung schloß: *und meine Stimme werde ich abgeben ohne alle Bedingung, Bezahlung, Belohnung, Verabredung oder wie man solches ansonsten nennen kann.*[143] Angesichts der Umstände, unter denen die bislang behandelten Wahlentscheidungen zustande gekommen waren – und die noch zu behandelnden des 14. Jahrhunderts unter-

---

493; vgl. zu dem Austausch zwischen Lupold und Wilhelm von Ockham: E. L. WITTNEBEN, Lupold von Bebenburg und Wilhelm von Ockham im Dialog über die Rechte am Römischen Reich des Spätmittelalters, in: Deutsches Archiv für Erforschung des Mittelalters 53 (1997), S. 567–586; MIETHKE, Einleitung, in: Politische Schriften des Lupold von Bebenburg, hg. von dems./Flüeler, S. 112.

137 Die Goldene Bulle Kaiser Karls IV., ed. Fritz.
138 Vgl. zu den konkreten Umständen der Entstehung der Goldenen Bulle: B.-U. HERGEMÖLLER, Fürsten, Herren und Städte zu Nürnberg 1355/56. Die Entstehung der „Goldenen Bulle" Karls IV., Köln/Wien 1983; vgl. auch DERS., Der Abschluß der „Goldenen Bulle" zu Metz 1356/57, in: Studia Luxemburgensia. Festschrift Heinz Stoob, hg. von F. B. Fahlbusch/P. Johanek, Warendorf 1989, S. 123–232; DERS., Die Goldene Bulle. Karl IV. und die Kunst des Möglichen, in: Kaiser Karl IV., Staatsmann und Mäzen, hg. von F. Seibt, München 1978, S. 143–146, S. 446f.; A. WOLF, Die Goldene Bulle von 1356, in: Höhepunkte des Mittelalters, hg. von G. Scheibelreiter, Darmstadt 2004, S. 188–201.
139 Die Goldene Bulle Kaiser Karls IV., ed. Fritz, Vorrede (S. 45).
140 Die Goldene Bulle Kaiser Karls IV., ed. Fritz, Kap. I, 16 (S. 51f.).
141 Ebda, Kap. I, 1–15 (S. 46–51).
142 Ebda. Kap. I, 17 (S. 51).
143 Ebda., Kap. II, 2 (S. 54).

schieden sich davon nicht grundsätzlich –, war dies eine Formulierung, die ein einigermaßen formales Rechtverständnis zur Voraussetzung hatte. Dass die Wahlentscheidung 1257 oder 1292 ohne alle Zusagen *seu quocumque modo talia valeant appellari* gefallen seien, würde man angesichts der umfangreichen und detaillierten Verabredungen sonst schwerlich erklären können. Um einer Verzögerung der Wahlentscheidung vorzubeugen, sah die Goldene Bulle eine moderate Konklaveregelung vor, die den Wählern das Verlassen der Stadt untersagte.[144]

Die Wahl geschah im Idealfall einstimmig, aber sie war in der Realität, die häufig vielstimmiger war, auch dann als einmütig anzusehen, wenn sie mit einfacher Mehrheit erfolgte.[145] Das galt auch dann, wenn nicht alle Kurfürsten an ihr teilgenommen hatten, denn wer trotz fristgerechter Ladung nicht erschien, der verlor für dieses eine Mal sein Wahlrecht.[146] Ein Mindestquorum, wie es in *Qui celum* und in Ludwigs Appellation formuliert worden war, wurde nicht festgelegt. Die beiden Fragen, die den langen Konflikt um den deutschen Thron seit 1314 begleitet hatten – welche Rolle konnte die Kurie in der Erhebung des römisch-deutschen Königs beanspruchen und auf welche Weise wurde die Wahlstimme weitervererbt? –, wurden nun geregelt: Die Kurie wurde in der Festlegung des gültigen Verfahrens gar nicht erwähnt, wodurch der Approbationsanspruch höflich übergangen wurde, und für die Kurstimmen galt künftig die Primogenitur.[147]

So wurden die zentralen Problemstellungen bei der deutschen Königswahl des 14. Jahrhunderts, die anlässlich der Doppelwahl 1314 und in ihrem Gefolge hervorgetreten waren, etwa 40 Jahre nach dieser Doppelwahl in einem Dokument von Verfassungsrang gelöst. Das Dokument selber wurde dann etwa 50 Jahre später, anlässlich der Doppelwahl von Sigmund und Jobst von Mähren 1410 erstmals zur Grundlage einer einer juristischen Begutachtung: Job Vener, pfälzischer Jurist, zitierte den Traktat Lupolds von Bebenburg und die *Goldene Bulle*, um die Gültig-

---

144 Ebda, Kap. II, 3 (S. 54): *Prestito denique per electores seu nuncios in forma et modo predictis huiusmodi iuramento, ad electionem procedant nec amodo de iamdicta civitate Frankenford separentur, nisi prius maior pars ipsorum temporale caput mundo elegerit seu populo christiano, regem videlicet in caesarem promovendum.* Nach Ablauf von 30 Tagen sollten die Kurfürsten dann nur noch Wasser und Brot gereicht bekommen – ohne allerdings in einem Raum eingeschlossen zu werden (ebda).
145 Ebda, Kap. II, 4 (S. 54f.): *Postquam autem in eodem loco ipsi vel pars eorum maior numero elegerit, talis electio perinde haberi et reputari debebit, ac si foret ab ipsis omnibus nemine discrepante concorditer celebrata.*
146 Ebda, Kap. I, 18 (S. 52).
147 Da es an dieser Stelle nicht darum geht, die schon wiederholt behandelte Frage der Approbation oder der Vererbung der Kurstimme sachlich neu zu erörtern, sondern nur um die Frage der Tradierung dieser Lösung, verzichte ich hier auf die Bibliographie zu den beiden Themen. Die einschlägige Literatur ist im Verlauf der Arbeit bereits wiederholt genannt worden. Vgl. zu einer Übersicht über die Frage der Kurie und der deutschen Königswahl aus der Perspektive dieser Untersuchung: J. MIETHKE, Die päpstliche Kurie des 14. Jahrhunderts und die „Goldene Bulle" Kaiser Karls IV. von 1356, in: Papsttum und Landesgeschichte. Festschrift für Hermann Jakobs zum 65. Geburtstag, hg. von J. Dahlhaus u. a., Köln/Weimar/Wien 1995, S. 437–450. Die Primogenitur für die Wahlstimmen wurde in der Goldenen Bulle, Kap. VII, 1 (S. 60–62) geregelt.

keit der Wahlentscheidung seines Herrn zugunsten Sigmunds zu begründen.[148] So wurde eine schriftliche Verfassungstradition erkennbar. Ihr Rhythmus war verhalten und die Reichweite durchaus begrenzt – zwischen dem Traktat Lupolds von Bebenburg (1339) und dem Gutachten von Job Vener (1411) lagen etwas über 70 Jahre. Aber es war eine Tradition, in der sich Texte aufeinander bezogen und nun zum Selbstverständnis der politischen Akteure beitrugen. Das war in dieser Form eine neue Erscheinung. In der Perspektive dieser Untersuchung – der Fragestellung nach der Genese politischer Institutionen – rückt damit der Zeitpunkt einer vorläufigen Bilanz näher. Doch lohnt es sich, den Blickwinkel so weit zu fassen, dass er die Möglichkeiten einer vergleichenden Bilanz ausreichend nutzt. Dazu ist es sinnvoll, einen Versuch der Goldenen Bulle einzubeziehen, der in England eine zentrale Rolle spielte und der dort im Laufe des 14. Jahrhunderts zunehmend geregelt worden war: die Frage der politischen Entscheidungsfindung für das gesamte Reich.

Das Weistum von Rhense hatte die regelmäßige Beratung der Kurfürsten in dem Obstgarten am Rhein als einen bewährten Brauch des Reiches hervorgehoben: *in pomerio sito iuxta villam Renensem super alveum Reni, ubi principes electores sacri imperii Romani ad habendos tractatus super electionibus aut aliis negociis ipsius imperii solent ut plurimum convenire ...*[149] Der *tractatus* unter Obstbäumen, dessen Ergebnis Lupold von Bebenburg in seinem *tractatus* dann aufnahm, gehörte danach zur bewährten Tradition der Meinungsbildung und Entscheidungsfindung an der Spitze des Reiches. Dabei ist unübersehbar, dass der Ort im politischen Gravitationszentrum des klassischen Reichsgefüges lag, für das der Rhein eine besondere Bedeutung eingenommen hatte. Allmählich verschoben sich die Gewichte durch die Verlagerung der habsburgischen Aktivitäten nach Österreich und der luxemburgischen Politik in Böhmen. Von Prag aus war Rhense nicht ohne weiteres zu erreichen, und es war Johann von Böhmen gewesen, der als einziger Kurfürst in Rhense gefehlt hatte.[150] Die Erstreckung des Reiches erschwerte solche regelmäßigen Konsultationen, obwohl die Goldene Bulle sie vorsah. Einmal im

---

148 Vgl. Job Veners Glosse zu der Frage, ob die Kurfürsten ihre Wahlstimme als Kollegium oder als Einzelne abgeben: *immo electores imperii collegialiter habent eligere, et eos habet dominus Maguntinus tamquam decanus convocare, habent quoque ordinem suum in sedendo et vocem dando, ut clare colligitur ex aurea bulla, quam non vidit Hostiensis, sed absque aurea bulla dictum Hostiensis reprobat dominus Lupoldus de Bebenburg quondam Bambergensem episcopus decretorum doctor nobili ratione ...*; der Text des Gutachtens von Job Vener ist ediert in: Deutsche Reichstagsakten unter Kaiser Sigmund, Erste Abteilung 1410–1420 (Deutsche Reichstagsakten Ältere Reihe 7), hg. von D. Kerler, München 1878, Nr. 53 (das Zitat S. 81); vgl. dazu H. HEIMPEL, Die Vener von Gmünd und Straßburg 1162–1447. Studien und Texte zur Geschichte einer Familie sowie des gelehrten Beamtentums in der Zeit der abendländischen Kirchenspaltung und der Konzilien von Pisa, Konstanz und Basel, Bd. 1–3 (Veröffentlichungen des Max-Planck-Instituts für Geschichte 52), Göttingen 1982, S. 667–690; vgl. zu dem Vorgang aus der hier eingenommenen Perspektive: KAUFHOLD, Entscheidungsstrukturen, insb. S. 137–141.
149 Quellensammlung, ed. Zeumer, Nr. 141c.
150 Zum politischen Gefüge des Reiches im fortgeschrittenen 14. Jahrhundert vgl. etwa MORAW, Von offener Verfassung zu gestalteter Verdichtung, S. 229–259; vgl. die Liste der anwesenden Kurfürsten in Rhense in: Quellensammlung, ed. Zeumer, Nr. 141c.

Jahr sollten die Kurfürsten des Reiches an einem Tag etwa vier Wochen nach Ostern zusammenkommen, um die wichtigen Fragen des Reiches – und des Erdkreises – zu erörtern (*ad tractandum de ipsius imperii orbisque salute*).[151] Die Zusammenkunft sollte als Arbeitstreffen ausgerichtet werden, ein feierlicher Charakter war ausdrücklich untersagt.[152] Die Feststellung, dass diese Treffen der Kurfürsten künftig häufiger (*frequentius*) als gewöhnlich stattfinden sollten, lässt erkennen, wie selten die im Weistum von Rhense angeführten Treffen der Kurfürsten tatsächlich waren. Der jährliche Rhythmus als Ziel ließ sich auch in England beobachten. Dort wurde er allerdings erreicht. Anders im Reich, wo die Institution eines Kurfürstenrates, der gleichsam als Senat des Reiches regelmäßig tagte, im Laufe des Mittelalters nicht Wirklichkeit wurde.[153] Und doch verweist uns dieser Versuch der Goldenen Bulle auf die große Herausforderung, der sich die schriftliche Tradition im 14. Jahrhundert stellen musste – eine Herausforderung, die sie letztlich nicht bewältigen konnte und die dafür sorgte, dass der mündlichen Traditionsbildung bei aller Zunahme schriftlicher Überlieferung weiterhin eine bedeutende Rolle einnahm: die Rede ist von der Sorge um die Zukunft.

Wenn schriftliche Aufzeichnungen zunehmend herangezogen wurden, um Klarheit über historische Abläufe zu erlangen, deren Verlauf bei der Auseinandersetzung über die Politik der Gegenwart eine wichtige Rolle zukam – sei es als abschreckendes, sei es als erstrebenswertes Vorbild –, dann war es nicht überraschend, dass auch für die Frage der zukünftigen Politik eines Herrschers oder eines Papstes schriftliche Festlegungen erwogen wurden. Wenn in der Tradition, die inzwischen durch schriftliche Überlieferung eine zunehmende Verbindlichkeit erreichte, die Entscheidungen einzelner Könige oder Päpste klar überliefert und auch klar bewertet wurden – konnte dann ein gegenwärtiger König oder Papst sich darüber hinwegsetzen, ohne seine Legitimität zu gefährden? Inwieweit wurden die Spielräume der Zukunft durch die bessere Kenntnis der Vergangenheit eingeengt? Diese Frage wurde am Hofe Ludwigs des Bayern seit den späteren 1320er Jahren mit zunehmendem Nachdruck gestellt. Es war eine grundsätzliche Frage. Die Konstellation im Umfeld von Ludwigs Hof ist indes besonders interessant, denn sie verknüpft am Ende dieses Kapitels noch einmal wichtige Entwicklungslinien, die wir bislang verfolgt haben und sie bringt auch unsere dritte Vergleichsgröße, die päpstliche Kurie, wieder in den Blick.

Der Konflikt mit der päpstlichen Kurie machte Ludwigs Hof zu einer Anlaufstation für andere Gegner Johannes' XXII., die in ihrer Auseinandersetzung mit dem Papst Verbündete suchten. Darunter waren bedeutende franziskanische Gelehrte, die mit Johannes XXII. erbittert über das richtige Verständnis der Ordenstradition stritten und die im Laufe dieses Streites die Verbindlichkeit dieser Tradi-

---

151 Die Goldene Bulle Kaiser Karls IV., ed. Fritz, Kap. XII, 1 (S. 68).
152 Ebda.
153 Vgl. etwa BECKER, Der Kurfürstenrat, bes. S. 61–67, S. 75–84.

tion in einer Weise interpretierten, die für unsere Fragestellung eine erhebliche Bedeutung hat.[154]

Wir haben in Kapitel 4 die umstrittenen Positionen des Petrus Johannes Olivi († 1298) mit ihrem radikalen Verständnis der franziskanischen Armut bereits angesprochen. Olivis Forderung nach einer gelebten Praxis der Armut (*usus pauper*), die im Minoritenorden immer auf starke Vorbehalte gestoßen waren, wurden 25 Jahre nach seinem Tod von kurialer Seite einer sehr kritischen Revision unterzogen. Zu Beginn der 1220er Jahre eröffnete Johannes XXII. eine Debatte über die Frage der Armut Jesu und der Apostel.[155] Er „öffnete" die Auseinandersetzung durchaus in einem technischen Sinn, indem er nämlich das Verbot Nikolaus' III. (1277–1280) aufhob, die Bulle *Exiit qui seminat* einer wissenschaftlichen Diskussion zu unterziehen (d. h. sie zu glossieren).[156] In *Exiit* hatte Nikolaus III. 1279 die Grundzüge

---

154 Vgl. zur gelehrten Politikberatung an Ludwigs Hof in diesen Jahren: allgemein (Hofakademie): K. BOSL, Die „geistliche Hofakademie" Kaiser Ludwigs des Bayern im alten Franziskanerkloster in München, in: Der Mönch im Wappen. Aus Geschichte und Gegenwart des katholischen München, München 1960, S. 97–129; H. S. OFFLER, Meinungsverschiedenheiten am Hof Ludwigs des Bayern im Herbst 1331, in: Deutsches Archiv für Erforschung des Mittelalters 11 (1954/55), S. 191–206, danach auch in: DERS., Church and Crown in the Fourteenth Century. Studies in European History and Political Thought (Variorum Reprints), Aldershot 2000, IV; J. MIETHKE, Wirkungen politischer Theorie auf die Praxis der Politik des Römischen Reiches im 14. Jahrhunderts. Gelehrte Politikberatung am Hofe Ludwigs des Bayern, in: Political Thought and the Realities of Power in the Middle Ages/Politisches Denken und die Wirklichkeit der Macht im Mittelalter (Veröffentlichungen des Max-Planck-Instituts für Geschichte 147), hg. von J. Canning/ O. G. Oexle, Göttingen 1998, S. 173–210; der Konflikt zwischen Papst Johannes XXII. und den Franziskanern ist als „theoretischer Armutsstreit" bezeichnet worden, wichtige Texte aus dieser Kontroverse sind jetzt zugänglich in: Nicolaus Minorita, Chronica. Documentation on Pope John XXII, Michael of Cesena and the Poverty of Christ with Summaries in English. A Source Book, hg. von G. Gál/D. Flood, St. Bonaventure 1996; vgl. zum „theoretischen Armutsstreit: R. LAMBERTINI, La Povertà pensata. Evoluzione storica della definizione dell'identità minoritica da Bonaventura ad Ockham (Collana di storia medievale 1), Modena 2000; DERS., Usus and usura: poverty and usury in the Franciscan's responses to John XXII's Quia vir reprobus, in: Franciscan Studies 54 (1997), S. 185–210; U. HORST, Evangelische Armut und päpstliches Lehramt. Minoritentheologen im Konflikt mit Papst Johannes XXII (1316–1334) (Münchener Kirchenhistorische Studien 8), Stuttgart/Berlin/Köln 1996; F. ACCROCCA, Concerning the Cases of the Heretical Pope: John XXII and the Question of Poverty. MS XXI of the Capestrano Convent, in: ebda. S. 167–184; Ch. FLÜELER, Eine unbekannte Streitschrift aus dem Kreis der Münchener Franziskaner gegen Papst Johannes XXII, in: Archivum franciscanum historicum 88 (1995), S. 497–514; Th. TURLEY, John XXII and the Franciscans. A Reappraisal, in: Popes, Teachers and Canon Law in the Middle Ages, hg. von J. R. Sweeney/S. Chodorow, Ithaca (N.Y.) 1989, S. 74–88; L. DUVAL-ARNOULD, La Constitution „Cum inter nonnullos" de Jean XXII sur la pauvreté du Christ et des Apôtres: rédaction préparatoire et rédaction définitive, in: Archivum franciscanum historicum 77 (1984), S. 406–420.

155 Vgl. dazu die bereits genannte Literatur; vgl. außerdem A. TABBARONI, Paupertas Christi et apostolorum. L'ideale francescano in discussione (1322–1324) (Nuovi Studi storici), Rom 1990 zur Neuaufnahme der Diskussion 1322; eine knappe, klare Übersicht über die Umstände, die die erneute Auseinandersetzung mit den Thesen Olivis herbeiführten, bietet WITTNEBEN, Bonagratia von Bergamo, S. 107–111.

156 Extravagantes D. Ioannis XXII, 14, 2 (*Quia nonnumquam*); vgl. auch TIERNEY, The Origins of Papal Infallibility, S. 172–176.

des franziskanischen Regelverständnisses nach den schweren Wirren in überzeugender Weise formuliert (und dabei eine spätere Glossierung des Textes verboten). *Exiit* hatte für den Orden eine besondere Qualität.[157] Brian Tierney hat von einer Magna Carta des Ordens gesprochen.[158] Johannes XXII. zeigte sich von solchen Traditionserwägungen unbeeindruckt, und er formulierte sehr klar, dass er als Papst durch die Tradition seiner Vorgänger nicht gebunden sei, vielmehr stehe es ihm als Gesetzgeber (*conditor canonum*) zu, gesetzte Normen aufzuheben oder zu modifizieren, wenn sie sich als unzureichend erwiesen hätten: *Quia nonnumquam, quod coniectura profuturum credidit, subsequens experientia nocivum ostendit: non debet reprehensibile iudicari, si canonum conditor canones a se vel suis praedecessoribus editos, vel aliqua in eisdem contenta canonibus revocare, modicare vel suspendere studeat.*[159]

Hier sind wir mitten im Problem. Und es ist ein Problem, das nicht erst durch den Vergleich mit der *Magna Carta* entsteht, sondern es ist dasselbe Problem, das Heinrich III. in der bereits zitierten Begegnung mit dem Hospitaliter formulierte: Es mußte für den Verantwortlichen möglich sein, seine Entscheidungen zu korrigieren, wenn sie sich nicht bewährten.[160] Im Prinzip war dies ein sehr vernünftiges Verfahren. Der Grundsatz, den Johannes XXII. formulierte, war für einen Mann von über 70 Jahren eigentlich bemerkenswert. Er eröffnete seine Bulle mit einem Bekenntnis zur Lernfähigkeit. Es passierte in der Tat bisweilen, dass sich Regelungen, die man im guten Glauben erlassen hatte, in der Praxis als unglücklich erwiesen. Sollte man dann als Verantwortlicher kein Recht haben, den Fehler zu korrigieren?

Es kam darauf an. In England reagierten die mächtigen Untertanen des Königs alarmiert auf ein solches Ansinnen, denn es war nicht klar, ob der König dieselben Entwicklungen für fehlerhaft hielt, die auch sie problematisch fanden. Und sie hatten dem König in der Folge deutlich gemacht, dass Korrekturen nur mit ihrer Beteiligung vorgenommen werden konnten – wobei die Form der Beteiligung umstritten blieb. Daraus entstand allmählich das parlamentarische Verfahren, dessen Genese wir in den Grundzügen in den vorangehenden Kapiteln untersucht haben. Im Falle des Papstes war eine solche Einschränkung nicht möglich. Die päpstliche Entscheidungsgewalt wurde nicht dauerhaft in ein Kontrollverfahren eingebunden, daher mussten die Verteidiger des Status quo einen anderen Weg finden, um Johannes XXII. davon abzuhalten, das ganze Gefüge der franziskanischen Lebensweise in Frage zu stellen. Und sie fanden einen Weg, zumindest versuchten sie, ihn zu weisen – auch wenn sie sich damit nicht durchsetzten.[161] Dabei

---

157 *Exiit qui seminat*: VI. 5. 12. 3; vgl. zu der Diskussion im Umfeld von *Exiit* etwa LAMBERTINI, La Povertà pensata; DERS., La scelta francesacana e l'Università di Praigi: Il „Bettelordensstreit" fino alla „Exiit qui seminat", in: Gli studi francescani de dopoguerra fino ad oggi (Quaderni di cultura mediolatina 2), hg. von F. Santi, Spoleto 1993, S. 143–172.
158 TIERNEY, Origins of Papal Infallibility, S. 173: „To the Franciscans *Exiit* was almost a second foundation charter, the very Magna Carta of their Order".
159 Extravagantes D. Ioannis XXII, 14, 2.
160 Vgl. dazu Kap. 3.
161 Vgl. dazu die ausführlichen Literaturangaben in Anm. 154 („Theoretischer Armutsstreit"); vgl. zur franziskanischen Haltung zu *Exiit* die knappe, klare Übersicht bei: Th. TURLEY, Infal-

lässt sich am Rande festhalten, dass nach heutigen Maßstäben der englische König und Johannes XXII. für die Möglichkeiten von Reformen eintraten, während die „Opposition" in beiden Fällen „konservativ" ausgerichtet war.

Auch die Franziskaner reagierten auf das Ansinnen des Papstes alarmiert. Auf einer abstrakten Ebene, die die Unterschiede zwischen Königtum und Papsttum geringer gewichtet als die Gemeinsamkeit des Führungsanspruch, ließe sich durchaus feststellen, dass die Franziskaner ähnlich reagierten, wie die verstimmten Untertanen Heinrichs III.: sie stellten das Papsttum Johannes' XXII in Frage. Genau das geschah in der sogenannten *Sachsenhäuser Appellation* Ludwigs des Bayern vom 22. Mai 1324, die eine lange Passage über den Armutsstreit Johannes' XXII. mit den Franziskanern enthielt – den sogenannten *Minoritenexkurs*, dessen Verfasser mit großer Wahrscheinlichkeit ein Franziskaner war.[162] Der Text stellte gleich zu Beginn die Rechtmäßigkeit von Johannes' Papsttum in Frage: *contra Iohannem qui se dicit papam vicesimum secundum.*[163] Der Vorwurf, den die Appellanten gegen den Papst erhoben, war nicht gering – der Papst sei ein Häretiker –, aber er war auch nicht überraschend, denn nur ein häretischer Papst konnte seines Amtes enthoben werden.[164] Der Vorwurf der hartnäckigen Abweichung vom Glauben gründete in erheblicher Weise auf dem Vorgehen des Papstes gegen die Bulle *Exiit* seines Vorgängers Nikolaus' III. Diesen Text und seine Interpretation der franziskanischen Lebensweise erhoben die Gegner zu einem unveränderbaren Bestandteil der kirchlichen Glaubenslehre, den zu ändern auch einem späteren Papst nicht möglich sein sollte.[165] Brian Tierney hat in diesem defensiven Bemühen den historischen Moment gesehen, in dem die Grundlagen für das sehr viel später formulierte Dogma von der Unfehlbarkeit des Papstes gelegt wurden.[166] Seine scharfsinnige und durchaus plausible These hat, wie zu erwarten, eine gewisse Diskussion ausgelöst.[167] Die Debatte ist komplex und sie auch nur annähernd auf einem an-

---

libilists in the Curia of John XXII, in: Journal of Medieval History 1 (1975), S. 71–101, hier S. 73–75.

162 MGH Constitutiones, Bd. 5, ed. Schwalm, Nr. 909f. Zu den Appellationen Ludwigs des Bayern vgl. knapp oben in diesem Kapitel. Zum *Minoritenexkurs* und zur Verfasserfrage vgl. zuletzt die Übersicht bei WITTNEBEN, Bonagratia von Bergamo, S. 229–253.

163 MGH Constitutiones 5, ed. Schalm, S. 723; vgl. zu Ludwigs Appellationen auch BECKER, Die Appellationen vom Papst an ein allgemeines Konzil, S. 83–99.

164 MGH Constitutiones, Bd. 5, ed. Schwalm, S. 741f.: *Item ipse est sacramentorum Christi impius prophanator atque contemptor et sacrorum impius et temerarious violator atque subversor et generalis status ecclesie subdolus et presumptuosus et temerarious inmutator multifarie mutisque modis. Et de predictis monitus, quod se corrigat, omnino se corrigere non vult nec se correxit, immo est in predictis omnino incorrigibilis et sic hereticus notorius est censendus.*

165 Ebda, S. 733: *In hoc immobili fundamento almus Christi confessor Franciscus pater eiusdem ordinis ordinem fundavit et sancta mater ecclesia regulam, quam Christo sibi revelante composuit, approbavit et confirmavit et per plures Romanos pontifices, videlicet Honorium, Gregorium IX, Alexandrum quartum, Innocentium quartum, Innocencium V. et Nicolaum tercium et quartum et per diversos alios pontifices declaravit, omnibus una et concordi voce dicentibus, quod hec est regula ewangelica Christi et apostolorum imitative, que nichil habebat vel habet in hoc mundo proprium vel commune, set in rebus, quibus utebantur et utuntur, habebant et habent tantummodo simplicem facti usum.*

166 TIERNEY, Origins of Papal Infallibility.

167 Vgl. dazu die einschlägigen Titel in Anm. 155; vgl. auch TURLEY, Infallibilists.

gemessenen Niveau zu skizzieren, würde uns erheblich von unserer Fragestellung ablenken. Wir konzentrieren uns hier auf den Aspekt, der für die Frage nach der Traditionsbildung entscheidend ist, auf die Verbindlichkeit von Entscheidungen für die Zukunft und auf die Frage nach der Überlieferung solcher Entscheidungen. Johannes' Gegner führten ein neues Kriterium ein, das die Entscheidungsfreiheit des Papstes eingrenzen sollte: *Nam quod semel per summos pontifices Dei vicarios per clavem sciencie est diffinitum esse de fidei veritate, non potest per successorem aliquem in dubium revocari.*[168]

Damit führten die Franziskaner das Gewicht der Entscheidungen seiner Vorgänger gegen Johannes XXII. ins Feld und stellten seinen Anspruch, als *Conditor Canonum* Gesetze nicht nur zu erlassen, sondern auch aufzuheben, grundsätzlich in Frage.[169] Es ging um viel, und deswegen wurde der Verstoß gegen dieses Prinzip auch als häretisch eingestuft.[170] Das war nicht ganz unproblematisch. Im Grunde galt das Prinzip *par in parem non habet imperium*, wodurch ein Papst seinen Nachfolger in seinen Entscheidungen nicht binden konnte. Vielmehr war der Vorteil eher auf der Seite der Lebenden, indem ein Papst durchaus die Entscheidungen seines Vorgängers aufheben konnte.[171] So ließ Bonifaz VIII. ausdrücklich feststellen, dass der Papst durch eine spätere Rechtssetzung die frühere Norm aufheben konnte.[172] Darin erkennen wir die gewachsene Bedeutung des positiven Rechts, die bereits in der Vorrede des *Liber Sextus* deutlich wurde, in der Bonifaz die schwere Aufgabe des Gesetzgebers umriß, der in schlaflosen Nächten der Schwierigkeiten des menschlichen Zusammenlebens mit der Bekräftigung des alten Rechts, aber auch mit dem Erlaß neuer Gesetze zu begegnen suchte.[173] Auf

---

168 MGH Constitutiones, Bd. 5, ed. Schwalm, S. 737.
169 Die erste franziskanische Reaktion auf den päpstlichen Vorstoß waren entsprechende Beschlüsse eines Generalkapitel in Perugia im Juni 1322, auf die sich die *Sachsenhäuser Appellation* ausdrücklich berief; vgl. die Texte bei K. MÜLLER, Einige Aktenstücke und Schriften zur Geschichte der Streitigkeiten unter den Minoriten in der ersten Hälfte des 14. Jahrhunderts, in: Zeitschrift für Kirchengeschichte 6 (1884), S. 63–112, hier S. 106–108; F. DELORME, Descriptio codicis 23 J. 60 Bibliothecae Fr. Min. conventualium Friburgi Helvetiorum, in: Archivum Franciscanum Historicum 10 (1917), S. 47–102, hier S. 100–102; A. BARTOLI LANGELI, Il manifesto francescano di Perugia del 1322, alle origini die fraticelli „de opinione", in: Picenum Seraphicum 10 (1973), S. 204–261; vgl. zu den Beschlüssen in Perugia auch TIERNEY, Origins of Papal Infallibility, S. 175–178; WITTNEBEN, Bonagratia von Bergamo, S. 110–158 (zur Argumentation Bonagratias).
170 MGH Constitutiones, Bd. 5, ed. Schwalm, S. 737: *... non potest per successorem aliquem in dubium revocari vel eius quod diffinitum est contrarium affirmari, quin hoc agens manifeste hereticus est censendus.*
171 Dazu vgl. besonders H. KRAUSE, Dauer und Vergänglichkeit im mittelalterlichen Recht, in: Zeitschrift der Savigny-Stiftung für Rechtsgeschichte, Germ. Abt. 75 (1958), S. 206–251; *par in parem non habet imperium*: Glosse *imperium* zu Dig, 1, 12, 1. 4. vgl. dazu auch KRAUSE, Dauer und Vergänglichkeit, S. 237–239.
172 VI, 1, 2, 1: *Licet Romanus Pontifex, qui iura omnia in scrinio pectoris sui censetur habere, constitutionem condendo posteriorem, priorem, quamvis de ipsa mentionem non faciat, revocare noscatur ...*
173 VI, Vorrede (Corpus Iuris Canonici, Bd. 2, ed. Friedberg, S. 930): *Amplectimur quippe voluntarios pro ipsorum quiete labores, et noctes quandoque transimus insomnes, ut scandala removeamus ab*

dieser Möglichkeit, als *Conditor Canonum* neue Gesetze zu erlassen, wenn die Entwicklung der Verhältnisse dies nahelegte, hatte Johannes XXII. bestanden. Ungewöhnlich war das nicht, aber die Franziskaner nahmen daran Anstoß, weil der Papst diese Freiheit nutzte, um eine Norm zu verändern, auf der ihr Ordensleben aufbaute. Im Fluß der Zeit sollte es sichere Inseln geben.

Um sie zu erreichen, gab es nach der Auffassung der franziskanischen Opposition gegen den Papst eine besondere Form der päpstlichen Schlüsselgewalt, den *Schlüssel des Wissens (clavis scientiae)*.[174] Entscheidungen über wichtige Glaubensinhalte, die der Papst mit dieser Befugnis traf, hätten den Charakter von Glaubenswahrheiten und könnten nicht widerrufen werden.[175] Wir müssen der Frage nicht nachgehen, wer die entscheidenden Ideengeber für diese Argumentation waren (Olivi wird eine wichtige Rolle zugeschrieben), und wir müssen auch nicht klären, ob vergleichbare Ideen, die eine Gruppe um Petrus de Palude († 1342) in diesen Jahren an der Kurie entwickelte, auf die spätere Doktrin der päpstlichen Unfehlbarkeit einen stärkeren Einfluß gehabt haben.[176] Wichtig ist die Feststellung, dass in den 1320er Jahren der ernsthafte Versuch unternommen wurde, die schriftliche Tradition in bestimmten Fragen als verbindliche Vorgabe für die Gegenwart heranzuziehen. Dass die Tradition der Maßstab für die Gegenwart und die Zukunft sein sollte, war nicht neu. Neu war eine Form der Traditionsvermittlung, die klare Vorgaben festlegen sollte. *Exiit* war keine legendenhafte Erzählung, deren Regelwerk von alten Männern beim Weitererzählen umsichtig oder knurrend an die Erfordernisse einer neuen Zeit angepaßt wurde, *Exiit* war ein Text, der in vielfacher Abschrift in der ganzen lateinischen Christenheit verbreitet war. Und es war ein Text, der nicht kommentiert werden sollte, sondern der so gelesen werden sollte, wie er war: *sic fideliter exponatur ad literam concordantiae, contrarietates seu diversae vel adversae opiniones a lectoribus seu expositoribus nullatenus inducantur.*[177]

Die franziskanische Opposition setzte sich mit ihrer offensiven Verteidigungsstrategie in diesem Punkt nicht durch. Das ist nicht wirklich verwunderlich, denn die Anklage, dass der Papst ein Häretiker sei, weil er in einer Frage von den Normen seiner Vorgänger abwich, die zwar einen Franziskaner umtreiben konnte, die aber für die meisten Zeitgenossen in der Tat einen theoretischen Charakter hatte,

---

ipsis, et, quas humana natura, novas semper deproperans edere formas, lites quotidie invenire conatur, nunc antiquorum declaratione, nunc novorum editione iurium, prout nobis est possibile, reprimamus.

174 Vgl. oben mit Anm. 169; vgl. dazu besonders TIERNEY, Origins of Papal Infallibility, S. 171–186; vgl. auch WITTNEBEN, Bonagratia von Bergamo, S. 240f., 346–351; die Autorin schlägt die alternative Übersetzung *Schlüssel der Glaubenswahrheit* vor (ebda, S. 347); allgemein zur päpstlichen Schlüsselgewalt vgl.: L. HÖDL, Die scholastische Literatur und die Theologie der Schlüsselgewalt von ihren Anfängen bis zur Summa Aurea des Wilhelm von Auxerre, Münster 1960.

175 Vgl. die Nachweise der vorangehenden Anmerkung.

176 Vgl. dazu TURLEY, Infallibilists.

177 VI, 5, 12, 3 (Corpus Iuris Canonici, ed. Friedberg, S. 1120). Der Schluß der Bulle enthält ein ausdrückliches Verbot der juristischen Glossierung, erlaubt war lediglich eine Wort- oder eine grammatikalische Erklärung: *Super ipsa constitutione glossae non fiant, nisi forsan, per quas verbum vel verbi sensus, seu constructio, vel ipsa constructio quasi grammaticaliter ad literam vel intelligibilius exponatur.* (Ebda).

war nicht ganz frei von einer gewissen Aufgeregtheit. Der Vorstoß hatte durchaus genuin franziskanische Züge, weil er den listigen Versuch machte, die Autorität einer Tradition, unter deren Herausbildung mancher Gefährte und Nachfolger des Franziskus gelitten hatte, nun gegen die oberste Autorität der Kirche ins Feld zu führen. Aber dieser Vorstoß stand nicht allein, und das ist die Beobachtung, die uns hier vordringlich interessiert. Der Versuch, die Spielräume der Herrschenden in wichtigen Bereichen durch schriftliche Programme einzuschränken, ist im 14. Jahrhundert auch an anderer Stelle zu beobachten.

Dabei war das Umfeld erneut die päpstliche Kurie in Avignon. Im Jahre 1352 verpflichteten sich die Kardinäle vor der Wahl eines neuen Papstes gemeinsam auf schriftlich festgehaltene Eckpunkte, die der neue Papst – der mit großer Wahrscheinlichkeit aus dem Kreis dieser Kardinäle hervorgehen würde – bei seiner Amtsausübung zu beachten habe.[178] Mit diesem Schriftstück beginnt im 14. Jahrhundert, zunächst zögerlich, die Reihe der päpstlichen Wahlkapitulationen, die ihre eigentliche Fortsetzung erst nach dem Pontifikat Martins V. (1417–1431) erfuhr.[179] Die Selbstverpflichtung, *quod ... omnia in eadem scriptura contenta inviolabiliter observaret*, die die Kardinäle vor der Wahl im apostolischen Palast gemeinsam beschworen, lässt die Stoßrichtung des Textes erkennen.[180] Mit ihm wollten die Kardinäle ihre Mitwirkung an Kardinalskreationen (und -absetzungen), die Beschränkung der Größe des Kardinalskollegs, den Schutz ihrer Güter und Einkünfte, die Mitwirkung an der päpstlichen Personalpolitik im Kirchenstaat und bei der Gewährung von Kirchenzehnten an die europäischen Fürsten sicherstellen.[181] Es war ein kurzes Dokument, deutlich knapper gehalten als etwa die Vereinbarungen, die der englische König wiederholt mit seinen Baronen treffen mußte, wenn diese sich aus dem königlichen Rat gedrängt sahen und die Modalitäten künftiger Entscheidungen festhalten wollten. Auch die Wahlkapitulation der Kardinäle sieht in allen angesprochenen Punkten ihre Beteiligung an der Entscheidungsfindung vor, je nach Frage mit einfacher Mehrheit, oder mit einer Zweidrittelmehrheit. Die Kardinäle legten Wert auf die Freiheit ihrer Meinungsbildung und hielten fest, dass sie zu Fragen, die sich aus diesen Vereinbarungen ergeben würden, gehört werden wollten und dass der künftige Papst entsprechende Klä-

---

178 Der Text ist überliefert als Insert in der Bulle, mit der Innozenz VI. diese Selbstverpflichtung nach seiner Wahl wieder aufheben ließ: Innocent VI. Lettres secrètes et curiales, Bd. 1 (Bibliothèque des Écoles françaises d'Athènes et de Rome 3e série 4), hg. von P. Gasnault/M.-H. Laurent, Paris 1960, Nr. 435; zu Innozenz VI. vgl. A. PELISSIER, Innocent VI. le réformateur. Deuxième pape Limousin (1352–1362), Clairvivre 1961.
179 Vgl. dazu die Übersicht bei Th. M. KRÜGER, Überlieferung und Relevanz der päpstlichen Wahlkapitulationen (1352–1522). Zur Verfassungsgeschichte von Papsttum und Kardinalat, in: Quellen und Forschungen aus italienischen Archiven und Bibliotheken 81 (2001), S. 228–255. Der Autor bereitet zudem eine größere Studie vor, die das Thema aus verfassungsgeschichtlicher Perspektive aufgreifen wird.
180 So faßt es Innozenz VI. als Teilnehmer dieser Wahlversammlung selbst zusammen: Innocent VI. Lettres secrètes, Bd. 1, ed. Gasnault/Laurent, S. 137.
181 Vgl. die Auflistung ebda, S. 137f.

rungen nur mit der Unterstützung von zwei Dritteln der Kardinäle vornehmen könne.[182] Damit versuchten die Kardinäle, ihren Mitwirkungsansprüchen an der päpstlichen Politik eine konstitutionelle Verbindlichkeit zu verleihen.[183] Der Papst benötigte indes keine Zweidrittelmehrheit, um die Wahlkapitulation nach seiner Wahl wieder aufzuheben, weil er seine *plenitudo potestatis* ungebührlich eingeschränkt sah.[184]

Die Wahl veränderte die Kräfteverhältnisse entscheidend, indem sie aus dem Kardinal Étienne d'Albret den Papst Innozenz VI. machte, der sich nun auf seine apostolische Autorität berief, um die Zusagen, die er als Kardinal gemacht hatte, wieder aufzuheben. Wirklich überraschend war das nicht, die Einhaltung der Wahlkapitulation hätte die Entscheidungsstrukturen an der Kurie in der Tat erheblich verändert und dem Kardinalskolleg in administrativen Fragen eine bedeutende Rolle eingeräumt. Es ist wichtig, darauf zu verweisen, dass die Wahlkapitulation nicht dieselbe Stoßrichtung hatte, wie die Versuche der Franziskaner, die päpstliche Entscheidungsfreiheit einzuschränken, denn es ging den Kardinälen nicht um Glaubensfragen. Gegenüber der päpstlichen Lehrautorität in Fragen der kirchlichen Lehre beanspruchten sie keine Beteiligung an der Entscheidung. So gab es auf den beiden großen Aktionsfeldern der Kurie, dem Feld der Kirchenpolitik und der Herrschaft im Kirchenstaat sowie auf dem Feld der Glaubensentscheidungen den Versuch, den Papst durch schriftliche Festlegungen einer gewissen Kontrolle zu unterstellen. Es blieben Versuche, aber sie sind für die Veränderungen im 14. Jahrhundert von Bedeutung, denn es wird bei aller Differenz zwischen den Materien doch ein Muster erkennbar. Allerdings haben wir hier den interessanten Fall, dass die Kurie, die ansonsten im Falle der schriftlichen Traditionsbildung eher eine Vorreiterrolle einnahm, in gewisser Weise ein „englisches Politikmuster" erkennen läßt. Die Ansprüche der Kardinäle auf eine Mitregierung, einschließlich der präzisen und differenzierten Festlegung, welcher Zustimmungsquoten durch die Kardinäle unterschiedliche päpstliche Anliegen bedurften, erinnert durchaus an die Vorstöße der englischen Königskritiker in der *Magna Carta*, den *Provisionen von Oxford* und den *New Ordinances*.[185] Aber auch die Reakti-

---

182 Ebda, S. 138: *Item quod papa non impediat quin omnes et singuli cardinales in consulendo et consentiendo iterum habeant arbitrium in agendis ... Item quod sie aliquod dubium occurrerit vel inciderit, vel pape videbitur in predictis, dominus papa cum consilio et consensus saltem duorum partium cardinalium habeat declarare.*

183 Zum konstitutionellen Charakter der Wahlkapitulationen vgl. auch KRÜGER, Überlieferung und Relevanz, und insb. die demnächst zu erwartende Studie.

184 Innocent VI. Lettres secrètes, Bd. 1, ed. Gasnault/Laurent, S. 137: *quod scriptura ipsa in diminucionem et prejudicium plenitudinis potestatis ex ore Dei collate soli duntaxat Romano pontifici dinoscitur procul dubio redundare ...*

185 Die Kardinäle differenzieren zwischen erforderlichen einfachen Mehrheiten (z. B. bei der Einsetzung von Amtsträgern in den Besitzungen der Kurie) und zweidrittel Mehrheiten (z.B. bei Kardinalskreationen und -absetzungen, bei Klärungen von offenen Fragen im Zusammenhang mit der Wahlkapitulation): vgl. Innocent VI. Lettres secrètes, Bd. 1, ed. Gasnault/Laurent, S. 137f. (z.B. *Item, quod si aliquod dubium occurerit vel inciderit, vel pape videbitur in predictis, dominus papa cum consilio et consensu saltem duarum partium cardinalium habeat declarare*, ebda, S. 138).

on des erstarkten Papstes erinnert an die Reaktion des englischen Königs, nachdem er in einer Phase der Schwäche diesen Reformdokumenten hatte zustimmen müssen: er widerrief die Einschränkungen seiner herrschaftlichen Entscheidungsgewalt. Wir haben dies bei den verschiedenen Beispielen verfolgen können. Da sich der englische König bei der Widerrufung der *Magna Carta,* der *Provisionen von Oxford* und bei der Relativierung der *New Ordinances* jeweils auf die päpstliche Unterstützung verlassen konnte, erscheint die Rücknahme der Wahlkapitulation durch Innozenz VI. als folgerichtiger Schritt in einer Politik der Päpste, die gegen jede verfassungsrechtliche Einschränkung der monarchischen Gewalt auftrat.

Das politische Schicksal der monarchischen Ordnungen im 14. Jahrhundert ist das Thema des nächsten Kapitels. Fassen wir daher die Beobachtungen zur Traditionsbildung in dieser Phase zunächst zusammen. Zu Beginnn des Jahrhunderts traten die verschiedenen Traditionsmodelle profilierter hervor. Es gab einen dezidierten Rückgriff auf die mündliche und persönliche Überlieferung, aber es gab auch ein zunehmendes Bemühen um die tatsächliche Verwendung der schriftlichen Traditionsinstrumente. Diese Systematisierung und Durchdringung der Überlieferung des 13. Jahrhunderts ist eine frühe Stufe ihrer regelmäßigen Nutzung im politischen Proze
ß (etwa im englischen Parlament im späten 14. Jahrhundert). Die dezidierten Bekenntnisse zu einer mündlichen Tradition wird man als Abwehrreaktionen interpretieren können. Sie waren keineswegs erfolglos.

Zwar schritt die Verwendung der schriftlichen Überlieferung erkennbar voran, und wichtige Entscheidungsvorgänge, wie die politische Beratung des englische Königs im Parlament oder die Wahl des römischen Königs, die in ihren Modalitäten lange umstritten waren, erhielten nun eine schriftlich fixierte Ordnung oder zumindest eine schriftliche Praxis, aber dennoch blieb die Wirkung solcher schriftlichen Regelungen eingeschränkt. Die Grenze ist klar erkennbar, und in den zuletzt thematisierten Versuchen der Kardinäle und der Franziskaner, die Einbindung des monarchischen Hauptes schriftlich zu fixieren, wurde sie fassbar. Die Zukunft ließ sich keinem Text unterwerfen. Es war die Frage der Zukunftssicherung, die die erhebliche Bedeutung der mündlichen Tradition auch weiterhin garantierte. Die Frage des deutschen Königswahlverfahrens hatte einen eminent politischen Charakter, aber irgendwann wurde sie doch auch zu einer technischen Frage, die lösbar sein mußte. Die Frage der politischen Zukunft wurde nicht zur Routine. Sie belebte die Dynamik der Traditionsbildung nach wie vor. Letztlich erscheint die Durchsetzung einer schriftlichen Tradition als Orientierung gebende Norm vor allem auf den Feldern erfolgt zu sein, die in einem weiteren Sinne einer Gerichtstradition angehörten. Das galt für die Frage der deutschen Königswahl, die erstmals in einem Rechtstext, dem Sachsenspiegel, dargestellt worden war, und deren Hauptproblem, die gespaltenen Wahlen auf einer höheren Ebene einen Richter erfordert hätte, wenngleich im Fall des römisch-deutschen Königs gerade die Frage des Richters umstritten war. Aber auch die Abwehr eines ungebetenen (päpstlichen) Richters verwies die Frage in das Umfeld gerichtlicher Entscheidungen. Ähnlich verhielt es sich mit dem englischen Parlament, das in hohem Maße eine Gerichtsfunktion innehatte. Die Beschäftigung mit den Petitionen der Untertanen machte einen erheblichen Teil der Arbeit des Parlamentes aus. Schon im Zusammenhang mit der Rezeption der Magna Carta waren wir auf ihre Rolle als

Dokument vor Gericht im 13. Jahrhundert gestoßen. Vergleichbares läßt sich über die Rolle der Synoden und auch der Konzilien sagen. Das I. Konzil von Lyon hatte bei der Absetzung Friedrichs II. wie eine Gerichtsversamlung getagt. In Hinblick auf die Perspektive dieser Untersuchung wird die Frage interessant, wie diese Gerichtstradition in den verschiedenen Herrscherabsetzungen am Ende des 14. Jahrhunderts zum Tragen kam. Doch zunächst gilt es die Konflikte des 14. Jahrhunderts auf ihre Muster, ihren „Rhythmus" und ihre Rolle in der politischen Traditionsbildung zu prüfen. Davon handelt das nächste Kapitel.

Kapitel 7

Vom Konflikt zur Verfassung: Die konkreten Verfassungskämpfe des 14. Jahrhunderts

Das 14. Jahrhundert erlebte dramatische Verfassungskämpfe, die auf ihre Weise die Entwicklungen des 13. Jahrhunderts zu einem Abschluß brachten, oder die das Potential, das die Krisen des 13. Jahrhunderts bereits erkennen ließen, mit grimmiger Folgerichtigkeit ausschöpften. In Deutschland kam die Entwicklung des Königswahlrechts nach einem langen Konflikt zum verfassungsrechtlichen Abschluß – allerdings erst nach einem Ringen um den Thron und einem Herrscherwechsel, und in England wurden sogar zwei Könige abgesetzt und getötet. So weit war es im 13. Jahrhundert nicht gekommen. Die Ereignisse folgten nicht unmittelbar aufeinander, die Doppelwahl, die die letzte große Auseinandersetzung um die Erhebung und den Status des römisch-deutschen Königs im Mittelalter einleitete, fand 1314 statt, die Goldene Bulle wurde 1356 feierlich erlassen. Und bis zu ihrer Rezeption vergingen nochmals Jahrzehnte. Der englische König Edward II. verlor seinen Thron und sein Leben 1327, die Herrschaft Richards II. nahm 1399 ein vergleichbares Ende. Damit stellt sich bei diesen Konflikten die Frage nach ihrem Zusammenhang, nach einem historischen Spannungsbogen von der Akzentuierung des Problems bis zu seiner verfassungsrechtlichen Lösung (in Deutschland) oder nach einem möglichen Vorbildcharakter, den der Widerstand gegen Edward II. in der Herrschaftszeit Richards II. entwickeln konnte. Das mußte nicht allein für die Opposition gegen den König gelten, auch der Herrscher mochte das Schicksal seines Vorgängers vor Augen haben, ohne dass er daraus dieselben Schlüsse zog wie seine Gegner. Wir haben im vorangehenden Kapitel verfolgt, wie sich die Traditionsbildung im 14. Jahrhundert veränderte. Die Frage ist nun, wie sehr die Akteure von der verstärkten schriftlichen Überlieferung Gebrauch machten. Schon der Abstand zwischen den Königsabsetzungen in England überschritt die Erinnerungsspanne eines durchschnittlichen Menschenlebens deutlich.

Die Ereignisse als solche sind in der Forschung wiederholt behandelt worden.[1] Hier soll es nicht um eine Wiederholung der Ereignisgeschichte gehen, sondern um eine Skizze der Konfliktverläufe, die die inneren Zusammenhänge und Nachwirkungen herausstellt. Es geht um den Rhythmus, nicht um die Nacherzählung. Allerdings müssen wir dazu die Eigenheiten der entscheidenden Konflikte

---

1   Die Literatur zur politischen Geschichte des 14. Jahrhunderts in Deutschland und England ist in den zurückliegenden Kapiteln verschiedentlich zitiert worden.

so weit verstehen, dass wir ermessen können, welchen Beitrag sie zur Klärung der Probleme lieferten, deren Entwicklung diese Untersuchung nachgeht. Neben der Ausbildung des Königswahlrechts und der Ausdifferenzierung des Beraterkreises für den englischen König wird es dabei auch um die Frage gehen, welchen Charakter diese Krisen hatten. Läßt sich in ihrem Verlauf das Wirken einer schriftlichen Erinnerung an die Vorgeschichte erkennen?

So verschieden die Konflikte im einzelnen waren, so wiesen doch die Eckdaten der Königsgeschichte manche äußere Parallele auf. Im Reich und in England gab es eine frühe Auseinandersetzung um das Königtum, die in England schon 1311, in Deutschland 1314 begann und die erst 1325 bzw. 1327 zu einer Lösung gelangte. Auch das Ende des Jahrhunderts sah in beiden Königreichen eine Absetzung der Herrscher – allerdings mit deutlich unterschiedlichem Ergebnis, und während in England die lange Herrschaft Edwards III. (1327/30–1377) eine Zeit relativ ungefährdeter Königsherrschaft war, erlebt Deutschland um die Mitte des Jahrhunderts einen erneuten Kampf zweier Könige um die Krone.[2] Man mag darin bereits eine Verschiebung der Konfliktmuster erkennen, doch sollten wir die Vorgänge genauer prüfen. Wir beginnen in England. Dort sah sich der König frühzeitig scharfer Kritik ausgesetzt.

Das Königtum Edwards II. stand unter einem unruhig flackernden Stern.[3] Sein Vater hatte ihm kein einfaches Erbe hinterlassen.[4] Der Krieg mit den Schotten war nicht entschieden, das Verhältnis zu den Großen des Königreiches war angespannt, und die 1294 wieder aufgeflackerten Kämpfe um die englischen Festlandsbesitzungen waren zwar beendet worden, und der neue Frieden wurde durch die Heirat Edwards II. mit der Tochter König Philipps IV. von Frankreich bekräftigt, aber diese Ehe wurde im Laufe der Zeit zu einem eigenen Problemfeld.[5] Es sollte sich erweisen, dass es nicht klug war, politische Ehen auf zu große Hoffnungen zu gründen. Die Folgen dieser Ehe waren weit schwerwiegender als ihr unmittelbarer Effekt. Es läßt sich durchaus formulieren, dass die Folge von Kämpfen auf dem Festland und der Eheverbindung der beiden Königshäuser nach

---

2 Vgl. zu der kurzen Rivalität Ludwigs des Bayern und Karls IV. um den deutschen Thron etwa THOMAS, Deutsche Geschichte des Spätmittelalters, S. 211–217; KAUFHOLD, Gladius Spiritualis, S. 270–287.
3 Zum Königtum Edwards II. vgl. die Vita Edwardi Secundi, ed. Childs/Denholm-Young; Chronicles of the Reigns of Edward I. and Edward II., Bd. 1–2; ed. Stubbs; Calendar of the Charter Rolls, Bd. 3; Calendar of the Close Rolls: Edward II, 4 Bde.; vgl. auch: HAINES, King Edward II; ORMROD, England: Edward II and Edward III; PRESTWICH, The Three Edwards; DERS., Plantagenet England, S. 178–224; BUCK, Politics, Finance and the Church; BINGHAM, The Life and Times of Edward II; TOUT, The Place of the Reign of Edward II.
4 Vgl. dazu etwa PRESTWICH, Plantagenet England, S. 165–187, 298–303.
5 Zur Ehe Edwards II. mit Isabella, der Tochter Philipps IV.: Vita Edwardi Secundi, ed. Childs/Denholm-Young, S. 8; vgl. auch PRESTWICH, Plantagenet England, S. 298–303; P. DOHERTY, Isabella, Queen of England: 1296–1330, Wetherby 1977; DERS., Isabella and the Strange Death of Edward II, London 2003.

fast 40 Jahren Frieden eine neue Stufe der Beziehung signalisierte, in der man sich erneut im Auge behalten mußte.

Schon die Erweiterung des Krönungseides zu Beginn der Herrschaft Edwards II. läßt sich als eine Vorsichtsmaßnahme der Mächtigen des Königsreiches verstehen, die ihrem König Grenzen seiner Handlungsfreiheit aufzeigen sollte. Edward II. fand im Umgang mit den Empfindlichkeiten der Großen seines Königreiches keinen glücklichen Stil. Sein Vater Edward I. hatte während seiner langen Herrschaft zwar den Widerstand seiner Untertanen erfahren, als er nach der Eroberung von Wales und ersten Kämpfen in Schottland eine Militärkampagne auf dem Festland vorbereitete, aber dieser Widerstand hatte sein Königtum nicht in Gefahr gebracht.[6] Unter Edward II. wurde das anders. Die Schonfrist für den jungen König währte nicht lang, und der Unmut entzündete sich vor allem an seinem Umgang mit Piers Gaveston, in dem die Barone einen Günstling sahen, der einen ungebührlichen Platz am Hofe einnahm und der einen unangemessenen Anteil an den Entscheidungen des Königs hatte.[7] *Invidebant enim ei magnates terre, quia ipse solus haberet graciam in oculis regis et quasi secundus rex dominaretur, cui subessent omnes et par nullus.*[8] Die Vita Edwards II. setzt bereits mit einer deutlichen Thematisierung des Problems ein, und wenn man sich vor Augen führt, dass der Text noch zu Lebzeiten des Königs entstand, dann wird die politische Brisanz dieser Freundschaft sehr deutlich.[9] Auf diese Weise erhielt die Unzufriedenheit, die sich in der Spätphase Edwards I. angesammelt hatte, noch eine besondere Verstärkung. Nur vier Jahre nach seiner Krönung sah sich der junge König mit massiven Forderungen seiner Untertanen konfrontiert.[10]

Die Notwendigkeit einer Reform wurde ausdrücklich thematisiert: 1311 verlangten die Barone vom König die Einsetzung von geeigneten Männern, die ein Programm zur Reform des gegenwärtigen beklagenswerten Zustandes aufstellen sollten.[11] Die Forderungen wurden durch deutliche Warnungen unterstützt, so

---

6 Vgl. dazu oben Kapitel 3.
7 Vgl. dazu oben Kapitel 6; zu Gaveston HAMILTON, Piers Gaveston; Edward the second, the Lord Ordainers and Piers Gaveston´s Jewels and Horses, hg. von Roberts.
8 Vita Edwardi Secundi, ed. Childs/Denholm-Young, S. 4; die Passage geht noch einschlägig weiter: *Invidebant eciam illi quasi tota terra, maior et minor et senex, et mala de eo predicabant; unde et nomen eius valde diffamatum est.*
9 Vgl. auch ebda, S. 6, zur Loyalität des Königs gegenüber Piers Gaveston angesichts der Angriffe durch die Barone: *Nec tamen voluntatem regis a Petro poterant separare, quin eciam quanto plura audiret rex graciam eius conaretur extinguere, tanto magis invalescebat amor crescebat affection regis erga Petrum.* Aus dieser unbedingten Verbundenheit erwuchs die eigentliche Brisanz. Zur Abfassungszeit der Vita vgl. die Einleitung, ebda, S. XIX–XXIII. Die dort vorgeschlagene zeitnahe Abfassung nach dem Modell annalistischer oder chronikalischer Geschichtsschreibung (z. B. Matthaeus Parisiensis), von Jahr zu Jahr, würde die Brisanz der kritischen Passagen zu Beginn der Chronik noch erhöhen.
10 Vgl. zur Problemkontinuität im Übergang von Edward I. zu Edward II. auch PRESTWICH, Plantagenet England, S. 172–185; VALENTE, The Theory and Practise of Revolt, S. 122–141.
11 Vita Edwardi Secundi, ed. Childs/Denholm-Young, S. 18: ... *quod ex consensu et assensu domini regis et suorum baronum eligerentur duodecim viri discreti, bone opinionis et potentes, quorum arbitrio et decreto status reformaretur et consolidaretur; et si quid in regni gravamen redundaret, eorum*

dass der widerstrebende König sich schließlich dem dringenden Rat seiner Vertrauten fügte und in das Reformprogramm einwilligte.[12] Für unsere Fragestellung ist es dabei von Bedeutung, dass die Erinnerung an die Kämpfe zwischen den Anhängern Heinrichs III. und Simons de Montfort in der Auseinandersetzung noch eine Rolle spielten: Der Verfasser der *Vita Edwardi Secundi* benennt eine solche Erinnerung auf Seiten der königlichen Berater als ein Motiv für das Einlenken: *scientes eciam quod civile bellum nunquam finem habuisset acceptum, de quo bellum de Lewes manifestum reliquid exemplum et bellum de Evesham eternam servabat memoriam ...*[13] Die Formierung einer solchen Tradition ist bereits im vorangehenden Kapitel deutlich geworden, hier geht es um die dramatischen Elemente, die diesen Prozeß im 14. Jahrhundert prägten. Die *New Ordinances* von 1311, auf die sich Edward II. verpflichtete, waren der Auftakt zu einem Konfliktszenario mit wechselnden Vorteilen, das schließlich in Edwards Absetzung und Tötung seinen entschiedenen Abschluß fand.[14]

Dabei zeigte die Herrschaft Edwards II. nicht das Bild einer allmählich zunehmenden Unzufriedenheit mit dem König, die sich angesichts seiner Weigerung, die verlangten Reformen umzusetzen, schließlich nicht mehr anders zu helfen wusste, als den König abzusetzen. Vielmehr war die Regierungszeit Edwards II. durch heftige und gewalttätige Pendelschläge gekennzeichnet, die zeitweilig den Gegnern des Königs, dann aber auch dem König einen Vorteil verschafften.[15] Die Tötung Edwards II. war durch eine Geschichte der Gewalt auf beiden Seiten vorbereitet worden, die evtl. auch eine Folge der Personalisierung des Herrschaftskonfliktes war. Als erster starb der verhasste Piers Gaveston, den seine Gegner durch keine politische Maßnahme dauerhaft aus dem Land und dem Umfeld des Königs entfernen konnten. Seine Gefangennahme, die Beratung seiner Feinde über die Art seiner Hinrichtung und sein Tod werden von dem Verfasser der Vita Edwardi Secundi eingehend gewürdigt.[16] Dabei bemüht sich der Verfas-

---

ordinacio destrueret; si vel in aliquo casu regno esset prospectum, eorum discrecione plenarie foret consultum; vgl. zu den Ordainern etwa TRUEMAN, The Personnel of Medieval Reform; PRESTWICH, Plantagenet England, S. 178–185.

12 Vita Edwardi Secundi, ed. Childs/Denholm-Young, S. 32: *Rex igitur, suorum monitis et precibus inductus, ordinaciones, provisiones et statuta, quorunque nomine censeantur, pro se et suis succesoribus inviolabiliter et imperpetuum rata teneri consentit.*

13 Ebda, S. 32.

14 Vgl. für eine Zusammenfassung dieser Konflikte mit ausführlichen Literaturangaben Valente, The Theory and Practise of Revolt, S. 122–162.

15 Vgl. dazu die Quellen und Literatur in Anm. 3.

16 Vita Edwardi Secundi, ed. Childs/Denholm-Young, S. 41–55; vgl. z. B.: *Et barones ex parte sua non minus laborant ad querendum remedia, fueruntque ad defencionem ordinacionum principaliter intenti et invicem iureiurando similiter astricti comites subscripti: Thomas comes Lancastrie, Adolmarus comes Penbroke, Humfridus comes Herfordie, Edmundus comes Darundel, et Guyo comes Warewyke. Hii quinque comites armis strenui, genere preclari, et copiosa armatorum multitudine vallati, circa capcionem Petri unanimiter consultant* (ebda, S. 40); *... Altera autem die non longe post capcionem Petri, reliqui comites Warewyke conveniunt et de morte Petri tractantes sic tandem diffiniunt, quod propter affinitatem comitis Glovernie nec ut fur suspenderetur nec ut proditor protraheretur, set sicut nobilis et civis Romanus capitalem penam pateretur* (ebda, S. 46); *... Ecce Petrus nuper*

ser erkennbar, das Vorgehen gegen Piers als die reguläre Bestrafung eines Hochverräters erscheinen zu lassen.[17] Das gnadenlose Vorgehen gegen Gaveston setzte einen neuen Ton, dessen waren sich seine Feinde durchaus bewusst, und es fand keineswegs überall Zustimmung.[18] Die Gegner des Königs waren einen Schritt zu weit gegangen, und Edward II. hätte aus der Tötung Gavestons vielleicht Sympathien gewinnen können. Aber die eigentliche Niederlage stand ihm noch bevor. *Oh dies ulcionis et infortunii, dies perdicionis et opprobrii, dies mala et execranda, nec in anni circulo computanda.*[19] An zwei Tagen im Juni 1314 unterlag ein großes englisches Heer unter Edward II. bei Bannockburn der diszipliniert kämpfenden schottischen Infanterie. Es war eine Niederlage mit gewaltiger Wirkung.[20] Edwards Ansehen lag am Boden.[21]

Thomas von Lancaster hatte die Teilnahme an dem Feldzug gegen die Schotten verweigert, weil der König sein Vorgehen nicht mit dem Parlament abgestimmt hatte.[22] Dazu hatte sich der König in Artikel 9 der *New Ordinances* verpflichtet, Edward machte dagegen den dringenden Notstand geltend.[23] Er wartete vergeblich auf die kleine Gruppe prinzipientreuer Lords um Thomas von Lancaster. Und doch war dies kein Chiavenna im Angesicht der Schotten, denn die Widersacher von Edwards Vorgehen schickten ihre Ritter.[24] Das Parlament folgte auf die Niederlage, und ein Parlament, das 1316 in Lincoln tagte, übertrug Thomas von Lancaster die Leitung des königlichen Rates (*chief de son Conseil*).[25] Die Jahre

---

in aula regis ceteris nobilior, nunc propter inportunitatem sui gestus iussu comitis Lancastrie iacet decolatus. Videant amodo curiales Anglici ne, de regio favor confisi, barones despiciant. Sunt enim membrum regis principale, sine quo nil grande poterit rex aggredi vel consummare. Ergo qui barones parvipendunt, regem utique contempnunt et lese magestatis se reos ostendunt.

17 Ebda.
18 Der Verfasser der Vita Edwardi Secundi vermerkt ausdrücklich, dass die Tötung von Gaveston in der jüngeren Vergangenheit ohne Vorbild war (*Sciat autem in occisione Petri comites Anglie arduum negocium assumpsisse, nec diebus nostris aliquando simile contigisse*, ebda, S. 50). Zu den Wirkungen der Tötung Gavestons vgl. etwa: PRESTWICH, Plantagenet England, S. 188–190; HAINES, King Edward II, S. 82–94; MADDICOTT, Thomas of Lancaster, S. 121–130.
19 Vita Edwardi Secundi, ed. Childs/Denholm-Young, S. 96.
20 Die Schlacht von Bannockburn wird in der Vita Edwardi Secundi, ed. Childs/Denholm-Young, S. 86–98, ausführlich dargestellt, vgl. dazu auch: BARROW, Robert Bruce, S. 290–332 und PRESTWICH, Plantagenet England, S. 239–244, besonders S. 241.
21 Vgl. HAINES, Edward II, S. 94–97.
22 Vita Edwardi Secundi, ed. Childs/Denholm-Young, S. 86; vgl. dazu MADDICOTT, Thomas of Lancaster, S. 157–159; PRESTWICH, Plantagenet England, S. 190–192.
23 *Purceo qe le roi ne doit emprendre fait de guerre countre nuly, ne alier hors de son roiaume, sunz commune assent de son barnage...* (Select Documents, ed. Chrimes/Brown, S. 13); Vita Edwardi Secundi, ed. Childs/Denholm-Young, S. 86: *Dixit autem rex instans negocium magna acceleratione indigere, et ideo Parliamentum exspectare non posse.*
24 Ebda, S. 86 u. 88: *Comes autem Lancastrie, comes Warennie, comes de Arundel et comes de Warewik non venerunt, set milites instructos qui debita servicia pro eis impenderent ad exercitium premiserunt.*
25 Das Parlament von Lincoln 1316 war das erste Parlament, über dessen Verlauf eine umfassende erzählende Darstellung vorliegt: Rotuli Parliamentorum, Bd. 1, S. 350–364; für die Übertragung der Leitung des königlichen Rates auf Lancaster vgl. ebda, S. 351; vgl. dazu auch MADDICOTT, Thomas of Lancaster, S. 160–189, bes. S. 180–182.

nach der Niederlage von Bannockburn sahen Thomas von Lancaster energisch auf die Verpflichtung des Königs auf die *New Ordinances* drängen, und Edward II. blieb keine Alternative. Er mußte sich erneut auf das Reformprogramm verpflichten.[26] Die *New Ordinances* wurden für einige Jahre zu einem zentralen Verfassungstext, und doch ließen sich die alten Konfliktmuster nicht überwinden. Edward II. wiederholte in gewisser Weise den problematischen Umgang mit Piers Gaveston, der die Barone so sehr provoziert hatte, indem er nach Gavestons Tod seine Gunst erneut einzelnen Personen zuwandte, die aus ihrer Nähe zum König einen unverhältnismäßig großen Anteil an Ländereien gewannen. Die umstrittenen Männer waren Vater und Sohn: Hugo Despenser der Ältere und Hugo Despenser der Jüngere.[27] Der ältere Despenser hatte bereits 1314 den Unmut der Opposition gegen den König erregt, die darauf bestanden hatte, ihn aus dem Rat zu entfernen.[28] Zu Beginn der 1320er Jahre hatten Vater und Sohn Despenser dennoch eine so bedeutende Rolle am Hof Edwards II. erlangt, dass eine Gruppe von Baronen unter der Führung von Thomas von Lancaster nun entschiedene Schritte unternahm.[29] Auf zwei Versammlungen in Pontefract und in Sherburn im Mai und Juni 1321 verständigte sich die Opposition auf ein gemeinsames Programm, das sich in erster Linie gegen die schlechten Berater des Königs richtete.[30] *Istam itaque conventionem, quin verius confederationem, in verbis consimilibus Gallice scriptis, per sigillorum suorum appositionem quilibet dominus confirmavit.*[31] Wie bereits bei ähnlichen Versammlungen im 13. Jahrhundert, wurden auch bei der Vorbereitung dieser Rebellion gegen die königliche Politik die gemeinsamen Positionen in schriftlicher Form niedergelegt. Dabei ist interessant, dass auch in diesem Fall von dem beschlossenen Pro-

---

26 Vgl. dazu die Vita Edwardi Secundi, ed. Childs/Denholm-Young, S. 98 u. 100 (*Rex vero ad omnia pro communi utilitate ordinata paratum se dixit, et se ordinaciones observare in bona fide promisit*); vgl. zu den Jahren nach Bannockburn auch MADDICOTT, Thomas of Lancaster, S. 160–258.

27 Zu den Despensern vgl. FRYDE, The Tyranny and Fall, S. 106–119; N. SAUL, The Despensers and the Downfall of Edward II, in: English Historical Review 99 (1984), S. 1–33; M. PRESTWICH, The Charges against the Despensers, 1321, in: Bulletin of the Institute of Historical Research 58 (1985), S. 95–99; S. L. WAUGH, For King, Country and Patron: the Despensers and Local Administration, 1321–1322, in: The Journal of British Studies 22 (1983), S. 23–58.

28 Vita Edwardi Secundi, ed. Childs/Denholm-Young, S. 100: *Voluerunt eciam comites quod Hugo Despenser, Henricus de Beaumont et quidam alii curiam regis evacuaverunt, donec ad sibi obicienda responderent interrogates, et super obeiectis satisfaccionem prestarent convicti; set hoc ad instanciam regis differtur. Hugo tamen Despenser latitare compellitur.*

29 Die Barone, die sich ab 1320 gegen den König und die Despenser stellten, stammten besonders aus Südwales, wo die Despenser ihre Besitzungen energisch erweiterten; vgl. dazu J. C. DAVIES, The Despenser War in Glamorgan, in: Transactions of the Royal Historical Society, 3rd. Ser. 9 (1915), S. 21–64; MADDICOTT, Thomas of Lancaster, S. 259–303; HAINES, King Edward II, S. 121–135; vgl. zur Herkunft der Rebellen dieser Phase besonders die Zusammenstellung bei VALENTE, The Theory and Practise of Revolt, S. 122–162.

30 Der Bericht über die Versammlungen findet sich bei John von Bridlington: Gesta Edwardi de Carnavon Auctore Canonico Bridlingtoniensi, in: Chronicles of the Reigns of Edward I. and Edward II, Bd. 2, ed. Stubbs, S. 25–92, hier S. 61–65; vgl. dazu die Literatur in der vorangehenden Anmerkung.

31 Ebda, S. 61.

gramm keine Originalhandschrift mehr existiert. In Sherburn trafen die oppositionellen Barone mit den Prälaten der betroffenen Kirchenprovinzen zusammen, um ihr Vorgehen abzustimmen.[32] Dabei läßt die Überlieferung erkennen, dass die Beratungen auf der Grundlage konkreter Textvorlagen erfolgten und dass die Ergebnisse der verschiedenen Beratungsschritte auch protokolliert wurden.[33] Ein gesiegeltes Original der Beschlüsse ist nicht erhalten, aber die Textüberlieferung ist deutlich breiter als noch im Falle der Provisionen von Oxford.[34] Tatsächlich war dem Chronisten der Umfang des vorgetragenen französischen Textes zu lang, um ihn in seinen Bericht zu übernehmen, so bot er eine lateinische Zusammenfassung (*illorum sententiam breviter demonstrabo*).[35]

Es ist nicht zu übersehen, dass die schriftliche Überlieferung nun auch für die Barone eine zentrale Rolle einnahm, die bislang auf einer eigenständigen mündlichen Tradition bestanden hatten. Das Dokument, das Thomas von Lancaster in Sherburn verlesen ließ, um den Beratungen eine Grundlage zu verleihen, kann in der einschlägigen Tradition solcher Texte von der *Magna Carta* über die *Provisionen von Oxford* bis zu den *New Ordinances* kaum als ein origineller Beitrag gelten. Interessant ist aber, dass der Bericht über das Treffen in der Pfarrkirche von Sherburn deutlich erkennen läßt, dass der Einsatz der schriftlichen Überlieferung nun nicht mehr an die Männer der Kirche gebunden war. Der Erzbischof von Canterbury war anwesend, und in seiner Kanzlei wurde eine Kopie der Beschlüsse verwahrt, aber anders als bei solchen Treffen im 13. Jahrhundert lag die Initiative bei der schriftlichen Fassung nun nicht mehr beim Klerus. Johannes von Bek, der auf Geheiß des Herzogs von Lancaster die Positionen der Opposition vortrug, wird ausdrücklich als *miles* vorgestellt.[36]

Die englische Forschung hat die baroniale Erhebung gegen Edward II. in den Jahren 1320–22 überwiegend kritisch beurteilt. Schon in einer älteren Untersuchung über die historische Rolle der Herrschaft Edwards II. in der englischen Geschichte hat Tout die Haltung der Opposition als „utterly selfish and purposeless in its action" charakterisiert, und neuere Untersuchungen stimmen damit in der

---

32 Vgl. dazu die Anmerkungen 33 u. 34 sowie die Aufarbeitung und Analyse der einschlägigen Überlieferung in B. WILKINSON, The Sherburn Indenture and the Attack on the Despensers, 1321, in: The English Historical Review 62 (1948), S. 1–28.

33 Gesta Edwardi de Carnavon Auctore Canonico Bridlingtoniensi, ed. Stubbs, S. 62: *ad quem diem archiepiscopus, episcope Dunelmensis et Carliolensis, comites Lancastrie et Hereforde, abates et priores, necnon plurimi barones, baneretti et milites, australes et boriales, in ecclesia parochiali de Shirbourne convenerunt; in quorum praesentia Johannes de Bek, miles, ex praecepto comitis, legit quosdam articulos, ut praetendebat, correctionibus indigentes; quos hic non insero de verbo ad verbum sicut Gallice legebantur, sed illorum sententiam breviter demonstrabo quia blandis sermonibus velabantur. ... Lectis articulis, supplicavit comes omnibus praelatis quod vellent ad horam secedere, et ad propositum juxta beneplacita respondere; quibus articulorum copia tradita, mansum rectoris ecclesie petierunt, et tractantes responsum quod sequitur continuo comiti remiserunt ...*

34 Vgl. zu der Überlieferung neben WILKINSON, The Sherburn Indenture, auch MADDICOTT, Thomas of Lancaster, S. 269–279; PRESTWICH, Plantagenet England, S. 198f.; HAINES, King Edward II, S. 124–127.

35 Wie Anm. 33.

36 Wie Anm. 33.

Sache weitgehend überein, wenn auch der Ton gemäßigter ist.[37] Die Opposition gegen Edward II. erscheint unter der Führung von Thomas von Lancaster als eine Gruppe von Baronen, die in erster Linie für die Durchsetzung ihrer eigenen Interessen kämpften. Anders als die Opposition gegen Heinrich III. hätten die Rebellen in der Gentry kaum Unterstützung gefunden; im Grunde hätten sie eine kleine Gruppe von Adligen gebildet, denen es nicht um das allgemeine Wohl ging.[38] Im Vergleich zu den Rebellionen gegen Johann Ohneland und Heinrich III., in denen die Rebellen stellvertretend für eine große Zahl von Untertanen kämpften, sei hier ein Niedergang der politischen Kultur zu verzeichnen, ein Verlust der Ideale festzustellen.

Für die Untersuchung der Reformdynamik ergibt sich daraus die Frage, ob eine solche kleine Reformergruppe der politischen Tradition eigene Impulse geben konnte. Das Szenario einer kleineren Gruppe hoher Adliger, die durchaus eigensinnige Interessen verfolgen, eröffnet zudem eine interessante Vergleichsmöglichkeit in der Perspektive unserer Untersuchung. Denn eine ähnliche Charakterisierung ließe sich für die deutschen Kurfürsten vornehmen. Hier wäre eine mögliche Annäherung der politischen Handlungs- und Konfliktmuster zu prüfen. Allerdings waren die Strukturen, in denen solche Bewegungen des Hochadels in Deutschland und in England agierten, sehr verschieden. Die strukturellen Bedingungen der baronialen Bewegung gegen Edward II. waren andere als die der Rebellionen im 13. Jahrhundert. Die Gegner Johanns Ohneland und Heinrichs III. hatten wenige regelmäßige Gelegenheiten, ihre Bedenken gegen die Politik des Königs vorzutragen, wenn der König sie nicht hören mochte. Die Parlamente dieser Zeit waren noch kleine Versammlungen, und wenn der König die Kritiker nicht zu seinen Beratungen hinzuzog, dann mussten sie sich eigenständig organisieren. Es war ja einer ihrer Hauptkritikpunkte, dass etwa Heinrich III. sich von den falschen Leuten beraten ließ und dass die bedeutenden Männer das Ohr des Königs nicht erreichten. In der Zeit Edwards II. war das Parlament immer noch keine feste Institution, aber diese Versammlungen hatten doch ein bestimmtes Regelwerk bekommen, das der König nicht mehr übergehen konnte. Insofern war es durchaus möglich, Vorbehalte vor einem größeren Forum vorzutragen. Der Schritt in die Rebellion gewann damit einen schärferen Charakter. Wenn Thomas von Lancaster mit der Hilfe des Parlaments eine prominente Rolle im Rat des Königs erhalten hatte, dann konnten er und seine Anhänger sich nur schwer darauf berufen, dass der König sie nicht anhöre.

---

37 TOUT, The Place of the Reign of Edward II, Zitat S. 134; vgl. HAINES, King Edward II, S. 201–204, insb. S. 201: „Thomas of Lancaster, like his cousin Edward II, was not worthy of the position that hereditary right gave him. There are no indications of the idealism that had, at least in part, motivated Simon de Montfort"; MADDICOTT, Thomas of Lancaster, S. 318–334 gibt ein differenziertes, aber kritisches Bild; VALENTE, The Theory and Practise of Revolt, S. 122–162.
38 Wie vorangehende Anm.; vgl. bes. VALENTE, The Theory and Practise of Revolt, S. 122–162, mit einer differenzierten Analyse der sozialen Zugehörigkeit der bekannten Rebellen.

Bei den Konflikten in dieser Phase der englischen Geschichte sticht ihr persönlicher Charakter hervor. Der Haß auf Gaveston und später auf die Despenser war ein zentrales Motiv der Opposition gegen den König. Doch blieb es nicht bei der Auseinandersetzung um die verschiedenen Berater des Königs. Der Vorstoß von Thomas von Lancaster und seinen Verbündeten war erfolglos. Die Gegner des Königs verloren den Kampf. Und sie verloren ihr Leben.

Oh monstrum! Videre viros purpura et bisso nuper indutos nunc attritis vestibus incedere, et vinctos in compedibus recludi sub carcere.[39] Am 16. März 1322 trafen die Truppen des Thomas von Lancaster in Boroughbridge mit den überlegenen Kräften Edwards II. zusammen und unterlagen. Thomas von Lancaster geriet in Gefangenschaft.[40] Wenige Tage später wurde ihm der Prozeß gemacht, und der Herzog wurde zum Tode verurteilt und hingerichtet.[41] Ein zeitgenösischer Chronist hielt die Gnadenlosigkeit dieser Phase in einer anschaulichen Zusammenfassung fest: *Comes Lancastrie caput Petri de Gaveston olim abstulit, et nunc iussu regis comes Lancastrie caput perdidit.*[42] Doch war es mit diesen Toten nicht getan. Es war eher eine Atmosphäre des *Auge um Auge* als eine Atmosphäre konstitutioneller Reformen, und zur Vervollständigung dieses Szenarios müssen wir die toten Despenser und den toten König einige Jahre später einbeziehen, denn diese Tode beendeten den Kampf um Edwards Königtum. Doch zunächst waren es die toten Gegner des Königs, deren Leichen noch zwei Jahre nach ihrer Niederlage an den Galgen hingen, während die siegreichen Despenser in diesen Jahren eine zunehmend tyrannische Herrschaft im Namen des Königs errichteteten.[43] Ein finsteres Bild. Bevor wir die Entwicklung in der Perspektive unserer Untersuchung bewerten, sollten wir das Bild vervollständigen. Die Absetzung und Tötung Edwards II. und der Despenser gehören zu den Besonderheiten dieses Kampfes um die englische Königsherrschaft im frühen 14. Jahrhundert. Wir können hier den Verlauf im einzel-

---

39 Vita Edwardi Secundi, ed. Childs/Denholm-Young, S. 212.
40 Für eine knappe und klare Übersicht über die Vorbereitung und die schließliche Entscheidung in diesem Konflikt vgl. MADDICOTT, Thomas of Lancaster, S. 289–312, bes. S. 303–312; vgl. auch FRYDE, The Tyranny and Fall, S. 37–68; HAINES, King Edward II, S. 135–142; Vita Edwardi Secundi, ed. Childs/Denholm-Young, S. 198–214.
41 *In crastinum producitur comes in aulam coram iusticiariis assignatis, et singillatim species transgressionis, ac pro quolibet articulo adicitur pena specialis, videlicet ut primo protraheretur, deinde suspenderetur, ac postremo capite truncaretur. Sed ob reverenciam regii sanguinis pena protraccionis est remissa, suspencio suspensa, set pena pro omnibus decreta* (Vita Edwardi Secundi, ed. Childs/Denholm-Young, S. 212); vgl. dazu auch MADDICOTT, Thomas of Lancaster, S. 311f.; HAINES, King Edward II, S. 140f.
42 Vita Edwardi Secundi, ed. Childs/Denholm-Young, S. 214.
43 1324 gestattete Edward II. auf Antrag des Parlaments, die Leichen der Gehenkten abzunehmen und zu begraben: *In hoc parliamento* [i. e. 1324], *ad petitionem praelatorum, concessit rex quod corpora nobilium pendentium in patibulis tradi possent ecclesiasticae sepulturae* (Adae Murimuth Continuatio Chronicarum / Robertus de Avesbury, De Gestis Mirabilibus Regis Edwardi Tertii (RS 93), hg. von E. M. Thompson, London 1889, S. 43; ebenso die Annales Paulini, in: Chronicles of the Reigns of Edward I. and Edward II., Bd. 1, ed. Stubbs, S. 306). Zur Herrschaft der Despenser 1322–1327 vgl. etwa FRYDE, The Tyranny and Fall, S. 106–118; HAINES, King Edward II, S. 157–173; PRESTWICH, Plantagenet England, S. 205–213.

nen nicht nachzeichnen, sondern beschränken uns auf die Ergebnisse dieser dramatischen Entwicklung.[44]

Nach der entschiedenen Restaurierung königlicher Macht hatte Edward II. zunächst keine Gegner mehr zu fürchten, und seine engsten Berater, die beiden Despenser, förderten einen Regierungsstil, den die Zeitgenossen zunehmend als willkürlich ansahen.[45] So verlor der zunächst siegreiche König an Rückhalt, und als sich die Königin im Verlauf einer langen Mission in ihrer französischen Heimat gegen ihn stellte und schließlich gemeinsam mit ihrem Geliebten eine Invasion gegen Edward anführte, da fand der König keine Unterstützung. Es gab keine Hilfe für Edward II., und so endete seine Herrschaft ohne dramatische Kämpfe. Am 26. Oktober 1326 wählten die Gegner des Königs den jungen Thronfolger Edward zum Beschützer des Königreichs, so dass er die Regierungsgeschäfte seines geflohenen Vaters übernehmen konnte.[46] Drei Wochen später wurde Edward II. in Südwales gefangengenommen.[47]

Der weitere Verlauf des Vorgehens gegen den König ist nicht ganz klar erkennbar, und die englische Forschung hat mit einigem Scharfsinn einzelne Verfahrensschritte und ihre Bewertung diskutiert.[48] Dabei deutet bereits die problematische Überlieferung in einem Umfeld, das die Vorgänge um das Königtum zunehmend gewissenhaft archivierte, darauf hin, dass die Absetzung Edwards II. ein umstrittener Vorgang war. Der Verfahrensverlauf verlieh dem Ergebnis keine Legitimation. Das änderte am Ergebnis freilich nichts. Der letzte Akt begann im Januar 1327.

Am 7. Januar trat in Westminster eine Parlamentsversammlung zusammen – *absente rege*.[49] Der Vorgang war nicht unproblematisch, denn es stand dem König

---

44 Für die Absetzung Edwards II. vgl. die Zusammenstellung der zentralen Dokumente in Select Documents, ed. Chrimes/Brown, S. 32–38; vgl. auch den Bericht eines anonymen Chronisten über die Absetzung in FRYDE, The Tyranny and Fall, Appendix 2, S. 233–235; vgl. für eine Darstellung der Ereignisse der letzten Phase von Edwards Herrschaft: B. WILKINSON, The Deposition of Richard II and the Accession of Henry IV, in: The English Historical Review 54 (1939), S. 215–239; C. VALENTE, The Deposition and Abdication of Edward II, in: The English Historical Review 113 (1998), S. 852–881; FRYDE, The Tyranny and Fall, S. 176–206; HAINES, King Edward II, 173–186.
45 Vgl. dazu auch die Anklage gegen den älteren Despenser, die von den Annales Paulini überliefert werden (in: Chronicles of the Reigns of Edward I. and Edward II, Bd. 1, ed. Stubbs, S. 317f.)
46 Vgl. für diese Erhebung Edwards III. zum custos regni: Select Documents, ed. Chrimes/Brown, Nr. 18, S. 33: *venerabiles patres, A. Dubliniensis archiepiscopus, J. Wyntoniensis, J. Eliensis, H. Lincolniensis, A. Herefordensis, et W. Norwycensis, episcopi, ac alii prelati et domini ... et alii barones et milites tunc apud Bristolliam existents in presencia dicte domine regine et dicti ducis, de assensu tocius communitatis dicti regni unanimiter elegerunt; sic quod idem dux et custos, nomine et jure ipsius domini regis, patris sui, ipso rege sic absente, dictum regnum regeret et gubernaret.*
47 Vgl. dazu bereits die Literatur, die im vorangehenden Kapitel zur Absetzung Edwards II. angeführt worden ist, z. B. Anm 48f.
48 Vgl. dazu das vorangehende Kapitel und unten Anm. 51.
49 Vgl. dazu den Bericht, der in Appendix 2 in FRYDE, The Tyranny and Fall wiedergegeben ist (S. 233–235).

zu, das Parlament einzuberufen, und ohne ihn konnte es eigentlich nicht zusammentreten.[50] Man behalf sich mit dem Vorsitz des Thronfolgers und der Anwesenheit der Königin.[51] Solange es noch einen König gab, war das sein Vorrecht, aber wir tun gut daran, in dieser Situation die Erwartungen an das Verfahren nüchtern an den Machtverhältnissen auszurichten. ... *in paliamento per ipsos, quibus nullus ausus est resistere, convocato ...*, so leitete Geoffrey Le Baker seine Erzählung der Absetzung Edwards II. ein, seien die Entscheidungen gefallen, die zu Edwards Sturz führten.[52] Die versammelten Barone und Prälaten befanden in gemeinsamer Beratung, dass Edward II. künftig das Land nicht mehr regieren solle, da er sich in seinem Amt als unzulänglich (*insufficiens*) erwiesen habe, als ein Zerstörer der Großen des Reiches und der Kirche, der sich entgegen seinem Eid und gegen das Wohl der Krone auf schlechte Ratschläge eingelassen habe.[53] Die Entscheidung wurde von dem Geliebten der Königin, Roger Mortimer, verkündet, der ausdrücklich darauf verwies, dass er durch den allgemeinen Beschluß der Versammlung mit dieser Aufgabe betreut worden sei.[54] Wenn das Volk seine Zustimmung gebe, würde der Thronfolger die Krone seines Vaters übernehmen.[55] Tatsächlich läßt der Bericht über die Absetzung Edwards II. (*Forma deposicionis*) die Befürworter des heiklen Schrittes jeweils nach einer Rückversicherung im Konsens anderer suchen – einmal in der Zustimmung des Thronfolgers und einmal in der Zustimmung des Volkes.[56] Die Formel *si ipse suum preberet assensum* bzw. *si unanimiter consentitis* erhielt eine besondere Bedeutung. Dagegen enthält das Dokument kein eigentliches Absetzungsurteil. Verurteilt wurde Edward II. durch die nachfolgenden Ereignisse.

Der Unterschied der Absetzung Edwards II. zu der Absetzung Friedrichs II. (1245) ist enorm. Die Absetzung des englischen Königs läßt die Gewissheit vermissen, mit der Innozenz IV. am Abschluß einer längeren Urteilsbegründung verkündet hatte: *wir zeigen dies an und entheben ihn umso mehr kraft unseres Urteils.*[57] Doch war die Unsicherheit der Richter Edwards II. angesichts des formalen Verfahrens

---

50 Vgl. zum Parlament unter Edward II. BUTT, A History of Parliament, S. 175–230, bes. S. 227–230.
51 *Incepit parliamentum londoniis absente rege in presencia Regine et filii sui ...*; FRYDE, The Tyranny and Fall, Appendix 2, S. 233; vgl. dazu ebda, S. 196.
52 Select Documents, ed. Chrimes/Brown, S. 34.
53 Vgl. die sogenannte *Forma deposicionis*, FRYDE, The Tyranny and Fall, Appendix 2, S. 233.
54 Ebda: *Primo dominus Rogerus Mortimer, cui dictum fuerat ex parte magnatum quod illud quod ordinatum fuerat populo pronunciaret, se excusavit dicendo se non debere culpari de iure super huiusmodi pronunciacione pro eo quod communi omni assensus sibi fuerat hoc iniunctum. Retulit igitur coram populo quod inter magnates ita fuerat unanimiter concordatum quod Rex regni gubernaculums amodo non haberet, quia insufficiens et procerum regni destructor et ecclesie sancta contra iuramentum suum et coronam malo consilio adquiescens fuit.*
55 *Unanimi consensu dominus Rex Edwardus a gubernaculo regni privatus est et filius in ipso loco eius subrogatus, si unanimiter consentitis*; FRYDE, The Tyranny and Fall, Appendix 2, S. 234.
56 Wie vorangehende Anm. und ebda: *Unde placuit prelatis et proceribus regni filium suum in regni gubernaculo substituere loco sui si ipse suum preberet assensum.*
57 MGH Epistolae saeculi XIII, Bd. 2, ed. Rodenberg, Nr. 124, S. 93.

kein Vorteil für den König. Im Gegenteil. Denn seinen Gegnern fehlte es zwar an prozessualer Sicherheit, aber nicht an grimmiger Entschlossenheit. Und anders als der Papst 1245 hatten sie den König in ihrer Gewalt. So wurde Edward II. zunächst gezwungen, sein Einverständnis zur Thronfolge seines Sohnes zu geben, andernfalls würden seine Untertanen einen anderen König wählen. Um die Krone zumindest für seine Familie, wenn auch nicht für seine Person, zu retten, stimmte Edward widerstrebend zu.[58] *Qua responsione accepta, tota communitas regni ipsum Edwardum iuvenem, tertium a conquaestu, in regem promptissime admiserunt.*[59] Doch war die Absetzung Edwards II. damit noch nicht abgeschlossen. Der König blieb in Haft und im September 1327 war er tot.[60] So unklar die genaueren Umstände seines Todes sind, so ist doch die Mitteilung von Adam Murimurth die plausibelste, dass der König *per cautelam* getötet worden sei.[61] Der Tod des Königs verhinderte seine Rückkehr und war daher eine Vorsichtsmaßnahme von brutaler Endgültigkeit. Die Gegner Friedrichs II. hatten nach seiner Absetzung durch den Papst zunächst einen eigenen König aufgestellt, und nach dem Tod des Staufers hatten sie diese Wahl schließlich *ad cautelam* noch einmal wiederholt, um Bedenken gegen das Verfahren auszuräumen. Die Vorsicht konnte unterschiedliche Formen annehmen. Auf den ersten Blick erscheinen die Maßnahmen der Staufergegner in ihrem Bemühen um prozessuale Legitimität im Jahr 1256 zivilisierter als die Tötung Edwards II. Aber wir müssen uns vergegenwärtigen, dass die Gegner Friedrichs II. davon profitierten, dass der abgesetzte Kaiser bereits tot war, und wir können auch davon ausgehen, dass die Tötung Edwards II. keineswegs einhellige Billigung fand. Sie war die Folge einer Situation, deren Unsicherheit solche Taten in hohem Maße provozierte. Letztlich waren sowohl der formale Absetzungsvorgang als auch der Tod des Herrschers notwendige Voraussetzungen für einen tatsächlichen Wechsel auf dem Thron.

Die Rebellion gegen Edward II. scheint insgesamt stärker im Zeichen persönlicher Kämpfe um die Herrschaft als im Zeichen der Verfassungsentwicklung zu stehen. Am Ende waren die maßgeblichen Protagonisten beider Seiten tot, Edward, Gaveston und die Despenser ebenso wie Thomas von Lancaster. Der Kon-

---

58 Das Parlament, das in Westminster zusammengetreten war, entsandte eine komplexe Abordnung nach Kenilworth, wo der König gefangen gehalten wurde. Die Abordnung, bestehend aus drei Bischöfen, zwei Grafen, zwei Äbten, vier Baronen, zwei Rittern aus jeder Grafschaft Englands und je zwei Rittern aus London und aus den anderen größeren Städten verlangte vom König, zugunsten seines Sohnes zurückzutreten, sonst würde man ihm das Homagium entziehen, Adae Murimuth Continuatio Chronicarum, ed. Thompson, S. 51 (*... et eum requirirent diligenter quod renunciaret dignitati regiae et coronae, et quod permitteret filium suum regnare; alioquin ipsi redderent sibi homagia sua et alium eligerent sibi regem*). Vgl. zu dem Vorgang zuletzt HAINES, King Edward II, S. 191–194, mit den Verweisen auf die ältere Literatur.
59 Adae Murimuth Continuatio Chronicarum, ed. Thompson, S. 51.
60 Vgl. dazu ebda, S. 53f. Den Gerüchten, dass Edward tatsächlich seiner Gefangenschaft entkommen sei und danach ein wie auch immer geartetes geheimes Leben geführt habe, müssen wir hier nicht nachgehen. Vgl. dazu auch FRYDE, The Tyranny and Fall, S. 201–206; HAINES, King Edward II, S. 208–238.
61 Adae Murimuth Continuatio Chronicarum, ed. Thompson, S. 54.

flikt war in hohem Maße personalisiert, eine konstitutionelle Dimension erscheint dagegen weniger fassbar. Obwohl es bereits erkennbare Institutionen wie das Parlament gab, in dem die Grundzüge politischer Strukturen des Landes ihren Ausdruck fanden, verlief der Kampf zwischen dem König und seinen Gegnern auf einer sehr persönlichen Ebene. Fast fühlt man sich an die Herrschaftskämpfe des frühen Mittelalters erinnert – mit einem markanten Unterschied.[62] Diesen Konflikten einer früheren Zeit fehlte die gnadenlose Unerbittlichkeit, mit der die Sieger im England des frühen 14. Jahrhunderts gegen die besiegten Gegner vorgingen.

Diese Konsequenz wird nur durch die Verfassungsentwicklung verständlich, die dafür sorgte, dass die Gegner das Verhalten der anderen jeweils aus der Perspektive einer Rechtsordnung sahen, die für diese Form der Abweichung keine andere Strafe vorsah als den Tod.[63] Thomas von Lancaster wurde vor seiner Hinrichtung in einem Verfahren mit seinen Vergehen gegen den König konfrontiert: *In crastinum producitur comes in aulam coram iusticiariis assignatis, et singillatim species transgressionis, ac pro quolibet articulo adicitur pena specialis.*[64] Das Bemühen um einen legalen Rahmen ist bei den verschiedenen Vorgehen gegen den besiegten Gegner zu erkennen, und die *Annales Paulini* fassen die Absetzung Edwards II. knapp zusammen: *Et ibidem dominus rex Edwardus per processum contra ipsum factum fuit depositus.*[65] Wie bereits deutlich wurde, waren dies keine unproblematischen Verfahren, und an ihrem ordnungsgemäßen Ablauf konnte man durchaus Zweifel haben.[66] Das war auch nicht erstaunlich, denn es waren keine ergebnisoffenen Prozesse nach festen Regeln, sondern diese Verfahren dienten der Legitimation eines bereits feststehenden Urteils. Den Rahmen bildete das klassische Strafverfahren.[67] Das Bemühen um die Legitimation ist das eigentlich Bemerkenswerte. Und man wird bei den Absetzungen am Ende des 14. Jahrhunderts fragen müssen,

---

62 Vgl. zu den Herrschaftskämpfen des frühen Mittelalters die schon klassischen Arbeiten von Gerd ALTHOFF, etwa: Königsherrschaft und Konfliktbewältigung im 10. und 11. Jahrhundert, in: Frühmittelalterliche Studien 23 (1989) S. 265–290; zuletzt in: DERS., Spielregeln der Politik im Mittelalter. Kommunikation in Frieden und Fehde, Darmstadt 1997, S. 21–56.

63 Vgl. etwa zur Strafe für Piers Gaveston: *Altera autem die non longe post capcionem Petri, reliqui comites Warewyke, conveniunt, et de morte Petri tractantes sic tandem diffiniunt, quod propter affinitatem comites Glovernie nec ut fur suspenderetur nec ut proditor protraheretur, set sicut nobilis et civis Romanus capitalem penam pateretur* (Vita Edwardi Secundi, ed. Childs/Denholm-Young, S. 46).

64 Vita Edwardi Secundi, ed. Childs/Denholm-Young, S. 212.

65 Annales Paulini, in: Chronicles of the Reigns of Edward I. and Edward II., Bd. 1, ed. Stubbs, S. 322; vgl. auch WILKINSON, The Deposition of Richard II, S. 227–229.

66 Vgl. dazu oben. Auch die Betroffenen äußerten mitunter Vorbehalte – allerdings ohne mildernde Folgen. So beanspruchte Thomas von Lancaster die Möglichkeit, sich gegen die Anklagen zu verteidigen, doch das Gericht versagte ihm dieses letzte Wort: *At comes, volens se in aliquibus excusare, nitebatur quedam statim allegare; set iusticiarii noluerunt ipsum audire quia verba dampnatorum sicut nec nocent nec possunt poficere. Tunc ait comes: ‚Fortis est hec curia, et maior imperio, ubi non auditur responsio nec aliqua admittitur excusacio'* (Vita Edwardi Secundi, ed. Childs/Denholm-Young, S. 212–214).

67 Vgl. dazu etwa: C. GÜTERBOCK, Studien und Skizzen zum englischen Strafprozeß des 13. Jahrhunderts, Berlin 1914; vgl. auch: R. HIS, Das Strafrecht des deutschen Mittelalters, Bd. 1, Leipzig 1920, S. 377–409.

inwieweit diese Bemühungen 1327 zu einer Tradition beitrugen, in der die Absetzung des Königs möglich wurde. Zunächst gilt es allerdings, der Frage nachzugehen, inwieweit eine kleine Gruppe von Adeligen im 14. Jahrhundert einen Reformprozeß befördern konnte, der die politische Ordnung des ganzen Landes veränderte. Die englische Forschung hat in Hinblick auf die Revolte gegen Edward II. zurückhaltend geurteilt, aber die Frage nach der politischen Rolle einer solchen Adelsgruppe bekommt durch den Vergleich mit dem Reich eine reizvolle Dimension. Denn die Jahre 1314–38 waren im Reich eine Phase beschleunigter verfassungsgeschichtlicher Entwicklung, in der einer kleinen Fürstengruppe eine zentrale Rolle zukam. Dabei geht es um die Kurfürsten und die Ausbildung des Königswahlrechts, das 1338 in dem Weistum von Rhense eine prägnante Formulierung erfuhr.[68]

Die Ereignisse sind vielfach behandelt worden und können im wesentlichen als bekannt vorausgesetzt werden. Wir fassen die Grundzüge knapp zusammen. Im Sommer 1313 starb Kaiser Heinrich VII. im toskanischen Buonconvento. Der erste Luxemburger auf dem Thron hatte in Deutschland nur kurze Zeit regiert und in Italien weniger erreicht als erhofft, aber er hatte dennoch zwei Entwicklungen eingeleitet, die seine Herrschaft überdauerten. Er hatte die Kaisertradition des Reiches wieder aufgenommen und mit seiner Kaiserkrönung 1312 die über 60jährige Vakanz des Kaiserthrons beendet.[69] Erstmals seit fast 100 Jahren hatte Rom wieder eine Kaiserkrönung erlebt. Und Heinrich hatte das Königreich Böhmen durch die Belehnung seines Sohnes 1310 an sein Haus gebracht.[70] In der Folge konnten sich die Luxemburger in den neuen Territorien im Osten erfolgreich behaupten.[71] Der frühe Tod Heinrichs VII. führte angesichts der Kräfteverschiebungen, die seine Herrschaft eingeleitet hatte, zu einer Konkurrenz zwischen Luxemburgern und Habsburgern, die sich nicht überwinden ließ und die nach einer

---

68 Vgl. für die Zeit 1314–1338 im Reich: SCHUBERT, Kurfürsten und Wahlkönigtum; H. PRÖSSLER, Rhens, die Kurfürsten und die deutsche Königswahl, in: Annalen des Historischen Vereins für den Niederrhein, insbesondere das alte Erzbistum Köln 165 (1963), S. 228–240; H. D. HOMANN, Kurkolleg und Königtum im deutschen Thronstreit von 1314–1330 (Miscellanea Bavarica Monacensia: Dissertationen zur bayerischen Landes- und Münchener Stadtgeschichte 56), München 1974; vgl. auch: W. HÖHN, Der Kurverein zu Rhens 1338. Versammlungsort der Kurfürsten, Wahlstätte deutscher Könige, in: Heimatbuch Landkreis Mayen-Koblenz 7 (1988), S. 33–36; vgl. außerdem MORAW, Von offener Verfassung zu gestalteter Verdichtung, S. 229–239; KAUFHOLD, Gladius Spiritualis, S. 210–247.

69 Zur Kaiserkrönung Heinrichs VII. vgl. Kaiser Heinrichs Romfahrt. Die Bilderchronik von Kaiser Heinrich VII. und Kurfürst Balduin von Luxemburg (1308–1313), hg. von F.-J. Heyen, Boppard 1965; W. M. BOWSKY, Henry VII in Italy. The Conflict of Empire and City State, 1310–1313, Lincoln 1960; PAULER, Die deutschen Könige und Italien, S. 43–114.

70 Zur Belehnung Johanns mit Böhmen vgl. MGH Constitutiones, Bd. 4,1, ed. Schwalm, Nr. 398–406; Peter von Zittau, Chronik von Königsaal, hg. von J. Loserth, Wien 1875, S. 272–276; vgl. auch THOMAS, Deutsche Geschichte des Spätmittelalters, S. 136f.

71 Vgl. zu den Luxemburgern J. K. HOENSCH, Die Luxemburger. Eine spätmittelalterliche Dynastie gesamteuropäischer Bedeutung 1308–1347 (Urban Taschenbücher 407), Stuttgart/Berlin/Köln 2000.

Spaltung der wittelbachschen Familie 1314 in einer Doppelwahl ihren Ausdruck fand. Der Habsburger Friedrich und der Wittelsbacher Ludwig wurden in getrennten Wahlen zu Königen gewählt.[72] Der Kampf um das Königtum, der verhalten begann, setzte trotz seines undramatischen Verlaufs eine Reformdynamik in Gang, die in den Jahrzehnten bis 1356 eine Reihe interessanter, mehr oder weniger praktikabler, aber auch zukunftsweisender und schließlich folgenreicher Konzepte für die Regelung der Königswahl und ihrer Details hervorbrachte.[73] In Hinblick auf die Formierung des deutschen Königswahlverfahrens waren diese 42 Jahre die interessanteste Phase des späten Mittelalters.

Dabei waren die Rahmenbedingungen schwierig. Die anhaltende Schlechtwetterperiode 1315–22 hatte größere Ernteausfälle und Hungersnot zur Folge und ab 1348 wurde Westeuropa von der Pest heimgesucht.[74] Die Menschen hatten zunächst dringendere Probleme als die Lösung von politischen Fragestellungen, die schon über eine gewisse Tradition verfügten. Zumindest könnte man das erwarten.

Die Spaltung der Königsherrschaft nach der Doppelwahl von 1198 war nach einigen Jahren durch eine vorläufige, aber erst nach etwa 14 Jahren durch eine tragfähige Entscheidung überwunden worden. Auch 1314 stand man vor einer unklaren Stuation: *Fueruntque Ludowicus Aquisgrani a Moguntino et Treverensi in loco quo debuit, set non a quo debuit, Fridericus in Bunna a Coloniensi, a quo debuit, set non in loco quo debuit, coronati.*[75] Die Parteien waren in etwa gleich stark, Friedrich erhielt vier Stimmen, Ludwig wurde von fünf Fürsten gewählt.[76] Die Rechte auf die Stimmen des Königs von Böhmen und des Herzogs von Sachsen war nicht geklärt,

---

72 Zur Doppelwahl 1314 vgl. die verschiedenen Dokumente der beiden Parteien, die Wahlanzeigen und die Wahlinformationen, die die einzelnen Wähler Ludwigs für die Städte der Wetterau ausstellten: MGH Constitutiones, Bd. 5, ed. Schwalm, Nr. 96–104; vgl. auch Die Chronik des Mathias von Neuenburg (MGH Script. rer. Germ. N.S. 4), hg. von A. Hofmeister, Berlin 1924–40, S. 98f.; vgl. zur Wahl auch THOMAS, Ludwig der Bayer, S. 43–69; KAUFHOLD, Gladius Spiritualis, S. 30–33; vgl. zu den Wahlanzeigen allgemein auch J. MIETHKE, Die „Wahldekrete" bei der Wahl eines *rex Romanorum* im spätmittelalterlichen Deutschland, in: Reich, Regionen und Europa in Mittelalter und Neuzeit. Feschrift für Peter Moraw (Historische Forschungen 67), hg. von P.-J. Heinig u. a., Berlin 2000, S. 89–113.
73 Vgl. dazu im einzelnen unten.
74 Vgl. zur Hungersnot von 1315–1322: W. C. JORDAN, The Great Famine. Northern Europe in the Early Fourteenth Century, Princeton (N.J.) 1996; THOMAS, Ludwig der Bayer, S. 60–63; zur Pest vgl. etwa K. BERGDOLT, Der schwarze Tod in Europa. Die große Pest und das Ende des Mittelalters, 5. Aufl. München 2003; M. VASOLD, Die Pest: Ende eines Mythos, Stuttgart 2003; D. HERLIHY, The Black Death and the Transformation of the West, Cambridge (Mass.) 1997.
75 Die Chronik des Mathias von Neuenburg, ed. Hofmeister, S. 98f.
76 Die Wahlanzeigen weisen das Wahlverhalten detailliert aus, für Friedrich vgl. MGH Constitutiones, Bd. 5, ed. Schwalm, Nr. 95 (Friedrich erhielt die Stimmen Heinrichs von Kärnten, der als König von Böhmen wählte, von Pfalzgraf Rudolf, der auch die Stimme des Erzbischofs von Köln führte und von Rudolf, Herzog von Sachsen-Wittenberg); für Ludwig vgl. ebda, Nr. 96 (Ludwig erhielt die Stimmen der Erzbischöfe von Mainz und Trier, des Königs Johann von Böhmen, des Markgrafen Waldemar von Brandenburg und des Herzogs Johann von Sachsen-Lauenburg).

und so schlossen sich die konkurrierenden Kandidaten den konkurrierenden Lagern an. Das war eine etwas andere Situation als die zweifache Abgabe der böhmischen Stimme 1257 in beiden konkurrierenden Wahlverfahren, aber es war eine ähnliche Problemlage, die erkennen ließ, dass das Stimmverhalten nur dann als eindeutiges Entscheidungskriterium gelten konnte, wenn der Kreis der Wähler präzise festgelegt wurde. Die Doppelwahl von 1314 leitete diesen Klärungsprozeß ein.

Militärisch gingen sich die Gegner eher aus dem Weg, als dass sie eine Entscheidung suchten.[77] Im September 1322 gelang es Ludwig, einem Angriff seiner Gegner so geschickt zu begegnen, dass er Friedrichs Truppen bei Mühldorf am Inn schlagen konnte, und sein Konkurrent in seine Gefangenschaft geriet.[78] Der Sieg und die Gefangennahme seines Gegners brachten Ludwig einen taktischen Vorteil, der die Kräfteverhältnisse nur bedingt widerspiegelte. Deswegen dauerte es einige Zeit, bis die beiden Kontrahenten sich zu einer tragfähigen Lösung für die künftige Thronregelung durchrangen. Die Lösung, die im September 1325 zwischen den beiden vereinbart wurde, war ungewöhnlich genug: *daz wir das Romische riche, darcz° wir bede erwelt und geweihet sein, ... mit ein ander glich als ein persone ... besitzen, haben, pflegn und handeln sullen.*[79] Aus dem Doppelkönigtum sollte ein doppelter König werden. Das war eine Lösung, die keinen praktischen Test bestehen mußte. Tatsächlich wurde der Thronstreit nicht durch eine vertragliche Regelung beigelegt, vielmehr profitierte Ludwig schon bald von einer Erosion der habsburgischen Kräfte. Friedrichs Brüder, deren Unterstützung seine Position erheblich gestärkt hatte, starben, und er selber verlor den Willen, sein Königtum aufrecht zu erhalten.[80] Ludwig blieb König und schickte sich an, auch Kaiser zu werden – beides freilich ohne die Zustimmung des Papstes, mit dem der Wittelsbacher zunehmend in einen schweren Konflikt geriet.[81]

---

77 Vgl. zu einer knappen Übersicht über diese Phase THOMAS, Ludwig der Bayer, S. 64–107; KAUFHOLD, Gladius Spiritualis, S. 33–46.
78 Zur Schlacht bei Mühldorf vgl. Die Chronik des Mathias von Neuenburg, ed. Hofmeister, S. 118–124; W. ERBEN, Die Berichte der erzählenden Quellen über die Schlacht bei Mühldorf, 28. September 1322, in: Archiv für Österreichische Geschichte 105 (1917), S. 229–516; THOMAS, Ludwig der Bayer, S. 101–107; W. ERBEN, Die Schlacht bei Mühldorf, 28. September 1322. Historisch-geographisch und rechtsgeschichtlich untersucht (Veröffentlichungen des historischen Seminars der Universität Graz 1), Graz/Wien/Leipzig 1923; H. SCHROHE, Der Kampf der Gegenkönige Ludwig und Friedrich um das Reich (Historische Studien 29), Berlin 1902, S. 170–172.
79 MGH Constitutiones, Bd. 6,1, ed. Schwalm, Nr. 105, S. 72.
80 Vgl. dazu etwa KAUFHOLD, Gladius Spiritualis, S. 91f.
81 Der Konflikt Ludwigs des Bayern mit der Kurie in Avignon ist ein größeres Thema, das wir hier nur so weit berühren, als es für unsere Fragestellung von Bedeutung ist. Wichtige Texte aus der frühen Phase des Konfliktes finden sich in den MGH Constitutiones, Bd. 5 und 6,1; vgl. zu dem Konflikt zuletzt MIETHKE, Der Kampf Ludwigs des Bayern mit Papst und avignonesischer Kurie in seiner Bedeutung für die deutsche Geschichte; KAUFHOLD, Gladius Spiritualis; OFFLER, Empire and Papacy: the Last Struggle; C. MÜLLER, Der Kampf Ludwigs des Baiern mit der römischen Kurie. Ein Beitrag zur kirchlichen Geschichte des 14. Jahrhunderts, Bd. 1–2, Tübingen 1879–1880.

Die Doppelwahl von 1314 und ihr Folgekonflikt ähnelte dem Konfliktverlauf nach der Doppelwahl von 1198 in den Grundzügen nicht nur darin, dass die Entscheidung über zehn Jahre auf sich warten ließ, sondern auch darin, dass der Papst sich energisch in das Geschehen einschaltete. Hierin bestand ein Unterschied zu dem Doppelkönigtum nach 1257, bei dem die Entscheidung noch später fiel (erst durch den Tod Richards von Cornwall 1272) und bei der die Kurie auf eine Intervention verzichtete. In dem Thronstreit zwischen Ludwig dem Bayern und Friedrich trat Papst Johannes XXII. mit einer Entschiedenheit auf, die die sorgfältige kanonistische Begründung, mit der Innozenz III. sein Eingreifen in den Thronstreit 1198 eingeleitet hatte, fast als zögerlich erscheinen ließ. *Et dixit pro fixo, quod nullus rex Alamannie potest administrare, donec eleccio sua sit per papam examinata et confirmata, et de hoc asserit se velle facere decretalem.*[82] So meldete ein zeitgenössischer Berichterstatter die Entschlossenheit des Papstes, Ludwigs Königstitel nicht anzuerkennen, solange der Gewählte die Wahl nicht durch den Papst bestätigen lasse.[83] Die Reaktion kam dem Ereignis gegenüber etwas verspätet, weil Johannes XXII. erst 1316 zum Papst gewählt worden war, und er sich zunächst nicht veranlaßt gesehen hatte, in dem Thronstreit Stellung zu beziehen, aber sie war deutlich.[84] Die Verzögerung ist dadurch zu erklären, dass der Papst mit zwei lediglich *gewählten* Königen durchaus zurecht kommen konnte, denn einem *electus* standen nach seinem Verständnis keine Herrschaftsrechte in Italien zu.[85] An der Ausübung dieser Reichsgewalt, mit der Ludwig nach seinem Sieg über Friedrich begonnen hatte, nahm die Auseinandersetzung ihren Anfang.[86] Die Haltung Johannes' XXII. angesichts des Streits um den deutschen Thron war also eine andere als die von Innozenz III. im Jahr 1198. Johannes verwendete sich nicht für einen konkreten Kandidaten, sondern er bestand auf seinem grundsätzlichen Prüfungsrecht. Ein solcher

---

82 MGH Constitutiones, Bd. 5, ed. Schwalm, Nr. 788, S. 613.
83 Vgl. dazu die sogenannten päpstlichen „Prozesse" gegen Ludwig den Bayern, ebda, Nr. 792 (Okt. 1323); Nr. 839–841a (Jan. 1324); Nr. 881 (März 1324); Nr. 944 (Juli 1324); vgl. dazu auch KAUFHOLD, Gladius Spiritualis, S. 55–75; zu dem übergeordneten Thema des päpstlichen Approbationsanspruchs vgl. UNVERHAU, Approbatio, reprobatio.
84 Zu Papst Johannes XXII. vgl. etwa Ch. TROTTMANN, Giovanni XXII, in: Enciclopedia dei Papi, Bd. 2: Niccolò I, Santo – Sisto IV, hg. von M. Bray, Rom 2000, S. 512–522; F. A. VAN LIERE, John XXII, Pope (b. 1244?, r. 1316–1334), in: The Late Medieval Age of Crisis and Renewal, 1300–1500. A Biographical Dictionary, hg. von C. Dreese, Westport (Conn.) 2001, S. 255–257; L. DUVAL-ARNOULD, Jean XXII, in: Dictionnaire historique de la papauté, hg. von Ph. Levillain, Paris 1994, S. 943–947; nach seiner Wahl hatte der Papst den beiden Gewählten seine Vermittlung in ihrem Thronstreit angeboten, aber er hatte in der Angelegenheit nicht insistiert: *Nos enim pro eiusdem reformatione pacis eo libentius studia proponimus apostolice servitutis impendere, quo magis illam necessariam et utilem in terris agnoscimus et fore speramus placidam in excelsis* (5. Sept. 1316, MGH Constitutiones, Bd. 5, ed. Schwalm, Nr. 373).
85 Vgl. den ersten „Prozess": MGH Constitutiones, Bd. 5, Nr. 792 (2); vgl. dazu etwa KAUFHOLD, Gladius Spiritualis, S. 49–55 (mit weiterer Literatur); zur Frage der Herrschaftsrechte in Italien und ihrem Zusammenhang mit der Position des rex Romanorum, bzw. des Kaisers vgl. auch den klassischen Beitrag von F. KERN, Die Reichsgewalt der deutschen Könige nach dem Interregnum, in: Historische Zeitschrift 106 (1911), S. 39–95.
86 Vgl. zum Hintergrund besonders die klarsichtige Problemskizze von OFFLER, Empire and Papacy: the Last Struggle; vgl. auch KAUFHOLD, Gladius Spiritualis, S. 49–55.

Anspruch war in Deutschland schwerer durchzusetzen, weil der Papst damit auf die Verbündeten verzichtete, die von seiner Unterstützung profitiert hätten. Und auch mit diesen Verbündeten war Innozenz III. nicht erfolgreich gewesen. Zwar hatte das Papsttum seit 1198 gegenüber dem deutschen Herrscher eine stärkere Stellung gewonnen, aber der Konflikt, den Johannes XXII. nun begann, war in seiner Konsequenz ein Konflikt mit den deutschen Königswählern, deren Wahlentscheidung er durch seinen Approbationsanspruch in Frage stellte. Und diese Fürsten hatten seit 1198 eher an Selbstbewusstsein gewonnen. Sie waren eine kleine Gruppe mächtiger und eigensinniger Aristokraten, deren Haltung für die Reformdynamik dieser Phase eine entscheidende Rolle spielte. Johannes XXII. schätzte ihre Entschlossenheit falsch ein. Das gilt interessanterweise auch für Ludwig den Bayern in der frühen Phase dieses Konflikts. Im Jahr 1326 erklärte er im Zuge seiner Ausgleichsbemühungen mit seinem Konkurrenten Friedrich, dass er bereit sei, zugunsten von Friedrich auf die Krone zu verzichten, wenn es Friedrich gelänge, die Bestätigung seines Königtums vom Papst zu erlangen.[87] Die Erklärung mag durchaus in der Einschätzung verfasst worden sein, dass der Papst eine solche Zustimmung nicht geben würde, aber die Entscheidung über den künftigen König wird hier ebenso wie in den Augen Johannes' XXII. auf der Ebene des Papstes und des betroffenen Herrschers erwartet. Ludwig formulierte sogar ausdrücklich: *es sei mit der fürsten willen oder an iren willen.*[88] Die Erfahrung des Konfliktes mit der Kurie mochte solche Feststellungen befördern, tatsächlich aber waren es die Fürsten des Reiches, die durch ihre entschiedene Zurückweisung des päpstlichen Approbationsanspruches Ludwig zunächst unterstützten, und deren Entschiedenheit nach seinem Tod dafür sorgte, dass ihre Haltung Verfassungsrang erlangte.[89]

Die Jahre 1314 bis 1356, die Jahre von der Doppelwahl bis zur *Goldenen Bulle*, die mit dem ausdrücklichen Vorsatz ausgefertigt wurde, solche Zwietracht künftig zu verhindern, bedürfen in Hinblick auf das Reformgeschehen einer inneren Differenzierung.[90] Die Frage der Wahlberechtigung, die 1314 noch nicht endgültig ge-

---

87 MGH Constitutiones, Bd. 6,1, ed. Schwalm, Nr. 140: *das wir mit gutlichem willen und mit freiem mut unserm lieben oheim und bruder kunig Friederich von Rom entweichen wellen an dem kunigreich von Rom und alles as dar zu tun mit mund oder mit briefen, der er notturftig ist und im nutz und furderlich mag sein zu dem reich an alle geverde, also beschaidenlich ob er von dem babst bestatiget wird an dem kungreiche, es sei mit der fürsten willen oder an iren willen.*
88 Ebda.
89 Zur Haltung der Fürsten vgl. das Folgende, zur Haltung Ludwigs des Bayern in dem Konflikt vgl. MIETHKE, Der Kampf Ludwigs des Bayern mit Papst und avignonesischer Kurie in seiner Bedeutung für die deutsche Geschichte; vgl. auch Th. M. MARTIN, Auf dem Weg zu Reichstag. Studien zum Wandel der deutschen Zentralgewalt 1314–1410 (Schriftenreihe der Historischen Kommission bei der Bayerischen Akademie der Wissenschaften 44), Göttingen 1993, S. 45–86.
90 Vgl. Die Goldene Bulle Kaiser Karls IV., ed. Fritz, Vorrede, S. 45: *Sane cum ex officio, quo Caesarea dignitate potimur, futuris divisonum et dissensionum periculis inter electores ipsos, de quorum numero ut rex Boemie esse dinoscimur, racione duplici, tam ex imperio quam electionis iure quo fungimur, occurrere teneamur ...*

klärt war, wurde erst 1356 verbindlich geregelt. Bei verschiedenen Gelegenheiten konnten wir zuvor erkennen, dass dies eine heikle Frage war, die nicht in gleicher Form gelöst werden konnte, wie die Frage des päpstlichen Approbationsrechtes. In der Frage des Wahlrechts waren die Fürsten Konkurrenten, weswegen das Problem nur durch einen Herrscherentscheid (*ex officio, quo caesarea dignitate potimur*) überwunden werden konnte.[91] Die Frage, welche Legitimation die Fürstenwahl dem Gewählten verlieh, hatte einen anderen Charakter. Und sie wurde sehr viel schneller geklärt. Sie war in der Schärfe, in der Johannes XXII. seinen Anspruch auf die Prüfung der Wahl vorbrachte, im Herbst 1323 erstmals formuliert worden, und sie wurde 1338 in ähnlicher Schärfe durch die Fürsten beantwortet.[92] *Dass ein solchermaßen Gewählter es nicht nötig hat, sich deswegen an den Apostolischen Stuhl zu wenden, dass im Gegenteil seit jeher – seit man sich erinnern kann, daran festgehalten und beachtet wurde, dass von den Kurfürsten des Reiches einstimmig, oder wie gesagt, mehrheitlich Gewählte den Königstitel angenommen und die Güter des Reiches verwaltet haben, und dass sie dies nach Recht und Gewohnheit erlaubterweise tun konnten und auch in Zukunft tun können, ohne dafür die Zustimmung oder Erlaubnis des besagten Apostolischen Stuhls zu haben oder zu erhalten.*[93] Diese Feststellung der Fürsten war eine klare Absage an den päpstlichen Anspruch. Eine Absage, auf die die Fürsten sich nach der vergleichsweise kurzen Zeit von 15 Jahren verständigt hatten. In demselben Weistum erscheint die andere verfassungsrechtliche Frage noch immer ungeklärt. In dem Dokument, das die Haltung der Kurfürsten so klar formulierte, war die Kurstimme des Pfalzgrafen bei Rhein durch vier mögliche Königswähler vertreten, *cum non esset diffinitum, quis eorum comes esse debeat vocem habens.*[94] Die Frage, für die die Kurfürsten noch immer keine Antwort gefunden hatten, war bereits zehn Jahre vor dem päpstlichen Vorstoß durch die Doppelwahl von 1314 gestellt worden, und sie war einer Klärung noch immer nicht näher gekommen. Die Schwierigkeit hatte durchaus originelle Lösungsversuche hervorgebracht. So hatten die betroffenen Wittelsbacher in ihrem bedeutenden *Hausvertrag von Pavia* 1329 vereinbart, dass die Kurstimme zwischen der bayerischen und der pfälzischen Linie alternieren solle.[95] Dies war zwar eine etwas andere Problemstellung, denn

---

91   Ebda.
92   Das Vorgehen Johannes' XXII. gegen Ludwig überraschte im Oktober 1323 auch die Kardinäle, von denen manche zu bedenken gaben, dass Ludwig sich mit seiner Politik im Rahmen des Reichsrechtes bewege, vgl. dazu MGH Constitutiones, Bd. 5, ed. Schwalm, Nr. 789. Die Zurückweisung des päpstlichen Approbationsanspruchs wurde in ausdrücklicher Form von den Fürsten im Weistum von Rhense formuliert: Quellensammlung, ed. Zeumer, Nr. 141c. Zum Weistum von Rhense vgl. auch oben Kapitel 6, Anm. 127. Vgl. zur Zurückweisung des päpstlichen Approbationsanspruchs 1338 auch KAUFHOLD, Gladius Spiritualis, S. 210–247.
93   Weistum von Rhense, in: Quellensammlung, ed. Zeumer, Nr. 141c.
94   Ebda.
95   Der Hausvertrag von Pavia wurde in zwei Textfassungen ausgestellt, eine für den bayerischen und eine für den Pfälzer Teil der Familie. In der Pfälzer Version lautete die Königswahlpassage folgendermaßen: *Wir suln auch den ersten roemischen chueng welen fuer unsern tail. So sueln unsers lieben herren und vetern chaiser Ludwigs chind Ludwig und Stephan den andern roemischen chueng welen, und also sol die wechslung der wal dez richs zwischen uns und unsern erben und in und iren erben fuerbaz ewichlich beleiben* (Wittelsbacher Hausverträge des

die Frage der pfälzischen Kurstimme war damit nicht geklärt, aber die Regelung, die das ältere Problem der Kurkonkurrenz zwischen dem bayerischen und dem pfälzer Zweig der Familie beheben sollte, stand vor demselben Problem, vor dem die pfälzer Rivalen standen. Wie sollte man einen solchen Anspruch unter gleichrangigen Bewerbern gerecht zuweisen? Der *Hausvertrag von Pavia* ließ die Kurstimme zwischen den beiden Hauptlinien wechseln. Als künftige Vertreter der Linien wurden aber jeweils alle Erben aufgeführt. Eine genauere Festlegung wurde nicht getroffen. Die Sicherheitsklausel der Wahlregelung, dass die Seite, die versuchen sollte, die andere Linie bei der Ausübung des Wahlrechts zu übergehen, in Zukunft ihr Wahlrecht verlieren solle, war ohne einen Richter kaum etwas wert.[96] Einvernehmen war in einer solchen Angelegenheit schwer zu erzielen. Hier stieß die Reformfähigkeit der Fürsten an eine Grenze. Eine Regelung, die den regelmäßigen Wechsel der Wahlstimme zwischen zwei Linien einer Familie vorsah, zwischen denen der Dissens die Übereinstimmung bei weitem überwog, war in hohem Grade störungsanfällig. Gerade die Regelung von Pavia 1329 zeigte, wie notwendig eine verlässliche und dauerhafte Lösung des Problems war. Aus der Situation heraus erschien sie nicht erreichbar gewesen zu sein.

Der Vorgang zeigt die Bedingungen einer tragfähigen Institutionalisierung. Als eine solche kann die Königswahlregelung der *Goldenen Bulle* mit einer gewissen Berechtigung angesehen werden. Die Lösung des Problems wurde in der letzten dynamischen Phase der Problemgeschichte nach etwa 40 Jahren erreicht. Dieser Zeitraum hat bei der bisherigen Untersuchung der Reformprozesse seit 1198 wiederholt eine Rolle gespielt. Die Erwartung, dass nach 40 Jahren die Wahrscheinlichkeit für die institutionelle Lösung eines Problems in der politischen Ordnung deutlich stieg, scheint sich zu bestätigen. Allerdings: die Regelung der Wahlberechtigung durch die Einführung einer Primogenitur für die Kurstimme war erst möglich, als Karl IV. eine solche Autorität gewonnen hatte, dass er der Ebene fürstlicher Konkurrenz deutlich enthoben war. Diese Autorität gewann er durch seine Kaiserkrönung 1355, deren Datum durch eine politische Lage bestimmt wurde, die nur bedingt etwas mit der Königswahlproblematik zu tun hatte. Dies war keine lineare Problemgeschichte. Aber es geht in dieser Untersuchung auch nicht um lineare Problemverläufe, sondern um die institutionelle Formung politischer Strukturen in einem komplexen Geschehen. Die Vorgeschichte der Kaiserkrönung Karls IV. war ein Teil dieser Komplexität, deren einzelne Aspekte wir im Rahmen dieser Fragestellung nicht verfolgen können.

---

    späten Mittelalters. Die Haus- und Staatsrechtlichen Urkunden der Wittelsbacher von 1310, 1329, 1392/93, 1410 und 1472 (Schriftenreihe zur bayerischen Landesgeschichte 71), hg. von H. Rall, München 1987, S. 81–101, hier S. 93. Zur Vorgeschichte des Textes und zur Edition vgl. ebda, S. 64–81).

96 Ebda, 94 (Pfälzischer Text): *Und ob wir oder unser tail oder unser erben si oder ir erben irreten oder ueberfueren an der wal dez richs und si nicht wollten lazzen welen als si billich sollten, als vor geschriben stet, so sueln wir, unser tail und unser erben di wal dez richs verlorn haben, und sol danne di wal dez richs an si und ir erben gevallen und ewigchlich an ir beleiben.*

Der *Hausvertrag von Pavia* gründete trotz seiner Beschränkung auf die Wittelsbacher auf einer Voraussetzung, die der Lage Karls IV. 1356 in gewisser Weise vergleichbar war. Karl IV. formulierte seine Lösung für die Weitergabe der Kurstimme in den fürstlichen Familien als Kaiser und als Angehöriger einer betroffenen Familie. Ludwig war 1329 in einer ähnlichen Lage, wenn seine Kaiserwürde auch umstritten war.[97] Der Hausvertrag von Pavia wurde aufgesetzt, nachdem Ludwig in Rom seinen Kaisertitel erlangt hatte.[98] Er versuchte, die drängenden Probleme der Wittelsbacher im Verhältnis der beiden Linien aus einer Position heraus zu lösen, in der die großen Entscheidungen zunächst gefallen waren. In Hinblick auf die Königswahlfrage war dieser Abstand nicht groß genug, so dass die Königswahlklauseln eher als ein Versuch im Rahmen unzureichender Möglichkeiten gesehen werden kann.[99] Karl IV. entstammte einer anderen Generation als Ludwig der Bayer.[100] Er wurde erst zwei Jahre nach der Doppelwahl 1314 geboren, wuchs aber in einer Situation auf, die von der Konkurrenz der Familien stark geprägt war.[101] Es ist dies wahrscheinlich eine Konstellation, die für die Formulierung tragfähiger Lösungen günstig ist. Der Problemdruck war weiterhin da, aber die Entscheidung wurde nicht durch frühere eigene Festlegungen in dem Konflikt beeinträchtigt.

Mit der *Goldenen Bulle* 1356 war die Verfassungsentwicklung, die 1198 als dezidiertes Problem aufgeworfen worden war, zu einer institutionellen Festlegung gelangt. Es war nun im Rahmen der rechtlichen Möglichkeiten geklärt, wer den römisch-deutschen König wählte, und es war auch geklärt, welchen Anteil die Kurie an diesem Vorgang hatte. Diese Fragen hingen nicht direkt zusammen, aber sie waren dadurch miteinander verbunden worden, dass Innozenz III. in beiden Problemstellungen eine markante Position eingenommen hatte. Seine Nachfolger hatten dies nicht ungebrochen fortgesetzt, so dass die Doppelwahl von 1257 die Frage der kurialen Verwicklung nicht aufwarf. Die Fürsten erschienen als alleinige Akteure und sie erschienen in etwas problematischem Licht. Da die Doppelwahlen jeweils eine Phase der Klärung der Thronfrage nach sich zogen, geht es bei der Untersuchung des „Rhythmus" der Reformen nicht nur um Zeitpunkte (1198, 1257, 1314 und 1356) sondern jeweils um Phasen, in denen die Frage der Königs-

---

97 Ludwigs Fassung der Urkunde beginnt: *Wir Ludowig, von gots genaden roemischer cheiser, ze allen zeiten merer des richs* ...(Wittelsbacher Hausverträge, ed. Rall, S. 81).
98 Vgl. zu Ludwigs Romzug: BERG, Der Italienzug Ludwigs des Bayern, bes. S. 169–175 (Romaufenthalt), S. 189f. (Aufenthalt in Pavia); vgl. auch die knappe historische Einleitung in Wittelsbacher Hausverträge, ed. Rall, S. 64–67.
99 Im Weistum von Rhense wurde ja der Auftritt der Erben beider Linien: Rudolph, Ruprecht (I.) und Ruprecht (II.) für die pfälzische Familie und Stephan für den bayerischen Teil mit keinem Zusatz versehen, der auf die alternierende Lösung des Hausvertrages hinwies, sondern mit dem bereits zitierten Zusatz, der die weiterhin ungeklärte Situation vermerkte, Quellensammlung, ed. Zeumer, Nr. 141c.
100 Karl IV. wurde 1316 geboren, Ludwig war 1281/82 geboren worden, der Abstand betrug 35 Jahre, vgl. etwa: Die deutschen Herrscher des Mittelalters, hg. von Schneidmüller /Weinfurter, S. 556–559 (Stammtafeln).
101 Vgl. zu dieser Phase Die Autobiographie Karls IV., ed. Hillenbrand.

wahl als erkennbares Problem vor den Auge der Beteiligten stand (1198–1214, 1257–1272, 1314–1327/1338, 1356). Schnelle Klärungen wurden in keinem Fall erzielt, sie waren erst möglich, als das akute Problem überwunden war (1356). In der Regel konnte man mit einer Dauer von 10–15 Jahren rechnen, bis man nach einer gespaltenen Königswahl zu einer tragfähigen Klärung gelangt war. Insofern lag auch die Reaktion der Fürsten 1338 auf den Approbationsanspruch Johannes' XXII. ganz im Rahmen dieses zeitlichen Erwartungshorizontes. Die Geschichte der deutschen Königswahl 1198–1356, die wir hier mit der Frage nach ihrer inneren Dynamik untersuchen, kann als eine zusammenhängende Geschichte angesehen werden. Die Abstände zwischen den Doppelwahlen (und ihrer Überwindung) betrugen etwa 40–60 Jahre. So war fast jede Generation politischer Akteure seit dem Ende des 12. Jahrhunderts bis zur Mitte des 14. Jahrhunderts mit den Folgeerscheinungen einer Doppelwahl vertraut. Die *Goldene Bulle* schuf nun eine neue Grundlage. Und doch änderte sich das Bild nur sehr allmählich.

Obwohl die deutschen Fürsten im *Weistum von Rhense* 1338 sehr klar formuliert hatten, dass die Königswahl zu ihrer Gültigkeit keiner Bestätigung durch den Papst bedürfe, und obwohl die *Goldene Bulle* 1356 für die Erhebung des römischen Königs keine päpstliche Approbation mehr vorsah, berichtet Dietrich von Niem, dass Urban VI. bei seiner Suche nach Verbündeten 1378, als er von seiner Kurie verlassen *allein wie ein Spatz auf dem Dach saß*, in einer möglichen Approbation des römischen Königs noch politische Verhandlungsmasse sah.[102] Urban habe sich in seiner Bedrängnis daran erinnert, dass König Wenzel von der Kurie noch nicht approbiert worden sei, und er habe gehofft, durch ein entsprechendes Angebot, das Reich für sein Papsttum gewinnen zu können.[103] Wenzel war immerhin der Sohn Karls IV., des Urhebers der Goldenen Bulle. Aber der Verzicht der Goldenen Bulle auf die päpstliche Bestätigung wurde an der Kurie 1378 noch nicht wahrgenommen. Tatsächlich konnte Jürgen Miethke zeigen, dass es in der zweiten Hälfte des 14. Jahrhunderts in Avignon und Rom keine Spuren einer genaueren Kenntnis der Goldenen Bulle gab. An der Kurie scheint kein Text der Goldenen Bulle vorhanden gewesen zu sein – und das, nachdem man sich in der ersten Hälfte des Jahrhunderts über die Frage der Königswahl so erbittert gestritten hatte.[104]

---

102 Theoderici de Nyem, De Scismate Libri Tres, hg. von G. Erler, Leipzig 1890, I, 12, S. 27 (*ut passer in tecto*); zur Suche Urbans nach Verbündeten ebda I, 15 (S. 31): *Videns autem dictus Urbanus, quod ubique sibi propinqua auxilia defecerunt, et cum magnis in ipsa urbe periculis subiaceret, remota quesivit auxilia, et cogitans intra se, quod quondam Karolus Romanorum imperator, filium suum dominum Wentzelaum, regem Bohemie modernum, paucis annis ante, vivente tunc Gregorio papa predicto, in Romanorum regem elegi procurasset, quodque dicta eleccio per ecclesiam nondum approbata fuerat, et quod ipsi Florentini forsan libenter secum pacem vellent habere, illic suum vertit ingenium.* Zum Ausbruch des Großen Abendländischen Schismas vgl. etwa: Die Geschichte des Christentums, Bd. 6, hg. von Mollat DuJourdin u. a., S. 75–90; Genèse et Débuts du Grand Schisme d'Occident (Colloques Internationaux du Centre National de la Recherche Scientifique 586), Paris 1980; W. ULLMANN, The Origins of the Great Schism. A Study in Fourteenth-Century Ecclesiastical History, Hamden (Conn.) 1972, S. 1–68.
103 Theoderici de Nyem, wie vorangehende Anm.
104 MIETHKE, Die päpstliche Kurie und die „Goldene Bulle", bes. S. 443–445. Nach der Wahl Wenzels hatte der schon kranke Kaiser Papst Gregor XI. die Königswahl angezeigt, woraus

Aber nicht nur an der Kurie gab es in der zweiten Hälfte des 14. Jahrhunderts keine sichere Textgrundlage für die „aktuelle" Rechtslage in der Frage der deutschen Königswahl. Unter den Kurfürsten verzichteten der Herzog von Sachsen und der Markgraf von Brandenburg auf ein eigenes Exemplar des Textes.[105] Der Verzicht läßt vermuten, dass die Kurfürsten im Norden keinen Bedarf sahen, die einzelnen Regelungen der Goldenen Bulle im Wortlaut verfügbar zu haben. Der Ablauf der Königswahl war für sie im Kern klar, immerhin war es der Sachsenspiegel gewesen, der als erstes Schriftzeugnis eine bereits bestehende Rechtsvorstellung aufzeichnete. Insofern verweist die Haltung der Kurfürsten von Sachsen und Brandenburg auf das geringe Interesse der englischen Barone an einem eigenen Exemplar der *Magna Carta* von 1215. Die Tatsache, dass der lange Text aufgeschrieben und im Bedarfsfall erreichbar war, reichte für ihre Bedürfnisse. In einer Hinsicht enthielt die Goldene Bulle allerdings eine Neuerung, die für die jeweiligen Fürstenfamilien von Bedeutung war. Die Erbregelung für die Kurstimme war ja erst durch die Goldene Bulle verbindlich formuliert worden. In dieser Frage wäre der Text für die jeweiligen Familien bei internen Konflikten von Belang gewesen.

Der Verzicht auf den Text bedeutete auch den Verzicht auf die gelehrte Auseinandersetzung mit dem Charakter des Kurfürstengremiums auf der Höhe der juristischen Theoriebildung. Anläßlich der Absetzung Wenzels und der Königswahl Ruprechts von der Pfalz im August 1400 wird erkennbar, dass die Kurfürsten in Hinblick auf ihr Selbstverständnis die Theoriebildung in unterschiedlicher Intensität verfolgten.[106] Die erkennbar fortgeschrittene Theoriebildung im Umfeld der rheinischen Kurfürsten nach 1400, die sich im Umfeld der Universitäten vollzog, war eine Folge der gelehrten Auseinandersetzung mit dem Text der Goldenen Bulle. Dafür war ein verfügbarer Text eine notwendige Voraussetzung.

In Hinblick auf die Dynamik der Formierung des Kurkollegs sind die Publikation der Goldenen Bulle 1356 und die Absetzung Wenzels 1400 die beiden bedeu-

---

sich längere Verhandlungen über die ungewöhnliche Wahl zu Lebzeiten des Kaisers ergab (*sumus non modicum admirati, ..., fili carissime, quod te vivente atque imperante ...*); vgl. die Unterlagen der Verhandlungen: Deutsche Reichstagsakten unter König Wenzel, 1. Abt. 1376–1387 (Deutsche Reichstagsakten, Ältere Reihe 1), hg. von J. Weizsäcker, München 1867, S. 90–151 (Zitat aus dem Antwortbrief Gregors XI, ebda, S. 93). Gregor XI. bestand 1376 gegenüber Karls IV. auf der Approbation der Wahl (*... cum non approbata persona electi et confirmatione electionis non secuta electus ipse coronari non debeat nec actus regius vigore electionis hujusmodi in eo vel per eum valeat exerceri*, ebda, S. 94). Karl vermied die direkte Konfrontation, vgl. etwa ebda, S. 98–101. Zur Verhandlungsstrategie Karls vgl. etwa MIETHKE, Die päpstliche Kurie und die „Goldene Bulle", S. 445 („verbale Nachgiebigkeit und praktisch ungerührtes Handeln"). Zu Wenzels Königtum vgl. etwa: M. KINTZINGER, Wenzel, in: Die deutschen Herrscher, hg. von Schneidmüller/Weinfurter, S. 433–445, S. 594f.; HOENSCH, Die Luxemburger, S. 168–233.

105 Von der Goldenen Bulle von 1356 gab es sieben Ausfertigungen: für Böhmen, Köln, Mainz, Pfalz, Trier, Frankfurt, Nürnberg; vgl. die Aufstellung in: Die Goldene Bulle Kaiser Karls IV., ed. Fritz, S. 11–32; vgl. auch MIETHKE, Die päpstliche Kurie und die „Goldene Bulle", S. 444.

106 Vgl. dazu Kapitel 9 unten vgl. für einen ersten Überblick: KAUFHOLD, Entscheidungsstrukturen.

tenden Schritte im Rahmen unseres Untersuchungshorizontes. Die Absetzung Wenzels ist ein Thema des 9. Kapitels, aber es läßt sich bereits anhand der Daten erkennen, dass der Rhythmus des Geschehens in der Geschichte der deutschen Doppelwahlen sich nicht signifikant ändert. Der Abstand von 40–50 Jahren, der für die Geschehnisse im 13. Jahrhundert festzustellen war, ist auch für die Ereignisfolge im späteren 14. Jahrhundert eine sinnvolle Erwartung. Der Rhythmus der Reform verändert sich nicht in erkennbarer Weise. Daraus ergibt sich die Frage, welche Folgerungen aus diesem Befund für die Überlieferung der fürstlichen Kernanliegen zu ziehen sind. Zunächst gilt es allerdings, das englische Geschehen nach der Absetzung und dem Tod Edwards II. 1327 zu prüfen. Hier stoßen wir auf traditionelle Motive, aber auch auf neue Formen des politischen Prozesses.

In den Jahren 1327–1399 erlebte England zwei sehr unterschiedliche Könige. Edward III. (1327–1377) war ein einfacher König, aber er war lange Zeit ein erfolgreicher Krieger. Sein Anspruch auf die französische Königskrone führte England in den Hundertjährigen Krieg, und solange die englischen Barone in den Schlachten auf dem Kontinent Siege erfochten, erhob sich keine Kritik am König.[107] Erst in den letzten Herrschaftsjahren äußerte sich der Unmut über Edward III., der sich zunehmend von seiner Umgebung abschloß, im sogenannten „Guten Parlament" (1376).[108] Richard II. (1377–1399) war dagegen kein Mann des Krieges. Er war der Enkel Edwards III., und er gelangte als Kind auf den Thron, weil sein Vater, der „schwarze Prinz" noch vor Edward III. gestorben war. Der schwarze Prinz hatte eine martialische Rolle in den Kämpfen auf dem Festland gespielt, aber er hatte sich dabei eine Krankheit zugezogen, an der er starb, bevor er auf den Thron gelangte.[109] Richard II. hatte ein friedlicheres Temperament. Er war als Kind bei den Feierlichkeiten zu seiner Krönung eingeschlafen, und er bemühte sich als König eher um Friedensverhandlungen mit dem französischen Rivalen.[110] Seine Herr-

---

107 Zu Edward III. vgl. etwa S. L. WAUGH, England in the Reign of Edward III, Cambridge 1991; W. M. ORMROD, The Reign of Edward III.; DERS., Edward III and the Recovery of Royal Authority in England, 1340–60, in: History 72 (1987), S. 4–19; DERS., England: Edward II and Edward III; vgl. auch M. PACKE, King Edward III, London u. a. 1983; zu seinem Anspruch auf die französische Krone vgl. etwa J. Le PATOUREL, Edward III and the Kingdom of France, in: History 43 (1958), S. 173–189.
108 Zum *Good Parliament* vgl. Select Documents, ed. Chrimes/Brown, S. 93–111; HOLMES, The Good Parliament.
109 Zum schwarzen Prinzen vgl. etwa R. W. BARBER, The Black Prince, Stroud 2003; D. GREEN, The Black Prince, Stroud 2001; H. COLE, The Black Prince, London 1976.
110 Vgl. zu Richard II.: C. M. BARRON, The Reign of Richard II, in: The New Cambridge Medieval History, Bd. 6, hg. von Jones, S. 297–333; Richard II. The Art of Kingship, hg. von A. Goodman/J. L. Gillespie, London 1999; The Age of Richard II, hg. von J. L. Gillespie, Stroud 1997; N. SAUL, Richard II, New Haven/London 1997; DERS., Richard II and the Vocabulary of Kingship, in: The English Historical Review 110 (1995), S. 854–877; P. MCNIVEN, Rebellion, Sedition and the Legend of Richard III´s Survival in the Reigns of Henry IV and Henry V, in: Bulletin of the John Rylands Library 76 (1994), S. 93–117; C. M. BARRON, The Deposition of Richard II, in: Politics and Crisis in Fourteenth Century England, hg. von J. Taylor/W. Childs, Gloucester 1990, S. 132–149; A. TUCK, Richard II and the Hundred Years

schaft scheiterte nach schweren Krisen schließlich im Jahre 1399, als der noch junge Herrscher abgesetzt und schließlich getötet wurde.

Nach dem Rücktritt Edwards II. war die Regierungsgewalt eine Zeitlang von seiner Witwe Isabella und ihrem Geliebten Mortimer ausgeübt worden, bis Edward III. in einer Kommandoaktion die Herrschaft an sich zog, seine Mutter vom Hof verbannte und Mortimer gefangensetzte.[111] Durch einen Tunnel war der junge König gemeinsam mit einigen Getreuen in die Burg eingedrungen und hatte Tatsachen geschaffen.[112] Dieses Vorgehen war in gewisser Weise typisch für seinen Herrschaftsstil. Edward zögerte nicht lange, und er teilte seine Entscheidungen nicht in größerer Runde mit, sondern er umgab sich mit einem Kreis von Männern, denen er vertraute, und handelte durchaus kurz entschlossen. Das barg auch Risiken. Zehn Jahre nach seinem erfolgreichen Coup gegen Isabella und Mortimer befand sich der König auf dem Festland, um seinen Anspruch auf die französische Krone militärisch zu unterstreichen. Am 8. Februar 1340 hatte er seinen Thronanspruch proklamiert.[113] Es war ein kostspieliger Anspruch, und die Männer, denen der König die Organisation der Kriegsfinanzen übertragen hatte, stießen bald an die Grenzen ihrer Möglichkeiten. In einer dramatischen Aktion kehrte der König am 30. November 1340 heimlich nach London zurück, wurde nachts im Tower vorstellig und zog die nach seiner Meinung Schuldigen zur Verantwortung. Dies

---

War, in: ebda, S. 117–131; C. J. PHILPOTTS, John of Gaunt and English Policy towards France, 1389–1395, in: Journal of Medieval History 16 (1990), S. 363–385; C. M. BARRON, The Art of Kingship: Richard II 1377–1399, in: History Today 35 (1985), S. 30–37; G. O. SAYLES, The Deposition of Richard II: Three Lancastrian Narratives, in: Bulletin of the Institute of Historical Research 54 (1982), S. 313–330; A. TUCK, Richard II and the English Nobility, London 1973; The Reign of Richard II. Essays in Honour of May McKisack, hg. von F. R. H. Du Boulay/C. M. Barron, London 1971; J. TAYLOR, Richard II's View on Kingship, in: Proceedings of the Leeds Philosophical and Literary Society 14 (1971), S. 190–205; DERS., Richard II's System of Patronage, in: The Reign of Richard II, hg. von Du Boulay/Barron, S. 1–20; C. M. BARRON, The Tyranny of Richard II, in: Bulletin of the Institute of Historical Research 41 (1968), S. 1–18; J. J. N. PALMER, The Anglo-French Peace Negotiations, 1390–1396, in: Transactions of the Royal Historical Society, 5th Ser. 16 (1966), S. 81–94; DERS., Articles for a Final Peace between England and France, 16. June 1393 (1966), S. 180–185.

111 Vgl. Gesta Edwardi de Carnavon Auctore Canonico Bridlingtoniensi, Bd. 2, ed. Stubbs, S. 101: *Item eodem anno* [i. e. 1330] *in festo Sanctae Lucae Evangelistae, fere nocte media dominus rex in castro de Notingham, Hugone de Trompyngton milite interfecto, et quibusdam aliis militibus et scutariis vulneratis, introitum camerae matris suae sibi praecludentibus, cepit dominum Rogerum de Mortuomari, Oliverum de Ingham, Johannem Mautravers, Symonem de Berford militem, et Henricum de Burghasche episcopum Lincolniensem; quos continuo misit Londonias usque ad Parliamentum in salva custodia conservandos*; vgl. dazu und zu den Anfängen der Herrschaft Edwards III. unter der Regentschaft der Mutter: ORMROD, The Reign of Edward III, S. 3–69; vgl. auch PRESTWICH, Plantagenet England, S. 220–224; C. SHENTON, Edward III and the Coup of 1330, in: The Age of Edward III, hg. von Bothwell, S. 13–29.
112 Vgl. SHENTON, Edward III and the Coup of 1330.
113 Robert de Avesbury, De Gestis mirabilibus regis Edwardi Tertii (RS 93), hg. von E. M. Thompson, London 1889, S. 309f., hier S. 309: *Cum itaque regnum Franciae dispositione divina, per mortem celebris memoriae Caroli, ultimi regis Franciae, fratris germani dominae matris nostrae, sit ad nos jure serenissimo devolutum* ... ; vgl. dazu auch J. SUMPTION, The Hundred Years War, Bd. 1: Trial by Battle, 2. Aufl. London/Boston 1999, S. 1–68.

waren immerhin der Erzbischof von Canterbury, als wichtigster Berater, dessen Bruder, der Kanzler des Königs, und andere hohe Amtsträger der Krone.[114] Die Überraschung gelang, aber sie hielt nicht vor. Edward III. mußte ein Parlament einberufen und dort wurde ihm bedeutet, dass die Rechenschaft der hohen Berater des Königs im Parlament abzulegen sei.[115] Edward mußte seine Maßnahme weitgehend zurücknehmen, aber es gelang ihm, die Krise ohne nachhaltigen Autoritätsverlust zu überstehen. „There was a new maturity to politics" (Prestwich).[116]

Edward mußte erkennen, dass er die Großen seines Reiches und das Parlament nicht einfach übergehen konnte, sondern dass Fragen von so grundsätzlicher Bedeutung wie die Besetzung der höchsten Ämter in der königlichen Regierung in Abstimmung mit diesen mächtigen Männern behandelt werden mussten. Dies war ja eines der Kernanliegen der verschiedenen Reformvorstöße im 13. Jahrhundert gewesen. Die Auswahl des führenden Personals war ein heikler Vorgang und Fehler auf diesem Feld konnten sich durchaus zu Herrschaftskrisen ausweiten. Doch Edward III. konnte solche Folgen 1340/41 abwenden und die Krise bald beilegen. Als seine Feldzüge auf dem Kontinent einige Jahre später so erfolgreich begannen, verstummte die Kritik an seiner Politik auf lange Zeit.[117] Doch auch ein energischer König mußte die Mitwirkung des Parlamentes an wichtigen Fragen des Königreiches als einen verfassungsrechtlichen Anspruch anerkennen. In Edwards Regierungszeit erreichte das Prinzip parlamentarischer Mitwirkung an der königlichen Politik, das von Edward II. unter ganz anderen Bedingungen 1322 formuliert worden war, einen gleichsam formalisierten Verfassungsrang. Edward II. hatte 1322 im *Statute of York* die *New Ordinances* von 1311 ausdrücklich widerrufen.[118] Er hatte dazu nach seinem Sieg über Thomas von Lancaster und seine Anhänger 1322 ein Parlament einberufen, das die *New Ordinances*, die von einer

---

114 *Idem dominus rex cum paucis, scilicet viii de suis, fingens se velle spatiari, equitavit secrete, nullis quasi familiaribus praemunitis, venit ad Selondiam, ubi posuit se in mari, in quo iij diebus et noctibus navigavit, et in nocte sancti Andreae, circa gallicantum, turrim Londoniarum per aquam intravit ...* (Adae Murimuth Continuatio Chronicarum, ed. Thompson, S. 116–118); vgl. dazu PRESTWICH, Plantagenet England, S. 273–278; HARRISS, King, Parliament and Public Finance, S. 231–269; N. M. FRYDE, Edward III's Removal of his Ministers and Judges, in: Bulletin of the Institute of Historical Research 48 (1975), S. 149–161.
115 Vgl. dazu Select Documents, ed. Chrimes/Brown, S. 55–67 (*Et pur ce qe entre autres chose continues en la prier de grantz est fait mencion qe les piers de la terre, officers ne autres, ne serront tenuz de responder de trespass qe lour est surmys par le roi forsqe en parlement; queu choses fust avys au roi qe ce serroit inconvenient et contre son estat*, ebda, S. 60); vgl. auch: G. T. LAPSLEY, Archbishop Stratford and the Parliamentary Crisis of 1341, in: Crown, Community and Parliament in the Later Middle Ages. Studies in English Constitutional History (Studies in Medieval History 6), hg. von dems./H. M. Cam/G. Barraclough, Oxford 1951, S. 231–272.
116 PRESTWICH, Plantagenet England, S. 278.
117 Vgl. zu Edwards frühen Feldzügen etwa die detaillierte Darstellung bei SUMPTION, Trial by Battle; vgl. auch A. AYTON/P. PRESTON, The Battle of Crécy 1346, Woodbridge 2005; M. LIVINGSTONE/M. WITZEL, The Road to Crécy: the English Invasion of France, 1346, Harlow 2004.
118 Select Documents, ed. Chrimes/Brown, S. 31f.

Kommission erarbeitet worden waren, überprüfte.[119] So konnte er mit Hilfe eines königsfreundlichen Parlaments die *New Ordinances* von 1311 außer Kraft setzen und sich dabei auf den alten Rechtsgrundsatz berufen, dass die Angelegenheiten, die alle angehen, auch von allen behandelt werden müssten – wobei die Behandlung im Parlament nun zum Prinzip erhoben wurde: *mes les choses qe serrount a etablir pur lestat de nostre seignur le roi et de ses heirs, et pur lestat du roialme et du poeple, soient tretes, accordees, establies, en palementz par nostre seignur le roi, et par lassent des prelatz, countes et barouns, et la communalte du roialme, auxint come ad este aucustume cea enarere.*[120] Es war sehr deutlich, dass das Parlament keine vom König unabhängige Institution war. Edward II. nutzte ein von ihm dominiertes Parlament dazu, einen Verfassungsgrundsatz zu formulieren, der zwar eine breitere Partizipation der Gesamtheit des Königreiches in der Entscheidungsfindung proklamierte, der dieses Prinzip aber ganz im Sinne des Königs verstand.[121] Doch dabei blieb es nicht, und es ist diese Dynamik, die uns in dieser Untersuchung interessiert. Edward II. hatte den Parlamentsbeschluß herbeigeführt, um damit seine Politik einer königlichen Entscheidungsgewalt, die sich ihre Berater selber aussuchen konnte, zu stützen. Innerhalb von 50 Jahren entwickelte dieser Grundsatz eine solche Wirkung, dass er von einem deutlich eigenständiger agierenden Parlament auch gegen den König zur Geltung gebracht werden konnte. In der Krise von 1340/41 mußte Edward III. zunächst hinnehmen, dass er gegen den Willen des Parlaments keine wichtigen Männer aus seinem Rat entfernen konnte, um schließlich am Ende seiner Herrschaft im Good Parliament von 1376 zu erfahren, dass nun das Parlament auch gegen seinen Willen königliche Vertraute aus dem Umfeld des Königs verbannen konnte. Es hatte etwa 50 Jahre gedauert, bis sich das Prinzip der parlamentarischen Mitwirkung an bedeutenden Entscheidungen so weit durchgesetzt hatte, dass es alle Betroffenen tatsächlich verpflichtete. Freilich

---

119 *Et lercevesqe de Caunterbirs, primat de tot Engleterre, evesqe, countes, et barons a ceo eslutz eussent fait ascunes ordenaunces qe commencent issint, 'Edward par la grace de Dieu roi Dengleterre, seignur Dirlaunde, et ducs Daquitaigne, as touz ceux as queux cestes letters vendrount, salutz. Sachez qe come le Xvime jour de Marz, lan de nostre reigne tiercz, al honur de Dieu' etc. e finissent issint, 'Donne a Loundres le qint jour Doctrobre, la de nostre regne quint'. Les queles ordenances le dit nostre seignur le roi a son parlement a Everwyk a reis semeignes de Pask, lan de son regne quinzisme, par prelatz, countes, et barons, enre queux furent tous le plus de ditz ordenours qi adoncs furent en vie, et par le commun du roialme iloesque par son maundement assemblez, fist rehercer et examiner ...* (Select Documents, ed. Chrimes/Brown, S. 32).
120 Ebda.
121 Vgl. zu dem Statute of York auch: J. R. STRAYER, The Statute of York and the Community of the Realm, in: DERS., Medieval Statecraft and the Perspectives of History, Princeton (N. J.) 1971, S. 266–290; J. H. TRUEMAN, The Statute of York and the Ordinances of 1311, in: Medievalia et humanistica: Studies in Medieval and Renaissance Culture 10 (1956), S. 64–81; G. POST, The Two Laws and the Statute of York, in: Speculum 29 (1954), S. 417–432; B. WILKINSON, The Coronation Oath of Edward II and the Statute of York, in: Speculum 19 (1944), S. 445–469; G. LAPSLEY, The Interpretation of the Statute of York, 1322, in: The English Historical Review 56 (1941), S. 22–51, S. 411–446; G. L. HASKINS, The Statute of York and the Interest of the Commons, Cambridge (Mass.) 1935; G. LAPSLEY, The Commons and the Statute of York, in: The English Historical Review 28 (1913), S. 118–123.

hatte es eine längere Vorgeschichte gegeben, aber die Formulierung eines Rechtsprinzips war noch nicht der letzte Schritt in der Ausbildung institutioneller Strukturen. Die Rezeption nahm immer noch beträchtliche Zeit in Anspruch. Im Fall des *Statute of York* dauerte es in etwa so lange wie im Falle der *Goldenen Bulle*: etwas mehr als ein halbes Jahrhundert. In dieser Zeit nahm das parlamentarische Verfahren eine erkennbare Form an. In der Phase der Entstehung der *New Ordinances* (1311) war der formale Charakter der Reformgesetze noch nicht klar festgelegt. *Rex igitur, suorum monitis et precibus inductus, ordinaciones, provisiones et statuta, quocunque nomine censeantur, pro se et suis succecoribus inviolabiliter et imperpetuum rata teneri consentit.*[122] So hatte der Verfasser der *Vita Edwardi Secundi* die Selbstverpflichtung Edwards II. auf das Reformprogramm der *New Ordinances* vorgestellt. Im weiteren Verlauf der Auseinandersetzung über die Verbindlichkeit dieses Textes wurde sein formaler Charakter dann zum zentralen Argument, um seine Legitimität infrage zu stellen. Weil der Text ohne die Beteiligung des Parlamentes zustande gekommen war, hatte er nur den Charakter einer *Ordonanz*, nicht den Charakter eines *Statuts*. Dazu hätte es der Mitwirkung des Parlaments bedurft, und diese Statuten waren künftig die Form, in der die Rechtsfragen des Königreiches verbindlich geregelt wurden.[123] Sie wurden im Parlament durch den König erlassen, und sie konnten vom König nur im Parlament wieder aufgehoben werden. Damit hatte die Frage der Mitwirkung der Untertanen an der Regierung des Königs in einem Punkt eine tragfähige Regelung erhalten.

Auf einen Befund ist allerdings noch hinzuweisen, der für die historische Vergleichsperspektive von Bedeutung ist: die Rebellion gegen Edward II. war nicht von einer breiten Bewegung seiner Untertanen, sondern von einer kleineren Gruppe von hohen Adeligen getragen worden.[124] Diese Konzentration auf wenige Akteure aus dem Hochadel, die im Reich in der politischen Rolle der Kurfürsten durchaus eine Parallele hatte, setzte sich im Good Parliament nicht fort. Als sich die Vertreter der Grafschaften und Städte, die späteren *commons*, auf Einladung des Königs im April 1376 in Westminster einfanden, nahmen sie nach der ersten Sitzung, in der der König seine Bitten vorgetragen hatte, eigene, von den Lords getrennte Beratungen auf.[125] Es blieb nicht bei getrennten Beratungen, vielmehr übertrugen die Vertreter der Grafschaften mit der Wahl eines eigenen Sprechers diesem das Mandat, die Positionen der Commons vor dem Adel im Parlament zu

---

122 Vita Edwardi Secundi, ed. Childs/Denholm-Young, S. 32; vgl. dazu auch oben Kapitel 6.
123 Das Statute of York berief sich aufgrund der parlamentarischen Mitwirkung darauf, eine höhere Gültigkeit für das Königreich zu haben: *acorde est et etabli au dit parlement par nostre seignur le roi et par le ditz prelatz, countes, et barons, et tote la commune du roialme a cel parlement assemblez, qe totes les choses par le ditz ordenours ordenees et contenues en les dites ordenaunces, desoremes pur le temps avenir cessent et perdent noun, force, vertu, et effect a touz jours; les estatutz et establissementz faitz duement par nostre seignur le roi et ses auncestres avaunt les dites ordenances demorauntz en lour force* (Select Documents, ed. Chrimes/Brown, S. 32).
124 Vgl. dazu die Darstellung zu Anfang dieses Kapitels.
125 Select Documents, ed. Chrimes/Brown, S. 94: *Et fut assigne a les chivalers et communes le chapiter del abbeye de Wymouster, en quel ils pourront lour conseil privement prendre saunz destourbance ou fatigacion des autres gentz.*

vertreten (*la sovereinte de pronuncier lour voluntes en le graunt parlement avantz les ditz seignour*).¹²⁶ Die Initiative lag in diesem Fall nicht bei einer Gruppe hoher Adeliger, sondern bei den Rittern, der Gentry und den Vertretern der Städte, die die Vorbehalte ihrer Grafschaften gegen die Finanzpolitik des Königs vorbrachten.¹²⁷ Freilich richtete sich die Absetzungsforderung nicht gegen den König, sondern gegen seine Berater, darin unterschied sich das *Impeachment* von 1376 von den Rebellionen gegen Edward II. und Richard II. Das Parlament war nicht der Ort, um den König zu kritisieren. Allerdings war es eine Gelegenheit zur Kritik der königlichen Politik. Dadurch, dass das Parlament dem König die regelmäßige Gelegenheit bot, den Vertretern der *communitas regni* seine Politik vorzustellen, erhöhte sich andererseits der Legitimationsdruck auf diejenigen, die gegen den König vorgingen. Sie konnten nicht mehr ohne weiteres damit argumentieren, dass sie nicht gehört worden seien. Ansätze eines verstärkten Bemühens um die rechtliche Legitimation der Rebellion waren schon bei der Absetzung Edwards II. zu erkennen gewesen. Wir werden im Zusammenhang mit der Absetzung Richards II. 1399 genauer zu prüfen haben, ob sich das inzwischen ausgebildete parlamentarische Verfahren auf die Form der Absetzung und ihre Begründung auswirkte.

In Bezug auf den Rhythmus von Thematisierung und tragfähiger Umsetzung eines Rechtsprinzips ließ die Entwicklung vom *Statute of York* 1322 bis zum *Good Parliament* 1376 eine Erstreckung von etwa 50 Jahren erkennen, die schon bei früheren Krisen als ein zeitlicher Abstand erkennbar geworden ist, innerhalb dessen eine zusammenhängende Entwicklung möglich war. Es war ein Rhythmus, der durch die Bedingungen einer vorwiegend mündlichen Tradition bestimmt schien. Und doch war die Auseinandersetzung über die Verbindlichkeit der Statuten ein Vorgang in einer genuin schriftlichen Traditionsbildung. In der parlamentarischen Auseinandersetzung über die Legitimität der beanstandeten Rechte, die die kritisierten Berater Edwards III. in Anspruch genommen hatten, führte der Sprecher der commons einen schriftgestützten Beweis.¹²⁸ Die Veränderungen in der Traditionsbildung waren an anderer Stelle zu erkennen: auf dem „klassischen" Feld der Konfrontation der Barone mit ihrem König. Darauf hat das vorangehende Kapitel bereits verwiesen.

Die Schicksale Richards II. und Edwards II. glichen sich in gewisser Weise.¹²⁹ Ein moderner Betrachter, der die beiden Könige aus der Perspektive ihres dramatischen Scheiterns vergleicht, ist irritiert, wie wenig sich Richard II. der Gefahr bewusst war, die er durch sein Verhalten heraufbeschwor. Und doch ist dies eine

---

126 Ebda, S. 96.
127 Vgl. dazu ebda, S. 93–104; vgl. auch ORMROD, The Reign of Edward III, S. 32–38.
128 Select Documents, ed. Chrimes/Brown, S. 99: *Et sire Peirs respondist qe ceo fuist encontre lestatute en fait en parlement, et ceo qest fait en parlement par statute ne serra point defait saunz parlement et ceo vous moustra par lestatute escript. Et le dit sire Peirs avoit une liver des statute prest sur luy et overa le liver et luyst lestatute avaunt toutz les seignours et communes issint qil ne purroit ester dedist*; vgl. auch oben Kapitel 6.
129 Vgl. etwa TUCK, Richard II and the English Nobility, S. 70–72.

Perspektive, die die Zeitgenossen nicht ohne weiteres teilten. Richards Königsherrschaft erscheint auch als ein anschauliches Beispiel dafür, dass die Geschichte keine eindeutigen Lehren vermittelt. Für unsere Fragestellung ist es von Bedeutung, dass es sich aus Richards Blickwinkel in der Tat um eine historische Perspektive handelte. Edward II. war Richards Urgroßvater. Die Zeitspanne, die beide Könige umfaßte, betrug vier Generationen. Richard war 40 Jahre nach dem Tod seines Urgroßvaters geboren (6. Januar 1367), es gab auch keine Familienmitglieder mehr, die ihm von Edward berichten konnten. Aus dem, was Richard über Edward II. in Erfahrung bringen konnte, zog er nicht die Konsequenz, dass die mächtigen Vertreter der englischen Aristokratie in angemessener Weise in seinem Rat vertreten sein sollten. Es ist nicht ganz klar, in welcher Weise Richard ein Bild von der Königsherrschaft und der Person seines Urgroßvaters erlangte.[130] In jedem Fall war es ein anderes Bild, als das, das in der politischen Tradition der Barone fortlebte. Es ist schon überraschend, dass Richard sich darum bemühte, das Andenken seines Urgroßvaters, der in der Überlieferung seiner Untertanen im Geruche der Tyrannei stand, besonders zu pflegen.[131] Der Vorgang legt nahe, dass Richard II. die Brisanz des Tyrannei-Vorwurfes nicht ausreichend bewusst war. In gewisser Weise war der Versuch einer Heiligsprechung Edwards II. das ungeschickte Gegenstück zu der Praxis der Anhänger Simons de Montfort, den Anführer der Rebellion von 1258–65 als Heiligen zu verehren.[132] Der Kult um den toten Rebellenführer hatte die Phase von 40–50 Jahren nicht überdauert. Danach war die Erinnerung verblasst. Richard II. hatte keine lebendige Tradition der Verehrung aufgegriffen und sie zu beleben versucht. Sein Bemühen hatte keine Grundlage in einem praktischen Kult. Im Gegenteil – und dies ist das eigentlich Interessante. Die Erinnerung an Edward II. war in England noch präsent, und es war eine Erinnerung mit einem klaren Profil. Sie trat in einer direkten Konfrontation mit dem König hervor, die in höchster dramatischer Verdichtung jene Anliegen hervorbrachte, denen unsere Untersuchung bislang nachgegangen ist.[133]

Im Herbst 1386 trat das Parlament in Westminster zusammen. Die Lage war angespannt, der französische König verfolgte Pläne für eine Invasion in England und an der schottischen Grenze bestand ebenfalls die Gefahr neuer Kämpfe.[134] Der König hatte zuletzt nicht sehr glücklich agiert, und die Kritik an seinen Beratern nahm zu. Als das Parlament in Westminster zusammentrat, signalisierten sowohl die Barone als auch die commons dem König, dass er den Kanzler und den

---

130 Vgl. etwa ebda, S. 71: „Both Richard and his Baronial opponents were well versed and highly conscious of the English political past ... Richards attitude to kingship in its governmental aspects bears many marks of reflection upon the reign of Edward II ..."; vgl. auch ebda, S. 103f.
131 Vgl. Calendar of the Patent Rolls: Richard II, AD. 1381–1385, London 1897, S. 273.
132 Vgl. dazu oben Kapitel 4.
133 Chronicon Henrici Knighton, Bd. 2, ed. Lumby, S. 215–20; vgl. dazu etwa: Tuck, Richard II and the English Nobility, S. 103–112; VALENTE, The Theory and Praxis of Revolt, S. 171–177.
134 Vgl. dazu etwa: TUCK, Crown and Nobility, S. 149–160; DERS., Richard II and the English Nobility, S. 87–109; G. HARRISS, Shaping the Nation. England 1360–1461, Oxford 2005, S. 451–461; BARRON, The Reign of Richard II, S. 308–316.

Schatzmeister aus ihren Ämtern entlassen müsse.[135] Das Impeachment von 1377 lag noch nicht lange zurück, aber Richard II. hatte es nicht erlebt und seine Reaktion auf das Ansinnen der Parlamentarier war taktlos und ungeschickt: *Rex inde motus mandavit eis ut de his tacerent, et de negotiis parlamenti procederent atque ad expeditionem festinarent, dicens se nolle pro ipsis nec minimum garcionem de coquina sua amovere de officio suo.* Für Richard bestand die Aufgabe des Parlaments darin, seine Steuerwünsche zu erfüllen. Dass er die Versammlung nicht als Gelegenheit ansah, mit seinen Untertanen über die Geschicke seines Königreiches zu beraten, wurde schon dadurch deutlich, dass er dem Parlament weitgehend fernblieb.[136] Von einem abwesenden König die Mitteilung übermittelt zu bekommen, dass er auf das Anraten seines Parlaments nicht einmal den geringsten Küchenjungen aus seinem Dienst entfernen würde, das entsprach nicht dem Selbstverständnis der Versammlung. Und sie schickte sich an, dem König dies zu vemitteln.

Als Antwort auf die finanziellen Forderungen Richards, die er dem Parlament durch den Kanzler übermitteln ließ, dessen Entlassung die Versammlung gefordert hatte, schickte man Richard eine Gesandtschaft, die ihm bedeutete, das Parlament könne und wolle auch in keiner Weise mit seinen Geschäften fortfahren, solange der König nicht persönlich erschiene und der Kanzler im Amt bliebe.[137] Als daraufhin Gerüchte aufkamen, die Vertrauten des Königs könnten ein militärisches Vorgehen gegen das Parlament planen und die Antwort des Königs ebenfalls als Drohung ausgelegt werden konnte, unternahm die Versammlung einen energischen Schritt.[138] Sie entsandten den Grafen von Gloucester und den Bischof von Hely (Thomas Arundel) zu Richard.[139] Die beiden, die zu den führenden Köpfen der Kritiker des Königs gehörten, gaben ihrer Mission eine klare Richtung. Sie erinnerten den König daran, dass es zur langen und unverbrüchlichen Tradition des Königreiches gehöre (*ex antiquo statuto habemus et consuetudine laudabili et approbata*), dass der König einmal im Jahr seine Untertanen versammle, um mit ihnen die Angelegenheiten seines Reiches zu beraten. Bei dieser Gelegenheit könnten Arme und Reiche ihre Anliegen vortragen und auch über Fehlentwicklungen in der Politik des Königreiches würde beraten.[140] In diesen Worten erschien das Par-

---

135 Chronicon Henrici Knighton, Bd. 2, ed. Lumby, S. 215: *Proceres igitur regni et communes de communi assensus nunciaverunt regi oportere amoveri cancellarium et thesaurarium ab officiis suis, quia non errant ad commodum regis et regni ...*
136 Ebda: *Rex traxit moram tempore parliamenti apud Eltham pro majore parte.*
137 Chronicon Henrici Knighton, Bd. 2, ed. Lumby, S. 215f.: *At illi communi assensu dominorum et communium remandaverunt regi, se non posse nec omnino velle in aliquo negotio parlamenti procedere, nec minimum quidem articulum expedire, donec rex veniret et seipsum in propria persona in parliamento eis ostenderet, dictumque Michael de Pole ab officio amoveret.*
138 Ebda, S. 216f.
139 Vgl. zu dem Duke of Gloucester auch TUCK, Richard II and the English Nobility, S. 101–111 (S. 101: „By that time, the Duke of Gloucester had emerged as Richard's main opponent among the nobility"); zu Thomas Arundel vgl. etwa M. ASTON, Thomas Arundel, Oxford 1967; vgl. zu dem Vorgang auch: SAUL, Richard II, S. 157f.
140 Chronicon Henrici Knighton, Bd. 2, ed. Lumby, S. 216f.: *Ex quorum parte haec vobis intimamus, quod es antiquo statuto habemus et consuetudine laudabili et approbata, cujus contrarietati dici non valebit, quod rex noster convocare potest dominos et proceres regni atque communes semel in anno ad*

lament nicht nur als eine politische und juristische Institution, sondern es erhielt eine hohe emphatische Qualität: als Ort der Gerechtigkeit und Refugium für alle Bedrängten, gleich welchen Standes. An einer solchen Versammlung müsse der König teilnehmen.[141]

Richard erkannte die Dringlichkeit des parlamentarischen Anliegens nicht und zeigte keine Bereitschaft zum Einlenken, so dass die Gesandten nun zum letzten Mittel griffen.[142] Da das Land durch die schlechten Berater des Königs in Not gerate, müsse das Parlament eingreifen.[143] Und damit erreichte die Konfrontation ihren Höhepunkt: *Sed et unum aliud de nuncio nostro superest nobis ex parte populi vestri vobis intimare.* Nach altem Recht und nach dem Geschehen der jüngeren Vergangenheit stehe fest, dass in dem Fall, in dem der König sich aufgrund schlechter Beratung von seinem Volk entfernte (*se alienaverit a populo suo*), und er sein Reich nicht nach Recht und Gesetz und mit dem guten Rat seiner Großen regieren wolle, sondern dickköpfig (*capitose*) auf seinem eigenen Willen bestehe, es erlaubt sei, mit der allgemeinen Zustimmung und dem Konsens der Bevölkerung des Königreiches, den König von seinem Thron zu entfernen und durch einen nahen Verwandten aus der königlichen Familie zu ersetzen.[144] Dies war, mit Bedacht formuliert, ziemlich präzise die Beschreibung der Absetzung Edwards II. Sein Name wurde nicht genannt, aber König Richard verstand die Botschaft gleichwohl *sicque pacificatus promisit se venire ad parliamentum ...*[145] Der König lenkte ein und kam nach London, und sein Kanzler wurde durch ein Impeachment im

---

parliamentum suum tanquam ad summam curiam totius regni, in qua omnis aequitas relucere deberet absque qualibet scrupulositate vel nota, tanquam sol in ascensu meridiei, ubi pauperes et divites pro refrigerio tranquillitatis et pacis et repulsione injuriarum refugium infallibile quaerere possent, ac etiam errata regni reformare et de statu et gubernatione regis et regni cum sapientiori consilio tractare ...

141 Ebda.
142 In dem Bericht des Chronisten entgegnet der König den Gesandten, dass er schon die Überzeugung gewonnen habe, dass seine Untertanen sich gegen ihn erheben wollten, und in einer solchen Situation erscheine es besser, dem Rat des Königs von Frankreich zu folgen und von ihm Hilfe zu erbitten, als sich seinen eigenen Untergebenen zu unterwerfen (Chronicon Henrici Knighton, Bd. 2, ed. Lumby, S. 218). Eine solche Antwort erscheint eher als dramaturgisches Element in der Erzählung, die damit in die Phase der entscheidenden Konfontation eintritt, denn als tatsächliche Aussage des Königs.
143 Chronicon Henrici Knighton, Bd. 2, ed. Lumby, S. 219: *Et nisi manus citius apponamus adjutrices et remedii fulcimentum adhibeamus regnum Angliae dolorose attenuabitur tempore quo minus opinamur.*
144 Ebda: *Habent enim ex antiquo statuto et de facto non longe retroactis temporibus experienter, quod dolendum est, habito, si rex ex maligno consilio quocunque vel inepta contumacia aut contemtu seu proterva voluntate singulari aut quovis modo irregulari se alienaverit a populo suo, nec voluerit per jura regni et statuta ac laudabiles ordinationes cum salubri consilio dominorum et procerum regni gubernari et regulari, sed capitose in suis insanis consiliis propriam voluntatem suam singularem proterve exercere, extunc licitum est eis cum cum communi assensu et consensu populi regni ipsum regem de regali solio abrogare, et propinquiorem aliquem de stirpe regia loco ejus in regni solio sublimare.*
145 Ebda, S. 220.

Parlament abgesetzt.¹⁴⁶ Ein deutlicher historischer Fingerzeig hatte den Wandel bewirkt.¹⁴⁷

Wir haben diesen Vorgang bereits im vorangehenden Kapitel als deutlichen Hinweis darauf verstanden, dass sich die Modalitäten der Traditionsbildung geändert hatten. Die zentrale Bedeutung, die die Statuten als schriftliche Rechtsfestlegung des Königs gemeinsam mit dem Parlament gegen Ende des 14. Jahrhunderts im englischen Verfassungsdenken erlangt hatten, schlug sich in der Überlieferung erkennbar nieder. Das gilt auch dann, wenn sich das Geschehen, von dem Henry Knighton so dramatisch berichtete, in etwas anderer Form abgespielt hätte. Es kommt hier darauf an, dass ein Autor am Ende des 14. Jahrhunderts der Berufung auf die Rechtstradition *ex antiquo statuto* eine entscheidende Rolle zuwies.¹⁴⁸ Dies mußte gar nicht im engeren Sinne ein Gesetzgebungsverfahren bezeichnen, es verwies in jedem Fall auf ein Verfahren der Klärung von politischen Fragen, das in der Zeit, in der der Bericht entstand (um 1390), zunehmend technisch definiert wurde.¹⁴⁹ Es war ein Verfahren, das die Abstimmung des Königs mit den maßgeblichen Vertretern seiner Untertanen im Parlament vorsah, und das zur Gewährleistung langer Dauer eine schriftliche Form erhielt. Und Henry Knighton war keine einsame Stimme. Der etwa zur selben Zeit schreibende Fortsetzer des *Eulogium Historiarum* gab die maßgebliche Rolle der Statuten in dem Konflikt 1386 mit klaren Worten wieder: *Rex ad parliamentum venire noluit. Illi autem miserunt pro statuto pro quo medius Edwardus fuit adjudicatus, et sub poena illius statuti Regem venire compellabant.*¹⁵⁰ Im Verständnis des politischen Prozesses, das dieser Text zum Ausdruck brachte, hatte das schriftliche Statut eine entscheidende Rolle erlangt. Es wurde zum Hauptträger der Rechtstradition des Königreiches.¹⁵¹ Mit entsprechender Selbstverständlichkeit nahm Henry Knighton den Text des Absetzungsbeschlusses in seine Chronik auf, den

---

146 Ebda, S. 220–223; vgl. a. J. S. ROSKELL, The Impeachment of Michael de la Pole, Earl of Suffolk in 1386, Manchester 1984; J. J. N. PALMER, The Impeachment of Michael de la Pole, in: Bulletin of the Institute of Historical Research 43 (1969), S. 96–101; DERS., The Parliament of 1385 and the Constitutional Crisis of 1386, in: Speculum 46 (1971), S. 477–490.

147 Vgl. dazu auch Kapitel 6.

148 Chronicon Henrici Knighton, Bd. 2, ed. Lumby, S. 219; vgl. dazu auch die Überlegungen von CLEMENTI, Richard II´s Ninth Question to the Judges, S. 98–100. Der dortige Verweis darauf, dass die zitierte Stelle nicht notwendigerweise ein Statut im technischen Sinne bezeichnet, ist durchaus plausibel, aber die Wortwahl ist nicht zufällig und verweist auf die enorm gewachsene Bedeutung eines Verfahrens zur Rechtsfestlegung, das in diesen Jahren seine technische Gestalt erhielt, vgl. auch die Parallelüberlieferung in der nächsten Anm.

149 Zu Henry Knightons Werk vgl. GRANSDEN, Historical Writing in England, Bd. 2, S. 158–160 (Entstehungszeit), 178–183.

150 Continuatio Eulogii, in: Eulogium (historiarum sive temporis), Bd. 3 (RS 9,3), hg. von F. S. Haydon, London 1863, S. 333–421, hier S. 359f.; vgl. dazu auch GRANSDEN, Historical Writing in England, Bd. 2, S. 158 (die Fortsetzung des Eulogium wurde um 1400 verfaßt), S. 178–184, 191.

151 Vgl. dazu oben Kapitel 6.

das Parlament gegen den Kanzler des Königs, Michael de la Pole, fasste.[152] Man hatte einen langen Weg zurückgelegt, seit die englischen Barone im Juni 1215 die Wiese von Runnymede verlassen hatten, ohne sich um eine eigene Version der hart erkämpften Aufzeichnung ihrer Freiheiten zu bemühen.

Und doch ist das Bild nicht ganz so eindeutig. Die allgemeine Entwicklung ist offenkundig, und die Tendenz zur Verschriftlichung ist ohnehin keine Überraschung. In dieser Untersuchung geht es auch nicht um die Feststellung, dass die schriftlichen Rechtsaufzeichnungen den Prozeß mündlicher Traditionsbildung ablösen. Sondern es geht darum, in welchen Schüben dieser Prozeß vor sich ging. Ein Statut war die schriftliche Aufzeichnung einer Rechtsbestimmung, die der König gemeinsam mit seinem Parlament getroffen hatte. Aus diesem Verfahren gewann es seine Verbindlichkeit. Und doch wäre der Eindruck irreführend, dass auf diese Weise ein Forum entstand, durch dessen Wirken man die heftigen Ausschläge der Machtkonzentration in den Händen des Königs oder in den Händen seiner Gegner, die die Verfassungskonflikte seit 1215 geprägt hatten, überwand. Die alten Formen wirkten weiter.[153] Trotz der Statutenpraxis stellten die Barone Richard II. Kontrollkommissionen zur Seite, und gingen schließlich auch mit offener Gewalt gegen den König vor.[154] Der König seinerseits reagierte indem er sich den Kommissionssitzungen entzog. Für ihn waren diese Einschränkungen seiner königlichen Autorität nicht statthaft.[155] Edward II. hatte 1312 französische Juristen vom Hof seines Schwiegervaters beauftragt, die unrechtmäßige Einschränkung der königlichen Gewalt in den *New Ordinances* durch ein Gutachten zu belegen, und auch Richard II. wandte sich hilfesuchend an seine Juristen, um die Auflagen, die die baronialen Kommissionen ihm machten, als Verstoß gegen das königliche Recht zu verurteilen.[156] *In primis, querebatur ab eis, an illa nova statutum et ordinacio atque commissio, facta et edita in ultimo parliamento apud Westmonasterium celebrato,*

---

152 Chronicon Henrici Knighton, Bd. 2, ed. Lumby, S. 221–223 (*Les empechementz faitz par lez communes en le playne parlyment sur Michaele de la Pole, cont de Southfolk jady chauncelere Dengletiere en terme de seynt Mychele l'an de Roy disine. Et les judgementez sur ycels enserment de poynt en poynt...*); vgl. dazu die Literatur in Anm. 146.
153 Vgl. auch VALENTE, The Theory and Practise of Revolt, S. 173.
154 Vgl. für eine Übersicht über die Verfassungskonflikte in den 1380er Jahren die Erzählung bei Chronicon Henrici Knighton, Bd. 2, ed. Lumby, S. 207–297 (mit den entsprechenden Texten); vgl. auch Select Documents, ed. Chrimes/Brown, S. 160–162: *Primerement, qil plese au roy doner creance a son Conseil en les choses qe touchent le governement des loys et du roiaume, et les soeffrir faire et governer duement ce qe a cela appartient, ensi come mielz leur semblera a son honur et profit et de mesme le roiaume, de non commander a son dit conseil par message ne par par lettre rien au contraire* (zur Datierung dieses Dokuments, mit dem die Barone 1385 den König zur Zusammenarbeit mit seinem Rat nötigten, vgl. HARRIS, Shaping the Nation, S. 457); TUCK, Richard II and the English Nobility, S. 87–155; VALENTE, The Theory and Praise of Revolt, S. 171–207; HARRISS, Shaping the Nation, S. 451–468.
155 Wie vorangehende Anm.
156 Zu Edward II. und seinem Vorgehen gegen die New Ordinances vgl. Kapitel 6; Richards Fragen an seine Richter: Select Documents, ed. Chrimes/Brown, S. 137–139; vgl. dazu CLEMENTI, Richard II's Ninth Question to the Judges; TUCK, Richard II and the English Nobility, S. 116f.; S. B. CHRIMES, Richard II's Questions to the Justices 1387, in: Law Quaterly Review 7 (1956), S. 265–90.

derogant regalie et prerogative dicti domini regis?[157] Die Antwort der Juristen war eindeutig: diese Auflagen minderten die königliche Autorität.[158] Damit gab sich Richard II. indes nicht zufrieden, sondern verlangte zu wissen, wie ein solches Vergehen zu bestrafen sei? *Ad istam questionem unanimiter responderunt quod pena capitali scilicet mortis puniri merentur*....[159] Die Zeiten waren rauer geworden, seit Ludwig IX. in der Auseinandersetzung zwischen dem englischen König und seinen Baronen einen Schiedsspruch gefällt hatte, der in der Beurteilung des Sachverhalts zu dem gleichen Ergebnis gekommen war, und seit die juristischen Berater Edwards II. die *New Ordinances* als unzulässigen Eingriff in die königlichen Rechte bewertet hatten.[160] Damals hatte der König die Forderungen der Barone zurückgewiesen, aber er hatte nicht versucht, seine Gegner zu vernichten. Die Haltung gegenüber dem politischen Gegner war unversöhnlicher geworden. Das galt für beide Seiten.

Die baroniale Opposition (die sogenannten „Appellanten") erhob ihrerseits den Vorwurf des Verrats gegen die Vertrauten des Königs und so erlebte das Parlament 1388 einen Hochverratsprozeß. Das Parlament von 1388 ist in der englischen Geschichte als das „gnadenlose Parlament" in Erinnerung geblieben.[161] Zuvor hatten die Gegner des Königs unter der Führung des Grafen von Gloucester durch eine erfolgreiche militärische Kampagne gegen die Vertrauten des Königs die Kräfteverhältnisse klargestellt. Zwischenzeitlich erschien sogar eine Absetzung des Königs möglich. Schließlich blieb es bei der Einberufung eines Parlamentes, das über die Vorwürfe gegen die Berater Richards II. befinden sollte. Es war klar, dass die Versammlung in Westminster über das Leben derer zu befinden hatte, denen die Opposition Verrat vorwarf.[162] Und dies war nicht der Moment der Milde. Im vollbesetzten weißen Saal in Westminster (*Una vero hominum congluvies inibi fuerat aule usque in angulos*) wurden die Anklagen verlesen.[163] Sogar die Richter, die

---

157 Select Documents, ed. Chrimes/Brown, S. 138.
158 Ebda: *Ad quam quidem questionem unanimiter responderunt quod derogant, presertim eo quod fuerant contra voluntatem regis.*
159 Ebda.
160 Vgl. auch VALENTE, The Theory and Practise of Revolt, S: 173: „the ten questions were the most extreme reaction of a medieval king to attempted reform".
161 Vgl. eine Zusammenstellung der wichtigsten Quellen bei Select Documents, ed. Chrimes /Brown, S. 139–152; vgl. auch TUCK, Richard II and the English Nobility, S. 121: "The Merciless Parliament thoroughly deserved its name".
162 Vgl. zu den Vorgängen im Parlament auch die Rotuli Parliamentorum, Bd. 3, S. 229–245; vgl. dazu TUCK, Richard II and the English Nobility, S. 121–127; HARRISS, Shaping the Nation, S. 461–468; SAUL, Richard II, S. 185–196; vgl. zu der erwogenen Absetzung Richards II. Select Documents, ed. Chrimes/Brown, S. 144f. Bei einem Treffen mit dem König hatte die Opposition, die mit einer bewaffneten Eskorte erschienen war (*cum quingentis viris bene armatis*, ebda, S. 144) Richard II. bedeutet, dass ein Eingehen auf ihre Forderungen nötig sei: *Sed finaliter protestando asseruerunt ipsum necessario errata corrigere et deinceps subjicere se regimini dominorum. Quod si renuerit ita facere, sciret utique suum heredem fore indubie perfectae aetatis qui libenter propter commodum regni ejusque salvationem effectualiter vellet eis parere, ac sub eorum regimine gubernari* (ebda, S. 144).
163 Vgl. Rotuli Parliamentorum, Bd. 3, S. 229–238.

Richard II. auf seine Fragen geantwortet hatten, dass die Rebellen sich des Hochverrates schuldig machten, wurden angeklagt.[164] Nun waren die Gegner des Königs am Zug, und die Bitten um ein gnädiges Urteil wurden überhört.[165] Die angeklagten Berater und Vertrauten des Königs wurden zum Tode verurteilt und hingerichtet.[166]

Trotz eines differenzierten parlamentarischen Verfahrens, das mit den Herren und den Vertretern der Grafschaften maßgebliche Akteure in die Entscheidungsfindung einbezog, war der politische Prozeß im Königreich England am Ende des 14. Jahrhunderts in eine Sackgasse geraten. Die Urteile des gnadenlosen Parlaments stifteten keinen Konsens und zielten nicht auf die Integration abweichender Positionen, sondern sie demonstrierten die Macht der Stärkeren mit aller Härte. Dies war eine Augenblicksentscheidung. Solange der König nicht grundsätzlich resignierte, würde der Konflikt weitergehen, und das Risiko für die unterlegene Seite war durch die Einführung des Hochverratsvorwurfs kaum noch zu kalkulieren. Es ging um Extreme und damit war dies eher ein Fall für die Waffen denn für Worte, mochten sie auch auch in schriftlicher Form mit der Zustimmung des gesamten Parlamentes formuliert worden sein. Der Verlauf dieses Prozesses widerspricht den Erwartungen an eine Entwicklung, die seit ihren Anfängen zu Beginn des 13. Jahrhunderts die Partizipation an den Entscheidungsvorgängen erkennbar erweitert hatte, und die diese Vorgänge in ein formalisiertes Regelwerk einband. Doch sorgte die formale Klärung nicht für eine Befriedung. Das ist eine Feststellung von erheblicher Tragweite und wir werden auf die Frage nach der Wirkung der politischen Reformen im Schlußkapitel zurückkommen müssen. Zunächst können wir feststellen, dass sowohl die Formalisierung der Entscheidung als auch die Bereitschaft zur Vernichtung des Gegners in der Regierungszeit Richards II. einen Höhepunkt erreichten. Die Frage ist, ob die beiden Phänomene miteinander verbunden waren?[167]

In Hinblick auf den Vergleich mit der Entwicklung in Deutschland läßt sich die interessante Feststellung treffen, dass es in der politischen Ordnung des spätmittelalterlichen Reiches zwar keine vergleichbare Rolle eines Parlamentes gab, durch die der Untertanenverband an der Formulierung wichtiger Entscheidungen beteiligt worden wäre, dass aber die treibende Kraft einer kleinen Gruppe hoher Aristokraten im Wirken der Kurfürsten durchaus eine Entsprechung findet. Das Umfeld dieser kurfürstlichen Politik in den Geschehnissen im Reich war erkennbar anders. Die Fürsten agierten nicht auf einer parlamentarischen Ebene, tatsächlich erscheinen sie als die alleinigen faßbaren Vertreter der Untertanen des römisch-deutschen Königs in der Verfassung. Und doch weist diese Entwicklung, die zu-

---

164 Vgl. die Aufnahme der Fragen Richards an die Richter in die Anklageschrift: ebda, S. 233f.
165 Vgl. z. B. ebda, S. 239: *Et prieront pur l'amour de Dieu q'ils purroient avoir sur ce gratious & merciable juggement.*
166 Wie Anm. 162.
167 Vgl. dazu auch die einleitenden Bemerkungen von Michael CLANCHY, From Memory to Written Record, S. 7–11.

nächst als mangelnde Partizipation der übrigen politischen Kräfte erscheint, zu der Dynamik des politischen Geschehens in England Parallelen auf. Die Rolle dieser Aristokraten wird bei dem Vergleich der Absetzungen von Wenzel und von Richard II. noch an Kontur gewinnen.

In Hinblick auf den historischen Vergleich gilt es dabei, die Veränderung der Traditionsbildung in England und im Reich durch die wachsende Formalisierung und Verschriftlichung der politischen Entscheidungsprozesse zu beachten. Zum Einen veränderte sich durch die wachsende Bedeutung schriftlicher Aufzeichnungen in England die Reichweite exemplarischer Vorfälle. Es änderte sich damit aber auch das potentielle Reservoir möglicher Vorbilder für die politische Tradition. Denn mit der Aufwertung der schriftlichen Dokumentation konnten auch Textbeispiele in den Horizont der Akteure rücken, die nicht der englischen Tradition entstammten. Eine Texttradition war nicht auf ein Königreich beschränkt. Die Frage war, wie weit die Bereitschaft der Akteure ging, sich Exempla anderer Traditionen zu eigen zu machen.

Kapitel 8

Der Rhythmus der Entfremdung

Bevor wir uns den Absetzungen von Königen und Päpsten am Ende des 14. Jahrhunderts zuwenden, gilt es, die Untersuchung des institutionellen Wandels durch die kuriale Erfahrung des 14. Jahrhunderts zu ergänzen. Es war eine besondere Erfahrung, denn der Wechsel der Kurie nach Avignon und die Rückkehr nach Rom stellten den Umgang mit der Tradition vor eine besondere Herausforderung. Die Tradition der Kirche sprach nicht für den Standort Avignon, aber die realen Erfahrungen der Kurie begünstigten den Wechsel und hielten die Päpste so lange in Avignon, dass die Rückkehr zu einem Problem wurde.[1] In diesem Kapitel geht es um die andere Seite des politischen „Rhythmus", um den Rhythmus der Entfremdung. Wie viel Zeit mußte vergehen, bis alte Gemeinsamkeiten fragwürdig wurden und die Selbstverständlichkeiten einer Generation ihren Nachfolgern fremd erschienen? Diese Frage, die die Untersuchung des politischen Rhythmus in notwendiger Weise ergänzt, erlaubt auch den vergleichenden Blick auf die Kurie und die englische Erfahrung. Dort war die Auflösung des angevinischen Reiches im 13. Jahrhundert deutlich vorangeschritten, aber die Bindung der englischen Könige an die alten Besitzungen auf dem Festland wurde im Hundertjährigen Krieg faktisch erneuert.

---

[1] Zum Papsttum in Avignon vgl. etwa: E. Baluze, Vitae Paparum Avenionensium, 4 Bde., hg. von G. Mollat, Paris 1914–1922 sowie insbesondere die Editionen der Registerserien des 14. Jahrhunderts in lateinischer Regestenform durch die Ecole Française (bsp. Innocent VI. Lettres secrètes et curiales, 3 Bde. (Bibliothéque des Écoles Françaises d'Athènes et de Rome, 3e Ser. 4), hg. von P. Gasnault, Paris 1959 u. a.); vgl. auch: G. MOLLAT, Les papes d'Avignon (1305–1378), 10. Aufl. Paris 1965; B. GUILLEMAIN, La cour pontificale d'Avignon (1309–1376). Étude d'une société (Bibliothèque des Ecoles Françaises d'Athènes et de Rome 201), Paris 1962; F. X. SEPPELT, Geschichte der Päpste, Bd. 4: Das Papsttum in Spätmittelalter und Renaissance von Bonifaz VIII. bis zu Klemens VII., 2. Aufl. München 1957; vgl. außerdem: K. PLÖGER, England and the Avignon Popes. The Practise of Diplomacy in Late Medieval Europe, London 2005; S. WEISS, Die Versorgung des päpstlichen Hofes in Avignon mit Lebensmitteln. Studien zur Sozial- und Wirtschaftsgeschichte eines mittelalterlichen Hofes (1316–1378), Berlin 2002; T. M. MARTIN, Das avignonesische Papsttum im Spiegel der zeitgenössischen Kritik, in: Mitteilungen des Oberhessischen Geschichtsvereins Giessen NF 77 (1992), S. 445–477; L. CAILLET, La papauté d'Avignon et l'eglise de France. La politique bénéficiale du pape Jean XXII en France (1316–1334), Paris 1975; E. DUPRE-THESEIDER, I papi di Avignone e la questione romana, Paris 1939; P. AMARGIER, Urbain V. Une homme, une vie (1310–1370), Marseille 1987 ; LÜTZELSCHWAB, Flectet cardinales.

Dass die Kurie Rom verlassen mußte, war an sich keine neue Erfahrung. Immer wieder hatten die Stimmung in der ewigen Stadt oder die Strapazen der sommerlichen Hitze den Papst und die Kardinäle veranlaßt, ihre Residenz im Umland zu wählen.[2] Im Falle von Clemens V., dem Nachfolger des dramatisch gescheiterten Bonifaz VIII., lag der Fall etwas anders. Clemens mußte Rom nicht verlassen, um seine angeschlagene Gesundheit zu schonen. Er verzichtete vielmehr darauf, nach seiner Wahl nach Rom zu reisen. Nach den dramatischen Erfahrungen mit Bonifaz VIII. und einem sehr kurzen Pontifikat seines Nachfolgers Benedikts XI. hatte das Kardinalskolleg am 5. Juni 1305 den Erzbischof von Bordeaux zum neuen Papst gewählt.[3] Die Konflikte aus der Amtszeit Bonifaz' VIII. wirkten noch nach, die Frage der Haltung gegenüber den einstmals so scharf verfolgten Colonna-Kardinälen und die schwierige Position der Kurie gegenüber dem französischen König bargen einigen Konfliktstoff. Das hatte dazu geführt, dass der Wahl von Clemens V. ein Konklave von fast einjähriger Dauer vorausgegangen war.[4] Der Erzbischof von Bordeaux, der dem Kolleg nicht angehörte, erschien eine diplomatisch vertretbare Lösung zu sein.[5] Die Wahl erwies sich als eine Entscheidung mit erheblichen Folgen. Der neue Pontifex kam nicht nach Rom, um sein Amt anzutreten.[6] Und er kam auch später nicht nach Rom, um sein Amt auszuüben: *Clemens quintus vocatus deliberat in comitatu Veneysini residentiam facere nec unquam montes transire, sicut nec fecit, quamvis promiserat.*[7]

Clemens V. wirkte weniger durch seine Entscheidungen als eher durch seine Ernennungen. Auch ein schwacher Papst konnte Kardinäle ernennen. Das Kardinalskolleg, das bei seiner Wahl noch in zwei etwa gleich starke Gruppen geteilt war (*divisi in partes equales*), wurde unter Clemens durch die Ernennung von 24 neuen Mitgliedern erheblich umgeformt. Die deutliche Mehrzahl der neuen Kardinäle kam aus dem Königreich Frankreich.[8] Das hatte Folgen.

---

2   Zur Mobilität des päpstlichen Wohnsitzes im 13. Jahrhundert vgl. A. PARAVICINI BAGLIANI, La mobilità della curia romana nel secolo XIII. Riflessi locali, in: Società e istituzioni dell' Italia communale: l'esempio di Perugia (secoli XII–XIV), Perugia 1988, S. 155–278.
3   Vgl. EUBEL, Hierarchia Catholica Medii Aevi, Bd. 1, S. 12–14; vgl. zu diesem Übergang etwa SCHIMMELPFENNIG, Das Papsttum, S. 223–225; zu Clemens vgl. etwa S. MENACHE, Clement V (Cambridge Studies in Medieval Life and Thought 4,36), Cambridge 1998; J. H. DENTON, Pope Clement V's Early Career as a Royal Clerk, in: The English Historical Review 83 (1968), S. 303–314.
4   Vgl. dazu etwa die Schilderung in der Quarta Vita der Vitae Paparum Avenionensium, Bd. 1, ed. Baluze/Mollat, S. 59–80, hier S. 60: *Cumque cardinales pro electione summi pontificis in Perusio inclusi stetissent mensibus XJ et artati, divisi in partes equales, non est inventus in eis lapis angularis qui utrumque parietem conjungeret, unum faceret ex eisdem.*
5   Vgl. auch: G. FORMASERI, Il conclave perugino del 1304–1305, in: Rivista di storia della chiesa in Italia 10 (1956), S. 321–344.
6   Vgl. die verschiedenen Viten, in: Vitae paparum Avenionensium , Bd. 1, ed. Baluze/Mollat, S. 1: *...et coronatus Lugduni, cardinalibus, rege Francie et baronibus assistentibus* ...(Prima Vita); S. 24 (Secunda Vita); S. 55 (Tertia Vita).
7   Ebda, S. 24.
8   Vgl. EUBEL, Hierarchia Catholica Medii Aevi, Bd. 1, S. 14f.

Als die Kardinäle im Frühjahr 1314 im südfranzösischen Carpentras zusammenkamen, um über einen Nachfolger Clemens' V. zu beraten, traten die verschiedenen Interessen deutlich hervor. Die Gruppe der italienischen Kardinäle wünschte einen Papst, der die Kurie nach Rom zurückbringen würde, die unter Clemens ernannten Mitglieder des Wahlkollegiums, die überwiegend aus der Gascogne stammten, waren zu einer solchen Wahl nicht bereit.[9] Die Spannungen sprengten sogar den institutionellen Rahmen, den das Papstwahlverfahren vorsah. Ein Konklave war unter diesen Bedingungen nicht aufrecht zu erhalten. *Et sic dispersi cardinales.*[10] Hier zeigten sich die Grenzen einer Integration konkurrierender Positionen durch ein formalisiertes Verfahren. Die Spannungen, denen die Kurie zu Beginn des 14. Jahrhunderts ausgesetzt war, überforderten ihre institutionellen Mechanismen. Es war indes nicht nur die Kurie, die zu diesem Zeitpunkt mit der Nachfolge an ihrer Spitze Probleme hatte. Im selben Jahr kam es in Deutschland zur Spaltung der Königswähler und zur Doppelwahl Ludwigs des Bayern und Friedrichs von Habsburg. Aber auch das französische Königtum, dessen Nachfolge von keiner Wahl abhing und das im Falle der schwierigen Papstwahl schließlich erfolgreich intervenierte, erlebte im selben Jahr mit dem Tod Philipps IV. den Anfang einer konfliktreichen Phase der Thronfolge, die schließlich in den Hundertjährigen Krieg mündete.[11] Es war eine spannungsreiche Zeit und die zahlreichen Entscheidungen, die es zu treffen galt, stellten für ein Gremium mit wenig homogener Struktur eine erhebliche Belastung dar. Allerdings war dies für das Kardinalskollegium ein Durchgangsstadium, denn die Homogenität nahm im Laufe der folgenden Jahrzehnte zu. Das läßt sich bereits an der Dauer der späteren Konklave erkennen. Während es nach dem Tod Clemens' V. über zwei Jahre gedauert hatte, einen Nachfolger zu wählen (Johannes XXII. 1316–1334), nahmen die Wahlverhandlungen nach dessen Tod 1334 nur zwei Wochen in Anspruch (Wahl Benedikts XII. am 20. Dezember 1334). Auch die folgenden Konklaveverhandlungen verliefen trotz erheblicher Konflikte, vor die der neue Papst gestellt sein würde, zügig: 1342 (Wahl Clemens' VI.): ca. 2 Wochen, 1352 (Wahl Innozenz' VI.): weniger als zwei Wochen, 1362 (Wahl Urbans V.): zwei Wochen, 1370 (Wahl Gregors XI.): weniger als zwei Wochen, 1378 (Wahl Urbans VI.): weniger als zwei Wochen.[12] Die Wahl Urbans VI. leitete das Große Abendländische Schisma ein, das

---

9 ... *effusa est contentio super principes, nec poterant concordare. Ytalici talem eligere intendebant qui ad romanam sedem curiam revocaret. Quod cardinales Gasconis facere formidabant* (Prima Vita Joannis XXII, in: Vitae Paparum Avenionensium, Bd. 1, ed. Baluze/Mollat, S. 107); vgl. auch HALLER, Das Papsttum, Bd. 5, S. 302–307.

10 Prima Vita Joannis XXII, in: Vitae Paparum Avenionensium, Bd. 1, ed. Baluze/Mollat, S. 107: *Fuerunt ergo in tali discordia, licet inclusi multa incommoda [sustinerent], quia cibaria eorum subtrahebantur, et domus eorum desuper dissipate. Tandem hec Wascones non ferentes ignem in palatio posuerunt, per quem combusta est pars maxima civitatis. Et sic dispersi cardinales. Et licet secundum statutum in urbe qua moritur papa debeat electio celebrari, tamen Ytalici omnino discordabant, volentes quod electio ad curiam romanam transferretur, et alii alibi. Ideo sunt dispersi;* vgl. zu den Schwierigkeiten der Wahl auch SCHIMMELPFENNIG, Das Papsttum, S. 223f.

11 Vgl. dazu das vorangehende Kapitel.

12 Vgl. die Zusammenstellung in EUBEL, Hierarchia Catholica Medii Aevi, Bd. 1, S. 15–25.

die Bildung zweier Kardinalskollegien zur Folge hatte – an den kurzen Verhandlungen vor der Wahl änderte sich dadurch jedoch nichts. Tatsächlich gehörten die längeren Vakanzen des päpstlichen Stuhles der Vergangenheit an. Wenn man bedenkt, dass die Wahl eines neuen Papstes erst zehn Tage nach dem Tod des Amtsinhabers beginnen konnte, dann wird man sagen können, dass die Papstwahlen seit 1334 bis zum Ende des Mittelalters in der Regel ohne Verzögerungen vor sich gingen.[13] Im Vergleich zu den längeren Vakanzen, die es noch im 13. und beginnenden 14. Jahrhundert gegeben hatte, ist der Wandel offenkundig. 1274 hatte Gregor X. erstmals eine Konklaveordnung formuliert, 1298 war sie in den Liber Sextus aufgenommen worden, und ab 1334 entfaltete sie eine erkennbare Wirkung.[14] Die Regelung bewirkte – im Zusammenspiel mit anderen Faktoren, die in dieser Zeit auf das Papsttum einwirkten – eine institutionelle Disziplinierung der Wähler. Die Wirkung machte sich 60 Jahre nach dem ersten Versuch einer verfassungsrechtlichen Einführung des neuen Verfahrens und etwa 40 Jahre nach seiner verbindlichen Festschreibung bemerkbar. Die Parallelen zur Wirkungsgeschichte der Goldenen Bulle bei der Regelung der deutschen Königswahl sind kaum zu übersehen.

Der Wandel wurde im Pontifikat Johannes' XXII. eingeleitet. Die lange Vakanz, die seiner Wahl vorausging, trat nach dem Ende von Johannes' Amtszeit in dieser Form nicht mehr ein. Das ist durchaus bemerkenswert. Denn Johannes war von ähnlicher Konfliktfreudigkeit wie der berüchtigte Bonifaz VIII., dessen Kampf mit den Colonna-Kardinälen und mit dem französischen König die Wahl eines Nachfolgers erschwerte, so lange die Nachwirkungen noch nicht überwunden waren. Johannes XXII. hinterließ ein ähnliches Erbe. Zwar war er bei seiner Erhebung bereits ein alter Mann gewesen – sein Alter von 72 Jahren hatte seine Wahl in der verfahrenen Situation begünstigt, er schien ein Übergangskandidat zu sein –, aber er amtierte fast 20 Jahre, ohne sich altersmilde zu zeigen. Vielmehr schien ihn sein Alter von der Notwendigkeit kirchenpolitischer und politischer Zugeständnisse und diplomatischer Rücksichten, die sein hohes Amt für gewöhnlich erforderte, zu dispensieren. Er zögerte nicht, wenn es galt, für seine Ansichten zu streiten.[15] Und so stritt er mit dem römisch-deutschen König und den Wahlfürsten um

---

13 Vgl. zum Wahlablauf oben Kapitel 5 mit der entsprechenden Literatur; vgl. für eine Übersicht über päpstliche Amtszeiten und Daten der Wahl im späteren Mittelalter auch SCHIMMELPFENNIG, Das Papsttum, S. 345–347.
14 Zur Ausbildung der Konklaveordnung im 13. Jahrhundert vgl. Kap. 5.
15 Zu Johannes XXII. vgl. Kapitel 7, Anm. 84; vgl. auch: G. MOLLAT, Jean XXII et Charles IV le Bel (1322–1328), in: Journal des savants 1967, S. 92–106; J. E. WEAKLAND, Administration and Fiscal Centralization under Pope John XXII, 1316–1334, in: The Catholic Historical Review 54 (1968), S. 39–54 u. 285–310; V. THEIS, Les stratégies d'implantation palatiale dans la région d'Avignon de Jean XXII á Clément VI (1316–1352), in: Les palais dans la ville. Espaces urbaines et lieux de la puissance publique dans la Méditerranée médiévale (Collection d'Histoire et d'Archéologie médiévales 13), hg. von P. Boucheron/J. Chiffoleau, Lyon 2004, S. 165–187; A. DUBREIL-ARCIN/F. RYCKEBUSCH/M. FOURNIE, Jean XXII et le remodelage de la carte ecclésiastique du Midi de la France: une réforme discrète, in: Revue d'histoire ecclésiastique 98

die deutsche Königswahl. Er stritt mit dem schottischen König und er stritt mit einer starken Gruppe im Franziskanerorden um dessen Identität. Zudem vertrat er mit Nachdruck eine Sondermeinung in der Frage der Präsenz der Heiligen im Gesichtsfeld Gottes (*visio beatifica*), die ihn dem Vorwurf der Häresie aussetzte.[16] Johannes XXII. war kein versöhnender Papst, doch obwohl diese Probleme mit dem Ende seiner Amtszeit nicht überwunden waren, war die Wahl seines Nachfolgers kein Problem.[17] Für die Frage nach der Formierung institutioneller Strukturen ist dies ein bemerkenswerter Vorgang. Die in der kirchlichen Tradition häufig geübte Praxis, sehr unterschiedliche Persönlichkeiten im päpstlichen Amt aufeinander folgen zu lassen, ist auch in diesem Fall zu beobachten. Johannes' Nachfolger Benedikt XII. räumte die Irritationen, die über die kirchlichen Lehrmeinungen seines Vorgängers entstanden waren, ohne großes Aufheben aus.[18] In Fragen der kirchlichen Disziplin führte Benedikt ein strenges Regiment (*Hic justus et durus erat*), und er zeigte sich zurückhaltend bei der Pfründenvergabe.[19] Die Überprüfung aller Pfründenvergaben seiner Vorgänger traf jedoch eine Gruppe nicht: *exceptis cardinalibus, quorum commendas nondum revocavit*.[20] Benedikt ernannte sieben neue Kardinäle, was angesichts der Zahlen seines Vorgängers (28) und seiner Nachfolger (Clemens VI. (1342–1352): 25 Kardinalskreationen; Innozenz VI.

(2003), S. 29–60; V. LEPPIN, Vom Sinn des jüngsten Gerichts. Beobachtungen zur Lehre von „visio" bei Johannes XXII. und Ockham, in: Ende und Vollendung. Eschatologische Perspektiven im Mittelalter (Miscellanea medievalia 29), hg. von J. A. Aertsen/M. Pickavé, Berlin 2002, S. 705–717; J. E. WEAKLAND, Pope John XXII and the Beatific Vision Controversy, in: Annuale mediaevale 9 (1968), S. 76–84; vgl. auch DERS., John XXII before his Pontificate, 1244–1316: Jacques Duèse and his Family, in: Archivum Historiae Pontificiae 10 (1972), S. 161–185.

16 Vgl. für eine Übersicht über die verschiedenen Konflikte in der Amtszeit Johannes' XXII. etwa die Darstellung in Kapitel 6 (zum Konflikt um die deutsche Königswahl und zum Konflikt mit den Franziskanern).

17 Vgl. im einzelnen zu der Wahl Benedikts XII. etwa: Die Chronik des Mathias von Neuenburg (MGH Script. rer. Germ. N.S. 4), hg. von A. Hofmeister, Berlin 1924–40, S. 135–137; vgl. dazu auch K. JACOB, Studien über Papst Benedikt XII. (20. Dez. 1334 bis 25. April 1342), Berlin 1910, S. 20–25; MOLLAT, Les Papes d'Avignon, S. 72; B. GUILLEMAIN, Benedetto XII, in: Dizionario biografico degli Italiani, Bd. 8, Rom 1966, S. 378–384, hier S. 379; B. SCHIMMELPFENNIG, Zisterzienserideal und Kirchenreform – Benedikt XII. (1334–1342) als Reformpapst, in: Zisterzienserstudien 3 (1976), S. 11–43, hier S. 11; vgl. auch knapp zu Benedikt XII.: KAUFHOLD, Gladius Spiritualis, S. 183–185; zu Benedikts Reformtätigkeit vgl. J. BALLWEG, Konziliare oder päpstliche Ordensreform. Benedikt XII. und die Reformdiskussion im frühen 14. Jahrhundert (Spätmittelalter und Reformation, Neue Reihe 17), Tübingen 2001.

18 Tertia Vita Benedicti XII auctore Heinrico Dapifero de Diessenhoven, in: Vitae Paparum Avenionensium, Bd. 1, ed. Baluze/Mollat, S. 216–222, hier S. 220: *Anno Domini MCCCXXVJ, pontificatus sui anno secundo, Benedictus papa in publico consistorio quod habuit in palatio Avenionensi IIIJ kalendas februarii [29. januarii] determinavit opinionem visionis essentialis, videlicet quod sancti in patria tunc clare vident et gaudent illa visisone faciali et eadem numero de qua loquitur Paulus in epistola sua: Tunc autem facie ad faciem, et contrarium sentientes decrevit ut hereticos*.

19 Das Zitat stammt aus der Quarta Vita, auctore Wernero, in: Vitae Paparum Avenionensium Bd. 1, ed. Baluze/Mollat, S. 223–225, S. 223. Der neue Papst widerrief 1335 alle Pfründenvergaben seiner Vorgängers: Tertia Vita, in: ebda, S. 218.

20 Ebda.

(1352–1362): 15 Kardinalskreationen; Urban V. (1362–1370): 14 Kardinalskreationen; Gregor XI. (1370–1378): 21 Kardinalskreationen) eher zurückhaltend erscheint. In der Avignonesischen Zeit nahmen die Kardinalskreationen gegenüber dem 13. Jahrhundert erkennbar zu. Während in der Phase von Innozenz III. bis einschließlich Coelestin V. (1198–1296) von den regulären Päpsten 120 Kardinäle erhoben worden waren, wurden in dem deutlich kürzeren Zeitraum der Pontifikate von Bonifaz VIII. bis einschließlich Gregor XI. (1294–1378) 152 Kardinäle ernannt. Der Ausbruch des Großen Abendländischen Schismas erzeugte dann eine eigene Dynamik, die den Vergleich etwas verzerren würde.[21]

Benedikt XII. begann sein Amt mit der energischen Klarheit, die ihn als einen päpstlichen Reformer erkennen ließ. Allerdings war eine solche Linie in der schwierigen Position nicht einfach beizubehalten. Die große Frage des künftigen Standortes der Kurie war nicht geklärt, und von ihr hing vieles ab. Johannes XXII. hatte die Kurie zunächst in Avignon heimisch gemacht. Er kannte die Stadt, hier war er selber Bischof gewesen.[22] Die Stadt hatte viele Vorzüge, man lag weitab von den Gefahren und Widerständen, die die römische Bevölkerung der Kurie so häufig bereitete. Die Verhältnisse in Avignon waren überschaubar. Es war klar, dass die Kurie und die vielen Menschen, die in ihrem Gefolge an die Rhône kamen, das bestimmende Zentrum des städtischen Lebens sein würden.[23] Die Bedingungen erlaubten zunächst einmal Sicherheit in turbulenten Zeiten. Aber sollte die Kurie tatsächlich in Avignon bleiben?

Der neue Papst verfügte als eine seiner ersten Amtshandlungen, dass wichtige Kirchen und Paläste in Rom wiederhergestellt würden. Dafür stellte er 50.000 Florin zur Verfügung.[24] Das konnte man als ein Zeichen sehen. Der Papst setzte Prioritäten und Zeichen für eine Rückkehr. Allerdings wird dieser Eindruck erheblich relativiert, wenn man realisiert, dass er in demselben Konsistorium den Kardinälen die doppelte Summe zusprach – mit einer einigermaßen unscharfen Verwendungsempfehlung (*ad subveniendum necessitatibus suorum fratrum collegio cardinalium*).[25] Wenn die Bedürfnisse der Kardinäle doppelt so viel wert waren, wie die erforderlichen Reparaturmaßnahmen in Rom, dann war zu erwarten, dass diese Bedürfnisse auch bei der Frage der künftigen Standortwahl eine gewisse Berücksichtigung finden würden. Die überwiegende Zahl der Kardinäle kam aus dem

---

21 Vgl. für eine knappe Zusammenstellung: EUBEL, Hierarchia Catholica Medii Aevi, Bd. 1, S. 3–22. Urban VI. ernannte während seines Pontifikates, in dem die Kardinäle alle zu seinem Rivalen wechselten, ein ganz neues Kollegium und nahm insgesamt 43 Kardinalskreationen vor.
22 Vgl. zu der Ansiedlung der päpstlichen Kurie in Avignon und zu den Bedingungen, die die Kurie dort vorfand, zuletzt WEISS, Die Versorgung des päpstlichen Hofes, S. 92–125.
23 Vgl. zur Entwicklung Avignons unter der Einfluß der Kurie ebda, S. 105f.
24 Tertia Vita Benedicti XII, in: Vitae Paparum Avenionensium, Bd. 1, ed. Baluze/Mollat, S. 216: *Qui in primo suo consistorio, quod habuit, scilicet xij kalendas januarii [21 decembris], mandavit ecclesias reparari romanas Sancti Petri, item ecclesiam Lateranensem, et alias ecclesias, et palatia ibidem desolata, et ad fabricam donavit quinquaginta milia florenorum.*
25 Ebda.

Süden und aus der Mitte Frankreichs.[26] Das erleichterte die Rückkehr nach Rom nicht unbedingt. Die Kardinäle und ihre Ansprüche an die Ausstattung ihres Amtes entwickelten im Gefüge des kurialen Lebens in Avignon ein gewisses Gewicht und entsprechend eine gewisse Beharrungskraft.[27]

Dazu kam, dass ein Kardinal in Avignon nicht allein lebte, sondern dass er in der Regel einen eigenen Hof unterhielt. Auch diese kardinalizische Hofhaltung wurde in Avignon verstärkt – analog zur gestiegenen Bedeutung des Hoflebens im päpstlichen Palast.[28] Für die meisten dieser Menschen war Rom eine fremde Stadt. Und je stärker die Infrastruktur in Avignon ausgebaut wurde, desto schwieriger wurde es, eine Rückkehr nach Rom ins Werk zu setzen.

Wir haben bereits im 6. Kapitel gesehen, dass die Kardinäle erstmals angesichts der Wahl Innozenz' VI. im Jahr 1352 eine Wahlkapitulation formuliert hatten, die den Versuch machte, den Papst in wichtigen Fragen an die Zustimmung der Kardinäle zu binden.[29] Dabei hatten die äußeren Bedingungen des Kardinalsamtes (Zahl der Kardinäle) und der Schutz der Kardinäle vor päpstlichen Disziplinarmaßnahmen (Suspension, Exkommunikation, Absetzung, Pfründenentzug) eine prominente Rolle gespielt.[30] Wenn die Kardinäle auf diese Weise versuchten, sich eine rechtlich garantierte Mitsprache an solchen Belangen zu sichern, die die Ausstattung ihres Amtes unmittelbar betrafen, dann kann man sicher erwarten, dass sie die Frage einer möglichen Verlegung der Kurie nach Rom nicht dem Papst allein überlassen wollten. Die Wahlkapitulation hatte keinen Bestand, aber in den 1350er Jahren war der anfängliche provisorische Charakter der päpstlichen Behausung in Avignon längst den imposanten Palastbauten Benedikts XII. und Clemens' VI. gewichen.[31] Avignon schien eine längerfristige Perspektive zu bieten. Johannes

---

26 Vgl. dazu knapp SCHIMMELPFENNIG, Das Papsttum, S. 227f.
27 Vgl. dazu allgemein GUILLEMAIN, La cour pontificale d'Avignon; vgl. auch DERS., Les entourages des cardinaux à Avignon, in: A l'ombre du pouvoir. Les entourages princiers au moyen âge 2003 (Bibliothèque de la Faculté de Philosophie et Lettres de l'Université de Liege 283), hg. von A. Marchandisse/J.-L. Kupper, Genf 2003, S. 7–11.
28 Vgl. zum Hofleben der Kardinäle und des Papstes: P. PANSIER, Les palais cardinalices d'Avignon aux XIVe et XVe siècles, Bd. 1–3, Avignon 1926–32.
29 Innocent VI (1352–1362). Lettres secrètes, Bd. 1, ed. Gasnault/Laurent, Nr. 435; vgl. dazu auch Kapitel 6 mit Anm. 178–185.
30 Die Kardinäle hatten auf ihrem Zustimmungsrecht bei Kardinalserhebungen bestanden, und sie hatten die Zielvorstellung einer Mitgliederzahl zwischen 16 und 20 im Kardinalskollegium ausdrücklich formuliert (*Quos quidem cardinales per papam creandos, ipse creare et ordinare habeat de omnium cardinalium tunc superexistentium seu duarum partium eorundem consilio et consensu…*; ebda, S. 138).
31 Zum päpstlichen Palast in Avignon vgl. etwa: F. EHRLE, Historia bibliothecae Romanorum Pontificum tum Bonafatianae tum Avenionensis, Rom 1890; L.-H. LABANDE, Le palais des papes et les monuments d'Avignon au XIVe siècle, Bd. 1–2, Marseille 1925; J. GIRARD, Evocation du vieil Avignon, Paris 1958; F. PIOLA CASELLI, La construzione del palazzo dei papi di Avignone (1316–1367) (Università de Cagliari: publicazioni della Facoltà di Scienze Politiche), Mailand 1981; B. SCHIMMELPFENNIG, „Ad maiorem papae gloriam". La fonction des pièces dans le palais des Papes d'Avignon, in: Architecture et vie sociale. L'organisation intérieure des grandes demeures à la fin du Moyen Age et à la Renaissance. Actes du colloque

XXII. war in seinen alten Bischofspalast zurückgekehrt, aber seine Nachfolger bauten deutlich mehr als drei Hütten, und in diesen Bauten kam ihre Bereitschaft zu einer langfristigeren Ansiedlung entschieden zum Ausdruck.

Tatsächlich wurde die Frage „Rom oder Avignon?" nicht sehr intensiv erörtert. Zumindest haben sich kaum publizistische Spuren einer solchen Erörterung erhalten.[32] Das Argument der Abwesenheit von Rom wurde in dem scharfen Konflikt zwischen Ludwig dem Bayern und Johannes XXII. als ein Anklagepunkt bei der Absetzung des Papstes am 18. April 1329 angeführt.[33] Dort wurde ihm vorgehalten, dass er während der gesamten Dauer seiner Amtszeit (seines Christusvikariates) dem geheiligten Volk und der geheiligten Stadt Rom seine persönliche Anwesenheit entzogen habe – gegen das ausdrückliche Verbot Christi.[34] Es war ein Vorwurf, der auf der Petrus-Legende basierte, nach der der Apostel sich zunächst durch die Flucht aus Rom seinem Martyrium habe entziehen wollen, um dann durch die Begegnung mit Christus umgestimmt zu werden und in die Stadt zurückzukehren.[35] Ein zwingendes Argument war das nicht. Schon die konsequente Weiterführung dieser Begründung, die für Petrus immerhin im Martyrium endete, konnte Vorbehalte gegen die Forderung nach einer Rückkehr aufwerfen. Dieser

---

tenu à Tours du 6 au 10 juin 1988, hg. von J. Guillaume, Paris 1994, S. 25–46; DERS., Die Funktion des Papstpalastes und der kurialen Gesellschaft im päpstlichen Zeremoniell vor und während des großen Schismas, in: Genèse et débuts du grand Schisme d'Occident, Avignon 25–28 septembre 1978 (Colloques internationaux du Centre National de la Recherche Scientifique 586), Paris 1980, S. 317–328; G. KERSCHER, Architektur als Repräsentation. Spätmittelalterliche Palastbaukunst zwischen Pracht und zeremoniellen Voraussetzungen: Avignon–Mallorca–Kirchenstaat, Berlin 2000; DERS., Privatraum und Zeremoniell im spätmittelalterlichen Papst- und Königspalast. Zu den Montefiascone-Darstellungen des Papstpalastes von Avignon, in: Römisches Jahrbuch der Bibliotheca Hertziana 26 (1990), S. 87–134.

32 Auch die Forschung hat sich aufgrund des begrenzten Materials nur zurückhaltend mit der Frage befaßt, wobei ein erhebliches spekulatives Moment nicht zu übersehen ist, vgl. dazu besonders die ältere Arbeit von E. KRAACK, Rom oder Avignon? Die römische Frage unter den Päpsten Clemens V. und Johannes XXIII. (Marburger Studien zur älteren deutschen Geschichte, 2. Reihe 2), Marburg 1929; vgl. auch L. MIROT, La politique pontificale et le retour du Saint-Siège à Rome en 1376, Paris 1899.

33 MGH Constitutiones, Bd. 6,1, ed. Schwalm, Nr. 436; vgl. dazu M. BERG, Der Italienzug Ludwigs des Bayern, in: Quellen und Forschungen aus italienischen Archiven und Bibliotheken 67 (1987), S. 142–192, hier S. 172f. Anläßlich der Absetzung des Papstes ließ Ludwig auch ein Gesetz verkünden, dass der Papst seine Residenz in Rom nehmen müsse; Die Urkunden Kaiser Ludwigs des Baiern, König Friedrichs des Schönen und König Johanns von Böhmen, in Auszügen, hg. von J. F. Böhmer, Frankfurt a. M. 1839, Nr. 994; vgl. auch BERG, Der Italienzug Ludwigs des Bayern, S. 173; E. DUPRÉ-THESEIDER, Roma del comune di popolo alla signoria pontificia (1252–1377) (Storia di Roma), Bologna 1952, S. 473–478; vgl. auch KAUFHOLD, Gladius Spiritualis, S. 103–109.

34 MGH Constitutiones, Bd. 6,1, ed. Schwalm, S. 348: ... *quod et ipsi Deo et iustis hominibus non modicum displicet, hanc sacratissimam gentem et urbem Romanam, videlicet quam Christus ipse in gentem sanctam, genus electum, regale sacerdotium ac populum acquisitionis incommutabiliter preelegit, sua personali presentia tota sui vicariatus duratione privavit contra expressam Christi prohibitionem in beati Petri apostoli revocatione salubriter exemplatam, dum apparente sibi Christo et Petro interrogante: 'Domine quo vadis'? Christus respondit: 'Vado Romam iterum crucifigi ...'*.

35 *Domine, quo vadis*: Jocab a Voragine, Legenda aurea, hg. von Th. Graesse, 3. Aufl. Vratislava 1890, S. 374.

Anklagepunkt war vor allem *pro domo* formuliert – als eine rhetorische Reverenz an die Römer. Sie erschienen hier als das allerheiligste und auserwählte Volk, dem man seine Anwesenheit nicht verweigern konnte, ohne schuldig zu werden. In dieser emphatischen Begründung liegt auch die begrenzte Dauer des Anliegens begründet. Noch trat Ludwig entschieden für die Römer ein, die ihn in der ewigen Stadt als Kaiser gewähren ließen. Als die Stimmung dann umschlug und als die Römer Ludwig vertrieben, verloren solche Begründungen ihre Strahlkraft. Ludwig hatte erfahren, was viele Päpste erlebt hatten. Das führte nicht zu einer Solidarisierung, aber der Einsatz für das auserwählte römische Volk ließ nach.[36] Daher wurde die Standortfrage der Kurie von Ludwig und seinen Anhängern auch nicht weiter verfolgt, obwohl der Konflikt mit der Kurie weiterlebte und obwohl in Ludwigs Lager das Potential für einen Ausbau der Argumentation zugunsten Roms durchaus vorhanden gewesen wäre.

So mußten die Römer weitgehend allein für die Vorteile ihrer Stadt werben und sich damit zufrieden geben, dass die päpstlichen Zusagen einer Rückkehr etwas unbestimmt waren.[37]

Zunächst blieb es bei tröstlichen Gesten, wie der Verkürzung der Rhythmen des Heiligen Jahres, deren Feier in Rom Bonifaz VIII. auf alle 100 Jahre festgesetzt hatte. Clemens VI. gewährte den Römern nun einen fünfzigjährigen Rhythmus, und ermöglichte Ihnen damit, die Feier zum Bestandteil einer lebendigen (erinnerten) Tradition zu machen (wenn man die Ergebnisse der bisherigen Studie berücksichtigt).[38] Auf die Einladung, die Stadt Rom und die heilige Laterankirche zu besuchen (*visitare*), die die Mutter der Kirchen der Stadt und des ganzen Erdkreises sei und die auch der erste und eigentliche Sitz des Papstes sei – wenn sie auch seit langem seiner Gegenwart beraubt sei –, antwortete Clemens dagegen unbestimmt, *quam multis et coloratis rationibus prolongavit vel verius denegavit.*[39]

---

36 Vgl. zum Ende des römischen Aufenthaltes knapp KAUFHOLD, Gladius Spiritualis, S. 106–110. Als Ludwig auf dem Rückweg von Rom in Pisa mit den Dissidenten des Franziskanerordens zusammentraf, die vor Johannes XXII. geflohen waren, und diese ein erneutes Dokument über die Absetzung des Papstes aufsetzten, kam die Abwesenheit von Rom nicht mehr unter den Anklagepunkten vor: MGH Constitutiones, Bd. 6,1, ed. Schwalm, Nr. 437; vgl. dazu etwa J. MIETHKE, Ockhams Weg zur Sozialphilosophie, Berlin 1969, S. 421f.

37 Vgl. z. B. die römische Delegation anläßlich der Wahl Benedikt XII., die den Neugewählten um eine Rückkehr bat (1335): *Insuper legati Romanorum petebant instanter ut iret ad Urbem. Quibus respondit: se iturum, sed diem certum super hoc non assignavit* (Tertia Vita Benedicti XII, in: Vitae Paparum Avenionensium, Bd. 1, ed. Baluze/Mollat, S. 216–222, S. 218).

38 *Item eodem tempore [1343], dictus papa, ad instantiam et supplicationem Romanorum, qui hac de causa ad eum suos nuncios miserant, mutavit annum jubileum de quinquagesimo in quinquagesimum, qui juxta ordinationem Bonifacii pape VIIJ erat de centesimo in centesimum* (Prima Vita Clementis VI, in: Vitae Paparum Avenionensium, Bd. 1, ed. Baluze/Mollat, S. 241–261, S. 245; vgl. auch die ausführlichere Darstellung in der Tertia Vita in: ebda. S. 278f.).

39 Tertia Vita Clementis VI, in: Vitae Paparum Avenionensium, Bd. 1, ed. Baluze/Mollat, S. 279; vgl. dazu auch H. SCHMIDINGER, Die Gesandten der Stadt Rom nach Avignon vom Jahre 1342/43, in: Römische Historische Mitteilungen 21 (1979), S. 15–33; vgl. auch DERS., Die Antwort Clemens' VI. an die Gesandtschaft der Stadt Rom vom Jahre 1343, in: Miscellanea in onore di Monsignor Martino Giusti II (Collectanea Archivi Vaticani 6), Città del Vaticano 1978, S. 323–365.

Ubi est papa, ibi est Roma. Diese Vorstellung, die seit dem 12. Jahrhundert prominente Vertreter in der Kirche hatte, erschwerte es den Römern, dem Anspruch ihrer Stadt, der eigentliche Sitz der *römischen Kurie* zu sein, eine topographische Verbindlichkeit zu verleihen.[40] Sie führte dazu, dass die Römer in ihre eigentliche Heimat reisten, wenn sie die Rhône hinauffuhren. Solche Auffassungen, die parallel zu der enormen Aufwertung des päpstlichen Amtes im 13. Jahrhundert formuliert worden waren, wurden von der Kurie in Avignon als evident erachtet. Natürlich sprachen die Papstbiographen von der *römischen Kurie, die sich in Avignon befindet.*[41] Und Alvarus Pelagius (1275–1352) wies die Verbindung des päpstlichen Jurisdiktionsanspruches mit dessen Aufenthalt in der Stadt Rom, wie ihn Ludwig der Bayer formuliert hatte, als häretisch zurück.[42] Dies widerspreche der Heiligen Schrift, denn überall dort, wo der Papst sei, dort sei die Römische Kirche, denn Petrus stehe für die Kirche; zudem sei der Papst der Nachfolger Christi.[43] Die Kirche, die der mystische Leib Christi und die Gemeinschaft der Gläubigen sei, sei nicht von Mauern umgeben; sie sei dort, wo ihr Kopf sei, nämlich der Papst. Und der Papst empfange seine Amtsgewalt nicht von der Stadt Rom oder von seinem Amtssitz, sondern von Gott.[44] Seine Amtsgewalt sei universal (und nicht auf die römische Kirche beschränkt). Nicht der Ort heilige die Menschen, noch heilige Rom den Papst, sondern der Mensch heilige den Ort und der Papst heilige die Stadt Rom.[45] Schließlich habe Christus seine Amtsgewalt nicht einem Ort oder der Stadt Rom gegeben, die eine unbelebte Sache sei, sondern Petrus und seinen Nachfolgern.[46]

Das waren anspruchsvolle Argumente in einem Streit um die Vorzüge eines Standortes, und man ahnt, dass die Entscheidung über eine mögliche Rückkehr

---

40 Vgl. dazu besonders M. MACCARONE, „Ubi est papa, ibi est Roma", in: Aus Kirche und Reich. Studien zu Politik, Kirche und Recht im Mittelalter. Festschrift für Friedrich Kempf, hg. von H. Mordek, Sigmaringen 1983, S. 371–382; A. PARAVICINI BAGLIANI, Der Leib des Papstes. Eine Theologie der Hinfälligkeit, München 1997, S. 70–72.

41 Etwas frei übersetzt aus der Zusammenfassung der Laufbahn Clemens' VI., der zum Kardinal berufen, von Paris nach Avignon zog: *et de Parisius ad romanam curiam, tunc Avinione manentem, capellum nigrum in rubeum commutaturus, accedi* (Tertia Vita Clementis VI, in: Vitae Paparum Avenionensium, Bd. 1, ed. Baluze/Mollat, S. 274).

42 *Alia heresis est que dicit, quod papa suam perdit iurisdictionem, quando Romam non stat;* in: Unbekannte Kirchenpolitische Streitschriften aus der Zeit Ludwigs des Bayern (1327–1354), Teil 2: Texte, hg. von R. Scholz, Rom 1914, S. 506.

43 Ebda: *Quod est contra sanctam scripturam, quia ubicumque est papa, ibi est ecclesia Romana et sedes apostolica et caput ecclesie, quia ubicumque est papa, ibi est ecclesia Romana et sedes apostolica et caput ecclesie, qua Petrus ecclesiam significat, XXIII. q. 1. Quodcumque, papa eciam est successor Christi, in extra. li. VI. c. Pro humani.*

44 Ebda: *Item ecclesia, que est corpus Christi misticum ... et que est collectio catholicorum ... non est ambitus murorum; ibi est, ubi est caput, scilicet papa, ... et papa a Romana civitate vel sede iurisdictionem non recipit, sed a Deo ...*

45 Ebda, S. 506f., *... et universalem iurisdictionem habet ordinariam in omnibus mundi ecclesiis, ... et universalis ecclesie presul est, licet ex humilitate servum se voluerit vocari, ... et locus non sanctificat homines nec Roma papam, sed homo locum et papam urbem Romanam.*

46 Ebda, S. 507: *Etenim Christus non dedit iurisdictionem suam et potestatem loco vel Rome que res inanimata est, sed Petro et successoribus eius.*

nach Rom deutlich unterhalb dieser Ebene fiel. Argumente, wie sie Alvarus Pelagius formulierte, dienten weniger der tatsächlichen Entscheidungsfindung als vielmehr der Rechtfertigung einer Entscheidung, für die es sehr reale Gründe gab. Für eine Übergangszeit. Denn auf längere Sicht erwies sich, dass die praktischen Vorzüge Avignons die Faszination der großen römischen Tradition nicht zu entkräften vermochten. Diese Spannungen, die ab den 1370er Jahren zu den päpstlichen Rückkehrversuchen führten, mußten in Avignon wirksam sein. Aber wir können sie kaum fassen. Bis auf wenige Positionen, wie die zuletzt zitierten, schlug sich eine mögliche Diskussion über die Frage „Rom oder Avignon" in den Quellen nicht erkennbar nieder. Das ist durchaus bemerkenswert. Man könnte zwar erwarten, dass es in einer so interessengesteuerten Entscheidung wie der Frage des Standortes der Kurie manches Motiv gibt, das die Beteiligten nicht öffentlich vorbringen mochten. Aber das ist eventuell zu modern gedacht. Denn in der großen Zeugenbefragung, die der kastilische König nach dem Ausbruch des Großen Schismas unter den Beteiligten durchführen ließ, um die Umstände der Wahl Urbans VI. aufzuhellen, äußerten sich die Kardinäle und Prälaten mit einer Unbefangenheit über ihre eigenen Motive bei diesem Wahlgeschehen, die aufschlußreich ist.[47] Geistliche Beweggründe waren nicht unbedingt vorherrschend. Die Akteure scheinen weitgehend von der Abwägung persönlicher Aussichten auf Ämter und Einfluß in Anspruch genommem worden zu sein.[48] Die Befragten machten auch keinen Versuch, diese Entscheidungsfindung geistlich zu überhöhen. Sie wußten, dass ihre Aussagen protokolliert wurden. So können wir davon ausgehen, dass diese nüchterne Abwägung eigener Interessen auch in den Jahren zuvor bei so wichtigen Fragen wie dem künftigen Sitz der Kurie eine bedeutende Rolle gespielt hatte. Nur gab es im Nachhinein niemanden, der eine entsprechende akribische Untersuchung durchführte. Wir können nur feststellen, dass die Frage einer Rückkehr nach Rom keinen breiteren Raum in der zeitgenössischen Publizis-

---

47 Vgl. dazu die zahlreichen Stellungnahmen in der einschlägigen Untersuchung, in: M. SEIDLMAYER, Die Anfänge des Großen Abendländischen Schismas. Studien zur Kirchenpolitik insbesondere der spanischen Staaten und zu den geistigen Kämpfen der Zeit (Spanische Forschungen der Görresgesellschaft, 2. Reihe 5), Münster 1940, S. 231–362 (Texte).

48 Vgl. zum Beispiel die Aussage des Kardinals Petrus de Vernio über die Überlegungen vor der Wahl Urbans VI, ebda, S. 241: *Item quod pendentibus illis X diebus ante ingressum conclavis venit ille Barensis* [der spätere Urban VI.] *ad istum cardinalem et dixit sibi, quod tempus fuerat, quod ipse dilexerat dominum cardinalem de Ursinis, sed modo plus diligebat pedem istius cardinalis quam faciem alterius. Et ista dicebat credens, quod cardinalis de Ursinis esset in mala voluntate contra istum. Set iste respondit sibi, quod dom. suus cardinalis de Ursinis erat amicus istius, et si ille B. non diligebat alium, quod non regraciabatur sibi.* Interessant ist auch die Aussage des Generalministers der Franziskaner, Angelus von Spoleto, der zum Zeitpunkt der Wahl Urbans in Rom war (damals noch als Stellvertreter seines Vorgängers), ebda, S. 247–249. Als die Unruhe unter den wartenden Römern einen kritischen Punkt erreichte, so dass die Kardinäle und Prälaten die Flucht ergriffen, galt die Sorge in erster Linie den Schätzen, die dort lagen, wo Diebe einbrechen konnten, um sie zu stehlen: *Et ego in conventu nostro de Roma plura iocalia, preciosa, cofinos plenos et vasa argentea habui penes me, que diu tenui, quia diu duravit metus tam prelatorum quam secularium personarum* (S. 248). Angelus war immerhin der Leiter eines Ordens, der sich auf Franz von Assisi berief.

tik eingenommen hat. Allerdings sprachen die Fakten. Wenn der Nachfolger von Johannes XXII., der 1316 den Standort der Kurie nach Avignon verlegt hatte, nach seiner Wahl zwar wichtige Gebäude in Rom sanieren, einige Jahre später aber mit höherem Aufwand einen neuen Palast in Avignon bauen ließ, so wurde die Rückkehr nicht wahrscheinlicher.[49] Und die Haltung von Clemens VI. (1342–1352), der den Römern sogar den Wunsch nach einem Besuch der Stadt abschlägig beschied, dafür aber den von seinem Vorgänger begonnenen Palastbau in Avignon in großem Stil erweitern ließ, war ein deutlicher Fingerzeig darauf, dass die Kurie sich vom Gedanken einer Rückkehr in das tatsächliche Rom entfernte.[50] Eine Entfremdung setzte ein. Die Entfernung von Avignon nach Rom war im kurialen Arbeitsgang nicht ohne Folgen zu überbrücken. Dazu war sie zu groß. Etwa 40 Jahre, nachdem die Kurie Rom verlassen hatte, wurde in Avignon mit großem Aufwand an einem neuen Palast für den Papst gebaut.

Die Risiken der Reise, vor allem aber die Widerstände in Italien führten im Falle des Reiches im späteren Mittelalter dazu, dass *der römische König* kaum noch über die Alpen zog. Dabei blieb das Reich ein *heiliges römisches.*[51] Aber die Stadt Rom spielte darin keine Rolle mehr. Die Kurie hatte eine stärkere Verwurzelung in Rom als der römisch-deutsche Königshof, der nach den ottonischen Herrschern in Rom nie heimisch wurde, aber die Entwicklung des 14. Jahrhunderts zeigte immer deutlicher, dass der Zusammenhang von Kurie und Stadt keine Selbstverständlichkeit war.

Für die Frage der internen kurialen Überlieferung und der Reichweite der Erinnerung, nach der wir in den letzten Kapiteln wiederholt gefragt haben, liefert die so schwer faßbare Diskussion von Papst und Kardinälen über den Standort der Kurie einen wertvollen Fingerzeig. Er stammt von einer engagierten Frau, die mit großem Einsatz für die Rückkehr der Kurie nach Rom stritt und die dabei allein den Papst und nicht die Kardinäle im Blick hatte. Im Jahr 1376 kam Katharina von Siena nach Avignon und erhielt die Gelegenheit, Papst Gregor XI. ihre Anliegen persönlich vorzutragen. Sie war eine Frau von fast 30 Jahren, die ein strenges religiöses Leben führte und die in ihrer Heimatstadt Siena eine Schar von Anhängern um sich gesammelt hatte.[52] Da sie sich den Dominikanertertiarinnen angeschlos-

---

49 Zur Quartiernahme Johannes' XXII. in Avignon im Jahre 1316 vgl. WEISS, Die Versorgung des päpstlichen Hofes, S. 96f. Zur Baugeschichte des Papstpalastes vgl. oben die Literatur in Anm. 31.
50 Vgl. D. WOOD, Clement VI. The Pontificate and Ideas of an Avignon Pope (Cambridge Studies in Medieval Life and Thought, 4. Ser. 13), Cambridge 1989, S. 43–121.
51 Vgl. dazu etwa die Essaybände Heiliges Römisches Reich Deutscher Nation 962 bis 1806: Heiliges Römisches Reich Deutscher Nation 962 bis 1806. Von Otto dem Großen bis zum Ausgang des Mittelalters, Bd. 2: Essays, hg. von M. Puhle/C.-P. Hasse, Dresden 2006; Heiliges Römisches Reich Deutscher Nation 962 bis 1806. Altes Reich und neue Staaten 1495 bis 1806, Bd. 2: Essays, hg. von H. Schilling/W. Heun/J. Götzmann, Dresden 2006.
52 Zu Katharina von Siena vgl. etwa H. HELBLING, Katharina von Siena. Mystik und Politik, München 2006; K. SCOTT, „Io Catarina": Ecclesiastical Politics and Oral Culture in the Letters of Catherine of Siena, in: Dear Sister: Medieval Women and the Epistolary Genre (The Midd-

sen hatte, hatte der Orden ihr einen profilierten geistlichen Betreuer zugeteilt (Raimund von Capua), der auch den Kontakt mit dem Papst ermöglichte. Katharina nutzte die Gelegenheit, den Papst dringlich zur Rückkehr nach Rom aufzufordern. Tatsächlich kehrte Gregor XI. 1376 nach Rom zurück, wie sehr Katharinas Einfluß dabei auf ihn gewirkt hatte, ist schwer zu ermessen.[53] Für uns ist an dieser Stelle eine andere Frage von Bedeutung.

Katharina drängte Gregor XI. in einer Reihe von Briefen zum Aufbruch nach Rom.[54] In einem dieser Schreiben spricht sie den Anspruch der Kardinäle auf eine Beteiligung an der Rückkehrentscheidung an.[55] Der Papst hatte ihr mitgeteilt, dass sich die Kardinäle in dieser Frage auf das Vorbild Papst Clemens IV. (1265–1268) beriefen, der alle Entscheidungen gemeinsam mit seinen Kardinälen getroffen habe: *Che i cardinali allegano che papa Climento .iiij. quando aveva fare una cosa, non la voleva fare senza el consiglio de' suoi cardinali.*[56] Darin hatten sie nicht Unrecht. Clemens IV. war tatsächlich ein Mann gewesen, der über einige Lebenserfahrung außerhalb der Kurie verfügt hatte und der Wert darauf gelegt hatte, die Kardinäle in seine Entscheidungen einzubinden. Er war Franzose mit guten Verbindungen zur französischen Königsfamilie, er war eine Zeitlang Richter am Parlement de Paris gewesen und er hatte schließlich Karl von Anjou mit dem Königreich Sizilien belehnt.[57] Allerdings lag das über 100 Jahre zurück, und dass die Kardinäle zur Stärkung ihrer Beraterrolle eine so weit zurückreichende Erinnerung bemühen mußten, deutete darauf hin, dass Clemens eine Ausnahmeerscheinung gewesen war. Und doch stellt sich die Frage, wie die Kardinäle in einer solchen Situation auf das Beispiel von Clemens verfallen waren. Angesichts der Struktur des kanonischen Rechts, in dem es darauf ankam, passende exemplarische Entscheidungen anzuführen, war die Fähigkeit, bei Bedarf 100 Jahre zurückgreifen zu können, ein erheblicher Vorteil. Die Erklärung liegt wohl in einer entsprechenden Briefüberlieferung. Tatsächlich hatte Clemens in der Korrespondenz mit Karl von Anjou anläßlich von dessen Sizilienunternehmen dem Bruder des französischen Königs und König von Sizilien 1266 einige Ratschläge für die Regierungspraxis gegeben.[58] Und

---

le Ages Series), hg. von K. Cherewatuk/U. Wiethaus, Philadelphia 1993, S. 87–121; E. M. F. VON SECKENDORFF, Die kirchenpolitische Tätigkeit der heiligen Katharina von Siena unter Papst Gregor XI. (1371–1378). Ein Versuch zur Datierung ihrer Briefe, Berlin 1917; vgl. auch: H. BÖRSTING, Ein Brief aus dem Kreise der hl. Katharina von Siena an die Kardinäle zur Abwendung des drohenden Schismas, in: Römische Quartalsschrift für christliche Altertumskunde und für Kirchengeschichte 38 (1930), S. 307–314.

53   Vgl. zur Rückkehr von Papst Gregor XI. nach Rom u. a.: MIROT, La politique pontificale (mit Quellenanhang); vgl. außerdem: Viten Gregors XI, in: Vitae Paparum Avenionensium, Bd. 1, ed. Baluze/Mollat, S. 415–467.
54   Die Briefe Katharinas von Siena sind ediert im Epistolario di Santa Caterina da Siena, Bd. 1 (Fonti per la Storia d'Italia), hg. von E. Dupré Theseider, Rom 1940.
55   Ebda, Nr. LXXVII, S. 313f.
56   Ebda.
57   Zur Frage des Umgangs von Clemens mit den Kardinälen in der Meinungsbildung vgl. etwa KAUFHOLD, Deutsches Interregnum, S. 429–432.
58   Thesaurus Novus Anecdotorum, Bd. 2, hg. von E. Martène/U. Durand, Paris 1717, S. 406–408; vgl. auch KAUFHOLD, Deutsches Interregnum, S. 430.

darin hatte er genau die Haltung angeführt, die die Kardinäle nun bei Gregor XI. anmahnten: dass er sich häufig (*saepe* – aber nicht grundsätzlich) dem Rat seiner Kardinäle angeschlossen habe, obwohl er das Gegenteil für richtiger gehalten habe (*quamquam contrarium crederemus utilius*), weil er sich über das Urteil so kluger Männer nicht hinwegsetzen wollte. Dies galt nur für Fälle, in denen er durch eine solche Entscheidung keine Sünde beging.[59] Dieser Art war die Entscheidung über den künftigen Standort, und das Beispiel von Clemens IV. konnte die Position der Kardinäle durchaus unterstützen. Wenn man das Beispiel all der anderen Päpste, die sich deutlich anders verhalten hatten, in diesem Fall zurückstellte. Auch Katherinas Erinnerung richtete sich auf Vorbilder, die in der jüngeren Vergangenheit zu finden waren. Sie empfahl Gregor XI. das Vorbild seines Vorgängers Urbans V. (1362–1370), *denn dieser holte den Rat nur ein, wenn er über etwas im Zweifel war.*[60]

Mit dem Vergleich tat Katharina Clemens IV. ein wenig Unrecht, aber ihr ging es darum, den noch schwankenden Gregor XI. von der Richtigkeit einer Rückkehr nach Rom zu überzeugen. Dazu war es auch erforderlich, die Kardinäle, die sich diesen Plänen widersetzten, als Männer zu charakterisieren, denen es allein um ihren eigenen Vorteil ging.[61] Gegen solche Widersacher waren auch Täuschungen erlaubt, denn es sei Gott selber, der die Rückkehr nach Rom befohlen habe, und er werde den Papst begleiten (*Dio è quello che vi muove, sì ch´egli è con voi*). Man kann sich vorstellen, dass die Kardinäle ihre eigenen Argumente und Mittel hatten, um solchen Vorhaltungen und Empfehlungen zu begegnen. Dies war eine klare Konfrontation, und jede Seite mobilisierte ihre Kräfte. Die Entscheidung über den künftigen Sitz der Kurie war von erheblicher Tragweite für alle Betroffenen. Und in einer solchen Situation waren die Kardinäle in der Lage, mit einem Hinweis auf Clemens IV. aufzuwarten, der ihre grundsätzliche Position stützte. Das ist das eigentlich Interessante. Es kommt weniger darauf an, dass diese Unterstützung nicht sehr stark war – Clemens IV. war kein typischer Fall. Es kommt darauf an, dass die Kardinäle in der Lage waren, eine Position aufzufinden, die so lange zurücklag, dass kein Kardinal sich persönlich daran erinnern konnte. Für einen Rückgriff um 100 Jahre benötigte man eine schriftliche Überlieferung. Und in dieser Überlieferung mußte man die gesuchte Stelle finden. Die zitierte Episode ist daher ein deutlicher Hinweis auf eine arbeitsfähige Schrifttradition an der Kurie um 1370. Um diese Zeit war auch der Sprecher der Commons im Parlament in der

---

59 Die gesamte Passage lautet: *Crede, fili carissime, jam nobis saepe contingit in hac sede, cui licet immeriti praesideremus, ut habitis fratrum nostrorum consiliis, quamquam contrarium crederemus utilius eorum tamen sentensias sequebamur, ubi tale erat negotium, quod sine peccato fieri poterat vel omitti, & movebat nos ista ratio, quia temerarium censebamus tot prudencium iudicio sentenciam nostri capitis anteferre* (Thesaurus Novus Anecdotorum, Bd. 2, ed. Martène/Durand, S. 407).

60 *Oimé, santissimo padre, costoro v´allegano papa Clemento .iiij., ma eglino non v´allegano papa Urbano .V., il quale, delle cose, ch´eli era in dubbiose egli era il meglio o sì o np di farle, allora voleva il loro consiglio; ma della cosa che gli era certa e manifesta, come è a voi l´andata vostra, della quale sete certo, egli non se n´atteneva al loro consiglio, ma seguitava el suo, e non si curava perché tutti li fussero contrarii* (Epistolario, ed. Dupré Theseider, S. 314).

61 Ebda: *Dico che ´l consiglio di costoro è da seguitarlo, ma non quello di coloro che amassero solo la vita loro, onori stati, dilitie; pero che ´l consiglio loro va colà dove anno l´amore.*

Lage gewesen, einschlägige Statuten gegen die kritisierten Ratgeber des englischen Königs zu zitieren. Die schriftliche Traditionsbildung wurde im letzten Viertel des 14. Jahrhunderts zu einer selbstverständlichen Arbeitsgrundlage.

Das bedeutete nicht, dass sie wirksamer war als die direkte persönliche Erinnerung. Im zitierten Fall ließ sich Gregor XI. durch seine Kardinäle nicht zurückhalten. Die Formierung einer schriftlichen Tradition bedeutete auch nicht, dass die Akteure sich einfach der Fortsetzung dieser Tradition verschrieben – der genannte Clemens IV. hatte als Papst nicht in Avignon, sondern in Perugia und Viterbo residiert –, sondern es bedeutete, dass sie diese Tradition nutzten, indem sie von Fall zu Fall prüften, in welchen Fragen sie ihnen Hilfestellungen bot.[62] Die Positionen, für deren Unterstützung die schriftliche Tradition bemüht wurde, konnten freilich durch ganz andere Motive und Erwägungen zustande kommen. Und damit kehren wir noch einmal zur Entfremdung zurück. Sie hatte im Fall von Avignon eine ganz eigene Dynamik.

Nach dem Anschlag auf Bonifaz VIII. waren Päpste gewählt worden, die keine eigene Verbindung mit Rom hatten und die keinen Weg zurück fanden. Auf die zögerliche Wanderschaft Clemens' V. in Südfrankreich folgte das Provisiorium unter Johannes XXII., der an seine alte Wirkungsstätte in Avignon zurückkehrte, bis schließlich Bendikt XII. den ersten Palastbau errichtete. Diese Entwicklung war zum einen die Folge persönlicher Entscheidungen und Beweggründe der Nachfolger Bonifaz' VIII. Diese Entscheidungen begünstigten die Wahl von Avignon – anstelle einer anderen mittleren Stadt mit ähnlichen Bedingungen. Der Weggang des Papsttums aus Italien hatte sich indes schon vorher angedeutet. Immerhin hatten die letzten großen Konzilien des späteren 13. und des frühen 14. Jahrhunderts in Lyon und in Vienne stattgefunden.[63] Dass Rom Schauplatz einer großen Kirchenversammlung gewesen war, die dem kirchlichen Leben neue Impulse verliehen hatte, lag lange zurück. Das IV. Laterankonzil hatte 1215 getagt, danach hatte Gregor IX. zwar ein Konzil nach Rom berufen, um gegen Friedrich II. vorzugehen, aber der Zusammentritt dieses Konzils war durch den Kaiser verhindert worden.[64] In der Folge wurde Lyon zum Schauplatz der Absetzung Friedrichs II.[65]

---

62 Zur Politik Clemens' IV. in Italien vgl. etwa: A. NITSCHKE, Konradin und Clemens IV., in: Quellen und Forschungen aus italienischen Archiven und Bibliotheken 38 (1958), S. 268–277; der Umgang mit der schriftlichen Tradition verlief nach einem Muster, das sich auf einer abstrakteren Ebene in ähnlicher Form beobachten läßt, wo sich die Rezeption politischer Theorien auf einzelne Elemente und nicht auf vollständige Positionen der zitierten Autoritäten richtete; vgl. etwa: R. LAMBERTINI, Politische Fragen und Politische Terminologie in Mittelalterlichen Kommentaren zur *Ethica Nicomachea*, in: Politische Reflexion, hg. von Kaufhold, S. 109–127, hier S. 127.
63 Vgl. für einen knappen Überblick etwa K. SCHATZ, Allgemeine Konzilien. Brennpunkte der Kirchengeschichte (UTB 1976), Paderborn u. a. 1997.
64 Zu Lateran IV vgl. oben Kapitel 2; zu dem Versuch Gregors IX., zu Ostern 1241 ein Konzil gegen Friedrich II. in Rom zu versammeln, vgl. die Einladung bei Historia diplomatica Friderici secundi, Bd. 5,2, hg. von J. L. A. Huillard-Bréholles, Paris 1959, S. 1020f. (August 1240) und Epistolae saeculi XIII, Bd. 1, ed. Pertz, Nr. 785 (Oktober 1240). Friedrich II. hatte im Vorfeld versucht die Teilnehmer von einer Reise nach Rom abzuhalten (MGH Constitutiones,

Insofern war die Entscheidung, die Kurie nach Avignon zu verlegen, durch die Entwicklung des 13. Jahrhunderts erleichtert worden, in der Rom immer seltener zum Schauplatz eigentlich bedeutender Entscheidungen wurde. Es war auch diese Entwicklung, die das seltsame Schauspiel der Absetzung Johannes XXII. durch Ludwig den Bayern 1328 in Rom zu einem eher lokalen Ereignis werden ließ. Es war auch den Zeitgenossen klar, dass die Entscheidungen an anderer Stelle fielen. Und dennoch verlor Rom seine Anziehungskraft nicht, denn etwa 70 Jahre nach ihrem Weggang aus Rom kam die Kurie zurück. Zumindest kam ein Teil der Kurie zurück.[66]

Die Differenzierung ist wichtig. Es ist nicht zu übersehen, dass die Kurie sich in den Jahrzehnten ihres Aufenthaltes in Avignon von Rom entfremdete. Und doch war dies kein Vorgang, der alle Akteure in gleicher Weise erfaßte, davon zeugten die Rückkehrversuche, die unter Urban V. (1362–1370) begannen. Das war ein Grund, warum Katharina von Siena Gregor XI. auf seinen Vorgänger verwiesen hatte. Urban hatte Avignon 1367 verlassen, um nach Rom zurückzukehren. Aber er hatte die Umstände in Rom so unwirtlich gefunden, dass er sich nicht zum Bleiben entschließen konnte. Drei Jahre später war er zurück in Avignon.[67] In Viterbo war Urban V. mit Kardinal Aegidius Albornoz zusammengetroffen, der seit 1353 mit Hartnäckigkeit und Umsicht die päpstlichen Herrschaftsrechte in Italien reorganisiert und verteidigt hatte, um die Rückkehr der Kurie vorzubereiten. Damals hatte ihn Innozenz VI. *tamquam pacis angelus* mit weitreichenden Vollmachten nach Italien entsandt.[68] Albornoz hatte den Papst, der ihn nicht immer unterstützt hatte,

---

Bd. 2, ed. Weiland, Hannover 1896, Nr. 233) und ließ die Wege nach Rom sperren. Der Versuch, die Prälaten auf dem Seeweg nach Rom zu bringen, wurde durch Friedrichs Flotte vereitelt, die die Schiffe mit den Prälaten aufbrachte. Der Versuch, ein Konzil in Rom abzuhalten, endete 1241 in der Gefangennahme vieler Teilnehmer (Berichte über die Gefangennahme und Behandlung der anreisenden Prälaten in Epistolae saeculi XIII, Bd. 1, ed. Pertz, Nr. 812f.; vgl. auch: J. HALLER, Das Papsttum, Bd. 4, S. 142–146).

65   Die Absetzungsurkunde (*Dat. Lugduni, XVI Kal. Augusti, anno tertio*) in: Conciliorum Oecumenicorum Decreta, ed. Alberigo/Jedin, S. 278–283.

66   Vgl. dazu etwa MIROT, La Politique pontificale.

67   Vgl. dazu etwa: Prima Vita Urbani V, in: Vitae Paparum Avenionensium, Bd. 1, ed. Baluze /Mollat, S. 361: *Eodem anno, scilicet [MCCC]LXVI], die ultima mensis [30] aprilis, prefatus Urbanus papa recessit de Avinione, gressus suos dirigens versus Romam*. Der Papst hatte seine Absicht im September 1366 verkündet (ebda, S. 359) und war dann über Viterbo nach Rom gelangt: *Qui papa de Viterbio recedens, die decima sexta mensis octobris [1367] Romam intravit, ipsumque solempniter recipientibus cum magno gaudio, ac Deum laudantibus de jocundo adventu suo* (ebda, S. 365); dort war dann allmählich die Einsicht gewachsen, dass die Bedingungen in Avignon günstiger waren: *Adveniente insuper tempore estivo, anno predicto [1370], idem Urbanus recedens de Urbe, vadensque ad Montemflasconis, declinavit Viterbium, ubi primum palam et publice manifestavit se velle redire de proximo ad civitatem Avenionensem* (ebda, S. 375); vgl. H. SCHMIDINGER, Die Rückkehr Gregors XI. nach Rom in den Berichten des Christoforus von Piacenza, in: Ecclesia Peregrinans. Josef Lenzenweger zum 70. Geburtstag, hg. von K. Amon u. a., Wien 1986, S. 133–141, hier S. 133.

68   Die Beauftragung von Aegidius Albornoz – *tibi in eisdem partibus et provinciis ac terris, civitatibus et diocesibus vices nostras ac plene legationis officium committendo* – vom 30. Juni 1353 in: Innocent VI. Lettres secrètes, ed. Gasnault/Laurent, Nr. 352, S. 123f.; zu Kardinal Albornoz vgl. etwa A. ERLER, Aegidius Albornoz als Gesetzgeber des Kirchenstaates, Berlin 1970; J. BE-

bei seiner Ankunft in Italien in Empfang genommen und war mit ihm zunächst nach Viterbo gezogen.[69] Dort war Albornoz gestorben, noch bevor er den Papst nach Rom geleiten konnte.[70] Wie Moses starb er, nachdem er seine Mission erfüllt hatte, ohne das Ziel seiner Mühen persönlich zu erreichen. Allerdings war er nicht 40 Jahre durch Italien gezogen, um die Erinnerung an seine Herkunft verblassen zu lassen, sondern es waren 14 Jahre gewesen, und die Erinnerung an Rom war während dieser Zeit an der Kurie so lebendig gewesen, dass Urban V. und Gregor XI. sich trotz mancher Widerstände zur Rückkehr entschlossen.

Die Rückkehr der Kurie nach Rom war nur ein Teilerfolg. Die Fremdheit, die Urban V. schließlich bewog, wieder nach Avignon zurückzugehen, wurde wenige Jahre später anläßlich der Wahl Urbans VI. am 8. April 1376 offenkundig.[71] Die „robusten" Umgangsformen der Römer mit den Kardinälen wirkten auf diejenigen, die mit diesem Stil nicht vertraut waren, beunruhigend.[72] In Avignon wurde das Konklave nicht gestürmt und nicht geplündert.[73]

Wer mit den römischen Sitten vertrauter war, den beunruhigten bewaffnete Menschenaufläufe nicht: *Ad hec festa concurrerunt eciam compatriote, qui veniebant non aliter quam alias solebant, armati iuxta morem patrie, in qua eciam pueri portant arma nemine prohibente.* Dies war die beschwichtigende Erklärung eines Anhängers von Urban VI. für den bewaffneten Aufzug der Römer bei der Papstwahl. Der Auflauf in Waffen sei einfach ein in Rom übliches Zeichen der Freude.[74] Es kam darauf an, die Zeichen richtig zu deuten, und hier gab es erhebliche Differenzen. Dies war zwar eine Beruhigung im Nachhinein, aber es läßt sich bei der Lektüre der Zeugenaussagen über den Ausbruch des Schismas erkennen, dass es durch die Fremdheit der Kardinäle in Rom befördert wurde. Die Spaltung hatte andere Ursachen, aber die Entfremdung leistete dem Abfall von Urban VI. weiteren Vorschub. Die Kardinäle waren eine andere Behandlung gewöhnt, und ihr Verhalten

---

NEYTO PEREZ, El Cardinal Albornoz, Madrid 1950; F. FILIPPINI, Il Cardinale Egidio Albornoz, Bologna 1934; H. J. WURM, Aegidius Albornoz. Der zweite Begründer des Kirchenstaates, Paderborn 1892.

69 Prima Vita Urbani V, in: Vitae Paparum Avenionensium, Bd. 1, ed. Baluze/Mollat, S. 362f.
70 Ebda, S. 363: *Die autem XXIIIJ mensis augusti [1367] immediate suum dictum adventum subsequente, obiit in Viterbio prefatus dominus Egidius Alvari, episcopus Sabinensis cardinalis ...*
71 Zur Wahl Urbans vgl. etwa Theoderici de Nyem de Scismate Libri Tres, I.2, ed. Erler, S. 10–15; die verschiedenen Darstellungen der Teilnehmer und Zeugen bei SEIDLMAYER, Die Anfänge des Großen Abendländischen Schismas, S. 241–300; vgl. dazu auch ebda, S. 1–24.
72 Vgl. etwa die Aussage des Angelus von Spoleto, Generalminister des Franziskanerordens, der das Wahlgeschehen als Aussenstehender verfolgte: *Et dum essemus extra portas palacii apostolici, intus et extra vidimus magnam multitudinem hominum armatorum cum ensibus evaginatis, lanceis et balistis clamancium alta voce, quod volebant Romanum pontificem de Urbe penitus et omnino ... Item prefacta die cardinalibus de conclavi exeuntibus omnes fugierunt ... propter incredibilem sedicionem, furorem populi et tumultum. Item die prefacta dom. Cardinales perdiderunt omnia et singula que habuerunt in domo conclavis violenter accepta per prefatum populum furibundum* (zitiert nach SEIDLMAYER, Die Anfänge des Grossen Abendländischen Schismas, S. 247f.).
73 Vgl. dazu auch PARAVICINI BAGLIANI, Der Leib des Papstes, S. 149–153.
74 Soweit die Aussage des Thomas Petra aus dem Lager Urbans VI. nach SEIDLMAYER, Die Anfänge des Grossen Abendländischen Schismas, S. 262.

nach dem Ausbruch des Schismas, als sie alle mit Clemens VII. nach Avignon zurückkehrten, war auch ein deutlicher Ausdruck der fortbestehenden Ausrichtung auf Avignon.[75] Es sollte noch einmal 40 Jahre dauern, bis die Kurie ihren alleinigen Sitz in Rom einnahm. Und auch dann gab es noch Rückschläge.[76]

Doch zeigt diese Geschichte kein einfaches Bild einer zunehmenden Entfremdung bis zu jenem Punkt, an dem die Berufung auf Rom nur noch ein Lippenbekenntnis gewesen wäre. Tatsächlich gab es wiederholt entschiedene Impulse, die eine Rückkehr der Kurie nach Rom befördern sollten – bis zu den tatsächlich erfolgten Rückkehrversuchen Urbans V. und Gregors XI. Wir müssen uns den Prozeß der Entfremdung als einen Vorgang vorstellen, der einzelne Akteure mit zunehmendem Abstand vom ursprünglichen Zustand zu einer Entscheidung über die Zukunft herausforderte. Die Notwendigkeit der Entscheidung wurde dadurch befördert, dass das Leitbild, zu dem man sich bei entsprechenden Anlässen bekannte (etwa bei einer Gesandtschaft der Römer) tatsächlich zunehmend verblasste. Die Verbundenheit mit diesem ursprünglichen Leitbild, die auf persönlicher Erfahrung aber auch auf einer bewußten Berufung auf die Tradition beruhen konnte, veranlasste dann die Vertreter der Tradition, für ihre Aufrechterhaltung oder Neubelebung einzutreten. Bei denjenigen, für die das Leitbild tatsächlich fremd geworden war, formierte sich der Widerstand. Die Entfremdung und das Vergessen hatten als soziale Prozesse einen dialektischen Zug.

Das läßt sich aus den Überresten des anderen großen Entfremdungsvorgangs erkennen, der sich auf dem hier behandelten Untersuchungsfeld vollzog. Der Untergang des angevinischen Reiches, dessen gewaltige Erstreckung dazu geführt hatte, dass der Landbesitz der normannischen Oberschicht auf dem Festland und in England eine Selbstverständlichkeit gewesen war, wies ähnliche Muster auf, wie sie die Lösung der Kurie von Rom zeigte.[77] Mit dem Verlust der königlichen Ländereien im Nordwesten Frankreichs endete auch jene Herrschaftspraxis, die den Kanal weniger als trennend, sondern eher als verbindendes Element erfahren hatte. Der englische König kam nur noch zu wenigen (erfolglosen) Militärkampagnen in die Reichweite seiner ehemaligen Untertanen in der Normandie, im Anjou, in Maine oder der Touraine. Die Normandie und das Anjou waren die Heimat der Familien gewesen, die in England herrschten, aber im 13. Jahrhundert wurde man sich zunehmend fremd. Kurz vor 1250 beklagten sich fünf Kanoniker aus dem

---

75   Vgl. etwa Theoderici de Nyem, De Scismate Libri Tres I, XI, ed. Erler, S. 26f.; auch das Verhalten der Mehrheit der Kurialen, die mit den Kardinälen nach Avignon zurückkehrten, gibt einen Hinweis auf den Grad der Bindung an diesen Standort der Kurie im 14. Jahrhundert.

76   Vgl. zur Rückkehr Martins V. nach dem Konzil von Konstanz und zu der Frage des päpstlichen Residenzortes unter Eugen IV. (1431–1447): M. KAUFHOLD, Papst Eugen IV. (1431–1447) zwischen Rom und Florenz: Städtische Konkurrenz und gemeinsame Tradition, in: Florenz–Rom: Zwischen Kontinuität und Konkurrenz (artes optimae 1), hg. von H. Keazor, Münster 1998, S. 21–45.

77   Zum angevinischen Reich vgl. oben Kap. 2; zu den Entfremdungsvorgängen nach dem Verlust der Festlandsbesitzungen des englischen Königs vgl. zuletzt PELTZER, Slow Death (mit Quellenedition).

normannischen Evreux bei König Heinrich von England mit großer Traurigkeit (*Celsitudini regie maiestatis lacrimabiliter intimamus*) darüber, dass ihr Dekan und einige andere Kanoniker Landbesitz ihrer Kirche in England verkaufen wollten. Dieses Land war ihnen von Heinrich I. übereignet worden, um die Pflege seiner Memoria zu gewährleisten.[78] Sie selber und auch andere Mitbrüder hätten dagegen protestiert (*nobis et multis aliis reclamantibus et invitis*). Nun wandten sie sich an den König, damit er gegen das drohende Unrecht einschreite und einen Verkauf verhindere, in dem sie einen Rechtsbruch sahen. Dieser Rechtsbruch gefährde die weitere Pflege des Andenkens an den königlichen Wohltäter der Kirche von Evreux.[79] Das in Rede stehende Stück Land war dem Bischof von Evreux zwischen 1123 und 1130 verliehen worden, und nun, 120 Jahre nach dieser Übergabe und etwa 40 Jahre nach dem die englischen Könige die Normandie verloren hatten, wurde der Zusammenhalt auch auf der alltäglichen Ebene brüchig.[80] Der Vorgang, den Jörg Peltzer im größeren Zusammenhang der Besitzpflege normannischer Kirchen in England in der fraglichen Zeit präzise aufgearbeitet hat, hat geradezu modellhafte Züge. Er verschränkt in gewisser Weise zwei kritische Fristen miteinander, deren verjährende Wirkung im Verlauf dieser Untersuchung bereits wiederholt erkennbar geworden ist.[81] Der Konflikt in der Kirche von Evreux spielte auf einer anderen Ebene (und gewissermaßen in einer anderen Richtung) als die Fragestellung, der sich Heinrich III. in diesen Jahren zunehmend stellen mußte: Konnte er die Herrschaftsansprüche über seinen Festlandsbesitz aufrecht erhalten? Seit 1204 hatten diese Ansprüche keine reale Bedeutung mehr.[82] Für die Kanoniker in Evreux stellte sich die Lage vergleichbar dar. Sie hatten seit dieser Zeit keinen eigenen Zugriff mehr auf ihr Stück Land in England, und so stellte sich die durchaus berechtigte Frage, ob es angesichts dieser eingeschränkten Möglichkeiten nicht sinnvoll sei, das Land zu verkaufen, wie es auch die anderen normannischen Bistümer mit ihrem englischen Landbesitz taten.[83] So hatte das Bistum zumindest einen Nutzen aus dem Verkauf. Es war diese Frage, die sich nach etwa 40 Jahren stellte, und sie forderte konträre Positionen heraus. Während die einen zum Ver-

---

78 Das Schreiben ist ediert in PELTZER, Slow Death, S. 35: *Celsitudini regie maiestatis lacrimabiliter intimamus quod decanus et quidam concanonici nostri manerium de Braunford quod felicissime memorie Henricus quondam rex Anglie ob sui et predecessorum suorum ac etiam successorum veniam peccatorum nostre ecclesie piissima largitate concessit ut in sui et regum Anglie perpetuam memoriam divinum pro ipsis apud nos celebraretur officium annuatim, nobis et multis aliis reclamamntibus et invitis contra Deum et iura vendere presumpserunt.*
79 Ebda: … *unde timendum est ne processu temporis predicti inclitissimi principis, benefactoris nostri memoria in nostra pereat et recedat. Quod cum gravi cordis amaritudine sustinemus ut tanti principis piissimum propositum, qui sui et suorum in divinis officiis voluit perpetuam apud nos habere, memoriam in futurum immutetur non absque ingratitudinis vicio et piissimini et defuncti principis et vestra iniuria et contemptu.*
80 Zum Datum der Schenkung Heinrichs I. an den Bischof von Evreux vgl. PELTZER, Slow Death, S. 4.
81 Vgl. dazu etwa Kapitel 4: Der Rhythmus der Erinnerung.
82 Vgl. zum Verlust der Normandie oben Kapitel 2.
83 Vgl. zu den beschränkten Zugriffsmöglichkeiten der Kirche von Evreux auf ihr Land in England: PELTZER, Slow Death, S. 7 und 13.

kauf drängten, beschworen die anderen die Tradition.[84] Tatsächlich war es bei aller pragmatischen Überlegung eine grundsätzliche Entscheidung. Mit dem Verkauf gab man die alte Verpflichtung gegenüber dem Königshaus in England auf. Das war der Skandal, der die Kanoniker von Evreux an den König schreiben ließ. Deshalb beriefen sie sich auf die Verbindlichkeit dieser Verpflichtung, auf Gott und das Recht. Und außerdem ging es auch um Eigentumsrechte an einem Stück Land. Diese Verbindung ist in der englischen Geschichte nicht untypisch. Heinrich III. beantwortete die solchermaßen gestellte Frage im Frieden von Paris mit dem Verzicht auf die alten Besitzrechte seiner Familie, um daraus für die verbleibenden Ländereien im Südwesten praktische Sicherheit zu gewinnen.[85] Es war keine einfache Frage, denn es ging um alte Rechte, und die jüngere Geschichte bietet verschiedene Beispiele, die uns die Ernsthaftigkeit und Grundsätzlichkeit solcher Konflikte erahnen lassen. Allerdings mußten auch die Bewahrer der Tradition dem Wandel Rechnung tragen. Denn die Kanoniker von Evreux, die sich mit ihrer Klage gegen das Vergessen an Heinrich III. wandten, sprachen ihn nur als König von England an, nicht aber als Herzog der Normandie. Dabei hatte Heinrich auf seine Besitztitel auf dem Festland noch nicht verzichtet.[86]

So forderte der allmähliche Prozeß der Entfremdung die verschiedenen Akteure nach etwa 40 Jahren zu einer Stellungnahme heraus. In der Auseinandersetzung um die künftige Haltung schien die pragmatische Anerkennung des Status quo leichter durchsetzbar zu sein. Dies war in den Beziehungen zwischen dem englischen König und seinen Getreuen auf dem Festland der Fall und dies hatte sich auch im Verhältnis der Kurie zur Stadt Rom gezeigt. Doch war die Geschichte in beiden Fällen damit noch nicht zu Ende. Die Kurie kehrte schließlich nach Rom zurück und die englischen Könige erhoben in der zweiten Hälfte des 14. Jahrhunderts wieder Ansprüche auf dem Festland. Ihre Rückkehr auf das Festland war auf längere Sicht weniger erfolgreich als die Rückkehr der Kurie nach Rom, aber beide Entwicklungen zeigen, dass es Bindungen gab, die lange Zeiträume überdauern konnten, auch wenn sie zwischenzeitlich wenig Spuren hinterließen. Die schriftliche Überlieferung eröffnete im fortgeschrittenen 14. Jahrhundert zunehmend die Möglichkeit, Traditionen zu bewahren und in einer veränderten Konstellation neu zu beleben.

---

84 Es ist eben diese Spaltung in (pragmatische) Befürworter des Verkaufs und Bewahrer der Tradition, die die Urkunde deutlich zum Ausdruck bringt, vgl. oben Anm. 79.
85 Vgl. für eine kurze Übersicht über den Frieden von Paris 1259: KAUFHOLD, Deutsches Interregnum, S. 83–97.
86 *Excellentissimo domino H(enrico) Dei gratia illustrissimo regi Anglie* (PELTZER, Slow Death, S. 35); der Verzicht auf die Herrschaftsrechte in der Normandie, im Anjou, in Maine und der Touraine erfolgte erst im Frieden von Paris 1259.

Kapitel 9

Die Krise der monarchischen Führung: Die Absetzungen von Königen und Päpsten um 1400

Der Bogen dieser Untersuchung spannt sich vom späten 12. Jahrhundert bis zum Beginn des 15. Jahrhunderts. Die institutionelle Formierung der spezifischen Herrschaftskonstellationen im Reich, in England und an der Kurie hatte um 1400 einen Stand erreicht, der sich in allen drei Fällen in einer schweren Krise ausdrückte. Das englische Parlament, die Kurfürsten und die Kardinäle beanspruchten das Recht, ihre monarchische Spitze abzusetzen. So unterschiedlich die Entwicklungen waren, die die Ausbildung der jeweiligen Herrschaftsordnung befördert hatten, so bietet die Krise um 1400 für diese Untersuchung einen geeigneten Schlußpunkt. Aus dem Blickwinkel dieser Untersuchung stellt sich die Frage nach der Konvergenz der verglichenen Prozesse. Dabei geht es um eine spezifische Konvergenz, die die Folge der untersuchten institutionellen Formierung war: um die Möglichkeit der Herrschaftskontrolle im Reich, in England und an der Kurie. Die Absetzung eines Königs oder eines Papstes konnte allenfalls eine Ultima ratio sein, und sie war zunächst eher ein Zeichen, dass die Kontrolle versagt hatte. Und doch zeigten sich in der sehr zeitnahen Absetzung der Könige und Päpste in drei so unterschiedlichen Herrschaftsordnungen die Grenzen der monarchischen Ordnung, um deren Einbindung in den Herrschaftsverband in den zwei Jahrhunderten zuvor in unterschiedlicher Weise gerungen worden war. Hier geht es um die Frage der Gemeinsamkeiten dieser Absetzungen, die wir daher auf Parallelen und auf spezifische Unterschiede hin prüfen müssen. Die letzten Kapitel haben die Bedeutung der schriftlichen Traditionsbildung für die Legitimation herrschaftlicher Entscheidungen im fortschreitenden 14. Jahrhundert erkennen lassen. In diesem Kapitel wird es auch um die Frage gehen, inwieweit diese schriftliche Tradition den Austausch über die Grenzen von Ländern und Institutionen beförderte. Texte ließen sich leichter weitergeben als politische Kulturen, die als Eigenheit jeden Landes verstanden wurden und die für ihre Vertreter nicht nur eine abstrahierbare politische Ordnung, sondern einen Teil ihrer Identität darstellten. Die überlieferte mündliche Tradition, mit der wir diese Untersuchung begonnen haben, war in stärkerem Maße an den Ort des Geschehens gebunden. Ihr politischer Kern war mit den vielfältigsten Eindrücken verbunden und nicht ohne weiteres übertragbar. Mit Texten verhielt es sich anders.

Die Absetzung eines Königs oder eines Papstes war eine politische Krise im klassischen Sinn, eine Entscheidungssituation, die die Tragfähigkeit der jeweiligen Traditionen erweisen mußte.[1] In einer solchen Krise mobilisierten die Protagonisten alle Kräfte. Dies eröffnet dem Vergleich die Möglichkeit, die politischen Traditionen im Reich, in England und an der Kurie am Ende der Untersuchung auf Unterschiede und Gemeinsamkeiten zu prüfen. Wir beginnen mit den Königen.

Der letzte Akt in Richards Königsherrschaft begann mit einer schon klassischen Konfrontation zwischen ihm und seinen Gegnern. Die Unversöhnlichkeit, mit der der König seinen Vorstoß eröffnete, provozierte eine heftige Gegenraktion. Die Herrschaftskonstellation wurde erneut in gefährliche Schwingungen versetzt.[2] Im Sommer 1397 hatte Richard II. seine Gegner von 1386 überraschend verhaften lassen, und er stellte sie vor einem Parlament im September unter Anklage.[3] Der Vorwurf lautete auf Hochverrat.[4] Richard hatte seine Amtsgewalt in Gefahr gesehen und reagierte heftig. Die Angeklagten wurden im Parlament mit den schweren Anklagen konfrontiert, verurteilt und hingerichtet, bzw. verloren ihre Besitzungen und wurden verbannt.[5] Es ging um die königliche Stellung und es ging um den Landbesitz seiner Gegner, die um ihre gegenwärtigen Besitzungen fürchteten und ihre Aussichten auf Ländereien in Gefahr sahen, deren Erwerb durch Erbe oder Heirat ein fester Bestandteil ihrer Zukunftserwartungen gewesen war.[6] Dies war eine brisante Mischung. In dieser angespannten Lage wollte der Herzog von Norfolk, Thomas Mowbray, von einer Verschwörung erfahren haben. Er teilte sein Wissen dem Herzog von Hereford, Henry Bolingbroke mit, der die Geschichte öffentlich machte. Thomas Mowbray hatte das nicht erwartet, und es kam zum Zerwürfnis zwischen beiden, die sich gegenseitig schwere Vorwürfe machten.[7] Schließlich wurde ein Zweikampf angesetzt, der im letzten Moment durch den König aufgehoben wurde, der die beiden Kontrahenten ins Exil schickte.[8] Henry Bolingbroke, Herzog von Hereford, war allerdings der Erbe der enormen Lancaster-Ländereien. Die Bedeutung dieser Ländereien hatte immer dazu geführt, dass der König sie Männern verlieh, die der Krone nahestanden. Andererseits waren diese Männer aufgrund ihres Status wiederholt mächtige Kritiker und Kon-

---

1 Vgl. zum Krisenbegriff etwa: R. KOSELLECK, Krise, in: Geschichtliche Grundbegriffe, Bd. 3, hg. von O. Brunner/W. Conze/R. Koselleck, Stuttgart 1982, S. 617–650.
2 Vgl. für einen Überblick die knappe Zusammenstellung der wichtigen Quellen in Select Documents, ed. Chrimes/Brown, S. 164–193; vgl. für die Ereignisse: HARRISS, Shaping the Nation, S. 477–488; VALENTE, The Theory and Practise of Revolt, S. 194–204; SAUL, Richard II, S. 366–404; TUCK, Crown and Nobility, S. 180–197; vgl. auch: WILKINSON, The Deposition of Richard II.
3 Für das Parlament im September 1397 vgl. Rotuli Parliamentorum, Bd. 3, S. 347–356.
4 Ebda, S. 350.
5 Vgl. etwa Thomas Walsingham, Historia Anglicana, Bd. 2, ed. Riley, S. 223–227; vgl. auch TUCK, Crown and Nobility, S. 184f.
6 Vgl. dazu die Literatur in Anm. 2, besonders HARRISS, Shaping the Nation, S. 480f.
7 Vgl. knapp ebda, S. 481
8 Vgl. für eine knappe Skizze TUCK, Crown and Nobility, S. 188–190; HARRISS, Shaping the Nation, S. 481.

kurrenten des Königs gewesen, so zuletzt Thomas of Lancaster, der nach seiner Revolte gegen Edward II. sein Land und sein Leben verlor.⁹ 1397 war das Herzogtum Lancaster daher in den Händen von John of Gaunt, einem Onkel Richards II.¹⁰ Henry Bolingbroke war sein Sohn. König Richard schickte ihn nun in ein zehnjähriges Exil. Henry Bolingbroke mußte das Land verlassen, in dem er einen Vater zurückließ, der dem Tode nahe war, und die Frage, was aus seinem Erbe wurde, begleitete ihn.¹¹ Ein verstärktes herrschaftliches Auftreten des Königs unter Verweis auf seine Prärogativen und ein unsensibler Umgang mit der heiklen Materie hochadliger Besitzansprüche auf bedeutende Ländereien, dies waren Komponenten, aus denen sich der Eindruck einer tyrannischen Herrschaft ergeben konnte. Es war ein gefährliches Feld, auf das Richard II. sich abermals begab. Tatsächlich vermitteln seine Aktionen in der Endphase seiner Herrschaft nicht den Eindruck, als sei der König sich dieser Gefahr bewußt gewesen. Er befand sich in der Offensive, und nachdem das Parlament von 1397 den Tod und die Verbannung seiner ehemaligen Gegner beschlossen hatte, hoffte er, tätliches Vorgehen gegen seine Herrschaft durch eine gesetzliche Regelung künftig ausschließen zu können. Mit dem *Statute of Treason* versuchte er, die lange Tradition baronialer Erhebungen gegen den König zu beenden.¹² Ohne dass Richard sich dieser historischen Dimension bewußt war, sollte sein Statut die Möglichkeit des Widerstands gegen die Krone, die im Artikel 61 der Magna Carta von 1215 erstmalig festgehalten worden war, definitiv beenden.

Alle diejenigen, die den Tod des Königs oder seine Absetzung herbeiführen wollten, die die ligischen Lehnseide seiner Untertanen aufheben wollten oder die die Bevölkerung und die Ritter gegen das Königreich und die Beschlüsse des Parlaments mobilisieren wollten, sollten als Verräter behandelt werden.¹³ Dies war noch nicht ungewöhnlich. Aber die Festlegung, dass auch jeder, der in Zukunft versuchen solle, einen der Beschlüsse des Parlaments von 1397, in dem die entschiedene Bekräftigung der königlichen Prärogativen erneuert worden war, aufzuheben oder zu ändern, als Verräter anzusehen sei, zeigt, wie verfahren die Situation war.¹⁴ Der Versuch, die erzielten Beschlüsse für alle Zukunft festzuschreiben,

---

9   Vgl. dazu oben Kapitel 7.
10 Zu John of Gaunt vgl. etwa A. GOODMAN, John of Gaunt. The Exercise of Princely Power in Fourteenth-Century Europe, London 1992, vgl. zu der Haltung Johns of Gaunt auch HARRISS, Shaping the Nation, S. 484; vgl. zu der Affäre Bolingbroke-Mowbray auch SAUL, Richard II, S. 395–402.
11 Vgl. auch C. GIVEN-WILSON, Richard II, Edward II, and the Lancastrian Inherritance, in: The English Historical Review 109 (1994), S. 553–571.
12 Select Documents, ed. Chrimes/Brown, S. 173f.
13 Ebda: *Item ordeine est et establiz qe chescun qi compasse et purpose la mort du roy, ou de luy deposier, ou desuis rendre son homage liege, ou celluy qi leve le poeple et chivache encontre le roy afaire de guerre deinz son roialme, et de ceo soit duement atteint et adjuggez en parlement, soit adjuggez come traitour encontre la Corone …*
14 Ebda, S. 173f., hier S. 174: *Item, le roy, de lassent susdit, ad ordeine et establie qe si ascun, de qel estat ou condition qil soit, pursue, procure, ou conseille de repeller, casser, reverser, ou adnuller ascuncz des juggement renduz devers ascun persones adjuggez en le dit parlement, ou ascune parcelles dicelles en*

war im Verlauf des 14. Jahrhunderts bei verschiedenen Gelegenheiten zu beobachten. Richards II. Vorstoß stellte noch eine Steigerung dar. Mit den Mitteln des Rechts und der schriftlichen Überlieferung – das Statut wurde ausdrücklich in die Überlieferung des Parlaments aufgenommen (*come piert en le rolle de parlement*) – versuchte er einer günstigen historischen Konstellation Ewigkeit zu verleihen. Dass all jene, die für einen Wandel eintreten würden, zu Verrätern erklärt wurden – *qil soit adjugge et eit execucioun come traitour au roy et a roialme* –, war in gewisser Weise der Versuch, die Geschichte anzuhalten. Dabei war die Offenheit der politischen Entwicklung immer ein entscheidendes Anliegen der baronialen Opposition gewesen. Anders lassen sich die immer wiederkehrenden Regelungen nicht verstehen, dass mögliche Fragen im Zusammenhang mit der Magna Charta vom König und seinen Baronen in gemeinsamer Beratung geklärt werden müßten. Der König erklärte nun den Wortlaut der parlamentarischen Urteile von 1397 für unwandelbar. Es ist nicht überraschend, dass die Zeitgenossen dies zunehmend als tyrannische Praxis wahrnahmen.

Cupiens, ut fertur, populum regni sui suppeditare et opprimere ... so formulierte es Thomas Walsingham in einer anklagenden Passage zum Jahr 1399.[15] Der König habe seine Vasallen dazu gezwungen, ihm bislang ungewohnte Eide zu schwören, die die Zerstörung seines Volkes zur Folge haben könnten, und er hätte seine Vasallen gezwungen, diese Eide durch Urkunden zu bekräftigen.[16] Außerdem habe er seine Vasallen gezwungen, ihm blanke Urkunden mit ihrem Siegel auszustellen, damit er sie bei Bedarf gegen sie einsetzen könne.[17]

Im ganzen Königreich seien die Sheriffs dazu gebracht worden, einen neuen Gehorsamseid zu schwören, der sie verpflichtete, allen Anordnungen des Königs Folge zu leisten, gleich unter welchem Siegel sie ausgestellt seien. Die Sheriffs sollten ihre Amtsleute im Auge behalten und diejenigen, die in irgendeiner Weise schlecht über den König sprachen, inhaftieren. *Unde non solum destructio magna regni, sed omnium [et] singularum personarum communitas ejusdem verisimiliter timebatur.*[18]

Die Passage zeichnet das Schreckensbild einer englischen Tyrannei. Darauf kommt es an dieser Stelle an. Walsingham stellte solche königlichen Maßnahmen zusammen, die für die Großen des Reiches das Ende ihrer Freiheit bedeuteten. Die Frage nach der Berechtigung der Vorwürfe können wir an dieser Stelle noch zu-

---

ascune manere, et ceo duement provee en parlement, qil soit adjugge et eit execucioun come traitour au roy et a roialme.
15   Thomas Walsingham, Historia Anglicana, Bd. 2, ed. Riley, S. 230f., hier S. 231.
16   Ebda, S. 231: *direxit patentes litteras ad omnes regni Comitatus, et per terrores induxit, ut liegei sui quicunque, tam temporales quam spirituales, juramenta insueta praestarent in genere, quae verisimiliter causare possent destructionem plebis suae finalem, coegitque ligeos suos ipsa iuramenta sub litteris eorum, et sigillis, roborare.*
17   Ebda: *Ad albas chartas insuper eosdem ligeos apponere sigilla sua compulit, ut quotiens grassari vellet in eos, facultatem haberet eos singillatim, vel insimul, opprimendi.*
18   Ebda.

rückstellen.¹⁹ Von Bedeutung ist hier der Charakter der Maßnahmen. Es handelte sich um ungewöhnliche (und erpresste) Eide auf den König und um Urkunden, die der König nach seinem Gutdünken einsetzen konnte. Dies war die Wahrnehmung solcher königlichen Maßnahmen, wie des *Statute of Treason* durch seine Untertanen, die sich um Besitz und Freiheit sorgten.²⁰ Der unausgesprochene Vorwurf lautete, dass der König die Mittel des Rechts gebrauche, um eine unumschränkte Kontrolle zu erlangen. Die schriftliche Form nahm den Betroffenen ihre Freiheit, indem sie sie auch in Zukunft auf den eingeschränkten Status festlegte, der ihnen angesichts der drohenden Forderung des Königs nach einem neuartigen Treueeid geblieben war. Die entsprechende Urkunde sorgte für ein bleibendes Gedächtnis dieser Unterwerfung.

Das war freilich Theorie – sowohl von Seiten Richards II. wie von Seiten seiner sorgenvollen Untertanen. Tatsächlich stand der König kurz vor seinem Ende. Es war allerdings eine aussagekräftige Theorie in Hinblick auf unsere Fragestellung nach den Formen und Rhythmen der Erinnerung. Diese letzte Phase scheint unter einem Monopol schriftlicher Festlegungen gestanden zu haben. In gewisser Weise sollten die Urkunden, die der König verlangte, die Zeit aufheben. Das geschah in Hinblick auf die Zukunft, deren Unsicherheit Richard II. vorbauen wollte. Die Frage stellt sich, inwieweit eine solche Haltung gegenüber der Zukunft auch die Erschließung der Vergangenheit berührte. Immerhin hatte sie eine hohe legitimierende Funktion. Und die schwere Krise der Königsmacht, die nun folgte, beförderte das Legitimationsbedürfnis in hohem Maße.

Die Ereignisse spitzten sich in der angespannten Lage noch einmal dramatisch zu, als John of Gaunt, der Onkel des Königs und Herzog von Lancaster starb und sich die Frage nach seinem Erbe stellte. Als Henry Bolingbroke England auf Geheiß des Königs für zehn Jahre verlassen mußte, hatte ihm Richard zugesichert, dass er Titel und Ländereien eines Herzogs von Lancaster von seinem Vater erben könne.²¹ Ein halbes Jahr später, als John of Gaunt starb, hatte der König seine Haltung geändert. Der Lancaster-Besitz war zu bedeutend, als dass er in die Hände eines Mannes geraten sollte, dessen Loyalität fragwürdig geworden war. Am 18. März 1399 widerrief Richard II. die Zusicherungen an Henry Bolingbroke – *qe*

---

19 Für eine knappe Skizze der Interessenkonstellationen und der Konkurrenzen im Hintergrund dieser letzten Zuspitzung der Spannungen zwischen Richard II. und dem hohen Adel vgl. etwa HARRISS, Shaping the Nation, S. 483–486. Erkennbar wird Richards Versuch, die Besitzverhältnisse bedeutender Ländereien zum Nachteil des alten Adels auf eine Gruppe von Gefolgsleuten im Umfeld des Hofes zu verändern. Wie in den zuvor untersuchten englischen Verfassungskämpfen ging es auch 1397–1399 um Freiheitsrechte und um Landbesitz. Beide waren in der Auffasung der Akteure eng verbunden. Vgl. zu den Interessen der Gegner Richards auch VALENTE, The Theory and Practise of Revolt, S. 177–204; vgl. außerdem TUCK, Richard II and the English Nobility, S. 187–225.
20 Tatsächlich waren die geistlichen und die weltlichen Lords im Parlament auf Initiative der Commons am 30. September dazu gedrängt worden, einen Eid auf die Einhaltung der Beschlüsse des Parlaments abzulegen (Select Documents, ed. Chrimes/Brown, S. 172f.).
21 Calendar of the Patent Rolls: Richard II, Bd. 6: A.D. 1396–1399, London 1909, S. 425; vgl. GIVEN-WILSON, Richard II, Edward II and the Lancastrian Inheritance, S. 553.

*le ditz Lettres Patentes ... soient de tout revokez, adnullez, cassez & repellez, & l'enrollement d'icelles en la Chancellarie cancellez.*²² Für den Erben des Titels und der Ländereien des Herzogs von Lancaster gab es kaum eine Alternative. Er mußte den Kanal überqueren.

Die einseitige Aufhebung eines zugesicherten Rechts durch den König war in England ein gefährlicher Vorgang. Als Heinrich III. in der Mitte des 13. Jahrhunderts das Recht reklamiert hatte, unbedacht zugesicherte Rechtstitel wieder aufheben zu können, hatte er eine scharfe Entgegnung erfahren. Solche törichten Handlungen würden dazu führen, dass der König aufhöre, König zu sein, hatte ihm ein beunruhigter Untertan beschieden.²³ Und Heinrich III. hatte sofort Absetzungspläne befürchtet.²⁴ Richards Schicksal zeigte, dass diese Gefahr auch am Ende des 14. Jahrhunderts noch drohte. Wenn der König in einer für die Großen seines Reiches bedeutenden Frage den Eindruck von Wilkür erweckte, dann halfen auch die zahlreichen Eide und schriftlichen Absicherungen nicht mehr. Dann wurde eine Grenze überschritten. Heinrich III. war der Absetzung nahe gekommen, aber er hatte seine Krone bewahren können. Das lag auch daran, dass er nicht so weit gegangen war, bedeutende Rechte zu widerrufen. Was in den 1250er Jahren noch eine Möglichkeit war, wurde unter Richard II. ganz ausgeschöpft. Das galt für die Aktion und für die Reaktion.

In seinem französischen Exil sondierte Henry Bolingbroke mögliche Allianzen und sammelte eine kleine Schar von Gefolgsleuten und Gegnern Richards II. um sich.²⁵ Im Juni 1399 setzte er nach England über.²⁶ Er hatte kaum mehr als 40–60 Männer bei sich, *tantum fidebat de sua justitia populique favore.*²⁷ Er profitierte davon, dass Richard sich in Verkennung der Situation zu Pfingsten in Begleitung

---

22 Rotuli Parliamentorum, Bd. 3, S. 372.
23 Vgl. Matthaeus Parisiensis, Cronica maiora, Bd. 5, ed. Luard, S. 339; vgl. dazu CLANCHY, Did Henry III. have a policy?; vgl. auch KAUFHOLD, Deutsches Interregnum, S. 115f. und oben Kapitel 3. Der König hatte im Gespräch mit einem Magister des Hospitaliterordens festgestellt, dass es notwendig sei, zugestandene Recht aufzuheben, wenn dies für die Krone erforderlich sei (*Revocanda sunt igitur prudenter, quae imprudenter sunt concessa, et revocanda consulte quae inconsulte sunt dispersa*, Matthaeus Parisiensis, Chronica maiora, Bd. 5, ed. Luard, S. 339). Darauf hatte ihm der Ritter entgegnet: *Quamdiu justitiam observas, rex esse poteris; et quam cito hanc infregeris, rex esse desines* (ebda).
24 Matthaeus Parisiensis, Chronica maiora, Bd. 5, ed. Luard, S. 339: *O quid sibi vult istud, vos Anglici? Vultisne me, sicut quondam patrem meum a regno praecipitare, atque necare praecipitatum?*
25 Vgl. dazu etwa SAUL, Richard II, S. 405–409; VALENTE, The Theory and Practise of Revolt, S. 197f.; TUCK, Crown and Nobility, S. 190f.
26 Ebda. Vgl. auch Thomas Walsingham, Historia Anglicana, Bd. 2, ed. Riley, S. 232: *Interea Dux Henricus, olim Herfordiae, sed nunc Lankatriae, paterno jure, graviter ferens relegationem suam, sed multo gravius exilium suum et exhaeredationem, et considerans Regem tam injustum cunctis ligeis propter causas praefatas, nacta opportunitate de Regis absentia, Angliam redire disposuit, ad petendum haereditatem suam; assumptisque secum Domino Thoma de Arundele, quondam Archiepiscopo Cantuariensi, et filio Comitis Arundele, et haerede, qui jamdudum sibi adhaeserant, mare intravit cum familia mediocri, quippe qui secum non amplius habuit quam, ut usu vulgari [loquar] quindecim lanceas, licet in multo fortiorem manum potuisset habuisse.*
27 Ebda; zur Stärke von Henrys Gefolge vgl. etwa TUCK, Crown and Nobility, S. 190; SAUL, Richard II, S. 408.

seiner Getreuen nach Irland begeben hatte.[28] Als Richard schließlich reagierte und nach Wales übersetzte, hatte sich Henry bereits eine bedeutende Unterstützung gesichert. Im August trat Richard II. in direkte Verhandlungen mit seinen Gegnern. Dabei wurde ihm die Ausweglosigkeit seiner Position bewußt und der König begab sich schließlich in die Hände Bolingbrokes. Anfang September wurde er im Tower arrestiert.[29]

Schon am 19. August hatte Henry Bolingbroke im Namen des Königs ein Parlament nach London berufen, das am Michaelstag (29. September) zusammentreten sollte. Damit war die Bühne für den Auftritt der Gegner Richards bereitet.[30] Die Vorgänge der Absetzung Richards II., die nun eingeleitet wurde, sind deutlich besser überliefert, als dies bei der Absetzung Edwards II. der Fall war. Die erfolgreiche Partei des Herzogs von Lancaster, der in der Konsequenz König von England wurde, hat sich in legitimierender Absicht um eine entsprechende schriftliche Formalisierung des Verfahrens bemüht.[31] Bereits dieser Befund ist von einiger Aussagekraft in Hinblick auf unsere Fragestellung. Aber auch die Chronisten zeigten ein detaillierteres Interesse an dem Verfahren der Absetzung – wie auch diejenigen, die Richard absetzten, sich bemühten, dem Vorgang einen formalen Charakter zu verleihen. Dabei waren Brüche unvermeidbar, und wir sollten nicht versuchen, sie in einer zu eindeutigen Darstellung zu glätten. Auch wenn die Absetzung Richards II. bereits die zweite Königsabsetzung im englischen 14. Jahrhundert war, so war der Vorgang doch nach wie vor etwas Unerhörtes.

Der Herrschaftswechsel von Richard II. zu Henry IV. erscheint in der Überlieferung als ein kompliziertes Verfahren, das den Rücktritt des Königs und seine Absetzung miteinander verband.[32] Die Berichte weichen in kleineren Punkten voneinander ab, stimmen aber im Wesentlichen überein. Das mag auch damit zu tun haben, dass die „offizielle" Version der Parlamentsakten – die Version des Siegers als Vorlage gedient hat. Dennoch liefern die Chronisten eigene Zusätze, die

---

28 Thomas Walsingham, Historia Anglicana, Bd. 2, ed. Riley, S. 231; vgl. zu Richards Aktionen in den letzten Wochen seiner Königsherrschaft SAUL, Richard II, S. 406–417.
29 Vgl. dazu die Zusammenstellung bei SAUL, Richard II, S. 406–417; vgl. auch TUCK, Richard II and the English Nobility, S. 210–219; DERS., Crown and Nobility, S. 190–192; VALENTE, The Theory and Practise of Revolt, S. 197–199.
30 Calendar of Close Rolls: Richard II, Bd. 6: A.D. 1396–1399, London 1891, S. 520f.; Thomas Walsingham, Historia Anglicana, Bd. 2, ed. Riley, S. 234: *Interim directa sunt brevia ad personas regni, qui de iure debeant interesse Parliamento, sub nomine Regis Ricardi, ut convenirent Londoniis, apud Westmonasterium, in crastino Sancti Michaelis.* Durch die Verwendung des Passivs umgeht Walsingham die heikle Frage, wer das Parlament einberief. Dies stand eigentlich dem König zu, vgl. dazu unten.
31 Vgl. diese Überlieferung in den Akten des Parlaments: Rotuli Parliamentorum, Bd. 3, S. 416–424.
32 Die Berichte des Thomas Walsingham (Historia Anglicana, Bd. 2, ed. Riley, S. 233–238), Adam von Usk (The Chronicle of Adam Usk 1377–1421 (Oxford Medieval Texts), hg. von C. Given-Wilson, Oxford 1997, S. 62–72) und der Rotuli Parliamentorum (Bd. 3, S. 415–422) sind auch in Select Documents, ed. Chrimes/Brown, S. 179–193 leicht gekürzt wiedergegeben.

weitere Quellen erkennen lassen, im Falle des Adam von Usk ist diese Kenntnis darauf zurückzuführen, dass der Chronist selber der Kommission angehörte, die den Rücktritt des Königs entgegennahm.[33]

Am 29. September suchte eine Delegation der verschiedenen Stände den König im Tower auf, um seinen Rücktritt entgegenzunehmen.[34] Nachdem der König zurückgetreten war, sagten ihm die Vertreter des Parlamentes die Treue auf, um ihn künftig als einfachen Ritter Richard von Bordeaux anzusehen.[35] Man nahm ihm seinen Ring ab – zum Zeichen seiner Absetzung, und übergab ihn im Parlament dem Herzog von Lancaster als neuem König.[36] Auf dieser Verfahrensebene war Richard gewissermaßen zugunsten des Herzogs von Lancaster zurückgetreten, dessen direkte Zugehörigkeit zur Königsfamilie zuvor festgestellt worden war.[37] So weit ähnelte der Vorgang dem Rücktritt Edwards II., der 1327 zugunsten seines Sohnes zurückgetreten war. Doch blieb es nicht dabei, denn die Gegner Richards waren bestrebt, den Herrschaftswechsel der Entscheidungsgewalt des Königs zu entziehen und so der Möglichkeit vorzubeugen, dass Richard seine Entscheidung später rückgängig machen könnte. Aus diesem Grund mußte der König in aller Form abgesetzt werden.

Tunc fuit expositum publice, quod fuit expediens ac utile regno predicto, pro omni scrupulo et sinistra suspicione tollendis – zur Sicherheit solle die Absetzung Richards öffentlich festgestellt werden.[38] Die Berichterstatter waren sich darin einig, dass der alleinige Rücktritt des Königs zugunsten seines Nachfolgers den Herrschaftswechsel nicht ausreichend legitimiere.[39] Aus diesem Grund wurde Richard, der

---

33 Vgl. The Chronicle of Adam Usk, ed. Given-Wilson, S. 62: *Item per sertos doctores, episcopos et alios, quorum presencium notator unus extiterat, deponendi regem Ricardum et Henricum, Lancastrie ducem, subrogandum in regem materia, et qualiter et ex quibus causis, juridice committebatur disputanda;* vgl. zur Überlieferung etwa VALENTE, The Theory and Practise of Revolt, S. 197–204, vgl. auch die alte, aber immer noch lesenswerte Analyse von WILKINSON, The Deposition of Richard II.

34 *ad recipiendum cessionem regis Ricardi* (The Chronicle of Adam Usk, ed. Given-Wilson, S. 66). Der Chronist, der an dem Verfahren selber beteiligt war, listet die Vertreter präzise auf: *pro parte cleri;, pro parte dominorum temporalium superiorem ...; pro inferioribus prelatis ...; pro baronibus ...; pro plebeis cleri ...; pro communitate regni ...*

35 Ebda, S. 68: *nec pro rege set pro privato domino Ricardo de Bordux, simplici milite, de cetero eundem habituri.*

36 Ebda: *ipsius anulo cum eis, in signum deposicionis et privacionis, adempto et cum eis ad ducem Lancastrie delato, et sibi in pleno parliamento, eodem die incepto, tradito.*

37 Ebda, S. 64: *Quodam die, in concilio per dictos doctores habito, per quosdam fuit tactum quod, jure sanguinis ex persona Edmundi comitis Lancastrie, asserentes ipsum Edmundum regis Henrici tercii primogenitum esse, sed ipsius geniture ordine, propter ipsius fatuitatem, excluso, Edwardo suo fratre, se iuniore, in hujus locum translato, sibi regni successionem directa linea debere compediri.* Auch ohne diese etwas gewagte direkte Herleitung Henrys aus der Königslinie war der Herzog von Lancaster unstreitig enger mit dem König verwandt, vgl. dazu etwa die kurze Übersicht bei K.-F. KRIEGER, Das Haus Lancaster (1377–1461), in: Die englischen Könige des Mittelalters, hg. von Vollrath/Fryde, S. 150–185, bes. S. 150–172; B. BEVAN, Henry IV, London 1994.

38 Rotuli Parliamentorum, Bd. 3, S. 417.

39 Vgl. auch The Chronicle of Adam Usk, ed. Given-Wilson, S. 68: *Et sic – ut quid mora? –, licet seipsum deposuerat ex habundanti, ipsius deposicionis sentencia, in scriptis redacta, consensu et auc-*

bereits von seinem Königtum zurückgetreten war, in einem förmlichen und öffentlichen Vorgang der unzureichenden Amtsführung angeklagt und als König abgesetzt.[40] Dazu präsentierten seine Gegner eine lange Liste von Vorwürfen gegen seine Amtsführung.[41]

Die Anklage begann mit einem Punkt, auf den die Barone traditionell sehr empfindlich reagierten: dass der König sich von engen Vertrauten über Gebühr beraten lasse, die allein ihren Interessen folgten, die guten Ratschäge seiner Großen übergehe er dagegen.[42] Er habe seine Gegner, die sogenannten Appellanten, und ihre Familien verfolgt, obwohl sie vor dem versammelten Parlament ein Pardon für ihr Vorgehen erhalten hätten.[43] Das Vorgehen gegen seine Gegner nahm einen gewissen Raum ein. Auch darin war der Vorwurf der Willkür enthalten. Richard habe überdies das Parlament umgangen, indem er die Zuständigkeiten des Parlamentes auf ausgewählte Personen übertragen hätte, die diese Beschlüsse in ihrem Sinne manipuliert hätten; zudem habe er die bereits protokollierten Beschlüsse des Parlaments in den *Rotuli Parliamentorum* ändern lassen – *et hoc de voluntate regis, in derogacionem status parliamenti, et in magnum incommodum tocius regni, et perniciosum exemplum.*[44] Der König habe gegen den Grundsatz verstoßen, dass die Krone und die Rechte des englischen Königreiches seit jeher frei seien und dass es keiner äußeren Kraft gestattet sei, sich in diese Belange einzumischen. Richard habe dagegen den Papst um die Bestätigung von Statuten ersucht, die er in seinem letzten Parlament erlassen habe, und um deren Unterstützung durch päpstliche Sanktionsandrohung. Das verstoße gegen die Würde und die Rechtsordnung des Königreiches.[45] Die *Magna Carta* setzte damit ein, dass die englische

---

toritate totius parliementi, per magistrum Johannem Trevar de Powysia, Assavens' episcopum, palam, publice et solempniter lecta fuit ibidem.

40   Vgl. für die Nachweise oben Anm. 32; vgl. zur Absetzung Richards II. neben den bereits zitierten vergleichenden Beiträgen zur Königsabsetzung im 14./15. Jahrhundert: C. D. FLETCHER, Narrative and Political Strategies at the Deposition of Richard II, in: Journal of Medieval History 30 (2004), S. 323–341; C. TAYLOR, „Weep thou for me in France": French Views of the Deposition of Richard II, in: Fourteenth Century England, Bd. 3, Woodbridge 2004, S. 207–222; VALENTE, The Theory and Practise of Revolt in Medieval England, S. 171–207; C. M. BARRON, The Deposition of Richard II, in: Politics and Crisis in Fourteenth Century England, hg. von J. Taylor/W. R. Childs, Gloucester 1990, S. 132–149; G. O. SAYLES, The Deposition of Richard II. Three Lancastrian Narratives; B. WILKINSON, The Deposition of Richard II.

41   Rotuli Parliamentorum, Bd. 3, S. 417–422.

42   Ebda, S. 417f.: *alias de assensu et mandato suis per totum parliamentum ad gubernacionem regni certi prelati et alii domini temporales erant electi et assignati, qui totis viribus suis circa justam gubernacionem regni propriis sumptibus suis fideliter laborabunt, tamen rex facto per eum conventiculo cum suis complicibus dictos dominos tam spirituales quam temporales circa regni utilitatem occupatos de alta prodicione impetere proponebat.*

43   Ebda, S. 418 (*in pleno parliamento*).

44   Ebda.

45   Ebda, S. 419: *Item quamvis Corona Regni Anglie, & Jura ejusdem Corone, ipsumque Regnum, fuerint ab omni tempore retroacto adeo libera, quod Dominus Summus Pontifex, nec aliquis alius extra Regnum ipsum, se intromittere debeat de eisdem, tamen praefatus Rex ad roborationem Statuorum*

Kirche frei sei, und dennoch hatte König John eine päpstliche Aufhebung erwirkt. Nun formulierten die Barone das Prinzip, dass die englische Krone frei sei und warfen dem König die Bestätigung englischer Gesetze durch den Papst vor (den Vorwurf, dass Richard gegen die Freiheit der Kirche verstoßen habe, erhob die Anklage nicht). Die Anklage fährt fort mit Richards Wortbruch gegenüber dem Herzog von Lancaster, dem er entgegen seinen Zusagen sein Erbe verweigert habe. Er habe zudem seine Untertanen in zu hohem Maße mit Finanzforderungen bedrängt – obwohl er über ausreichend eigene Mittel verfüge.[46] Der Vorwurf, dass Richard die rechtmäßigen Gesetze und Rechtstraditionen seines Königreiches nicht schützen wolle, sondern lieber nach seinem Gutdünken verfahre, war besonders gefährlich.[47] Der Vorwurf tyrannischer Praxis, der darin enthalten war, war auch seinen Vorgängern gemacht worden. Im Falle Richards wurde dieser Vorwurf nun allerdings daran gemessen, dass der König die regulär im Parlament verabschiedeten Gesetze (Statutes) eigenmächtig widerrufe oder ihnen zuwiderhandle.[48] Dass das Parlament keine vom König unabhängige Größe war, sondern dass Richard das Parlament in seinem Sinne ungebührlich beeinflusse, geht aus dem Anklagepunkt hervor, der dem König vorwarf, dass er gegen die Rechtstradition seines Reiches verstoße, wonach sein Volk die Vertreter der Grafschaften für das Parlament frei wählen könne. Stattdessen wirke er auf die Sheriffs in den Grafschaften ein, nur bestimmte Vertreter zu entsenden, die ihm genehm seien und die die Beschlüsse faßten, die er verlange.[49] Weitere Vorwürfe zielten darauf, dass Richard seine Sheriffs schon bei einfacher Kritik am König gefangensetzen lasse, dass er verschiedene Grafschaften in unzulässiger Weise zu Abgaben an die Krone zwinge, dass er viele Geistliche durch Briefe gezwungen habe, seine Expedition nach Irland zu unterstützen, dass er die Kronjuwelen, die im königlichen Archiv aufbewahrt würden, mit sich nach Irland genommen habe, und dass sein ganzes Auftreten in hohem Maße widersprüchlich sei (*idem Rex consuevit quasi continue esse adeo variabilis & dissimulans in verbis & in scripturis suis, & omnino contrarius sibi ipsi*).[50] Darüber hinaus habe er verschiedentlich den gesetzlich garantierten Rechtsverfahren zuwider gehandelt und gegen das Prinzip verstoßen, dass freie Männer nur durch ein Gericht von Gleichgestellten nach den Gesetzen des Landes verurteilt werden dürften.[51] In einem letzten langen Artikel wurde Richard der

suorum erroneorum supplicavit Domino Pape, quod Satuta in ultimo Parliamento suo ordinata confirmaret.

46 Ebda.
47 Ebda (33): *Item, idem rex nolens justas leges et consuetudines regni sui servare seu protegere, set secundum sue arbitrium voluntatis facere quicquid desideriis ejus occurrerit ...*
48 Ebda (34): *Item, quod postquam in Parliamento suo certa Statuta erant edita, que semper ligarent donec auctoritate alicujus alterius Parliamenti fuerint specialiter revocata; idem Rex cupiens tanta Libertate gaudere quod nulla hujusmodi statuta ipsum adeo ligarent quin posset exequi & facere secundum sue arbitrium voluntatis...*
49 Ebda, S. 420 (36).
50 Alle Punkte: Rotuli Parliamentorum, Bd. 3, S. 420.
51 Ebda, S. 420f.

willkürlichen Verfolgung des Erzbischofs von Canterbury angeklagt, den er auf dem berüchtigten Septemberparlament des Landes verwiesen hatte.[52]

Dies war ein umfangreicher Katalog königlicher Verfehlungen, der belegbare Einzelfälle ebenso anführte, wie weitreichende Verallgemeinerungen, die der König in einer Verteidigung wohl weit von sich gewiesen hätte, wenn er die Gelegenheit dazu bekommen hätte. Die bekam er nicht. Tatsächlich war er zu dem Zeitpunkt, an dem die Anklagen im Parlament verlesen wurden, bereits als König zurückgetreten und saß im Tower in Haft. Einen Fürsprecher hatte er nicht mehr. Eine Kommission, die als Vertretung des gesamten Königreiches engesetzt worden war (*omnes Status ejusdem Regni representantes*) saß nun über Richard zu Gericht (*Commissarii ad infra scripta specialiter deputati, pro Tribunali sedentes*) und fällte das Absetzungsurteil.[53] Nun erlebte Richard II. ebenso wie sein Urgroßvater Edward II. 70 Jahre zuvor, dass der königlichen Gewalt in England deutliche Grenzen gesetzt waren. Dabei zeigte das Verfahren der Absetzung Richards II. 1399 einen deutlichen Unterschied zur Absetzung Edwards II. Es war ein Unterschied, der die institutionelle Entwicklung des politischen Prozesses seit 1327 markant hervortreten ließ.

Der Unterschied lag in der erkennbar veränderten Bedeutung, die dem genauen Wortlaut einer Übereinkunft zwischen dem König und den Vertretern seiner Untertanen zukam. Der Vorwurf gegen Richard II., dass er die Beschlüsse des Parlamentes in den Rotuli nachträglich verändern lasse, wäre unter Edward II. kaum denkbar gewesen. Und wenn wir uns vor Augen halten, wie ungeregelt die Praxis der Verschriftlichung von Privilegien des Königs und des Papstes im 13. Jahrhundert gewesen war, als die Magna Carta offenbar in der Kanzlei Johann Ohnelands ausgestellt wurde, dann tritt die Veränderung, die die Verbindlichkeit schriftlicher Aufzeichnungen in dem hier untersuchten Zeitraum erfuhr, noch deutlicher hervor. Entsprechend dieser Veränderung wurden auch die Anteile der Beteiligten an dem Zustandekommen des Wortlautes einzelner Beschlüsse genauer festgelegt. Daraus resultierte die besondere Aufmerksamkeit für die Rolle des Parlaments, das Richard nicht ungestraft übergehen durfte, und für die Zusammensetzung des Parlaments, dessen Mitglieder vom Volk in freier Entscheidung berufen werden sollten (*populus suus in singulis comitatibus regni esse liber ad eligendum et deputandum milites pro hujusmodi comitatibus ad interessendum parliamento*).[54] Dies war der Ausdruck einer fortschreitenden Institutionalisierung des politischen Entscheidungsprozesses, dessen Entwicklung der König berücksichtigen mußte.

---

52 Ebda, S. 421; zum Vorgehen Richards II. gegen Thomas Arundel, den Erzbischof von Canterbury, vgl. SAUL, Richard II, S. 377f.; HARRISS, Shaping the Nation, S. 480; TUCK, Richard II and the English Nobility, S. 188.

53 Rotuli Parliamentorum, Bd. 3, S. 422: ... *ipsum Ricardum exhabundanti, et ad cautelam ad regimen et gubernacionem dictorum regnorum et dominii, juriumque et pertinencium eorundem, fuisse et esse inutilem, inhabilem, insufficientem penitus et indignum; ac propter premissa et eorum pretextu, ab omni dignitate et honore regiis, si quid dignitatis et honoris hujusmodi in eo remanserit, merito deponendum pronunciamus, decernimus, et declaramus, et ipsum simili cautela deponimus per nostram diffinitivam sentenciam in hiis scriptis.*

54 Rotuli Parliamentorum, Bd. 3, S. 420.

Die Schriftform wurde nun zum Standard. Das erleichtert die historische Bearbeitung – bei aller Gefahr, die davon ausgeht, dass die Überlieferung weitgehend die Sicht der Sieger aus dem Hause Lancaster wiedergibt.[55] Genau das war ja beabsichtigt, die schriftliche Aufzeichnung hatte in erster Linie eine legitimierende Funktion. Die Akteure waren sich der Notwendigkeit bewußt, ihr Handeln vor der Nachwelt als gerechtfertigt und notwendig erscheinen zu lassen. Damit wurde eine neue historische Dimension eröffnet, die in dieser Form bei den vorangehenden Konflikten um die englische Verfassung nicht feststellbar war. Es war ein Schritt, der einen gewissen Widerspruch in sich trug.

Die Konzentration auf die legitimierende schriftliche Überlieferung in Hinblick auf die Nachwelt sorgte zum einen dafür, dass die Akteure dem Verfahren einen Charakter verleihen wollten, der den Standards entsprach, die für solche Absetzungen erforderlich waren. Dazu hatte man eigens eine Kommision eingesetzt. Neben verschiedenen Großen des Landes war in dieser Kommission vor allem juristischer Sachverstand vertreten.[56] Auch der Chronist Adam von Usk, ein Jurist im Umfeld der Krone, gehörte zu diesem Kreis.[57] Ihm verdanken wir eine kenntnisreiche Darstellung des Absetzungsverfahrens und den ausdrücklichen Hinweis, dass die Absetzung nach den Kriterien von *Ad Apostolice* gemäß dem Liber Sextus vorgenommen wurde: *Per quos determinatum fuit quod periuria, sacrilegia, sodomica, subditorum exinnanitio, populum in servitutem redactio, vecordia, et ad regendum inutilitas, quibus rex Ricardus notorie fuit infectus, per capitulum Ad apostolice, extractus de Re iudicata in Sexto, cum ibi notatis, deponendi Ricardum cause fuerant sufficientes.*[58] Das ist von einiger Bedeutung. Die Gegner des Königs, die zu seiner Absetzung ein hohes Maß an juristischem Expertenwissen mobilisiert hatten, um ihrem Vorgehen eine tragfähige Legitimation zu verleihen, nahmen das päpstliche Absetzungsverfahren gegen Friedrich II. zum Vorbild ihres Vorgehens gegen den englischen König.[59] Die Mitglieder der Kommission studierten die Chroniken ihrer Geschichte, um für den neuen König eine direkte Abstammung ausköniglicher Linie abzuleiten – wenn auch mit mäßigem Erfolg.[60] Die

---

55 Vgl. zur Überlieferung die Literatur in Anm. 40; besonders SAYLES, The Deposition of Richard II. Three Lancastrian Narratives.
56 Rotuli Parliamentorum, Bd. 3, S. 416: ... *de quorundam dominorum spiritualium et temporalium, ac justiciariorum, et aliorum tam in jure civili et canonico, quam in regni legibus peritorum, apud Westmonasterium in loco consueto consilii congregatorum* ...; vgl. zum juristischen Sachverstand bei der Absetzung Richards II. etwa G. E. CASPARY, The Deposition of Richard II and the Canon Law, in: Proceedings of the International Congress on Medieval Canon Law (Monumanta Iuris Canonici Ser. C: Subsidia 1), S. 190–201.
57 The Chronicle of Adam Usk, ed. Given-Wilson, S. 62: *Item per certos doctores, episcopos et alios, quorum presencium notator unus extiterat, deponendi regem Ricardum et Henricum Lancastrie ducem subrogandi in regem materia, et qualiter et ex quibus causis iuridice, committebatur disputanda.* Zur juristischen Laufbahn Adams von Usk, vgl. die Einleitung ebda, XIV–XX.
58 Ebda, S. 62.
59 Zur Absetzung Friedrichs II. vgl. oben Kapitel 3.
60 Einige der Kommissionsmitglieder versuchten, Edmund – den jüngeren Sohn Heinrichs III. – zum wahren Erstgeborenen des Königs zu erklären, um so die Legitimität Richards II. in Frage zu stellen und die Nebenlinie, die zu Heinrich IV. führte, zur eigentlichen Königslinie

Geschichte wurde nun auf legitimationsstiftende Argumente hin überprüft. Interessant ist, dass bei dieser Suche die Absetzung Edwards II. nicht deutlicher in den Blick kam. Zwar hatten sich die Gegner Richards II. 1386 auf das Schicksal Edwards II. berufen, um den jungen König zum Einlenken zu bewegen – mit Erfolg –, aber bei der Absetzung Richards II. wurde dieses Vorbild nicht mehr genannt – obwohl es im Verfahren auffällige Parallelen gab. Für die Legitimation der Absetzung Richards II., auf die die Akteure solchen Wert legten, beriefen sie sich also nicht auf die englische Geschichte, sondern folgten dem Beispiel eines päpstlichen Ab-setzungsverfahrens gegen Kaiser Friedrich II.[61] Gleichzeitig warfen die Anhänger des Hauses Lancaster Richard II. jedoch vor, dass er den Papst bemüht habe, um sein eigenes Vorgehen rechtlich absichern zu lassen (*Super quod dictus rex litteras apostolicas impetravit, in quibus graves censure proferuntur contra quoscumquequi dictis statutis in aliquo contravenire presumpserint*).[62] Ausdrücklich hoben sie hervor, dass der Papst sich nicht in die Angelegenheiten der englischen Krone einmischen dürfe (*quod dominus summus pontifex nec aliquis alius extra regnum ipsum se intromittere debeat de eisdem*) und dass eine solche Einmischung gegen die könig-liche Würde und die Freiheiten des Königreichs verstoße – um dann ihren König nach dem Vorbild eines päpstlichen Prozesses abzusetzen.[63]

Dieser Widerspruch mag auch darauf zurückzuführen sein, dass die heterogene Gruppe der Gegner Richards II. mit verschiedenen Stimmen sprach, die alle in den umfangreichen Katalog der Anklagepunkte eingingen. Das wäre nicht untypisch und ein solches additives Verfahren ist wohl zu erwarten. Dennoch bleibt ein Widerspruch. Er ist ein deutlicher Hinweis auf den gestiegenen Legitimationsdruck, unter dem das Verfahren stand. Es bedurfte zur Absetzung des Königs eines Prozesses, der durch seinen ordnungsgemäßen Ablauf Gültigkeit beanspruchen konnte. Und diesen hohen Standards entsprach das Verfahren, das der renommierte *Liber Sextus* überlieferte, am besten. Dies ist der erkennbare Unterschied zur Absetzung Edwards II. In den 70 Jahren, die zwischen den beiden Vorgängen lagen, hatte das Verfahren der Gesetzgebung einen Grad der Institutionalisierung erreicht, der eine Schriftform auf der Höhe der Zeit verlangte. Obwohl diese Entwicklung vor allem eine englische Entwicklung war, die sich in

---

zu machen. Dazu prüfte Adam Usk eine Reihe von Chroniken, die diese Konstruktion indes nicht bestätigten; vgl. The Chronicle of Adam Usk, ed. Given-Wilson, S. 64–66.

61 Dabei waren sich die Akteure durchaus der englischen Geschichte bewußt, wie aus dem Bericht des Adam von Usk zu ersehen ist, der (als Beteiligter) Richard II. die Klage über seine Landsleute in den Mund legte, die schon so manchen König abgesetzt hätten: *Ubi et quando idem rex in cena dolenter retulit confabulando sic dicens ‚O Deus, hec est mirabilis terra et inconstans, quia tot reges, tot presules, totque magnates exulavit, interfecit, destrucit et depredavit, semper discencionibus et discordiis mutuisque invidiis continue interfecta et laborans.' Et recitavit historias et nomina vexatorum a primeua regni inhabitacione ... de antiqua et solita eius gloria et de mundi fallaci fortuna intra me cogitando, multum animo meo recessi turbatis.* Die Szene spielte sich nach der Inhaftierung des Königs im Tower ab, wo der Chronist Adam Usk Richard besuchte; The Chronicle of Adam Usk, ed. Given-Wilson, S. 64.

62 Vgl. auch oben; Rotuli Parliamentorum, Bd. 3, S. 419.
63 Vgl. oben; Rotuli Parliamentorum, Bd. 3, S. 419.

einer deutlichen Ausweitung der historischen Überlieferung niederschlug, nötigte sie die Akteure, über den englischen Horizont hinauszugehen. Die Absetzung eines Königs war eine Krise von solchem Format, dass der ganze Sachverstand der Zeit aufgeboten werden mußte. In einer politischen Kultur, in der das geschriebene Wort zum geltenden Standard wurde, ließ sich die Tradition nicht mehr auf den eigenen Erfahrungsbereich beschränken. Dies war der entscheidende Wandel, der sich seit 1327 ereignet hatte.

Die gewachsene Notwendigkeit, den Herrschaftswechsel ausreichend zu legitimieren, wird deutlich daran erkennbar, dass die Akteure von 1399 den Vorgang der Absetzung als rechtsetzenden Akt sehr viel stärker betonten, als dies bei der Absetzung Edwards II. geschehen war. Das Ende der Herrschaft Edwards II. war ebensosehr durch den erzwungenen Thronverzicht zugunsten seines Sohnes bestimmt gewesen, wie von einer gar nicht ausdrücklich durchgeführten *depositio*.[64] Nun erfolgte diese Absetzung des Königs ausdrücklich. Auch dies bedeutete eine weitere Institutionalisierung des Herrschaftswechsels, der auf diese Weise der Zuständigkeit des Königs ganz entzogen wurde. Der Verlust der Zuständigkeit Richards II. wurde von dem offiziellen Bericht in den Parlamentsakten dezidiert festgehalten – und so verlor der König auch die Möglichkeit, seine Entscheidung später zu revidieren.[65] Die Absetzung von 1327 war eher ein praktischer Herrschaftswechsel als eine rechtsförmliche Absetzung gewesen. Wir haben bereits in Kapitel 7 festgestellt, dass das formale Vorbild von *ad apostolice* bei der Absetzung Edwards II. keine entscheidende Rolle gespielt hat. Tatsächlich war ja die päpstliche Absetzung Friedrichs II. durch Innozenz IV. ein Gegenbild zum Herrschaftswechsel von Edward II. auf Edward III. im Jahre 1327 gewesen: ein rechtsförmlicher Akt mit hoher juristischer Expertise – allerdings weitgehend ohne praktische Folgen. Bei der Absetzung Richards II. kamen nun juristischer Anspruch an den Verfahrensverlauf und praktischer Machtwechsel zusammen. Dabei hatte das praktische Moment nach wie vor eine große Bedeutung.

In Hinblick auf die Legitimation und die Institutionalisierung der politischen Prozesse war die Entwicklung von Edward II. zu Richard II. deutlich, in Hinblick auf den entmachteten König gab es keine Veränderung. Richard II. teilte das Schicksal seines Urgroßvaters. Wir müssen hier klar sehen: bei allem Fortschritt auf der Ebene politischer Verfahren war ein Herrschaftswechsel auf der Ebene des Königtums ein Akt von brutaler Faktizität. Die offiziellen Berichte geben sich zwar Mühe, die freudige Zustimmung des Königs auf den verschiedenen Ebenen des

---

64 Vgl. dazu oben Kapitel 7.
65 Rotuli Parliamentorum, Bd. 3, S. 417: *Et statim idem rex renunciationi et cessioni predictis verbotenus adjunxit, quod si esset in potestate sua, dictus dux Lancastrie succederet sibi in regno. Set quia hoc in potestate sua minime dependebat, ut dixit, dictos Eboracensem archiepiscopum, et episcopum Herefordensem, quos protunc suos constituit procuratores ad declarandum et intimandum cessionem et renunciacionem hujusmodi omnibus statibus dicti regni rogavit, ut intencionem et voluntatem suam in ea parte populo nunciarent.*

Verfahrens festzuhalten – *vultu hillari* –, aber es ist wohl angebracht, diesen Versicherungen mit einem gewissen Vorbehalt zu begegnen.[66]

Die Erwartungen Richards II. wurden enttäuscht, der dem Bericht des Thomas Walsingham zufolge nach seiner Entmachtung durch Heinrich IV. gesagt haben soll: *Sed post haec omnia spero quod cognatus meus vult esse mihi bonus dominus et amicus.*[67]

Die Hoffnung trog. Richard II. starb im Februar 1400 in der Haft auf Henrys Burg Pontrefact einen einsamen Tod.[68] Die genaueren Umstände dieses Todes sind nicht mehr zu ergründen. Tatsächlich blieb Richard nach seiner Absetzung eine Gefahr für seine Nachfolger. So aufwendig und juristisch umsichtig die Absetzung des Königs vollzogen worden war, so unerhört blieb das Verfahren. In Richards Bild einer Königsherrschaft kam die Möglichkeit einer Absetzung wegen unzureichender Amtsführung nicht vor.

> Not all the water in the rough rude sea
> Can wash the balm off from an anointed king
> The breath of worldly men cannot depose
> The deputy elected by the lord.[69]

Dasselbe galt für seine Anhänger, die die Möglichkeit einer Befreiung des Königs so lange verfolgen würden, so lange Richard lebte und sie unter den Verfolgungen des Nachfolgers litten. Dazu kam, dass der neue König zunächst von den Hoffnungen profitierte, die aus der Ablehnung von Richards Herrschaft erwachsen waren. Aber auch er würde unpopuläre Maßnahmen ergreifen müssen, und mit der Ernüchterung über die Herrschaft des neuen Königs konnte die Erinnerung an den alten König in günstigerem Licht erscheinen. Das war eine Gefahr. Das rechtsförmliche Absetzungsverfahren half, die Tat vor der Geschichte zu legitimieren, in der Gegenwart um 1400 brachte erst der Tod des abgesetzten Königs die unumkehrbare Sicherheit, dass der ungeliebte Herrscher nicht zurückkommen würde. Welche konkreten Umstände zu Richards Tod führten, läßt sich nicht mehr sagen, aber die Logik, die ihn tötete, war dieselbe Logik, die Edwards II. Leben nach seiner Absetzung beendet hatte. Sie brachte die Umstände hervor, die das Leben der abgesetzten Könige beendeten.

Das war im Reich anders und schon daran zeigt sich der geringere Grad institutioneller Integration der politischen Ordnung. Im Reich war nach dem Tode

---

66 Ebda, S. 416.
67 Thomas Walsingham, Historia Anglicana, Bd. 3, ed. Riley, S. 238.
68 *Iam hii in quibus Ricardus nuper rex fiduciam habuit relevaminis ceciderunt, quo audito, magis usque ad sui mortem lugendo condoluit, in castro Pomffret, catenis ligato et victualium penuria, domino N. Swynford ipsum tormentante, sibi ultimo die miserabiliter contingentem* (The Chronicle of Adam Usk, ed. Given-Wilson, S. 88 u. 90). Es gibt verschiedene Versionen des Todes von Richard II., vgl. für eine Übersicht SAUL, Richard II, S. 424–427.
69 William Shakespeare, Richard II, III, 2.

Karls IV. sein Sohn Wenzel auf den Thron gefolgt. Die Sicherung der Königsherrschaft für die luxemburgische Linie war 1376 durch die Wahl Wenzels zum römischen König zunächst erreicht worden. Dabei war Karl IV. mit den Bestimmungen der Goldenen Bulle großzügig verfahren. Die Wahl eines Nachfolgers sollte eigentlich erst nach dem Tod des Königs erfolgen, und der massive Einsatz finanzieller Zuwendungen an die Wähler war in dieser Form nicht vorgesehen.[70] Doch Wenzels Wahl schuf keine stabile Kontinuität luxemburgischer Herrschaft.

Noch immer war der Westen des Reiches mit seinen vier Kurfürsten ein bedeutendes Machtzentrum deutscher Politik. Wenzel trat auf diesem Schauplatz kaum in Erscheinung. In Deutschland wuchs die Unzufriedenheit mit dem König nicht durch einen konfrontativen Herrschaftsstil, sondern durch die Fremdheit eines Herrschers, der Prag nicht verließ, um die Kurfürsten im Westen in seine Politik einzubinden. Eine solche Einbindung wäre notwendig gewesen. Für die Fürsten gewann seine Politik zuwenig Profil und er selber war kaum erreichbar. Die Unzufriedenheit wuchs.[71] Allerdings forderte der letzte Schritt der Opposition gegen den König die Unzufriedenen zu einer klaren Positionsbestimmung heraus. Ernst Schubert hat die entscheidende Phase der Jahre 1398–1400 zuletzt als „Wendung kurrheinischer Politik von der Defensive zur Offensive" charakterisiert.[72] Er hat damit eine Neubewertung des kurfürstlichen Handelns als ein Agieren im Interesse des Reiches verbunden. Diese Beurteilung richtet sich dezidiert gegen die traditionelle Einschätzung der Opposition gegen Wenzel als kurfürstliche Machtpolitik, wie sie besonders von Alois Gerlich formuliert worden war.[73] Eine solche

---

[70] Zur Wahl Wenzels vgl. Deutsche Reichstagsakten unter König Wenzel, Bd. 1, ed. Weizsäcker, Nr. 1–93 (S. 1–151); vgl dazu etwa W. KLARE, Die Wahl Wenzels von Luxemburg zum römischen König (Geschichte 5), Münster 1989; R. LIES, Die Wahl Wenzels zum Römischen Könige in ihrem Verhältnis zur Goldenen Bulle, in: Historische Vierteljahrsschrift 26 (1931), S. 47–95; Zu Wenzels Königtum vgl. die Überlieferung in den Deutschen Reichstagsakten unter König Wenzel, Bd. 1–3, ed. Weizsäcker; M. KINTZINGER, Wenzel, in: Die deutschen Herrscher des Mittelalters, hg. von Schneidmüller/Weinfurter, S. 433–445, 594f.; HOENSCH, Die Luxemburger, S. 168–233.

[71] Vgl. die wiederholten Fürstenzusammenkünfte und -zusammenschlüsse: Deutsche Reichstagsakten unter König Wenzel, Bd. 3, ed. Weizsäcker; vgl. dazu zuletzt die eingehende Würdigung der Beweggründe der Kurfürsten und der Vorgeschichte der Absetzung Wenzels bei SCHUBERT, Königsabsetzung im deutschen Mittelalter, S. 376–414; etwa A. GERLICH, Habsburg–Luxemburg–Wittelsbach im Kampf um die deutsche Königskrone. Studien zur Vorgeschichte des Königtums Ruprechts von der Pfalz, Wiesbaden 1960; HOENSCH, Die Luxemburger, S. 193–217; MORAW, Von offener Verfassung zu gestalteter Verdichtung, S. 256–259.

[72] Vgl. SCHUBERT, Königsabsetzung im deutschen Mittelalter, S. 383–398.

[73] Dezidiert etwa SCHUBERT, Königsabsetzung im deutschen Mittelalter, S. 364 („Bei allem Respekt vor dieser Forschungsleistung: Mit dem gleichen Ansatz, mit der gleichen Methode, ja sogar mit den gleichen stilistischen Mitteln kann auch Kabinettspolitik des 18. Jahrhunderts beschrieben werden"). Vgl. aber auch ebda. S. 362–420; die Kritik bezieht sich vor allem auf Gerlichs detaillierte Untersuchung: GERLICH, Habsburg–Luxemburg–Wittelsbach. Diese Interpretation kurfürstlicher Politik als „Machtpolitik", die Schubert kritisiert, kann durchaus als ein starker Zug der landesgeschichtlichen Interpretation angesehen werden, vgl. auch die jüngste Darstellung von A. GERLICH, Pfalzgraf Ruprechts III. Weg zum Königtum, in: Mittelalter: Der Griff nach der Krone. Die Pfalzgrafschaft bei Rhein im Mittelalter; Begleit-

Neubewertung ist in der Tat erforderlich.⁷⁴ Wir können allerdings an dieser Diskussion um die Beweggründe und Antriebskräfte der Opposition gegen König Wenzel eine grundsätzliche Parallele zu der Beurteilung der Opposition gegen Richard II. feststellen. Auch im Falle der Erhebung der Barone gegen Richard II. spielte die Frage des adligen Eigeninteresses eine bedeutende Rolle. Und wir greifen kaum zu weit vor, wenn wir feststellen, dass sich auch im Hinblick auf das Verhalten der Kardinäle im großen Schisma die Spannung von massiven Eigeninteressen und dem Handeln im Interesse der Kirche eröffnet.

Der entscheidende Schritt zur Absetzung Richards II. in England war von einer kleinen Gruppe entschlossener Gegner eingeleitet worden, im Falle der Absetzung Wenzels war dies ähnlich. Die Initiative ging von einem kleinen Kreis seiner Gegner aus.⁷⁵ Im April 1399 schlossen sich die Erzbischöfe von Mainz und Köln und der Pfalzgraf bei Rhein zu einem Bündnis zusammen, das in wichtigen Fragen des Reiches künftig eine enge Abstimmung vorsah.⁷⁶ Die Fragen, um die es dabei ging, waren das Verhalten im Schisma, das Verhältnis der Kurfürsten zum König, die Haltung der Kurfürsten zur Einsetzung eines Reichsvikars und das Problem einer möglichen Entfremdung von Reichsrechten.⁷⁷ Der letzte Punkt bezog sich vor allem auf die Rechte des Reiches in Mailand (*und sunderlingen die sachen van des van Meylayn wegen*), wo die Kurfürsten befürchteten, dass König Wenzel gegenüber Giangaleazzo Visconti auf wichtige Reichsrechte verzichten könnte.⁷⁸ Damit wurde ein Vorwurf formuliert, der später bei der Absetzung des Königs im August 1400 wiederholt wurde.⁷⁹ Es ging noch nicht um eine Absetzung des Königs, aber

---

publikation zur Ausstellung der staatlichen Schlösser und Gärten Baden-Württemberg und des Generallandesarchivs Karlsruhe, hg. von V. Rödel, Regensburg 2000, S. 37–52.

74 Vgl. zu derselben Problematik im 13. Jahrhundert auch KAUFHOLD, Deutsches Interregnum, S. 452–478.

75 Die wichtigen Dokumente dieser Phase sind ediert in den Deutsche Reichstagsakten unter König Wenzel, Bd. 3, ed. Weizsäcker. Vgl. dazu etwa GERLICH, Habsburg–Luxemburg–Wittelsbach, S. 243–280, 302–334; SCHUBERT, Königsabsetzung im deutschen Mittelalter, S. 393–414; THOMAS, Deutsche Geschichte des Spätmittelalters, S. 328–340.

76 Deutsche Reichstagsakten unter König Wenzel, Bd. 3, ed. Weizsäcker, Nr. 41, S. 81f.: ... *uns vestlichen zosamen verbunden haben unser lebetage by eynander zo bleven ... zo deme yrsten, daz wir herren obgenant in allen Sachen und handelongen, die die heilige kirche und den heilghen stoil van Rome as von des bapstdoms weigen und die das heilghe Roymssche rijch und uns kurfursten as von des heilgen Roymsschen rijchs und unser kurfurstendome weigen antreffinde sint, vestlichen und in gantzen truwen bey eynander blyven und die semetlichen handelen solen, und unser eyncher oder yeman von sinen weigen sal da ynne nyet werben doin oder eynich vurdeil suchen aen die anderen noch aen iren wist willen und gutduenken in eyncher wise.*

77 Ebda, S. 82.

78 Vgl. SCHUBERT, Königsabsetzung im deutschen Mittelalter, S. 369–372; vgl. zu der Politik Wenzels gegenüber Mailand auch KINTZINGER, Wenzel, S. 440f.; vgl. auch I. HLAVÁČEK, Wenzel (IV.) und Giangaleazzo Visconti, in: Reich, Regionen und Europa in Mittelalter und Neuzeit. Festschrift für Peter Moraw (Historische Forschungen 67), hg. von P. J. Heinig u. a., Berlin 2000, S. 203–226.

79 Deutsche Reichstagsakten unter König Wenzel, Bd. 3, ed. Weizsäcker, Nr. 204, S. 255 (dt. Fassung); Nr. 205, S. 261 (lat. Fassung); vgl. zum Hintergrund knapp SCHUBERT, Königsabsetzung im deutschen Mittelalter, S. 369–372 (mit weiterer Literatur).

im September ging es bereits um die mögliche Vorbereitung einer Neuwahl. Angesichts der Möglichkeit, einen neuen König zu wählen (*umb eynen anderen Roymsschen konyngh zo erweilen und zo setzen*), verbündeten sich im September 1399 zehn Reichsfürsten mit den fünf Kurfürsten von Mainz, Köln, Trier, Pfalz und Sachsen-Lüneburg, um das Kandidatenfeld zu begrenzen.[80] Der neue König solle aus den Häusern Bayern, Meißen, Hessen oder aus den Linien der Burggrafen von Nürnberg oder der Grafen von Nürnberg stammen. Dann würden ihn die verbündeten fünfzehn Fürsten entsprechend unterstützen, *und denselben ouch und nyeman anders vur eynen gewairen reichten Roymsschen konyngh und vur unsern reichten herren nehmen halden und haben*.[81] Das Spektrum möglicher Kandidaten wurde im Februar 1400 noch um Sachsen erweitert.[82] Dabei ging es um eine mögliche Neuwahl, um eine Absetzung König Wenzels ging es noch nicht. Die Dokumente lassen noch keine derartige Absprache erkennen, und als die Absetzung dann im Sommer 1400 tatsächlich ins Auge gefaßt wurde, standen die vier Kurfürsten allein. Diese Entwicklung kann man eigentlich nur so erklären, dass es den Gegnern Wenzels um die Jahreswende 1400 zunächst darum ging, ihr Wahlrecht zu behaupten. Dazu schlossen sie sich zusammen. Einen Anlaß zur Sorge um dieses vornehmste fürstliche Recht war entstanden, weil Wenzel seinen Bruder, den ungarischen König Sigmund, im März 1396 zum Reichsvikar ernannt hatte.[83] Der Vorgang konnte dadurch Beunruhigung hervorrufen, dass Wenzel mit seinem Bruder Sigmund im selben Monat einen Erbvertrag geschlossen hatte, mit dem sich die Brüder wechselseitig zu Erben einsetzten, wenn sie auch weiterhin keine männlichen Nachfolger bekommen sollten.[84] Die Einigung der Brüder in ihren Erblanden und die gleichzeitige Abstimmung in Hinblick auf die Reichspolitik trug Züge einer dynastischen Politik, die den Kurfürsten als Gefährdung ihres Wahlrechts erscheinen konnte. Immerhin war Wenzel als Sohn Karls IV. seinem Vater auch im Reich direkt auf den Thron gefolgt – wobei die Kurfürsten sich freilich nicht verweigert hatten. Wenn Wenzel mögliche Regelungen in Hinblick auf die Nachfolge im Reich einleitete, so hätte damit ein lebender König zum zweiten Mal in Folge gestaltend in seine Nachfolge eingegriffen. Die Besorgnis, die die Vikariatserhebung Sigmunds verursachte, läßt sich in den Urkunden der Bündnisse dieser Jahre erkennen. Im April und im September wurde die Verleihung des Reichsvikariats ausdrücklich als ein Fall genannt, bei dem die verbündeten Fürsten zusammenstehen wollten.[85] In Vereinbarungen zum Zollwesen auf dem Rhein ließen die rheini-

---

80 Deutsche Reichstagsakten unter König Wenzel, Bd. 3, ed. Weizsäcker, Nr. 59.
81 Ebda, S. 106.
82 Ebda, Nr. 106; vgl. zu der Festlegung königsfähiger Dynastien etwa: GERLICH, Habsburg–Luxemburg–Wittelsbach, S. 274f.; SCHUBERT, Königsabsetzung im deutschen Mittelalter, S. 388f.
83 Deutsche Reichstagsakten unter König Wenzel, Bd. 2, ed. Weizsäcker, Nr. 247; vgl. dazu etwa GERLICH, Habsburg–Luxemburg–Wittelsbach, S. 83–94; SCHUBERT, Königsabsetzung im deutschen Mittelalter, S. 383–398.
84 Vgl. dazu GERLICH, Habsburg-Wittelsbach-Luxemburg, S. 86f.
85 *… es were mi vykariate oder anders in wilcher wyse daz were, darweder sullen wir obgenannte herren samentlich und unser yglicher besunder mit unsern obgenannten herren den kurfursten getruwelich*

schen Kurfürsten überdies eine Besorgnis um den *gemeynen nutzen* und um die *frijheit und herlichkeit die wir von Romischen keyseren und konigen und von dem heiligen rich han zu schirmen zu hanthaben und zu halden* erkennen, die einen grundsätzlichen Zug aufwies.[86]

Auch wenn den rheinischen Kurfürsten zunächst eine Ausweitung ihres Bündnisses in Hinblick auf die Königswahlfrage gelang, so zeigte sich doch, dass die Verbündeten, die die Sorge um das Reich teilten, deshalb noch nicht bereit waren, gegen den amtierenden König vorzugehen. Dass die rheinischen Kurfürsten die Absetzung Wenzels ins Auge faßten, hatten sie im Februar 1400 Papst Bonifaz IX. mitgeteilt.[87] Das Ziel, Wenzel abzusetzen, stand hinter den verschiedenen politischen Initativen, mit denen die Kurfürsten in der ersten Jahreshälfte 1400 Fürsten und Städte in ihr Vorgehen einbinden wollten.[88] Dabei erfuhren sie jedoch bald die Grenzen einer solchen Mobilisierung. Die Berufung auf die Klagen des Volkes, die man nicht mehr übergehen könne, und auf die Unterstützung der anderen Fürsten, die die Kurfürsten in ihrem Schreiben an Bonifaz IX. angeführt hatten, erwies sich als nicht sehr tragfähig.

Die Versuche, die Städte in eine solche Politik einzubinden, misslangen.[89] Für den Mai luden die fünf verbündeten Kurfürsten die verschiedenen Reichsstände zu einem Fürsten-, Herren und Städtetag nach Frankfurt.[90] Es sollte über die Probleme des Reiches und die Haltung im Schisma verhandelt werden. Auch König Wenzel wurde eingeladen, seine Sache in Frankfurt zu vertreten.[91] Wenzel erschien nicht, aber der Besuch in Frankfurt war doch so, dass die Gegner Wenzels durch den Verlauf eine Vorstellung davon gewannen, inwieweit ihr Vorgehen gegen den König auf Unterstützung rechnen konnte.[92]

---

und vestenclich sijn und deme wedersteen (Bündnisurkunde der zehn Fürsten mit den fünf Kurfürsten vom 19. September 1399); Deutsche Reichstagsakten unter König Wenzel, Bd. 3, ed. Weizsäcker, S. 106 (2); in sehr ähnlicher Formulierung in der Urkunde vom 11. April 1399, ebda, S. 82 (2); vgl. zu der Bedeutung der Vikariatsfrage zuletzt SCHUBERT, Königsabsetzung im deutschen Mittelalter, S. 387–392.

86 Ebda, Nr. 61, S. 108f.
87 Deutsche Reichstagsakten unter König Wenzel, Bd. 3, ed. Weizsäcker, Nr. 114, S. 163: *Et quia prefati domini principes premissa et alia ejus enormia facta multiplicia diutius tollerare non poterunt nec possunt nec clamorem populi amplius sustinere, idcirco decreverunt concorditer ad privationem ipsius procedere et regno predicto de alia ydonea persona providere, in quo eciam eis ceteri principes assistere volunt auxiliis et consiliis oportunis ...*
88 Vgl. dazu die verschiedenen Einladungen und Beschlüsse von Versammlungen in den Deutsche Reichstagsakten unter König Wenzel, Bd. 3, ed. Weizsäcker, z. B. Nr. 108–115.
89 Vgl. dazu die umfangreiche städtische Korrespondenz in den Deutsche Reichstagsakten unter König Wenzel, Bd. 3, ed. Weizsäcker; vgl. zu dieser Frage auch E. HOLTZ, Reichsstädte und Zentralgewalt unter König Wenzel 1376–1400 (Studien zu den Luxemburgern und ihrer Zeit 4), Warendorf 1986.
90 Deutsche Reichstagsakten unter König Wenzel, Bd. 3, ed. Weizsäcker, Nr. 113.
91 Ebda, Nr. 139.
92 Vgl. das Verzeichnis der Teilnehmer des Frankfurter Tages am 26. Mai 1400 in Deutsche Reichstagsakten unter König Wenzel, Bd. 3, ed. Weizsäcker, Nr. 138; vgl. zum Verlauf des Tages etwa SCHUBERT, Königsabsetzung im deutschen Mittelalter, S. 393f.; GERLICH; Habsburg–Luxemburg–Wittelsbach, S. 316–326.

Die Absichten der Kurfürsten in Hinblick auf die Königsfrage wurden den Städten am 4. Juni durch den Ritter Johann von Talburg vorgetragen. Aus einer Überlieferung seiner Ansprache wird klar, dass die Kufürsten in einem letzten Schritt König Wenzel auf einen Tag nach Oberlahnstein zitieren wollten, wo sich der König vor den Kurfürsten, Fürsten und Städten für seine Politik rechtfertigen sollte.[93] Sollte die Rechtfertigung vor der Versammlung allerdings nicht gelingen, weil die Zustände unverändert schlecht blieben oder weil der König gar nicht erscheine, *so meinen unsre herren die kurfursten und viel andere fursten und herren ein anderunge zu tun an dem heilgen riche und einen anderen tag zu dem heilgen riche zu seczen*.[94] Das Treffen in Oberlahnstein sollte um den 10. August 1400 herum stattfinden.[95]

Wenzel war nicht persönlich in Frankfurt erschienen, aber seine Boten konnten die Nachrichten vernehmen.[96] Zudem waren die Boten eines Königs in Frankfurt eingetroffen, der erst wenige Monate zuvor durch die Absetzung seines Vorgängers zum König geworden war: der englische König Heinrich IV. hatte eigene Boten nach Frankfurt entsandt.[97] Man kann sicher davon ausgehen, dass der Vorgang einer Königsabsetzung auf diesem Fürsten-, Herren- und Städtetag im späten Frühling 1400 in Frankfurt aus den verschiedenen Perspektiven erörtert wurde. Dabei gelang es den rheinischen Kurfürsten, die zur Absetzung Wenzels bereit waren, offenbar nicht, die zögernden Vertreter der Städte und die unentschlossenen Fürsten von der Notwendigkeit einer Königsabsetzung zu überzeugen. Obwohl die folgenden Wochen von einer lebhaften Kommunikation erfüllt waren, schlossen sich die Städte der Absetzungsinitiative nicht an.[98] Wenige Tage vor dem angesetzten Datum teilten sie den rheinischen Kurfürsten mit, *daz wir die stede vurgenant unserm gnedigen herren dem Roemschen coeninge der ietzont ist verbuntlich sin*.[99]

Als der 10. August 1400 in Oberlahnstein heraufzog, für den die rheinischen Kurfürsten in Frankfurt eine große Versammlung von Kurfürsten, Fürsten, Herren und Städtevertretern vorgesehen hatten, zeigte sich, dass die Beratung über die Zukunft von Wenzels Königtum in einem kleinen Kreis stattfinden mußte. Es waren neben den Akteuren, den drei rheinischen Erzbischöfen und dem Pfalzgrafen

---

93 Deutsche Reichstagsakten unter König Wenzel, Bd. 3, ed. Weizsäcker, Nr. 142, S. 189: ... *so wullen sie im die sache schreiben und einen Tag bescheiden gein Lanstein uf sant Laurencien tag nestkompt. und ist iz sache daz er dar komet und soliche gebresten der heilgen cristenheide und des Romschen richs abeleget und wendet, also daz unser herren die kurfursten andere fursten und de stede zu dem heilgen riche gehorig daz dunket gnug sin: daz ist gut.*
94 Ebda, S. 190.
95 Ebda, S. 189; vgl. die etwas abweichende Angabe ebda, Nr. 141 (11. August).
96 Vgl. die Teilnehmerliste, in Deutsche Reichstagsakten unter König Wenzel, Bd. 3, ed. Weizsäcker, Nr. 138, S. 185.
97 Ebda.
98 Vgl. die Korrespondenz in den Deutsche Reichstagsakten unter König Wenzel, Bd. 3, ed. Weizsäcker, Nr. 154–196; vgl. dazu auch HOLTZ, Reichsstädte und Zentralgewalt, S. 182–191.
99 Deutsche Reichstagsakten unter König Wenzel, Bd. 3, ed. Weizsäcker, Nr. 178; vgl. zu den städtischen Erwägungen auch ebda, Nr. 167f.; vgl. dazu auch SCHUBERT, Königsabsetzung im deutschen Mittelalter, S. 393f.

bei Rhein nur wenige Grafen und Herren und einige Städtevertreter gekommen.[100] König Wenzel war nicht erschienen und konnte daher seine Politik auch nicht vor den Kurfürsten rechtfertigen. So kam es zum letzten Schritt.

Am 20. August enthoben die vier rheinischen Kurfürsten König Wenzel aufgrund schwerer Versäumnisse als Herrscher und aufgrund von Regierungshandlungen *dy er schedelich und widder die wyrde synes tytels gethan und verhenget hait*, seines königlichen Amtes.[101] Zumindest beanspruchten sie, dies zu tun, als Erzbischof Johann von Mainz das Urteil öffentlich verkündete.[102] Die Absetzung erhielt die Rechtsform eines Urteilsspruches.[103] Wenzel wurde zu einem *unnuczen versumelichen unachtbaren entgleder und unwerdigen hanthaber des heiligen Romischen richs* erklärt, der nicht weiter König sein könne.[104] In der lateinischen Fassung wurde daraus der schon technische Absetzungsgrund, Wenzel sei als Herrscher unnütz (*inutilis*).[105] Es waren sechs schwere Verfehlungen, die die Kurfürsten im einzelnen aufführten: 1. Wenzel habe trotz wiederholter Ermahnungen keine wirksamen Schritte zur Überwindung des Schismas unternommen.[106] 2. Wenzel habe das Reich *entgliedert*, indem er die Reichsrechte in Mailand und der Lombardei preisgegeben habe.[107] 3. Er habe auch viele Reichsstädte und Ländereien des Reiches ohne Not preisgegeben.[108] 4. Wenzel habe gegen Bezahlung unbeschriebene, aber gesiegelte Königsurkunden ausgegeben, die die Empfänger dann in ihrem Sinne hätten ausstellen können.[109] 5. Er habe den Unfrieden und die zunehmende

---

100 Vgl. zu dem Vorgehen der Kurfürsten: Deutsche Reichstagsakten unter König Wenzel, Bd. 3, ed. Weizsäcker, Nr. 197–234; vgl. dazu auch: GERLICH, Habsburg–Luxemburg–Wittelsbach, S. 334–347; SCHUBERT, Königsabsetzung im deutschen Mittelalter, S. 362–376; THOMAS, Deutsche Geschichte des Spätmittelalters, S. 340; GRAUS, Das Scheitern von Königen, S. 21–23; WALTHER, Das Problem des untauglichen Herrschers, S. 18–27.

101 Deutsche Reichstagsakten unter König Wenzel, Bd. 3, ed. Weizsäcker, Nr. 204 (dt. Fassung); 205 (lat. Fassung); vgl. dazu SCHUBERT, Königsabsetzung im deutschen Mittelalter, S. 362–376; WALTHER, Das Problem des untauglichen Herrschers, S. 19; GRAUS, Das Scheitern von Königen; KAUFHOLD, Entscheidungsstrukturen, S. 131–138.

102 Ebda.

103 Deutsche Reichstagsakten unter König Wenzel, Bd. 3, ed. Weizsäcker, S. 258: *gelesen undußgesprochen wart daz vorgeschriben urteil und sentencie von uns Johan erczbischoff zu Mencze vorgenant, als von unser und der vorgenanten unser herren der middekorfursten wegen, an dem Ryne bij Obern-Lahnstein Trierer bischtums gein Brubach zu gehende uff eyme stuhle daselbs zu eyme richtestuhle erhaben, als die vorgenanten unser herren die korfursten und wir daselbs zu gerichte saßen, in dem jare nach Cristi geburte dusent und vierhundert jare.*

104 Ebda.

105 Ebda, S. 263: *prenominatum dominum Wencezlaum tamquam inutilem negligentem minime curandum dimembratorem et indignum manutentorem sacri Romani regni.*

106 Ebda, S. 255: *daz er der heiligen kirchen ny zu fridden gehulffen hait ...*

107 Ebda: *so hait er auch daz heilige Romische rich swerlich und schedelich entgledet und entgleden laßen, nemelich Meylan und daz land in Lamparten, daz deme heiligen riche zugehoret ...*

108 Ebda, S. 256: *er hait auch vil stede und lande in Dutschen und Welschen landen deme riche zugehorende, und der ein teyl vorfallen sint deme heiligen riche, ubergeben und der nit geachtet noch an deme heiligen riche behalden.*

109 Ebda: *so hait er auch umbe geldes willen dicke und vil syne frunde gesand mit ungeschriebenen brieven, dye man nennet membranen, dy doch mit syner majestat ingesigel besigelt waren, und mochten die frunde oder den die menbranen wurden, under dem koniglichen sigel schreiben waz sy wolden.*

Gewalt in den verschiedenen Teilen des Reiches nicht beendet, *deshalb groß raub brant und mort ufferstanden sint und tegelichen schedelicher ufferstehen, und hand noch paffen noch leygen noch ackermann noch kauffleude beyde man oder wib frieden uff deme lande oder uff deme waßer.*[110] 6. Schließlich habe der König mit eigener Hand viele ehrbare Menschen getötet.[111]

Über die Bewertung der Ernsthaftigkeit dieser Gravamina gehen die Ansichten in der Forschung auseinander. Während die ältere Forschung eher dazu neigte, die Absetzungsgründe nicht für zwingend zu halten, sondern ihnen eine gewisse Beliebigkeit beimaß, hat in jüngerer Zeit Ernst Schubert mit Entschiedenheit dafür plädiert, in den Gravamina einen Niederschlag der kurfürstlichen Sorge um das Reichswohl zu sehen.[112]

Die Ernsthaftigkeit der kurfürstlichen Sorge um das Reich versuchte Schubert an der Berechtigung der Vorwürfe zu zeigen, die Wenzel der Preisgabe von Reichsrechten in der Lombardei und der Verwendung von Blanketten bezichtigten.[113] Diese Vorwürfe hatten in der Tat eine Berechtigung.[114] Zur Beurteilung des gesamten Vorgangs ist es allerdings erforderlich, alle sechs Anklagepunkte zu berücksichtigen, und es ist nicht ganz zu übersehen, dass zumindest drei von ihnen (keine Beseitigung des Schismas, andauernder Unfriede im Reich, Preisgabe von Reichsrechten) einigermaßen unbestimmt waren. Zudem konnten sich diejenigen, die wie die Städte von der Preisgabe der Reichsrechte und der Unsicherheit der Handelswege besonders betroffen waren, nicht zu einer Unterstützung der Absetzung entschließen. Bei der Prüfung einzelner Vorwürfe ergibt sich ein uneinheitliches Bild. Dazu kommt, dass auch berechtigte Kritik an einem König keineswegs die Absetzung notwendig nach sich ziehen mußte. Tatsächlich erscheint die Absetzung Wenzels nicht nur als eine notwendige Folge notorischer Rechtsverstöße, sondern sie erscheint vor allem als eine notwendige Folge seiner Inaktivität angesichts der wiederholten Kritik an den beklagten Zuständen: *Als wir auch dem vorgenanten hern Wenczelawe als eyme Romischen konige diße und viele andere großer gebresten yn selber und daz heilige riche großlichen antreffende zu zijden klerlich han gesaget und beschriben geben, so han wir doch nach synen antworten und nach unser widerrede und ernstlichem ersuchunge, und nachdem wir diß alles auch den heiligen stul zu Rome von yme han lassen wißen, noch ny befunden, daz er sich daczu gebe oder stellete, als daz eynem Romischen konige billiche zugehoret ...*[115]

---

110 Ebda.
111 Ebda, S. 256: *er hait auch, das erschreglich und unmenslich ludet, mit syns selbes hand und auch ubermicz ander ubelteder die er by yme hait erwirdige und bidderbe prelaten paffen und geistliche lude und auch vil andere erbar lude ermordet ...*
112 Vgl. z. B. GERLICH, Habsburg–Luxemburg–Wittelsbach, S. 343: „Dass juristische Argumente hier nicht mehr als Bemäntelung kurfürstlicher Machtpolitik sein können, braucht wohl nicht eigens betont zu werden"; dagegen SCHUBERT, Königsabsetzung im deutschen Mittelalter, S. 375: „aus der fürstlichen Verantwortung für das Reich entstammen die meisten Begründungen".
113 Ebda, S. 369–374.
114 Vgl. die Belege ebda.
115 Deutsche Reichstagsakten unter König Wenzel, Bd. 3, ed. Weizsäcker, S. 256.

Es war die Tatenlosigkeit des Königs angesichts der beklagten Zustände, die erkennen ließ, dass er sein Amt nicht ausübte. Dies war ein gewichtigerer Befund als die einzelnen Anklagepunkte für sich genommen. Aus dieser Absetzung eines Königs, der sein Amt nicht wahrnahm, läßt sich die kurfürstliche Reichsverantwortung, die Ernst Schubert so betont, in der Tat ableiten.[116] Das bedeutet aber nicht, dass man die Absetzung Wenzels ausschließlich in einer abgeschlossenen Tradition des Reiches sehen müßte, die keinen Vergleich mit der Absetzung Richards und keinen Bezug zu einer gelehrten Rechtstradition zuließe.[117] Es sind nicht die einzelnen Abläufe, die vergleichbar wären, es sind die Konstellationen und Widersprüche, die eine Vergleichsdimension eröffnen.

Richard II. wurde abgesetzt, weil die englischen Barone seine Herrschaft als willkürlich ansahen, während Wenzel für abgesetzt erklärt wurde, weil er sein Herrscheramt kaum wahrgenommen habe. Das ist durchaus ein Unterschied. Das Gleiche gilt für die Konsequenzen. Während Richard II. gefangengenommen und schließlich getötet wurde, versuchten die Kurfürsten gar nicht, König Wenzels habhaft zu werden. So groß der Unmut über Wenzels Herrschaft war, so war er doch weniger durch Wenzels konkrete Auftritte als vielmehr durch seine Unterlassungen hervorgerufen worden. Richard wurde für seine Handlungen zur Rechenschaft gezogen. Während die englischen Barone Richard vorwarfen, die Angelegenheiten der englischen Krone in zu große Abhängigkeit vom Papst zu bringen, beriefen sich die Kurfürsten darauf, ihr Vorgehen mit dem Papst abgestimmt zu haben.[118]

Aber hier geht es nicht darum, die Übereinstimmung einzelner Verfahrensschritte in beiden Absetzungsverfahren aufzuzeigen. Die Unterschiede sind in der Tat deutlich. Hier geht es um die Frage, welche Rolle die Absetzung der beiden Könige in der politischen und institutionellen Ordnung der betroffenen Königreiche spielte und was wir aus dem Vorgang über das Selbstverständnis der Akteure ableiten können.

Ernst Schubert hat die Königsabsetzungen im Lichte der Verfassungsentwicklung des Reiches untersucht und interpretiert, und er hat dabei den Einfluß des gelehrten Rechts wiederholt zurückgewiesen.[119] Vor einem solchen Urteil lohnt es sich allerdings, die reiche Überlieferung zur Absetzung Richards II. heranzuziehen. Bei Richards Absetzung steht es außer Zweifel, dass gelehrte Juristen wie Adam Usk eine bedeutende Rolle gespielt haben.[120] Doch obwohl Adam Usk ausdrücklich feststellt, dass diese Juristen die Absetzung des Königs nach dem Vorbild der Absetzung Friedrichs II. für rechtmäßig hielten, sie also nach dem Vorbild des kanonischen Rechts handelten, ist diese Orientierung in dem eigentlichen

---

116 Vgl. z. B. SCHUBERT, Königsabsetzung im deutschen Mittelalter, S. 395.
117 Ernst Schubert hat sowohl die Bedeutung des gelehrten Rechts für die Absetzung Wenzels energisch bestritten (z. B. Königsabsetzung im deutschen Mittelalter, S. 374f.), als auch den Vergleich mit der Absetzung Richards II. zurückgewiesen (ebda, S. 549–562).
118 Vgl. dazu etwa oben Anm. 62–63.
119 Vgl. z. B. SCHUBERT, Königsabsetzung im deutschen Mittelalter, insb. S. 81–98.
120 Vgl. oben Anm. 56–61.

Absetzungsurteil nicht erkennbar. Dieses Urteil folgte englischen Gravamina und berief sich ausdrücklich und ausschließlich auf eine englische Tradition. Aus dem Absetzungsurteil in den Parlamentsakten geht der Vergleich mit dem *Liber Sextus* nicht hervor. Im Vergleich der äußeren Umstände kam die Absetzung Wenzels der Absetzung Friedrichs II. auf dem Konzil in Lyon durchaus nahe: eine rechtsförmliche Absetzung in einer vergleichsweise kleinen Versammlung, deren Repräsentativität von der Gegenseite in Frage gestellt wurde und die nur wenige praktische Auswirkungen hatte. Auch die Zurückweisung der Kritik an der Legitimität der absetzenden Institution durch die Betreiber der Absetzung war sehr ähnlich: Man habe schießlich alle eingeladen, die es beträfe, wenn nicht alle gekommen seien, so sei dadurch der Charakter des Konzils oder der Kurfürstenversammlung nicht berührt. Und mit der Verteidigung der Absetzung kommen wir zum eigentlich entscheidenden Punkt.

Die Bedeutung des geschriebenen Rechts in den Absetzungsverfahren gegen Richard II. und gegen Wenzel lag nicht darin, dass die Juristen die Motive für das Vorgehen gegen die Könige geliefert hätten. Die Motive lagen in England und in Deutschland in der politischen Erfahrung der entscheidenden Männer mit ihrem König, den sie aufgrund seiner Verfehlungen und Unzulänglichkeiten nicht länger als Herrscher akzeptieren konnten. Die Juristen wurden befragt, als es um die Legitimation des Vorgehens ging. In England mit seiner deutlich institutionalisierteren politischen Ordnung geschah dies vor der Absetzung. In Deutschland, wo die Wahl eines Königs lange Zeit ein gestrecktes Verfahren gewesen war, erhielt nun die Absetzung des Königs diesen Charakter eines gestreckten politischen Prozesses. Nach der Absetzung Wenzels im August 1400 bemühten sich die Kurfürsten weiterhin um eine Unterstützung ihres Urteils bei Fürsten, Grafen, Herren und Städten. So etwa im September 1400, als der Protonotar Ruprechts von der Pfalz, Job Vener, auf einem Mainzer Städtetag die Anwesenden von der Rechtmäßigkeit eines neuen Königs überzeugen wollte. Der neue König Ruprecht schickte sein gelehrtes Personal, um diesen Versuch der Überzeugung und Mobilisierung zu unternehmen: *sint etzliche wise gelehrte große phaffen in dem rechten, die den steten woil gutz gonnen, bi der stede frunde gewest, und hant in großer fruntschaft ire meinunge gesagit, wie sich die stete ane straffunge ire eide selen und eren in dem rechten darinne halten mogen, als sie meinent daz sie daz clerlichen wissen wullen in bebestlichen und keiserlichem rechte, wo man daz beschriben finde.* [121]

So setzte schon wenige Wochen nach der Absetzung Wenzels und der Wahl Ruprechts die gelehrte juristische Überzeugungsarbeit ein. Hier geschah etwas Neues. Die gelehrte juristische Argumentation hatte die Bewegung gegen Wenzels Königtum nicht ausgelöst, aber sie war in der Lage, angesichts der zögerlichen Haltung der Mehrheit der Fürsten, Grafen, Herren und Städte einen funktionsfä-

---

[121] Deutsche Reichstagsakten unter König Ruprecht, 1. Abteilung: 1400–1401 (Deutsche Reichstagsakten, Ältere Reihe 4), hg. von J. Weizsäcker, Gotha 1882, Nr. 120; vgl. zum Engagement der Juristen im Umfeld von Ruprechts Hof für das neue Königtum auch WALTHER, Das Problem des untauglichen Herrschers, S. 20–28; vgl. auch HEIMPEL, Die Vener von Gmünd und Strassburg, S. 170–176; S. 686–690.

higen politischen Prozeß aufrecht zu erhalten – aus der Sicht von Ruprechts Königtum. Unter Heranziehung korporationsrechtlicher Erklärungen ließ sich das Vorgehen der vier Kurfürsten gegen Wenzel als ein Vorgehen der Mehrheit der Kurfürsten verstehen (*want daz merer teil der kurfursten die viranderunge getan haben*). Diese Mehrheit konnte nach dem Verständnis der Pfälzer Juristen für alle Kurfürsten sprechen, nachdem die anderen ebenfalls eingeladen worden waren.[122] Damit war die Frage des Absetzungsrechtes durchaus noch nicht geklärt, aber eine solche Frage war unter den Herrschaftsvoraussetzungen dieser Zeit auch nicht eindeutig zu klären. Was aber deutlicher hervortrat, war eine neue Dimension politischer Auseinandersetzung.

Dabei geht es in besonderer Weise um die Frage, inweit sich in diesen Abläufen die Ausbildung eines Verfassungskonsenses erkennen läßt, der gegenüber der Auseinandersetzung um die Doppelwahl 1198 eine Veränderung darstellt. Eine solche Veränderung wurde zu Beginn des 15. Jahrhunderts in der Berufung auf die *Goldene Bulle* erkennbar. Das Argument, dass die Mehrheit der Kurfürsten nach ordnungsgemäßer Einladung für alle Kurfürsten sprechen könne, zielte auf die *Goldene Bulle*. Sie wurde in diesen Jahren zu einer bedeutenden Bezugsgröße. Als Ruprecht von der Pfalz nach zehnjähriger, nicht sehr wirksamer Herrschaft starb – auch darin Heinrich IV. von England (1399–1413) durchaus ähnlich –, führte die noch immer ungeklärte Herrschaftssituation zu einer letzten Doppelwahl im Mittelalter.[123] Da die Juristen am pfälzischen Hof bei dieser Doppelwahl 1410 ebenfalls

---

[122] Die ganze Passage lautet: *want daz merer teil der kurfursten die viranderunge getan haben und die andern kurfursten virboit und zu in geladen hetten zu kommen die viranderunge an dem riche mit in zu tun und einen andern zu dem riche mit in helfen zu kiesen, und want der der kurfursten eins teiles zu dem tage den sie doch wol gewist hant nit komen sind, so haben dieselben kurfursten, die do gewest sint, in dem rechten wol macht gehabt einen andern zu dem riche zu kiesen* (Deutsche Reichstagsakten unter König Ruprecht, Bd. 4, ed. Weizsäcker, S. 133); vgl. dazu auch WALTHER, Das Problem des untauglichen Herrschers, S. 18–28; vgl. auch KAUFHOLD, Entscheidungsstrukturen, S. 135–139.

[123] Zum Königtum Ruprechts I. vgl. O. AUGE/K.-H. SPIESS, Ruprecht (1400–1410), in: Die deutschen Herrscher des Mittelalters, hg. von Schneidmüller/Weinfurter, S. 446–461, 595f.; P. MORAW, Ruprecht von der Pfalz (1400–1410), in: Höfe und Residenzen im spätmittelalterlichen Reich. Ein dynastisch-topographisches Handbuch, Bd. 1 (Residenzenforschung 15,1), hg. von J. Hirschbiegel/J. Wettlauffer/W. Paravicini, Stuttgart 2003, S. 319–324; DERS., Ruprecht von der Pfalz. Ein König aus Heidelberg, in: Zeitschrift für die Geschichte des Oberrheins N. F. 110 (2001), S. 97–110; A. GERLICH, König Ruprecht von der Pfalz, in: Pfälzer Lebensbilder, Bd. 4, hg. von K. Baumann/H. Harthausen, Speyer 1987, S. 9–60; E. SCHUBERT, Probleme der Königsherrschaft im spätmittelalterlichen Reich. Das Beispiel Ruprechts von der Pfalz, in: Das spätmittelalterliche Königtum im europäischen Vergleich, hg. von Schneider, S. 135–184; zu Heinrich IV. von England vgl. etwa: Henry IV: the Establishment of the Regime 1399–1406, hg. von G. Dodd/D. Biggs, Woodbridge 2003; D. BIGGS, The Reign of Henry IV: the Revolution of 1399 and the Establishment of the Lancastrian Regime, in: Fourteenth century England, Bd. 1, hg. von N. E. Saul, Woodbridge 2000, S. 195–210; G. DODD, Conflict or Consensus: Henry IV and Parliament, 1399–1406, in: Social Attitudes and Political Structures in the Fifteenth Century, hg. von T. Thornton, Stroud 2000, S. 118–149; BEVAN, Henry IV; zur Doppelwahl von Jobst von Mähren und Sigmund vgl. Deutsche Reichstagsakten unter Kaiser Sigmund, 1. Abt. 1410–1420 (Deutsche Reichstagsakten, Ältere Reihe 7), hg. von Dietrich Kehler, München 1878, Nr. 26–35 (Sigmund); Nr. 50–53 (Jobst von Mähren); vgl.

eine eindeutige Position vertraten – nach dem Verzicht von Ruprechts Sohn Ludwig auf eine erneute Wittelsbachsche Kandidatur unterstützte die Pfalz das Königtum von Sigmund –, führten sie die Argumentation mit der *Goldenen Bulle* fort.[124] Betrachtet man die Auseinandersetzungen um die Wahlgeschehen 1400–1410/11 aus der Perspektive unserer Untersuchung im Zusammenhang, so läßt sich deutlich erkennen, dass zu Beginn des 15. Jahrhunderts die widerstreitenden Positionen allmählich dieselbe Bezugsgröße erkennen lassen: die Kurfürsten und ihre Gesandten bezogen sich in ihren Argumentationen zunehmend auf die *Goldene Bulle*.[125] *... davon uns nach friheit unsers stiftes alter gewonheit und nach gesecze und uzwisungen der gulten bullen geboret und zugehoret, andere alle unsere middekurfursten zu virboten zusammenzukommen bi uch gein Franckinfurd* – dass die Kurfürsten sich zur Bekräftigung ihrer bedeutenden Wählerrolle nicht nur auf die alte Tradition des Reiches, sondern ausdrücklich auf die *Goldene Bulle* beriefen, war eine neue Entwicklung, die nun einen gemeinsamen Bezugsrahmen schuf.[126] Sowohl der Erzbischof von Mainz, als auch die angefragte Stadt Frankfurt beriefen sich nun auf dieselben Vorschriften zur Bestimmung der Frankfurter Rolle im bevorstehenden Wahlgeschehen.[127] In dieser schriftlichen Normierung einer gemeinsamen Grundlage lag der wohl bedeutendste Unterschied zu den Doppelwahlen von 1198 und 1257, bei denen sich die rivalisierenden Könige und ihre Anhänger jeweils auf Rechtspositionen und Traditionen beriefen, die die Gegenseite nicht anerkannte.

Freilich beendete die *Goldene Bulle* nicht alle Konflikte um die Königswahl. Sie war wie jeder komplexere Rechtstext interpretierbar, und sie wurde auch im Sinne traditioneller Interessen bemüht. So reklamierte der Herzog von Bayern unter

---

dazu THOMAS, Deutsche Geschichte des Spätmittelalters, S. 335–340, S. 377–379; M. KINTZINGER, Sigmund (1410/1411–1437) mit Jobst von Mähren (1410–1411), in: Die deutschen Herrscher des Mittelalters, hg. von Schneidmüller/Weinfurter, S. 462–485; KAUFHOLD, Entscheidungsstrukturen, S. 132–134: J. LEUSCHNER, Zur Wahlpolitik im Jahre 1410, in: Deutsches Archiv für Erforschung des Mittelalters 11 (1954/55), S. 506–553.

124 Vgl. etwa Deutsche Reichstagsakten unter Kaiser Sigmund, 1. Abteilung: 1410–1420 (Deutsche Reichstagsakten, Ältere Reihe 7), hg. von D. Kerler, München 1878, Nr. 10, 20, 23, 29, 30, 33, 40, 42 und 53; vgl. Literatur wie vorangehende Anmerkung.

125 Vgl. den ausdrücklichen Bezug auf die Goldene Bulle im Vorfeld der Wahl von 1410 etwa in Deutsche Reichstagsakten unter Kaiser Sigmund, Bd. 1, ed. Kerler, Nr. 3 (Gesandte des pfälzischen Kurfürsten verlangen von Frankfurt die Anerkennung ihres Herren als Reichsvikar); Nr. 14 (Der Erzbischof von Mainz verlangt als Verantwortlicher für die Wahl eines neuen Königs Auskunft über die Haltung der Stadt Frankfurt); Nr. 15 (Die Frankfurter erklären, sich gemäß der Goldenen Bulle verhalten zu wollen); Nr. 18 (Frankfurt schreibt unter Berufung auf die Goldene Bulle an die Kurfürsten von Köln, Trier und Sachsen über ihr Gefolge bei der Königswahl); Nr. 19 (Frankfurter Aufzeichnungen über Vorkehrungen für den Wahltag); Nr. 21 (Die Mainzer Gesandten verlangen von Frankfurt den Einlaß der Kurfürsten mit ihrem Gefolge für die Königswahl) u. a. vergleichbare Stücke ebda.

126 Vgl. zur Bedeutung der Goldenen Bulle im frühen 15. Jahrhundert etwa P. MORAW, Die kurfürstliche Politik der Pfalzgrafschaft im späten Mittelalter, vornehmlich im späten 14. und im 15. Jahrhundert, in: Jahrbuch für westdeutsche Landesgeschichte 9 (1983), S. 75–97, S. 93.

127 Deutsche Reichstagsakten unter Kaiser Sigmund, Bd. 1, ed. Kerler, Nr. 14–15, das Zitat oben ebda, Nr. 14.

Verweis darauf, dass er der Erstgeborene im Hause Bayern sei, die pfälzische Kurstimme 1410 für sich – ohne Erfolg.[128]

Die Goldene Bulle beendete die Konflikte um das Wahlverfahren und die Wahlentscheidung nicht, aber sie verlieh ihnen allmählich ein anderes Muster. Um diesen Wandel geht es in dieser Untersuchung. Die Berufung auf einen gemeinsamen Grundtext war ein wichtiger Schritt. Die juristische Auseinandersetzung der Fachleute wurde zu einem bedeutenden politischen Konfliktmuster der Zukunft. Dadurch veränderte sich auch der Umgang mit der Tradition. Die Auseinandersetzung um die Doppelwahl von 1410 ließ diese Veränderung erkennen.[129]

Die prominenten Wähler Jobsts von Mähren, die Erzbischöfe von Mainz und Köln, schrieben 1411 an die Räte des rivalisierenden Kandidaten König Sigmund von Ungarn und forderten sie unter Verweis auf das ordentliche Wahlverfahren auf, das Königtum Jobsts zu unterstützen.[130] Das Schreiben, das der Wahl Sigmunds die Rechtsgrundlage absprach (*ut cum reverencia loquamur, de jure nullam*), forderte auf der Gegenseite den pfälzischen Rat Job Vener zu einem ausführlichen juristischen Kommentar heraus, der nun der *Goldenen Bulle*, auf die sich auch die Erzbischöfe berufen hatten, eine entscheidende Rolle zuwies.[131] *Unde necessarium opus fecit dive memorie dominus Karolus IV formam et modum hujusmodi electionis in aurea bulla provide statuendo*, Karls IV. Regelung der Königswahl war für Job Vener der Ausgangs- und Angelpunkt der weitergehenden Fragen an die Natur des Wahlgeschehens.[132] Dabei war klar, dass die *Goldene Bulle* eine längere Vorgeschichte hatte. Im Zusammenhang mit der entscheidenden Frage, ob die Wahlstimmen der wenigen Wähler Sigmunds dennoch als entscheidende Mehrheit verstanden werden konnten, interpretierte Job Vener das kurfürstliche Wahlgremium als ein Wahlkollegium, das seine Entscheidungen immer mit der Mehrheit der anwesenden Wähler treffe. Die Abwesenden, die den Termin, zu dem ordnungsgemäß geladen worden sei, ignorierten, verzichteten auf ihr Stimmrecht.[133]

---

[128] Vgl. ebda, Nr. 29 (Straßburger Schreiben an Basel): *herzog Stephan von Bayern meinde, sit er der elteste von Peyern ware, so sollte er die kur haben. Der ist nit gen Franckfurt kommen, aber die kurfursten und ire rate haben beratslaget und blibet herzog Ludwig bi der kur und wollen in vur ein pfalzgrafen haben. Und meinent die fursten, die reichsstätte sollent im sweren.*

[129] Zur Doppelwahl von 1410 vgl. oben Anm. 123; vgl. zum Folgenden vor allem die Texte in Deutsche Reichstagsakten unter Kaiser Sigmund, Bd. 1, ed. Kerler, Nr. 52 und 53.

[130] Ebda, Nr. 52.

[131] Ebda, Nr. 53; zur Autorschaft Job Veners und zu seinem Umgang mit der Goldenen Bulle vgl. zuletzt HEIMPEL, Die Vener von Gmünd und Straßburg, S. 667–690; vgl. zu Job Vener auch WALTHER, Das Problem des untauglichen Herrschers, S. 24–27.

[132] Deutsche Reichstagsakten unter Kaiser Sigmund, Bd. 1, ed. Kerler, Nr. 53, S. 76

[133] Ebda, S. 81f.: *ex eo clare patet, quod collegialiter ad principes spectat electio vel etiam dicitur, quod contemtis aliis fuerit una electio celebrata ... dicentes, quod ex consuetudine antiqua tamquam ad collegium spectat ad principes electio, et sic, aliis legitime vocatis et lapso termino juris et hominis, voces absentium resident in presentibus, qui soli pro tunc collegium representant ... maxime autem habet hoc locum, quando vocati non venientes dant intelligere mentem suam quod non velint eligere, sicut aliqui electores scripserunt in casu isto. tunc enim potestas eligendi etiam ante lapsum termini iuris, inter quem debet fieri electio, devolvitur ad numero pauciores ...; multo magis, lapso termino juris et hominis, ad quem omnes sunt vocati*; vgl. zur Problematik der kurfürstlichen Korporation in

Um diese Position, die natürlich nicht unbestritten bleiben konnte, zu erhärten, rief Job Vener die Tradition seit Hostiensis († 1271) auf, der in seinem Kommentar zu *Venerabilem* den Korporationscharakter des Kurfürstengremiums noch in Frage gestellt hatte.[134] Diese Haltung wies Job Vener zurück, indem er bei allem gebotenen Respekt vor dem renommierten Kanonisten (*salva tanti doctoris reverentia*) darauf verwies, dass die Kurfürsten nach der Goldenen Bulle einem klar geregelten Verfahren folgten und damit als ein Kollegium agierten.[135] Das konnte Hostiensis noch nicht wissen, wie Job Vener einräumte (*quam non vidit Hostiensis*), aber auch ohne die Goldene Bulle hätte bereits Lupold von Bebenburg, Bischof von Bamberg und ausgewiesener Kanonist festgestellt, dass die Kurfürsten die Gesamtheit der Fürsten und des christlichen Volkes repräsentierten und daher als Kollegium votierten.[136]

Job Vener argumentierte dezidiert in einer schriftlichen Tradition. Und diese Tradition stellte Zusammenhänge her, die die Erinnerung einzelner Menschen deutlich überschritten. Das kommt auch darin zum Ausdruck, dass er die historische Positionierung von Hostiensis, der die Goldene Bulle in der Tat noch nicht kennen konnte, und von Lupold, der erst nach der Veröffentlichung seines Traktates Bischof von Bamberg wurde, nicht allzu präzise vornahm.[137] Job Vener kannte diese Namen nur aus den Texten. Ihr Gebrauch erlaubte einen weiten Rückgriff: etwa 70 Jahre bis zu Lupolds Traktat und noch einmal 70 Jahre bis zu Hostiensis, der 140 Jahre vor der Doppelwahl von 1410 gestorben war. Die Texte als solche waren keine neue Erscheinung, aber dass sie nun zu Beginn des 15. Jahrhunderts in den politischen Konflikten um das Königtum als entscheidende Autoritäten zitiert wurden, das war eine neue Entwicklung. Eine Entwicklung, die nun auch ausdrücklich auf einem Feld Zusammenhänge stiftete, auf dem wir für das 13. und 14. Jahrhundert in dieser Untersuchung Parallelen festgestellt haben. Zu Beginn des 15. Jahrhunderts verglich mit Job Vener ein Zeitgenosse die Wahlerfahrungen von Kurfürsten und Kardinälen.[138] Und mit einem Blick auf die Erfahrun-

---

diesem Zusammenhang etwa WALTHER, Das Problem des untauglichen Herrschers, S. 20–28; KAUFHOLD, Entscheidungsstrukturen, S. 137–139.

134 Deutsche Reichstagsakten unter Kaiser Sigmund, Bd. 1, ed. Kerler, S. 81.
135 Ebda: *immo electores imperii collegialiter habent eligere, et eos habet dominus Maguntinus tamquam decanus convocare, habent quoque ordinem suum in sedendo et vocem dando, ut clare colligitur ex aurea bulla.*
136 Ebda: *... sed absque aurea bulla dictum Hostiensis reprobat dominus Lupoldus de Bebenburg quondam Bambergensis episcopus decretorum doctor nobili ratione ... isti enim principes hoc casu representant universitatem et populi christiani ... ex eoque clare patet, quod collegialiter ad principes spectat electio.*
137 Zu Lupold vgl. oben Kapitel 6.
138 Im Zusammenhang mit der Frage möglicher Verschiebungen des Wahltermins wies der Kommentar Job Veners auf Parallelen der Papst- und der Königswahl hin (*... transgreditur in longum a similitudine electionis regis Romanorum cum papali, quod nempe eam accelerari expediat;* und: *Nullus enim cardinalium quantumcunque impeditorum expectatur ultra 10 dies ... multo minus hic non debent expectari, ex quo possunt mitti procuratores* (Deutsche Reichstagsakten unter Kaiser Sigmund, Bd. 1, ed. Kerler, S. 80); vgl. zum Vergleich zwischen Kardinälen und Kurfürsten auch KAUFHOLD, Deutsches Interregnum, S. 417–424.

gen der Kardinäle im Umgang mit der quasi monarchischen Kirchenleitung in diesen Jahren wollen wir dieses Kapitel beenden.

Das Große Abendländische Schisma hatte bei dem Vorgehen der Kurfürsten gegen König Wenzel eine verschärfende Rolle gespielt, aber die Wahl Ruprechts hatte die Überwindung der Kirchenspaltung nicht beschleunigt.[139] In gewisser Weise wies die Erfahrung der Kirche mit zwei Päpsten und die Erfahrung des Reiches mit zwei Königen zu Beginn des 15. Jahrhunderts eine erkennbare Parallele auf: beide Einheiten, das Reich und die Kirche, waren groß und heterogen genug, um zwei Köpfe tragen zu können. Hier zeigte sich ein deutlicher Unterschied zu England, das kleiner war und dessen Herrschaftsstrukturen eindeutiger auf eine monarchische Spitze ausgerichtet war. In England mußte die Frage entschieden werden, wer als König regiere, auch wenn dies bedeutete, einen bislang legitimen König abzusetzen. An diesen Punkt gelangte die Kirche gut 30 Jahre nach dem Ausbruch des Schismas.

Die verschiedenen Wege, auf denen man sich um eine Überwindung der Kirchenspaltung bemüht hatte, hatten nicht zu einem Ziel geführt. Weder militärische Konfrontation, noch die Verpflichtung zum gemeinsamen Rücktritt der konkurrierenden Amtsinhaber – wenn auch der Rivale zurücktreten würde –, und auch nicht der Entzug der Obödienz durch mächtige Anhänger hatten dazu geführt, dass die lateinische Christenheit zur Geschlossenheit zurückfand.[140] Zu Beginn des 15. Jahrhunderts lebte die Kirche, deren Theoretiker im 13. und 14. Jahrhundert ein sehr stringentes hierarchisches Selbstverständnis formuliert hatten, in einer Situa-

---

139 Zur Haltung Ruprechts von der Pfalz zur Schismafrage vgl. etwa: GERLICH, König Ruprecht von der Pfalz, S. 47–51; R. BÄUMER, Konrad von Soest und seine Konzilsappellation 1409 in Pisa, in: Das Konstanzer Konzil (Wege der Forschung 415), hg. von dems., Darmstadt 1977, S. 96–118; H. HEIMPEL, Konrad von Soest und Job Vener. Verfasser und Bearbeiter der Heidelberger Postillen zu der Berufung des Konzils von Pisa, in: Westfalen 51 (1973), S. 115–124; K. WRIEDT, Der Heidelberger Hof und die Pisaner Kardinäle. Zwei Formen des Konzilsgedankens, in: Aus Reichsgeschichte und Nordischer Geschichte. Festschrift für Karl Jordan, Stuttgart 1972, S. 277–288; M. de BOÜARD, L'empereur Robert et le Grand Schisme d'Occident, in: Mélange d'Archéologie et d'Histoire 48 (1931), S. 215–232; vgl. auch K. R. KRÖTZSCHKE, Ruprecht von der Pfalz und das Konzil zu Pisa, Leipzig 1889.

140 Zum großen Schisma und zu den Versuchen seiner Überwindung vgl. etwa J. ROLLO-KOSTER, Looting the Empty Sea: the Great Western Schism Revisited (1378), in: Rivista di storia della chiesa in Italia 59 (2005), S. 429–474; Le Midi et le grand schisme d'Occident (Cahiers de Fanjeux 39), Toulouse 2004; H. KAMINSKY, The Great Schism, in: The New Cambridge Medieval History, Bd. 6, hg. von Jones, S. 674–696; H. MILLET, Comment mettre fin au grand schisme d'Occident? L'opinion des évêques et des chapitres de Normandie en 1398, in: Chapitres et cathédrales en Normandie 1997. Actes du XXXIe congrès des sociétés historiques et archéologiques de Normandie Montagne-au-Perche 16–20 oct. 1996, hg. von S. Lemagnen, Caen 1997, S. 231–240; R. N. SWANSON, A Survey of Views on the Great Schism, c. 1395, in: Archivum Historiae Pontificiae 21 (1983), S. 79–104; DERS., Universities, Academics and the Great Schism (Cambridge Studies in Medieval Life and Thought 3,12), Cambridge 1979; H. P. KOMAREK, Das große abendländische Schisma in der Sicht der öffentlichen Meinung und der Universitäten des deutschen Reiches, 1378–1400, Salzburg 1970; K. A. FINK/E. ISERLOH, Das abendländische Schisma und die Konzilien, in: Handbuch der Kirchengeschichte, Bd. 3,2, hg. von Jedin, S. 490–588; G. J. JORDAN, The Inner History of the Great Schism of the West. A Problem in Church Unity, London 1930.

tion, die Bonifaz VIII. auf dem Höhepunkt des päpstlichen Führungsanspruchs so entschieden verworfen hatte: mit zwei Köpfen *quasi monstrum* (*Unam Sanctam*).[141] Es war ein Zustand, der ihrem Selbstverständnis zutiefst widersprach, und der allein schon dadurch, dass er praktisch fortdauerte, obwohl so bedeutende Theologen und Kanonisten die Einheit der Kirche unter der Führung des Papsttums für den einzigen Weg zum Heil hielten, einen gefährlichen Skandal bildete. Die reale Entwicklung stellte die hoch entwickelte päpstliche Ekklesiologie auf eine schwere Probe.[142] In dieser Situation übernahmen die Kardinäle schließlich die entscheidende Initiative. Im Juni 1408 kamen die beiden Kardinalskollegien zusammen, um für das Frühjahr 1409 ein gemeinsames Konzil nach Pisa einzuberufen.[143]

Mit einer solchen Einberufung gab es ein Problem: eigentlich berief der Papst ein Konzil ein – auch wenn die Päpste dies seit fast 100 Jahren nicht mehr getan hatten. Hierin gab es durchaus eine gewisse Parallele zur Frage der Einberufung des Parlaments bei der Absetzung Richards II. Wie sollte eine Körperschaft verfahren, deren Bestand von ihrem Haupt abhing, wenn sie beabsichtigte, eben diesen Kopf zu entfernen? Dass die Kardinäle zu diesem Schritt bereit waren, geht aus den verschiedenen Schreiben, die sie im Frühjahr und Sommer 1408 zur Rechtfertigung ihres Vorgehens verfaßten, deutlich hervor. Von den amtierenden Päpsten erwarteten sie keinen Beitrag zur Lösung des Schismas mehr.[144]

---

141 *Unam Sanctam* in: Les Registres de Boniface VIII, Bd. 1–4, hg. von A. Thomas/M. Faucon /G. Digard, Paris 1884–1935, hier Bd. 3, Nr. 5382.
142 Vgl. nur das Beispiel des traditionell papsttreuen Florenz, wo im Februar 1408 in den politischen Beratungen (Consulte e Pratiche) die Haltung geäußert wurde, dass es für die Interessen von Florenz durchaus auch zwölf Päpste sein könnten. Mancher gewöhnte sich an das Schisma: *quod pro bono huius vellet quod essent .xii. pape ... et quod stare et non intromittere se de aliquo in hac materia utile est* (Florenz, Archivio di Stato, Consulte e Pratiche 39, fol. 6r); zuerst mitgeteilt von P. HERDE, Politische Verhaltensweisen der Florentiner Oligarchie 1382–1402, in: Geschichte und Verfassungsgefüge. Festschrift für Walter Schlesinger (Frankfurter historische Abhandlungen 5), Wiesbaden 1973, S. 190, Anm. 178; zuletzt auch bei Quellen zur Kirchenreform im Zeitalter der großen Konzilien des 15. Jahrhunderts, Bd. 1 (Ausgewählte Quellen zur Geschichte des Mittelalters 38a), hg. von J. Miethke/L. Weinrich, Darmstadt 1995, S. 17, Anm. 37 (dort auch weitere Beispiele für solche Wirkungen des Schismas); vgl. zur Haltung von Florenz auch: A. W. LEWIN, Negotiating Survival: Florence and the Great Schism 1378–1417, Madison (N. J.) 2003.
143 Einladungsschreiben: Deutsche Reichstagsakten unter König Ruprecht, 3. Abteilung: 1406–1410 (Deutsche Reichstagsakten, Ältere Reihe 6), hg. von J. Weizsäcker, Gotha 1888, Nr. 267; vgl. auch J. VINCKE, Briefe zum Pisaner Konzil (Beiträge zur Kirchen- und Rechtsgeschichte 1), Bonn 1940, Nr. 21; vgl. zum Konzil von Pisa: A. LANDI, Il papa deposto (Pisa 1409). L'idea conciliare nel grande scisma (Studi Storici), Turin 1985; J. GILL, Konstanz und Florenz (Geschichte der ökumenischen Konzilien 9), Mainz 1967, S. 29–40.
144 Vgl. etwa die eindringlichen Schreiben bei VINCKE, Briefe zum Pisaner Konzil, Nr. 31 und 32. *Scandalum in ecclesia inauditum! Intuendo viam apertam ad scisma tollendum, ad quam eciam absque aliqua obligatione pacti, promissi, iuramenti aut voti de iure divino et sub pena peccati mortalis et debito pastoralis officii obligati sunt, ac eciam contra votum, promissionem et iuramentum super hoc specialiter emissa refugiunt et contradicunt libidine dominandi et aviditate favendi bonis temporalibus et suavitatem inanis glorie degustandi, non attendentes quod ipso facto ita vivunt, ut ad duo capita ecclesiam nutriant et eius membra veluti artus dividi et lacerari paciantur* (Nr. 31, S. 69). Die Frage nach dem Recht der Kardinäle, ein solches Konzil einzuberufen, wurde in dieser Phase

Bei der Eröffnung des Konzils in Pisa hielten die Kardinäle fest, dass man von den schismatischen Päpsten die Einberufung eines Konzils vernünftigerweise nicht erwarten könne (*per nullum eorum potest racionabiliter generale concilium convocari*).¹⁴⁵ Daher sei es die Aufgabe der Kardinäle, dieses Konzil einzuberufen, zumal sie durch die Gnade Gottes wieder vereinigt seien.¹⁴⁶ Das Konzil wurde nach zögerndem Beginn schließlich gut besucht.¹⁴⁷ Allerdings blieb König Ruprecht fern, der bei der Absetzung Wenzels immerhin dessen Versagen bei der Überwindung des Schismas beklagt hatte. Ruprecht verurteilte das Pisaner Konzil und versagte damit dem durchaus aussichtsreichen Versuch, die Kirchenspaltung zu überwinden, seine Unterstützung.¹⁴⁸ Das Konzil strengte einen Prozeß gegen die beiden Schismapäpste an. Schon bei der Eröffnung hatte der führende Kopf der Kardinäle festgestellt, dass die Autorität des Konzils in der Hierarchie der Kirche an oberster Stelle stünde: *Auctoritas generalis concilii nomine universalis ecclesie congregati est summa auctoritas residens in ecclesiastica ierarchia.*¹⁴⁹

Eine solche Feststellung, wie sie auch einige Jahre später das Konzil von Konstanz traf, um seine Autorität über einen renitenten Papst zu behaupten, enthielt

---

eingehend diskutiert. Wichtige Texte aus dieser Debatte sind in den Deutschen Reichstagsakten unter König Ruprecht, 3. Abteilung: 1406–1410 (Deutsche Reichstagsakten, Ältere Reihe 6), hg. von J. Weizsäcker, Gotha 1888 und in J. VINCKE, Schriftstücke zum Pisaner Konzil. Ein Kampf um die öffentliche Meinung (Beiträge zur Kirchen- und Rechtsgeschichte 3), Bonn 1942 ediert; vgl. auch die Stellungnahmen in DERS., Briefe zum Pisaner Konzil.

145 *Stantibus contrarietate collusione et negligencia dominorum contendencium de papatu circa ablacionem scismatis per nullum eorum potest racionabiliter generale concilium convocari*; aus den Positionen, die der Mailänder Kardinal Philargi, der im Verlauf des Konzils zum Papst gewählt wurde (Alexander V.) zu Beginn des Konzils vortrug: J. VINCKE, Acta Concilii Pisani, in: Römische Quartalsschrift 46 (1938), S. 81–331, hier S. 92.

146 Ebda, S. 92: *Ad dominos cardinales sic gratia Dei unitos pertinet ad presens ex debito sui officii convocacio concilii generalis.*

147 Zum Konzil von Pisa vgl. die Texte in Anm. 144.

148 Zu Ruprechts Haltung vgl. besonders die Dokumente in Deutsche Reichstagsakten unter König Ruprecht, Bd. 3, ed. Weizsäcker, Nr. 278–301; vgl. auch die ablehnende Haltung der Universität Heidelberg gegen das Konzil in den sogenannten *Heidelberger Postillen* (ebda, Nr. 268), einem Kommentar zum Einladungsschreiben der Kardinäle nach Pisa; vgl. z. B. die Haltung zur Legitimität des Kardinalskollegiums in Form einer Glosse (ebda, S. 388): *Collegio. omne collegium illicitum, nisi reperiatur a lege viva vel mortua approbatum. Quis autem istud collegium scismaticorum, imo secundum nostram obedienciam scismatis auctorum, approbaverit, videant qui hoc scribere collegium non formidant. nonne sicut unicus debet esse Chistus vicarius ut in hoc prohemio deducitur, sic unicum debet esse collegium?* Die Heidelberger Postillen sind ein eindrucksvolles Beispiel für die Wahrnehmung des Schismas nach dem Muster „Crisis, what Crisis?".

149 VINCKE, Acta Concilii Pisani, S. 93; zur Eröffnung des Konzils vgl. auch den kurzen Sitzungsbericht (ebda, S. 91): *totaque multitudine in silencio consistente, reverendissimus in Christo pater et dominus, dominus Petrus miseracione divina sancte Romane ecclesie cardinalis, Mediolanensis communiter nuncupatus, cathedram quasi in medio considencium ascendens, indutus mitra et habitu pontificali, coram sacro generali concilio sic congregato sermonem fecit solemnissimum, in eo evidentibus conclusionibus et racionibus fundans auctoritatem dominorum cardinalium super convocacione huius sacri concilii ac ipsius concilii in presenti causa contra Petrum de Luna et Angelum Corario contendentes supradictos aliasque multum edificans ad exstirpacionem scismatis et unitatem in Dei ecclesia reducendam.*

natürlich einigen Stoff für Meinungsverschiedenheiten.[150] Doch ließ sich das Konzil in Pisa nicht beirren. In einer langen Anklageschrift, die die Genese des Schismas und seinen Verlauf ausführlich darstellte, wurde die praktische Weigerung der beiden amtierenden Päpste Gregors XII. und Benedikts XIII., ihre Zusagen zur Überwindung des Schismas einzulösen, aufgelistet.[151] Der Vorwurf lautete, dass sich die beiden Rivalen trotz ihrer wiederholten Bekundungen, zugunsten der Kircheneinheit von ihrem Amt zurückzutreten, darin einig seien, die Kirchenspaltung aufrecht zu erhalten, um Papst bleiben zu können: *Tenent etiam mutua concordia, quod melius est ecclesiam stare in divisione, ut est, quam si cogerentur ad viam mutuae cessionis.*[152] Als Folge seien die beiden als Häretiker anzusehen und hätten sich aller Würden, *auch der päpstlichen*, als unwürdig erwiesen.[153]

Das Konzil hörte eine große Zahl von Zeugen.[154] Beiden Päpsten wurden zahlreiche Hintertreibungen der Einigungsbemühungen vorgehalten. Wiederholt zitierte man die beiden Päpste vor das Konzil, um sich dort zu verantworten. Am 5. Juni 1409 erfolgte dann der Urteilsspruch gegen Gregor XII. und Benedikt XIII.. Sie wurden zu notorischen Schismatikern und Förderern des Schismas erklärt als

---

150 Zu dem weiten Feld des Themas von Konzil und Papst im früheren 15. Jahrhundert vgl. etwa Reform von Kirche und Reich. Zur Zeit der Konzilien von Konstanz (1414–1418) und Basel (1431–1449), hg. von I. Hlaváček/A. Patschovsky, Konstanz 1995; W. BRANDMÜLLER, Papst und Konzil im Großen Schisma (1378–1431). Studien und Quellen, Paderborn u. a. 1990; TIERNEY, Foundations of the Conciliar Theory, S. 162–223; Die Entwicklung des Konziliarismus (Wege der Forschung 279), hg. von R. Bäumer, Darmstadt 1976; G. DENZLER Zwischen Konziliarismus und Papalismus. Die Stellung des Papstes im Verständnis der Konzilien von Konstanz (1414–1418) und Basel (1431–1437), in: Das Papsttum in der Diskussion, hg. von dems., Regensburg 1974, S. 53–72; vgl. auch H. ANGERMEIER, Das Reich und der Konziliarismus, in: Historische Zeitschrift 192 (1961), S. 528–583; zum Konzil von Konstanz vgl. etwa die Konzilschronik des Ulrich Richenthal, Chronik des Constanzer Concils 1414 bis 1418, hg. von M. R. Buck, Stuttgart 1882; die Beschlüsse in Conciliorum oecumenicorum decreta, ed. Alberigo, S. 403–451; Th. RATHMANN, Geschehen und Geschichten des Konstanzer Konzils. Chroniken, Briefe, Lieder und Sprüche als Konstituenten eines Ereignisses (Forschungen zur Geschichte der älteren deutschen Literatur 25), München 2000; A. FRENEKEN, Die Erforschung des Konstanzer Konzils (1414–1418) in den letzten 100 Jahren (Anuarium Historiae Conciliorum 25), Paderborn 1993; W. BRANDMÜLLER, Das Konzil von Konstanz 1414–1418, Bd. 1–2 (Konziliengeschichte, Reihe A: Darstellungen), Paderborn u. a. 1991–1997; R. BÄUMER, Das Konstanzer Konzil (Wege der Forschung 415), Darmstadt 1977; J. GILL, Konstanz und Basel-Florenz (Geschichte der ökumenischen Konzilien 9), Mainz 1967.

151 Vgl. die Anklageschrift bei Sacrorum Conciliorum Nova et Amplissima Collectio, Bd. 26, hg. von J. Mansi, Paris 1903, Sp. 1195–1219; vgl. auch VINCKE, Acta Concilii Pisani, S. 133–136; LANDI, Il papa deposto, S. 186–190.

152 Sacrorum Conciliorum Nova et Amplissima Collectio, Bd. 26, ed. Mansi, Sp. 1215.

153 Ebda, Sp. 1217f.: *Decerni etiam & declarari, omnia & singula superius enarrata, fuisse & esse notoria, & super eis tamquam notoriis procedendum: & exinde memoratos contendentes, eorum quemlibet toti populo Christiano denunciari, & ostendi debere omni dignitate & honore, etiam papali, se redidisse indignos, velut notorios schismaticos, notorios fautores, & schismatis nutritores, pertinaces haereticos, & notoriis criminibus enormibus, perjurii, & violationis voti irretitos, etiam notorie scandalizantes cum incorrigibilitate, contumacia & pertinacia evidentibus & manifestis; ipsoque propter praemissas iniquitates, ne regnent vel imperent, seu praesint, a Deo & sacris canonibus fore abjectos, privatos, ac ab ecclesia praecisos, suis ligatos peccatis…*

154 Vgl. die Aufzeichnungen über die Zeugenverhöre: VINCKE, Acta Consilii Pisani, S. 143–208.

Häretiker und Eidbrecher wurden sie aus der Kirche ausgeschlossen und es wurde festgestellt, dass der päpstliche Stuhl vakant sei.[155] *Quo facto, omnes cantaverunt Te Deum laudamus*; und es wurde angeordnet, dass niemand das Konzil verlassen dürfe, der das Urteil nicht unterschrieben habe.[156] 213 Teilnehmer des Konzils unterschrieben das Absetzungsdokument.[157]

Es ist hier nicht der Ort, die Geschichte der Absetzung der Schismapäpste weiterzuverfolgen. Sie erreichte auf dem Konzil von Konstanz ihren Abschluß. Hier ging es um die Formierung der Kardinäle als gemeinschaftlicher Opposition gegen ein Papsttum, das aus eigener Kraft die schwere Krise der Kirche nicht mehr überwinden konnte. Mit dem Vorgehen der Kardinäle und des Konzils gegen die Päpste in Pisa begann das Ende einer langen Phase, in der der hierarchische Zentralismus in der Kirche ohne Alternative gewesen war. Eine Feststellung, die in dem Einladungsschreiben der Kardinäle zu dem Konzil in Pisa unter vielen anderen Feststellungen enthalten war, schlägt den Bogen zurück zum Beginn dieser Untersuchung bei der Doppelwahl von 1198 und erweist sich dabei als ein unscheinbarer Indikator des bevorstehenden Wandels. Im Einladungsschreiben der Kardinäle an die Prälaten der gespaltenen Kirche vom 24. Juni 1408 findet sich die Formulierung: *finis pastoralis officii est providere unitati gregis paci et saluti animarum populi Christi.*[158] Es war eine Bestimmung der grundsätzlichen Aufgabe des päpstlichen Amtes durch die Kardinäle.

1198 hatte die deutsche Doppelwahl einen längeren Streit um den Königs- und Kaiserthron entfacht. In diesen Konflikt hatte sich der Papst eingeschaltet, indem er nach dem Zuschnitt des Kaisertums fragte und zu dem Schluß kam, die Aufgabe sei *principaliter et finaliter* dem Papst zugeordnet, weil der Kaiser die Kirche schütze und weil der Papst ihn kröne.[159] Es war dieses grundsätzliche Nachdenken über die Aufgabe und über die Funktion des Kaisers, die das Kaisertum zum Gegenstand der Erörterung, letztlich aber auch der Verfügung und der Absetzung machte. Auf diese Krise folgte mit Friedrich II. noch einmal ein Höhepunkt der Kaiserherrlichkeit. Aber es war ein Sonnenuntergang. 50 Jahre nach den Erörterungen Innozenz' III. verlor das Kaisertum weitgehend seine politische Rolle als Akteur auf derselben Ebene mit dem Papsttum. Ganz so erging es dem Papsttum nach dem Ende des großen Schismas nicht. Aber als das Schisma so verfahren erschien, dass die Kardinäle ohne die Päpste ein Konzil einberiefen, um die beiden Rivalen abzusetzen und durch die Wahl eines neuen Papstes die Kirchenspaltung zu überwinden, da fand sich in ihrer Einladung eben diese Formulierung, die eine grundsätzliche Funktionsbestimmung des Amtes vornahm.

---

155 Sacrorum Conciliorum Nova et Amplissima Collectio, Bd. 26, ed. Mansi, Sp. 1146–1148; vgl. auch VINCKE, Schriftstücke zum Pisaner Konzil, 177–205.
156 Sacrorum Conciliorum Nova et Amplissima Collectio, Bd. 26, ed. Mansi, Sp. 1148: ... *fuitque ulterius ordinatum, quod nullus recedat de synodo absque licentia, et donec se subscripserit in sententia praelibata.*
157 VINCKE, Schriftstücke zum Pisaner Konzil, S. 178–205.
158 Deutsche Reichstagsakten unter König Ruprecht, Bd. 3, ed. Weizsäcker, Nr. 267 (70), S. 382.
159 Vgl. dazu Kapitel 1.

Der Vorgang war durchaus ähnlich. Hier wurde über das päpstliche Amt nachgedacht. Und zwar nicht in der affirmativen Weise, die man während der zurückliegenden 200 Jahre entwickelt hatte, und auch nicht von irgendeinem scharfen Gegner des Papstes, die es auch immer gegeben hatte, sondern an der Kurie, und es waren Überlegungen zur Funktion des Amtes. Der Gedanke, was sein würde, wenn das Amt diese Funktion nicht mehr erfüllte, wurde noch nicht ausgesprochen, aber er erschien am Horizont. Nicht die Formulierung als solche ist das eigentlich Spannende, sondern die Umstände, die diese Formulierung hervorgebracht hatten. Hier kündigte sich eine Differenzierung der Deutungshoheit an. Das Haupt sah sich in Frage gestellt. Seine Geschichte endete damit nicht, und das Papsttum blieb dort, wo es nicht in Frage gestellt wurde, eine unumstrittene monarchische Spitze, aber es eröffneten sich Spielräume für alternative Entwicklungen. Dies war das Entscheidende, und es kündigte sich hier an. Nicht alle Parallelen sind sinnvoll, und man mag in manchen Fällen fragen, inwieweit es sich überhaupt um Parallelen handelt. Aber in dieser Untersuchung geht es um den historischen Wandel und um seinen Rhythmus. Insofern ist es einen Hinweis wert, dass das Kaisertum 100 Jahre nach dem Beginn dieser grundsätzlichen Überlegungen zu seiner Aufgabe in den Zugeständnissen Albrechts von Habsburg an Bonifaz VIII. im Jahre 1303 sein Selbstverständnis gegenüber dem Papsttum erheblich zurücknahm.[160] Anders war die Kaiserkrone nicht mehr zu erlangen (auch wenn Albrecht sie infolge der Umstände gar nicht erlangte). Das Papsttum sah sich gut 100 Jahre nach dem Konzil von Pisa mit der Reformation einem ebenfalls erheblichen Bedeutungsverlust gegenüber. Mit diesem Ausblick auf das Ende des Mittelalters kommt die Bestandsaufnahme des institutionellen Wandels seit dem späten 12. Jahrhundert an ihr Ende, und es gilt abschließend einen Blick auf den Charakter dieses Wandels zu werfen.

---

[160] Vgl. die Konsistorialrede Bonifaz' VIII. anläßlich der Verhandlungen mit den Gesandten Albrechts über die Vergabe des Kaisertitels an den Habsburger (MGH Constitutiones, Bd. 4,1, ed. Schwalm, Nr. 173 (I) und die Anerkennung der päpstlichen Ansprüche durch Albrecht (ebda, Nr. 181: *Iuro eciam, tactis sacrosanctis ewangeliis, quod ero fidelis et obediens beato Petro et vobis vestrisque successoribus canonice intrantibus sancteque apostolice Romane ecclesie*).

Kapitel 10

Schluss: Die Dynamik des historischen Wandels

Diese Studie behandelt den historischen Wandel im späten Mittelalter. Zwei Jahrhunderte sind eine lange Zeit, deren innerer Zusammenhang nur durch menschliche Erinnerung gestiftet werden kann. Neben der Erinnerung wirkten zahlreiche Faktoren stabilisierend oder verändernd auf die politische Ordnung. Unser Hauptaugenmerk galt indes der Dynamik der Traditionsbildung, der Frage, ob sich bei der vergleichenden Untersuchung dreier unterschiedlicher Entwicklungen mit einem jeweils inneren Zusammenhang und gemeinsamen Bezügen Übereinstimmungen erkennen ließen – Übereinstimmungen, die es erlaubten, von historischen Rhythmen im späten Mittelalter zu sprechen. Dabei geht es nicht um die Feststellung fester Muster oder gar um die Formulierung von vermeintlichen Gesetzmäßigkeiten des Wandels. Diese Versuche hat die Geschichtswissenschaft mit guten Gründen hinter sich gelassen. Aber es geht um die Frage, inwieweit der historische Wandel in drei unterschiedlichen Ländern (wenn wir die Kurie einmal systematisch als einen monarchischen Hof behandeln), der sich parallel vollzog, Gemeinsamkeiten zeigte, die sich als Eigenschaften einer historischen Epoche verstehen lassen. Immerhin bestanden zwischen dem Reich, England und der Kurie in diesen zwei Jahrhunderten vielfältige Bindungen und Beziehungen. Und die ausgewählten Problemfelder – deutsche Königswahl und Formierung des Kurfürstenkollegs, die Ausbildung der englischen Regierungsform durch König, Berater und Parlament sowie die spezifischen Bedingungen der zentralen Kirchenleitung durch Papst und Kardinäle – wiesen in vielfältiger Hinsicht über die jeweiligen Reiche hinaus.

Es geht um die Dynamik der Entwicklung zwischen 1198 und 1411 – das bedeutet, um die Momente, in denen die institutionelle Ordnung im Reich, in England und an der Kurie eine Krise durchlebte und eine präzisere Festlegung erfuhr. Eine grundsätzlich neue Richtung leiteten die untersuchten Prozesse nicht ein. Aber sie führten die widerstreitenden Positionen der Akteure, die im Reich, in England und an der Kurie das Geschehen bestimmten, zu einer belastungsfähigen politischen Ordnung zusammen. Das bedeutete nicht, dass Konflikte dadurch vermieden werden konnten. Die Absetzung aller drei monarchischen Häupter am Ende des hier untersuchten Zeitraumes zeigte vielmehr die weiterhin bestehenden enormen Spannungen. Aber die Grundlage, auf der diese Krisen bewältigt wurden, war erkennbar breiter geworden, und sie zeigte auch bei den rivalisierenden Konfliktparteien so viel erkennbare Gemeinsamkeiten, dass wir von einem Verfassungskonsens sprechen können, einer Übereinstimmung in den wesentlichen Elementen des politischen Prozesses. Die konkreten Verläufe solcher politischen Entscheidungsprozesse konnten in den hier verglichenen Reichen sehr unterschiedlich sein. Doch die Fragestellung zielte weniger auf den jeweils konkreten Verlauf der institutionellen Formierungsvorgänge, als vielmehr auf vergleichbare Herausforderungen.

Bei der Frage nach den Übereinstimmungen in der inneren Dynamik institutioneller Formierungsprozesse im Reich, in England und an der Kurie ist eine Gemeinsamkeit nicht zu übersehen. Die Erinnerung, die den inneren Zusammenhang der politischen Tradition stiftete, war als menschliche Erinnerung weniger vom Standort als von den Lebens- und Kommunikationsbedingungen der Epoche abhängig. Die Frage menschlicher Erinnerung hat in der Konsequenz auch eine anthropologische Dimension. Die anthropologische Perspektive ist für Historiker kein einfaches Feld, und sie würde den Rahmen dieser Untersuchung sprengen, aber ein Ausblick ist doch möglich. Er eröffnet in diesem Fall vor allem einen Blick auf die Überlegungen der Juristen und die Erfahrungen der Missionare.

Sie waren es, die von Zeit zu Zeit Erfahrungen damit machten, wie lange es dauerte, Menschen für einen neuen Glauben zu gewinnen und die darüber Betrachtungen anstellten. Dafür gab es Vorbilder: Als Gott seinen Bund mit Abraham schloß und ihm in Aussicht stellte, dass seine Nachkommen so zahlreich sein würden, wie die Sterne am Himmel, da eröffnete er ihm auch einen Blick in die Zukunft dieses Geschlechts.[1] Er sagte ihm die Zeit in Ägypten als eine Zeit der Prüfung voraus, versprach ihm aber die Rückkehr nach Israel: *Du aber wirst in Frieden zu deinen Vätern heimgehen; in hohem Alter wirst du begraben werden. Erst die vierte Generation wird hierher zurückkehren; denn noch hat die Schuld der Amoriter nicht ihr volles Maß erreicht.*[2] Es ging um die Bedingungen eines Neuanfangs, für den der Stamm alte Verflechtungen (mit den Amoritern) hinter sich lassen mußte. In der Perspektive unserer Untersuchung ist dies die Frage nach der Dauer der Entfremdung. Für eine vollständige Entfremdung von alten Gebräuchen veranschlagte die Genesis drei bis vier Generationen. Erst die vierte Generation hatte sich aus den alten Verstrickungen gelöst und war bereit für einen neuen Beginn. In dieser frühen Phase läßt sich aus einer solchen Feststellung noch kein genauerer Zeitraum ableiten, da die Gründungsväter des Volkes Israel eindrucksvolle Lebensalter erreichten. Aber auch nach der Annäherung an das Lebensalter, das in Antike und Mittelalter erreicht werden konnte, blieben die drei bis vier Generationen ein Zeitraum, in dem ein sozialer Verband alte Traditionen hinter sich lassen und neue begründen konnte. In diesem Zeitrahmen vollzog sich die Annahme des christlichen Glaubens durch die heidnischen Normannen im nordwestlichen Frankenreich.[3] Nun erstreckte sich die Dauer von drei bis vier Generationen über die Dauer von etwa 120 Jahren. Dabei ging es nicht um den Glaubenswechsel einzelner Menschen oder von kleineren Familienverbänden, sondern um den Glaubenswechsel einer heterogenen Volksgruppe, die unter den einfachen Kommunikati-

---

[1] Gen. 15.
[2] Gen. 15, 15–16.
[3] Vgl. dazu M. KAUFHOLD, Die wilden Männer werden fromm. Probleme der Christianisierung in der Frühzeit der Normandie, in: Historisches Jahrbuch 120 (2000), S. 1–38, bes. S. 33–36.

onsbedingungen der Zeit ein Gebiet von einer gewissen Erstreckung bewohnte, was die Wirkung spontaner Glaubensübertritte Einzelner begrenzte.

In dieser frühen Phase der mittelalterlichen Geschichte wurde die Dauer einer solchen Abkehr von den alten Überzeugungen von den Zeitgenossen noch nicht eingehender reflektiert, aber als dies schließlich geschah, formulierten die Theoretiker die Erwartung, dass es drei bis vier Generationen erfordere, um alte Traditionen zu überwinden. Darum ging es ja bei der Frage, wie lange die Schuld der Väter ihre Nachfahren binden würde – eine Frage, die Innozenz III. im Thronstreit von 1198 in Hinblick auf die staufische Herkunft Philipps von Schwaben mit einem Zitat aus Exodus 20,5 beantwortete: *Denn ich, der Herr, dein Gott, bin ein eifersüchtiger Gott: Bei denen, die mir feind sind, verfolge ich die Schuld der Väter an den Söhnen, an der dritten und vierten Generation*.[4] Entsprechend hatte der Papst die Thronansprüche der staufischen Kandidaten Philipp und Friedrich aus dem Geschlecht von Verfolgern der Kirche bekämpft.[5] Auch für den Erwerb des Glaubens, also für den umgekehrten Prozess, formulierte Johannes Duns Scotus gegen Ende des 13. Jahrhunderts die Vorstellung, dass die Kinder von Juden oder Ungläubigen, die man durch Druck zur Taufe bewegt habe, bei guter Erziehung, in drei bis vier Generationen zu wahren Gläubigen würden.[6] Um die Mitte des 13. Jahrhunderts hatte Bernhardus Parmensis in seiner Glossa Ordinaria zur Dekretale *Venerabilem* in Hinblick auf die Einführung einer neuen Rechtstradition (Erbrecht in der Thronfolge) die Ansicht vertreten, dass eine dreifache ununterbrochene Thronfolge das Erbrecht begründe (*Tres successiones continue viderentur ius successionis inducere*), er hatte diese Spanne, die der allgemeinen Erfahrung entsprang allerdings aus systematischen Erwägungen in einem zweiten Schritt verkürzt, weil die einfache Wiederholung bereits eine Rechtsgewohnheit begründe.[7]

Wenn Bernhard hier aus formalen juristischen Gründen die Spanne zur Begründung einer neuen Rechtstradition in einem zweiten Schritt von drei auf zwei Generationen verkürzt, so stützt das das drei bis vier Generationen Muster nicht uneingeschränkt, aber es gibt einen wertvollen Hinweis auf die reale Erinnerungsfähigkeit eines sozialen Verbandes und läßt damit die Voraussetzung für den

---

4   Innozenz III. (in leichter Variation), Regestum Innocentii III, ed. Kempf, Nr. 33, S.109: *Ego sum Deus zelotes vindicans peccata patrum in filios usque in tertiam et quartam proieniem in hiis qui oderunt me.*
5   Vgl. dazu oben Kapitel 1.
6   Quaestiones in Quartum Librum Sententiarum, dist. 4, q. 9: *Immo quod plus est, crederem religiose fieri ipsi parentes cogerentur minis et terroribus ad susciendum Baptismum, et ad conservandum postea susceptum, quia esto quod ipsi non essent vere fideles in animo, tamen minus malum esset eis, non posse impune legem suam illicitam servare, quam posse eam libere servare. Item filii eorum, si bene educarentur in tertia et quarta progenie, essent vere fideles* (Johannis Duns Scoti Opera Omnia, Bd. 16, ed. L. Wadding, Paris 1894, S. 487–489, hier S. 489).; zu Duns Scotus vgl. etwa É. GILSON, Jean Duns Scot. Introduction a ses position fondamentales (Études de Philosophie Médiévales 42), Paris 1952.
7   Bernardus Parmensis, Glossa Ordinaria zu *Venerabilem*: *Ex successione: Tres successiones continue videntur ius successionis inducere, immo due, quia binus actus inducit consuetudinem, arg. 25.q.2. Ita nos, et C. de episcopali audientia. Nemo...* in: SCHIMMELPFENNIG, Die deutsche Königswahl, Bd. 1, S. 38.

Wandel innnerhalb von drei bis vier Generationen deutlicher hervortreten. Wenn die einfache Wiederholung bereits eine Rechtsgewohnheit begründete, dann griff die Argumentation mit dieser Gewohnheit nach modernen Kategorien nur in die jüngere Vergangenheit zurück. Die Einschätzung des Bologneser Legisten Azo († 1220), der um die Zeit des Thronstreites von 1198 lehrte, bestätigt diesen Eindruck. Bei der Antwort auf die Frage, wann man von einer lange gültigen Rechtsgewohnheit sprechen könne (*Consuetudo longa quae dicitur*), formulierte er die Erwartungen zurückhaltend.[8] Man könne wohl bei einem Zeitraum von 10 bis 20 Jahren von einer langen Gültigkeit sprechen. Sehr viel besser sei ein sehr langer Rechtsgebrauch, das seien 30 Jahre, oder sogar ein langjähriger Rechtsgebrauch, das bedeute 40 Jahre.[9] Die Berufung auf eine alte Tradition, die in den hier untersuchten Vorgängen verschiedentlich formuliert wurde, bedeutete also keinen sehr weiten Rückgriff. Und die Feststellung, dass eine Praxis eine bewährte Rechtsgewohnheit sei, bedeutete unter Juristen – die die hier untersuchten Texte mehrheitlich verfaßt hatten –, dass die Rechtsgewohnheit, auf die man sich berief, bereits zwei Mal praktiziert worden war.[10] Wir können daraus schließen, dass neue Rechtstraditionen relativ schnell entstehen konnten, wenn die historische Konstellation dazu führte, dass bestimmte Verfahren häufiger zum Einsatz kamen. Hostiensis fand dafür die die schöne Formulierung, dass eine Rechtsgewohnheit schneller zur Reife gelange (*consuetudo citius maturatur*).[11]

Die Spanne von 40 Jahren als eine Zeit, in der sich ein Wandel vollzog, oder, falls er ausblieb, in der sich ein Rechtstitel verfestigte, ist in dieser Untersuchung bereits vorgestellt worden.[12] *Der Zorn des Herrn entbrannte über Israel, und er ließ sie vierzig Jahre lang in der Wüste unherirren, bis die ganze Generation ausgestorben war, die getan hatte, was dem Herrn mißfiel* (Num, 32,13). Auch für die Frist von 40 Jahren bot das Alte Testament ein prominentes Beispiel, in der von Moses geführten Wanderung des Volkes Israel, bevor es soweit war, das Heilige Land in Besitz zu nehmen. Der Zeitrahmen von 40 Jahren bot den Kanonisten eine Orientierung für die Zeit, die über die Qualität von Rechtsansprüchen entschied.[13]

Die Zeitspannen von drei bis vier Generationen und von 40 Jahren, das läßt der altestamentarische Bezug erkennen, waren keine spezifisch mittelalterlichen

---

8   Der Text Azos bei R. WEHRLE, De la coutume dans le droit canonique: essai historique des origines de l'eglise au pontificat de Pie XI, Paris 1928, S. 139f.
9   Ebda: *Et quidem longa consuetudo dici potest illa quae X vel XX annis inducitur. Multo magis longissimo tempore, id est XXX. Vel longaevo, id est XL annorum et potest hoc aperte probari per legem.*
10 Azo (WEHRLE, De la coutume, S. 140): *Consuetudo an una sententia inducatur, vel an duabus? Illud quaeret aliquis numquid sufficiat semel intra X vel XX annos ita esse iudicatum? Respondeo non, quia duabus vicibus ad minus consuetudo dici potest, ut C. de episcopa audientia l. III ub fine.*
11 Hostiensis, Summa ad X, I. de consuetudine (WEHRLE, De la coutume, S. 161).
12 Vgl. oben Kapitel 4
13 Vgl. dazu etwa Th. F. Th. PLUCKNETT, Legislation of Edward I, 2. Aufl. Oxford 1962, S. 6f.; vgl. dazu auch M. T. CLANCHY, Remembering the Past and the Good Old Law, in: History 55 (1970), S. 165–176, S. 172; vgl. zu der Bedeutung der Phase von 40 Jahren zudem J. A. WAHL, Immortality and Inalienability: Baldus de Ubaldis, in: Medieval Studies 32 (1970), S. 308–328, hier S. 321.

Erfahrungswerte. Tatsächlich findet sich der innere Zusammenhalt über drei bis vier Generationen einer Familie nicht nur im Nürnberger Patriziat des späten Mittelalters, sondern auch bei den Buddenbrooks im Lübeck des 19. Jahrhunderts.[14] Ein Modell für die Erhaltung und den Wandel von Traditionen, das vom Buch Exodus bis zu den Buddenbrooks eine gewisse Geltung beanspruchen kann, ist nur bedingt für die historische Analyse spätmittelalterlicher Phänomene geeignet – wenn man den spezifischen Rhythmus der zwei Jahrhunderte zwischen ca. 1200 und 1400 herausarbeiten möchte. Beide Zeitspannen, die von drei – vier Generationen und die von etwa 40 Jahren, spielen bei der Unterscheidung von kommunikativem und kulturellem Gedächtnis eine Rolle, die Jan Assmann in jüngerer Zeit verschiedentlich vorgestellt hat.[15]

Nach drei bis vier Generationen endet die Vermittlung einer Tradition durch direkte Vermittlung, etwa vom Vater auf den Sohn und dann erneut auf den Sohn, Schwiegersohn oder Neffen, und die Inhalte der Tradition, die bewahrenswert erscheinen, werden in eine abstrahierte schriftliche Form überführt. Ihre weitere Bewahrung geht damit von den bisherigen Akteuren auf eine Gruppe von Spezialisten über, deren Verbindung zum bisherigen Milieu der Traditionsvermittlung nicht eindeutig ist. Die eigentliche Herausforderung stellt sich in der Regel schon nach etwa 40 Jahren: „Vierzig Jahre sind ein Einschnitt, eine Krise in der kollektiven Erinnerung. Wenn eine Erinnerung nicht verloren gehen soll, dann muß sie aus der biographischen in kulturelle Erinnerung transformiert werden".[16]

Dieses Modell menschlicher Traditionsvermittlung erweist sich bei genauerer Prüfung als zu schematisch für die hier untersuchte Zeitspanne, es liefert aber einige wertvolle Zugänge zum Verständnis der Dynamik der Zeit zwischen 1198 und 1411. Tatsächlich traten ja die Verfassungskrisen in England und im Reich während dieser zwei Jahrhunderte zunächst in einem Abstand von etwa 40 bis 50 Jahren auf: in England 1215, 1258–65 (Baron's war) und 1311 (New Ordinances); im Reich 1198–1215, 1239/45 (Exkommunikation und Absetzung Friedrichs II.) und 1298 (Absetzung Adolfs von Nassau), außerdem 1257 (Doppelwahl Richards von Cornwall und Alfons' X.) und 1314 (Ludwig der Bayer, Friedrich von Habsburg). Auf diesen Rhythmus haben wir bereits verwiesen. In den genannten Fällen läßt sich zwar eine Traditionslinie ausmachen (Doppelkönigtum im Reich, Frage der Entscheidungskriterien; Begrenzung der königlichen Macht in England), aber der Übergang von einer persönlich vermittelten zu einer vor allem schriftlich bewahrten Erinnerung läßt sich in den ersten ca. 120 Jahren trotz mancher Ansätze kaum erkennen. Auffällig war vielmehr das nachdrückliche Eintreten der englischen

---

14 Vgl. zum Nürnberger Patriziat im späten Mittelalter die Habilitationsschrift von Peter FLEISCHMANN, Die Herrschaft der Ratsgeschlechter in der Reichsstadt Nürnberg vom 13. bis zum 18. Jahrhundert (Nürnberger Forschungen 31/1–3), Nürnberg 2008; außerdem Thomas MANN, Buddenbrooks. Verfall einer Familie (Gesammelte Werke in Einzelbänden 3), Frankfurt 1981.
15 ASSMANN, Das kulturelle Gedächtnis, vgl. bes. S. 48–56 und 196–228.
16 Ebda, S. 218.

Barone für die mündliche politische Tradition im Jahr 1311. Der eigentliche Übergang von einer vorwiegend mündlichen zu einer nun schriftlich bewahrten Tradition begann in den 1320er und 1330er Jahren, also in etwa nach der Spanne von drei bis vier Generationen. Allerdings war dies ein allmählicher Übergang, der zunächst noch nicht zu einer schriftlichen Aufzeichnung der wichtigen Vorgänge führte. Das läßt sich etwa daran erkennen, dass die Absetzung Edwards II. 1327 in keinem offiziellen Dokument festgehalten wurde. Man wird auch fragen können, ob der Übergang von einem mündlich tradierten Gedächtnis zu einem kulturellen Gedächtnis erfolgte oder ob dieses nun schriftgestützte Gedächtnis nicht eher ein Verfassungsgedächtnis war, das weitgehend von Spezialisten des Rechts bewahrt wurde. Und damit kommen wir zu einem Kern des Problems.

Bei der Untersuchung des institutionellen Wandels zwischen 1198 und 1411 hat sich wiederholt gezeigt, dass die treibenden Kräfte vor allem aus dem Adel kamen. In Hinblick auf die Kurie lag das bereits in der Fragestellung begründet, aber auch im Reich und in England waren es vor allem die hochadeligen Akteure, die einen regelmäßigen Umgang mit dem König hatten bzw. die ihn wählten. Sie agierten zumeist nicht allein, sondern wurden von Adligen einfacheren Standes, von Herren oder auch von Bürgern unterstützt. Die Haltung der Stadt London erwies sich im Fall der *Magna Carta* als sehr bedeutend. Im Reich konnten sich die Großen im früheren 13. Jahrhundert noch an der Königswahl beteiligen, bevor der Kreis der Kurfürsten zu einem exklusiven Gremium wurde. In England wurden die Gentry und die Vertreter der Städte im Zuge der allmählichen Formalisierung wichtiger Beratungsvorgänge mit dem König in gewisser Weise in das politische Geschehen integriert. Und dennoch läßt sich an den hier untersuchten Verfassungskonflikten und Reforminitiativen erkennen, dass es sich nicht um die lineare Entwicklung einer *Gesellschaft* handelte. Dazu waren die Interessen zu unterschiedlich. Tatsächlich scheint der Kreis der Akteure, die im Reich und in England im Verlauf des 14. Jahrhunderts dem König gefährlich wurden oder Reformen bewirkten, eher kleiner geworden zu sein. Die unterschiedlichen sozialen Gruppen, die etwa die Tradition der *Magna Carta* bewahrten, oder die an die Anerkennung eines gewählten römisch-deutschen Königs bestimmte Bedingungen knüpften, setzten unterschiedliche Verfahren der Traditonswahrung ein. Dafür spricht Einiges.

Während die englischen Barone bis weit in das 14. Jahrhundert hinein nur ein begrenztes Interesse an einer akkuraten schriftlichen Form der Magna Carta zeigten, hatte der häufigere Gebrauch dieses Textes durch die Gentry in den englischen Gerichten zumindest seit der Mitte des 13. Jahrhunderts einen anderen Umgang mit dem Wortlaut befördert. Das lag auch in der Natur der Machtverhältnisse. Wer im normalen politischen Umgang mit einem König stand, der bereit war zuzuhören, der konnte die Wirkungen der *Magna Carta* regelmäßig erfahren. Für diese Männer war der genaue Wortlaut weniger von Bedeutung. Das galt nicht für einen Adeligen aus einfacherer Familie, der unter Berufung auf die *Magna Carta* gegen seinen eigenen Lehnsherren Klage führte. Anders war dies in den untersuchten Krisenfällen, in denen der König sich Beratungen nicht zugänglich zeigte oder den Großen das Gefühl vermittelte, er wolle die Entscheidungen ohne Rücksprache treffen. In diesen Situationen kam der schriftlichen Aufzeichnung von Reformforderungen eine verstärkte Bedeutung zu. Die Frage dieser Untersuchung zielte auf die Abfolge dieser Situationen und auf ihren inneren Zusammenhang. Wie lange dauerte es, bis eine Entscheidung darüber fiel, ob wiederholt vorgebrachte Reformforderungen zu einem anerkannten Teil des Verfassungskonsenses wurden, auf dem im Reich und in England die politische Ordnung basierte? Die große Entwicklung führte im Reich von der langen Doppelwahlkrise 1198–1215 über die etwas unklare Zeit mit verschiedenen abwesenden Thronaspiranten 1257–73 und die habsburgisch-wittelsbachsche Thronkonkurrenz 1314–25 zur *Goldenen Bulle* 1356. Deren Rezeption erforderte jedoch nochmals etwa ein halbes Jahrhundert und war erst nach dem Doppelkönigtum von Wenzel und Ruprecht 1400–10 faßbar. In der Krise 1411 wurde erkennbar, dass die Klärung dringender Fragen zum Kollegium der Kurfürsten und auch zum Procedere der Königswahl von allen Betroffenen durch die Heranziehung der Goldenen Bulle versucht wurde. Nach der Doppelwahl von 1198 hatten sich die konkurrierenden Parteien auf unterschiedliche Rechtstraditionen berufen, so dass eine institutionelle Klärung des Thronstreits nicht möglich war. Es war ja nicht geklärt, welche Institution in dieser Frage zuständig war. Das hatte sich zu Beginn des 15. Jahrhunderts deutlich geändert. Damit endeten die Konflikte nicht, aber ihr Austrag wurde institutionell möglich. Im Jahr 1411 gab es in der Geschichte des mittelalterlichen Reiches die letzte gespaltene Wahl. Es war ein langer Weg gewesen. Die erste historische Argumentation, die sich dezidiert auf eine schriftliche Überlieferung stützte, ist im Reich um 1339 mit Lupold von Bebenburg festzustellen. Lupold brachte die aktuelle Verfassungsdiskussion (*Weistum von Rhense*) und die schriftgestützte historische Tradition zusammen. Wie sich etwa 60 Jahre später bei Job Vener zeigen sollte, der bei seinem Kommentar zur *Goldenen Bulle* auf Lupold zurückgriff, erhielt die schriftliche Traditionsbildung damit eine bedeutende Verstärkung. Diese Phase, in der die Texte der schriftlichen Tradition eine institutionsbildende Wirkung entfalteten, brachte noch andere Texte hervor, die Extrempositionen formulierten (*Licet iuris*), aber sie führte nach der Abkühlung der Konflikte um Ludwigs Krone 17 Jahre später zur *Goldenen Bulle*.

Das war gewissermaßen die Zeitspanne, die die Konflikte um den deutschen Thron im 13. Jahrhundert zur inneren Klärung benötigt hatten (1198–1215 und 1257–73). 16 bis 17 Jahre waren eine Zeit, in der der persönliche und inhaltliche Zusammenhang eines drängenden Verfassungsthemas erhalten blieb, in der es aber auch möglich war, Positionen zu wechseln oder zu korrigieren. Es war gewissermaßen die Zeitspanne, innerhalb derer aktuell aufgeworfene Fragen in einen tragfähigen Konsens überführt werden konnten. Dies waren Fragen wie „Wer von den zwei oder drei Konkurrenten wird König?" oder „Wieviele Wähler beteiligen sich an der Wahl – sechs oder sieben?" oder „Welche Rolle spielt die Kurie bei der deutschen Königswahl". Möglich war die Klärung in diesen Fällen jedoch erst nach dem Ausscheiden wichtiger Konkurrenten um den deutschen Thron. Während der Phase von 16–17 Jahren blieb die aufgeworfene Frage nach den Maßstäben der Zeit virulent. Die grundsätzlichen Fragen zu beantworten („Wie wird der römisch-deutsche König bestimmt?"), dauerte dagegen erheblich länger. Dies war im Jahre 1198 die eigentlich wichtige Frage gewesen. Sie war in dieser grundsätzlichen Form aufgeworfen worden, weil die Ansprüche an die Legitimation der zentralen Institutionen des Reichs seit dem späten 12. Jahrhundert stiegen. Die Sprache der Juristen erforderte eine grundsätzliche Festlegung des Wahlverfahrens.

Mit dem Ende der großen Königsdynastien stellte sich dieses Problem seit der Mitte des 13. Jahrhunderts in regelmäßigen Abständen bis 1411. Tatsächlich waren die Krisen im Abstand von etwa 40–50 Jahren aufgetreten. Dieser Abstand umfaßte in etwa die Spanne einer politisch aktiven Generation und damit auch die Spanne der aktiven Zeit eines Königs. Friedrich II. war fast 56 Jahre alt geworden. Der Tod eines Königs erhöhte natürlich die Wahrscheinlichkeit einer Doppelwahlkrise. Andererseits begann die Krise um Friedrichs Herrschaft schon einige Jahre vor seinem Tod, und bis es zur Absetzung Adolfs von Nassau 1298 bzw. zur Doppelwahl 1314 kam, hatte es mehr als einen König auf dem deutschen Thron gegeben.

Die Pflege der mündlichen politischen Tradition, die sich etwa am Beispiel des Grafen von Lincoln verfolgen ließ, der im Jahre 1312 auf dem Sterbebett seinen Schwiegersohn zur Wahrung der Freiheitsrechte und des Geistes der Magna Carta verpflichtete, beförderte im Abstand von etwa 40–50 Jahren die Erneuerung zentraler Anliegen der Großen des Reiches.[17] Diese Traditionspflege durch persönliche Verpflichtung und persönliches Vorbild über die Generationen endete auch nicht am Ende des 13. Jahrhunderts, als die Bedeutung der schriftlichen Tradition erkennbar zunahm. Eine Wiederholung nach 40–50 Jahren war indes noch keine Entwicklung, und die Fragestellung dieser Untersuchung zielte ja auf die Ausbildung von Institutionen als Antwort auf die Fragen nach dem Modus der Königswahl bzw. nach der Einbindung der königlichen Herrschaft in die Abstimmung mit den politisch bedeutenden Kräften des Königreichs.

Die institutionelle Formierung des politischen Verfahrens in England durch die Verabschiedung von Statuten in einem parlamentarischen Verfahren und in Deutschland durch die klare und umfassende Regelung des Königswahlverfahrens im *Weistum von Rhense* und in der *Goldenen Bulle* setzte in den 1330er Jahren ein. Ab dieser Zeit ließ sich ein belastbarer Verfassungskonsens über die Bestandteile des Verfahrens, in dem der englische König die *communitas regni* an seiner Regierung beteiligen mußte und in dem die deutschen Fürsten den römischen König in sein Amt wählten, feststellen. Die Reflexion dieses Konsenses auf der Höhe der schriftlichen Theoriebildung der Zeit setzte dagegen erst am Ende des 14. Jahrhunderts im Umfeld der verschiedenen Herrschaftskrisen in England und im Reich ein.

Dieser Befund zeigt nicht nur eine zeitliche Parallelität in der Wirkungsgeschichte der schriftlichen Traditionsbildung in den beiden sehr verschiedenen Königreichen – bei allen Unterschieden in den jeweiligen Entwicklungen. Er zeigt auch die erhebliche Leistungsfähigkeit der mündlichen Traditionswahrung, die es vermochte, wesentliche Elemente des Reformprogramms und der Kriterien für eine gültige Königswahl, die zwischen 1198 und 1215 erstmalig schriftlich formuliert wurden, über die lange Zeit von drei bis vier Generationen zu vermitteln,

---

17   Vgl. dazu besonders Kapitel 6.

bevor diese zu entscheidenden Momenten der Schrifttradition wurden. Zwar hatte die *Magna Carta* viele wichtige Einzelbestimmungen bewahrt, die der König den Baronen im Juni 1215 in Runnymede zugestanden hatte, aber gerade die Regelungen der Beratung und der Kontrolle des Königs waren wegen ihrer Schärfe schon nach wenigen Jahren aus dem Katalog der weiterhin tradierten *Magna Carta* herausgefallen. Die Kontrolle des Königs, die der Artikel 61 vorgesehen hatte, konnte sich nicht durchsetzen, aber das Verfahren wurde als Ultima ratio gegenüber einem König, der den Rat seiner Barone zurückwies, in den großen Verfassungskrisen nach der *Magna Carta* wieder vorgebracht. Im Reich waren wichtige mögliche Kriterien einer gültigen Königswahl in der Krise nach 1198 nicht schriftlich überliefert worden. Die schriftliche Bewahrung der Positionen ist weitgehend der Registrierung Innozenz' III. zu verdanken. Die ersten zwei Jahrzehnte der gesicherten Herrschaft Friedrichs II. nach der Niederlage Ottos IV. waren eine Zeit, in der bedeutende verfassungsgeschichtliche Texte abgefaßt wurden (*Confoederatio cum principibus ecclesiasticis*, 1220; *Statutum in favorem principum*, 1231/32, *Mainzer Reichslandfrieden*, 1235), aber keiner dieser Texte, die einen grundsätzlichen Charakter haben sollten, hatte die Regelung der offenen Wahlfragen aus der Doppelwahl zum Gegenstand. Den ersten Versuch, den Hergang des Königswahlverfahrens als Regel aufzuzeichnen, unternahm in diesen Jahren der *Sachsenspiegel* (1220–35), aber der *Sachsenspiegel* war eine private Aufzeichnung aus dem Norden des Reiches, der für die gerade wieder erstarkte staufische Königsdynastie eine ferne Landschaft war. Gerade hier können wir mit dem Sachsenspiegel und mit der durch den päpstlichen Legaten überlieferten Intervention der Lübecker im Jahre 1252, die zur Nachwahl Wilhelms von Holland führte, eine Rechtsüberlieferung fassen, die auch schriftliche Texte hervorbrachte, die aber nicht von diesen Aufzeichnungen abhängig war. Diese Tradition mündete auch im 14. Jahrhundert nicht in ein besonderes Interesse für die *Goldene Bulle*. Der Herzog von Sachsen hatte zunächst keine Ausfertigung erworben.

In England hatte die schriftliche Überlieferung im Umfeld des englischen Königtums zu Beginn des 13. Jahrhunderts einen ganz anderen Umfang und einen anderen Stellenwert in der Regierungspraxis des Königtums, aber die Überlieferung der frühen Ausfertigungen der *Magna Carta* war fast ausschließlich durch die Initiative des Erzbischofs von Canterbury Stephen Langton erfolgt. Die Barone hatten kein erkennbares Interesse gezeigt, eine eigene Kopie des langen Textes der ersten Magna Carta zu besitzen. Etwa 120 Jahre später wurde die schriftliche Form für die politischen Entscheidungsverfahren in England zunehmend verbindlich.

Seit den 1320er Jahren nahm der Stellenwert, den die Akteure in England und im Reich einem schriftlich fixierten Programm für die künftige Regierungspraxis einräumten, allmählich, aber erkennbar zu. In besonderer Weise war dieser Versuch einer Begrenzung herrschaftlicher Spielräume im weiteren Umfeld des Kampfes von Ludwig dem Bayern mit der Kurie zu beobachten. Der Versuch, der mit Ludwig verbündeten franziskanischen Opposition, bestimmte zentrale Anliegen ihres Ordenslebens für alle Zeiten zu fixieren, indem man sie zu der besonderen Qualität einer Glaubenswahrheit erhob, sollte diese Regelungen im Grunde dem Wirken der Geschichte entziehen. Diese Grundanliegen der franziskanischen Gegner des Papstes wären damit für ein Reformprozeß unerreichbar geworden. Dabei handelte es sich allerdings um Fragen des franziskanischen Selbstverständnisses, die nicht unumstritten waren. Sie sollten der Möglichkeit der Veränderung entzogen werden, und ihre endgültige Form wäre die einer schriftlich formulierten päpstlichen Fixierung gewesen.

Der Versuch war aus einer akuten Bedrohungssituation hervorgegangen. Zumindest hatten die Franziskaner dies so gesehen, und er läßt sich in gewisser Weise als eine Extremposition in einem Prozeß verstehen, in dem die Belastbarkeit schriftlicher Richtlinien für die Zukunft erprobt wurde. Die oppositionellen Franziskaner setzten sich mit ihrer Position nicht durch, aber die franziskanischen Konflikte um die Zukunft des Ordens wiesen seit dem späteren 13. Jahrhundert ein Moment auf, das in dieser Phase des 14. Jahrhunderts, in der bedeutende Entscheidungsprozesse in England und im Reich ihre institutionelle Formierung erhielten, klarer erkennbar wird.

Die Franziskaner hatten in den Kämpfen um die Zukunft des Ordens die Tradition ihrer Lebensweise als wichtiges Argument angeführt. Und bei der institutionellen Regelung des Beratungsverfahrens im englischen Parlament und des Königswahlverfahrens im Reich läßt sich bei den Akteuren ein historisches Bewußtsein erkennen. Die *Goldene Bulle* benannte in ihrem Prooemium die häufige Erfahrung gespaltener Wahlen als einen Grund für die Einführung eines verbindlichen Verfahrens für die Königswahl.[18]

Was die Goldene Bulle in entsprechender Rhetorik formulierte, das hatten verschiedene Autoren in den Jahren zuvor mit Beispielen aus der Geschichte des Reichs dargestellt: die Problematik der Doppelwahl hatte eine lange Tradition. Und erst in einer Situation, in der die maßgeblichen Akteure sich des grundsätzlichen Charakters dieses Verfassungsproblems bewußt wurden, waren sie in der Lage, Regelungen für die Zukunft zu formulieren, die die Wahrscheinlichkeit einer Doppelwahl künftig reduzierten. Die institutionelle Lösung für die Zukunft bedurfte einer historischen Dimension. Die Erinnerung an ein Geschehen, das 40–50 Jahre zurücklag, ließ die Wiederholung erkennen. Aber eine strukturelle Dimension bekam das Problem damit noch nicht. Erst wenn man einen längeren Zeitraum überschauen konnte, trat die Problematik der Doppelwahl als eine Schwierigkeit der Reichsverfassung hervor. Insofern erscheint die Erschließung der schriftlichen Tradition mit ihrer größeren Reichweite als eine Voraussetzung für die Regelungen der Goldenen Bulle. Der zeitliche Horizont weitete sich, und damit weitete sich auch das Bewußtsein für die Reichweite der eigenen Handlungen. Das galt freilich vor allem für die Fachleute.

Die Krisen des 13. und früheren 14. Jahrhunderts hatten jeweils ein Spektrum von Akteuren mobilisiert, dem neben verschiedenen mächtigen und weniger bedeutenden Aristokraten auch Vertreter der Städte angehörten. In der zweiten Hälfte des 14. Jahrhunderts läßt sich dagegen in England und im Reich eine Verände-

---

18 *Divisionem inter septem electores sacri imperii, per quos velut septem candelabra lucentia in unitate spiritus septiformis sacrum illuminari debet imperium, multotiens posuisti*; Die Goldene Bulle Kaiser Karls IV., ed. Fritz, S. 45 (Prooemium).

rung erkennen. Die Rebellion gegen den König wurde nur noch von einer kleinen Gruppe hoher Aristokraten getragen. So wurde nicht nur die Deutung des Geschehens zunehmend elitär, sondern das Geschehen selbst spielte sich vor allem im Kreis der Fürsten und des Hochadels ab. Allerdings ist das Bild in England nicht ganz eindeutig. Die Ausbildung eines parlamentarischen Verfahrens für den Erlaß der *Statutes* zeigte im fortschreitenden 14. Jahrhundert eine erkennbare Einbindung der Gentry in den Entscheidungsprozeß. Es war klar, dass der englische König die entscheidenden *Statutes* gemeinsam mit den Vertretern der Gemeinschaft seines Königreiches beraten mußte und dass das Parlament, in dem die Commons eine wichtige Rolle beanspruchen konnten, der Ort dieser Beratung war. Darin läßt sich eine Ausweitung der politischen Partizipation erkennen. Der Vorgang läßt sich im Sinne dieser Untersuchung als Prozeß institutioneller Formierung beschreiben, auch wenn das Parlament im späten 14. Jahrhundert nicht zu einer vom König unabhängigen Institution wurde. Diese Institutionalisierung hatte im Reich keine Parallele. Dort wurde das vergleichbar kleine Kurfürstengremium in den Rang einer Verfassungsinstitution erhoben, aber dieser kleine Kreis erhielt niemals die Funktion eines regelmäßigen Beratungsgremiums in wichtigen Reichsangelegenheiten. Die Aufgabe der Kurfürsten blieb im wesentlichen auf die Königswahl beschränkt.

Es war gerade diese Entwicklung, die in England eine gewisse Entsprechung hatte. Denn trotz der Ausweitung der politischen Partizipation in der Beratung des Königs, wurde der Kampf um die Frage, wer König sein sollte, im späten 14. Jahrhundert zu einer Frage, die in einem kleinen Kreis von Männern ausgetragen wurde, die aus großen Familien kamen. Die englische Forschung hat dies dezidiert herausgearbeitet. Und die Rosenkriege setzten dieses Muster im 15. Jahrhundert fort. Man würde vielleicht erwarten, dass die hier untersuchte Formierung politischer Institutionen und Ausbildung eines geregelten Entscheidungsverfahrens dazu geführt hätten, den Streit um den Thron gleichsam zu zivilisieren. Doch wir beobachten eine gegenläufige Entwicklung. Die Konflikte um den englischen Königsthron wurden im 14. Jahrhundert gnadenloser. Diese Entwicklung setzte bereits mit dem Kampf um die Rolle von Piers Gaveston in der Zeit Edwards II. ein und erlebte in der Tötung der Despenser und schließlich des Königs einen ersten unerbittlichen Höhepunkt. Auch der König hatte Thomas von Lancaster und seine Gefolgsleute nach dem Sieg bei Boroughbridge 1322 hinrichten lassen. In diesen Konflikten hatte die persönliche Abneigung der Kontrahenten eine starke Rolle gespielt. Diese Tendenz setzte sich fort. In den Verfassungskämpfen unter Richard II. ließen beide Seiten unterlegene Gegner töten. Zwar wurde der König nicht als Hochverräter verurteilt, aber er erfuhr in der Praxis eine solche Behandlung. Die Konflikte um die Verfassung wurden Konflikte um Leben und Tod.

Die englischen Verfassungskonflikte des 13. Jahrhunderts hatten ein anderes Muster gezeigt. Heinrich III. wurde von Simon de Montfort für eine Zeit gefangengesetzt und weitgehend entmachtet. Seine Berater sollten den Hof und das Land verlassen, aber wenn jemand in diesen Konflikten starb, dann starb er auf dem Schlachtfeld. Das war in Verfassungskämpfen des Reiches nicht anders, und es blieb in Deutschland während der ganzen hier behandelten Zeit so. In dem Maße, in dem in England die Institutionen des politischen Verfahrens an Kontur gewannen und der politische Entscheidungsprozeß formalisiert wurde, stieg die

Unerbittlichkeit der Auseinandersetzungen. Es waren allerdings Auseinandersetzungen um die königliche Politik, die sich außerhalb des geregelten Entscheidungsganges abspielten. Wenn die Kritiker des Königs die grundsätzliche Gelegenheit bekamen, seine Politik und seine Berater im Parlament zu kritisieren, dann verlor der Aufstand gegen den König an Legitimität. Die Folge war der Vorwurf des Hochverrats. Andererseits war das Parlament keine vom König unabhängige Institution, so dass auch die Gegner des Königs mit derselben Unerbittlichkeit reagierten. So führte der Reformprozess in England, der dem politischen Entscheidungsgang im fortschreitenden 14. Jahrhundert eine allgemein akzeptierte Form verlieh, auch dazu, dass Konflikte, die sich nicht in diesem formalisierten Verfahren beilegen ließen, wieder einen sehr archaischen Charakter erhielten. Die Gegner standen außerhalb der legitimen Rechtsordnung. Das war die Perspektive beider Seiten. Dies war der Preis der englischen Verfassungsentwicklung im 14. Jahrhundert. Die institutionelle Integration, die manche der großen Konflikte mit ihren Mitteln nicht lösen konnte, setzte so ein archaisches Instrumentarium frei, das im Reich nicht mehr zum Einsatz kam.

Die politischen Krisen im Reich führten auch im 14. und frühen 15. Jahrhundert nicht dazu, dass der unterlegene Gegner getötet wurde. Zwar wurden die Konflikte zwischen Ludwig dem Bayern und Karl IV. und zwischen Wenzel und Ruprecht jeweils durch den Tod eines Protagonisten entschieden, aber es war ein natürlicher Tod. Tatsächlich war die Frage, wer König sei, bis zu diesem Zeitpunkt nicht eindeutig geklärt. Im Reich ist auch in der Phase, in der die schriftliche Traditionsbildung verstärkt einsetzte, keine Änderung des Krisenrhythmus festzustellen. Die zeitliche Abfolge der politischen Krisen und ihrer Verläufe zeigt im 13. und im 14. Jahrhundert ein weitgehend gleiches Muster. Es war – und dies sei mit aller Vorsicht formuliert – der Rhythmus einer mündlichen Traditionsbildung. Der Prozeß institutioneller Formierung erfaßte im Reich nur das wichtige Gremium der Königswähler. Diese repräsentierten nach der Ansicht der Theoretiker zwar die Untertanen des römischen Königs bei seiner Wahl, aber dies war keine Repräsentation, die im Alltag politischer Entscheidungen eine Rolle gespielt hätte. Das Reich sah sich nicht als *communitas Alemanniae* oder *communitas Theutonicorum* und so bildeten sich in dem Reformprozeß, der im 14. Jahrhundert zur formalen Präzisierung wichtiger Entscheidungsvorgänge führte, auch keine Gremien heraus, die für einen solchen Verband entschieden hätten. Das ist ein markanter Unterschied zur englischen Entwicklung, obwohl es in dieser Entwicklung erkennbare Parallelen gab. Dafür blieben die Gegner in Deutschland am Leben.

Deutschland war groß genug und auf der anderen Seite waren seine politischen Strukturen nicht stark genug, um die integrierende Zuspitzung auf nur einen Herrscher zuzulassen. Das erschwerte zwar das Regieren für den jeweiligen König, erleichterte aber auch seine Aufgabe, weil die Erwartungen an ihn geringer waren und die Sanktionen für enttäuschte Erwartungen in der Regel milde ausfielen. Der unterschiedliche Grad der Integration oder auch der Kohäsion (Moraw) des politischen Verbandes in Deutschland und im Reich bietet auch eine Erklärung für die verschiedenen Auswirkungen der schriftlichen Traditionsbildung. Während in England die öffentliche Präsenz schriftlicher Traditionselemente in den 1320er und 1330er Jahren allmählich eine kritische Masse erreichte, wurde dieser

Zustand in Deutschland in dem Untersuchungszeitraum 1198 bis 1411 nicht erreicht. Gleichwohl trat eine schriftliche Traditionswahrung erkennbar hervor. Sie erfaßte allerdings nicht alle Akteure.

Es ist eine Eigentümlichkeit schriftlicher Traditionswahrung, dass sie nicht nur eine bisherige mündliche Tradition bewahrt, sondern dass sie auch eine Verbindung unter Texten herstellt. Texte haben ihre eigenen Regeln und sie überschreiten in ihrer Wirkung bisweilen die Grenzen von Königreichen. Damit erlauben sie einen Erfahrungstransfer auch über Grenzen hinweg, und sie können unterschiedliche Traditionen auch ohne intensive persönliche Kontakte miteinander verbinden. Es ist offenkundig, dass dieser Transfer im Falle der Absetzung Richards II. von den englischen Juristen nach dem Vorbild des kanonischen Rechts und der dort überlieferten Absetzung Friedrichs II. vorgenommen wurde. Gleichzeitig hielten die Rebellen ihrem König vor, die politische Tradition Englands der Einmischung des Papstes auszusetzen. Der Widerspruch ist evident und er ist gleichzeitig der Ausdruck einer lebendigen Tradition, die immer in sich widersprüchlich ist. Eine Tradition, die die tatsächlich widerstreitenden Kräfte in der Politik des Landes in sich aufnahm, konnte nicht immer eindeutig sein. Darin erkennen wir auch einen Unterschied zur deutschen Traditionsbildung dieser Jahre. Sie war eindeutiger, weil sie der Ausdruck einer geringeren Zahl von Stimmen war, aber ihre Wirkung war auch geringer.

Die untersuchten englischen und deutschen Entwicklung zeigten erkennbare Parallelen in der Abfolge der Krisen und auch in der Intensivierung der schriftlichen Traditionsbildung. Sie zeigten aber auch deutliche Unterschiede in den Antworten, die die beiden politischen Ordnungen auf die Herausforderungen formulierten. Der hohe Grad der Integration (mit ihren durchaus blutigen Konsequenzen) wurde in Deutschland bei weitem nicht erreicht. Anders als das englische Königtum als zentrale Instanz, an deren Regierungspraxis sich die Verfassungskonflikte entzündeten, lag der Fokus der deutschen Verfassungskrisen auf dem Fürstengremium, das den König wählte. Die verbindliche Feststellung der Gültigkeit einer Mehrheitsentscheidung und ihre Interpretation als repräsentative Entscheidung im Namen aller Untertanen war eine große Leistung. Die Regelung, dass mindestens zwei Wähler an der Wahl teilnehmen mußten, um die Gültigkeit der Wahlentscheidung zu gewährleisten, die wiederholt vorgebracht worden war, fand dagegen keinen Eingang in die *Goldenen Bulle*. Sie hätte den verbindlichen Anspruch der Wahl tatsächlich in Frage gestellt. Aus einer Verbindung von gezielter Terminierung und ungünstigen Umständen wären damit Wahlentscheidungen möglich geworden, die ausschließlich den Interessen einer mächtigen Familie entsprachen. Das Ansehen des Wahlaktes, der zum zentralen Verfassungsakt der politischen Ordnung des Reiches wurde, hätte darunter gelitten. Gleichzeitig hob das Wahlverfahren die unterschiedlichen Interessen nicht auf und seine integrierende Wirkung hatte Grenzen. Der Zusammenhalt des Reiches hatte einen stärker assoziativen Charakter, wenngleich er weit davon entfernt war, freiwillig zu sein.

Das Reizvolle an der Entwicklung der Kurie, die wir hier als Vergleichsgröße behandelt haben, war, dass sie wichtige Elemente beider Traditionen verband. Der zentralistische Herrschaftsanspruch des Papstes übertraf die monarchische Stellung des englischen Königs deutlich, und diese Stellung des Papstes diente den

Kritikern des englischen Königs wiederholt als dunkles Beispiel des Machtmißbrauchs. Der selbstbewußte Anspruch Innozenz' III. auf eine zentrale Stellung in der Kirche und der Christenheit stand am Beginn dieses Zeitraums, und Innozenz schien in dieser Situation von der ungeklärten Situation der deutschen Doppelwahl zu profitieren. Am Ende der hier untersuchten Entwicklung zu Beginn des 15. Jahrhunderts bot dann das Papsttum selbst das Bild zunächst zweier, dann sogar dreier konkurrierender Häupter. Die konkurrierenden Päpste zeigten dabei eine noch größere Ausdauer als die römischen Könige in ihren Thronstreitigkeiten. Die lateinische Christenheit erwies sich als heterogen und groß genug, um für eine Generation mit einer offenen Führungsfrage zu leben. Und die Päpste sahen sich um die Wende zum 15. Jahrhundert vor dieselbe Frage nach dem Zweck ihres Amtes gestellt, die ihre Vorgänger angesichts zweier gekrönter Häupter an das römische König- und Kaisertum gestellt hatten. Die Kurie, deren Entwicklung als institutionelles Gefüge ansonsten besonderen Bedingungen unterworfen war, nahm so teil an einer Entwicklung, die die Akteure in England und in Deutschland vor vergleichbare Herausforderungen gestellt hatte. Die Reformen an der Kurie hatten vor allem dem Verfahren der Papstwahl gegolten, die unter dem zunehmenden Druck der gestiegenen Bedeutung des Amtes erheblichen Schwierigkeiten ausgesetzt war. Es erwies sich als schwierig, die konkurrierenden Interessen in einem Verfahren gegeneinander abzuwägen. Die Einführung des Konklaves war die institutionelle Antwort auf diese Herausforderung. Von der Problemstellung bis zur normativen Festschreibung der Konklaveordnung hatte es etwa 60 Jahre gedauert, wobei die ersten Versuche schon nach 33 Jahren unternommen wurden, das Einsetzen der tatsächlichen Wirkung dauerte weitere 40 Jahre. Etwa 100 Jahre nach dem „Schreckenskonklave" von 1241 war das Papstwahlverfahren so weit geregelt, dass es in den verbleibenden eineinhalb Jahrhunderten des Mittelalters kaum noch längere Vakanzen des päpstlichen Stuhles gab. Das war ein Rhythmus, der dem der weltlichen Reformen ähnlich war. Auch in der Dynamik der Entfremdung, die sich am Beispiel der Standortfrage in Avignon stellte, waren Parallelen zu dem Entfremdungsprozeß bei der Auflösung des angevinischen Reiches feststellbar. Hier spielte die Reichweite persönlicher Erinnerung eine bedeutende Rolle bei der Zuspitzung der Fragestellung nach etwa 40 Jahren. Tatsächlich gab es auch in der Zeitspanne von etwa 15–17 Jahren, innerhalb derer ein Problem virulent bleiben konnte, eine gewisse Entsprechung. 14 Jahre hatte es gedauert, bis Kardinal Albornoz die Verhältnisse in Italien so weit geordnet hatte, dass ein erster Rückkehrversuch unternommen werden konnte. In der Zwischenzeit hatte es einen neuen Papst und viele Widerstände gegeben, aber Albornoz war es gelungen, die Dringlichkeit seiner Mission zu behaupten.

Es sollte in dieser Untersuchung allerdings nicht darum gehen, die zeitliche Erstreckung der Reforminitiativen und Entscheidungsvorgänge in Deutschland, England und an der Kurie präzise nachzurechnen und die Zahlen zu vergleichen. Es ging vielmehr darum festzustellen, ob es in der Abfolge von erstmaligen Reformvorstößen, Umsetzungsversuchen und schließlicher Wirkung vergleichbare Erscheinungen gab. Es ging um den Rhythmus dieser Reformen, den man auch als den Prozeß institutioneller Formierung angesichts erheblicher Beharrungskräfte begreifen kann. Und es ging um einen möglichen Wandel dieses Rhythmus im Übergang von der vorwiegend mündlichen zu einer zunehmend schriftlich vermittelten Tradition. Hier gab es bei aller Differenz der politischen und institutionellen Entwicklung, die in der Tat markante Unterschiede aufwies, doch vergleichbare Muster. Die Herausforderungen, vor die sich die Akteure gestellt sahen, waren nicht auf ein Königreich oder auf die Kurie beschränkt. Die Antworten fielen häufiger unterschiedlich aus, aber die Unterschiede waren keine Unterschiede zwischen jeweils homogenen Traditionen, sondern sie waren auch darauf zurückzuführen, dass die Kräfte, die die Traditionsbildung bestimmten, in England und in Deutschland unterschiedlich stark wirkten. Die typischen Züge einer schriftlichen Traditionsbildung traten in Deutschland und in England in derselben Zeit auf (ab den 1320er/1330er Jahren), aber die Auswirkungen waren nicht dieselben. Darauf sind wir ausführlicher eingegangen. Die schriftliche Traditionsbildung erweiterte den zeitlichen Horizont und bereitete damit die grundsätzliche Lösung der institutionellen Problemstellung vor, indem sie das Problem überhaupt als eine grundsätzliche Herausforderung erkennen ließ. So beförderte das Bewußtsein der Geschichte die Vorbereitung auf die Zukunft. Das ist ab den 1330er Jahren deutlich zu erkennen. Gleichzeitig gelang es, eine mögliche Übermacht der Geschichte abzuwehren, indem die Versuche, bedeutende schriftlich bewahrte Entscheidungen der Vergangenheit als verbindliche Richtschnur für die Zukunft festzulegen, keine verbreitete Akzeptanz fanden. Es ist nicht überraschend, dass dieser Versuch der Festschreibung eines gefährdeten, aber hoch geschätzten Status quo in dem Moment vorgetragen wurde, in dem die schriftliche Traditionsbildung eine gewisse Verbindlichkeit entwickelte. Es gelang vielmehr, für die zentralen Verfahren der jeweiligen politischen Ordnung, für die Königswahl und die Papstwahl und für die Beratung des Königs mit den Großen und den Vertretern der *community of the realm* eine verbindliche Grundordnung festzulegen, auf die sich alle konkurrierenden Akteure beriefen, auch wenn sie sie unterschiedlich auslegten. Dies war der eigentliche Erfolg der hier untersuchten Reformprozesse. Sie schufen einen gemeinsamen Rahmen für die Konflikte der Zukunft. Diesen Rahmen hatte es zu Beginn dieser Entwicklung um das Jahr 1200 noch nicht gegeben. Zu Beginn des 15. Jahrhunderts war er klar definiert. Es war ein langer und konfliktreicher Prozeß gewesen und seine Dauer hatte die Lebenszeit einzelner bedeutender Akteure deutlich überschritten. Die Rhythmen dieses Reformprozesses hatten gewechselt, aber sie erforderten in jedem Fall einen langen Atem.

Abbildungsnachweis

Titelbild: Das Titelbild zeigt Richard II. während der Peasant´s Revolt 1381
London, British Library Royal MS 18, dated c. 1385–1400.

Abb.1, Magna Carta:
Washington, National Archives.
Der Abdruck erfolgt mit der freundlichen Genehmigung der Perot Foundation.

Abb. 2, Mainzer Reichslandfrieden:
Speyer, Stadtarchiv, Reichsstädtischer Bestand 1U 17.

Abb. 3, Cedula Lyon 1274:
Vatikanstadt, Archivio Segreto Vaticano, A.A. Arm. I–XVIII, 2187.

Abb. 4: Glosse *Si cardinales nolentes*:
Köln, Historisches Archiv der Stadt Köln, 7010 (W), fol. 21^R.

Abkürzungsverzeichnis

Da etliche zitierte Titel bzw. Reihentitel nur einmal vorkommen, werden sie im Literaturverzeichnis vollständig aufgenommen. Daher ist das Abkürzungsverzeichnis kurz gehalten.

Aufl.	Auflage
Bd., Bde.	Band, Bände
bearb.	bearbeitet
hg.	herausgegeben
MGH	Monumenta Germaniae Historica
MGH Script.	Monumenta Germaniae Historica Scriptores
MGH Script. rer. Germ.	Monumenta Germaniae Historica Scriptores rerum Germanicarum in usum Scholarum seperatim editi
N. S.	Nova Series/Neue Serie
RS	Rolls Series, Rerum Britannicarum medii aevi scriptores
s.	siehe
u. a.	und andere
übers., Übers.	übersetzt, Übersetzer

Das folgende Verzeichnis strebt keine bibliographische Vollständigkeit an. Aufgenommen wurden nur mehrfach zitierte Literaturtitel. Die einschlägige Spezialliteratur zu einzelnen Themen findet sich in den jeweiligen Anmerkungen.

Quellen

Adae Murimuth Continuatio Chronicarum / Robertus de Avesbury, De Gestis Mirabilibus Regis Edwardi Tertii (RS 93), hg. von Edward M. Thompson, London 1889.
Adam von Usk [Adamus de Usk] s. *The Chronicle of Adam Usk*.
Analecta Franciscana sive chronica aliaque varia documenta ad historiam fratrum minorum spectantia, Bd. 10, Quaracchi 1941.
Anglo-Scottish Relations 1174–1328. Some Selected Documents (Oxford Medieval Texts), hg. von Edward L. G. Stones, Oxford 1965.
Die Annalen des Tholomeus von Lucca in doppelter Fassung nebst Teilen der Gesta Florentinorum und Gesta Lucanorum (MGH Script. Rer. Germ. N.S. 8), hg. von Bernhard Schmeidler, 2. Aufl. Berlin 1955.
Annales Erphordenses fratrum Praedicatorum, in: Monumenta Erphesfurtensia. saec. XII. XIII. XIV. (MGH Script. rer. Germ. 42), hg. von Oswald Holder-Egger, Hannover/Leipzig 1899, S. 72–116.
Annales Hamburgenses, hg. von Johann M. Lappenberg, in: MGH Script. 16, hg. von Georg H. Pertz, Hannover 1859, S. 380–385.
Annales Marbacenses qui dicuntur (MGH Script. rer. Germ. 9), hg. von Hermann Bloch, Hannover 1907.
Annales Monastici, Bd. 1–3 (RS 36,1–3), hg. von Henry R. Luard, London 1864–1866.
Annales Stadenses, hg. von Johann M. Lappenberg, in: MGH Script. 16, hg. von Georg H. Pertz, Hannover 1859, S. 271–379.
Arnoldi chronica Slavorum (MGH Script. rer. Germ. 14), hg. von Johann M. Lappenberg/Georg H. Pertz, Hannover 1868.
Bartholomeus de Cotton, Historia Anglicana (Appendix: Relatio de Bonifacio VIII papa capto et liberato), hg. von Felix Liebermann, in: MGH Script. 28, Hannover 1888, S. 604–626.
Bernhard von Clairvaux [Bernardus Claraevallensis] s. *S. Bernardi Opera*.
Bonaventura Sanctus, Opera Omnia, Bd. 5, Quaracchi 1891.
Briefsteller und Formelbücher des elften bis vierzehnten Jahrhunderts, 2 Bde. (Quellen und Erörterungen zur bayerischen und deutschen Geschichte 9), hg. von Ludwig von Rockinger, München 1863–64.
Calendar of the Charter Rolls preserved in the Public Record Office, Bd. 3: Edward I., Edward II. (1300–1326), London 1908.
Calendar of the Close Rolls preserved in the Public Record Office: Edward II., 4 Bde., London 1892–1898.
Calendar of the Patent Rolls preserved in the Public Record Office: Henry III, Bd. 5: A.D. 1258–1266, London 1910.
Calendar of the Patent Rolls preserved in the Public Record Office: Richard II, Bd. 6: A.D. 1396–1399, London 1909.

Chartes des Libertés Anglaises (1100–1305) (Collection de textes pour servir à l'étude et à l'enseignement de l'histoire 12), hg. von Charles Bémont, Paris 1892.
Chartularium Universitatis Parisiensis, Bd. 1, hg. von Heinrich Denifle, Paris 1889.
Chronica magistri Rogeri de Houedene, Bd. 3 (RS 51,3), hg. von William Stubbs, London/Oxford 1870.
Chronica regia Coloniensis (MGH Script. rer. Germ. 18), hg. von Georg Waitz, Hannover 1880.
The Chronicle of Adam Usk 1377–1421 (Oxford Medieval Texts), hg. von Chris Given-Wilson, Oxford 1997.
The Chronicle of Walter of Guisborough (Camden Third Series 89), hg. von Harry Rothwell, London 1957.
Chronicles of the Reigns of Edward I. and Edward II., 2 Bde. (RS 76), hg. von William Stubbs, London 1882–83.
Chronicon Henrici Knighton vel Cnitthon, Bd. 2 (RS 92,2), hg. von Joseph R. Lumby, London 1895.
Die Chronik des Mathias von Neuenburg (MGH Script. rer. Germ. N.S. 4), hg. von Adolf Hofmeister, Berlin 1924–40.
Chronik von Reinhardsbrunn s. *Cronica Reinhardsbrunnensis*.
Clément VI (1342–1352). Lettres closes, patentes et curiales (se rapportant à la France) publiées et analysées d'aprés les registres du Vatican, 3 Bde., hg. von Eugène Déprez u. a., Paris 1900–1962.
Conciliorum oecumenicorum decreta, hg. von Giuseppe Alberigo/Hubert Jedin, 3. Aufl. Bologna 1973.
Die Constitutionen des Prediger-Ordens vom Jahre 1228, hg. von Heinrich Denifle, in: Archiv für Literatur- und Kirchengeschichte des Mittelalters 1 (1885), S. 164–227.
Constitutiones Concilii Quarti Lateranensis una cum commentariis glossatorum (Monumenta Iuris Canonici A 2), hg. von Antonio Garcia y Garcia, Città del Vaticano 1981.
Continuatio Eulogii, in: Eulogium (historiarum sive temporis), Bd. 3 (RS 9,3), hg. von Frank S. Haydon, London 1863.
Corpus Iuris Canonici, Bd. 1: Decretum magistri Gratiani, hg. von Emil Friedberg, Leipzig 1879.
Corpus Iuris Canonici, Bd. 2: Decretalium Collectiones, hg. von Emil Friedberg, Leipzig 1881.
Cronica Reinhardsbrunnensis, hg. von Oswald Holder-Egger, in: MGH Script. 30,1, Hannover 1896.
Der Ordo iudiciarius des Aegidius de Fuscariis (Quellen zur Geschichte des römisch-kanonischen Processes im Mittelalter 3,1) hg. von Ludwig Wahrmund, Innsbruck 1916.
Die deutsche Königswahl im 13. Jahrhundert, 2 Bde. (Historische Texte: Mittelalter 9–10), hg. von Bernhard Schimmelpfennig, Göttingen 1968.
Deutsche Reichstagsakten unter König Wenzel, 3 Bde. (Deutsche Reichstagsakten, Ältere Reihe 1–3), hg. von Julius Weizsäcker, München 1867–1877.
Deutsche Reichstagsakten unter König Ruprecht, 3 Bde. (Deutsche Reichstagsakten, Ältere Reihe 4–6), hg. von Julius Weizsäcker, Gotha 1888.
Deutsche Reichstagsakten unter Kaiser Sigmund. 1. Abteilung: 1410–1420 (Deutsche Reichstagsakten, Ältere Reihe 7), hg. von Dietrich Kerler, München 1878.
Diplomatarium Norvegicum, Bd. 2.1, hg. von Christian C. Lange, Oslo 1851.
Diplomatic Documents. Preserved in the Public Record Office, Bd. 1: 1101–1272, hg. von Pierre Chaplais, London 1964.
Documents illustrating the Crisis of 1297–98 in England (Camden Fourth Series 24), hg. von Michael Prestwich, London 1980.
Documents of the Baronial Movement of Reform and Rebellion. 1258–1267 (Oxford Medieval Texts), hg. von Reginald F. Treharne/Ivor J. Sanders, Oxford 1973.

Edward I. and the Throne of Scotland 1290–1296. An Edition of the Record Sources for the Great Cause, Bd. 1–2 (Glasgow University Publications), hg. von Edward L. G. Stones/Grant G. Simpson, Oxford 1978.

Eike von Repgow, Sachsenspiegel (MGH Fontes iuris Germ N. S. 1,1), hg. von Karl A. Eckhardt, 2. Aufl. Göttingen/Berlin/Frankfurt 1955.

EUBEL, Conrad, Hierarchia Catholica Medii Aevi, Bd. 1, 2. Aufl. Münster 1913.

Foedera, Conventiones, Literae, Et Cujuscunque Generis Acta Publica, Inter Reges Angliae, Et Alios quovis Imperatores, Reges, Pontifices, Principes, vel Communitates, Ab Ineunte Saeculo Duodecimo, viz. ab Anno 1101, ad nostra usque Tempora, Habita aut Tractata, Bd. 1, hg. von Thomas Rymer/Robert Sanderson/George Holmes, Den Haag 1745.

Gervasius Cantuariensis s. *The Historical Works of Gervase of Canterbury*.

Gesta Treverorum continuata, hg. von Georg Waitz, in: MGH Script. 24, Hannover 1879, S. 368–488.

Die Goldene Bulle Kaiser Karls IV. vom Jahre 1356 (MGH Fontes iuris Germ. 11), hg. von Wolfgang D. Fritz, Weimar 1972.

Gotifredi Viterbiensis, Continuationes et Additamenta : Catalogus pontificum et imperatorum Romanorum ex Casinensi ut videtur sumptus, hg. von Georg Waitz, in : MGH Script. 22, hg. von Georg H. Pertz, Hannover 1872, S. 359–367.

HAMPE, Karl, Ein ungedruckter Bericht über das Konklave von 1241 im römischen Septizonium (Sitzungsberichte der Heidelberger Akademie der Wissenschaften, Philosophisch-historische Klasse, Abh. 1), Heidelberg 1913, S. 26–31.

Henricus de Bracton, De legibus et consuetudinibus Angliae, Bd. 2, hg. von George E. Woodbine, New Haven/London 1922.

Henricus Knighton, s. Chronicon Henrici Knighton vel Cnitthon.

The Historical Works of Gervase of Canterbury, Bd. 2, hg. von William Stubbs, London 1880.

Humbertus de Romanis, Opus Tripartitum, in: Secundus Tomus Conciliorum Omnium tam Generalium quam Particularium, hg. von P. Crabbe, Köln 1551.

Il Concilio II di Lione (1274). Secondo la ordinatio concilii generalis Lugdunensi (Studi e testi francescani 33), hg. von Antonio Franchi, Rom 1965.

Innocent VI. Lettres secrètes et curiales, Bd. 1 (Bibliothéque des Écoles Françaises d'Athènes et de Rome, 3ᵉ Ser. 4), hg. von Pierre Gasnault, Paris 1959.

Innocentius III., Opera omnia tomis quatuor distributa, Bd. 1 (Patrologia Latina 214), hg. von Jacques P. Migne, Paris 1890.

Innocentius III., Opera Omnia tomis quatuor distributa, Bd. 3 (Patrologia Latina 216), hg. von Jacques P. Migne, Paris 1855.

Innocentius IV, Apparatus in V libros decretalium, hg. von Petrus Vendramenus, Frankfurt 1570.

Johannes Parisiensis, Über königliche und päpstliche Gewalt (De regia potestate et papali) (Frankfurter Studien zur Wissenschaft von der Politik 4), hg. von Fritz Bleienstein, Stuttgart 1969.

Johannis de Trokelowe, Annales, in: Chronica Monasterii S. Albani, Bd. 3 (RS 28,3), hg. von Henry T. Riley, London 1866, S. 63–127.

Johanns von Salisbury [Johannes Sarisberiensis] s. *The letters of John of Salisbury*.

Layettes du trésor des Chartes, Bd. 2 (Inventaires et documents B), hg. von Alexandre Teulet, Paris 1866.

The Letters of John of Salisbury, 2 Bde. (Oxford Medieval Texts), hg. von W. J. Millor, Oxford 1979–1986.

The Letters of Pope Innocent III (1198–1216) concerning England and Wales. A Calendar with an Appendix of Texts, hg. von Christopher R. Cheney/Mary G. Cheney, Oxford 1967.

Lupoldus de Bebenburg, De iuribus regni et imperii (Bibliothek des Deutschen Staatsdenkens 14), hg. von Jürgen Miethke, übers. von Alexander Sauter, München 2005.

LYNDWOOD, William, Provinciale (seu constitutiones Angliae), continens constitutiones provinciales 14 archiepiscoporum Cantuariensium, Oxford 1679.

Materials for the History of Thomas Becket archbishop of Canterbury, Bd. 3 (RS 67,3), hg. von James C. Robertson, London 1877.

Mathias von Neuenburg, Chronik (MGH Script. rer. Germ. N. S. 4), hg. von Adolf Hofmeister, Berlin 1924.

Matthaeus Parisiensis, Cronica Maiora, Bd. 1–5 (RS 57,1–5), hg. von Henry R. Luard, London 1874.

Monumenta Germaniae Historica:

    Constitutiones et acta publica imperatorum et regum, Bd. 2, hg. von Ludwig Weiland, Hannover/Leipzig 1896.

    Constitutiones et acta publica imperatorum et regum, Bd. 3, hg. von Jakob Schwalm, Hannover/Leipzig 1904–1906.

    Constitutiones et acta publica imperatorum et regum, Bd. 4,1, hg. von Jakob Schwalm, Hannover 1906.

    Constitutiones et acta publica imperatorum et regum, Bd. 5, hg. von Jakob Schwalm, Hannover/Leipzig 1904–1913.

    Constitutiones et acta publica imperatorum et regum, Bd. 6,1, hg. von Jakob Schwalm, Hannover 1914–1928.

    Epistolae saeculi XIII e regestis pontificum Romanorum selectae, Bd. 1, hg. von Georg H. Pertz/Carl Rodenberg, Berlin 1883.

    Epistolae saeculi XIII e Regestis Pontificum Romanorum selectae, Bd. 2, hg. von Carl Rodenberg, Berlin 1887.

    Epistolae saeculi XIII e Regestis Pontificum Romanorum selectae, Bd. 3, hg. von Carl Rodenberg, Berlin 1894.

    Die Urkunden der deutschen Könige und Kaiser, Bd. 10,4: Die Urkunden Friedrichs I. 1181–1190, hg. von Heinrich Appelt, Hannover 1990.

Memoriale fratris Walteri de Coventria, 2 Bde. (RS 58), hg. von William Stubbs, London 1873.

Narratio de electione Lotharii in regem Romanorum, hg. von Wilhelm Wattenbach, in: MGH Script. 12, hg. von Georg H. Pertz, Hannover 1856 [S. 509–512].

Nicolaus Minorita, Chronica. Documentation on Pope John XXII, Michael of Cesena and the poverty of Christ with summaries in English. A Source Book, hg. von Gedeon Gál/David Flood, St. Bonaventure 1996.

Nove Constitutiones Domini Alberti. D. i. d. Landfriede vom Jahre 1235 mit der Glosse des Nicolaus Wurm, hg. von Hugo Boehlau, Weimar 1858.

Die Opuscula des Hl. Franziskus von Assisi (Spicilegium Bonaventurianum 13), hg. von Kajetan Esser/Engelbert Grau, 2. Aufl. Grottaferrata 1989.

Ottonis de Sancto Blasio Chronica (MGH Script. rer. Germ. 47), hg. von Adolf Hofmeister, Hannover/Leipzig 1912.

Ottonis et Rahewini gesta Friderici I Imperatoris (MGH Script. rer. Germ. 46), hg. von Georg Waitz, 3. Aufl. Hannover/Leipzig 1912.

Parliamentary Texts of the Later Middle Ages, hg. von Nicholas Pronay/John Taylor, Oxford 1980.

Peter von Zittau, Chronik von Königsaal (Die Königsaaler Geschichtsquellen), hg. von J. Loserth, Wien 1875.

Petrus Blesensis, Opera omnia (Patrologia Latina 207), hg. von Jacques P. Migne, Paris 1855.

Pierre Dupuy, Histoire du différend d'entre le pape Boniface VIII et Philippe le Bel, roy de France, Paris 1655.

Pipe rolls of the Exchequer of Normandy for the reign of Henry II. 1180 and 1184 (Publications of the Pipe Roll Society NS 53), hg. von Vincent Moss, London 2004.

Politische Schriften des Lupold von Bebenburg (MGH Staatsschriften des späteren Mittelalters 4), hg. von Jürgen Miethke/Christoph Flüeler, Hannover 2004.

Quellen zur Reichsreform im Spätmittelalter (Ausgewählte Quellen zur deutschen Geschichte des Mittelalters 39), hg. von Lorenz Weinrich, Darmstadt 2001.

Quellensammlung zur Geschichte der Deutschen Reichsverfassung in Mittelalter und Neuzeit, 2 Bde. (Quellensammlung zum Staats-, Verwaltungs- und Völkerrecht 2), hg. von Karl Zeumer, 2. Aufl. Tübingen 1913.

Radulphus de Coggeshall, Chronicon Anglicarum (RS 66), hg. von Joseph Stephenson, London 1875.

The Red Book of the Exchequer, 3 Bde. (RS 99), hg. v. Hubert Hall, London 1896.

Regesta Imperii IV,2. Ältere Staufer, Abt. 1: Die Regesten des Kaiserreiches unter Friedrich I.: 1152 (1122) –1190; 1152 (1122)–1158, hg. von Ferdinand Opll, Wien/Köln/Graz 1980.

Regesta Imperii IV,3. Ältere Staufer; Abt. 3: Die Regesten des Kaiserreiches unter Heinrich VI.: 1165 (1190)–1197, hg. von Gerhard Baaken, Köln/Wien 1972.

Regesta Imperii V,1–4. Die Regesten des Kaiserreiches unter Philipp, Otto IV., Friedrich II,. Heinrich (VII.), Conrad IV., Heinrich Raspe, Wilhelm und Richard (1198–1272), hg. von Julius Ficker/Paul Zinsmaier u. a., Innsbruck/Köln/Wien 1881–1983.

Regesta Imperii VI,2. Die Regesten des Kaiserreiches unter Rudolf, Albrecht, Heinrich VII.: 1273–1313, Abt. 2: Die Regesten des Kaiserreiches unter Adolf von Nassau: 1291–1298, hg. von Vincenz Samanek, Innsbruck 1948.

Regesta Pontificum Romanorum ab condita ecclesia ad annum post Christum natum MCXCVIII, 2 Bde., hg. von Philipp Jaffé/Wilhelm Wattenbach, 2. Aufl. Leipzig 1885–1888.

Regesta Pontificum Romanorum, 2 Bde., hg. von August Potthast, Berlin 1874–1875.

Regestum Innocentii III papae super negotio Romani imperii (Miscellanea Historiae Pontificiae 12), hg. von Friedrich Kempf, Rom 1947.

The Registers of Act Books of the Bishops of Coventry and Lichfield (an abstract), Bd. 2, hg. von R. A. Wilson, in: William Salt Archaeological Society New Series 5 (1905).

Richardus Eliensis, Dialogus de Scaccario and Constitutio Domus Regis (Oxford Medieval Texts), hg. von Charles Johnson u. a., 2. Aufl. Oxford 1983.

Roberti Grosseteste episcopi quondam Lincolniensis epistolae (RS 25), hg. von Henry R. Luard, London 1861.

Robertus de Avesbury s. *Adae Murimuth Continuatio Chronicarum / Robertus de Avesbury.*

Roger von Hoveden [Rogerus de Hoveden] s. *Chronica magistri Rogeri de Houedene.*

Rotuli Parliamentorum; ut et petitiones, et placita in Parliamento tempore Edwardi R. I. [ad finem Henrici VII.], Bd. 1–3, London 1767–1771.

Ryccardi de Sancto Germano Notarii Chronica (Rerum Italicarum Scriptores N.S. 7,2), hg. von Carlo A. Garufi, 2. Aufl. Bologna 1937–38.

Sacrorum Conciliorum Nova et Amplissima Collectio, Bd. 26, hg. von Johannes [Giovanni] D. Mansi, Paris 1903.

S. Bernardi opera, Bd. 3 : Tractatus et opuscula, hg. von Jacques Leclercq, Rom 1963

Select Charters and other Illustrations of English Constitutional History from the earlies times to the reign of Edward the First, hg. v. William Stubbs/ Henry W. C. Davis, 9. Aufl. Oxford 1913.

Select Documents of English Constitutional History. 1307–1485, hg. von Stanley B. Chrimes /Alfred L. Brown, London 1961.

Selected letters of Pope Innocent III (1198–1216) concerning England and Wales (Medieval texts), hg. von Christopher R. Cheney, London 1953.

Simon Dunelmensis, Historiae Anglicanae Scriptores, Bd. 10, hg. von Roger Twysden, London 1652.

The Song of Lewes, hg. von C. L. Kingsford, Oxford 1890.

The Sources for the Life of S. Francis of Assisi (Publications of the University of Manchester: Historical Series 79), hg. von John R. H. Moorman, Manchester 1940.

Statutes of the Realm, Bd. 1, London 1810.

Theodericus de Niem, De Scismate Libri Tres, hg. von Georg Erler, Leipzig 1890.
Thesaurus Novus Anecdotorum, Bd. 2, hg. von Edmond Martène /Ursin Durand, Paris 1717.
Thomae Walsingham Quondam Monachi S. Albani, Historia Anglicana, 2 Bde. (RS 28,1), hg. von Henry T. Riley, London 1863–64.
The Treatise on the Laws and Customs of the Realm of England Commonly called Glanvill (Oxford Medieval Texts), hg. von George D. G. Hall, Oxford 1993.
Unbekannte kirchenpolitische Streitschriften aus der Zeit Ludwigs des Bayern (1327–1354). Analysen und Texte, Bd. 2: Texte, hg. von Richard Scholz, Rom 1914.
Urkundenbuch der Stadt Lübeck (Codex diplomaticus Lubecensis, Abt. 1), hg. von Johann Friedrich Böhmer, Lübeck 1843.
Urkundenbuch für die Geschichte des Niederrheins, Bd. 2: Von dem Jahr 1201 bis 1300 einschließlich, hg. von Theodor J. Lacomblet, Düsseldorf 1846.
Veterum Scriptorum et Monumentorum Amplissima Collectio, Bd. 2, hg. von Edmond Marténe, Paris 1729.
Vita Edwardi Secundi. The life of Edward the second (Oxford Medieval Texts), hg. von Wendy Childs/Noel Denholm-Young, Oxford 2005.
Vita Karoli Quarti. Die Autobiographie Karls IV., hg. von Eugen Hillenbrand, Stuttgart 1979.
Vitae Paparum Avenionensium, Bd. 1, hg. von Etienne Baluze, neu bearb. von Guillaume Mollat, Paris 1914.
Walter of Coventry [Gualterus de Coventria] s. *Memoriale fratris Walteri de Coventria*.
Walter von Guisborough [Gualterus Gisburnensis] s. *The Chronicle of Walter of Guisborough*.
Willelmi Rishanger, qondam Monachii S. Albani, et quorundam anonymorum, Chronica et annales regnantibus Henrico Tertio et Edwardo Primo (RS 28), hg. von Henry T. Riley, London 1865.
Wipo, Gesta Chuonradi Imperatoris, in: Die Werke Wipos (MGH Script. rer. Germ. 61), hg. von Harry Bresslau, 3. Aufl. Hannover/Leipzig 1915 [S. 1–62].
Wittelsbacher Hausverträge des späten Mittelalters. Die Haus- und Staatsrechtlichen Urkunden der Wittelsbacher von 1310, 1329, 1392/93, 1410 und 1472 (Schriftenreihe zur bayerischen Landesgeschichte 71), hg. v. Hans Rall/Rudolf Heinrich, München 1987.

Literatur

A Companion to Britain in the Later Middle Ages, hg. von Stephen H. Rigby, Oxford 2003.

ALBERIGO, Giuseppe, Cardinalato e collegialità. Studi sull'ecclesiologia tra XI e il XIV secolo (Testi e ricerche di scienze religiose 5), Genf 1969.

ALTHOFF, Gerd, Spielregeln der Politik im Mittelalter. Kommunikation in Frieden und Fehde, Darmstadt 1997.

ANGERMEIER, Heinz, Königtum und Landfriede im deutschen Spätmittelalter, München 1966.

ASSMANN, Jan, Das kulturelle Gedächtnis. Schrift, Erinnerung und politische Identität in frühen Hochkulturen, 3. Aufl. München 2000.

BAAKEN, Gerhard, Ius imperii ad regnum. Königreich Sizilien, Imperium Romanum und Römisches Papsttum vom Tode Heinrichs VI. bis zu den Verzichtserklärungen Rudolfs von Habsburg (Forschungen zur Kaiser und Papstgeschichte des Mittelalters 11), Köln/Weimar/Wien 1993.

BALDWIN, John W., The Government of Philip Augustus. Foundations of French Royal Power in the Middle Ages, Berkeley/Los Angeles/London 1986.

BARLOW, Frank, The Norman Conquest and Beyond (History Series 17), London 1983.

BARLOW, Frank, Thomas Becket, 2. Aufl. Berkeley u. a. 1990.

BARRON, Caroline M., The Deposition of Richard II, in: Politics and Crisis in Fourteenth Century England, hg. von Wendy Childs/John Taylor, Gloucester 1990, S. 132–149.

BARRON, Caroline M., The Reign of Richard II, in: The New Cambridge Medieval History, Bd. 6: c. 1300–1415, hg. von Michael Jones, Cambridge 2000, S. 297–333.

BARROW, Geoffrey W. S., Robert Bruce and the Community of the Realm of Scotland, London 1965.

BECKER, Winfried, Der Kurfürstenrat. Grundzüge seiner Entwicklung in der Reichsverfassung und seine Stellung auf dem Westfälischen Friedenskongreß (Schriftenreihe der Vereinigung zur Erforschung der Neueren Geschichte 5), Münster 1973.

BECKER, Hans-Jürgen, Die Appellation vom Papst an ein allgemeines Konzil. Historische Entwicklung und kanonistische Diskussion im späten Mittelalter und in der frühen Neuzeit (Forschungen zur kirchlichen Rechtsgeschichte und zum Kirchenrecht 17), Köln/Wien 1988, S. 38–47.

BERG, Martin, Der Italienzug Ludwigs des Bayern. Das Itinerar der Jahre 1327–1330, in: Quellen und Forschungen aus italienischen Archiven und Bibliotheken 67 (1987), S. 142–197.

BIERBAUM, Max, Bettelorden und Weltgeistlichkeit an der Universität Paris. Texte und Untersuchungen zum literarischen Armuts- und Exemtionsstreit des 13. Jahrhunderts (1255–1272) (Franziskanische Studien, Beiheft 2), Münster 1920.

BINGHAM, Caroline, The Life and Times of Edward II, London 1973.

BINSKI, Paul, Westminster Abbey and the Plantagenets. Kingship and the Representation of Power 1200–1400, New Haven/London 1995.

Bishops and Reform. 1215–1272; with Special Reference to the Lateran Council of 1215, hg. von Marion Gibbs/Jane Lang, Oxford 1934.

BROWN, Alfred L., The Governance of Late Medieval England 1272–1461 (The Governance of England 3), Stanford 1989.

BRUNDAGE, James A., The Profession and Practice of Medieval Canon Law (Variorum Collected Studies Series 197), Aldershot 2004.

BUCK, Mark, Politics, Finance and the Church in the Reign of Edward II. Walter Stapledon Treasurer of England (Cambridge Studies in Medieval Life and Thought, 3. ser. 19), Cambridge u. a. 1983.

BURR, David, Olivi and Franciscan Poverty. The Origins of the Usus Pauper Controversy (Middle Ages Series), Philadelphia 1989.

BURR, David, The Spiritual Franciscans. From Protest to Persecution in the Century after Saint Francis, University Park/Pennsylvania 2001.

BUTT, Ronald, A History of Parliament. The Middle Ages, London 1989.

CARPENTER, David A., The Minority of Henry III, Berkeley/Los Angeles 1990.

CARPENTER, David A., The Plantagenet Kings, in: The New Cambridge Medieval History, Bd. 5: c. 1198–c. 1300, hg. von David Abulafia, Cambridge 1999, S. 314–357.

CASTORPH, Bernward, Die Ausbildung des römischen Königswahlrechtes. Studien zur Wirkungsgeschichte des Dekretale „Venerabilem", Göttingen 1978.

CHENEY, Christopher R., Legislation of the Medieval English Church, in: The English Historical Review 50 (1935), S. 193–224, 385–417.

CHENEY, Christopher R., English Bishops' Chanceries 1100–1250 (Publications of the Faculty of Arts of the University of Manchester 3), Manchester 1950.

CHENEY, Christopher R., The Eve of Magna Carta, in: Bulletin of the John Rylands Library 38 (1955/56), S. 311–341.

CHENEY, Christopher R., England and the Roman Curia Under Innocent III, in: The Journal of Ecclesiastical History 18 (1967), S. 173–186.

CHENEY, Christopher R., Medieval Texts and Studies, Oxford 1973.

CHENEY, Christopher R., Hubert Walter (Leaders of Religion), London 1967.

CHENEY, Christopher R., Pope Innocent III and England (Päpste und Papsttum 9), Stuttgart 1976.

CHENEY, Christopher R., The Papacy and England (Variorum Collected Studies Series 154), London 1982

CHENEY, Christopher R., The English Church and its Laws 12th-14th Centuries (Variorum Collected Studies Series 160), London 1982.

CLANCHY, Michael T., Did Henry III have a Policy?, in: History 53 (1968), S. 203–216.

CLANCHY, Michael T., Remembering the Past and the Good Old Law, in: History 55 (1970), S. 165–176.

CLANCHY, Michael T., From Memory to Written Record. England 1066–1307, 2. Aufl. Oxford 1993.

CLEMENTI, Dione, Richard II's Ninth Question to the Judges, in: The English Historical Review 86 (1971), S. 96–113.

COLLINS, Arthur J., The Documents of the Great Charter of 1215, in: Proceedings of the British Academy 34 (1948), S. 233–279.

CSENDES, Peter, Heinrich VI. (Gestalten des Mittelalters und der Renaissance), Darmstadt 1993.

CSENDES, Peter, Philipp von Schwaben. Ein Staufer im Kampf um die Macht (Gestalten des Mittelalters und der Renaissance), Darmstadt 2003.

DAWSON, James D., William of Saint-Amour and the Apostolic Tradition, in: Medieval Studies 40 (1978), S. 223–238.

DENIFLE, Heinrich, Die Denkschriften der Colonna gegen Bonifaz VIII. und der Cardinäle gegen die Colonna, in: Archiv für Literatur- und Kirchengeschichte des Mittelalters 5 (1889), S. 493–529.

Die deutschen Herrscher des Mittelalters. Historische Portraits von Heinrich I. bis Maximilian I. (919–1519), hg. von Bernd Schneidmüller/Stefan Weinfurter, München 2003.

DUBY, Georges, Le dimanche de Bouvines, 27 juillet 1214 (Trente jounées qui ont fait la France 5), Paris 1973.

Edward the Second, the Lord Ordainers and Piers Gaveston's Jewels and Horses 1312–1313 (Camden Third Series 41,2), hg. von Richard A. Roberts, London 1929.

EICKELS, Klaus van, Vom inszenierten Konsens zum systematisierten Konflikt: Die englisch-französischen Beziehungen und ihre Wahrnehmung an der Wende vom Hoch- zum Spätmittelalter (Mittelalter-Forschungen 10), Stuttgart 2002.

Die englischen Könige im Mittelalter. Von Wilhelm dem Eroberer bis Richard III., hg. von Natalie Fryde/Hanna Vollrath, München 2004.

.The English Parliament in the Middle Ages, hg. von Henry G. Richardson/George O. Sayles, London 1981.

ERKENS, Franz-Reiner, Kurfürsten und Königswahl. Zu neuen Theorien über den Königswahlparagraphen im Sachsenspiegel und die Entstehung des Kurfürstenkollegiums (Monumenta Germaniae Historica: Studien und Texte 30), Hannover 2002.

EUBEL, Conrad, Hierarchia Catholica Medii Aevi, Bd. 1: Ab anno 1198 usque ad annum 1431 perducta, 2. Aufl. Münster 1913.

FEINE, Hans E. A., Kirchliche Rechtsgeschichte. Die Katholische Kirche, 5. Aufl. Köln/Wien 1972.

FELD, Helmut, Franziskus von Assisi und seine Bewegung, Darmstadt 1996.

FRANCHI, Antonio, Il concilio II di Lione (1274) secondo la ordinatio concilii generalis Lugdunensis. Editione del testo e note, Rom 1965.

FRANCHI, Antonio, Il conclave di Viterbo (1268–1271) e le sue origini. Saggi con documenti inediti, Ascoli 1993.

FRIED, Johannes, Der Schleier der Erinnerung. Grundzüge einer historischen Memorik, München 2004.

FRYDE, Natalie, The Tyranny and Fall of Edward II. 1321–26, Cambridge 1979.

FRYDE, Natalie, Why Magna Carta? Angevin England Revisited (Neue Aspekte der europäischen Mittelalterforschung 1), Münster u. a. 2001.

FÜRST, Carl G., Cardinalis. Prolegomena zu einer Rechtsgeschichte des Römischen Kardinalskollegiums, München 1967.

GERLICH, Alois, Habsburg–Luxemburg–Wittelsbach im Kampf um die deutsche Königskrone. Studien zur Vorgeschichte des Königtums Ruprechts von der Pfalz, Wiesbaden 1960.

GERLICH, Alois, König Ruprecht von der Pfalz, in: Pfälzer Lebensbilder, Bd. 4, hg. von Kurt Baumann/Hartmut Harthausen, Speyer 1987, S. 9–60.

Die Geschichte des Christentums. Religion, Politik, Kultur, Bd. 5: Machtfülle des Papsttums. 1054–1274, hg. von André Vauchez, Freiburg/Basel/Wien 1994.

Die Geschichte des Christentums, Bd. 6: Die Zeit der Zerreißproben.1274–1449, hg. von Michel Mollat Du Jourdin u. a., Freiburg/Basel/Wien 1991.

GILLINGHAM, John, Richard I (Yale English monarchs), New Haven u. a. 1999.

GILLINGHAM, John, The Angevin Empire (Foundations of Medieval History 2), 2. Aufl. London 2001.

GIVEN-WILSON, Chris, Richard II, Edward II, and the Lancastrian Inherritance, in: The English Historical Review 109 (1994), S. 553–571.

GÖRICH, Knut, Die Ehre Friedrich Barbarossas. Konflikt und politisches Handeln im 12. Jahrhundert (Symbolische Kommunikation in der Vormoderne), Darmstadt 2001.

GRANSDEN, Antonia, Historical Writing in England, Bd. 2: c. 1307 to the Early Sixteenth Century, London u. a. 1982.

GRAUS, Frantisek, Das Scheitern von Königen: Karl VI., Richard II., Wenzel IV., in: Das spätmittelalterliche Königtum im europäischen Vergleich (Vorträge und Forschungen 32), hg. von Reinhard Schneider, Sigmaringen 1987, S. 17–39.

GRUNDMANN, Herbert, Wahlkönigtum, Territorialpolitik und Ostbewegung im 13. und 14. Jahrhundert (1198–1378), in: Handbuch der deutschen Geschichte, Bd. 1: Frühzeit und Mittelalter, hg. von Bruno Gebhardt/Herbert Grundmann, 9. Aufl. Stuttgart 1970, S. 426–606.

GUILLEMAIN, Bernard, La cour pontificale d'Avignon (1309–1376). Étude d'une société (Bibliothèque des Ecoles Françaises d'Athènes et de Rome 201), Paris 1962.

HAINES, Roy M., King Edward II: Edward of Caernarfon, his Life, his Reign, and its Aftermath. 1284–1330, Montreal/London 2003.
HALLER, Johannes, Das Papsttum. Idee und Wirklichkeit, Bd. 3–5, 2. Aufl. Stuttgart 1953.
HARRISS, Gerald L., King, Parliament and Public Finance in Medieval England to 1369, Oxford 1975.
HARRISS, Gerald L., The Formation of Parliament. 1272–1377, in: The English Parliament in the Middle Ages, hg. von Richard G. Davies/Jeffrey H. Denton, Philadelphia 1981, S. 29–60.
HARRISS, Gerald L., Shaping the Nation. England 1360–1461, Oxford 2005.
HAVERKAMP, Alfred, Handbuch der deutschen Geschichte, Bd. 10: Zwölftes Jahrhundert 1125–1198, hg. von Bruno Gebhardt u. a., 10. Aufl. Stuttgart 2003.
Heiliges Römisches Reich Deutscher Nation 962 bis 1806. Von Otto dem Großen bis zum Ausgang des Mittelalters, Bd. 2: Essays, hg. von Matthias Puhle, Dresden 2006.
HEIMPEL, Hermann, Die Vener von Gmünd und Straßburg 1162–1447, Studien und Texte zur Geschichte einer Familie sowie des gelehrten Beamtentums in der Zeit der abendländischen Kirchenspaltung und der Konzilien von Pisa, Konstanz und Basel, Bd. 1–3 (Veröffentlichungen des Max-Planck-Instituts für Geschichte 52), Göttingen 1982.
HERGEMÖLLER, Bernd-Ulrich, Die Goldene Bulle. Kaiser Karl IV. und die Kunst des Möglichen, in: Kaiser Karl IV. Staatsmann und Mäzen, hg. von Ferdinand Seibt, München 1978, S.143–146.
Historical Dictionary of Late Medieval England. 1272–1485, hg. von Ronald H. Fritze/ William B. Robinson, Westport (Conn.) 2002
HOENSCH, Jörg K., Die Luxemburger. Eine spätmittelalterliche Dynastie gesamteuropäischer Bedeutung 1308–1347 (Urban Taschenbücher 407), Stuttgart/Berlin/Köln 2000.
HOLMES, George A., The Good Parliament, Oxford 1975.
HOLT, James C., Magna Carta and Medieval Government (History Series 38), London 1985.
HOLT, James C., The Northerners. A study in the Reign of King John, Oxford 1961.
HOLT, James C., Magna Carta and the Origin of Statute Law, in: Studia Gratiana 15 (1972), S. 487–507.
HOLT, James C., Magna Carta, 2. Aufl. Cambridge 1997.
HOLTZ, Eberhard, Reichsstädte und Zentralgewalt unter König Wenzel 1376–1400 (Studien zu den Luxemburgern und ihrer Zeit 4), Warendorf 1986.
HOLZAPFEL, Theo, Papst Innozenz III., Philipp II. August, König von Frankreich und die englisch-welfische Verbindung 1198–1216 (Europäische Hochschulschriften, Reihe 3 406), Frankfurt a. Main 1991.
HUCKER, Bernd U., Otto IV. Der wiederentdeckte Kaiser, Frankfurt am Main/Leipzig 2003.
JACOB, Ernest F., What were the „Provisons of Oxford"?, in: History 9 (1924), S. 188–200.
JANSEN, Stefanie, Wo ist Thomas Becket? Der ermordete Heilige zwischen Erinnerung und Erzählung (Historische Studien 465), Husum 2002.
JORDAN, William C., The Great Famine. Northern Europe in the Early Fourteenth Century, 3. Aufl. Princeton 1998.
Kaiser Ludwig der Bayer. Konflikte, Weichenstellungen und Wahrnehmung seiner Herrschaft (Quellen und Forschungen aus dem Gebiet der Geschichte NF 22), hg. von Hermann Nehlsen/Hans-Georg Hermann, Paderborn u. a. 2002.
KAMP, Hermann, Friedensstifter und Vermittler im Mittelalter (Symbolische Kommunikation in der Vormoderne), Darmstadt 2001.
KANTOROWICZ, Ernst, The King's Two Bodies. A Study in Medieval Political Theology, Princeton/New Jersey 1957.
KAUFHOLD, Martin, Gladius Spiritualis. Das päpstliche Interdikt über Deutschland in der Regierungszeit Ludwigs des Bayern (1324–1347) (Heidelberger Abhandlungen zur Mittleren und Neueren Geschichte NF 6), Heidelberg 1994.

KAUFHOLD, Martin, Deutsches Interregnum und europäische Politik. Konfliktlösungen und Entscheidungsstrukturen 1230–1280 (MGH Schriften 49), Hannover 2000.
KAUFHOLD, Martin, Interregnum (Geschichte Kompakt: Mittelalter), Darmstadt 2002.
KAUFHOLD, Martin, Entscheidungsstrukturen in Dynastie und Reich des 14. Jahrhunderts. Ein Versuch zur Formierung der Reichsverfassung am Beispiel der Wittelsbacher, in: Zeitschrift der Savigny-Stiftung für Rechtsgeschichte, German. Abt. 120 (2003), S. 126–149.
KAUFHOLD, Martin, Die gelehrten Erzbischöfe von Canterbury und die Magna Carta im 13. Jahrhundert, in: Politische Reflexion in der Welt des späten Mittelalters. Political Thought in the Age of Scholasticism. Essays in Honour of Jürgen Miethke (Studies in Medieval and Reformation Traditions 103), hg. von Ders., Leiden/Boston 2004, S. 43–64.
KAUFHOLD, Martin, Wendepunkte des Mittelalters. Von der Kaiserkrönung Karls des Großen bis zur Entdeckung Amerikas, Ostfildern 2004.
KELLER, Hagen, Zwischen regionaler Begrenzung und universalem Horizont. Deutschland im Imperium der Salier und Staufer 1024–1250 (Propyläen Geschichte Deutschlands 2), Berlin 1986.
KEMPF, Friedrich, Die Absetzung Friedrichs II. im Lichte der Kanonistik, in: Probleme um Friedrich II. (Vorträge und Forschungen 16), hg. von Josef Fleckenstein, Sigmaringen 1974, S. 345–360.
KLEWITZ, Hans-Walter, Die Entstehung des Kardinalskollegiums, in: Zeitschrift der Savigny-Stiftung für Rechtsgeschichte, Kan. Abt. 25 (1936), S. 115—221.
KLEWITZ, Hans-Walter, Reformpapsttum und Kardinalkolleg, Darmstadt 1957.
KLINGELHÖFER, Erich, Die Reichsgesetze von 1220, 1231/32 und 1235. Ihr Werden und ihr Wirken im Deutschen Staat Friedrichs II., Weimar 1955.
KRIEB, Steffen, Vermitteln und Versöhnen. Konfliktregelung im deutschen Thronstreit 1198–1208 (Norm und Struktur 13), Köln/Weimar/Wien 2000.
KRIEGER, Karl-Friedrich, König, Reich und Reichsreform im späten Mittelalter (Enzyklopädie deutscher Geschichte 14), 2. Aufl. München 2005.
KRIEGER, Karl-Friedrich, Rudolf von Habsburg (Gestalten des Mittelalters und der Renaissance), Darmstadt 2003.
KRÜGER, Thomas M., Überlieferung und Relevanz der päpstlichen Wahlkapitulationen (1352–1522). Zur Verfassungsgeschichte von Papsttum und Kardinalat, in: Quellen und Forschungen aus italienischen Archiven und Bibliotheken 81 (2001), S. 228–255.
KUTTNER, Stephan/GARCÍA Y GARCÍA, Antonio, A new Eyewitness Account of the Fourth Lateran council, in: Traditio 20 (1964), S. 115–178.
LAMBERTINI, Roberto, La Povertà pensata. Evoluzione storica della definizione dell'identità minoritica da Bonaventura ad Ockham (Collana di Storia Medievale 1), Modena 2000.
LAMBERTINI, Roberto/ TABBARONI, Andrea, Dopo Francesco: L'eredità difficile, Turin 1989.
LANDI, Aldo, Il papa deposto (Pisa 1409). L'idea conciliare nel grande scisma (Studi Storici), Turin 1985.
LITTLE, Andrew George, Definitiones Capitulorum Generalium Ordinis Fratrum Minorum 1260–1282, in: Archivum Franciscanum Historicum 7 (1914), S. 676–682.
LÜTZELSCHWAB, Ralf, Flectet cardinales ad velle suum? Clemens VI. und sein Kardinalskolleg. Ein Beitrag zur kurialen Politik in der Mitte des 14. Jahrhunderts (Pariser historische Studien 80), München 2007.
LULVÈS, Jean, Die Machtbestrebungen des Kardinalkollegiums gegenüber dem Papsttum, in: Mitteilungen des Instituts für österreichische Geschichtsforschung 35 (1914), S. 455–483.
MADDICOTT, John R., Thomas of Lancaster 1307–1322. A Study in the Reign of Edward II (Oxford Historical Monographs), Oxford 1970.
MADDICOTT, John R., Simon de Montfort, Cambridge 1994.

MALECZEK, Werner, Abstimmungsarten: Wie kommt man zu einem vernünftigen Wahlergebnis?, in: Wahlen und Wählen im Mittelalter (Vorträge und Forschungen 37), hg. von Reinhard Schneider/Harald Zimmermann, Sigmaringen 1990, S. 79–134.

MALECZEK, Werner, Papst und Kardinalskolleg 1191–1216. Die Kardinäle unter Coelestin III. und Innocenz III., Wien 1984.

MAUBACH, Josef, Die Kardinäle und ihre Politik um die Mitte des 13. Jahrhunderts unter den Päpsten Innocenz IV., Alexander IV., Urban IV., Clemens IV. (1243–1268), Bonn 1902.

MCKECHNIE, William S., Magna Carta. A Commentary on the Great Charter of King John, 2. Aufl. Glasgow 1914.

MELLONI, Alberto, Innozenzo IV. La concezione e l'esperienze della christianitá come regimen unius personae (Testi e ricerche di scienze religiose NF 4), Genua 1990.

MIETHKE, Jürgen, Ockhams Weg zur Sozialphilosophie, Berlin 1969.

MIETHKE, Jürgen, Geschichtsprozeß und zeitgenössisches Bewusstsein – Die Theorie des monarchischen Papats im hohen und späteren Mittelalter, in: Historische Zeitschrift 226 (1978), S. 564–599.

MIETHKE, Jürgen, Die päpstliche Kurie des 14. Jahrhunderts und die „Goldene Bulle" Kaiser Karls IV., in: Papstgeschichte und Landesgeschichte. Festschrift für Hermann Jakobs (Beihefte zum Archiv für Kulturgeschichte 39), hg. von Joachim Dahlhaus/Armin Kohnle, Köln/ Weimar/Wien 1995, S. 437–450.

MIETHKE, Jürgen, De potestate papae. Die päpstliche Amtskompetenz im Widerstreit der politischen Theorie von Thomas von Aquin bis Wilhelm von Ockham (Spätmittelalter und Frühe Neuzeit 16), Tübingen 2000.

MIETHKE, Jürgen, Der Kampf Ludwigs des Bayern mit Papst und avignonesischer Kurie in seiner Bedeutung für die deutsche Geschichte, in: Kaiser Ludwig der Bayer. Konflikte, Weichenstellungen und Wahrnehmung seiner Herrschaft (Quellen und Forschungen aus dem Gebiet der Geschichte NF 22), hg. von Hermann Nehlsen/Hans-Georg Hermann, Paderborn u. a. 2002, S. 39–74.

MIROT, Léon, La politique pontificale et le retour du Saint-Siège à Rome en 1376, Paris 1899.

MITTEIS, Heinrich, Zum Mainzer Reichslandfrieden von 1235, in: Zeitschrift der Savigny-Stiftung für Rechtsgeschichte, Germ. Abt. 62 (1942), S. 13–56.

MITTEIS, Heinrich, Die deutsche Königswahl. Ihre Rechtsgrundlagen bis zur Goldenen Bulle, 2. Aufl. Brünn/München/Wien 1944.

MOLLAT, Guillaume, Les papes d'Avignon (1305–1378), 10. Aufl. Paris 1965.

MORAW, Peter, Von offener Verfassung zu gestalteter Verdichtung. Das Reich im späten Mittelalter 1250–1490 (Propyläen Geschichte Deutschlands 3), Berlin 1985.

MORAW, Peter, Über Entwicklungsunterschiede und Entwicklungsausgleich im deutschen und europäischen Mittelalter, in: Hochfinanz, Wirtschaftsräume, Innovationen. Festschrift für Wolfgang von Stromer, Bd. 2, hg. von Uwe Bestmann/Franz Irsigler, Trier 1987, S. 583–622.

MORAW, Peter, Der „kleine König" im europäischen Vergleich, in: Rudolf von Habsburg (1273–1291). Eine Königsherrschaft zwischen Tradition und Wandel (Passauer historische Forschungen 7), hg. von Egon Boshof/Franz-Reiner Erkens, Köln 1993, S. 185–208.

MORAW, Peter, Über König und Reich. Aufsätze zur Verfassungsgeschichte des späten Mittelalters, Sigmaringen 1995.

MORRIS, Colin, The Papal Monarchy. The Western Church from 1050 to 1250 (Oxford History of the Christian Church), Oxford 1989.

The New Cambridge Medieval History, Bd. 5: c. 1198–c. 1300, hg. von David Abulafia, Cambridge 1999.

The New Cambridge Medieval History, Bd. 6: c. 1300–1415, hg. von Michael Jones, Cambridge 2000.

OFFLER, Hilary S., Church and Crown in the Fourteenth Century. Studies in European History and Political Thought (Variorum Collected Studies Series 692), Aldershot 2000.

ORMROD, William M., The Reign of Edward III. Crown and Political Society in England 1327–1377, New Haven/New York 1990.

Papst Innozenz III. Weichensteller der Geschichte Europas. Interdisziplinäre Ringvorlesung an der Universität Passau, 5.11.1997–26.5.1998, hg. von Thomas Frenz, Stuttgart 2000.

PARAVICINI BAGLIANI, Agostino, Der Leib des Papstes. Eine Theologie der Hinfälligkeit, München 1997.

PAULER, Roland, Die deutschen Könige und Italien im 14. Jahrhundert. Von Heinrich VII. bis zu Karl IV., Darmstadt 1997.

PELTZER, Jörg, The Slow Death of the Angevin Empire, in: Historical Research (2008) [im Druck].

PENNINGTON, Kenneth, Pope and Bishops. The Papal Monarchy in the Twelfth and Thirteenth Centuries (The Middle Ages), Philadelphia 1984.

PLUCKNETT, Theodore F. T., Statutes and their Interpretation in the First Half of the Fourteenth Century (Cambridge Studies in English Legal History), Cambridge 1922.

PLUCKNETT, Theodore F. T., The Origin of Impeachment, in: Transactions of the Royal Historical Society, 4th Ser. 24 (1942), S. 47–71.

PLUCKNETT, Theodore F. T., Legislation of Edward I. (The Ford Lectures 1947), Oxford 1949.

Politics and Crisis in Fourteenth Century England, hg. von John Taylor/Wendy R. Childs, Gloucester 1990

POOLE, Reginald L., The Publication of Great Charters by the English Kings, in: The English Historical Review 28 (1913), S. 444–453.

POWICKE, Frederick M., King Henry III and the Lord Edward. The Community of the Realm in the 13th Century, Bd. 1–2, Oxford 1947.

POWICKE, Frederick M., Stephen Langton, Oxford 1928.

PRESTWICH, Michael, Edward I., London 1988.

PRESTWICH, Michael, Plantagenet England 1225–1360 (The New Oxford History of England 8), Oxford 2005.

PRESTWICH, Michael, The Three Edwards. War and State in England 1272–1377, London 2001.

Probleme um Friedrich II. (Vorträge und Forschungen 16), hg. von Josef Fleckenstein, Sigmaringen 1974.

REDLICH, Oswald, Rudolf von Habsburg. Das deutsche Reich nach dem Untergang des alten Kaisertums, Innsbruck 1903.

RICHARDSON, Henry G., The Morrow of the Great Charter, in: The Bulletin of the John Rylands Library 28 (1944), S. 422–443.

RICHARDSON, Henry G./ SAYLES, George O., The Early Statutes, in: The Law Quaterly Review 50 (1934), S. 201–223, 540–571.

ROBERG, Burkard, Das zweite Konzil von Lyon [1274] (Konziliengeschichte A 6), Paderborn u. a. 1990.

Rudolf von Habsburg (1273–1291). Eine Königsherrschaft zwischen Tradition und Wandel (Passauer historische Forschungen 7), hg. von Egon Boshof/Franz-Reiner Erkens, Köln 1993.

RUFFINI AVONDO, Edoardo, Le origini del conclave papale, in: Atti della R. Accademia delle Scienze di Torino 62 (1927), S. 409–431.

SÄGMÜLLER, Johann B., Die Thätigkeit und Stellung der Cardinäle bis Papst Bonifaz VIII., Freiburg im Breisgau 1896.

SAUL, Nigel, Richard II, New Haven/London 1997.

SAYLES, George O., The Deposition of Richard II. Three Lancastrian Narratives, in: Bulletin of the Institute of Historical Research 54 (1981), S. 257–270.

SAYLES, George O., The King's Parliament of England, London 1975.

SCHALLER, Hans M., Stauferzeit. Ausgewählte Aufsätze (MGH Schriften 38), Hannover 1993.

SCHATZ, Klaus, Papsttum und partikularkirchliche Gewalt bei Innocenz III. (1198–1216), in: Archivum Historiae Pontificiae 8 (1970), S. 61–111.

SCHIMMELPFENNIG, Bernhard, Die deutsche Königswahl im 13. Jahrhundert, Bd. 1: Die Wahlen von 1198 bis 1247 (Historische Texte: Mittelalter 9), Göttingen 1968.

SCHIMMELPFENNIG, Bernhard, Das Papsttum. Von der Antike bis zur Renaissance, 5. Aufl. Darmstadt 2005.

SCHMIDT, Tilmann, Der Bonifaz-Prozeß. Verfahren der Papstanklage in der Zeit Bonifaz' VIII. und Clemens' V (Forschungen zur kirchlichen Rechtsgeschichte und zum Kirchenrecht 19), Köln/Wien 1989.

SCHMIDT, Tilmann, Frühe Anwendungen des Liber Sextus Papst Bonifaz' VIII, in: Proceedings of the Ninth National Congress of Medieval Canon Law, 13.–18. July 1992 (Monumenta Iuris Canonici Ser. C: Subsidia 10), hg. von Peter Landau/Jörg Müller, Città del Vaticano 1997, S. 117–134.

SCHUBERT, Ernst, Die Absetzung König Adolfs von Nassau, in: Studien zur Geschichte des Mittelalters. Jürgen Petersohn zum 65. Geburtstag, hg. von Matthias Thumser/Annegret Wenz-Haubfleisch/Peter Wiegand, Stuttgart 2000, S. 271–301.

SCHUBERT, Ernst, Kurfürsten und Wahlkönigtum. Die Wahlen von 1308, 1314 und 1346 und der Kurverein von Rhens, in: Balduin von Luxemburg. Erzbischof von Trier – Kurfürst des Reiches 1285–1354, hg. von Franz-Josef Heyen/Johannes Mötsch, Mainz 1985, S. 103–117.

SCHUBERT, Ernst, Königsabsetzung im deutschen Mittelalter. Eine Studie zum Werden der Reichsverfassung (Abhandlungen der Akademie der Wissenschaften zu Göttingen, Philologisch-Historische Klasse, 3. Folge 267), Göttingen 2005.

SCHULZ, Knut, „Denn sie lieben die Freiheit so sehr". Kommunale Aufstände und die Entstehung des europäischen Bürgertums im Hochmittelalter, Darmstadt 1992.

SEIDLMAYER, Michael, Die Anfänge des Großen Abendländischen Schismas. Studien zur Kirchenpolitik insbesondere der spanischen Staaten und zu den geistigen Kämpfen der Zeit (Spanische Forschungen der Görresgesellschaft, 2. Reihe 5), Münster 1940.

SHENTON, Caroline, Edward III and the Coup of 1330, in: The Age of Edward III, hg. von James S. Bothwell, York 2001, S. 13–29.

SKEMER, Don C., Reading the Law. Statute Books and Private Transmission of Legal Knowledge in Late Medieval England, in: Learning the Law. Teaching and the Transmission of the Law in England 1150–1900, hg. von Jonathan A. Bush/Alan Wijfels, London/Rio Grande 1999, S. 113–131.

STEHKÄMPER, Hugo, Der Kölner Erzbischof Adolf von Altena und die deutsche Königswahl (1195–1204), in: Beiträge zur Geschichte des mittelalterlichen deutschen Königtums (Historische Zeitschrift, Beiheft NF 2), hg. von Theodor Schieder, München 1973, S. 5–83.

STENGEL, Edmund E., Avignon und Rhens. Forschungen zur Geschichte des Kampfes um das Recht am Reich in der ersten Hälfte des 14. Jahrhunderts (Quellen und Studien zur Verfassungsgeschichte des Deutschen Reiches in Mittelalter und Neuzeit 6,1), Weimar 1930.

STÜRNER, Wolfgang, Friedrich II., 2 Bde. (Gestalten des Mittelalters und der Renaissance), Darmstadt 1992–2000.

STÜRNER, Wolfgang, Dreizehntes Jahrhundert. 1198–1273, hg. von Bruno Gebhardt u. a., 10. Aufl. Stuttgart 2007.

SUMPTION, Jonathan, The Hundred Years War, Bd. 1: Trial by Battle, 2. Aufl. London/Boston 1999.

SUTHERLAND, Donald W., Quo warranto proceedings in the reign of Edward I. 1278–1294, Oxford 1963.

THOMAS, Heinz, Deutsche Geschichte des Spätmittelalters. 1250–1400, Stuttgart u. a. 1983.

THOMAS, Heinz, Ludwig der Bayer (1282–1347). Kaiser und Ketzer, Wien u. a. 1993.

THOMPSON, Faith, The First Century of Magna Carta: Why it Persisted as a Document (Research Publications of the University of Minnesota 16), Minneapolis 1925.

TIERNEY, Brian, Origins of Papal Infallibility 1150–1350. A Study on the Concepts of Infallibility, Sovereignty and Tradition in the Middle Ages (Studies in the History of Christian Thought 6), Leiden 1972.
TOUT, Thomas F., The Place of the Reign of Edward II in English History, 2. Aufl. Manchester 1936.
TRUEMAN, John H., The Personnel of Medieval Reform. The English Lords Ordainers of 1310, in: Medieval Studies 21 (1959), S. 247–271.
TUCK, Anthony, Richard II and the English Nobility, London 1973.
TUCK, Anthony, Crown and Nobility. England 1272–1461, 2. Aufl. Oxford 1999.
TURLEY, Thomas, Infallibilists in the Curia of John XXII, in: Journal of Medieval History 1 (1975), S. 71–101.
TURNER, Ralph V., King John (The medieval world), London 1994.
TURNER, Ralph V., Magna Carta: Through the Ages, Harlow 2002.
UBL, Karl, Johannes Quidorts Weg zur Sozialphilosophie, in: Francia 30,1 (2003), S. 43–72.
UNGER, Stefanie, Generali concilio inhaerentes statuimus. Die Rezeption des Vierten Lateranum (1215) und des zweiten Lugdunense (1274) in den Statuten der Erzbischöfe von Köln und Mainz bis zum Jahr 1310 (Quellen und Abhandlungen zur mittelrheinischen Kirchengeschichte 114), Mainz 2004.
UNVERHAU, Dagmar, Approbatio, reprobatio. Studien zum päpstlichen Mitspracherecht bei Kaiserkrönung und Königswahl vom Investiturstreit bis zum ersten Prozeß Johanns XXII. gegen Ludwig IV. (Historische Studien 424), Berlin 1973.
VALE, Malcolm G. A., England, France and the origins of the Hundred Years War, in: Medieval History 1 (2002), S. 49–58.
VALENTE, Claire, Simon de Montfort, Earl of Leicester, and the Utility of Sanctity in Thirteenth Century England, in: Journal of Medieval History 21 (1995), S. 27–49.
VALENTE, Claire, The Deposition and Abdication of Edward II, in: The English Historical Review 113 (1998), S. 852–881.
VALENTE, Claire, The Theory and Practise of Revolt in Medieval England, Aldershot u. a. 2003.
VINCKE, Johannes, Acta Concilii Pisani, in: Römische Quartalsschrift 46 (1938), S. 81–331.
VINCKE, Johannes, Briefe zum Pisaner Konzil (Beiträge zur Kirchen- und Rechtsgeschichte 1), Bonn 1940.
VINCKE, Johannes, Schriftstücke zum Pisaner Konzil. Ein Kampf um die öffentliche Meinung (Beiträge zur Kirchen- und Rechtsgeschichte 3), Bonn 1942.
VOLLRATH, Hanna, Thomas Becket. Höfling und Heiliger (Persönlichkeit und Geschichte 164), Göttingen 2004.
WALTHER, Helmut G., Das Problem des untauglichen Herrschers in der Theorie und Praxis des europäischen Spätmittelalters, in: Zeitschrift für Historische Forschung 23 (1996), S. 1–28.
Wahlen und Wählen im Mittelalter (Vorträge und Forschungen 37), hg. von Reinhard Schneider/Harald Zimmermann, Sigmaringen 1990.
WARREN, Wilfred L., King John, 2. Aufl. London 1978.
WATT, John A., The Constitutional Law of the College of Cardinals: Hostiensis to Joannes Andreae, in: Medieval Studies 33 (1971), S. 127–157.
WEHRLE, René, De la coutume dans le droit canonique: essai historique des origines de l'eglise au pontificat de Pie XI, Paris 1928.
WEILER, Björn K. U., Henry III of England and the Staufen Empire. 1216–1272, Woodbridge 2006.
WEIß, Stefan, Die Versorgung des päpstlichen Hofes in Avignon mit Lebensmitteln. Studien zur Sozial- und Wirtschaftsgeschichte eines mittelalterlichen Hofes (1316–1378), Berlin 2002.
WENCK, Karl, Das erste Konklave der Papstgeschichte, Rom August bis Oktober 1241, in: Quellen und Forschungen aus italienischen Archiven und Bibliotheken 18 (1926), S. 101–170.

WIERUSZOWSKI, Helene, Vom Imperium zum nationalen Königtum. Vergleichende Studien über die publizistischen Kämpfe Kaiser Friedrichs II. und König Philipps des Schönen mit der Kurie (HZ Beiheft 30), München/Berlin 1933.

WILKINSON, Bertie, The Deposition of Richard II and the Accession of Henry IV, in: The English Historical Review 54 (1939), S. 215–239.

WILKINSON, Bertie, The Sherburn Indenture and the Attack on the Despensers, 1321, in: The English Historical Review 62 (1948), S. 1–28.

WILKINSON, Bertie, The Later Middle Ages in England 1216–1485, 2. Aufl. London 1978.

WILLIMAN, Daniel, A Liber Sextus from the Bonifacian Library: Vatican Borghese 7, in: Bulletin of Medieval Canon Law NS 7 (1977), S. 103–107.

WINKELMANN, Eduard, Philipp von Schwaben und Otto IV. von Braunschweig, 2 Bde. (Jahrbücher der deutschen Geschichte 19), Leipzig 1873–1878.

WITTNEBEN, Eva L., Bonagratia von Bergamo. Franziskanerjurist und Wortführer seines Ordens im Streit mit Papst Johannes XXII. (Studies in Medieval and Reformation Thought 90), Leiden u. a. 2003.

Register

Personennamen sind stets mit dem Vornamen indiziert, Familiennamen nur, sofern es um mehrere Familienmitglieder oder die Familie als solche geht.
Quellentitel sind nur indiziert, sofern sie nicht einem bestimmten, namentlich bekannten Verfasser zugeordnet sind (insbesondere normative und anonym verfasste Texte). Ansonsten sind die Verfassernamen indiziert.

Abkürzungen: (A) = Anmerkung, Bf. = Bischof, Eb. = Erzbischof, fränk. = fränkisch, Gf. = Graf, Hzg. = Herzog, Kg(n). = König(in), Ks(n) = Kaiser(in), Mgf = Markgraf, Pfgf. = Pfalzgraf, röm. = römisch.

Aachen 39, 41, 48, 99f., 199(A)
Adam Orleton, Bf. v. Hereford 189f.
Adam Murimurth 232
Adam von Usk 285f., 290–293, 301, 332
Ad apostolice dignitatis 98 (A)
Adolf. von Nassau, röm. Kg. 22, 42, 120–125, 317, 320, 335
Aegidius Albornoz, Kardinal 274f., 326
Alanus Anglicus 167
Albrecht I. v. Habsburg, röm. Kg. 22, 36 (A), 42, 121, 312, 335
Alfons, Kg. v. Kastilien 201
Alexander III., Papst 54, 159, 173f.,
Alexander IV., Papst 105, 116f., 342
Alexander V., Papst 309 (A)
Alexander von Stavensby, Bf. v. Lichfield 187 (A)
Alvarus Pelagius 268
Anjou 64, 142, 276, 278
Annales Paulini 230, 233
Annales Stadenses 104 (A), 176 (A)
Annalista Saxo 204
Arnold von Lübeck 44
Articles of the Barons 69 (A), 76
Assisen von Capua 136
Avignon 216, 236 (A), 242, 259–278, 326
Bamberg 42, 55, 209, 306
Bannockburn 225 f.
Benedikt XI., Papst 260
Benedikt XII., Papst 261 263–265, 267 (A)
Benedikt XIII. (Pedro de Luna), Papst 13, 310
Bernhard von Clairvaux 161, 171, 174
Bernhardus Parmensis 315
Bonifaz VIII, Papst 36 (A), 124, 160, 168–170, 174, 176–178, 194, 214, 260, 262, 264, 267 273, 297, 308, 312
Bonaventura 150–153, 162f.
Boroughbridge 229, 323

Bouvines 31 (A), 41, 56, 62, 64, 74, 75, 117, 143, 144
Braunschweig 100, 101, 103, 104
Bruno von Olmütz, Bf. 163 (A)
Buonconvento 234
Burgos 102 (A)
Coelestin III., Papst 30
Canterbury 10 (A), 33, 55–68, 71, 77, 85–87, 91, 140 (A), 147 (A), 159, 190, 191, 227, 246, 289, 321
Carpentras 261
Carta de runmede 140
Chalus–Chabrol 33
Chiavenna 225
Clemens IV., Papst 164, 271–273
Clemens V., Papst 68 (A), 169f., 260, 261
Clemens VI., Papst 263, 265, 267, 268 (A), 270
Clemens VII., Papst 276
Coelestin IV., Papst 166, 264
Coelestis altitudo 176
Colonna 170, 174, 176–179, 260, 262
Collectio III 124
Confoederatio cum principibus ecclesiasticis 63, 70, 97f., 145 (A), 321
Deuteronomium 86
Dialogus de Scaccario 65
Dictum of Kenilworth 108, 113 (A), 147 (A), 148
Dietrich von Niem 242
Dominikus 163
Edmund „Crouchback" Plantagenet, Hzg. v. Lancaster 105, 148, 286 (A), 290 (A)
Edward der Bekenner, Kg. v. England 10, 59 (A), 72f.
Edward I., Kg. v. England 63 (A), 64 (A), 96, 113 (A), 120, 125, 127–129, 132, 135–139, 144, 147f., 153, 186, 223, 318
Edward II., Kg. v. England 22, 121, 122, 123 (A), 143, 148f., 179 (A), 181–189, 192–195,

221–233, 244–250, 254f., 281, 285f., 289, 291–293, 318, 323
Edward III., Kg. v. England 188, 192f., 221, 244–247, 249
Eleonore von Aquitanien, Kgn. v. England 14, 64
Erfurt 100, 144 (A)
Étienne d' Albret siehe Innozenz VI.
Eulogium Historiarum 253
Evesham 113, 147, 224
Évreux 277f.
Exiit qui seminat 211–215
Fidem catholicam 206
Flandern 38, 62, 63(A)
Forma deposicionis [Edwards II.] 189 (A), 231
Frankfurt 26, 104, 118, 207, 243 (A), 297, 298, 304
Franziskus 31, 149f., 151–153, 163, 216
Friedrich I. Barbarossa, röm. Kg./Ks. 15f., 35, 39, 61(a), 159
Friedrich II., röm. Kg./Ks. 16f., 24, 31f., 35, 39, 41, 45, 47f., 51, 54–56, 63, 70, 83, 88f., 97–99, 104f., 109, 117, 120, 124f., 130f., 136–138, 144–146, 156–158, 160, 166, 169f., 173, 175–179, 189, 202, 219, 231f., 273f., 290f., 311, 315, 317, 320f., 325
Friedrich der Schöne, Hzg. v. Österreich, röm. Kg. 22, 235–238, 261, 317
Friesland 114
Gascogne 126f., 144, 261
Gerhard von Abbeville 162
Glanvill siehe Ranulf
Goldene Bulle 17, 25–27, 85, 195, 199, 202, 207–210, 221, 238, 240–244, 248, 262, 294, 303–306, 319–322, 325
Göllheim 22, 42, 121
Gregor IX., Papst 54 (A), 98f., 161, 166, 176f., 273
Gregor X., Papst 164f., 167f., 262
Gregor XI., Papst 242, 243 (A), 264, 270–276
Gregor XII., Papst 13, 310f.
Guido von Narbonne, Ebf. 171
Hausvertrag von Pavia 239–241
Heinrich von Lincoln, Gf. 185, 230 (A), 245 (A), 320
Heinrich I., Kg. v. England 10, 15 (A), 29, 46 (A), 71, 75, 277
Heinrich II., Kg. v. England 14f., 41, 62 (A), 65f. 66
Heinrich III., Kg. v. England 22, 85 (A), 95–97, 105–113, 114 (A), 122f, 126–127 (A), 140–142, 147, 158, 212f., 224, 228, 277, 284, 289 (A), 323
Heinrich IV., Kg. v. England 230 (A), 244 (A), 280–285, 286 (A), 290 (A), 293, 298, 303

Heinrich VI., röm. Kg./Ks. 30–40, 44 (A), 45, 98, 145–147, 160 (A)
Heinrich (VII.), röm. Kg. 29 (A), 83, 99 (A)
Heinrich VII., röm. Kg./Ks. 22 (A), 63 (A), 243 (A)
Heinrich der Löwe, Hzg. v. Sachsen und Bayern 39, 40
Heinrich Raspe, röm. Kg. 22, 29 (A), 99
Heinrich von Lincoln, Gf. 185, 230 (A), 245 (A), 320
Heinrich Bolingbroke siehe Heinrich IV., Kg. v. England
Henry Knighton 188 (A), 253
Hubert Walter 33 (A), 66–67
Hugo Despenser der Ältere 226
Hugo Despenser der Jüngere 226
Hugo von Sabina, Kardinal 100, 102
Humbert von Romans 165
Île de France 14
Innozenz III., Papst 17f., 28–32, 34–37 (A), 40–42 (A), 43–52, 53(A), 55–57, 67f., 87–89, 91, 115–118, 155f., 159–161, 238, 241, 261, 263f., 311, 315, 321, 326
Innozenz IV., Papst 24, 97f. (A), 105, 121, 124, 130, 157f., 161f., 167 (A), 173 (A), 175f., 177, 213 (A), 231, 292
Innozenz VI., Papst 216, 217, 218, 259 (A), 265, 274
Irland 285, 288
Isabella, Kgn. v. England 222, 245
Italien 270, 273–275, 326
Joachim von Fiore, Abt 89
Jean Quidort 178
Job Vener, 209, 302, 305–307, 319
Jobst von Mähren, röm. Kg., 42, 202, 208, 303 (A) 304 (A), 305
Johannes VIII., Papst 172 (A)
Johannes XII., Papst 203 (A)
Johannes XXI., Papst 168 (A)
Johannes XXII., Papst 48, 198, 200, 201 (A), 203, 210–215, 237–239, 261–270, 273f.
Johannes Andreae 204
Johannes Beck 227
Johannes Duns Scotus 315
Johannes von Bologna 190
Johann Ohneland, Kg. v. England 16, 19, 22, 32–34, 36, 41, 59–69, 71–76, 84–88, 95, 104 (A), 106, 145, 289
Johann von Böhmen, Kg. v. Böhmen 205 (A), 209
Johann von Salisbury 45, 46 (A)
Johann von Talburg 298
John of Gaunt, Hzg. 245 (A), 281, 283
John Peckham, Ebf. v. Canterbury 190
Justinian 137, 139 (A)
Kamba, 24–26

Karl der Große, fränk. Kg. / Ks. 10 (A), 14 (A), 199 (A), 203, 204
Karl IV., röm. Kg. / Ks. 22, 25f., 42, 43 (A), 53 (A), 63 (A), 198f., 206 (A), 207, 208 (A), 210, 222 (A), 238 (A), 240–243, 262 (A), 294, 296, 305, 322 (A), 324 (A)
Karl von Anjou, Kg. von Sizilien 176, 271
Karlmann, fränk. Kg 204
Katharina von Siena 270, 271 (A), 274
Köln 37, 38 (A), 39, 41, 114 (A), 123
Konrad II., röm. Kg. / Ks. 11, 24f., 26 (A), 53
Konrad IV., röm. Kg. 51 (A), 99, 201
Konrad der Jüngere 25
Legenda maior 150
Lewes 112, 149 (A), 224
Liber Sextus 124, 168, 173, 194, 290f., 302
Liber extra 124, 173, 175
Licet (de) vitanda 32, 54, 167, 173
Limoges 33 (A)
Lombardei 299, 300
London 71f., 74, 77, 81f., 106 (A), 196, 232, 245f., 252, 285, 318
Lothar (von Süpplingenburg), röm. Kg./Ks. 117, 201
Ludwig IX., Kg. v. Frankreich 127 (A), 143 (A), 147 (A), 183, 255
Ludwig der Bayer, röm. Kg./Ks. 22, 27 (A), 36, 42, 43 (A), 48 (A), 51, 63 (A), 84 (A), 98 (A), 199–203, 206–208, 210, 213, 235–238, 239 (A), 241, 261, 266–268, 274, 305, 317, 319, 321, 324
Ludwig III., Pfalzgf. bei Rhein 304
Lübeck 51, 101, 103f., 317, 321
Lupold von Bebenburg 203f. (A), 206f. (A), 207, 209, 306, 319
Lyon 24, 98, 124 (A), 151, 156f., 163 (A), 164, 167 (A), 168, 187, 219, 273, 302
Mähren 44, 163, 208, 303, 304 (A), 305
Mailand 45 (A), 295, 299
Maine 142, 276, 278 (A)
Mainz 16, 41, 63, 91, 98, 124f., 144f., 296, 302, 304 (A)
Mainzer Reichslandfrieden 63, 70, 119, 125, 144f.–146, 153, 157 (A), 196 (A), 231
Martin V., Papst 216, 276 (A)
Matthaeus Parisiensis 33f. (A), 59 (A), 71–73 (A), 75 (A), 82 (A), 106f. (A), 109 (A), 123, 131 (A), 143 (A), 156 (A), 158 (A), 162 (A), 175 (A), 187, 233 (A), 284 (A)
Messina 32
Michael de la Pole 251 (A), 253 (A), 254
Minoritenexkurs 213
Modus Tenendi Parliamentum 193, 195 (A)
Moses 275, 316
Mühldorf am Inn 236
Ne romani 169

New Ordinances 181f., 184, 186, 195, 217f., 224–227, 245, 247–248, 254, 307, 317
Nikolaus III., Papst 171 (A), 211, 213
Nikolaus IV, Papst 176
Normandie 14, 64, 105, 142f., 276–278, 307 (A), 314 (A)
Norwegen 163
Oberlahnstein 298
Otto I., röm. Kg./Ks. 197 (A), 203, 270
Otto IV., röm. Kg./Ks. 22, 29 (A), 34–41, 44–46, 49 f., 53 (A), 54–56, 62, 88, 99 (A), 117, 201, 321.
Otto von Freising 15
Otto von Poitou, Hzg. siehe Otto IV.
Otto von Wittelsbach, Pfgf. 55
Ottokar, Kg. von Böhmen 52, 138f.
Oxford 60 (A), 91f., 110f., 143 (A), 147, 183, 193 (A), 217f., 227
Padua 152
Pandulf, päpstl. Legat 72, 85f.
Paper Constitution 96 (A)
Paschalis II., Papst 173
Peter de la Mare 187, 189f., 194, 196
Petrus de Palude 215
Petrus Johannes Olivi 151f., 211, 215
Philipp II. Augustus, Kg. v. Frankreich 31, 40, 45 (A), 46 (A), 62 (A), 64, 67f., 127 (A), 143
Philipp IV., der Schöne, Kg. v. Frankreich 127 (A), 169 (A), 178f., 202, 222
Philipp der Kühne, Hzg. v. Burgund 38, 39 (A)
Philipp von Schwaben, röm. Kg. 22, 29 (A), 34f., 38 (A), 39 (A), 41f., 44f., 47, 49f., 53, 55f., 67, 99 (A), 116f., 201, 315
Pippin, der Jüngere, fränk. Kg. 204
Piers Gaveston, Gf. v. Cornwall 186, 223–226, 229, 232, 233 (A), 323
Pontefract 226
Prag 209, 294
Poitevins 112
Provisionen von Oxford 60 (A), 110f., 147, 183, 193 (A), 217f. 227
Pyrenäen 14
Qui Celum 116 (A), 117–119, 202 (A), 205, 208
Radulph von Coggeshall 61, 68, 74 (A), 77, 78 (A), 86
Raimund von Capua 271
Ranulf Glanvill 65f., 108
Reichsfreiheitsprivileg (Lübeck) 101
Red Book of the Exchequer 86
Rhense 43 (A), 51 (A), 205f., 209f., 234, 239 (A), 241 (A), 242, 319f.
Richard I. Löwenherz, Kg. v. England 16, 32f., 34 (A), 39–41, 45f., 49, 135f., 137

Richard II, Kg. v. England 13, 17, 22, 102, 121f., 158 (A), 188f., 192 (A), 196 (A), 221, 230 (A), 232 (A), 244f., 249–256, 280–293, 295, 301f., 308, 325, 329
Richard von Bordeaux (Richard II.) 286
Richard von Cornwall, röm. Kg. 22, 29 (A), 42, 98f. (A), 114f., 116 (A), 117, 202, 237, 317
Richard von Ely 65
Richard von San Germano 89f., 136 (A)
Robert Bruce 126, 225 (A)
Robert Grosseteste, Bf. 66
Robert von Avesbury 229 (A), 245 (A)
Roger Mortimer 231, 245
Roger Wendover 59 (A), 71f., 74 (A), 75, 82, 90 (A), 158 (A)
Roger von Hoveden 33 (A), 46 (A)
Rom 35, 39f., 47f., 87, 91, 156, 164 (A), 166f., 175, 203, 207, 234, 238 (A), 241f., 259–261, 264–276, 278, 295 (A), 300
Rotuli Parliamentorum 64 (A), 191 (A), 192f., 196 (A), 225 (A), 255 (A), 280 (A), 284–292
Rudolf von Habsburg, röm. Kg. 22 (A), 52, 63, 70 (A), 98 (A), 117, 119–121, 125, 131f., 136–139, 144, 146, 153, 160, 195, 241
Runnymede 61f. (A), 68, 75, 77f., 85, 153, 254, 321
Ruprecht von der Pfalz, röm. Kg. 17, 23, 42, 241, 243, 294 (A), 302–304, 307–309, 311 (A), 324
Sachsenhäuser Appellation 213, 214 (A)
Sachsenspiegel 23 (A), 103f., 195, 205, 218, 321
Savoyards 112
Schottland 14, 41, 126f., 223
Schwarzer Prinz 244
Sherburn 226f.
Sigmund, röm. Kg./Ks. 38 (A), 42 (A), 202, 208f., 296, 303–306
Siena 270
Simon de Montford, Gf. v. Leicester 106, 109, 112f., 147 (A), 148f., 153 (A), 182, 185, 224, 228 (A), 250, 323
Sizilien 16, 29 (A), 56, 97–99, 105, 136, 160, 271
Statute of Treason 281, 283
Statute of York 192, 246f., 249
Statutum in favorem principum 70, 84, 98, 145 (A), 321
Stephan II., Papst 204
Stephen Langton, Ebf. 10 (A), 59 (A), 67–69, 71f., 74–76, 81, 85–88, 91f.
Thaddäus von Suessa 156f.
Thomas Becket, Ebf. 14, 66, 68 (A), 159
Thomas, Gf. v. Lancaster 148, 184 (A), 185, 224 (A), 225–229, 232f., 246, 281, 323
Thomas Mowbray, Hzg. v. Norfolk 280
Thüringen 34

Touraine 142, 276
Trifels 33 (A), 40 (A)
Urban IV., Papst 117, 171, 175 (A), 176
Urban V., Papst 261, 264, 272, 274f.
Urban VI., Papst 242, 261, 264 (A), 269, 275f.
Venerabilem 28 (A), 35 (A), 46 (A), 47 (A), 50, 51 (A), 102 (A), 117f., 171, 204, 306, 315 (A)
Vineam Domini Sabaoth 89
Vita Edwards II./Vita Edwardi Secundi 181 (A), 184 (A), 186f., 195, 222 (A), 223–226, 229, 233, 248
Ubi periculum 164–166, 168
Unknown Charter 69
Vienne 149, 151, 273
Viterbo 164 (A), 167, 273–275
Wales 29 (A), 41, 68 (A), 155 (A), 223, 226 (A), 230, 285
Weistum von Rhense 43 (A), 51 (A), 205f., 209f., 234, 239, 241f., 319f.
Wenzel, röm. Kg. 13, 17, 42, 144, 242–244, 257, 294–303, 307, 309, 319, 324
Westminster 73, 136 (A), 230, 232 (A), 248, 250, 255
Wilhelm II., Kg. v. Sizilien 136f.
Wilhelm der Eroberer, Kg. v. England 21 (A), 64, 72f., 140f.
Wilhelm von Holland, röm. Kg. 22, 29 (A), 49 (A), 51, 99–102, 104, 114f. 138, 321
Wilhelm von Saint Amour 162
William Stapledon 191
Wipo 11, 24–26
Wormser Konkordat 85
Worringen 99